[제4판]
인적자원행정론

이 창 길 저

法 文 社

제 4 판을 내면서

초판을 쓴 지 어느새 9년, 3판을 출판한 지 3년이 지났다. 그동안 독자들의 아낌없는 성원으로 여기까지 왔다. 한없이 감사하는 마음이다.

이 책을 처음 쓰면서 '시대는 변해도 이론은 변하지 않는다'고 믿었다. 그럼에도 무한한 현실의 바다에서 이론의 부족함을 절실히 느낀다. 현실을 이해하기 위해서는 이론이 필요하고, 이론을 이해하기 위해서는 현실이 필요하다. 이번 개정판 역시 그 딜레마 속에서 다음과 같은 몇 가지를 수정하고 보완했다.

첫째, 시대적 이슈들을 설명하는 이론을 보완했다. 부패의 비용편익이론, 직업공무원제와 민주주의, 정치적 중립성, 주요 국가의 계급제, 가족친화제도의 디커플링 등을 부분적으로 추가했다.

둘째, 역량 중심의 인적자본(human capital) 행정에 대해 추가로 논의했다. 인적자본의 위기를 언급하면서 공공부문과 민간부문의 역량평가 비교, OECD가 제시한 고위공무원 역량 유형, 인재관리 정책 도구 등을 다루었다.

셋째, 미래 인적자원행정의 새로운 경향을 반영하고자 했다. 빅데이터와 매트릭스, 인공지능(AI) 면접, 리버스 인터뷰, 메타버스 채용박람회 등을 포함했다.

넷째, 사회현실을 논의할 수 있는 다양한 학습사례들을 추가했다. A공사 직원들의 토지 투기 의혹, 로네와 율랑의 이야기, 스키피오와 파비우스의 논쟁, 토털 사커의 인사 전략 등을 추가했고, 검찰 조직의 실패 사례 등도 일부 보완했다.

마지막으로, 국내외 학자들의 학술 연구와 통계를 업데이트했다. 각종 통계와 수치를 최신화했고, 최근 3년간을 중심으로 학술지 연구 논문들을 최대한 반영하고자 했으나 부분적 보완에 그쳤음을 고백하지 않을 수 없다.

이번 개정판이 우리 정부의 인사 현실과 이론 사이의 틈새를 메우는 데 조금이나마 도움이 되길 바란다. 아울러 지금까지 연구한 이론과 경험을 바탕으로 얼마 전 『대한민국 인사혁명: 휴머니즘 인사혁명을 위한 22가지 질문』을 출간했다. 이 개정판과 함께 학습 참고서로 적절히 활용되기를 바란다. 법문사 김제원 이사님의 따뜻한 지원과 배려에 깊이 감사드린다.

2022년 2월 집현관에서
이창길

제 3 판을 내면서

먼저 그동안 따뜻한 관심과 성원을 보내준 독자들께 깊은 감사의 인사를 올린다. 초판 발간 당시 추가 개정은 하지 않겠다는 마음으로 책을 썼다. 시시각각 변화하는 인사제도에 대한 논의보다는 인적자원행정의 이론과 원리를 통하여 실제를 이해하는 교과서를 지향했다. 하지만, 세월의 속도와 무게를 이겨낼 수는 없었다.

독일의 유명한 사회학자 막스 베버는 근대 관료제의 기술적 우월성을 강조하면서도 "규범은 관료의 적극적이고 창조적인 활동을 제약한다"고 지적했다. 자유와 창의에 입각한 관료들의 민주적인 행정 활동의 가능성을 일부나마 열어둔 것이다. 100년이 지난 지금, 그가 말했던 작은 틈새가 21세기 새로운 시대의 가치와 방향이 되고 있는 셈이다.

이번 제3판 개정은 이러한 관점에서 인적자원의 '권리'와 '미래'를 강화했다. 편과 장의 구성은 동일하지만, 주제와 내용은 시대와 세대의 변화를 반영하고자 했다.

첫째, 기본권의 관점과 논의를 확대했다. 블랙리스트와 복종의무의 한계, 공무원의 정치활동과 소셜미디어, 내부고발의 내용과 범위, 퇴직연금의 변화, 직무급 찬반 논란 등을 새롭게 추가했다. 인적자원행정에서 갈등과 충돌이 깊어지는 시대적 과제들이다.

둘째, 인적자원의 미래 관점을 반영했다. 역량면접과 인공지능면접, 미래인재 유형과 역량개발, 인공지능관료제와 인사혁신, HR 메트릭스와 빅데이터, 아날리틱스 등을 추가했다. 인적자원행정의 새로운 변화와 미래를 위한 주제들이다.

셋째, 일부 토의사례와 통계자료를 업데이트했다. 최근 사건과 이슈를 중심으로 사례와 질문, 연습문제와 참고자료를 수정하고 추가했다. 레오나르도 다빈치의 자기소개서를 추가하는 등 흥미로운 내용도 포함하고자 했다.

지난 3년 동안 쌓여진 수많은 연구결과들을 모두 반영하지는 못했다. 여전히 부족하고 부끄러운 부분이 많다. 독자 여러분의 변함없는 성원과 편달을 기대한다. 좋은 책을 만들려는 법문사의 노력과 지원에도 깊이 감사드린다.

2019년 2월 집현관에서
이창길

제 2 판 서문

책이 출간된 지 3년이 지났다. 짧은 기간이었지만 아낌없는 성원에 먼저 감사의 인사를 올린다. 서울대를 비롯해 중앙대, 가톨릭대, 군산대 등 많은 대학에서 인사행정 교재 또는 참고 도서로 쓰였고, 인사행정을 연구하는 선후배 제현들로부터 많은 격려를 받았다. 그저 과분한 반응에 무거운 책임감을 느낀다.

이번 제2판에서는 인적자원행정의 기본적인 분석틀이나 이론에 대한 근본적 수정 없이 부분적으로 손질만 하였다. 최근 인적자원 환경의 급격한 변화에 따라 일부내용과 자료의 수정·보완이 불가피했기 때문이다. 개정 내용은 다음 두 가지 정도로 요약할 수 있다.

첫째, 일부 '토의사례'를 최근 변화내용에 맞게 수정하고 추가하였다. 제4장 인적자원의 목표와 구성에서는 '무기계약직의 전환과 운영', 제9장 인적자원의 확보에서는 '직급별 선발시험의 내용과 절차', 그리고 제19장 인적자원행정의 미래 방향에서는 '1990년대 이후 인사혁신 추진과제'로 사례를 교체하였다.

둘째, 최근 법령개정 내용과 통계 자료를 보완하였다. 부정청탁및금품수수등금지에관한법률, 이른바 '김영란법'의 내용을 추가하였고, 퇴직 후 취업제한제도 등을 개정된 내용에 맞게 수정하였다. 아울러 공무원 규모의 변화추이, 여성 공무원 비율 등 일부 통계를 업데이트하였고 초판에서 발견된 오탈자도 바로잡았다.

최근 공무원 선발시험에 '인사조직' 직류가 신설되었다. 인적자원행정을 연구하는 학자로서 여간 반가운 일이 아닐 수 없다. 국민 앞에 항상 떳떳한 공무원, 국민들이 신뢰하는 유능한 정부를 만드는 초석이 되길 기대한다. 이 책이 인적자원행정가의 올바른 역할과 책임을 이해하는 데 작은 참고가 되길 바란다.

제2판이 나오기까지 교정과 정리를 맡아준 박지영 조교와 법문사 김진영 편집간사에게 감사의 마음을 전한다.

2016년 1월
군자동 집현관에서
이창길

서   문

대학에서 인사행정을 가르친 지도 7년이 흘렀다. 공직생활을 그만두고 학계로 오면서 첫 번째 연구 관심 중 하나는 공무원의 인사문제였다. 공무원들을 인사 부담에서 벗어나게 할 수는 없을까? 공무원들이 보다 떳떳하고 자랑스럽게 일할 수는 없을까? 더 나아가 수많은 직장인들이 보다 행복하게 살아갈 수는 없을까?

이러한 문제는 조직 속에 살아가는 모든 사람들의 소망이자 조직에서 인사를 책임지고 있는 사람들의 현실적인 과제이기도 하다. 이러한 과제는 놀랍게도 행정학 연구를 처음 시작한 Woodrow Wilson(1887)의 고민이기도 했다. 그는 "관료들은 상사의 권위나 무책임한 장관에 무조건적으로 복종하고 봉사하는 데 여념이 없다"고 지적한다. 100년이 훨씬 지난 지금 상황이 얼마나 달라졌는지 의문이다. 아마 영원히 해결하기 어려운 과제일지 모른다.

이러한 과제를 해결하는 데 작은 보탬이 되고자 책을 쓰기 시작하였다. 이 책은 다음과 같은 다섯 가지 사항에 중점을 두었다.

첫째, 조직은 성공하고 개인은 행복한 인적자원행정을 지향하였다. 지금까지의 전통적인 인사행정과 구분하여 책 제목도 '인적자원행정론'으로 하였다. 인적자원행정은 사람 중심의 인사행정이다. 인적자원행정의 개념적 차이와 현대적 해석을 추가하여 새로운 접근과 방향을 제시하고자 하였다.

둘째, 인적자원행정의 다섯 가지 핵심적인 키워드를 중심으로 내용을 구성하였다. 전략, 직무, 역량, 성과, 그리고 권리와 책임이다. 이 다섯 가지 키워드는 현대 인적자원행정의 핵심적인 가치를 반영하고 있다. 이를 토대로 편과 장을 나누고 전 과정에 인적자원행정의 가치가 균형 있게 반영될 수 있도록 노력하였다.

셋째, 가급적 이론적 논의에 집중하고자 하였다. 인적자원행정의 전략적 모형, 공직 구성체계, 인적자원의 확보와 이동, 성과평가와 보수의 유형화, 부패와 윤리 이론 등 기존의 이론을 체계화하고 유형화하기 위해 노력하였다. 우리나라 제도의 현황이나 다른 나라 제도에 대한 소개는 되도록 줄였다.

넷째, 다양한 사례와 문제를 많이 제시하고자 하였다. 새로운 장이 시작되기 전에 학습주제와 관련된 격언을 제시하였고, 본문 내용에는 추가 설명이나 예시를 포함하였다. 그리고 장의 마지막에는 학습포인트와 연습문제, 그리고 토의사례 및 토의과제를 제시하여 흥미로운 교재가 되도록 하였다.

마지막으로, 기존 교과서에서 다소 부족했던 부분은 보강하고자 하였다. 인적자원행정의 이론 모형, 인적자원의 전략기획, 역량진단과 평가, 보수 유형과 모형, 정무직 공무원의 인사 등을 상세하게 설명하였다.

'제2의 다산(茶山)'이 되겠다는 각오로 시작했지만, 책을 쓰면서 여러 번 후회했다. 진도가 나갈수록 스스로 연구의 부족함을 실감했기 때문이다. 그동안 수많은 학자들의 수준 높은 연구에 고개 숙이지 않을 수 없었다. 인적자원행정을 연구하는 많은 국내외 학현들에게 감사드린다. 꼭 읽어야 하는 논문도 누락된 것이 많고, 잘못 인용하거나 해석한 경우도 있을 것이다. 또 매끄럽지 못한 표현도 많을 것이다. 전적으로 저의 부족함 때문이다. 이 점, 넓은 마음으로 혜량해 주시길 바란다.

이 책이 나오기까지 도움을 주셨던 분들이 많다. 무엇보다도 필자가 처음 인사행정 수업을 들었던 서울대 행정대학원 오석홍 명예교수님께 존경과 감사의 말씀을 올린다. 학자의 자세와 학문의 길을 가르치시고 스스로 실천해 오신 선생님께 많은 것을 배웠다. 아울러 한국행정학회, 한국조직학회 그리고 한국인사행정학회의 학술대회나 세미나를 통해 저의 학문적 지식과 수양의 밑거름이 되어 주신 선배와 동료 교수님들께도 감사드린다. 그리고 이 책을 완성하기까지 다양한 의견을 주고 교정을 맡아준 서울대 행정대학원 김규식 석사과정 원생, 서울대 경영학과 박사과정 박지성 원생과 연세대 이명진 박사, 그리고 꼼꼼하게 교정과 정리를 맡아준 남은빛·유지영 조교, 그리고 법문사의 김진영 간사에게도 감사의 마음을 전한다. 마지막으로 완편을 정독하고 의견을 제시해 집필의 든든한 동반자가 되어준 아내 류혜숙, 그리고 사랑하는 두 아들 호준·하준에게도 고맙다는 말 전한다.

운이 좋게도 미국 스탠퍼드 대학교에서 Fulbright Visiting Scholar로 연구년을 보낼 수 있는 기회를 가졌다. 이런 기회가 아니었다면 이 책의 집필은 불가능했을 것이다. 그러나 아직 부족한 아이가 너무 빨리 태어났다. 큰 재목으로 성장할 수 있도록 편달해 주시길 바란다.

2013년 2월 팔로알토에서
이창길

<h1 style="text-align: center;">차　례</h1>

제 2 편　목표와 전략

제 4 장　인적자원행정의 목표와 구성　　　　　　　　　(93~120)

제 5 장　인적자원행정의 전략기획　　　　　　　　　　(121~157)

제 3 편   직무와 역량

제 6 장   직무체계 : 계급제와 직위분류제   (161~182)

제 7 장   직무분석과 평가   (183~207)

제11장　인적자원의 역량개발

제12장　인적자원의 동기부여

제 5 편　성과와 보상

제13장　인적자원의 성과평가 (379~422)

제14장　인적자원에 대한 보상 (423~455)

제6편 권리와 책임

제16장 공무원의 권리와 의무　　　　　　　　　　(481~512)

제17장 공무원의 부패와 윤리   (513~548)

제 7 편   인적자원행정의 미래

제18장 정무직 공무원의 인사   (551~583)

제19장 인적자원행정의 미래방향   (585~614)

제 1 편

인적자원행정의 의의

제1장

조직과 사람 : 인적자원행정의 중요성

인적자원행정이 왜 중요한가? 모든 조직이 성공하기 위해서는 '사람'이 중요한 역할을 하기 때문이다. '사람'은 조직을 운영하는 핵심적인 동력이며 조직의 목표와 성과를 실현하는 중요한 자원이다. 따라서 조직의 성공 여부는 어떤 사람을 얼마나 잘 확보하여 관리하고, 어떻게 활용하느냐에 달려 있다고 할 수 있다. 특히 공공조직에서 '사람'은 사회 전체를 위하여 일하는 공무원(公務員)으로 사회의 발전과 국민의 행복을 좌우하는 중요한 자산이 아닐 수 없다. 이 장에서는 먼저 인적자원행정의 기본적인 학습과제로서 조직과 사람의 상대적인 중요성을 비교하여 논의하고, 인적자원행정의 중요성을 환경적 측면, 조직적 측면, 그리고 개인적 측면으로 구분하여 학습한다.

제 1 절 조직인가? 사람인가?
제 2 절 인적자원행정의 중요성

인사(人事)는 만사(萬事)다.

제1절 조직인가? 사람인가?

1. 논의의 의의

인적자원행정은 일반적으로 사람이 중요하다는 전제에서 출발한다. 하지만 조직을 연구하는 많은 사람들은 사람보다 조직이 중요하다고 말한다. 조직이 중요한가, 아니면 사람이 더 중요한가? 어떤 사회현상을 조직의 행위로 볼 것인가, 아니면 개인의 행위로 볼 것인가? 조직이 성공하기 위해서는 조직의 구조와 시스템이 중요한 것인가, 아니면 이를 운영하는 사람이 더 중요한 것인가? 이러한 질문들은 조직과 관계 속에서 사람에 대한 관리를 다루는 인적자원행정의 첫 번째 학습과제가 아닐 수 없다. 우선 다음 몇 가지 사례를 생각해 보자.

새로운 정권이 들어서면 사람을 바꾼다. 사람을 바꾼다고 정책이 바뀌고 공공서비스가 좋아지는가? 또한 새로운 정권이 들어서면 조직을 바꾼다. 조직을 바꾼다고 정책이 바뀌고 공공서비스가 좋아지는가? 사람을 바꾸지 않고 조직만 바꾸면 어떻게 되는가? 반대로 조직을 바꾸지 않고 사람만 바꾸면 어떻게 되는가?

현재 세계 1위 부자는 아마존닷컴의 CEO 제프 베조스이다. 1994년 시애틀에서 인터넷서점으로 출발하여 이제 세계 최대의 온라인쇼핑 회사가 되었다. 1986년 프린스턴을 졸업한 그는 창업을 준비할 때 냅킨에 그렸던 다이어그램이 유명하다. 그가 물러난다면 아마존닷컴은 계속 성장할 것인가? 점차 쇠락할 것인가?

기획재정부 행정사무관 신재민은 행정고시 합격 후 3년 근무를 마치고 퇴직했다, 퇴직 후 유튜브에 정책결정 과정에서 있었던 부당한 압력을 고발했다. 기획재정부는 신 사무관을 공무상 획득한 비밀누설 혐의로 검찰에 고발했다. 신 사무관 개인이 문제인가? 기획재정부의 시스템이 문제인가?

히틀러 독재정권 하에서 경찰공무원들이 무고한 유태인들을 죽였다. 이들을 죽인 책임은 해당 경찰관에 있는가, 아니면 히틀러 정권에 있는가? 상부의 명령에 복종한 경찰관을 파면하는 것이 정당한가? 아니면 조직의 명령을 따랐던 공무원에게 죄를 물을 수는 없는가?

투표를 할 때, 투표의 기준을 어디에 두어야 하는가? 인물인가, 아니면 당인가? 인물이 똑똑하면 어느 당에 있더라도 찍어야 하는가? 인물이 부족하더라도 당의 강령과 정책을 보고 찍어야 하는가? 현재의 사회문제를 해결하기 위하여 우리는 어떻게 행동해야 하는가?

위와 같은 사례들은 무수하다. 이러한 사례들의 공통점은 개인과 조직 중 행위의 결정적인 주체가 누구인지를 묻는 것이다. 또한 조직이 변화하고 발전하기 위해서는 개인과 조직 중 누구의 역할이 중요한지를 묻는 것이다. 이러한 질문들은 조직과 사람의 기본적인 관계에 대한 논쟁에서 비롯된다(Agyris, 1964). 즉 조직은 사람의 자연스런 행동에 대하여 어느 정도 제약할 수 있고, 사람은 조직의 계획된 행동에 대하여 어느 정도 영향을 미칠 수 있는지에 관한 문제로 귀결된다.

이러한 문제를 제기하는 이유는 세 가지로 요약된다(이창길, 2012a). 첫째, 문제의 원인을 파악하기 위해서이다. 문제의 근본적인 원인이 조직에 있는지 사람에 있는지를 알아야 한다. 문제 해결을 위해서는 문제의 원인에 대한 정확한 진단이 필수적이기 때문이다. 둘째, 책임의 대상과 범위를 규정하기 위해서이다. 문제 발생의 원인이 조직에 있다면 조직에 책임을 묻고 개인은 면책될 수 있다. 하지만 문제 발생의 원인이 개인에 있다면 개인을 문책해야 할 것이다. 셋째, 문제를 치유하고 해결하는 방안을 찾기 위해서이다. 문제의 원인이 조직에 있다면 개인에게 책임을 부과할 수 없고 문제를 해결하기 위해서는 조직 구조나 제도 또는 시스템을 바꾸어야 하며, 문제의 원인이 개인에게 있다면 해당 직위에서 개인을 교체해야 할 것이다. 만약 두 가지 문제가 동시에 존재한다면 조직의 문제를 우선적으로 해결할 것인지, 사람의 문제를 우선적으로 해결할 것인지 우선순위를 명확히 제시할 필요가 있다.

2. 조직이 중요하다?

조직이 중요하다는 입장과 사람이 중요하다는 입장은 다양한 근거와 사례를 제시한다. 먼저 조직이 중요하다는 입장을 살펴보자. 이러한 입장은 조직 내 똑똑한 개인 몇 사람이 반드시 조직을 성공시키지 못하며, 똑똑하지 않은 개인들로 구성된 조직도 얼마든지 성공할 수 있다고 본다. 아무리 탁월한 역량을 가진 사람도 조직에서 벗어날 수 없으며, 조직을 거부하기 어렵다는 것이다. 개인이 조직을 거부해도 조직 속에서 살아가고 있음을 부인할 수 없다. 현대사회는 '조직사회(a society of organizations)'이기 때문에(Perrow, 1991) 개인의 목표와 가치는 조직을 통하여 실현될 수 있다. 조직은 경쟁하고 협력하면서 문제를 해결하고 실행한다. 우수한 인재보다는 우수한 시스템이 보다 중요한 요소이다. 이와 같이 조직이 중요하다고 주장하는 사람들의 의견은 다음 몇 가지로 요약된다(Tolbert & Hall, 2018).

첫째, 사람들의 역할은 조직에 의해 주어진다. 어떤 사람이 개인 차원에서 활동한다면 주어진 역할을 찾을 수 없다. 사람은 조직이 부여한 역할과 기능을 담당할 뿐이고, 그 개인은 조직의 맥락에서 활동하고 결정한다. 예를 들면 민원 공무원이 민원인에게 친절하게 대하는 것은 개인적인 감정이나 성격보다는 조직 내에서 부여된 기능과 역할에 따라 행동하기 때문이다. 주어진 역할과 기능에 따라 감정과 행동이 결정된다는 것이다. 공무원을 비롯하여 회사원, 종교인, 언론인, 민간단체 직원 등은 물론 정치인들의 경우에도 그들의 태도와 행동은 그들이 속한 조직을 통해 이해될 수 있다.

둘째, 조직은 권력(power)을 낳는다. 조직 속에서 활동하는 개인들은 조직으로부터 권력을 부여받는다. 개인들이 가지는 인간적인 권위와 전문가적 권력이 있을 수 있을지라도 조직이 부여한 권력이 일반적이다(Whyte, 1956). 정부 조직에서 장관, 실장, 국장, 과장은 물론, 민간기업의 사장, 이사, 부장, 차장, 팀장, 과장도 조직으로부터 부여된 권력을 행사하는 것이다. 개인은 조직 없이 단독으로 존재할 수 없으며, 대부분의 권력은 조직으로부터 나온다. 이를 대외적으로 행사하는 개인은 단순한 개인일 수 없다. 장관이 새로운 정책을 발표하는 것, 한국은행 총재가 금리를 인하하는 것, 그리고 공기업 사장이 국민주택이나 고속도로를 건설하는 것 등과 같이 조직 내 개인의 권한과 활동은 조직을 떠나 개인의 행위로만 규정하기는 어렵다.

셋째, 조직은 오랫동안 지속될 수 있으나 사람은 언제든지 교체될 수 있다(Tolbert & Hall, 2018). 즉 개인은 죽어도 조직은 오랜 기간 존재한다. 개인의 생존과 상관없이 조직은 존재하며 유지된다. 조직에 들어가면 개인이 따라야 할 독자적인 규범과 문화가 존재한다. 또한 조직 구성원은 조직의 이름으로 신규로 채용되고 이동하며 퇴출되기도 한다. 아무리 조직에 오래 남는다 하더라도 개인이 조직을 움직이기는 쉽지 않다. "장관은 임시직이다"라는 말이 있듯이 사람이 조직 속에 머무르는 기간은 상대적으로 짧은 경우가 많기 때문에 사람보다 조직의 중요성이 크다는 주장이다.

개인중시 실패 사례 : 엔론(Enron) 사

엔론 사는 1985년 케네스 레이(Kenneth Lay)가 설립한 미국 텍사스 주 휴스턴의 에너지 회사였다. 2001년 하순에 부도가 나기 전까지 엔론 사는 2만 2000여 명의 사원과 2000년 1110억 달러의 매출액을 보고한, 세계에서 가장 선도적인 전기, 천연가스, 펄프 및 제지, 통신사업 회사 가운데 하나였다. 《포춘》지는 엔론을 6년 연속 '미국에서 가장 혁신적인 기업'으로 선정하기도 했다. 이렇게 한때 최고의 기업으로 극찬받았던 엔론 사는 2001년 차입에 의존해 무리하게 신규 사업을 벌이다 막대한 손실을 입게 되자, 이를 감추기 위해 분식 회계 및 계약시 뇌물수수 등의 편법 행위를 저지르면서 기업윤리를 저버린 부정직한 기업의 대명사가 되었다.

엔론 사는 인적자원관리 측면에서 보면 맥킨지(Mckinsey) 사의 인재전쟁 논의를 가장 충실하게 실천에 옮긴 회사였다. 엔론 사는 직원 선발시 세계 최고의 경영대학원(MBA) 출신 인재 유치에 주력하였다. 우수한 사원에게는 확실한 보상을 제공하고 연공서열이나 경력과 상관없이 승진시켰다. 다른 경쟁사와 차별화할 수 있는 유일한 자원은 자신들이 보유한 인재들이라고 생각한 것이다. 이들에 대한 파격적인 보상과 도전적 직무 부여 등 평가와 보상, 경력개발 등의 모든 측면에서 인재 중심의 인적자원관리가 이루어졌다.

세계 최고의 경영대학원 출신 젊은 인재들은 대담하고 창의적이며 열정적이었다. 이들에게는 항상 혁신, 기업가 정신, 그리고 높은 성과가 강조되었다. 새로운 사업개발 아이디어를 가진 사람은 임시팀을 꾸릴 수 있도록 지원했다. 또한 회사에 필요한 지식이나 기술을 채 습득하기도 전에 본부장이나 임원직을 주는 등 거의 무한정한 기회를 주었다. 그리고 단기간에 성과를 내면 다른 직무의 높은 직위로 언제든지 이동할 수 있었을 뿐만 아니라, 스톡옵션 등 막대한 보상도 함께 해주었다.

가시적인 금전적 보상은 가장 강력한 인센티브로 작용했다. 경영대학원을 갓 졸업한 젊은 신입 직원에게 심지어 1년 이내에 성과를 내면 50만 달러를 준다고 약속하기도 했다. 시간외 근무수당과 출장비도 풍부하게 지원했다. 다만, 성과평가위원회에서 매년 근무실적을 평가하여 하위 15%에 속하는 직원을 공개했다. 최고관리직에 대한 성과보너스도 매우 많았다. 한 예로 재무담당 이사는 2001년 1월 11일 35만 달러, 2월 5일 130만 달러, 2월 7일 140만 달러를 성과보너스로 받았다.

연말 성과평가 기간에는 팀워크나 성실성, 존경심 등은 언급되지 않고 경쟁적인 실적지상주의가 난무했다. 구성원 간 팀워크가 필요한 업무임에도 남들보다 앞서기 위해 협업을 하지 않는 분위기가 팽배했다. 자신감과 긍지로 똘똘 뭉친 인재들은 오만해졌다. 자신들은 다른 어느 회사 직원보다도 똑똑하고 우수한 인재라는 자부심에 교만하기 이를 데 없었다. 뿐만 아니라 최고의 경영대학원 출신이라고 선발된 이들은 업무손실에 대한 책임을 지기는커녕 더 좋은 조건을 제시하는 경쟁사로 대거 옮겨가 이직률이 무려 20%에 이르렀다. 결국 2001년 엔론 사는 파산 신청을 했고, 2004년 법원은 공식적으로 엔론의 파산을 인정했다.

－출처 : Gladwell 2002 & 2010, McLean & Elkind 2003, and Spector B., 2003 참조

이와 같이 조직은 개인들의 단순한 총합이라기보다는 단일한 집합체로서 전체적인 의미의 실체(the whole)를 가진다(Barnard & Andrews, 1968). 문제의 원인은 조직에 있는 경우가 많기 때문에 조직의 명령에 따라 수행하는 개인들에게 모든 책임을 부과할 수는 없다. 특히 공공부문에서 개인의 직무만족이나 조직몰입은 승진이나 보수, 과업부담 등 개인적 요인보다 조직신뢰, 조직분위기, 조직공정성 등 조직적 요인이 중요한 역할을 한다(이창길, 2012b). 이러한 관점에서 보면 현재의 문제 해결이나 미래의 성장과 발전을 위해서는 개인을 바꾸는 것보다는 조직을 구성하는 제도와 시스템을 바꾸는 것이 올바른 해결책이라 할 수 있다(이창길, 2020a).

3. 사람이 중요하다?

조직보다는 사람이 중요하다고 주장하는 사람들 역시 다양한 근거와 사례를 제시한다. 이들은 조직보다는 사람이 중요하다고 주장한다. 집단은 명작소설을 쓸 수 없고, 위원회는 상대성 이론을 세울 수 없다는 것이다(Gladwell, 2010). 조직은 그 실체를 찾기 어렵고 개인들로 구성된 집단으로 볼 수 있기 때문에 개인들의 행동이 곧 조직의 행동이라고 해석할 수 있다(Beach, 1980). 실제 모든 문제의 원인은 조직보다는 사람에 있으며, 문제를 진단하고 해결하기 위해서는 조직보다는 사람을 보아야 한다는 것이다. 최근 "관료제의 종말(The End of Bureaucracy)" 또는 "관료제의 위기"를 논의하면서 사람은 조직의 도구나 부품이기보다는 목적이나 자산으로 보는 시각이 증가하고 있다(Mamel & Zanini, 2018 ; 이창길, 2020b). 사람이 중요하다는 입장의 근거를 다음과 같이 요약할 수 있다(Pfeffer, 1994 ; Ghosal & Bartlett, 1997).

첫째, 사람은 조직활동의 기본단위이다. 조직에서 활동하는 것은 결국 사람이다. 문제해결을 위해서는 조직을 논하기 이전에 개인의 심리와 행동에 대한 이해가 필요하다(Byars & Rue, 1984). 예를 들면 장관이 주요 정책을 결정하고, 추기경이 종교적 덕목을 얘기하며, 판사가 판결을 하고, 법무법인의 변호사가 변론을 하는 것은 개인의 의사결정으로 보아야 한다. 조직의 의사가 반영되어 있다 하더라도 의사결정은 조직이 아닌 사람이 하는 것이다. 물론 조직이 뒤에 있긴 하지만 실제 행동하는 것은 사람이다.

둘째, 사람은 조직성패의 핵심요소이다. 성공적인 조직은 사람을 통해서 조직

조직중시 실패 사례 : 검찰 조직

초임 검사 환영 회식 자리. 식사도 채 나오기 전 좌로, 우로, 무한순환 방식으로 폭탄주가 춤을 췄다. 결국 한 시간도 안 돼 '임석 상관'인 부장을 뺀 모두가 서열의 역순으로 장렬하게 '전사'해 각 자택으로 후송됐다. 식당 앞에는 행선지별로 승용차를 미리 준비한 '후송대책'이 마련돼 있었다. … 상석 검사는 무섭고 자상한 형이고, 부장·차장은 어버이였으며, 무서운 할아버지인 검사장에게 결제받으러 갈 때는 허리가 후들거렸다. 하물며 총장은 감히 바라볼 수도 없는 하늘이었다. 부모형제에겐 불손해도 상관에겐 항상 극진했다. 또 '조직의 적은 나의 적'이고 '상관의 평온한 심기가 곧 나의 행복'이었다. 옛날엔 나 그랬다. 나에겐 '하늘'이었던 총장에 대해 최근 어느 후배가 '아버지'라고 했다. 세상이 참 '많이도' 변했다. … 공무원 사회에서는 통하는 말이 있다. "인사에는 장사가 없다"라는 말이다. 공무원은 일을 잘한다고 해서 월급을 더 받는 게 아니다. 조직 바깥에서 명성을 얻는 것도 아니다. 공무원에 대한 보상은 오직 인사를 통해서만 이루어진다. 자존심이 강한 공무원일수록 인사에 민감한 것은, 그래서 당연한 일이다. 검사들 역시 마찬가지다. 어느 선배 검사는 암으로 죽어가면서도 다음 보직을 걱정했다. 대학입시·사법시험 등 치열한 경쟁 속에 살아남은 자들이 모인 곳이 검찰이다. 그래서 동기가 자기보다 좋은 보직으로 가는 것을 못 견디는 이들이 많다. 어떤 경우에는 자신의 보직보다 동기들의 보직에 더 신경을 쓴다. 동기에게 뒤처질 수 없다는 자존심 때문이다(김용철, 2010, p.72).

검찰이 최악의 위기로 몰리자, 검찰총장의 리더십에 의문을 나타내는 목소리도 커지기 시작했다. 검찰총장은 특정 지역·대학 출신이거나 자신과 코드가 맞는 인사들을 요직에 집중 배치하는 '기형적 인사'와 중요 사건에 대한 과도한 개입 등을 행하여 그에 대한 검사들의 불만도 누적됐다. 궁지에 몰린 총장은 타개책으로 '검찰개혁' 카드를 꺼내들었다. 그 핵심 중 하나는 대검 중수부 폐지였다. 특수부 검사들을 중심으로 반발 기류가 형성되자, 총장은 중수부장에 대한 감찰을 전격 지시했다. 그러나 검사들이 일제히 반발하면서 초유의 검란(檢亂)으로 비화됐다. 총장은 후배들의 집단 용퇴 촉구에 "그럼 너희들도 같이 나가라"고 버텼지만 끝내 불명예 퇴진을 택할 수밖에 없었다. 총장의 낙마는 검찰의 추락이자 검찰개혁의 시발점이 되었다(지호일, 2012).

서울남부지검 형사부 소속 2년차 초임 검사 김○○는 직속 상관의 괴롭힘을 견디다 못해 서른셋의 나이에 극단적 선택을 했다. 그러나 검찰은 직속 상관에 대한 감찰을 미적대다가 고인의 사법연수원 동기들이 진상조사를 요구하는 행동에 나서자 마지못해 감찰을 벌였다. 이를 통해 직속상관인 김○○ 부장검사의 폭언·폭행 사실이 드러났는데도 해임만 하고 형사처벌은 하지 않았다. 3년 후 대한변호사협회가 폭행 등 혐의로 고발을 하자 수사에 착수한 검찰은 시간을 끌다가 유족들이 검찰수사심의위 소집을 요구하고 심의위에서 기소 권고가 나오자 불구속 기소를 했다. 부산의 한 밤거리에서 부장검사가 지나는 여성을 성추행한 사건이 있었다. 여성이 놀라 자리를 피하자 700m나 뒤쫓아갔고 햄버거 가게로 피신한 여성을 따라 들어갔고, 신고를 받고 출동한 경찰에 현행범으로 체포됐다. 이 부장검사는 기소되지 않았다. 경찰은 기소 의견으로 검찰에 넘겼는데 부산지검은 '혐의 없음'으로 불기소 처분했다(박용현 외, 2021).

검찰수사와 관련하여 계속되는 제 식구 감싸기와 정치적 중립성 논란 등으로 검찰은 국민적 비난을 받았다. 국회에서는 검찰청법 개정안과 폐지안이 연달아 제출됐다. 법안 제출이유는 '검찰은 단일형 위계 체계로서 전국의 모든 검사가 검찰총장 지휘·감독에 복종하는 조직 형태로 운영되고 있다'라는 것이었고(민형배 등, 2021), 아울러 '검찰총장의 인사권과 계급화된 상명하복의 조직문화 아래 검찰은 엘리트 관료집단이 되었고, 조직의 이익을 위하여 정치 권력, 자본 권력, 때로는 언론 권력과 결탁해 그 막강한 권한을 이용하여 형사사법 절차의 정상적 운영을 방해하는 지경에 이르렀다'라는 것이었다(김용민 등, 2020).

목표를 달성한다. 개인의 역량이나 특성은 경쟁 우위의 원천이 된다. 자본은 기회가 되면 누구나 확보할 수 있고, 기술 역시 모방할 수 있다(Pfeffer, 2010). 하지만 사람은 대체할 수도 없고 모방할 수도 없다. 현대와 같은 경쟁사회에서 성공하는 조직을 만들기 위해서는 창의성이 중요하며, 다른 조직이 모방할 수 없는 가장 중요한 생산요소는 사람이라 할 수 있다(Pfeffer, 2010). 결국 문제의 핵심은 조직이 아니라 사람이다.

셋째, 사람은 조직변화의 선도주체이다. 조직이 구성되면 사람이 움직인다. 구성된 조직을 변경하는 것 역시 사람이다. 사회를 선도하고 변화시키는 것은 결국 사람이다(Elliott, 1985). 사람의 중요성을 입증해 주는 대표적인 사례가 노벨상 수상자들이다. 이들은 탁월한 역량과 불굴의 노력으로 인류사회 발전에 기여했다. 아인슈타인이나 퀴리부인 등 천재적인 과학자는 조직보다는 개인의 탁월한 기여를 말해준다. 아울러 인도의 간디, 미얀마의 아웅산 수치, 남아프리카공화국의 만델라 등은 개인적인 신념과 노력으로 세계 평화에 기여했다. 임진왜란 때 나라를 구한 이순신 장군이나 탁월한 리더십으로 전쟁을 승리로 이끌었던 영국의 처칠, 남미 민주정부의 실천적 모델이 되었던 룰라 대통령의 경우를 보아도 조직보다는 개인의 역할이 돋보인다. 그런 영웅들이 없이 성공적인 조직을 생각하기란 어렵다. 기존 사회에서는 조직이 사람보다 수명이 더 길고, 대부분의 사람들은 한 곳에 머무르며 살았다. 하지만 오늘날에는 근로자들이 조직보다 수명이 더 길고 지식근로자의 이동성이 높다(Drucker, 2001).

4. '조직 속의 사람'이다

위와 같은 논쟁이 일어나는 이유는 문제의 원인을 진단하고 책임을 명확히 하는 것은 물론 해결책을 찾기 위해서이다. 각각의 입장에 따라 다양한 사례와 근거를 제시할 수 있다. 하지만 공통분모는 역시 조직 속에 사람이 있고, 사람이 조직을 운영한다는 것이다(Llorens, Klingner & Nalbandia & 2017). 즉 '조직 속의 사람'이라 할 수 있다. 이러한 관점에서 다음 세 가지를 고려할 필요가 있다.

첫째, 조직이 사람을 지배한다거나 사람이 조직을 지배한다는 일원론적 시각에서 벗어날 필요가 있다. 조직과 사람은 서로 상호작용에 의한 운명공동체라고 보는 통합적 시각이 필요하다. 조직 없이 사람이 있을 수 없고, 사람 없이 조직이 존재할 수 없기 때문이다. 결국 조직의 변화를 통하여 사람을 변화시킬 수 있고, 사람의 변화를 통하여 조직의 변화를 도모할 수 있다.

둘째, 조직이냐 사람이냐의 문제는 조직과 사람의 개별적 특성에 따라 달라진다. 먼저 조직의 특성이 무엇인지에 따라 문제의 원인과 해결책이 달라질 수 있다. 따라서 조직의 기능과 구조, 문화와 환경이 어떤지 살펴볼 필요가 있다. 마찬가지로 사람의 특성이 무엇인지에 따라 문제의 원인과 해결방안이 달라질 수 있다. 조직에 속한 사람들의 행태와 동기, 그리고 역량이 무엇인지 살펴볼 필요도 있다.

셋째, 조직과 개인의 상호작용이 중요하다. 조직과 개인의 개별적 특성과 함께 조직과 사람의 정합성에 따라 조직의 미래가 좌우된다. 조직은 개인에게 줄 직무를 가지고 있고, 개인은 조직에게 줄 역량을 가지고 있다. 이들을 서로 교환하여 생산적 성과를 가져오려는 것이 조직 목표이다. 조직이 갖고 있는 경직성과 사람이 갖고 있는 유연성의 조화가 필요하다.

지금까지의 논의를 종합하면, 인적자원행정은 '조직 속의 사람'을 중심으로 한다. 즉 조직 목표를 달성하기 위하여 활동하고 있는 사람들을 연구 대상으로 하는 것이다. 사람은 조직 구성의 기본 단위이고, 조직 성패의 핵심 요소이며, 조직 변화의 선도 주체이기 때문이다. 조직에서 유기적으로 활동하는 것은 사람이고, 조직의 성과는 사람을 통해 달라질 수 있다(Lawler III, 1974). 사람을 통해 조직의 목표를 달성하기 때문이다. 따라서 조직의 성공 여부와 미래는 사람에 달려 있다고 할 수 있다.

제 2 절 인적자원행정의 중요성

1. 인사가 만사다

인적자원행정이 왜 중요한가? 왜 모든 사람이 중요하다고 생각하는가? 인사(人事)는 '만사(萬事)'라고 한다. 그것의 의미는 무엇일까? 조직의 일이 잘 풀리지 않을 경우, 사람들은 인사 문제를 모든 문제의 근본 원인으로 인식한다. 즉 많은 사람들이 모든 문제가 인사 문제에서 비롯된다고 생각한다. 정부에 대한 비판이나 부정적 인식도 알고 보면 대부분 잘못된 인사로부터 시작된다. 잘못된 인사는 정실 인사(cronyism), 편파 인사(favoritism), 밀실 인사(closed door), 부정 인사(corruption), 보은 인사(repayment), 불공정 인사(unfairness), 불균형 인사(unbalance), 불

| 그림 1-1 | 세 가지 측면에서의 인적자원행정 중요성 |

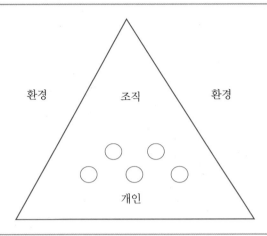

법 인사(illegality), 회전문 인사(revolving) 등 다양하다. 이와 같은 잘못된 인사가 문제되는 이유는 결국 조직의 성공적인 운영과 개인의 행복한 생활을 심각하게 훼손하기 때문이다. 즉, 인사 문제가 조직의 성패와 개인의 행·불행을 결정하는 핵심 요인이 된다는 것이다. 인사에 실패하면 조직의 목표는 달성될 수 없다. 정책은 실패하고 개인은 좌절한다. 반대로 인사 문제가 잘 해결되면 조직 문제의 80% 이상은 잘 해결될 수 있다고 해도 과언이 아니다. 인사 문제는 개인에게나 조직에게나 중요한 과제가 아닐 수 없다.

　인적자원의 중요성은 단순히 조직과 개인의 발전과 행복 측면에서 강조되는 것만이 아니다. 조직 및 사회 환경의 거시적인 변화를 보더라도 인적자원행정의 중요성은 크게 증가하고 있다. <그림 1-1>에서 보듯이, 인적자원행정의 중요성은 환경적 측면, 조직적 측면, 그리고 개인적 측면에서 확인할 수 있다. 이와 같은 세 가지 관점에서 인적자원의 중요성을 보다 상세히 살펴본다. 특히 공공부문에서 인적자원행정은 정부 기능의 질적·양적 변화에 따라 중요성이 더욱 높아지고 있다.

2. 인적자원관리의 중요성

(1) 환경적 측면 : 지식사회의 도래

　인적자원의 중요성은 먼저 사회 환경의 변화에서 찾을 수 있다. 현대사회가 산업기술사회에서 지식정보사회로 변화함에 따라 인적자원은 사회발전과 생산의 핵심적인 요소가 되고 있다. 전통적으로 생산의 3대 요소는 토지, 자본, 그리고 노동이었다. 산업혁명 이전에는 토지가 중요했으나, 이후 자본주의가 도입되면서 자본과 기술이 중요해졌다. 이 시기의 노동은 정신노동보다는 육체노동을 의미한다. 하지만 20세기 후반 지식(knowledge)이 사회의 중심이 되면서 토지와 자본, 그리고 기술을 포함하는 물적 자원보다는 인적자원이 더 중요해졌다. 육체노동의 생산성 증가가 한계에 다다르면서 지식노동 근로자의 생산성 향상이 그만큼 중요해진 것이다. 피터 드러커(2001)는 그의 저서 『프로페셔널의 조건』에서 지식의 적용 형태를 기준으로 최근 근대사에 세 번의 사회적 전환이 있었다고 분석한다.

첫 번째 전환은 '산업혁명'이다. 17~18세기 산업혁명 이전에 교양에 불과했던 지식은 산업혁명을 기점으로 작업도구와 제조공정 그리고 제품에 적용되기 시작했다. 두 번째 전환은 '생산성 혁명'으로 지식을 테일러의 과학적 관리론과 같이 인간의 작업과정에 적용한 것이다. 인간의 작업 동작과 작업시간을 연구하는 데 지식을 활용함으로써 획기적인 생산성 향상을 가져온 것이다. 세 번째 전환은 '경영혁명'으로, 지식이 지식 자체에 적용되는 단계이다. 지식은 독립된 생산요소로서 과거 생산의 핵심적인 요소인 토지・자본・노동을 대체한 것이다. 따라서 새로운 부의 창출을 위해서는 새로운 생산요소로 등장하고 있는 지식노동의 생산성을 높이는 방법이 매우 중요해졌다.

이와 같이 지식사회에서 전통적인 '생산요소(factors of production)'들은 지식노동자가 활용하는 '생산도구(tools of production)'가 되었다(Drucker, 2001). 지식노동사회에서의 지식은 핵심적인 생산요소의 하나가 되었고, 물적 자본의 생산성은 인적자본이 이를 어떻게 사용하느냐에 따라 달라지게 되었다. 현대사회에서 인적자원의 관리는 농업사회와 산업사회를 지나 지식사회로의 혁명적 변화에 따라 증가하게 된 지식근로자에 대한 관리라 할 수 있다. 이와 같이 지식기반사회에서는 지식이 생산의 가장 핵심적인 요소이며, 지식근로자들이 핵심적인 사회구성원이 된다.

(2) 조직적 측면 : 성과

지식정보사회는 조직 상호간의 경쟁을 심화시키고 있다. 누구나 지식과 정보를 자유롭게 활용할 수 있고 매일매일 새로운 정보와 지식이 홍수처럼 쏟아지는 상황은 불가피하게 경쟁사회를 낳고 있다. 이러한 경쟁사회에서 살아남으려면 '지속가능한 경쟁적 우위(sustainable competitive advantage)'를 확보하는 것이 중요하다. 지속적인 경쟁적 우위를 확보하기 위해서는 해당 자원이 가치가 있고(valuable), 희소하며(rare), 모방이 어려워야(difficult to imitate) 한다(Barney, 1991). 하지만 과거의 전통적인 생산요소인 기술이나 자본은 그 가치는 인정되지만 희소하지도, 모방이 어렵지도 않게 되었다. Pfeffer(2010 : 17-28)에 따르면 지금까지 새로운 기술은 다른 기업이 모방할 수 없는 핵심적인 요소로서 경쟁적 우위를 확보할 수 있었다. 하지만 최근 개발된 기술의 수명이 상대적으로 짧아지면서 새로운 기술을 끊임없이 개발하는 데 한계가 있고, 하나의 조직이 기술을 독점하기도 어려워졌다. 자본의 경우도 마찬가지이다. 과거에는 자금 확보 능력이 높은 조직이 성공 가능성이 높았으나, 최근에는 금융시장의 글로벌화로 인하여 경쟁우위의 원천으로서 자본의 중요성이 떨어지고 있다. 왜냐하면 좋은 아이디어나 뛰어난 경영 방식만 있다면 자본을 유치하는 것은 점점 쉬워지고 있기 때문이다. 반면 개발 주기가 짧아진 전문화된 기술을 위해서 인적자원은 더욱 중요해지고 있다.

따라서 경쟁사회에서 '경쟁적 우위'를 확보할 수 있는 핵심적인 요소는 인적자원이다. 성공적인 조직을 위해서는 다른 조직이 모방할 수 없는 인적자원을 확보하는 것이 무엇보다도 중요해졌다. 이와 같이 인적자원은 조직의 기능과 특성에 적합하고, 물적 자본과는 달리 복잡한 유기체이며, 해당 조직의 목표와 성과에 기여하는 독특한 우수성을 가질 경우 다른 조직에서 모방하기 어렵다(Dierickx and Cool, 1989). 기존의 생산요소와 달리 조직성과와의 인과관계가 모호하고 다소 복잡한 과정을 통해 이루어지는 인적자원관리는 다른 기업들이 쉽사리 따라할 수 없는 확실한 모방 장벽(imitation barrier)을 구축하게 된다.

따라서 경쟁사회에서 인적자원은 조직의 핵심 자원으로 부상하게 된다. 인적자원을 어떻게 관리하고 활용하느냐에 따라 조직의 성패 여부가 결정되는 것이다.

표 1-1　인적자원관리와 경쟁우위(VRIO Framework)

가치?	희소성?	모방 어려움?	경쟁력에 대한 시사점
×	−	−	경쟁 열위 (Competitive Disadvantage)
○	×	−	경쟁 동위 (Competitive Parity)
○	○	×	한시적 경쟁 우위 (Temporary Competitive Advantage)
○	○	○	지속적 경쟁 우위 (Sustained Competitive Advantage)

출처 : Barney & Wright, 1998. p.37.

다른 조직과 차별화되는 우수인력의 확보야말로 오늘날 조직들이 '지속가능한 경쟁우위'를 확보하는 최선의 방법이라 할 수 있다.

(3) 개인적 측면 : 행복

조직에 속한 개인의 입장에서 인사는 인생의 행복과 성패를 좌우하는 중요한 요인이 아닐 수 없다. 무엇보다 인사를 통해 조직 내 개인의 역할과 기능이 주어지기 때문이다. 인사는 조직의 성공은 물론 개인적인 삶의 의미를 찾을 수 있는 지표가 되곤 한다. 둘째, 무엇보다도 조직 구성원으로서 인사 문제로 고민하는 시간과 비용이 매우 크기 때문에 자신의 일상생활에 직접 영향을 미치는 중요한 요소가 된다. 셋째, 개인의 다양한 목표와 가치가 인적자원 관리과정을 통하여 성취될 수 있고 실현될 수 있다. 이 과정에서 삶의 보람을 느끼고, 소명의식이 살아나

조직 내 개인의 행복과 인적자원행정

"OO시의 20대 한 9급 공무원이 입사 9개월 만에 극단적인 선택을 했다.", "잘 나가던 대기업의 부사장이 자살했다.", "최고의 과학자 물리학과 교수가 자살했다.", "기획재정부 사무관과 보건복지부 사무관이 자살했다." 최근 신문지상에 나온 인사 문제로 인한 자살 사건들이다. 최근 5년간 경찰공무원 자살사망자는 총 103명으로, 매년 20.6명의 경찰공무원이 자살로 사망했다(이만석·김명식, 2020).

통계청 발표에 따르면 우리나라의 자살률은 매우 높은 것으로 나타났다. 매년 자살 인원 13,000여 명 수준으로 OECD 국가 중 가장 높은 수준이다. 자살이 많다고 알려진 일본의 경우보다 훨씬 많다. 이러한 통계 수치에서 더 중요한 사실은 자살 인원 중 가장 비율이 높은 40대와 50대가 매년 약 5000~6000명에 달하고 있다는 점이다. 특히 이중 남성이 전체의 70%에 달한다. 이들은 곧 조직을 소유하고 있거나 직장을 다니고 있거나 과거에 다녔던 조직 구성원으로 추정된다. 이들을 자살로 몰게 된 중요한 요인들 승진, 보직, 평가, 갑질, 괴롭힘, 업무과중 등으로 조직 내 인사 관리의 문제로 귀결된다. 최근에는 20대와 30대의 자살율이 증가하고 있는 상황이다. 조직 내 인적자원행정이 바로 개인의 행복을 좌우하는 중요한 요소가 아닐 수 없다.

민간기업은 물론 공공조직에서 인사 문제는 조직 구성원의 가장 민감한 관심 사항이다. 특히 공공부문에 종사하는 조직 구성원, 즉 공무원들의 전체 업무 중 인사 부담이 차지하는 비중은 평시에는 50% 이상, 인사 시기에는 70% 이상, 인력감축 시기에는 90% 이상으로 추정된다. 과중한 인사 스트레스는 하위직은 물론 고위직 등 모든 공무원의 공통된 고민이며, 고위직이 된다 해도 인사 부담에서 벗어날 수 있는 것은 아니다. 고위직이라 하더라도 하위직과 마찬가지로 인사 부담은 전혀 감소하지 않는다. 왜냐하면 고위직의 경우 하위직보다 승진과 보직을 위한 경쟁이 더 심해지기 때문이다.

며, 행복의 원천으로 작용할 수 있는 반면, 때로는 좌절하고 회의하기도 한다. 개인은 대부분의 삶을 조직에서 생활하기 때문에 조직에서의 성공은 곧 개인의 삶의 성공을 의미하는 것으로 해석되기도 하는 것이다. 이와 같이 인사는 자기 인생의 성공과 행복은 물론 가족 인생의 성공과 행복까지도 결정하는 중요한 요소가 아닐 수 없다.

3. 공공부문 인적자원행정의 중요성

공공조직에서 사람은 민간부문에서보다 더 중요한 자원이다. 앞에서 보았듯이, 조직적 측면과 개인적 측면에서 인적자원행정의 중요성은 공공조직에도 그대로 적용될 수 있다. 뿐만 아니라 민간부문보다 공공부문에서 인적자원행정이 더 중요한 이유가 있다.

첫째, 조직적 측면에서 공공조직의 인적자원행정은 그 직무적 특성과 환경이 민간부문과 다르다(Allison, 1979). 공공조직에 근무하는 종사자들이 수행하는 업무는 '자본'과 '기술'보다는 '지식'에 기반하고 있는 경우가 많다. 소위 공무원들은 대표적인 지식근로자라 할 수 있다. 즉 정부 조직과 정책의 성패는 인적자원의 역량과 의지에 달려 있다고 해도 과언이 아니다. 정책 수행을 통해 다양한 가치를 균형 있게 배분하고, 새로운 기술과 자본을 창출하며, 행정서비스를 효율적으로 전달하는 기능 역시 공무원의 역할이기 때문이다.

둘째, 개인적 측면에서 보더라도 공무원에게 인적자원행정은 자신의 행복을 결정하는 중요한 요건이다. 공무원들이 상대적으로 낮은 보수에도 불구하고 행복하게 생활할 수 있는 데에는 인적자원행정의 역할이 크다. 특히 직업공무원제도가 정착되어 있는 경우, 바람직한 인적자원행정은 공공조직의 구성원들이 평생 동안 편안하고 행복한 직장 생활을 가능하게 한다.

셋째, 환경적 측면에서 공공부문 인적자원행정의 중요성은 정부 기능과 역할의 변화에서 찾을 수 있다. 최근 정부의 역할이 양적으로 증가하고 질적으로 변화하면서 정부 내 인적자원행정의 중요성이 더욱 커지고 있다. 정부 기능 및 역할 변화의 내용과 이것이 인적자원행정에 미치는 영향을 구체적으로 살펴보자.

(1) 정부규모의 양적 증가

정부 내 인적자원행정의 중요성이 갈수록 커지고 있다. 특히 우리나라의 경우,

정부 재정과 인력의 절대적 규모가 지속적으로 증가하고 있다. 우리나라의 경우 국내총생산 중 정부 지출이 차지하는 비중이 1995년도 약 20%에서 37.9% 수준으로 높아졌다. 정부인력규모의 경우에도 OECD 국가들은 평균적으로 전체 노동 인구의 약 18% 수준으로 유지하고 있는 반면(OECD, 2021: 100), 우리나라는 OECD 수준보다는 낮은 8% 수준으로 나타나고 있으나 절대적인 규모는 1960년대 이후 지속적으로 증가하고 있는 상황이다. <그림 1-2>에서 보는 바와 같이, 우리나라 공무원의 인력도 1965년 이후 최근까지 지속적인 증가 추세를 보이면서 현재 약 120만 명에 달하고 있다. 뿐만 아니라 공기업 등 공공기관은 물론 정부 출자 또는 재출자기관이나 비영리/비정부단체 등 공공적 성격의 기관을 포함할 경우 공공부문은 급속하게 팽창해 왔다고 할 수 있다.

이와 같이 공무원을 포함한 공공부문 재정과 인력규모의 증가로 국가 경제 및 사회에 미치는 파급효과가 매우 커짐에 따라 공공부문 인적자원관리의 중요성이 그 어느 때보다 부각되고 있다(오석홍, 2022).

첫째, 정부 인력과 재정 규모가 증가함에 따라 정부 효율성에 대한 요구가 높아지고 있다. 1990년대 세계 각국에서 작고 효율적인 정부를 지향했던 것은 이러한 요구를 반영한 것이다. 이와 같이 정부인력 규모를 둘러싼 논쟁도 정부 조직에 '규모의 경제'를 요구하고 인적자원의 효율성을 제고하려는 문제제기로 볼 수 있

그림 1-2 우리나라 총 공무원 수 변화 추이(1965~2021)

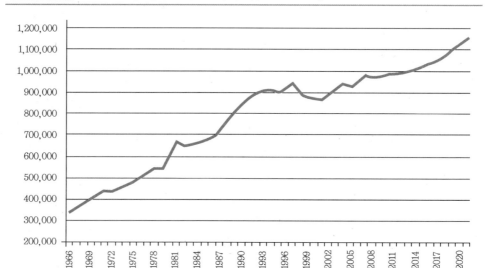

출처 : 행정안전부, 정부조직관리정보시스템(2022).

을 것이다.

둘째, 정부 인력과 재정 규모의 증가는 정부 기능과 역할의 증대를 의미한다. 증대된 정부 기능과 역할을 성공적으로 수행하기 위해서는 우수한 인적자원 확보와 개발이 우선적 과제가 아닐 수 없다. 재정 규모 증가로 재정사업이 대형화되면서 정책과 사업을 기획하고 집행하며 평가하는 우수한 인적자원이 필요해졌기 때문이다. 또한 인력 규모가 증가하면서 정부 기능의 분화가 가속화하고, 이에 따라 정부 내 다양하고 전문화된 인적자원의 수요가 증가하고 있다.

셋째, 정부 인력 규모의 증가는 노동조합의 권력과 역할도 커졌음을 의미한다. 노동조합의 근로조건 및 복지 향상에 대한 요구가 확대되면서 합리적인 노사관계를 위해서도 인적자원행정이 중요한 과제로 되고 있다. 인적자원 확보부터 퇴직에 이르기까지 노동조합과의 원만한 협의가 반드시 필요하기 때문이다.

(2) 정부역할의 질적 변화

인적자원행정의 중요성은 정부 역할의 양적 확대만이 아니라 질적 변화에서도 찾아볼 수 있다. 정부는 이제 단순히 법을 집행하는 기관에 머무르지 않고 대내외 행정 수요를 적극 반영하여 정책을 결정하는 기관이다. 따라서 인적자원관리도 과거 법에 따라 인사를 단행하고 이를 집행하는 것에 그치지 않고 적극적으로 외부적 및 내부적 수요 변화에 상응하지 않으면 안 되게 되었다(임도빈·유민봉, 2021).

첫째, 인적자원행정도 외부의 행정 수요에 대응할 필요성이 커졌다. 과거에 비해 국민이 요구하고 기대하는 행정서비스 수준이 크게 높아진 것이다. 국민은 행정서비스의 내용과 과정, 전달 방식과 도구 모두에서 질적 변화를 요구하고 있다. 이러한 국민적 요구를 충족시키기 위해서는 이를 담당하는 공무원의 역량과 노력이 필수적이다. 더욱이 행정서비스도 갈수록 복잡해지면서 전문성을 요구하고 있다. 전문지식과 능력 없이는 현대 행정서비스를 처리하고 담당하기 어렵다. 사람의 변화 없이 서비스의 변화를 기대하기 어려워졌다. 이러한 국민적 요구에 대응하기 위해서도 인적자원행정의 적극적이고 전문적인 역할이 더욱 커지고 있다.

둘째, 외부적 환경 변화와 함께 조직 내부의 환경이 변화함에 따라 인적자원행정도 더 중요해졌다. 정부 내 인적구성도 매우 다양해져. 성별이나 연령 등 유전적 다양성만이 아니라 역량·종교·신념 등 가치의 다양성도 증가하고 있다. 뿐만 아니라 인적 구성의 다양화에 더해 조직 구성원들의 요구와 기대도 커지고 있다. 과거에는 단순히 통제의 대상이었지만 인적 구성이 다양해지고 업무의 전문성이 높아지면서 기본 권리에 대한 인식이 강화되고 있다. 공무원들도 자신들의 권리를 지키기 위한 노동조합을 만들고, 다양한 단체들에 가입해 조직 내외부에서 활동하고 있다.

이러한 조직 구성원의 인식 변화는 인력관리의 지향성과 가치를 변화시키는 계기가 되고 있다. 아울러 정부 규모의 양적 확대와 대내외 환경의 변화에 힘입어 조직 내부는 성과지향적이고 경쟁적인 노동시장을 형성하게 되었다. 민간부문의 인적자원 관리방식이 적극 도입되면서 급속히 성과지향적으로 변하고 있는 것이다. 한편 공무원의 사회적 위상이 약화되면서 우수한 인적자원을 확보하기 위한 민간부문과의 경쟁도 점차 치열해지고 있다. 조직 내부 생산성 향상을 위한 공공부문과 민간부문과의 경쟁은 물론, 조직 내부 인적자원관리의 효율성과 생산성 향상이 중요한 가치로 부상하고 있는 것이다.

학•습•포•인•트

- 조직 속의 사람
- 인적자원관리의 중요성
- 지식사회와 인적자원관리
- 조직성과와 인적자원관리
- 인적자원행정과 정부기능의 변화

- 조직중시 입장의 근거와 사례
- 개인중시 입장의 근거와 사례
- 경쟁적 우위의 의미
- 공공부문 인적자원행정의 중요성
- 인적자원행정과 정부규모의 확대

연•습•문•제

1. 인적자원행정론 또는 인사행정론 과목을 수강 선택하게 된 이유를 세 가지 이상 제시하고 설명하시오.

2. 조직이 중요한지, 사람이 중요한지에 관하여 자신이 경험한 사례를 들어 한 가지 입장을 취하여 설명하고, 그 반대 의견을 비판하시오.

3. 인적자원이 왜 중요한 사회가 되었는지 조직의 입장과 개인의 입장에서 비교하여 설명하시오.

4. 지식정보화사회로의 변화가 인적자원행정에 미치는 영향을 설명하시오.

5. 공공부문에서 인적자원행정이 왜 중요한지 그 이유를 관련 자료와 통계를 근거로 제시

하고 설명하시오.

6. 자신이 속한 조직을 나열해 보고, 그 조직에서 발생한 인적자원행정의 문제점과 그 해
   결방안을 서술하시오.

 토●의●사●례

사우스웨스트 항공사의 인적자원 관리

사우스웨스트 항공은 미국 댈러스에 본사가 있는 세계 3위의 저가 항공사로, 1971년
허브 캘러허(Herb Kelleher)가 설립했다. 총 운송 여객수로 세계 3위인 사우스웨스트 항
공은 다양한 사업전략과 독특한 조직문화로 세계적 반열에 들어간 가장 모범적이고 성공
적인 회사로 알려져 있다. 3년 연속 항공기 운항이 가장 적은 항공사, 승객들의 수하물 처
리에 대한 불평이 가장 적은 회사, 그리고 승객들의 불편이 가장 적은 회사 등 미국 교통
부로부터 소위 '트리플 크라운(Triple Crown)'도 얻었다. 뿐만 아니라 항공사 중에서 이
직률이 가장 낮은 회사, 직원들이 작업통제 규칙 없이도 자발적으로 직무를 수행하는 회
사, 직원들이 업무를 가장 즐겁게 하는 회사로 평가되고 있다. 아울러 항공기 평균 승무원
수 및 승객 대비 승무원 수가 가장 적어 생산성도 매우 높다.

사우스웨스트 항공은 도시 간 단거리 비행이라는 틈새시장을 파고들어 낮은 가격에
최상의 서비스를 제공한다. 아울러 짧은 비행에서 그다지 승객에게 필요가 없는 기내식
서비스를 폐지하고, 대신 고객들이 정확한 비행 일정과 잦은 운행 서비스를 선호한다는
점을 고려하여 비행 준비 시간을 단축하고 운행 횟수를 늘림으로써 생산성을 획기적으로
높였다.

이 항공사가 가장 중요하게 생각하는 가치는 조화(harmony)이다. 업무를 수행하는
구조가 엄격하게 짜여져 있지 않고 직원들 간에 서로 경쟁적이지도 않다. 조직과 개인의
끈끈한 관계를 가장 큰 가치로 두기 때문에 개인들은 조직 충성도가 높고, 조직은 개인을
존중한다. 사우스웨스트에서는 공동체가 가장 중요하다. 공동체의 성공 없이 개인의 성공
또한 존재하지 않는다고 말한다. 이러한 공동체 중심의 조직문화에 맞지 않은 직원은 떠
나도록 권장하고, 지나치게 무례한 승객들 또한 다른 항공사에 탑승하도록 안내한다.

사우스웨스트 항공사 직원들은 즐겁고 신나게 일하는 것으로 유명하다. 그 즐거움의
밑바탕에는 그들만의 독특한 'LUV'와 'FUN' 문화가 자리잡고 있다. LUV는 직원들이 서
로 친밀하게 대하는 방식을 나타내는 조직의 핵심 가치이다. 직원들은 서로를 아끼고 사
랑해야 한다. 고객에 대한 사랑 역시 최고의 가치이다. LUV와 조직문화의 핵심적인 가치
는 바로 'FUN'이다. 일을 일이라 생각하지 않고 재미있는 놀이라고 생각하는 것이다. 직
원들이 좀 파격적인 행동을 보여도 그들의 상상력을 존중하고 자유롭게 풀어놓는다. 이에
따라 즐거운 유머와 파티, 행동이 쉽게 나타난다.

이러한 'LUV'와 'FUN'을 중시하는 조직문화를 위해 채용·선발에서부터 조직에 적
합한 사람을 뽑기 위해 엄격한 절차와 함께 상당한 노력을 기울인다. 지식이나 기술보다
는 태도를 가장 중요하게 여긴다. 동료와 승객에게 즐거움을 줄 수 있는가가 선발의 기준
이 된다. 따라서 면접 과정에서 다른 사람을 배려하지 않는 행동을 보이면 아무리 뛰어난

능력을 갖고 있어도 채용하지 않는다. 그래서인지 사우스웨스트 항공은 MBA 출신을 거의 뽑지 않는다. 평균 급여 수준도 다른 항공사에 비해 높지 않고, 연공서열이 보수의 기준이 된다. 또한 상위 직급의 대부분을 내부승진으로 채우며, 직원들과 사장이 조직의 문제점에 대해 허심탄회하게 이야기를 나누고 공유한다.

이러한 직원들의 조직에 대한 헌신과 조직의 직원에 대한 관심은 다른 동종 회사에서 희소하고 모방하기 어렵기 때문에 경쟁적 우위를 확보할 수 있다. 이러한 탁월한 조직문화와 역량을 모방하기 위해 많은 경쟁업체들이 기내식을 없애는 등의 노력을 했으나 모두 실패로 돌아갔다. 사우스웨스트가 가진 비용절감 전략은 모방할 수 있을지라도 조직에 배어 있는 보이지 않는 가치와 문화를 모방하기는 어렵기 때문이다(출처 : Hallowell, 1996; Gladwell, 2010).

"우리는 사우스웨스트 팀이며, 그것이 바로 우리다.
(We're the Southwest team, that's what we are.)
MVP는 존재하지 않으며, 우리 각각이 최고의 스타다.
(No MVP, we're each a big star.)
비행이 즐겁고 서비스를 제공하는 것이 행복하다.
(It's fun to fly and it's fun to serve.)
그리고 즐거움은 우리 고객들이 당연히 누려야 할 것이다.
(And fun is what our customers deserve.)"

– 출처 : 사우스웨스트 에어라인 직원용 비디오 내용 중에서

📖 토의과제

1. 사우스웨스트 항공사 사례를 읽고 성공요인이 무엇인지 설명하고, 사례에 비추어 조직과 개인의 상대적 중요성을 설명하시오.
2. 사우스웨스트 항공사의 사례를 정부조직에 적용할 수 있는지, 있다면 어떻게 반영해야 되는지 자신의 의견을 제시해 보시오.

💡 참고문헌

김용민 등 12인, 2020. 검찰청법 폐지법률안(2020. 12.19). 국회 의안정보시스템 의안번호 2106977호.

김용철, 2010. 『삼성을 생각한다』, 사회평론.

민형배 등 14인, 2021. 검찰청법 개정법률안(2021. 2. 1). 국회 의안정보시스템 의안번호 2107833호.

박용현·조소영·송호진, 2021. 논썰. 한겨레. 2021. 7. 10.

오석홍, 2022. 『인사행정론』 제9판, 박영사.

이만석·김명식. 2020. 「경찰공무원 자살 실태와 예방대책」. 『한국경찰학회보』, 84, 1–30.

지호일. 2012. 인물로 되돌아본 2012. 국민일보. 2012. 12. 27.

이창길·김란수. 2011. 「비영리조직에 있어서 조직효과성의 영향요인 연구: 개인적 요인과 조직적 요인의 차별화를 중심으로」. 『행정논총』 49(2), 179-203.

이창길, 2012a. 「관료제와 관료의 탈일체화 : James Wilson의 시각을 중심으로」, 『정부학연구』 18(3) : 1-25.

이창길, 2012b. 「조직통합으로 인한 조직몰입과 직무만족의 변화요인 분석: 개인적 요인과 사회적 요인의 비교」. 『한국사회와 행정연구』, 23(1), pp.263-285.

이창길, 2020a. 『대한민국 인사혁명: 휴머니즘 인사혁명을 위한 22가지 질문』. 나무와숲.

이창길, 2020b. 「한국 관료제의 위기: '정치화'의 역설」. 『정부학연구』, 26(1), pp.104-130.

임도빈·유민봉, 2019. 『인사행정론』, 박영사.

Agyris, Chris, 1964. Integrating the *Individual and the Organization*. Transaction Pub.

Allison, Jr. J. T., 1979. Public and Private Management : Are They Fundamentally Alike in All Unimportant Respects? in J. L. Perry & K. L. Kraemer eds, 1983. *Public Management: Public and Private Perspective,* Palo Alto, CA : Mayfield Publishing Co.

Barnard, Chester and Andrews, K. R. 1968. *The Functions of the Executive* (Vol. 11). Harvard University Press.

Barney and Wright, 1998. *On Becoming a Strategic Partner : The Role of Human Resources in Gaining Competitive Advantage*, Center for Advanced Human Resource Studies (CAHRS).

Barney JB., 1991. *Firm Resources and Sustained Competitive Advantage*, Addison Wesley.

Beach, Dale S., 1980. *Personnel : The Management of People at Work,* N.Y., Macmillan Publishing Co.

Byars, Lloyd L. & Leslie W. Rue, 1984. *Human Resource and Personnel Management*, Homewood, Ill. : Richard D. Irwin, Inc.

Dierickx, Ingemar and Karel Cool. 1989. Asset Stock Accumulation and Sustainability of Competitive Advantage, *Management Science*, 35(12) : 1504-1511.

Drucker, Peter F. 2001. *The Essential Drucker*, 1st edition, HarperBusiness. (피터 F. 드러커, 2013. 『프로페셔널의 조건』, 청림출판).

Elliott, R. H., 1985. *Public Personnel Administration : A Values Perspective,* Reston Publishing Co.

Gladwell, Malcolm. 2002. *The Talent Myth : Are smart people overrated?*, The New Yorker, 28-33.

Gladwell, Malcolm 2010. *What the Dog saw*(그 개는 무엇을 보았는가?), Back Bay Books.

Ghosal, S., & Bartlett, C. A. 1997. *The Individualized Corporation.* New York: Harper Business Books.

Hallowell, Roger. 1996. Southwest Airlines : A Case Study Linking Employee Needs Satisfaction and Organizational Capabilities to Competitive Advantage, *Human Resource Management,* 35(4) : 513-534.

Hamel, G., & Zanini, M. 2018. The End of Bureaucracy. *Harvard Business Review,* 96(6), 50-59.

Ingemar Dierickx, Karel Cool, 1989. Business Strategy, Market Structure and Risk-Return Relationships : A Structural Approach, *Strategic Management Journal,* vol10.

Lawler III, E. E. 1974. The Individualized Organization: Problems and Promise. *California Management Review,* 17(2), 31-39.

Llorens, Jared E, Klingner, Donald E. and John Nalbandian, 2017. *Public Personnel Management : Contexts and Strategies,* 7th edition. Prentice-Hall.

McLean, B., & Elkind, P. 2003. *The Smartest Guys in the Room : the Amazing Rise and Scandalous Fall of Enron.* New York: Portfolio.

Organizations for Economic Cooperation and Development(OECD), 2021. *Government at Glance 2021.* Paris.

Pfeffer, Jeffrey. 1994. *Competitive Advantage Through People : Unleashing the Power of the Work Force,* Harvard Business School Press.

Pfeffer, Jeffrey. 2010. 『사람이 경쟁력이다』 (포스코경영연구소 옮김), 21세기북스.

Perrow, Charles. 1991. A Society of Organizations, *Theory and Society,* 20(6) : 725-762.

Roger Hallowell, 1996. Southwest Airlines : A Case Study Linking Employee Needs Satisfaction and Organizational Capabilities to Competitive Advantage, *Human Resource Management,* 35(4) : 513-534.

Southwest Airlines 직원용 비디오.

Spector B., 2003. HRM at Enron: the Unindicted Co-conspirator, *Organizational Dynamics,* 32(2), pp.207-220.

Tolbert, Pamela S., Richard H. Hall, 2018. *Organizations : Structure, Process, and Culture.* Prentice Hall. Tenth edition.

Whyte, William H. 1956. *The Organization Man,* Simon and Schuster, New York.

제2장

인적자원행정의 의의와 범위

이 장에서는 먼저 인적자원행정의 의의와 범위, 그리고 학문적 위치와 특성을 살펴본다. 이를 토대로 이 책에서 배우게 될 전략적 인적자원행정의 구성체계를 제시한다. 이는 인적자원행정의 목표와 전략기획, 직무와 역량, 인적자원 관리과정, 성과와 보상, 권리와 책임, 그리고 미래혁신 등 6개 부문으로 구성된다. 이러한 구성체계와 운영방식은 공공부문과 민간부문이 서로 큰 차이가 있기 때문에 공공부문 인적자원행정의 특성과 내용을 논의한다. 마지막으로 인적자원행정을 이론적·실증적으로 연구하는 방법을 설명하고, 인적자원행정 사례분석과 토론을 통한 학습방법을 소개한다.

제 1 절   인적자원행정의 의의와 범위
제 2 절   인적자원행정체계의 구성
제 3 절   공공부문 인적자원행정의 특성
제 4 절   인적자원행정 연구 및 학습

1년의 계(計)는 곡물을 심는 데 있고,
10년의 계(計)는 나무를 심는 데 있고,
100년의 계(計)는 사람을 심는 데 있다.

인적자원행정의 의의와 범위

1. 인적자원행정의 의의

(1) 인적자원행정의 개념

인적자원행정은 행정학의 핵심 분야 중 하나이다. 즉 인적자원행정 또는 인사행정은 인적자원과 관련한 행정 현상을 과학적으로 이해하고, 설명하며, 가능한 예측 처방하려는 행정학의 한 각론이라고 할 수 있다(임도빈, 2001). 인적자원행정은 한마디로 조직 내의 사람을 관리하는 문제이다. 조직 목표를 성공적으로 달성하기 위해 공공조직 내 인적자원관리를 종합적으로 분석하고 학습하는 것이다. 인적자원행정은 사람을 관리하기 위한 다양한 이론을 습득하고, 인사운영의 실제 사례를 분석하여 관련 이론에 적용함으로써 이론 학습과 실제 적용을 동시에 추구한다.

이와 같이 인적자원행정은 1) 공공조직에서 인적자원을 관리하는 기능(function)이고, 2) 공공의 업무를 배분하는 과정(process)이며, 3) 공공의 업무를 누구에게 어떻게 배분할 것인지에 대한 가치충돌 상호조정작용(interaction)이고, 4) 이들 가치를 실현하기 위한 규정과 과정을 구축하는 관리시스템이다(Llorens, Klingner and Nalbandian, 2017). 공공조직에서 사람을 어떻게 관리하느냐에 관한 지식과 이론을 학습하는 학문 분야인 것이다. 즉, 행정학의 기본 과목으로서 공공조직 내 인력의 채용에서 퇴직에 이르기까지 인적자원의 종합관리 전략과 실제를 연구한다.

여기서 인적자원행정은 영어로 'human resource administration', 'public human resource management', 또는 'human resource management in the public sector' 등으로 번역될 수 있을 것이다. 이는 일반적으로 사용하는 인사행정(personnel adminstration)과 동일하게 볼 수 있으나, 그 배경과 내용에서 다소 차이가 있다. 인사행정과 인적자원행정과의 차이는 제3장에서 보다 상세히 설명할 것이다. 이 책에서 사용하고 있는 인적자원행정(human resource administration)은 공공부문 인적자원관리 활동을 연구하는 행정학의 분야로서 경영학에서 주로 논의되는 민간부문 인적자원관리(human resource management)나 교육학에서 주로 논의되는 인적자원개발(human resource development)과는 구별된다.

인적자원행정은 <표 2-1>에서 보는 바와 같이 학자들에 의하여 다양하게 정의되고 있다. 이러한 정의들을 종합해 보면 세 가지 공통점을 발견할 수 있다. 첫째, 인적자원행정은 조직 목표의 달성을 전제로 한다. '조직 속의 인간'을 다루는

표 2-1   인적자원행정(HRA)에 관한 학자들의 정의

저자	인사행정 또는 인적자원행정의 정의
강성철 외 4인 공저(2018)	정부의 목표 달성에 필요한 인적자원을 충원하고 유지하며, 근무의욕을 고취하고, 통제하는 상호 연관된 일련의 활동으로 구성되는 동태적인 관리 활동 또는 관리 체제.
김문중·정승언(2010)	조직의 목표 달성을 위해 조직이 필요한 인력을 조달하고 유지·개발·활용하는 계획적이고 조직적인 관리 활동의 체계.
박동서(2001)	정부의 공무원을 대상으로 하는 인사 사무.
박천오 외 5인 공저(2020)	인적자원의 확보·개발·관리·통제 등 공무원의 바람직한 활용을 통해 정부 조직의 정책결정 및 집행능력을 제고시키기 위한 활동.
신유근(1994)	사회, 조직 및 개인의 목표를 달성하기 위하여 인적자원의 확보·개발·보상·유지·이직 및 통합을 여러 환경적 조건과 관련하여 계획·조직·지휘 및 통제하는 관리 체계.
오석홍(2022)	정부 조직에서 일하는 인적자원의 획득과 관리에 관한 정책 결정에 참여하고 그러한 정책을 집행하는 활동.
임도빈·유민봉 (2019)	인사행정은 조직의 목표를 달성하기 위하여 인적자원인 공무원을 획득하고 관리하는 활동, 국민에게 재화와 서비스를 효과적으로 제공하기 위해서 인적자원을 어떻게 동원하고 관리할 것인가의 구체적인 방법과 기술.
이종수·윤영진 외 (2014)	정부 활동 수행에 필요한 인적자원의 효율적 관리 활동, 정부 활동의 수행에 필요한 인적자원을 충원하고 유지하며, 근무 의욕을 고취하고 통제하는 일련의 활동, 공익 실현을 목표로 하는 정부 조직의 인력관리 활동.
Drucker(1963)	기업이 종업원이라는 인적자원을 대상으로 행하는 관리 활동.
Llorens, Klingner & Nalbandian(2017)	공공조직의 인적자원을 관리하고, 공공의 업무를 배분하며, 누구에게 어떻게 배분할 것인지에 대한 가치충돌을 조정하여 실현하기 위한 규정과 절차를 구축하는 시스템.
Mathis & Jackson(2016)	조직 목표를 달성하기 위하여 인적자원을 효과적이고 효율적으로 활용하는 조직 시스템의 방향.
Milkovich & Boudreau(1997)	조직 역량 향상과 목표 달성에 기여할 수 있는 직원들과의 고용 관계 형태에 대한 일련의 통합적 의사결정.
Noe et al. (2020)	조직의 '사람 관리'에 관한 것으로, 구성원들의 행동과 태도, 성과에 영향을 주는 정책, 관리 방식, 시스템.
Pigors & Myers(1969)	개인의 능력을 최대한 발휘하여 자신의 직무에서 또는 조직의 일원으로서 만족을 극대화시킬 수 있도록 조력하는 활동.
Stone, Cox & Gavin(2020)	조직의 전략적 목표와 개별 직원의 욕구 만족을 성취하기 위한 사람들의 생산적인 활용

학문적 특성상 성공적인 조직의 실현을 강조한다. 둘째, 인적자원행정은 물적 자원이나 재정 자원과 대비되는 개념으로 인적자원을 연구대상으로 한다. 이러한 점에서 인적자원행정은 정부재정의 관리과정을 다루는 재무행정과는 구별된다. 셋째, 인적자원행정은 관리 활동이다. 조직의 목표를 달성하기 위하여 인적자원을 확보·유지·평가·보상하는 관리활동이다.

(2) 인적자원행정의 정의 및 구성요소

이 책에서는 인적자원행정을 "공공적 조직목표를 실현하기 위하여 인적자원을 확보하고 유지·활용하며 평가·보상하는 전략적 관리 활동"으로 정의한다. 이러한 정의는 앞에서 설명한 세 가지 공통요소를 종합적으로 감안한 것으로 몇 가지 특성이 있다.

첫째, 인적자원행정은 공공성을 전제로 한다. 조직의 목표와도 관련된 사항으로 개인의 이익이나 이해관계를 떠나 공공의 목표를 이루기 위한 활동인 것이다. 따라서 인적자원행정의 범위는 단순히 공무원에 한정되지 않고 공공성을 위해 일하는 공공기관 근무자, 비정부 또는 비영리단체, 더 나아가 공공성이 강한 민간기업체들까지도 포함한다. 이는 공공부문과 사적 부문의 경계가 모호해지면서 민간기업의 경우에도 공공적 책임성이 강화되고 있기 때문이다.

둘째, 전략적인 관리 활동이다. '전략적'이라는 의미는 조직의 목표를 전제로 이를 달성하기 위한 적극적인 노력의 과정을 내포하고 있다. 단순히 인적자원을 확보하고 유지하는 활동이라기보다는 성과를 측정하고 평가하여 조직 목표에 기여하고자 하는 적극적 노력이 포함된 개념이다. 조직의 목표와 전략은 인적자원 관리 과정에서 항상 염두에 두어야 하는 핵심 요소로, 이에 따라 인적자원행정의 방향과 내용이 달라질 수 있다.

셋째, 인적자원의 개념을 명시적으로 활용한다. 조직 내 사람은 비용이라기보다는 자원이라는 의미이다. 그만큼 인적자원이라는 개념은 조직 내 사람의 중요성을 내포한다. 즉 사람이 조직 목표 달성을 위한 조직 내부의 중요한 자산이라는 의미로, 인적자원행정은 조직 내 사람을 존중하고 보호한다는 개념이 포함되어 있다. 인적자원행정에서는 조직구성원들에게 공공성이 가지는 책임과 의무뿐만 아니라 기본적인 권리와 자유를 보장함을 강조한다.

(3) 공무원의 개념과 범위

과거에는 인사행정을 "정부의 공무원을 대상으로 하는 인사사무"(박동서, 2001)라고 정의함으로써 인사행정 대상을 '공무원'에 한정하였다. 이에 대해 임도빈(2001)은 보다 넓은 의미의 인사행정은 국민에게 질 높은 행정서비스를 제공하기 위하여 공무원과 공사 직원 등 준공무원을 포함한 '자리'를 위하여 인적자원을 어떻게 동원하고 관리하는 내용"까지 포함할 필요가 있다고 강조한다. 이에 따라 이 책에서는 기존의 인사행정 개념을 보다 확장하여 인적자원행정 개념을 활용한다. 즉 인적자원행정은 공공적 목표의 달성을 위한 인적자원의 관리활동으로 규정하고 그 연구 대상 역시 공·사 조직의 구분을 떠나 공공성을 가지고 근무하는 모든 조직과 사람을 포함하고자 하다.

이와 더불어 인적자원행정의 핵심적인 연구 대상으로서 '공무원'의 개념 역시 보다 확대하여 이해할 필요가 있다. 일반적으로 공무원(civil service)은 "법령상 명확하게 설정되어 있고 특별한 권한과 책임이 부여되어 있는 사람들의 집단"이라고 규정된다(OECD, 2004). 이러한 공무원은 통상 직업공무원제도 하의 공무원을 의미하는 경우가 많고 선거직 공무원이나 민간부문 근로자와는 구별된다. 하지만 공무원의 개념과 범위는 국가별로 차이가 있고, 담당하는 공공서비스나 조직의 기능과 역할에 따라 유동적이다(손윤석, 2021). 따라서 넓은 의미에서 공무원의 개념은 정부조직에 근무하는 사람으로 제한할 필요는 없으며, 공공성을 가진 조직에 근무하는 사람들을 모두 공무원으로 통칭할 수 있을 것이다.

일반적으로 공무원은 영어로 public servant(service) 또는 civil servant(service)로 번역된다. 다만, OECD(2007) 자료에 의하면, public service 대부분이 civil service일지라도 public service는 civil service를 포함하여 더 넓은 의미의 공무원으로 규정되는 경우가 많다. 영국이나 아일랜드 등 일부 국가에서 civil servant는 중앙정부에 근무하는 근로자를 지칭하고, public servants는 지방정부나 공립학교, 보건소, 그리고 사회복지기관에 근무하는 사람들을 말한다(OECD, 2007). 하지만 일반적으로 두 용어는 구분 없이 동일한 개념으로 사용되기도 한다.

2. 인적자원행정의 학문적 위치

인적자원행정이 차지하는 학문적 위치는 학습 목표와 방향을 보다 분명하게 제시해 줄 수 있으므로 인적자원행정의 학문적 의미와 범위에 대해 먼저 논의할 필요가 있다. 인적자원행정이란 무엇인가? 왜 배우려고 하는가? 인적자원행정 학습의 목적과 내용을 보다 정확히 이해하기 위해서는 학문적 특성에 대한 이해가 전제되어야 한다. 인적자원행정은 크게 인간학으로서 인적자원행정, 사회과학으로서 인적자원행정, 행정학으로서 인적자원행정, 관리학으로서 인적자원행정의 네 가지 성격으로 규정할 수 있다.

(1) '인간학'으로서 인적자원행정

먼저 인적자원행정은 '사람'을 연구 대상으로 하는 학문이다. 전통적 인사행정이 '사람 인(人), 일 사(事)', 즉 사람에 관한 일을 다룬 것처럼, 인적자원행정의 주된 연구 대상 역시 사람이다. 인간학(human science)은 인간의 정신, 역사와 사회 그리고 태도나 행동을 연구하는 과학으로서 역사학·사회학·심리학·인문지리학·정치경제학 등 인간과 관련된 학문분야를 모두 포괄한다(Dilthey, 1988). 일반적으로 인간학은 신학이나 우주학, 그리고 수학이나 논리와 같은 추상과학, 그리고 물리학이나 생물학 같은 물질과학과는 구분된다. 인간학은 사람의 어떤 측면을 다루느냐에 따라 다양하게 분류할 수 있다. 일반적으로 인간학의 범주는 인간의 태도나 행동에 관한 것이지만, 인간의 신체 질병이나 치료에 관한 연구를 포함할 경우 사회과학이나 인문과학, 나아가 자연과학을 포괄하는 학문 세계를 지칭하게 된다(Dilthey, 1988).

이와 같이 인간 자체를 대상으로 하는 인간학은 인간을 바라보는 다양한 시각을 제공한다. 인간사회의 변화 과정을 다루는 역사학, 인간 심리를 다루는 심리학, 인간의 정신적 가치를 다루는 철학, 인간의 유형과 문화를 다루는 인류학, 인간의 행동을 연구하는 행동학 등이 여기에 포함될 수 있으며, 인간의 질병과 치료를 연구하는 의학도 넓은 의미에서 인간학의 범주에 포함된다. 인적자원행정 역시 인간의 다양한 심리와 행태, 구조를 다룬다는 점에서 인간학의 범주에 해당된다.

(2) 사회과학으로서 인적자원행정

인적자원행정은 '사회'를 전제로 한다는 점에서 사회과학(social science)에 속한다. 사회과학은 사회 속에서 나타난 인간의 심리나 행동, 그리고 관계 등 사회현상을 연구대상으로 한다. 인간들이 모인 집단을 대상으로 사회현상을 연구하기 때문에 우주에서 일어나는 다양한 자연현상을 연구하는 자연과학과는 구분된다. 또한 인간이 보여주는 문학이나 예술, 철학, 역사를 연구하는 인문과학과도 구분된다.

그림 2-1   인적자원행정의 학문적 위치

인간학(Human Science)
⇩
사회과학(Social Science)
⇩
행정학(Administrative Science)
⇩
관리학(Management Science)

특히 인간의 신체적 구조나 질병을 연구하는 의학의 경우 인간을 연구대상으로 하지만, 인간관계의 사회적 구조를 다루고 있지 않다는 점에서 차이가 있다.

인적자원행정은 조직 내의 인간을 대상으로 그들의 심리와 행동, 그리고 관계를 연구하는 사회과학이기 때문에 사회과학의 다른 학문 분야, 즉 심리학·사회학·정치학·경제학·경영학 등과 공통된 특성을 가진다. 인적자원행정에 대한 연구는 이들 다양한 학문 분야에서 개발된 이론과 해석을 활용하고, 이들 학문 분야와 연계하는 내용이 많다. 이처럼 인적자원행정은 인간 또는 인간 집단이 만들어내는 사회현상을 대상으로 한다는 점에서 자연과학이나 인문과학과 구별된다.

(3) 행정학으로서 인적자원행정

인적자원행정은 사회과학 중에 행정학(administrative science 또는 science of public administration)에 해당한다(Dahl, 1947). 행정학은 사회현상 중에 정부의 운영과 관리를 연구하는 학문 분야이다. Woodrow Wilson(1887)이 지적한 바와 같이, 행정학은 정부가 적정하게 그리고 성공적으로 할 수 있는 일들을 찾아내고 그런 적정한 일들을 정부가 어떻게 효율적으로 할 수 있는지를 연구하는 데 그 목적이 있다.

이와 같이 행정학은 정부의 운영과 정책을 연구함으로써 성공적인 정부 운영을 도모하는 학문이다. 인적자원행정 역시 행정학의 한 분야로서 공공부문에 종사하는 사람들을 관리하는 활동이다. 이러한 점에서 민간기업의 효과성을 높이기 위한 경영학과는 그 연구 대상과 내용에서 차이가 있다. 인적자원행정은 공공의 목적을 달성하고 공공의 가치를 실현하기 위하여 공공조직 내 사람을 관리하는 학문이다.

(4) 관리학으로서 인적자원행정

Waldo(1955)는 "행정이란 정부의 목적을 달성하기 위하여 인간과 물건을 조직하고 관리하는 것"이라고 정의한다. 일반적으로 행정학은 좁은 의미의 행정학과 정책학으로 구분된다. 좁은 의미의 행정학, 즉 정부의 운영과 관리를 연구하는 행정 관리학은 정부의 정책과정에서 나타난 다양한 현상을 연구대상으로 하는 정책학과는 구별된다. 인적자원행정은 정부 내의 인간을 관리하는 활동으로 행정 관리학의 범주에 해당한다.

관리학으로서 인적자원행정은 공공부문의 조직 목표와 성과를 높이는 데 그 목적이 있다. 조직의 성과는 공공조직의 최종 산출물, 즉 공공서비스는 물론 조직 구성원의 직무만족이나 조직몰입도 포함된다. 조직 구성원의 직무만족이나 조직 성과의 향상에 기여하지 않는 인적자원행정은 무의미하다. 이와 같이 인적자원행정은 높은 성과 조직을 만들기 위해 조직 내의 인간 심리와 행동을 연구하고 관리하는 관리학이다.

3. 인적자원행정의 학문적 특성

이와 같은 인적자원행정의 의미와 범주에 비추어 볼 때 인적자원행정은 다음 세 가지 학문적 특성을 가진다.

(1) 응용학문

첫째, 응용학문(applied science)이다. 인간에 대한 심리와 철학 등 사회과학의 기본 이론과 가치에 대한 연역적 물음보다는 조직의 효과를 중심으로 실제 사회에 나타난 사실을 토대로 하는 귀납적 답변에 치중한다. 다양한 제도와 이론의 개발보다는 기존의 이론을 활용하여 현실에 적용하고 해석하는 내용이 많다. 하지만 인간을 연구대상으로 하는 다른 학문과 마찬가지로 현실을 설명하는 과정에서 새로운 이론과 철학이 얼마든지 생성될 수 있고, 다양한 처방과 제도가 나올 수 있다. 다면평가제도, 개방형 임용제, 고위공무원단제, 지역균형인재 선발 등 순수이론적 접근보다는 현실의 문제와 방법을 체계적으로 기술하고 분석하는 사례 학습이 중심이 된다. 따라서 조직 속의 인간을 이해하고 관리하는 데 심리학이나 철학 또는 경제학에서 개발된 이론 모형이 적용될 수 있을 것이다.

(2) 관리학문

둘째, 관리학문(management science)이다. 앞에서 말한 바와 같이 인적자원행정이 다루는 인간은 '조직 속의 인간'이다. 즉, 인적자원행정은 조직 속에서 활동하는 인간의 행동과 태도를 연구하는 학문이다. 따라서 사회과학이자 관리학적 특성에 따라 조직 내 인적자원을 활용한 조직성과 또는 구성원의 직무만족 향상을 꾀한다는 점에서 목표 지향적 성격을 가진다. 인간의 본성을 연구하거나 인간의 존재에 대한 물음을 던지기보다는 조직의 비전과 목표, 전략을 조화롭게 실현하기 위하여 개인들이 보이는 행동을 연구하고 관리하는 것이다.

(3) 융합학문

셋째, 융합학문(interdisciplinary science)이다. 조직 내 인적자원을 활용하는 과정에서 다양한 이론의 적용이 필요하다. 조직 속의 사람을 다루는 학문이기 때문에 단순히 사람의 심리를 연구하는 데 그치지 않는다. 조직 내부의 상황에 대한 이해와 전략적 관리가 필요할 뿐만 아니라 정치와 경제는 물론, 사회와 문화에 대한 이해가 필요하다. 역사와 철학을 통하여 인간의 발달 과정이나 본성적 가치, 주관에 대한 이해가 필요할지도 모른다. 따라서 심리학, 경제학, 경영학, 사회학, 정치학, 교육학, 그리고 사학과 철학, 더 나아가 자연과학적 또는 공학적 지식도 활용할 수 있을 것이다. 이와 같이 인적자원행정은 여러 학문 분야와 연계성이 강해 학제간 융합을 통한 연구와 학습이 필요하다.

제 2 절 인적자원행정체계의 구성

인적자원행정의 구성 체계는 학자마다 다르다. 대부분의 교과서는 인력의 확보-개발-평가-보상 등 과정적·절차적 접근방법을 활용하여 단계별로 다양한 이론과 제도를 설명하는 내용으로 구성되어 있다. 임도빈·유민봉(2019)은 인적자원의 관리과정을 중심으로 인적자원의 확보-개발-이동-평가-보상의 순으로 구분하여 설명하고, Llorens, Klingner & Nalbandian(2017)는 기획(planning)·획득(aquisition)·개발(development)·제재(sanction)로 구분하여 서술한다.

이 절에서는 먼저 인적자원행정 구성 체계에 관한 모형으로 인적자원과정 모형과 인적자원정책 모형을 소개한다. 이들 두 모형은 인적자원이 어떻게 조직성과에 영향을 주는지를 설명하고 있다.

1. 인적자원과정 모형

인적자원과정 모형은 인적자원 관리과정이 조직 내부의 구조와 목표, 그리고 전략에 따라 구성되어야 조직의 최종 성과에 영향을 미치게 된다는 모형이다(Fornburn, Tichy and Devanna, 1984). 이를 매칭 모형(Matching model) 또는 미시건 모형이라고도 한다(Amstrong, 2020, Legge, 2020). <그림 2-2>에서 보는 바와 같이, 이 모형은 인적자원 관리과정을 4단계로 구성한다. 즉, 인적자원을 선발한 후 직무수행에 대한 성과를 평가하고, 그 평가결과에 따라 보상하는 한편, 직원역량의 발전을 도모함으로써 효과적인 최종 산출물을 생산하는 과정이다.

이러한 모형에서 첫 번째 단계는 인적자원의 선발이다. 이는 활용 가능한 인적자원을 직무와 매칭하는 단계이다. 두 번째는 성과평가로서 인적자원의 직무수행 결과를 평가하는 단계이다. 세 번째는 보상시스템으로 단기 및 장기 성과에 대하여 보상하는 단계이다. 이러한 보상시스템은 평가 결과와 긴밀히 연계되어야 할 뿐만 아니라 최종산출물과도 연계되어 운용되어야 한다. 네 번째는 조직 구성원의 능력 발전 단계로, 조직구성원의 역량을 개발하기 위해 교육훈련을 하는 것이다. 평가 결과에 따라 부족한 역량을 개발함으로써 최종 산출물의 생산에 기여하도록 하는 것이다.

 **그림 2-2** 인적자원 관리과정 모형

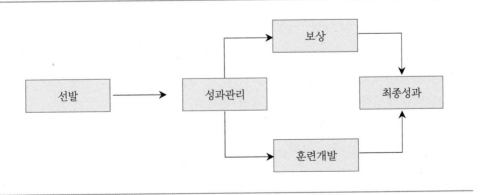

출처 : Fornburn, Tichy & Devanna, 1984.

2. 인적자원정책 모형

인적자원정책 모형은 인적자원관리 정책의 선택에 따라 장·단기적인 조직성과가 달라질 수 있다는 모형으로, 관리자의 정책 선택의 중요성을 강조한다. 전통적 인사행정에서 발생하는 문제의 대부분이 기관장들의 조직 구성원과 이해관계자들이 바라보는 시각에서 비롯되었다고 전제한다(Beer, Boselie and Brewster, 2015). 인적자원정책이나 운영이 조직의 궁극적 목표를 달성할 수 있다는 확신을 가지고 인적자원에 대한 철학이나 전략, 그리고 비전을 만들어야 한다는 것이다(Beer, Spector, Lawrence, Mills and Walton, 1984). 그렇지 못할 경우 인적자원관리는 그저 전통적인 방식으로 운영되는 조직 내 독립된 활동에 불과하다고 본다. 인적자원관리 모형이 과정적 측면을 강조했다면 인적자원정책모형은 내용적 측면을 강조한다. 인적자원과정모형이 조직 내부의 관리과정에 중점을 둔 반면, 인적자원정책모형은 조직 외부의 환경을 중시한다. 전자가 조직 자체의 단기적 성과를 강조한 반면, 후자는 사회 전체의 장기적 성과를 중시한다(Beer, Boselie and Brewster, 2015).

하버드 모형이라고 불리는 인적자원정책 모형은 두 가지 특성을 갖는다(Amstrong, 2020). 첫째, 일선관리자들이 조직 전략과 인사정책은 긴밀하게 연계되어 있는 만큼 서로 협력해야 한다는 책임의식을 가져야 한다. 둘째, 인사관리자들은 자신들의 활동이 일선관리자의 성공적인 직무 수행에 유용하다는 사명감을 가져야 한다.

이러한 시각에 따라 이 모형은 인적자원관리를 위한 다섯 가지 요소를 고려하고 있다(Beer, Spector, Lawrence, Mills and Walton, 1984). 첫째는 이해관계자의 관심사항으로, 대통령을 포함하여 기관장, 조직 구성원, 노동조합, 그리고 상위 기관 등의 이해관계를 종합적으로 고려한다. 둘째, 상황 요소로 현재 인력의 특성, 조직의 전략과 비전, 기관장의 철학, 인력시장, 노동조합, 직무기술, 법령 및 사회 가치 등이다. 셋째, 인적자원 관리정책의 선택으로 직원의 영향력, 인적자원의 이동, 보상시스템, 직무시스템 등이다. 넷째, 인적자원의 결과로 조직몰입, 직무적합성, 비용효과성이다. 다섯째, 장기적 성과로 개인의 복리, 조직효과성, 사회적 복지 등이다.

이처럼 인적자원정책 모형은 인적자원행정과 관련된 이해관계자들을 중요한 요소로 고려하고 있으며, 기관장과 직원들 및 이해관계자들 상호간 균형의 중요성을 강조한다. 아울러 단순히 직원 관계만이 아니라 직무 구성이나 감독자 스타일도 인적자원관리 내용에 포함하고 있다. 이러한 인적자원관리 범위의 확대는 정책

그림 2-3 인적자원정책 모형

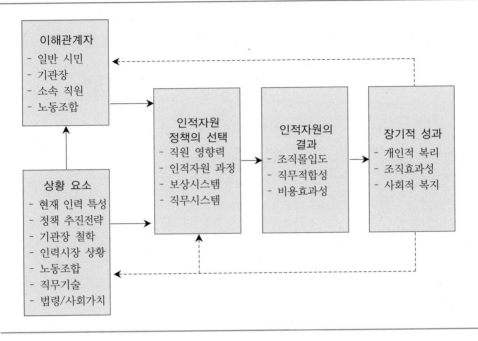

출처 : Beer, Bert, Spector, Lawrence, Mills & Walton, 1984.

여건이나 상황은 물론이고, 사회문화적 요인도 고려하여 기관장의 전략선택과정에서 폭넓은 시각을 제공하게 된다. <그림 2-3>은 인적자원관리의 정책모형을 그린 것이다.

3. 이 책에서의 인적자원행정 구성체계

이 책에서는 기존의 연구들(Llorens, Klingner & Nalbandian, 2017 ; Condrey, 2010 ; 임도빈 · 유민봉, 2019)을 바탕으로 인적자원과정 모형(Fornburn, Tichy and Devanna, 1984)과 인적자원정책 모형(Beer, Spector, Lawrence, Mills and Walton, 1984)을 연계하는 통합적 학습 모형을 제시한다. 공공부문 인적자원의 전반적인 관리과정은 공공성을 토대로 전략, 직무, 역량, 그리고 성과라는 네 가지 핵심 요소에 의하여 운영된다. 이러한 과정에는 개인의 기본적인 권리와 가치가 존중되고 공적 책임성을 강조하는 공공의 철학이 내포되어 있다. 이에 따라 이 책은 1) 목표와 전략, 2) 직무, 3) 역량, 4) 관리과정, 5) 성과와 보상, 6) 권리와 책임, 7) 미래로 구성한다. 이 책에서 활용하는 전반적인 인적자원행정 체계는 <그림 2-4>와 같다.

그림 2-4 전략적 인적자원행정 체계도

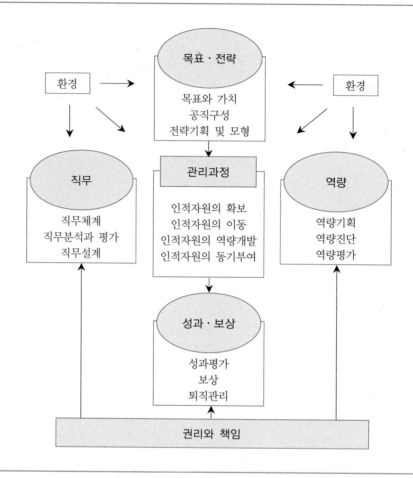

(1) 목표와 전략

인적자원행정의 성패는 어떤 목표와 전략을 가지고 사람을 관리하느냐에 따라 달라질 수 있다(Lawler and Boudreau, 2020). 또한 인적자원행정을 구성하는 다양한 이해관계자들의 가치를 균형 있게 반영하되, 어떤 가치에 중점을 두느냐에 따라 목표와 전략이 달라질 수 있다. 과거의 인적자원행정에서는 목표와 전략보다는 인적자원 관리과정의 안정적 운영에 중점을 두는 경향이 강했다. 그러나 인적자원행정의 첫 번째 과업은 무엇보다 인적자원행정이 추구하는 가치와 목표를 명확히 제시하고, 이를 성취하기 위한 전략을 수립하는 것이다.

먼저 인적자원행정의 목표로는 전략적 목표와 관리적 목표가 있으며, 인적자원행정의 가치로는 효과성 및 효율성, 권익성, 민주성, 형평성, 그리고 예측가능성이 있다. 아울러 이러한 가치를 실현하기 위해 공직의 구성을 어떻게 할 것인가이다. 어떤 사람들로 공직을 구성하느냐에 따라 엽관제, 실적제, 대표관료제, 그리고 직업공무원제 등 우선순위에 대한 전략적 선택이 필요하다. 뿐만 아니라 인적자원행정시스템의 구성에서 개인 역량과 집단 역량, 그리고 집권시스템과 분권시스템 등 전략적 방향을 설정하고 이를 바탕으로 적정한 인적자원행정시스템을 선택하는 것이 중요하다. 마지막으로 이러한 전략적 선택을 바탕으로 인적자원관리의 전반적인 과정에 대한 거시적·미시적 전략을 기획한다.

(2) 직무

인적자원행정의 전략적 목표와 방향이 설정되면 가장 먼저 직무를 설정해야 한다. 직무는 '사람'이 수행하는 '일'이다. 그런데 조직이 기능을 수행하기 위해서는 사람에게 부여할 직위를 규정하는 것이 중요하다. 직위는 수평적 직무유형과 수직적 등급으로 구성된다. 직위를 수평적 그리고 수직적으로 분석하고 평가함으로써 사람이 수행할 직무를 명확히 규정하는 것이다. 직위의 내용과 범위를 결정하기 위해서는 직무분석과 직무평가 작업이 필요하다. 직무분석은 직무 자체의 특성과 유형을 수평적으로 분류하는 작업인 반면, 직무평가는 직무의 책임도와 난이도에 따라 수직적으로 등급을 부여하는 작업이다. 직무분석과 평가를 통해 만들어진 직무를 양적 또는 질적으로 발전시키는 직무설계 또는 재설계의 노력도 필요하다

이러한 직무분석과 평가를 바탕으로 정부 조직 내 직무를 구성하는 방식을 결정하는 것이다. 즉 직무체계를 설정하는 것이다. 직무체계를 구성하는 대표적인 형태는 직무를 중심으로 하는 직위분류제와 사람을 중심으로 하는 계급제가 있다. 이러한 직무 체계 구성 방식에 따라 조직 내 인적자원을 관리하는 방식이 크게 달라지기 때문에 깊이 있는 이해가 필요하다.

(3) 역량

역량은 '일'을 수행하는 '사람'에 관한 내용이다. 직무가 일단 정해지면 직무를 수행할 수 있는 사람이 필요하다. 조직에서 사람이 필요한 것은 그 사람이 가지고 있는 역량 때문이다. 먼저 조직에서 부여한 직무를 성공적으로 수행하기 위한 역량의 유형과 내용이 무엇인지를 알아야 한다. 역량은 직무를 성공적으로 수행하는 데 필요한 지식과 기술, 그리고 행동을 의미한다.

역량은 그 내용에 따라 직무역량·관리역량·도덕적 역량, 그리고 사고역량·

관계역량·지식역량으로 구분할 수 있다. 이러한 역량 기준에 따라 현재 직무를 수행하고 있는 사람의 역량을 진단하고, 직무에 필요한 역량을 도출하여 그 격차를 줄이기 위한 절차와 과정 등이 필요하다. 직무분석과 평가를 통해 확정된 직무에 대하여 어떠한 역량을 가진 인재를 배치할 것인지, 직무수행에 필요한 역량의 개념과 유형, 수요를 진단하는 과정 또한 필요하다. 특히 여기에서는 사람의 역량을 평가하는 것이 매우 중요한 과제가 된다.

(4) 인적자원 관리과정

인적자원 관리과정은 일과 사람을 일치시키기 위한 조직적 노력이라고 할 수 있다. 즉 직무와 역량을 맞추어 가는 과정이다. 구체적으로 해당 직무에 상응하는 역량이 있는 사람을 우선 모집·선발하고, 수직적 또는 수평적으로 이동시키며, 선발된 직원의 역량을 개발하고, 그가 가지고 있는 역량을 충분히 발휘할 수 있도록 동기를 부여하는 과정이다.

첫째, 인적자원의 확보이다. 인적자원의 목표와 전략, 그리고 직무와 역량에 대한 분석이 끝난 후 가장 중요한 인적자원관리 활동은 직무에 상응하는 우수 인재를 모집하고 선발하는 것이다. 둘째, 확보한 인적자원이 갖고 있는 역량과 해당 직무 수행에 필요한 역량 간에 차이가 날 경우 적정한 인적자원 이동이 필요하다. 아울러 단순한 직위 이동을 넘어 개인의 경력을 발전시키기 위한 노력이 필요하다. 셋째, 인적자원의 역량개발이다. 직무 필요 역량과 직무수행 역량 간에 차이가 있을 경우, 개인의 역량을 키우는 방법이다. 현재 역량과 직위에 필요한 역량의 격차를 줄이기 위한 역량개발 프로그램이 필요하다. 넷째, 동기부여와 리더십이다. 성공적인 직무수행은 해당 직위에 상응하는 직무 역량과 함께 직무 동기와 노력이 필요하기 때문이다.

(5) 성과와 보상

성과와 보상 단계는 인적자원 관리과정을 종합하는 마지막 과정이다. 직무와 역량에 따라 사람이 배치되어 직무를 수행하고 나면, 직무수행 결과를 평가하고 보상하는 것이 중요하다. 실행 성과를 어떻게 측정하고 보상하느냐가 인적자원관리의 성패를 결정한다고 해도 과언이 아니다. 그것은 성과와 보상 방식에 따라 인적자원의 확보, 인적자원의 이동, 인적자원의 개발, 그리고 인적자원에 대한 동기부여가 큰 영향을 받기 때문이다. 인적자원에 대한 평가는 크게 역량평가와 성과

평가로 구분되는데, 타당성과 신뢰도, 변별력, 특정성, 수용성, 실용성 등의 요건을 충족해야 한다. 성과평가를 위한 측정지표는 어떻게 만들고, 성과평가는 어떻게 하며, 누가 평가하느냐는 성공적인 평가를 위한 중요한 과제이다.

공공부문 인적자원행정에서 보상은 여러 가지 제약요건이 있다. 보상의 중요한 수단으로는 금전적 보상과 비금전적 보상이 있다. 금전적 보상의 경우, 공무원은 국민의 세금으로 보수가 지급되기 때문에 효과성·형평성·적정성·직무관련성 등의 기준에 따라 철저히 관리해야 한다. 공무원 보수는 보수 결정기준에 따라 생활급·연공급·직무급·성과급·역량급으로 구분되고, 보수 지급방식에 따라 연봉제와 호봉제로 나뉜다. 또 보수의 등급과 폭, 호봉수, 등급 간 중첩 등에 따라 보수표가 결정된다. 공공조직에서 보수의 의미와 유형, 그리고 보수 결정기준과 내용은 매우 중요한 과제이다.

(6) 권리와 책임

인적자원의 권리와 책임은 인적자원의 전반적인 관리과정에 필수적인 요건이다. 공공부문에 종사하는 공무원은 공정한 직무수행을 위하여 일정하게 권리가 제한되고 의무가 부여된다. 인적자원행정의 성공 여부는 직무수행의 가장 기본적인 요건이라 할 수 있는 도덕적 역량에 의해 결정된다고 해도 과언이 아니다. 원칙적으로 공무원은 일반 국민의 한 사람으로서 헌법에 보장된 기본권을 갖는다. 다만 공적 업무를 수행한다는 직무상의 특수성으로 인해 기본적 권리를 제한하고 의무를 부과함으로써 보다 높은 책임성을 요구한다.

공무원이 가지는 기본권 제한과 의무 부과의 범위와 내용에 대한 이해가 필요하다. 직무수행 과정에서 많은 공무원들이 공익과 사익 간의 이해충돌 상황에 직면한다. 이러한 이해충돌 상황에서 사익을 추구하는 것이 부패이고, 공익을 선택하면 청렴과 윤리가 된다. 부패, 청렴, 그리고 윤리의 개념과 유형을 살펴보고, 부패의 이론적·제도적 원인에 대한 이해가 필요하다. 이를 통하여 공무원의 부패를 방지하고 청렴과 윤리를 확보하는 것은 인적자원관리의 가장 기본적인 요건이 아닐 수 없다.

제 3 절 공공부문 인적자원행정의 특성

1. 공공부문과 민간부문의 비교

공공부문의 인적자원행정은 민간부문과 여러 면에서 차이가 있다. 이는 근본적으로 공공부문은 공익 실현에 목적이 있는 반면, 민간부문은 사익 추구에 있기 때문이다(Murray, 1975). 이에 따라 공공부문, 특히 정부의 인적자원행정은 민간기업과는 근본적으로 다르고 실제 운영과정도 리더십 스타일이나 의사결정 방식, 동기부여 요인 등에서 큰 차이가 있다(Allison, 1979 ; Anderson, 2010; Stark, 2011). 이러한 차이는 앞에서 말한 인적자원행정 체계에 의해 구분될 수 있는데, 이는 인적자원의 확보, 이동, 개발, 그리고 동기부여 등 관리과정이 달라지기 때문이다. 이러한 점에서 환경 측면, 목표와 전략 측면, 직무 측면, 역량 측면, 인적자원 관리과정 측면, 성과와 보상 측면으로 나눠 인적자원행정의 특성과 한계를 살펴보기로 한다.

(1) 환경 측면 : 정치성 · 경직성

공공부문의 인적자원관리는 단순히 조직 내부의 의사결정에 머무르지 않고 환경 요인의 영향을 받는다. 첫째, 수많은 인사 관련 법률과 규정이 있다. 국가공무원법 · 공무원임용령 등 공공조직에 공통적으로 적용되는 법적 규제가 많아 인사운영은 경직되어 있고 합법성을 강조한다(Rainey, Backoff & Levine, 1976). 국민 불신이 높은 상황에서 인사에 대한 신뢰도를 높이기 위한 수단으로 법령 규정을 제정하게 되는데, 새로운 인사제도의 도입은 반드시 법령의 규정으로 완성된다. 둘째, 정부의 인적자원행정은 단순한 조직 내부의 의사결정 시스템이 아니고 국민의 의사가 반영된다. 기업의 주인은 직접 투자한 주주이지만, 행정의 주인은 국민이기 때문이다. 행정은 국민의 대표기관인 국회가 제정한 법률의 집행 과정으로 해석된다. 셋째, 이러한 정책 집행을 맡고 있는 정부의 인력관리는 정치적 영향을 받는다. 사기업체는 특정 제품을 생산하고 판매하는 자기결정의 완성체인 반면, 정부는 국민의 세금으로 인건비를 충당하기 때문에 공무원의 경우 그 선발에서 퇴직에 이르기까지 국회의 통제를 받는다. 공무원의 보수 책정은 당정협의 과정을 거쳐 결정되며, 고위직 인사는 청문회 검증 과정을 거친다.

(2) 목표와 전략 측면 : 민주성 · 사회적 형평성

공공부문의 인적자원관리는 전략 · 목표 · 가치에서 민간부문과 차이가 있다. 조직성과의 향상이라는 동일한 가치를 추구한다는 점에서는 유사하지만, 행정 조직과 민간 조직은 조직 외부 환경의 요구와 이에 대응하는 가치가 다르다. 즉 공공부문의 인적자원관리는 공익과 공공성을 기반으로 하기 때문에, 조직과 조직 구성원은 물론 국민과 사회가 추구하는 가치를 반영해야 한다(Meier & O'Toole, 2012). 공공조직은 우선 내부적으로는 정책과 서비스를 효과적으로 생산하고 분배할 수 있도록 인력을 활용함과 동시에 공정하고 합리적인 인력관리로 직무만족을 극대화해야 한다. 이러한 조직 내부의 가치는 민간기업과 차이가 별로 없으나 조직 외부 측면에서는 차이가 크다. 정부의 인력관리는 국민의 요구와 의사가 반영되어야 하고, 동일한 기회를 균등하게 보장해야 하며, 사회 각 분야별 · 계층별 차별이 없도록 정부 인력 구성에서 대표성을 반영해야 한다. 민간과 달리 조직의 성과를 높이기 위한 역량 있는 인재의 확보만이 아니라 장애인 · 여성 · 청년 등 사회적으로 불리한 위치에 있는 인력의 채용을 도모한다.

(3) 직무 측면 : 특이성

공공부문의 인력이 담당하는 직무는 사기업과 차이가 있다. 즉 공공성을 가지고 있기 때문에 노동가치의 산출이 곤란해 사기업체의 업무와 비교하기 곤란한 특성을 갖고 있다. 민간기업의 마케팅 전문가는 수시로 유사 직무 간 이동이 가능해 다른 기업으로 가기 쉽지만, 공공부문 인력은 자기 직무를 민간부문에서 활용할 수 있는 분야가 제한되어 있다. 즉 민간부문은 대체로 해당 직무와 관련된 시장이 형성되어 있는 반면, 공공부문은 시장에서 발견하기 어려운 직무의 특이성이 존재해 서비스 성과 산출이 곤란할 뿐만 아니라 민간부문의 직무와 비교하기도 어렵다. 시장에 비교 대상 직무가 없어 직무성과의 상대적 수준을 결정하기 어렵고 평가 측정지표도 명확히 하기 곤란하다.

(4) 역량 측면 : 도덕성 · 윤리성

공공의 가치를 실현하기 위해서는 정부조직의 구성원들은 우수한 역량을 갖고

있어야 한다. 역량에는 직무역량, 관리역량, 그리고 도덕적 역량이 있다. 직무역량
과 관리역량은 민간기업이나 공공조직 모두에 필요한 역량인 반면, 도덕적 역량은
공공부문에 더 필요한 역량이다. 공직윤리가 분명하게 확립되어 있지 않은 경우,
직무수행 과정에서 공공의 가치 실현은 비합리적이고 왜곡되기 쉽다. 공무원으로
서의 자세나 국가관, 사명감, 인간관 등은 도덕적 역량이라 할 수 있는데, 공직 후
보자는 민간 CEO의 임용 절차와 달리 국회 청문회를 거치는 등 높은 수준의 도덕
적 역량을 요구한다. 개인의 도덕적 역량을 계량적으로 평가하기는 곤란하더라도
집단의 청렴성을 평가하여 정부 인력의 도덕적 수준을 전반적으로 향상시키기 위
한 노력이 다각도로 이루어지고 있다.

(5) 인적자원 관리과정 측면 : 공공성

공공부문은 전반적인 인적자원 관리과정이 공공성에 기반한다. 인적자원 확보
에서 시장 형성이 어렵기 때문에 개방형으로 선발하는 데 현실적 한계가 있다. 특
히 교정·군인·경찰·소방 등 민간에서 찾기 힘든 분야의 경우 우수한 인력을 확
보하기가 사실상 곤란하다. 직급별 공개채용이 법적으로 명문화되어 있고, 고위직
임명은 청문회 검증 절차를 거치며, 여성이나 장애인 비율도 고려해야 한다. 조직
성과가 불명확한 상태에서 이를 극대화하기 위한 인력 확보는 한계가 있기 때문에
조직성과에 얼마나 기여했는가보다는 채용 과정의 객관성에 중점을 두는 경우가
많다. 인력 개발 및 활용의 경우에도 해외연수나 직무훈련의 부처 간 형평성을 유
지하는 것이 중요하다. 평가할 때도 평가 결과만이 아니라 공정하고 합리적인 절
차와 과정이 그에 못지않게 중요하다. 단순히 매출이나 판매수익의 극대화보다는
평가 결과와 과정이 동시에 존중될 필요가 있다. 따라서 구체적 직무훈련보다는
도덕적 역량 중심의 교육훈련이 많다. 구체적 직무훈련이라 하더라도 조직성과라
는 결과적 측면보다는 업무추진 과정을 강조하는 인력개발에 중점을 두는 것이다.
동기부여의 경우도 공공성에 기반하기 때문에 단순히 금전적 인센티브보다는 공
공서비스 동기를 중시한다(Perry & Wise, 1990 ; Wang, Yang, & Wang, 2012).

(6) 성과와 보상 측면 : 불명확성

공공적 가치와 목표를 명확하게 규정하기는 곤란하다. 이를 달성하고자 하는
조직과 인력관리의 목표도 계량적으로 측정 가능한 형태보다는 추상적이고 포괄
적인 경우가 많다. 조직성과의 불명확성은 인력관리 전반을 더욱 복잡하고 어렵게

한다. 조직성과에 근거한 평가와 이에 상응하는 보상 제공이 어렵기 때문이다. 따라서 공공성을 강조하면서 생계비나 근무연한 등이 보상의 핵심적 기준이 된다. 퇴직 역시 조직성과의 평가에 따른 퇴직보다는 정년퇴직 중심의 퇴직제도가 일반화되어 있다. 보상 또한 정책 개발 및 집행 업무는 물론, 범죄예방·소방·교정 등에서도 시장원리에 따라 보수 수준을 결정하는 것이 불가능하다. 특히 대통령을 비롯한 국무총리, 장·차관의 경우, 직무의 곤란도와 난이도에 따라 적정한 보수를 책정하기가 어렵다. 기업을 운영하는 CEO는 매출액이나 순이익을 기준으로 보수를 책정할 수 있으나 북핵 회담에 참석하는 수석대표의 보수는 민간시장에서 그 기준을 찾을 수 없기 때문에 보수 책정의 기준과 내용이 명확하지 않다.

하지만 공무원은 법률로 신분이 보장되어 있기 때문에 임의로 퇴직시킬 수 없고, 연금제도에 의해 퇴직 후 생활안정도 법제화되어 있다. 또 직무성과에 대한 평가가 곤란해 성과가 낮은 공무원을 강제 퇴직시키는 데 한계가 있으며, 퇴직 후에도 비밀 준수 등 사회적 의무를 부과하기도 한다. 그러나 아무리 직무역량과 관리역량이 뛰어나고 우수한 성과가 냈더라도 도덕적 역량을 갖추지 못한 인력은 징계와 퇴출을 면하기 어렵다. 이는 도덕적 역량인 공직윤리가 다른 역량에 우선하는 가장 근본적인 역량이기 때문이다.

2. 공공부문과 민간부문의 융합화

(1) 공공부문의 시장성 강화

이러한 인적자원행정의 특성에도 불구하고 최근 공공부문의 인적자원행정은 민간기업화되고 있는 것이 현실이다. 즉 정부의 경쟁력과 효율성을 강화하고 조직성과를 향상시키기 위하여 민간기업의 인사관리 기법을 적극 도입하는 등 시장 가치를 강화하는 추세이다(Osborne & Gaebler, 1993 ; Meynhardt & Diefenbach, 2012). 이는 환경·전략·직무·역량·성과 등 인적자원행정의 핵심 가치와 범위가 변화하고 있음을 반영한다. 그럼에도 공공부문의 핵심 가치별로 민간관리기법의 도입이나 범위에서 차이는 여전히 존재한다.

첫째, 환경 측면에서 보면 오늘날 외부환경이 어느 때보다도 강하게 영향을 미치고 있다. 급격한 사회환경의 변화로 인해 법률적 경직성은 완화된 반면, 정치적 영향은 더욱 강화되고 있는 추세이다. 성과 중심의 행정을 강조하면서 외부로부터의 통제보다는 내부 자율적인 관리를 강조하고 있긴 하지만, 행정의 정보화와 투명화에 따라 국민들의 인적자원행정에 대한 비판은 더욱 거세지고 있다. 즉 국민의 의사 반영이나 정치적 영향이 더욱 강화되고 있는 것이다. 국회의 인사청문회도 더욱 엄격해지고 있고 행정 내부 인사에 대한 일반 국민들의 관심과 평가가 증대하고 있다.

둘째, 전략과 목표 측면에서 보면 공공부문에서 민간의 시장가치와 성과가 강조되고 있다. 인적자원행정의 목표와 전략도 민주성이나 형평성과 함께 효과성이나 조직성과에 대한 내용이 많아지고 있다. 이에 따라 보다 계량화되고 구체적인 목표를 설정하게 되면서 민간부문과 유사하게 행동지향적이고 성과지향적인 목표와 전략이 제시되고 있다. 예를 들면 세계 제일의 서비스 행정기관이 된다, 고객만족도 80% 달성, 수출 흑자 달성, 부패 제로 청렴도 1위 달성 등을 조직의 목표로 설정하는 기관이 늘어나고 있다.

셋째, 직무 측면에서도 공공기관과 민간기업의 직무상 특성과 구분이 약화되고 있다. 가장 기본적인 공공 기능이라 할 수 있는 경찰의 기능도 최근 민간 청원경찰 또는 경호경찰회사 등에서 일부 수행하는가 하면, 교도소도 민간 교도소와의 경쟁을 도입하여 우수 인재 확보를 위해 민간과 경쟁하는 상황에 이르렀다. 이에 따라 개방형 임용제나 계약제 등 경쟁 중심의 인적자원행정이 강화되면서 민간화가 더욱 가속화되고 있다.

넷째, 역량 측면에서는 직무역량이나 관리역량은 물론이고 도덕적 역량이 더욱 강조되고 있다. 특히 공공부문에서는 직무역량이나 관리역량을 강조하지만 도덕적 역량을 대체하지는 못하고 있다. 오히려 정부 인사에서 갈수록 직무역량보다 도덕적 역량이 강조되고 있다. 일반 국민의 기대수준이 높아지고 병역 이행이나 재산 변동, 음주운전이나 부동산 투기 등 인사 관련 자료가 풍부해지면서 도덕적 역량의 중요성이 더욱 커지고 있는 것으로 생각된다.

다섯째, 성과측정 및 평가 측면에서도 정부가 수행하는 다양한 공공 기능의 성과를 측정하고 평가하려는 노력이 증대되고 있다. "가치가 있는 것은 측정할 수 있다"는 전제 아래 통상 성과를 가시적으로 나타내기 어려운 직무인 경우에도 그 성과를 측정하고자 한다. 민간기업의 가시적이고 계량적인 성과에 준하여 공공조직의 성과를 측정하려는 것이다. 즉 공공의 가치도 측정할 수 있다는 것이다. 이에 따라 TQM, BSC, 6-Sigma 등 민간의 성과관리기법이 도입되면서 미국의 경우 1994년에 정부성과관리법을 제정했고, 우리나라도 2001년 정부업무 등의 평가에 관한 기본법 및 2006년 정부업무평가기본법을 제정하여 성과관리를 공식적으로 도입했다.

(2) 민간부문의 공공성 강화

이와 반대로 민간기업은 공공성이 점점 강화되고 있다. 인적자원행정에서 민간기업의 인적자원 관리방식 도입이 확산되고 있는 반면, 민간기업은 정부기관의 공공적 특성을 인적자원 관리과정에 반영하는 경우가 많아지고 있다.

첫째, 환경적 측면에서 민간부문에도 법적 규제가 강화되고, 정치적 영향이 크게 작용할 뿐만 아니라 사회문화적 영향이 커지고 있다. 또한 장애인·지역 등 소외계층에 대한 배려도 증가하고 있다. 반면 대기업의 경우, 대규모 관료제가 적용됨으로써 경직성과 정치성이 오히려 증대되고 있다.

둘째, 인적자원행정의 목표와 전략에서도 공공성이 강화되고 있다. 민간기업에게도 사회적 책임이 강조되고 있는 것이다. 대기업의 경우 사회적 형평성을 고려해야 하고, 지역·나이·성별 등을 이유로 차별하지 않는 인적자원행정의 필요성이 갈수록 커지고 있다. 효과성과 공정성만이 아니라 민주성과 형평성이 점점 중요해지고 있는 것이다.

셋째, 직무 측면에서도 공공적 성격이 강화되고 있다. 스마트폰을 가지고 있는 다수의 소비자들이 보다 쉽게 인사 정보에 접근할 수 있게 되면서 대기업의 인적자원관리의 투명성과 공정성에도 관심을 기울이기 시작하고 있다. 전자정부사업과 관련하여 공공의 업무를 직접 관리하기도 한다. 주민등록정보를 활용하여 전자행정시스템을 직접 구축하고, 정부 홈페이지 관리나 데이터 관리 등 정보통신과 관련하여 기업이 직접 공공의 업무를 수행하는 경우도 증가하고 있다.

넷째, 역량 측면에서도 공공적 성격이 강화되고 있다. 직무역량과 함께 도덕적 역량과 책임이 강조되고 있다. 윤리경영에 대한 관심이 높아지면서 기부금 증가, 사회봉사, 장학금, 학교 투자, 연말연시 불우이웃돕기 등 다양한 윤리 활동을 전개하고 있다. 또한 CSR(Corporate Social Responsibility)이나 ESG(Environment, Social, Governance)를 강조하는 사회적 기업이 증가하고 있는 것도 기업의 공공성이 증대되는 현상으로 보인다(Pedersen, Fitzgibbons & Pomorski, 2021).

다섯째, 성과측정과 평가, 그리고 보상의 측면에서 공공기관의 민간화 경향이 대체로 증가하고 있다. 하지만 앞에서 살펴본 바와 같이 민간기업들도 직무와 역량의 공공성이 강화되면서 공공적 업무성과를 측정하고 이를 보상해야 하는 어려움에 직면하고 있다.

표 2-2   정부의 시장성 강화 및 민간의 공공성 강화

구분	공공부문 (공공성)	중간	민간부문 (시장성)
환경	──────────→	←──────────	
목표/전략	──────────→	←──────────	
직무	──────────→	←──────────	
역량	──────────→	←──────────	
성과/보상	──────────→	←──────────	

(3) 종합 : 민간부문의 공공성과 공공부문 시장성의 조화

전반적으로 인적자원 관리과정에서 기업은 공공성은 증가하는 데 반해, 정부는 시장성이 증가하고 있다. 다만, 관리과정의 세부분야별로 정도 차이가 있을 뿐이다. <표 2-2>에서 보는 것처럼, 정부의 민간화 경향이 전략이나 직무, 성과적 측면에서 뚜렷하게 나타나고 있는 반면, 인적자원행정의 환경과 역량 측면에서 보면 그 정도가 상대적으로 약한 것으로 판단된다. 반대로 민간기업은 인적자원행정의 환경이나 역량 측면에서는 공공성이 강화되고 있는 반면, 전략이나 직무, 성과 측면에서는 그 정도가 상대적으로 약한 것으로 판단된다. 이와 같이 공공부문의 인적자원행정과 민간부문의 인적자원관리 상호간에 연계성이 강화되면서 인적자원행정의 근본 특성은 유지하되 민간기업으로부터 다양한 인적자원 관리제도와 운영 방식을 도입하는 것이 중요한 과제가 되고 있다.

제4절 인적자원행정 연구 및 학습

1. 인적자원행정의 연구

인적자원행정을 연구하고 학습하는 방법은 다양하다. 무엇을 대상으로 어떻게 공부하고, 또 현실을 어떻게 설명하느냐에 따라 방법이 달라진다. 여기에서는 사

회과학의 일반적인 연구 방법에 따라 두 가지로 나눠 살펴본다. 첫째, 연구의 중점을 인적자원행정 이론에 두느냐, 아니면 제도에 두느냐에 따라 이론 연구와 제도 연구로 나눌 수 있다. 둘째, 현상을 설명하거나 가설을 검증하는 방법론적 측면에서 양적 연구과 질적 연구로 나눌 수 있다.

(1) 이론 연구와 제도 연구

이론 연구는 새로운 인과관계 가설을 제시함으로써 새로운 이론을 개발하고 기존의 이론을 경험적·실증적으로 검증하는 것을 말한다. 반면 제도 연구는 실제 조직에서 인적자원행정 제도나 법령의 설명과 해석, 그리고 처방을 제시하는 연구라고 할 수 있다. 전자는 실증적이고 이론적이며 설명적으로 접근하는 반면, 후자는 규범적이고 처방적이며 기술적인 경우가 많다.

이론 연구는 주로 설명적(explanatory) 연구에 기초한다. 설명이란 일반 법칙을 제시하고 선행 요인에 따른 인과관계를 연역 또는 확률적 방식을 통해 논리적으로 보여주는 것을 말한다(남궁근, 2021). 인적자원행정에 대한 이론 연구는 주로 심리학적 배경에 기초한 경우가 많다. 조직 내 인간의 태도와 행동을 연구하기 때문에 조직심리학이나 행동경제학, 조직사회학 이론을 바탕으로 변수 상호간의 인과관계를 탐구한다. 이와 같이 인적자원행정에 대한 이론 연구는 조직 내 인간이 보여준 현상에 대해 보다 과학적인 이해와 설명을 하기 위한 노력이라 할 수 있다.

인적자원행정에 대한 제도 연구는 공공부문 인적자원의 운영 구조와 체계를 이해하고, 실제 운영과정을 분석하고 처방을 제시하는 데 그 목적이 있다. 인적자원의 실제 운용 상황을 이해하고 현실적인 처방을 제시한다는 인적자원행정의 응용과학적 성격이 반영된 결과로 해석된다. 따라서 인적자원행정에 대한 연구는 대부분 새로운 이론의 개발보다는 기술적(descriptive) 연구나 처방적(prescriptive) 연구가 많다. 즉 기술적 연구를 통하여 관찰된 사실을 일반적 수준에서 요약하여 기록함으로써 현상 그 자체의 속성을 있는 그대로 보여주는 것이다(남궁근, 2021). 또한 변수 간의 인과관계를 규명하기보다는 조직 내 인적자원을 어떻게 활용할 것인지, 바람직한 제도나 앞으로의 대안을 제시하는 데 치중하는 경향이 강하다. 이 경우 다양한 가치 속에서 규범을 마련하여 어떤 행위나 정책을 내세우게 되는 만큼 논리적 연계성과 설득력이 대안의 정당성 확보에 매우 중요하다(김병섭, 2010).

지금까지 인적자원행정에 대한 연구는 인사제도를 중심으로 정책적이고 처방적인 부분에 치중한 나머지 인적자원행정의 체계적인 이해나 이론 개발이 미약했다는 지적이 많다(하태권, 1995 ; 유민봉, 1996). 인적자원 운용에 다양한 이론을 적용하고자 하는 시도는 인적자원의 실제를 보다 체계적으로 이해하고 관리할 수 있다는 점에서 바람직하다고 할 수 있다. 다만, 제도 연구는 구체적인 상황과 연계되어 있는 경우가 많기 때문에 단순히 특정 상황에 적용된 특정한 제도는 적용 범위가 매우 제한적이다. 이에 따라 제도 연구는 연구 범위의 포괄성이나 연구 내용과 결과의 보편성이 떨어질 수 있다는 단점이 있다. 인사제도와 운영에 대한 깊이 있는 이해와 분석을 토대로 다양한 이론의 개발과 적용이 필요하다고 하겠다.

(2) 양적 연구와 질적 연구

인적자원행정에 대한 연구는 다른 사회과학 연구와 마찬가지로 크게 양적 연구와 질적 연구로 구분할 수 있다. 양적 연구가 실증주의적이고 계량적인 접근을 한다면, 질적 연구는 해석주의적이고 비계량적인 접근을 한다. 두 가지 연구 방법은 연구의 목적과 방법, 학문적 배경, 표본 수집, 연구 결과의 일반화 등에서 차이가 있다.

첫째, 연구 목적에 차이가 있다. 양적 연구는 선험적인 분석틀을 가지고 이론을 검증하는 데 목적이 있는 반면, 질적 연구는 이론의 검증이 아니라 현상에 대한 이해와 발견을 연구 목적으로 하는 경향이 강하다(심준섭·주영종, 2005). 둘째, 양적 연구와 달리 질적 연구는 의미와 이해를 강조하기 때문에 객관적 접근이 아니라 주관적 접근 방법을 취한다(윤견수, 2005). 일반화를 토대로 법칙을 수립하는 것보다는 개별적 사례를 충실하게 기술하는 방법론을 채택한다(Burrell & Morgan, 1979). 셋째, 학문적 배경에서 차이가 있다. 질적 연구는 해석학·현상학·상징적 상호작용·역사학 등의 학문을 기반으로 하는 반면, 양적 연구는 자연과학·실증주의·논리실증주의 등을 기반으로 발전해 왔다(심준섭·주영종, 2005). 넷째, 자료 수집 방법이나 크기에 차이가 있다. 일반적으로 양적 연구는 확률 표집 방법을 통하여 가급적 많은 표본을 대표성을 가지고 수집하여 분석하는 반면, 질적 연구는 의도적이고 비확률적인 표집 방법을 활용하며 표본의 크기나 대표성보다 현상을 설명할 수 있는 의미성을 보다 중요하게 여긴다(Brower, Abolafia & Carr, 2000).

따라서 양적 연구는 객관적이고 명확한 자료를 가지고 복잡한 현실세계를 일반화하여 체계적으로 설명할 수 있다는 장점이 있으나, 실제 다양한 외생 변수를 모두 포괄하기 어렵고 통계 분석 과정에서 오차가 발생할 수 있다는 단점이 있다. 질적 연구 역시 다양한 변수를 활용하여 복잡한 현상에 대한 깊이 있는 이해와 설명이 가능한 반면, 주관적인 접근으로 일반화하기가 어려워 연구 결과의 타당성을 둘러싸고 논란이 제기될 우려가 크다. 따라서 다양한 연구 방법들을 결합해 문제를 좀 더 정확하게 이해하기 위한 다각화(triangulation)가 필요하다(심준섭, 2006).

2. 인적자원행정의 학습 : 사례분석

앞에서 살펴본 바와 같이, 인적자원행정에 대한 연구 방법으로는 이론 연구와 제도 연구, 그리고 양적 연구와 질적 연구가 있다. 이론을 통하여 현실에 대한 체계적인 접근이 가능하고, 제도를 통하여 다양한 현상을 이해할 수 있다. 또한 계량적인 접근 방법을 통해 다양한 통계를 활용하여 다양한 요소 상호간의 인과관계를 규명할 수 있을 뿐만 아니라 질적 연구 방법을 활용하여 현상에 대한 깊이 있는 이해와 설명이 가능하다.

일반적으로 인적자원행정 학습 방법으로 사례분석 또는 사례연구를 제시한다. 여기에서는 보통 질적 연구의 한 방법으로 사례분석과 토의를 소개한다. 사례분석은 현실에 나타난 다양한 사례와 스토리를 수집·분석하는 것으로 인적자원행정의 현상을 보다 폭넓게 이해하고 설명할 수 있다(Reeves, 2006). 실제 조직 내 인적자원의 운영사례를 다양한 이론을 적용하여 다양한 시각에서 분석하는 것이다. 이러한 사례분석은 실제 상황을 체계적으로 기술하는 데 의미가 있을 뿐만 아니라 이론을 적용하고 검증하는 중요한 방법이기도 하다. 실제 운영 연구나 제도 연구, 그리고 이론 연구를 포괄적으로 이해하고 정책적 처방까지 제시할 수 있는 유용한 분석 방법이다(Wilkinson & Dundon, 2021).

(1) 사례분석의 의의

사례분석은 통상적인 학습방법인 독서학습(learning by reading)이라기보다는 실행학습(learning by doing)이다(Nkomo, Fottler & McAfee, 2010). 자연과학이 실험실에서 이론을 검증하듯이, 사회과학에서는 실제 사례를 이론에 적용하고 이를 검증한다. 인적자원의 개념과 이론에 근거하여 실제 상황을 분석하는 것이다. 태도와 가치, 상대적인 권력과 영향력, 관계의 정도와 특성, 조직의 목적과 인적자원행정 정책, 그리고 조직의 다양한 특성들을 분석한다.

이러한 사례분석은 인적자원행정을 학습하기 위한 효과적인 교육 방법이다 (Reeves, 2006). 그 장점을 살펴보면 첫째, 학습내용 면에서 이론과 지식을 넓고 깊이 이해한다. 둘째, 학습방법 면에서 분석능력을 제고함으로써 과학적 사고를 배양한다. 셋째, 학습효과 면에서 정책결정 능력이나 문제해결 능력을 향상시킬 수 있다. 넷째, 학습과정 면에서 참여자 상호간에 발표와 토론을 통하여 다양한 시각을 제공할 수 있다.

(2) 사례의 구성

사례분석 학습에서는 사례의 구성이 매우 중요하다. 조직에서 나타난 실제 모든 사례가 연구 대상이나 학습 대상이 될 수는 없다. 연구 가치가 있고 학습효과를 극대화할 수 있는 사례를 선정하는 것이 중요하다(Reeves, 2006).

먼저, 단순 기술이 아닌 논쟁이나 토론의 대상이 될 수 있는 사례여야 한다. 문제 상황이 엄연히 존재하고 해결 필요성이 시급한 사례가 좋을 것이다. 둘째, 이를 위해서는 구체적인 사실이나 인간관계가 명확히 제시되어야 한다. 분석의 재료로 쓸 수 있도록 가급적 많은 정보와 상황에 대한 설명이 필요하다. 셋째, 인적자원의 운영 현실을 설명하는 이론을 적용한 것이나 향후 제도적인 개선이 필요한 사례가 좋다. 새로운 이론을 개발하거나 기존의 이론을 검증할 수 있는 사례 또는 정책적 처방이 필요한 사례일수록 학습효과가 크다(Wilkinson & Dundon, 2021).

이러한 사례들로는 중앙부처 및 지방 단위 조직에서 발생하는 인사 실패 사례, 최근 신문지상에 인사 문제로 사회적 논란이 되고 있는 사항, 일선 조직의 인사 행태상의 문제 사항, 민간부문과 공공부문이 비교될 만한 인사 사항, 정책 실패의 근본 원인이 인사 문제 때문인 경우 등을 들 수 있다. 이러한 사례를 직접 구성할 경우에는 주의가 필요하다. 사례는 신문 사설이나 교과서와 같이 논단이나 이론 설명은 안 된다. 시간과 공간에 대한 구체적 상황, 그리고 등장인물에 대한 구체적이고 사실적인 설명이 필요하다. 문제가 되고 있는 주요 사건과 사고, 정책 실패 내용도 서술해야 한다.

(3) 사례분석 유형과 방법

사례분석 방법으로는 결정자 접근방법(decision-maker approach)과 평가자 접근방법(evaluator approach)이 있다(Nkomo, Fottler & McAfee, 2010).

결정자 접근방법은 사례에 나타난 다양한 정보를 분류하고 이를 통하여 확인된 문제점에 대한 해결책을 제시하는 데 목적이 있다. 참여자가 곧 결정자가 되기 때문에 참여를 적극적으로 유도할 수 있고, 실제 갈등을 겪고 있는 인적자원 운영

상황에서 보다 실감 있게 접근할 수 있는 장점이 있다. 다만 사례분석을 통한 이론 적용이나 다양한 처방이 제한될 수 있는 단점이 있다. 반면, 평가자 접근방법은 인적자원행정에 관한 결정과 집행이 종료된 이후, 결과적으로 나타난 성과와 효과를 평가하고 바람직한 해결책을 제시하는 데 목적이 있다. 제3자 입장에서 평가하기 때문에 사실에 대한 설명보다는 당위적 설명이 많아질 수 있다. 두 가지 접근방법을 혼용할 수도 있다. 평가자로서 사례 상황을 분석하되, 보다 현실적으로 결정자로서 문제상황을 해결하는 다양한 처방을 제시할 수도 있을 것이다.

두 가지 중 어떤 방법으로 사례를 분석하든 일정한 절차와 과정이 필요하다. 니코모(Nkomo)와 동료들은 이를 사례분석 모형(Case Analysis Model)이라고 명명하고, 사례분석의 5단계를 다음과 같이 제시한다(Nkomo, Fottler & McAfee, 2010).

첫째는 문제 확인(problem identification) 단계이다. 예를 들면 "작년보다 올해 퇴직률이 15% 증가하였다", "금품 향응 적발 건수가 5% 증가하였다", "성과평가에서 하위 10%에 포함되었다" 등이다. 이러한 문제는 바람직한 상태와 실제 발생한 상황을 서로 비교하여 발생한 격차를 다룬다. 조직의 목적이나 목표, 행동 표준이나 규범에 비추어 사례에 나타난 사실로부터 이러한 격차를 확인하는 작업이다. 둘째는 확인된 문제의 원인을 찾는 단계이다. 해결책을 제시하기 전에 정책결정자는 문제의 원인을 진단해야 한다. 왜 문제가 생겨났고, 언제 어디에서 문제가 시작되었으며, 가장 효과적인 해결 수단은 무엇인지, 그리고 조직은 무엇을 하지 않았는지 등을 점검하는 것이다. 셋째는 대안적 해결방안(alternative solutions)을 찾는 단계이다. 해결방안들이 어떻게 문제를 해결할 것이며, 문제를 해결하는 데 어떻게 기여하는지 평가해야 한다. 각 대안별로 긍정적인 측면과 부정적인 측면을 점검하고 바람직한 방안들을 열거한다. 넷째는 가장 바람직한 해결방안을 선택하는 단계이다. 왜 그런 해결책을 선정했는지, 그리고 왜 그 대안이 가장 문제를 잘 해결할 수 있을 것인지 설명할 수 있어야 한다. 다섯째, 선택된 대안의 집행 단계이다. 일단 해결방안을 선택하고 나면, 이에 대한 적절한 실행 계획 마련이 중요하다. 누가, 언제, 어디서, 무엇을 그리고 어떤 절차로 실행할지 구체적인 계획을 수립한다. 이 과정에서 실행 계획대로 진행되었는지, 그리고 문제가 해결되고 있는지 꾸준히 모니터링하는 것도 필요하다.

(4) 사례분석 및 토의시 유의사항

학습효과를 극대화하기 위하여 사례분석 및 토의를 할 때에는 다음 몇 가지 사항을 유의해야 한다(Nkomo, Fottler & McAfee, 2010). 이것은 사례분석과 토론을 통하여 기존 이론의 적용과 새로운 이론의 개발 또는 체계적인 문제해결과 처방에 그 목적이 있다. 분석 과정을 통하여 학습하는 방법인 것이다. 따라서 사례 구성은 물론, 구성된 사례의 분석 과정이 잘못된 방향으로 흘러가지 않도록 유의할 필요가 있다.

　문제가 될 수 있는 첫 번째 사항은 해결책이나 결론을 성급하게 도출하려는 경향이다. 사례에 나타난 일부 행동이나 태도를 피상적으로 이해하고, 이를 가장 큰 문제로 단정하는 것이다. 하지만 그러한 행동은 외견상 드러난 것에 불과하고 핵심적인 문제가 아닐 수 있다. 두 번째는 사례에 나타난 정보가 충분하지 않다고 사례분석을 거부하는 것이다. 실제 현실 속에서도 완벽한 정보를 가지고 결정을 내리는 것은 아니며, 제한된 정보를 가지고 최선의 해결책을 찾는 것이다. 추가 정보가 필요하다면, 추가 정보의 필요성과 수집 방법, 수집 비용과 시간 등에 대한 고려가 필요하다. 세 번째는 사례 문제에 대한 정답을 추구하는 경향이다. 사례분석은 정답이 있는 것이 아니며, 옳고 그름을 판단하는 것이 아니다. 다른 대안보다 더 좋은 해결책이 있을 수 있으나, 그 또한 정답일 수는 없다. 특히 사례분석의 중점은 분석의 결과보다는 분석 과정에 있음을 상기할 필요가 있다. 마지막으로, 사례 속에 나타난 다양한 정보와 사실(fact)을 찾기 위해 노력해야 한다. 사실을 찾는 과정(fact-finding)이 사례분석의 첫 번째 과정이다. 사실과 사실을 연결하고, 이를 통하여 새로운 관계를 분석하는 것이다. 이 과정에서 다양한 이론 적용이 가능할 것이다. 사례에 나타난 사실에 집중하여 최대한 논리적이고 객관적으로 논의하고 서술하는 것이 중요하다.

학·습·포·인·트

- 인적자원행정의 개념
- 인적자원과정 모형
- 인적자원행정 구성체계
- 직무와 역량
- 성과와 보상
- 공공부문 인적자원행정의 특성
- 정부의 시장성 강화
- 양적 연구와 질적 연구

- 학문적 위치와 특성
- 인적자원정책 모형
- 목표와 전략
- 인적자원 관리과정
- 권리와 책임
- 민간의 공공성 강화
- 이론 연구와 제도 연구
- 사례분석과 토의

연•습•문•제

1. 인적자원행정의 개념적 특성과 범위를 설명하고 자신의 의견을 제시하시오.
2. 인적자원행정의 학문적 특성을 설명하시오.
3. 인적자원행정이 조직성과에 영향을 주는 경로모형을 제시하고 설명하시오.
4. 인적자원과정 모형과 인적자원정책 모형을 비교하고 이 책에서 활용하는 전략적 인적자원행정체계를 설명하시오. 또한 이러한 체계를 비판해 보시오.
5. 인적자원행정의 사례분석 학습방법을 설명하고, 사례 토론의 장점과 한계를 서술하시오.
6. 공공부문의 인적자원행정과 민간부문의 인적자원관리의 근본적 차이점은 무엇인가? 전반적인 인적자원 관리과정을 비교하여 설명해 보시오.
7. 민간부문에서 공공성이 강화되는 구체적인 사례와 내용을 제시하고, 이러한 공공성 강화가 정부의 인적자원행정에 미치는 영향을 설명하시오.
8. 공공부문 인적자원행정에서 최근 문제가 되고 있는 사례를 하나만 제시하고 전략적 인적자원행정체계와 연계하여 설명하시오.

토•의•사•례

　수성의 지도자는 조직에 자기지속적인 생명력을 불어넣어야 한다. 지속성을 지니면서도[守] 끊임없이 자기혁신을 거듭하여 발전해 나가는[成] 생명체와 같은 조직을 만드는 일이 그것이다. 한마디로 자기지속적인 성장 시스템을 구축해야 하는데, 이를 위해서 수성의 군주는 수행하여야 할 일이 있다. 즉 하위 체계 간의 내적 일관성을 유지하는 것과 내부적 긴장을 처리하는 방식의 세련화, 그리고 구성원들의 가치와 동기를 활성화하는 일이 그것이다. 한마디로 '시스템'에 의해 국사가 돌아가도록 해야 한다는 말인데, 세종 시대 사람들은 이를 '권도(權道)의 정치'에서 '경도(經道)의 정치'로의 전환이라 불렀다. 즉 "시의(時宜)에 따라서 변경할 수 있는 손익(損益)하는 법"인 권도가 창업의 덕목인 데 비하여 수성의 군주는 "영세(永世)토록 전하여 변경할 수 없는 경상(經常)의 법"인 정도(正道)를 정착시키는 데 온 힘을 기울여야 한다는 것이다. 아울러 수성의 군주가 해야 할 중요한 일은 인재를 기르고 고르게 사용하는 일이다. 인재 등용은 창업기에도 매우 중요한 사안이다. 하지만 인재의 구성에 있어서 창업기와 수성기는 구별된다. 태조와 태종과 같이 창업기의 군주는 비교적 비슷한 생각을 가진 '동지'들을 요직에 배치하여 혁명과 건국의 과업을 효과적으로 수행하는 데 치중한다. 이에 비해 세종과 같은 수성기의 군주는 가능한 한 이질적인 사람들을 최대한 많이 등용해야 한다. 세종이 황희를 중용했던 것처럼, 수성의 군주는 자신의 정적(政敵)까지도 포용하는 국민통합을 이루어내는 한편 이질적인 생각을 가진 사람들을 등용하여 그야말로 이질적인 신민들의 뜻을 묶어내야 한다.

　실제로 세종 시대 인물들의 성격은 물론이고 사상에 있어서도 다양했다. 예컨대 허조가 원칙을 강조한 법가적인 인물이라면, 황희는 중용을 실천한 유가적인 인물에 가깝다. 소를 타고 다니며 피리를 불었다는 맹사성이 도가적인 인물인 데 비해 변계량은 불교에 심취해 있었다. 세종은 이들의 말을 받아들이면서도 각자의 개성을 존중했다. 그러면서도 그 말들을 어전회의라는 용광로에 넣어 새로운 정책으로 합금을 만들어내곤 했다. 수성의 군주는 다른 한편 창업기의 군주가 할 수 없었던 일, 즉 새로운 인재를 양성하는 일을 게 을리해서는 안 된다. 세종 시대의 대사헌 신개에 따르면 "처음에 나라를 창업할 때는 권 도를 행해서라도 '사람들의 마음을 통솔해내고' 일을 이루어내는 것이 필요하지만, 수성할 시대에는 그 '적의(適宜)함이 달라서' '정도를 지켜 국맥(國脈)을 배양'하고 '그 세대를 영 구'하게 만드는 일이 더욱 중요하다."

여기서 중요한 것은 국맥을 배양한다는 말이다. 구체적으로 그것은 수성기에 맞는 인 재를 기르고 선발하여 적재적소에 배치하는 것을 말한다. 강희맹이 지적한 것처럼, 사람을 뽑아 적합한 자리에 기용해 인재를 키우고[爲才], 적당한 일을 맡겨 능력을 기르는[爲能] 일이 그것이다. 창업에 기여한 공신들을 존중하여 그들을 소외시켜서도 안 되지만, 새로운 시대가 요청하는 인재를 양성하는 일은 더욱 중요하기 때문이다.

세종은 아무리 큰 공을 세운 공신이라도 재능이 없을 경우 관직을 주지 않았다. "공신 도 재능이 있다면 마땅히 관직을 맡겨야 할 것이지만, 그렇지 않다면 관작(官爵)을 주어 향리에서 쉬도록 해야 한다"고 보았기 때문이다. 유공자와 유덕자에게 관작을 주어 명예 롭게 하되, 관직은 유능자에 맡겨 일을 하게 해야 한다는 세종의 인재쓰기 원칙에 주목할 필요가 있다. (…중략…)

인재 선발과 관련하여 세종은 최윤덕의 기용에서 볼 수 있듯이 능력만 있다면 문벌과 신분의 고하를 초월해서 등용하곤 했다. 서얼 출신인 황희를 중용하여 '국가의 저울추' 역 할을 담당하게 한 것이라든지, 천출인 장영실을 등용해 물시계를 비롯한 새로운 기술을 발전시킨 것 등이 그 예이다. (…중략…)

황희가 국왕의 신뢰를 받을 수 있었던 이유 중의 하나는 다양한 인재 발굴 능력 때문 이었다. 초기에 외직을 전전하면서 그는 궁궐 밖에 버려져 있는 다종다양한 인재들을 만 날 수 있었다. 그는 지신사(비서실장)가 된 다음 이들을 적극 천거하였다. 그는 "인재가 길에 버려져 있는 것은 나라를 다스리는 사람의 수치"라고 생각하여 능력 있는 자라면 신 분과 지위 고하를 막론하고 뽑아 올리곤 했다.

강희맹에 따르면, "한 시대가 부흥하는 것은 반드시 그 시대에 인물이 있기 때문이요, 한 시대가 쇠퇴하는 것은 반드시 세상을 구제할 만큼 유능한 보좌가 없기 때문이다." 문 제는 제아무리 뛰어난 인재라 할지라도 다른 세상에서 빌려올 수 없다는 사실이다. 그 시 대의 문제는 당대의 인재로 해결할 수밖에 없는 것이 정치의 조건이기 때문이다. 그러면 국왕은 어떻게 해야 하는가?

첫째는 인재를 분류해야 한다. 국가의 운명을 맡길 만한 '뛰어난 인재'와 반드시 '물리 쳐야 할 인재'를 구분하는 일이 그것이다. "마음의 중심을 확고하게 세워 자질구레한 절도 에 얽매이지 않는 사람과 누구보다 바쁘게 일하면서도 자기 이름이 드러나는 것을 조심하 는 사람"은 모두 "국가의 운명을 맡길 만한 신하이자 한 시대의 뛰어난 인재"이다. 이에 비해 재주가 있더라도 반드시 물리쳐야 할 사람도 있다. "여색을 밝히고, 끊임없이 재물을 긁어들이면서도 부끄러워하지 않는 사람"이 그 예이다. 부끄러워하지 않는 자에게는 개선 의 여지가 없기 때문이다. 세종에게도 인재를 가려내는 일이 제일 어려웠던 듯하다. 세종 은 그 해법을 젊은 선비들의 생각에서 찾았다. 젊은 선비를 선발하는 과거시험제도를 통하여 부딪힌 난제를 털어놓고 신선한 아이디어를 듣는 것은 그가 자주 사용한 방법이다. 1474년의 과거시험 문제는 '인재를 구해 쓰는 법'이었다. 국왕이 두루 인재를 구하되 절실한 마음을 갖고, 비록 자신의 마음에 맞지 않더라도 국가를 위해 등용한다면 인재는 언제든지 구해 쓸 수 있다는 것이 세종의 생각이었다.

둘째, 인재를 기르는 일이다. '뛰어난 인재'와 '물리쳐야 할 인재'를 제외한 나머지 사람들은 모두 교화 대상이다. "견문이 많고 총명하나 탐욕스러운 사람, 행정 처리를 잘하나 일 벌이기를 좋아하는 사람" 등이 그 예이다. 교화의 초점은 이들의 '총명'과 '행정 처리 능력'을 기르는 데 있다. 이들의 '말'을 듣고 적합한 '자리'에 배치하면서, 그 장점이 활성화될 때까지 가르치고 기다려야 한다. 시간을 가지고 기다려야 한다는 점에서 그것은 모험일 수 있다. 하지만 그것은 희망 있는 모험이다. 실제로 세종은 일관되게 '장점을 살리는' 인사정책을 폈다. 언관들이 황희·김종서 등을 도덕성 문제로 집요하게 공격했지만, 공적을 이룰 때까지 그들을 보호하면서 기다렸다. 그들이 '뛰어난 인재'라는 것을 확신했고, 공적에 의해 그들의 허물이 극복될 수 있다 보았기 때문이다. (…중략…)

뛰어난 인재를 모아서 기르는 기능을 수행한 곳은 집현전이었다. 집현전의 학사들이 경전, 역사, 자서, 시부[經史子集] 가운데 강독한 분량을 기록했다가 월말에 보고하게 했다. 매월 열흘에 한 차례씩 당상관으로 하여금 시·문의 글제를 내어 시험을 치르게 하고 일등으로 입경한 시와 문을 가려서 월말에 모두 등사해 보고하도록 하기도 했다. 집현전은 세종 시대 없어서는 안 될 싱크탱크였다. 집현전은 세종 2년(1420년)에 설치되어 세조 2년(1456년)에 폐지될 때까지 37년간 운용되었으며, 그 사이에 집현전에 근무했던 학사와 관원은 100명을 넘어섰다. "문관 중에서 재행(才行)이 있고 나이가 젊은 사람을 선발하여 오직 역사와 경전에 대해 강론하고 군주의 자문에 대비하도록" 하는 것이다. 이러한 집현전의 특성은 이조나 병조의 인사권을 가진 부처로 이동이 가능했던 정조 시대 규장각과는 차이점이 있었다. 집현전에서는 당상관인 정3품의 부제학 이상의 관리가 이런 일을 주관하였다. 집현전 설치 후 37년간 양성되고 배출된 100여 명의 집현전 인재들은 조선 전기 학문과 정치를 이끌어가는 주역이 되었으며, 세종 치세의 초석이었다.

– 출처 : 박현모, 2006, pp.88-161.

📖 **토의과제**

1. 세종의 인적자원행정의 전략과 방향을 설명하고 평가하시오.
2. 현대적 관점에서 세종 시대 인재시스템의 특성과 현재 우리나라 공무원 시스템에 주는 시사점은 무엇인지를 설명하고, 세종 시대 인재시스템을 수정하고자 할 경우 그 방향과 내용을 서술하시오.

참고문헌

강성철 외 4인, 2018. 『새인사행정론』 제9판, 대영문화사.

김문중·정승언, 2010. 『인적자원관리론 : 원리와 응용』, 형지사.

김병섭, 2010. 『편견과 오류 줄이기-조사 연구의 논리와 기법』, 제2판, 법문사, pp.35-37.

남궁근, 2021. 『행정조사방법론』 제6판, 법문사.

미국 인적자본책임관법, 2002.

박동서, 2001. 『인사행정론』, 제5판, 법문사.

박성수 외 4인, 2020. 『디지로그시대의 인적자원관리』, 박영사.

박천오 외 5인 공저, 2020. 『현대인사행정론』, 법문사.

박현모, 2006. 『세종의 수성 리더십』, 삼성경제연구소.

손윤석, 2021. 「공무원의 개념과 종류에 대한 법적 고찰」. 『국가법연구』, 17(2), pp.35-59.

신유근, 1994. 『인사관리』, 경문사.

심준섭, 2006. 「행정학 연구의 대안적 방법으로서의 방법론적 다각화(triangulation) : 질적
    연구 방법과 양적 연구 방법의 결합」, 한국행정학회 동계학술대회 발표 논문.

심준섭·주영종, 2005. 「행정학 연구방법론의 평가와 제안 : Triangulation을 중심으로」,
    2005년도 한국행정학회 추계학술대회 발표 논문.

오석홍, 2022. 『인사행정론』 제9판, 박영사.

유민봉, 1996. 「한국의 『인사행정론』 교과서에 대한 평론 : 구조·내용의 진단과 대안모색」,
    『한국행정학보』 30(3) : 187-197.

임도빈·유민봉, 2019. 『인사행정론』, 법문사.

윤견수, 2005. 「한국행정학의 질적 연구 방법에 대한 반성과 제안」, 『한국행정학보』 39(2).
    pp.1-22.

이종수·윤영진 외, 2022. 『새 행정학 3.0』, 대영문화사.

임도빈, 2001. 「신인사 행정 체제의 모색」, 『행정논총』 39(1), p.114.

하태권, 1995. 「한국행정학의 실증적 연구에 대한 고찰」, 『한국행정학보』 29(4) : 1463-
    1484.

Allison, Jr. J. T., 1979. Public and Private Management : Are They Fundamentally
    Alike in All Unimportant Respects? in J. L. Perry & K. L. Kraemer eds,
    1983. *Public Management : Public and Private Perspective*, Palo Alto,
    CA : Mayfield Publishing Co.

Amstrong, Michael, 2020. *Amstrong's Handbook of Strategic Human Resource
    Management,* London, GBR : Kogan Page Ltd.

Andersen, Jon Aarum, 2010. Public versus Private Managers : How Public and
    Private Managers Differ in Leadership Behavior. *Public Administration
    Review*, 70(1) : 131-141.

Beer, Michael, Bert Spector, Paul R. Lawrence, D. Quinn Mills, Rechard E. Walton, 1984. *Managing Human Assets*, New York : Free Press.

Beer, M., Boselie, P. and Brewster, C., 2015. Back to the Future: Implications for the Field of HRM of the Multistakeholder Perspective proposed 30 years ago. *Human Resource Management*, 54(3), pp.427-438.

Brower, R. S., Abolafia, M. Y. and J. B. Carr. 2000. On improving Qualitative Methods in Public Adminitration & Society. 32(4). 363-397.

Condrey, Stephen E. 2010. *Handbook of Human Resources Management in Government*, 3rd edition, Jossey-Bass.

Dahl, 1947. The Science of Public Administration : Three Problems. *Public Administration Review* 7(1) : 1-15.

Dilthey, W., 1988. *Introduction to the Human Science : An Attempt to Lay a Foundation for the Society and History*. Way me State University Press.

Drucker, P. F., 1963. *The Practice of Management,* Harper & Brothers Publishers.

Fornburn C. J., N. M. Tichy and M. A. Devanna, 1984. *Strategic Human Resource Management,* Wiley, New York.

Lawler III, Edward E., and John W. Boudreau, 2020. *Achieving Strategic Exellence in Human Resource Management*, Palo Alto, CA : Stanford University Press.

Legge, K., 2020. *Human Resource Management: Rhetorics and Realities.* Bloomsbury Publishing.

Llorens, Jared E, Klingner, Donald E. and John Nalbandian, 2017. *Public Personnel Management : Contexts and Strategies*, 7th edition. Prentice-Hall.

Meier, Kenneth J. and Laurence J. O'Toole, Jr., 2012. Comparing Public and Private Management : Theoretical Expectations, *Journal of Public Administration Research and Theory*, 22(3), pp.623-624.

Mathis, R. L. & Jackson, J. H., 2016. *Human Resource Management*, 11th edition, Thomson & South-Western.

Meynhardt, Timo and Fabian E. Diefenbach, 2012. What Drives Entrepreneurial Orientation in the Public Sector? Evidence from Germany's Federal Labor Agency, *Journal of Public Administration Research and Theory*, 22(4), pp.761-792.

Milkovich, G. T. and Boudreau, J. W., 1997. *Human Resource Management*, 8th edition, McGraw-Hill.

Murray, M. A., 1975. Comparing Public and Private Management : An Exploratory Essay, *Public Administration Review* 35, pp.467-472.

Nkomo, Stellar M., Myron D. Fottler, and R. Bruce McAfee, 2010. *Human Resources Management Applications : Cases, Exercises, and Skill Builders*, 7th Edition, PWS-KENT Publishing Company, Boston.

Noe, R. A., Hollenbeck, J. R., Gerhart, B., and Wright, P. M., 2020. *Human Resource Management*, 11th edition, McGraw-Hill.

OECD, 2004. *Trends in Human Resources Management Policies in OECD Countries-An Analysis of the Results of the OECD Survey on Strategic Human Resources Management*, pp.1-25.

OECD, 2007. *OECD Reviews of Human Resource Management in Government*. Paris : OECD Publishing.

Osborne, David and Ted Gaebler, 1993. *Reinventing Government : How the Entrepreneurial Spirit is Transforming the Public Sector*, Plume.

Pedersen, L. H., Fitzgibbons, S. and Pomorski, L., 2021. Responsible Investing: The ESG-efficient Frontier. *Journal of Financial Economics*, 142(2), pp.572-597.

Perry, James L. and Lois Recascino Wise, 1990. The Motivational Bases of Public Service, *Public Administration Review*, 50(3), pp.367-373.

Pigors, P. and Myers, C. A., 1969. *Personnel administration : A Point of View and a Method*, 6th edition, Mcgraw-Hill.

Rainey, H. G., R. W. Backoff and C. H. Levine, 1976. Comparing Public and Private Organizations, *Public Administration Review* 36, pp.233-244.

Reeves, T. Zane 2006. *Cases in Public Human Resource Management*, Thomson Wardsworth.

Stark, Andrew. 2011. The Distinction between Public, Nonprofit, and For-Profit: Revisiting the "Core Legal" Approach, *Journal of Public Administration Research and Theory*, 21(1), pp.3-26.

Stone, R. J., Cox, A. and Gavin, M., 2020. *Human resource management*. John Wiley & Sons.

Wang, Yau-De, Chyan Yang and Kuei-Ying Wang, 2012. Comparing Public and Private Employees' Job Satisfaction and Turnover, *Public Personnel Management*, 41(3), pp.557-573.

Waldo, D. 1955. *The Study of Public Administration*. New York : Random House.

Wilkinson, A. and Dundon, T. eds., 2021. *Contemporary Human Resource Management : Text and Cases*. SAGE.

Wilson, Woodrow. 1887. The Study of Administration, *The Academy of Political Science*.

제3장

인적자원행정의 발전과 특성

이 장에서는 인적자원행정의 역사적 발전 과정을 살펴본다. 조직 내 사람을 어떻게 관리하는 것이 바람직한가, 그리고 어떤 방법이 조직성과를 높일 수 있을 것인가는 시대와 환경에 따라 조직 내 사람에 대한 인식과 가치, 그리고 관리 방식이 변화하면서 조금씩 달라져 왔다. 조직 내 사람에 대한 관리가 중요해지기 시작하면서 전통적 인사행정 방식이 채택되었고, 그 후 인적자원행정이 지배적인 패러다임이 되었으며, 최근에는 전략적 인적자본행정이 조직 내 사람을 관리하는 새로운 접근 방법으로 떠오르고 있다. 이러한 역사적 변천 과정을 통하여 인적자원행정의 과거와 현재, 미래를 조망해 본다. 마지막으로 인적자원행정을 담당하는 바람직한 인적자원행정관의 역할과 기능을 살펴본다.

제 1 절　전통적 인사행정의 태동
제 2 절　인적자원행정과 인적자본행정
제 3 절　인적자원행정관의 역할과 과제

지인시군도, 지사시신도(知人是君道, 知事是臣道) :
인재를 알아보는 것은 군주의 도리이고, 일을 아는 것은 신하의 도리이다.

제 **1** 절 전통적 인사행정의 태동

1. 인적자원행정 이전의 인간관리

인간의 역사에서 본격적으로 '사람'을 관리 대상으로 취급하기 시작한 것은 100년 정도에 이르고 있다. 고대는 물론 중세, 근세에 이르기까지 인사행정 또는 인적자원행정이라는 분야는 존재하지 않았다. '조직 속의 인간'이 상정하는 조직 자체가 존재하지 않았다. 즉 학습 대상으로서 생산적인 조직을 상상하지 않았기 때문일 것이다. 1887년 우드로 윌슨(Woodrow Wilson)이 행정학 연구(The study of administration)의 필요성을 처음 제기했던 것이 인사행정의 시초라 할 수 있다. 유럽의 왕정에서 정치와 행정은 구분되지 않았고, 미국의 민주주의가 도래하기 전에는 공무원을 독자적으로 관리해야 할 필요성도 약했다.

하지만 정치와 행정을 분리해야 한다는 주장이 제기되면서 행정의 독자성과 전문성을 강조하게 되는데, 이것이 곧 행정학의 시초이자 인사행정의 시초이다. 즉 행정학은 인사행정에서 출발했다고 해도 과언이 아니다. 특히 18세기 이후 경제적으로는 산업혁명과 함께 대량생산체제가 도래하고, 정치적으로는 개인을 존중하는 민주사회가 부상하면서 사회적으로도 조직 내부의 인간관리에 대한 관심이 높아지기 시작했다. 이에 따라 1915년 다트마우스 대학에서 최초로 강의가 이루어지고, 1920년에는 테드(Tead)와 메카프(Metcalf)가 쓴『인사행정(Personnel Administration)』이라는 교과서가 최초로 발간되었다(이학종·양혁승, 2012).

이와 같이 19세기 이전에는 인력관리가 철학이나 정치학의 한 분야로 연구되어 오다가 행정학과 경영학이 발전함에 따라 조직관리의 중요한 한 분야로 되면서 독자적인 학문 영역으로 출발하게 된다. 인사행정 발전 과정을 명확히 시대구분할 수는 없지만, 20세기 이전에는 인간관리(human management), 20세기 이후 1980년대까지는 전통적 인사행정(personnel administration), 1980년대 이후에는 인적자원행정(human resource administration), 그리고 2000년 이후에는 인적자본행정(human capital administration)으로 발전해 왔다고 할 수 있다. 특히 기관의 인사정책을 기관사명과 목표와의 연계를 강조하면서 '전략적' 인적자원행정과 인적자본행정으로 명명하기도 한다(Condrey, 2015).

우선, 중세 이전이라고 사람을 관리하는 일 자체가 없었던 것은 아니다. 다만 현대적 의미의 인적자원관리, 즉 조직 속의 인간을 전제로 하지 않았을 뿐이다. 중세의 절대왕정이나 봉건시대에 조직 내부의 인간은 봉건영주의 시종, 즉 private servant에 불과했기 때문이다. 18세기 산업혁명 이전에는 조직 내부에서 관리(management)의 영역이 발생하기 전 단계로 생산적 관리의 대상으로서 '조직'이 존재하지 않았다고 할 수 있다. 이 경우에는 '조직 속의 인간'이라기보다 '사회 속의 인간'이라 할 수 있다. 관리의 대상으로서 조직을 보지 않았기 때문에 개인(individual man) 또는 시민(citizen)으로 인식되었던 것이다.

그러다가 18세기 이후 근대 민주사회에 접어들면서 공공 업무에 종사하는 사람들은 사적인 시종의 개념을 떠나 공적 업무를 수행하는 public servant로서의 역할이 강화되기에 이르렀다. 그러나 정치와 행정이 분리되지 않은 18세기에는 정치권력의 전리품으로서 정부 내 인력관리는 전문적이고 독자적인 분야가 되지 못했다. 18세기 이후 민주주의 정치체제가 구축되면서 시민은 재산권을 보장받고, 근검절약하면서 일하는 프로테스탄트의 윤리에 기반한 교양 있는 시민이 되었다. 민주주의와 자본주의의 결합은 프로테스탄트의 윤리에 따라 행동하는 자유로운 시민을 전제로 하는 만큼, 개인들은 자율적인 의지와 판단에 따라 자기 이익을 극대화하려는 노력과 상호 경쟁을 통하여 사회 이익이 극대화되는 시스템으로 운영된다(Whyte, 1956). 특히 시민들에 의해 구성된 의회와 행정부의 관계에서도 의회에서 제정한 법률과 규정을 행정부가 단순히 집행하는 단계에 머물렀기 때문에 행정부에 근무하고 있는 개인들을 관리할 필요성을 크게 느끼지 않았다. 정치와 행정이 분리되지 않은 상황에서 행정의 전문성을 위한 인사행정의 필요성이 크지 않았던 것이다.

하지만 정치와 행정이 분리되어 행정의 전문성과 독자성, 그리고 연속성을 유지할 필요성이 높아지면서 인적자원행정의 필요성이 태동하게 되었다. 전통적인 인사행정, 인적자원행정, 그리고 인적자본행정 등 역사적 발전 단계에 따라 그 내용을 보다 상세히 살펴보기로 하자.

2. 전통적 인사행정

(1) 전통적 인사행정의 태동

조직 속의 인간을 관리 대상으로 취급하기 시작하면서 인사행정 또는 인사관리(Personnel Administration, Personnel Management)가 학문적 연구 대상으로 태동한다. 헌법에 기초한 민주적인 통치체제가 도입되면서 유럽의 관방학이나 미국의 행정학도 발전, 행정과 관료의 역할에 대한 논의가 점차 확대되기 시작한 것이다.

우드로 윌슨(Woodrow Wilson)은 그의 논문 「행정의 연구(The Study of Administration)」(1887)에서 헌법에 기초한 근대 통치체제 하에서 정치와 분리된 행정의 역할을 강조하면서, 이를 실행하기 위해서는 인사행정이 중요하다고 말한다.

> 만약 민주주의 하에서 정부 권력의 원천이 되는 대중 여론을 개선하고자 한다면, 정부의 조직체(apparatus of government)로서 우수한 관료의 역할이 매우 중요하다. 민주주의를 조직화하기 위해서는 전문기술이나 지식을 가진 공무원들을 자유경쟁시험을 통해 선발할 필요가 있다. … 특히 현재 정부 관료들은 공공의 이익을 위한다기보다는 상사의 권위나 무책임한 장관에 무조건적으로 복종하고 봉사하는 데 여념이 없다. 따라서 정부 관료들이 그들의 상사보다는 공동체에 자신이 가진 역량을 최대한 발휘하여 봉사하는 방법을 찾아야 한다. 중앙 및 지방 행정기관에서 자신의 신분을 유지하고, 자신의 야망을 실현하며, 자신의 명예를 향상시키면서 가장 보편적인 최상의 공익을 실현할 수 있는 방법을 찾아야 한다.

이러한 지적은 행정학의 발전과 독자적인 영역의 구축에서 중요한 요인이 바로 정부 조직체를 운영하는 공무원이라는 사실을 확인시켜 준다. 우드로 윌슨의 논문은 정치로부터 분리된 '행정' 연구의 중요성과 필요성을 강조한 것으로, 인사행정이 독자적이고 전문적인 영역으로 태동하게 된 커다란 계기가 된다.

20세기 들어 조직 내 인력에 대한 전문적 관리의 필요성이 증가한다. 대량생산 체제가 확대되면서 기업을 비롯한 다양한 사회 조직이 만들어지고 발전하기 시작한 것이다. 동시에 행정을 정치로부터 분리해 독자적인 영역으로 구축하기 위해 조직관리체제에 대한 논의가 활발해진다. 이러한 이론적 논의는 두 편의 역사적 논문에서 출발한다. 하나는 1920년 세상을 뜬 후 1947년 탈코트 파슨즈(Talcott Parsons)에 의해 편역된 막스 베버(Max Weber)의 『사회경제적 조직 이론(The Theory of Social and Economic Organization)』이고, 다른 하나는 1911년 프레더릭 테일러

(Frederick W. Taylor)의 『과학적 관리론(The Principles of Scientific Management)』이다. 이들 두 고전을 통하여 조직 내 사람의 관리 방법에 대한 논의가 시작된 셈이다.

(2) 전통적 인사행정의 이론적 배경

전통적 인사행정의 중요한 이론적 근거가 된 것이 막스 베버의 관료제와 프레더릭 테일러의 과학적 관리론이다. 먼저 막스 베버의 관료제는 인사행정을 어떻게 해야 하는지를 명확히 설명하고 있다. 관료제 연구는 관료제 자체의 시스템적 특성과 관료제 하 관료들의 위상에 대한 내용으로 구분된다.

즉 관료제의 시스템적 특성은 1) 공식 업무 범위와 활동이 엄격히 정해져 있고, 2) 상관과 부하 상호간의 계층과 계급의 명령 체계가 확립되어 있으며, 3) 공식 문서에 기초해 움직이며, 4) 철저하고도 전문적인 교육에 의한 전문화된 관리체제를 유지하고, 5) 모든 관리들은 자신의 근로 역량을 최대한 발휘하도록 설계되어 있으며, 6) 안정적이고 완벽한 법규에 의하여 운영되고, 관리들은 이러한 법규들에 대한 지식을 교육훈련을 통하여 학습한다는 것이다(Weber, 1947).

이러한 관료제 하에서 관료들은 평생 직업으로서 특별한 시험을 거쳐 채용되고 장기적인 교육훈련이 주어진다. 관료들에게 주어진 직위는 사회적 의무이며, 조직에 대한 업무적 충성을 요구한다. 이에 따라 관료들의 직위는 1) 보장된 계급에 기초하여 특별한 사회적 존경의 대상이 되고, 2) 최고인사권자가 임명하며, 3) 자의적인 해고나 이동 없이 평생 보장되고, 4) 정규적인 봉급과 함께 노후가 보장되며, 5) 계층제 내에서 경력에 따라 승진과 전보가 이루어진다(Weber, 1947).

두 번째 이론적 배경은 프레더릭 테일러의 과학적 관리론이다. 테일러(1911)에 따르면, 경영관리의 주된 목적은 고용주와 근로자 모두 최대 번영(maximum prosperity)을 누리는 것이다. 즉 노동자는 최고의 임금을 받고, 고용주는 최저의 근로 비용을 지불하는 것이다. 테일러는 이들이 서로 적대적이거나 상반된 목표를 가진 것이 아니라며, 양측 모두가 최대 번영을 누릴 수 있는 방법이 있다고 보았다. 근로자들이 매일매일 가능한 최대한의 과업을 수행하면 된다는 것이다. 이로써 근로자는 최대 임금을 받을 수 있고, 고용주도 최대 생산을 통하여 근로 비용을 줄일 수 있다는 것이다.

하지만 현실에서는 다음과 같은 세 가지 이유에서 근로자들이 고의적으로 최대의 노력을 하지 않는다(Wharton, 2005). 첫째는 근로자들이 최대한 노력해 생산량이 증가하면 고용주가 필요한 노동력을 줄일 것이라는 잘못된 편견이고, 둘째는 근로자들로 하여금 빈둥거리거나 느리게 일하게 하는 낙후한 관리 시스템, 셋째는 근로자들이 자기 노력의 대부분을 낭비해 버리는 비효율적인 주먹구구식 작업 동작이다.

테일러는 이러한 세 가지 근본적인 문제를 해결하기 위해서는 과학을 도입해야 한다고 주장한다(Wharton, 2005). 첫 번째 문제에서 근로자들이 최대한 많은 노력을 하게 되면 근로자들의 생산능력이 높아지고, 이에 따라 생산비용이 감소하여 수요가 증가하며, 이는 고용 증대로 이어진다. 기계 발전이나 기술 진보와 같은 이치이다. 두 번째, 근로자들이 빈둥거리는 문제는 관리의 역할이 중요하다. 근로자들은 고용주를 의도적으로 속이거나 오도하여 빈둥거리려는 성향이 있다. 게다가 고용주에 대해서 적대적이다. 상호 신뢰나 열정이 부족하다. 따라서 빈둥거리지 않고 가장 열심히, 그리고 가장 빨리 일하는 근로자를 표준으로 하루 작업량을 정해야 한다. 이들의 표준작업시간을 측정하여 기록하고 근로자로 하여금 일할 수 있게 지도하는 것이 관리의 역할이다. 가장 보편적인 표준시간을 정하고 이에 미달하면 게으름을 피운 것으로 간주하여 교체하거나 다른 직위로 이동시키고, 초과하면 임금을 올려준다. 세 번째 문제는 불필요한 동작을 제거하고 비효율적인 동작은 빠르고 효율적인 동작으로 대체하여 해결한다. 이를 위해서는 시간과 동작에 대한 철저한 연구가 필요하다. 그러한 방법을 과학적으로 연구하고 분석하는 것이 관리자의 역할이다. 따라서 과학적 관리는 관리자와 근로자 상호간의 긴밀한 협력이 전제되어야 한다. 그래야 고용주와 근로자 모두 중장기적 번영을 이룰 수 있다.

(3) 공무원에 대한 인식 및 관리시스템

전통적 인사행정에서 공무원은 조직 속의 기계 부품에 불과하고, 비용으로 산정된다. 개인은 조직을 위해서 일해야 하는 당연한 의무가 주어지는 데 반해, 조직에 필요하지 않다고 판단하면 언제든지 배제할 수 있다. 이는 화이트(White, 1957)가 제시한 전형적인 '조직인(organization man)' 또는 '조직 아이(organization children)'에 해당한다. 개인은 집단의 일원에 불과하다. 조직은 개인에게 집단적 윤리를 일방적으로 강요할 수 있지만, 개인은 이를 거부하거나 저항할 수 없으며 조직의 권위에 절대적으로 복종해야 한다. 개인은 조직에 매몰되어 있어, 외부적으로 나타난 행동은 모두 조직의 행동이지 개인의 행동이 아니다. 하지만 때로 조직은 개인의 희생을 강요하고, 조직의 책임을 회피하기 위하여 개인에게 책임을 떠넘기는 경우가 종종 있다. 또한 개인은 조직이 만든 엄격한 복무규정에 의거하여 통제를 받는다. 실용주의(pragmatism)와 효용주의(utilitarianism)를 중시해 걸림돌이 되는 개인은 가차없이 조직에서 배제한다.

이러한 전통적 인사행정 시스템은 중앙집권적이고 하향적인 통제 방식으로 운영되어 개인은 조직의 인질이나 다름없다. 특히 인적자원관리 측면에서 조직은 채용이나 교육훈련, 근무평가, 승진과 보상 등에서 개인의 의견을 반영하기보다 조직의 논리를 강요한다. 통상적으로 말하는 '조직의 쓴 맛'은 조직의 권위에 저항하는 개인이 치러야 하는 희생을 말한다. 이러한 관점에서 조직 구성원, 즉 사람에 대한 관리시스템은 집권적 통제 방식으로 운영된다.

공무원제도가 존속하는 이유는 국민의 대표기관인 의회가 마련한 법률을 충실히 집행하는 데 있다. 직업공무원제도를 만들어 신분을 보장하는 대신 정치적 중립성을 강조한다. 전통적 인사행정에서는 이처럼 법률의 단순한 집행기관으로서 법령이 요구하는 업무만을 충실히 이행하는 사람이면 된다. 합법성을 강조하는 행정가치는 전통적 인사행정에 그대로 반영된다. 모든 인사는 법령에 따라 집행한다. 인사 담당자는 법령을 집행하는 사람이고, 조직 구성원은 인사 대상자에 불과하다. 따라서 인사권자의 권위적인 결정을 따르는 경우가 대부분이다. 인사 담당자는 법령에 의거하여 인사권자의 지시를 단순히 집행하는 관리자에 불과하다. 이러한 역할은 현실 행정에서는 제한된 정보를 이용해 권력 부서화되는 경향이 강하다.

가장 대표적인 관료 조직이 정부이다. 군인과 경찰을 포함한 정부 조직은 물론, 학교와 병원 등 공공조직도 대부분 이러한 관료제의 틀 안에서 인적자원행정이 이루어진다. 창의적이고 혁신적이어야 할 대기업이나 중소기업조차 관료적인 조직 구조를 가지고, 관료적 행태를 보이는 경우가 많다. 경제적 유인을 강조하고, 반복적 노동의 표준화, 업무 내용과 범위의 명확한 설정, 그리고 감시·감독과 통제의 일반화 등이 그것이다. 그렇게 구성하고 운영하는 것이 효율적이고 합리적인 시스템이라고 생각하는 것이다. 즉, 앞에서 설명한 과학적 관리와 관료제가 통합된 형태로 조직의 효율성과 합리성, 그리고 합법성을 도모하는 것이다.

(4) 전통적 인사행정과 인사관리의 문제점

과학적 관리론이나 관료제는 전통적 인사행정의 문제점에 대한 비판에서 출발한다. 과학적 관리론은 당시 합리적이고 효율적인 행정 시스템을 구축하려는 획기적인 방안으로, 시대적 요구이기도 했다. 이것이 현대 조직에도 적용할 수 있는 일반적인 원칙이 될 수 있음을 부정할 수는 없다.

하지만 현대의 조직 환경이 변화함에 따라 과학적 관리론은 여러 가지 비판에 직면하게 되었다. 과학적으로 관리하는 것만이 조직의 성과를 높일 수 있는 유일한 방안은 아니라는 것이다. 게다가 직무 자체가 표준화될 수 있고 반복적인 경우에는 효과적이지만, 그렇지 않은 직무인 경우 현실적으로 적용하기 곤란할 뿐만 아니라 효과도 장담할 수 없기 때문이다. 아울러 인간을 불신하고 마치 조직 속의 기계 부품으로 인식하는 것은 현실과 맞지도 않다. 특히 인간에게 일정한 보수와 인센티브만 지불하면 된다는 경제적 인간관은 비판의 대상이 된다. 사람은 경제적 유인 말고도 다양한 유인이 있고, 이를 통해 조직성과를 올릴 수 있기 때문이다. 타율적 통제만이 업무 효율성을 높일 수 있는 유일한 방법이 아니라 자율적인 통제도 조직성과를 높일 수 있는 중요한 요소라는 것이다.

이러한 관점에서 관료제 이론에 대한 비판도 유사하게 제기될 수 있다. 관료제는 분명 합법적 권한, 관할 범위 규정, 계층적 구조, 문서화의 원리, 임무 수행의 비개인화, 관료의 전문화, 규칙과 절차의 공식화, 분업화 등을 내용으로 하는 가장 합리적인 시스템이다(Weber, 1947). 또한 베버도 지적한 바와 같이 이상적인 모형이다. 그러나 현실에 적용하는 과정에서 여러 가지 부정적인 문제가 발생하는 것도 사실이다. 즉, 목표와 수단의 대치, 변화에 대한 저항, 인간성 상실, 무사안일주의, 지나친 전문화 등의 문제가 발생한다. 이에 따라 모형 자체가 가지는 인간에 대한 전제에 의문이 제기되고 있다. 즉 공식적인 부분에만 집착하고 비공식적인 인간적 요인은 도외시한다는 점, 인간은 기대처럼 그렇게 합리적이지 않을뿐더러 조직이 만들어놓은 규정에 저항하거나 회피한다는 점, 공식적인 절차나 규정보다는 비공식적인 집단이 더 영향력을 발휘하고, 이들의 활동이 오히려 작업 능률을 높일 수 있다는 점, 마지막으로 관료제 모형은 폐쇄적이고 안정적인 조직을 상정하고 있으나 변화와 혁신이 많은 조직에서는 적용되기 곤란하다는 점 등이다.

이와 같은 전통적 인사행정은 이론 자체의 문제점은 물론 시장 기능의 강화, 정보통신의 발달, 그리고 행정의 질적 변화 등으로 인하여 실제 운영 과정에서도 여러 가지 문제점이 나타나고 있다.

첫째, 이러한 인력관리 시스템은 사람 자체에 대한 관심이 부족하다. 즉, 개인에게 일방적인 희생을 강요하고 개별적인 배려와 지원이 부족하기 때문에 개인의 역량을 지나치게 단순화하고 기술적으로 접근하는 경향이 강하다. 개인보다는 조직을 강조함으로써 개인을 하나의 부품으로 인식하는 경향이 강하다.

둘째, 인사정책이 복잡하고 경직되어 있다. 전통적 인사행정에서는 행정 과정이나 관리 활동 자체에 업무의 중점을 둔다. 공무원은 과정과 절차에 따라 합법적이고 합리적으로 관리되어야 한다는 것이다. 그러나 공정성과 형평성만을 강조하다 보니 지나치게 형식주의에 빠지기 쉽고 실질적인 성과에 대한 관심이 부족해질수 있다. 인사행정 담당자는 자신의 논리와 규정에 벗어나는 행동은 철저하게 배제하는 경향이 있다. 그 결과 훌륭한 관리를 방해하고, 능력 있는 공무원을 좌절시키며, 생산성을 억제하는 결과를 낳기 쉽다(Condrey, 2015).

셋째, 조직의 목표나 가치, 그리고 전략과의 관계가 미약하다. 이로 인해 조직의 목표를 적극적으로 달성하려 하기보다는 조직의 유지와 안정, 그리고 일상적인 집행에 집중한다. 즉 조직 목표의 전략적 달성이라는 효과성보다는 조직 내부의 효율성에 중점을 둔다. 이처럼 전통적 인사행정은 조직의 목표 달성이나 성과 향상과의 관련성이 낮을 뿐만 아니라 인사행정을 통한 가치 창출을 경시하는 경향이 강하다.

넷째, 국민의 신뢰를 확보하기 힘들다. 전통적 인사행정에서는 인사를 내부관리 행위로 인식하는 경향이 강해 외부환경에 대한 고려가 미흡하다. 따라서 폐쇄적

전통적 인사행정부서의 부정적 행태

인사부서 또는 인사 담당자가 보여주었던 과거 행태는 다음과 같은 세 가지로 요약된다. 첫째는 침묵이다. 인사 담당자에게 침묵은 금이다. 대화는 금물이다. 인사는 기밀사항이므로 절대 말하지 않는다. 인사이동과 승진에 대한 결정 권한이 인사권자의 고유 권한이라는 이유에서이다. 이른바 인사의 '계절'에 인사 담당자를 방문하면, 이야기가 형식적이고 원칙적인 수준에서 겉돈다. 인사 관련 상담이나 고충 해결 의지가 없는 경우가 대부분이다.

둘째, 불신이다. 사람을 믿지 않는다. 인사철에 인사부서를 방문하면 인사 로비를 먼저 생각한다. 그가 겪고 있는 고충을 이해하려 하지 않는다. 인사 상담을 할 경우 그저 공식적이고 형식적이다. 기본적으로 인간을 하나의 부품으로 보기 때문이다. 조직의 중요한 자산으로 생각하지 않는다. 그가 발령을 내야 할 대상일 뿐 그가 가진 역량이나 처한 상황, 그리고 조직 목표에 관한 진심어린 충고는 거의 없다.

셋째, 비인간적(impersonal)이고 폐쇄적이다. 인사 문제에 관한 한 문을 걸어 잠근다. 인사 담당자와 인사 대상자 사이에는 상당한 벽이 있다. 인간적인 얘기, 직무 발전을 위한 얘기, 생활 고충에 대한 얘기는 인사 담당자와는 거리가 멀다. 인간적 만남이란 애당초 기대하기 어렵다. 이러한 행태는 조사·감사·수사를 담당하는 기관의 행태와 매우 유사하다. 이제 인적자원행정을 담당하는 부서나 사람은 정책 파트너, 인사 전문가, 조직 리더, 변화 관리자, 그리고 직원 보호자가 되어야 할 것이다.

인 인사행정이 이루어지기 쉽고, 국민의 의견을 경시하는 경향이 강하다. 또 조직 외부의 의견을 매우 경직적으로 해석하고, 인사권자의 의중이나 자의적 판단에 의존하는 경향이 있다. 따라서 공직자 선발에 대한 국민의 만족도는 낮은 편이다.

이러한 전통적 인사행정의 문제점은 정보화·국제화·개방화 등의 환경 변화와 함께 정부 인력관리의 전반적 변화의 원인이 되고 있다. 인력관리가 단순히 법과 규정을 집행하는 것에서 인력의 적극적인 개발과 활용을 강조하는 방향으로 전환될 필요성이 있다. 이에 따라 전통적 인사행정은 인적자원행정으로 이동하게 된다.

제 2 절 인적자원행정과 인적자본행정

1. 인적자원행정의 확산

(1) 인적자원행정의 태동

1980년대 이후 인사행정(personnel administration)이라는 용어보다는 인적자원행정 또는 인적자원관리(human resource management or administration)라는 용어를 많이 사용하고 있다. 기업 조직은 물론 공공조직 연구에서도 이러한 변화를 볼 수 있다. 그동안 인적자원관리는 경영학에서 많이 사용하고, 정치적·사회적·경제적 요인 등 조직 외적 요인이 보다 중요하게 작용하는 행정학에서는 잘 사용하지 않았다. 그러나 최근 들어 신공공관리(new public management)의 확산과 조직 내 개인의 중요성이 부각되면서 인사행정과 함께 인적자원이라는 용어를 많이 사용하고 있다. 특히 교과서의 제목은 '인사행정'이라 하더라도 세부 내용을 기술하는 과정에서 '인적자원'이라는 용어를 사용하는 과도기적 현상을 보이기도 한다(유민봉·임도빈, 2016).

이러한 변화는 과거의 전통적 인사행정이 현대사회의 공공조직에 적용되는 데 여러 가지 한계와 문제점을 드러낸 데서 비롯된 것이다(OECD, 2004). 특히 인적자원이라는 용어는 조직성과 향상을 위하여 조직 내 사람 관리가 과거와는 다른 시각에서 접근할 필요가 있으며, 인적자원을 관리하는 사람들도 제도와 운영에서 전면적인 교정이 필요하다는 관점을 내포하고 있다.

이러한 용어의 변화는 단순히 책의 제목이 바뀌었다는 의미를 넘어 사람에 대한 기본적인 인식과 시각의 변화를 반영한 것이다. 뿐만 아니라 인적자원행정의 목표와 가치, 그리고 이에 상응하는 시스템이 달라지고 있음을 의미한다. 후술하는 바와 같이 인적자원행정을 운영하는 과정에서 현실적 한계가 있음을 부인할 수 없지만, 전통적인 인사행정에서 인적자원행정으로의 변화는 조직 속의 사람을 관리하는 핵심적인 학습내용이라 할 수 있다.

(2) 공무원에 대한 인식과 관리시스템 : 자원

인적자원행정시스템에서는 전통적 인사행정시스템과는 달리 사람을 조직의 성과와 목표 달성을 위해 반드시 필요한 자원으로 인식한다. 물적 자본과 마찬가지로 조직성과에 영향을 미치는 중요한 요소로 생각하는 것이다(Pfeffer, 1998). 따라서 소극적으로 '관리'한다기보다 적극적으로 지원하고 관리할 필요가 있다고 본다. 조직 구성원으로서 개인은 이제 비용 개념이 아니라 방치하거나 배제하면 조직성과에 영향을 주고, 나아가 조직의 생존과 목표 달성에 결정적인 영향을 주는 자원이 된 것이다.

따라서 조직의 성패를 좌우하는 이들 개인을 어떻게 활용하고 관리하느냐가 중요한 과제가 된다. 이러한 관점에서 보면 조직은 개인을 신뢰하고 보호하며 존중해야 할 대상으로 보아야 하며, 조직 구성원들 역시 조직이나 직무에 자발적이고 적극적인 태도를 보인다. 이는 합리적이고 경제적인 인간관보다는 자율적이고 감성적인 인간관을 강조하는 것으로 Y이론에 입각한 자율적인 인간관을 상정하고 있다. 전통적 인사행정과 달리 인적자원행정은 '개인화된 조직(individualized organization)'이 된다(Ghoshal and Barnett, 1999). '개인화된 조직'이란 1) 조직 구성원들에 대한 기본적인 신뢰를 바탕으로 개인의 창의성과 혁신성을 지원하는 조직, 2) 통합적인 조직 학습 과정을 통하여 창업가적 활동과 개인적 전문성을 연계하는 조직, 3) 지속적으로 자기혁신을 해나가는 조직을 말한다(Ghoshal & Barnet, 1999).

이와 같이 '개인화된 조직'은 관료제가 강조하는 계층적 권위나 합리적 시스템의 유일성을 배제한다. 이러한 시각에서는 관료들을 통제 가능한 비용 개념에서 혁신과 창조의 에너지로 이해한다. 따라서 개인의 창의력과 도전정신을 키우기 위해서는 조직 구성원 모두에게 동기를 부여하는 것이 인적자원행정의 핵심 과제가 된다. 조직 구성원들의 자발적인 참여 속에 항상 새롭게 변화할 수 있는 기업가적 정신을 키우는 것이다. 인간의 무한한 잠재력을 신뢰하고 이를 개발하고 발전시키는 과정이 바로 인적자원행정이 된다.

인적자원에 대한 이러한 인식은 인적자원행정에서 새로운 접근 방법을 이끌어 낸다. 먼저 분권적·참여지향적 인적자원행정을 상정하고, 조직 구성원에 대한 진지한 지원과 배려를 강조한다(Ghoshal & Barnett, 1999 ; OECD, 2011 ; 박천오, 2011). 이를 위해서 조직 구성원을 가장 가까이서 잘 아는 관리자에게 권한을 위임한다. 그들의 자발적인 참여 속에 관리하고 지원하는 것이다. 인적자원행정의 경우 단순히 통일된 지침과 규정을 만들고 이를 일률적으로 적용하는 것이 아니라 조직 구성원의 참여 속에 스스로 새로운 아이디어를 개발하도록 지원하는 것이다. 즉 중앙인사관리기관의 집권적 통제와 지시, 그리고 규정보다는 단위 기관별로 인적자원을 직접 관리하는 분권화된 관리시스템으로 효율성이나 합법성보다는 민주성과 조직 구성원의 권익에 중점을 두는 것이다(정정화, 2000 ; OECD, 2007).

(3) 인적자원행정의 이론적 배경

인적자원행정이 추구하는 가치와 이론은 인간관계론이나 행동과학론에 기반하고 있다. 1930~1940년대에 각광을 받았던 인간관계론은 합리적·경제적 인간보다는 자발적이고 적극적인 인간을 상정한다(Mayo, 1933). 인간관계론은 1) 개인들에게 조직은 경제적 목적뿐만 아니라 사회적 의미와 성격을 가지고 있고, 2) 조직의 성과를 위해서는 조직 구성원 개인의 행동과 동기가 중요하며, 3) 공식적 조직 이외에 비공식 집단도 긍정적인 역할을 수행하고, 4) 조직 구성원의 직무만족과 생산성은 직접적인 관계가 있다는 것으로 정리된다(이학종·양혁승, 2012). 이 경우 조직 구성원의 경영 참여, 사기 조사, 민주적 리더십, 상담제도, 종업원제도 등이 중요한 인적자원행정의 내용이다.

1950~1960년대의 행동과학론도 인적자원행정의 이론적 기반을 제공한다. 그들은 조직에 근무하는 인간의 행동을 과학적으로 분석하고 이해하고자 한다(Wyman & Eddy, 1973 ; Fadem, 2009). 즉 인간의 행동에 영향을 미치는 요소는 다양해서, 반드시 공학적 접근으로 그 요인을 확인할 수 있는 것은 아니다. 조직성과와 생산성을 목적으로 하는 조직에서 개인의 행동은 개인적 요소는 물론 조직체의 요소를 포괄하는 전체적인 환경에 따라 다른 행동이 나타나기 때문이다. 따라서 조직 구성원 간의 긴밀한 관계를 이해할 필요가 있다. 조직몰입이나 조직 분위기, 조직문화의 개발과 발전이 성과를 내는 데 중요한 요소가 될 수 있다. 여기서 인적자원은 자산 개념으로, 조직의 성과를 내는 데 중요한 자원이다.

따라서 인적자원의 역량개발과 경력발전이 매우 중요하며, 조직은 이들을 적절하게 활용할 필요가 있다. 이처럼 인적자원행정시스템은 직위를 중심으로 상사와 직원 상호간의 쌍방향 관계를 전제로 한다.

(4) 인적자원행정의 한계

인적자원행정 시스템은 개개인을 존중하면서 조직성과를 올릴 수 있다는 전제 아래 여러 가지 장점을 가지고 있는 반면 다음과 같은 한계도 갖는다(Hall, 2008 : 52-55). 첫째, 구성원들의 역량이 모두 동일한 것으로 전제하고 있다는 점이다. 조직 목표를 효과적으로 달성하기 위해서는 조직 목표와 관계가 높은 핵심역량이 존재하게 마련이다. 따라서 인적자원행정은 구성원들의 역량 상호간의 전략적 우선순위에 대한 고려가 필요하다.

둘째, 인적자원행정이 가지는 상향적 관리 방식의 한계이다. 조직 목표나 사업 계획과 연계된 전략을 적극적으로 수립하기보다는 다양한 인적자원행정 프로그램 개발을 통해 사업 목표를 달성하고자 한다. 조직 구성원들의 적극적인 역할을 강조하여 상향식 방식에 지나치게 의존함으로써 실질적인 조직성과 향상을 가져오지 못할 우려가 있다(Pfeffer & Sutton, 2006).

셋째, 인적자원행정과 조직 목표의 연계가 약해 조직의 실질적인 정책 책임자들이 소외되기 쉽다. 대체로 일선관리자들은 인사관리 전략에 대한 이해가 부족하다. 전략 수립 과정에서 일선관리자들을 참여시키지 않고 사후에 승인하거나, 심지어 보고받지도 않는 경우가 많다. 인적자원 전략에 대한 인사 책임자와 정책 책임자의 공동 책임의식이 약하고, 전략 수립 과정에 참여하지도 공지하지도 않는 경향이 있다(Pfeffer & Sutton, 2006).

넷째, 사업 전략과 목표보다는 인적자원 '관리'에 치중한다. 거시적인 정책이나 사업 전략보다는 인적자원의 확보·이동·교육·보상 등 인적자원행정의 역할에 한정하는 경향이 있다. 다섯째, 내부 고객만을 중심으로 하다 보니 외부 고객에 대한 고려가 부족하다. 성과평가 등 내부 활동에 지나치게 치중해 외부 고객에 대한 서비스가 부족하다는 것이다.

2. 인적자본행정의 부상

(1) 인적자본행정의 태동

1990년대 후반과 2000년대 이후 지금까지 추구했던 인적자원 관리방식이 조직

성과에 큰 영향을 미치지 못한다는 사실이 드러나면서 새로운 접근을 시도하게 된다. 인적자원행정이 전략적 인적자원행정 또는 인적자본행정(SHRM, Strategic Human Resource Management 또는 SHCM, Strategic Human Capital Management)으로 명칭이 바뀌며 조직 목표와 성과 향상을 강조하게 된 것이다(James, 2001 ; Kim, 2010 ; Amstrong, 2020). 이에 따라 조직 내 모든 인적자원을 효과적으로 활용하는 방안을 강구하게 된다. 즉 조직 목표와 성과를 높일 수 있는 인적자원의 전략적 관리로 인적자원행정에 대한 기본 인식과 관리시스템이 변화된 것이다(Selden, 2008).

최근 인적자본의 위기(human capital crisis)가 오고 있다(Brewer, 2005), 베이비부머 세대가 퇴직할 경우, 공공부문과 민간부문 간의 인적자본 유치 경쟁이 심화될 것으로 예측한다(Battaglio et al., 2017). 특히 공공부문은 민간부분에 비해서 지식근로자가 많고 저출산과 고령화가 급속하게 진행하면서 인적자본의 부족 현상이 커질 것이다(Green & Roberts, 2012). 인적자본 행정이 정부 조직의 성과에 긍정적 영향을 준 것으로 나타났다(O'Toole & Meier, 2009 ; Wesemann, 2021). 이에 따라 공공조직에서 인적자본의 전략, 인적자본의 확보와 인적자본 관리가 증가하고 있다.

인적자본행정은 기존의 조직관과 차이가 있다. 전통적 인사행정에서의 '조직인(organization man)'이나 인적자원행정에서의 '개인화된 조직(individualized organization)'에 이어 전략적 직무역량이 가미된 '역량 있는 조직(talented organization)'으로 변화한 것이다(Garrow and Hirsh, 2008). 즉 역량 있는 조직은 인적자원행정을 조직의 목표와 전략적 우선순위에 따라 관리하는 접근방법이다(Green and Roberts, 2012).

(2) 공무원에 대한 인식 : 자본

인적자원으로서 공무원은 조직 내부의 중요한 자산임에 틀림없지만, 인적자본은 조직 목표에 기여할 수 있는 자산 가치를 강조한다(Nigro & Nigro, 2016). 사전적 의미에서 자원(resource)은 "인간 생활에 도움이 되는 자연계의 일부로서 조직 내에 존재하는 유용한 생산수단"이다. 하지만 자본(capital)은 재화와 용역의 생산에 사용되는 자산의 개념으로, 자원 중에서 생산에 사용된다는 점을 강조한다. 즉 자본은 투자 가치가 있는 생산수단을 의미하는 것으로 해석된다. 따라서 투자 가치가 있는 생산수단으로서 인적자원을 전략적으로 활용하는 것이 전략적 인적자원행정 또는 인적자본행정으로 정의된다(GAO, 2004).

'전략적' 인적자원관리는 세 가지 의미를 담고 있다(양혁승, 2002). 첫째, 인적자원행정이 조직성과에 영향을 미친다는 것이다. 지금까지 기능적인 동기, 인사이동,

조직몰입, 개인의 업무성과가 자동으로 조직성과 향상으로 이어진다는 시각과는 다르다. 인적자원행정은 현상유지를 위한 참모 역할에 머물러 있고 조직성과 향상에 기여한다는 인식이 미흡했다. 이는 인적자원행정에 의해 조직성과가 얼마든지 달라질 수 있다는 거시적이고 전략적인 시각이 필요하다는 것을 의미한다(Ferris, Hochwarter, Buckley, Harrell-Cook & Frink, 1999).

둘째, 인적자원행정이 조직 전체의 전략과 연계되어 있다는 의미이다. 상황이론적 관점에서 인적자원행정의 전략은 조직 전체의 정책 방향이나 내용에 직접적으로 영향을 받는다. 이는 인적자원 전략이 조직의 목표나 상황, 조직 구조와 문화, 그리고 수행 정책의 성격과 유형은 물론 조직 내 다른 요소들과 적합성이 있어야 한다는 뜻이다. 이를 외적 적합성 또는 외적 일관성이라 한다. 이를 위해 인적자원행정관이 조직의 목표나 정책 결정에 참여하고, 이에 상응하는 인적자원관리 전략을 수립하는 것이 중요하다.

셋째, 인적자원이 경쟁우위를 위한 전략적 자산이라는 의미가 있다. 즉 인적자원 또는 인적자본 역시 조직 내부의 재정적 자본과 마찬가지로 조직성과 향상을 위한 핵심 자산이라는 것이다. 즉 인적자원이 다른 기관에서 정책 능력을 모방하기 어렵고(비모방성), 동일한 역량을 가진 사람으로 대체하기도 어려울 뿐만 아니라(비대체성), 조직 내 가치를 창출하는 핵심 요소이며, 우수한 역량을 가진 인적자원은 매우 제한적(희소성)이라는 점에서 핵심 자산이라는 말이다. 이러한 자산을 전략적으로 적극 활용하기 위해서는 인적자원행정이 단순히 개별 프로그램의 합이 아니고 인적자원의 확보에서 이동, 역량 개발, 승진, 성과 관리, 보수 등의 기능 상호간에 일관성이 있어야 한다. 이를 내적 적합성이라 한다.

이와 같이 인적자본은 적절한 투자를 통하여 가치를 증대할 수 있는 '조직의 보이지 않는 자산(intangible assets)'이다(Pfeffer, 2010). 그런 점에서 인적자본관리는 조직의 장단기 성과를 향상시키기 위하여 사람에 투자하는 전략적 관리 과정이다(MacNabb, 2009). 이처럼 인적자본이란 개념에는 과거의 인사(personnel)나 인적자원(human resource)과는 달리 '투자'와 '전략'이라는 보다 적극적인 개념이 내포되어 있다(James, 2001). 자본의 가치가 증가할 때 조직의 성과가 증가하고, 이러한 가치 향상을 위하여 투자가 필요하다. 그뿐만 아니라 투자는 거시적·전략적 판단을 요구하기 때문에 조직의 주어진 사명과 비전, 목표, 핵심 가치 및 전략을 설정하고 이에 따른 인적자본 정책을 마련해야 한다(MacNabb, 2009).

(3) 공무원 시스템 : 전략적 역량 시스템

인적자원행정과 인적자본행정은 몇 가지 차이점이 있다(Hall, 2008). 먼저 인적자원행정은 목표와 책임이 불명확한 반면, 인적자본행정은 목표와 역량이 명확하고 책임이 분명하다. 둘째, 인적자원행정이 평등주의적 시각을 가진다면 인적자본행정은 핵심적 역할과 역량을 강조한다. 셋째, 인적자원행정은 필요역량에 대한 적극적인 훈련이나 관리가 부족해 일시적이고 단발적인 인력 프로그램을 운영하는 경우가 많은 반면, 인적자본행정은 재정자본이나 금융자본과 같이 조직 내 필요역량을 측정하고 관리함으로써 종합적이고 통합적인 인력관리 프로그램을 운영한다. 넷째, 인적자원행정이 내부 고객에 중점을 두는 반면, 인적자본행정은 외부 고객이 중심이 된다. 마지막으로 다섯째, 인적자원행정은 인력관리 프로그램을 중심으로 소극적으로 대응하는 반면, 인적자본행정은 조직성과물을 중심으로 적극적으로 개선하고 관리한다(Mamokhere, 2018).

미국 인사관리처(Office of Personnel Management) 역시 2002년 전략적 인적자본관리(Strategic Human Capital Management)를 정부 조직에 도입하여 적용하고 있다(GAO, 2004). 이는 정부 조직에 최초로 인적자본관리라는 용어를 사용하여 새로운 접근을 시도했다는 데 큰 의의가 있다. 이에 따르면, 인적자본관리를 5개 분야의 시스템을 구축하여 관리하는 것으로 규정하고 있다(Rainey, 2006). 첫째, 전략적 연계 시스템이다. 기관들의 인적자본 전략이 해당 기관의 사명과 목표, 조직 운영 목표에 적합하도록 조정하고, 또한 이들 인적자본 전략들을 해당 기관의 예산과 전략 기획에 반영하도록 한다. 둘째, 리더십과 지식관리 시스템이다. 인적자원의 충

표 3-1   인적자원행정과 인적자본행정의 차이

인적자원행정(HR)	인적자본행정(HC)
불분명한 목표	명확한 목표
불명확한 책임성	명확한 필요역량과 책임
평등주의적 성향	핵심 역할에 중점
일시적·단발적 인력 프로그램	종합적·통합적 프로그램
훈련이나 관리의 부족	금융자본과 같이 측정, 관리
내부 고객 중심	외부 고객 중심
프로그램 중심	성과물 중심
소극적 대응	적극적 개선

출처 : Hall, 2008. p.9.

원·개발·이동 계획의 집행을 통해 효과적인 리더십을 유지하는 한편, 훈련과 기술에 대한 투자를 통하여 지식관리전략을 개발하고 집행한다. 셋째, 결과 중심적 성과 문화 시스템이다. 높은 성과를 낼 수 있는 인력을 육성하고 발전하는 문화를 유지한다. 넷째, 역량관리 시스템이다. 기관의 사명을 수행하는 데 중요한 직위들의 필요역량과 현재역량의 격차를 최소화하기 위하여 노력한다. 다섯째, 책임행정 시스템이다. 실적주의 원칙 하에 기관 사명에 맞는 효율적이고 효과적인 인적자원 행정을 위하여 일반관리자와 인적자원 행정가들의 책임성을 확보한다(Jones, 2019).

(4) 인적자본행정의 이론적 배경

전략적 인적자원행정 또는 인적자본행정은 자원의존이론과 전략적 관리이론에 근거한다. 먼저 자원의존이론(Peffer and Salancik, 1978)에 따르면 조직은 외부환경과 관계를 맺고 상호작용을 통해 자원을 획득한다. 자원 획득을 위하여 내부 구조와 문화를 변화시키거나 외부 인력을 영입하기도 한다. 즉 조직은 투입물을 획득하기 위하여 환경에 적응하고, 적극적으로 내부와 외부의 환경을 변화시킨다는 이론이다. 이와 같이 자원 확보를 극대화하기 위하여 인적자원은 첫째, 가치 있고 희소한 자원을 알아내는 능력, 둘째 외부환경을 올바로 파악하는 능력, 셋째 획득한 자원을 판단하는 능력, 그리고 넷째 환경 변화에 대한 대응 능력을 갖추는 것이 필요하다(오석홍·손태원·이창길, 2011). 이처럼 인적자원은 조직성과를 위해 중요한 자원의 하나로, 이를 확보하고 관리하는 것이 인적자원행정의 중요한 과제가 된다.

인적자본행정에 적용되는 또 하나의 조직 이론은 전략적 선택이론이다(Child, 1972 ; Miles and Snow, 2003). 조직과 환경은 느슨하게 연결되어 있고, 목표 달성 방법은 다양하다. 다양한 목표와 전략은 우선순위가 필요한데 이러한 조직 내부의 우선순위 결정은 환경에 대응하는 성격도 있지만, 이를 통해 환경을 적극적으로 변화시키는 기능도 한다. 정부 조직에서 정보화나 세계화 같은 변화에 맞추어 인적자본관리 방식을 변화시킬 필요성이 있지만, 인적자원행정 정책의 변화로 정책환경을 변화시키고 시장을 형성하는 계기가 될 수도 있다(Child, 1972). 이 경우 조직관리자나 인적자본 행정가는 외부환경을 정확히 이해하는 것이 중요하다. 관리자의 직관이나 전략적 판단에 따라 사회환경을 적극적으로 변화시킬 수 있다. 대학교에 중국 관련 학과를 전략적으로 설치한다든지, 장애인이나 노인 정책을 적극적으로 펼치고, 환경부 설치로 환경문제에 대한 사회적 관심을 높이는 것 등이 그

것이다. 이러한 사례들은 외부환경 변화에 수동적으로 대응하기보다는 조직의 적극적인 노력으로 새로운 일자리를 창출하고 시장을 형성하는 전략적 판단이 내포된 것이다.

또한 인적자본관리로의 변화는 1970년대 이후 학술적·실무적 관심이 지속적으로 높아지면서 최근 각광을 받고 있는 네트워크 조직이론에 근거한 것이기도 하다. 네트워크 조직이론이란 조직의 생산성에 대한 개별 조직 내부의 기능적 접근에 한계가 있다고 전제하고 외부환경과 협력적·협동적 관계를 유지할 필요가 있다는 이론으로, 신뢰에 기반한 협업 시스템을 강조한다(O'Toole, 1997). 먼저 구성원 상호간의 수평적 네트워크를 발전시키고, 조직 외부의 인적자원 네트워크를 최대한 활용하며, 핵심역량의 가장 중요한 요소 중 하나로 사회적 역량을 강조한다. 즉 인적자원의 총체적인 역량 강화가 필요하다는 것이다. 특히 조직의 특성과 직무의 성격에 따라 핵심역량을 전략적으로 육성하되, 다른 역량은 다른 조직 즉 외부환경과의 협력을 통하여 해결한다.

(5) 인적자본행정의 한계 : 인적자원행정과의 충돌

인적자본행정이 조직성과를 위해 이론적으로는 바람직한 현대적 모형이나 실제 적용 과정에서 여러 가지 현실적인 한계를 드러내고 있다(Condrey, 2010).

첫째, 조직성과에 필요한 자원과 역량을 파악하기 쉽지 않다. 조직의 목표가 다양할 뿐만 아니라 이를 측정하여 필요한 역량과 연계하는 작업이 곤란한 경우가 많다. 특히 조직의 전략이나 정책 방향을 정하는 데 시간과 비용이 많이 소요된다.

둘째, 현실에서 법적·문화적 문제가 발생할 수 있다. 특히 우수한 인재를 충원할 수 있도록 하는 법령상의 탄력성은 매우 약하다. 그리고 내부 구성원이나 외부 고객들의 잘못된 요구에 지나치게 민감하게 반응할 경우, 전체적으로 조직성과가 낮아질 수 있다. 인적자원행정 과정에서 개인적 특혜나 추가 인센티브를 요구하는 경우, 또는 평가에서 제외해 달라고 불평하는 경우 등 인적자본행정을 왜곡시킬 우려가 있다. 특히 직업공무원제가 확립되어 있는 경우, 역량 있는 우수 인재에게 특별한 보상이나 지원을 해주는 데 법적 제약이 많다.

셋째, 관리자의 태도 문제이다. 새로운 기능을 수행할 수 있는 관리자들의 역량이 부족한 경우가 많다. 특히 일선관리자들은 소속 직원에 대한 상담가로서 역할을 수행하는 데 한계가 있다. 전통적 문화와 리더십에 길들여져 있는 관리자들이 새로운 환경에 적응하기 곤란한 경우이다.

넷째, 인적자원행정 담당 부서나 인적자원행정관이 지닌 역량의 한계이다. 조직 내에서 추진하고 있는 정책 내용, 인사정책의 방향과 실제, 그리고 변화를 주도하고 관리할 수 있는 역량 등에서 부족한 사례가 많다.

다섯째, 인적자원의 부족이다. 실제 조직 목표를 달성할 수 있는 역량 있는 인재는 매우 제한적이다. 이처럼 제한된 인재 범위 내에서 인력을 탄력적으로 운용하기란 쉽지 않다. 우선 역량 있는 인사 담당자들을 구하기 힘들고, 역량 있는 정책 전문가 역시 조직 내부는 물론 외부에서도 확보하기 곤란한 경우가 많다.

이러한 인적자본행정의 문제점을 해결하기 위해서는 전면적 시행보다는 제도적·문화적 환경에 맞게 부분적이고 점진적으로 도입하는 것이 좋다. 공공조직에서 인적자원행정에서 인적자본행정으로 변화함으로써 우선순위가 낮아지는 가치는 없는지 살펴보아야 한다. 인적자본행정을 부분적으로라도 수용할 수 있는 방법을 제시한다면 다음과 같다.

먼저, 전통적 인사행정이나 인적자원행정과 분리하여 인적자본행정을 담당하는 부서를 따로 두는 방법이다. 예를 들면 역량개발과 또는 인재양성과, 인사상담실 등을 별도로 신설하여 전통적 인사행정과는 구분되는 활동이나 기능을 부여한다. 둘째, 조직의 목표와 전략을 명확히 설정한다. 이에 따라 중장기 인적자본 관리계획을 수립하는 것이다. 현실적으로 당장의 제도개선이나 직접 적용하기 곤란한 경우에는 중장기적 접근이 가능하다. 현재의 조직에서 추진하고 있는 정책들의 전략적 우선순위를 정하는 작업을 추진하는 것이다. 조직의 목표가 구체적이고 명확하면 인적자원행정의 중장기 계획을 보다 분명하게 수립할 수 있다. 셋째, 인적자본행정의 성공적 수행을 위해서는 전통적 인사 권한의 위임이 중요하다. 인적자본행정 또는 전략적 인적자원행정을 위해서 하향적 관리 방식이 필요한 것은 사실이다. 하지만 기존의 인사 집행 업무를 모두 인사 담당 부서 또는 인사 담당자가 수행하면서 추가적으로 인적자본행정 업무를 도입하기란 쉽지 않다. 인적자본행정에 추가되는 인사 기능이 대부분 전통적 인사행정 기능과 연계되어 있기 때문이다. 따라서 인사행정 기능을 중심으로 가능한 한 일선관리자에게 전통적 권한을 위임함으로써 중앙의 인사 담당 부서나 담당자의 인적자본행정 기능을 강화한다. 이러한 세 가지 현실적인 방안을 토대로 조직성과 향상을 위한 전면적인 인적자원행정 혁신 방안이 검토될 필요가 있다.

표 3-2 전통적 인사행정과 인적자원행정, 인적자본행정의 비교

구분		전통적 인사행정 (personnel administration)	인적자원행정 (Human Resource Management)	인적자본행정 (Strategic Human Capital Management)
조직관		Organization man (과학적 관리론 관료제론)	Individualized Organization (인간관계론· 행동과학론)	Talented Organization and Man (전략적 선택이론· 자원의존이론)
인간관		비용 개념 (타율적·합리적 인간)	자산 개념 (자율적·감성적 인간)	자본/가치 개념 (자율적·성취적 인간)
목표 전략	목표 책임	명확한 기술 목표 명확한 집행 책임	불분명한 목표 불명확한 책임	명확한 목표 명확한 책임
	핵심 가치	효율성·합법성	민주성·형평성	효과성
	관리 체계	집권적 통제 시스템	분권적 지원 시스템	전략적 역량 시스템
직무	직무 체계	계급 중심	직위 중심	역량 중심
	직무 관계	일방적(top-down) * 권력 관계	쌍방적(two-way) * 친밀 관계	다면적(multidirectional) * 성취 관계
역량	필요 역량	관리 역량 > 도덕적 역량 > 직무 역량	도덕적 역량 > 직무 역량 > 관리 역량	직무 역량 > 관리 역량 > 도덕적 역량
	훈련 상담	기능 훈련, 공식적 일시적·단발적	관리 훈련, 비공식적 일시적·단발적	역량 훈련, 공식/비공식 상시적·통합적
성과 보상	성과 지표	내부 직원 * 통제 지향	내부 고객 * 서비스 지향	외부 고객 * 의사결정 지향
	성과 측정	규정과 제도 중심 (연공급)	과정과 절차 중심 (직무급)	핵심 역량과 성과 중심 (직능급·성과급)

제3절 인적자원행정관의 역할과 과제

앞에서 살펴본 인적자원행정의 발전과 변화를 감안할 때 인적자원행정관의 역할이 매우 중요하다. 전통적 인사행정에서 인적자원행정관의 역할과 인적자원행정이나 인적자본행정에서 인적자원행정관의 역할은 큰 차이가 있다. 조직 내 개인을 억압하고 통제하는 것이 아니라 조직 차원의 성과 향상과 조직 구성원의 행복을 위해 봉사해야 한다. 인적자원행정관은 인적자원행정의 목표와 가치의 우선순

위를 결정하고, 조직 구성원의 개인적 직무와 역량을 조사할 뿐만 아니라 인적자원관리의 전반적 과정을 집행하며, 권리와 책임을 확보하는 업무를 수행한다(Galang and Ferris, 1997).

인적자원행정부서는 인적자원행정의 목표와 가치를 실현하는 기관 내부 참모조직(staff)이다. 인적자원행정부서 또는 인적자원행정관의 기능과 역할은 인적자원행정의 역사적 발전과 깊이 연관되어 있다. 시대 변화에 따라 인적자원행정의 가치와 목표, 관리 방식이 변화하면서 인사 담당 부서의 역할과 기능은 물론 행태, 문화까지도 변화하고 있기 때문이다.

인적자원행정이 성공하려면 이들 인적자원행정부서와 인적지원행정관의 역할이 매우 중요하다. 전통적 인사행정부서가 보여준 부정적 행태나 기능과는 다른, 새로운 인적자원행정에 상응하는 역할과 기능이 필요하다.

<표 3-3>은 인적자원행정관의 과거와 현재의 직무 활동과 직무 시간 배분 비율을 비교해 놓은 것이다. 인적자원행정관의 역할과 직무가 어떻게 변화했는지 알 수 있다. 과거 직원 관련 자료 수집·관리 및 유지를 위한 직무 시간은 많이 줄어든 반면, 인사 프로그램이나 정책지원 시스템 등 인적자원행정시스템의 운영과 전략 개발 등의 역할이 늘어났음을 알 수 있다. 현대적 인적자원행정의 발전에 상응하는 인적자원행정관의 역할을 요약하면 다음과 같다(Condrey, 2015).

표 3-3 인적자원행정관의 직무활동 시간 배분   (단위: %)

사용하는 시간	1990년대	2000년대
기록 관리(직원 데이터의 수집·관리 및 유지)	25.9	13.2
감시 통제(내부 운영, 인사 규정, 법적 요건, 노조 요구 등)	14.8	13.3
인적자원행정 서비스 제공(인사제도의 행정 집행 지원)	36.4	32.0
인적자원행정시스템과 운영의 개발(인사 프로그램, 정책, 지원 시스템의 개발)	12.6	18.1
전략적 정책 동반자 역할(고위 관리팀의 일원, 전략적 인력관리, 조직 기획, 전략적 변화)	9.6	23.5

출처 : Lawler III and Boudreau, 2018.

1. 정책파트너(Policy Partner)로서의 역할

전략적 인적자원행정이나 인적자본행정 차원에서 인사 운영은 조직 목표나 전략과 밀접하게 연계되어야 한다. 정책 담당자들과 협력 파트너로서 끊임없이 의사소통을 하고, 조직이 처한 정책 현안과 향후 정책 방향과 관련해 적극적으로 활동한다. 인적자원행정은 조직의 비전과 목표를 달성하기 위한 전략적 과정이다. 목표와 가치, 직무와 역량, 그리고 전반적인 인적자원 관리과정을 통하여 정책 목표가 달성되고 조직성과가 향상될 수 있도록 정책파트너가 되어야 한다.

2. 인적자원전문가(HR Expert)로서의 역할

인적자원행정관은 인적자원 확보에서 퇴직에 이르기까지 다양한 절차와 방법, 내용과 효과에 대한 전문적 지식과 실제에 대한 이해를 갖춰야 한다. 이는 인적자원행정을 담당하는 전문가의 가장 기본적인 임무이자 전통적인 역할이다. 인적자본 관리자로서 인적자원행정관은 고객중심적인 사고와 배려가 필요하며, 다양한 정책 도구와 자원을 활용하여 조직 목표 달성을 지원하는 등 인적자원행정의 새로운 역할을 맡아야 한다.

3. 리더(Leader)로서의 역할

인적자원행정관은 단순히 조직의 리더를 지원하고 보좌하는 기능에 머무르지 않는다. 스스로 조직의 리더가 되어 조직을 이끌어가야 한다. 도덕적 역량에 바탕해 직원들의 역량을 개발하고 조직을 이끌어가는 것이다. 따라서 리더로서 인적자원행정의 비전과 전략을 제시하고 이를 충실히 집행할 수 있는 능력이 필요하다.

4. 변화관리자(Change Agent)로서의 역할

인적자원행정은 조직의 변화를 이끌어가는 기능을 해야 한다. 조직의 변화와 혁신을 주도하고, 현재의 상황을 진단 분석하고 이를 활용해야 한다. 특히 정책 혁신과 조직 혁신을 병행해야 할 책임이 있다. 변화와 혁신은 사람으로부터 나온다. 사람이 변하지 않는다면 실질적인 변화를 기대하기 어렵다. 따라서 조직 내부의 사정을 가장 잘 아는 인적자원행정관은 다양한 외부환경 변화에 적극 대처하는 한편, 조직 구성원들의 변화를 이끌어내는 변화관리자가 되어야 한다.

5. 직원보호자(Advocate)로서의 역할

인적자원행정관은 리더의 인사 지시를 단순히 집행하는 수준에 머물러서는 안된다. 리더와 조직 구성원 사이를 이어주는 가교 역할을 해야 한다. 특히 직원들의 입장과 의견을 리더와 관리자들에게 전달하는 것이 중요하다. 직원들의 다양한 가치를 인정하고, 직원과 관리자 또는 직원들 간의 갈등을 직원의 입장에서 이해하고 조정해야 한다. 그런 점에서 인적자원행정관은 조직 구성원들의 다양한 가치를 인정하고, 갈등을 이해하고 조정하는 직원 옹호자이다.

표 3-4   한국과 미국의 인사담당관 기능 비교

한국	미국
1. 공무원의 임용·복무·교육훈련 및 그 밖의 인사 사무	1. 기관의 인력 발전 전략을 수립한다.
2. 부내 성과관리 및 평가 총괄	2. 기관사명과 전략 기획에 기초하여 기관 인력의 특성과 미래 수요를 평가한다.
3. 부내 교육훈련 등 업무 역량 강화 지원	3. 기관의 인적자본 정책과 프로그램을 조직 목표와 사명, 그리고 전략과 성과 목표에 맞도록 조정한다.
4. 조직의 진단과 평가를 통한 조직 및 정원의 관리	4. 유능한 직원을 유인하고 유치하기 위하여 지속적인 학습 문화를 개발한다.
5. 부내 혁신 전략 수립 및 혁신 과제의 발굴·선정 및 관리	5. 우수사례를 발굴하고 벤치마킹 대상을 연구한다.
6. 업무처리 절차의 개선, 조직문화의 혁신 등 부내 행정 혁신 업무의 총괄지원	6. 기관의 지적자본을 측정하고 이를 조직성과와 성장에 연결한다.

출처 : 기획재정부직제(2022) 및 미국인적자본책임관법(2002).

학·습·포·인·트

- 전통적 인사행정
- 인적자원행정
- 인적자본행정
- Individualized Organization
- 과학적관리론과 관료제
- 인간관계론과 행동과학론
- Organization Man
- 인적자원행정관의 기능과 역할

연●습●문●제

1. 인적자원행정의 역사적 변천 과정을 개관하고, 조직 내 사람을 보는 시각이 어떻게 변화하고, 그에 따라 사람을 관리하는 방식이 어떻게 변화해 왔는지 설명하시오.

2. 집권적이고 통제지향적인 전통적 인사행정의 장점은 무엇인가? 그리고 전통적 인사행정이 도전받게 된 가장 큰 이유는 무엇인가?

3. 인적자원행정과 비교하여 인적자본행정의 특징은 무엇인가?

4. 공공부문에서 인적자본행정이 조직 내 사람을 관리하는 미래의 패러다임이 될 수 있는지 말하시오. 만일 이를 대체할 새로운 패러다임이 있다면 제시하시오.

5. 인적자원행정의 역사적 변화에 따라 인적자원행정관의 역할이 어떻게 변화했는지 설명하시오. 아울러 앞으로 인적자원행정관의 바람직한 행태와 역할을 제시하시오.

6. 인적자원행정관의 과거 행태를 토대로 바람직한 행태와 기능을 제시하시오. 그리고 앞으로 바람직한 인적자원행정관의 역할을 설명하시오

토●의●사●례

대한민국 학교는 흡사 군대와 같다. 교장-교감-교무부장-연구부장 등으로 이어지는 피라미드식 구조는 교사들에게 오로지 상명하복만을 강요한다. 인천의 한 고교 교사는 "교사들은 인사권자인 교장의 말 한마디에 절대 복종할 수밖에 없다. 자유롭게 말 한마디 못하고 숨조차 맘대로 쉴 수 없는 폐쇄적인 불통 사회"라고 잘라 말했다. 전국의 초·중·고 교사들이 밝힌 교장의 횡포는 다양했다. 경기의 한 초등교사는 "업무처리 방식에 새로운 의견을 냈다가 다음해 비희망 학년에 배치됐고 전 교직원이 참여한 교무회의에서 심한 모욕을 들었다"고 억울해했다. 경기의 한 고교 교사는 출산 후 복귀하자마자 고3 담임을 맡았다. 출산 1년 미만의 교사는 과중한 업무에서 배려받을 권리가 있지만, 교장의 말을 고분고분 듣지 않았다는 게 이유였다.

하지만 교사들은 입 한번 뻥긋 못한다. 학교에서 교장의 권한은 절대적이기 때문이다. 교장은 보직교사 임명권 및 근무성적평정과 인사고과평가, 학생 생활지도를 위한 교칙 개정, 시설개선 등 예산 집행 및 업체 선정, 기간제 교사 채용 및 면직 등 학교 운영의 전권을 갖는다. 학교 안에서 일어나는 모든 업무의 최종 결정은 모두 교장의 손을 거친다고 보면 된다. 특히 승진·성과급 등의 결정에서 칼자루를 쥐고 있는 교장의 영향력은 막강하다. 승진을 앞둔 교사들에 대한 근무평정에서 동료 교사의 다면평가 항목이 반영되긴 했지만 여전히 교장·교감의 입김이 세다. 실제로 경남 김해의 한 초등학교에선 교감 승진을 앞둔 50대 여교사가 교장에게 근무평정을 잘 받게 해달라고 부탁했다가 거절당하자, 이를 비관해 스스로 목숨을 끊은 사건도 있었다. 경기의 고2 담임교사는 "승진에 신경 써야 할 연차의 교사들은 근무평정 점수 따기에만 열을 올리다 보니 수업은 안중에도 없다"고 고백했다. 서울의 중2 담임교사도 "교장의 명령이면 무엇이든 다 할 수 있다. 심지어

명찰을 달고 근무하라는 지시도 기꺼이 받아들였다"고 자조했다.

인천의 한 중학교 교사는 학생들 간 폭력 문제가 발생해 학부모 상담을 하느라 교무회의에 참석하지 못했는데도 다음날 사유서까지 제출했다. 이 교사는 "교감 선생님은 '지금 뭐가 중요한지 분간을 못한다'며 한바탕 호통을 치셨는데, 학교에서 아이들 말고 교무회의가 더 중요하다는 거냐"고 반문했다. 교사들은 수업 중간 공문을 빨리 마무리하라는 독촉 전화를 받는 일은 예사라고 입을 모았다. 올해부터 교원성과상여금 제도에 학교평가가 일부 반영되면서 실적을 높이기 위해 교장·교감은 교사들을 더욱 쥐어짜고 있다. 경기의 한 초등교사는 "(학교 평가에 반영되는) 전국 단위의 줄넘기 대회를 준비하라고 코앞에 예정된 현장학습도 가지 말라는 압력을 받았다. 아이들이 소풍을 못 가게 돼 얼마나 실망했는지 모른다"고 분통을 터뜨렸다.

하지만 교장의 권력을 견제할 장치는 전무하다. 민주적인 학교 운영을 위해 각 학교마다 학부모와 외부 인사가 포함된 학교운영위원회가 설치돼 있지만 심의기구에 불과해 실효성이 떨어진다. 경기 성남의 한 중학교 교감은 "인사자문위원회, 성과급평가위원회 등등 형식적인 위원회는 많지만 이와 상관없이 교장이 한번 결정하면 끝"이라고 단언했다.

교장의 독단적인 결정으로 업무가 처리되다 보니 비리도 만연하다. 인천의 한 초등학교에선 불성실한 강의로 해고될 위기에 처한 한 원어민 교사가 교감의 민원으로 재임용됐다. 원어민 교사 관리 업무를 맡은 이 학교 영어 교사는 "교감이 점수를 높여 평가표를 다시 작성하라고 압력을 넣었다"고 말했다. 수업 기자재 등 업체 선정에 부당하게 간섭하는 경우도 있다. 서울의 한 초등학교에선 사물함 설치 공사를 하는데 공개입찰에 참여하지 않은 업체가 선정됐다. 이 학교 교사는 "나중에 알고 보니 그 회사 사장과 교장이 '절친'이라고 하더라. 사물함 문이 자꾸 떨어져서 교사들 사이에선 부실업체라는 불만이 나오지만 속으로만 삭힐 뿐이다"라며 한숨을 내쉬었다. 서울의 한 초등학교 교사는 "대한민국 학교는 입도 귀도 막고 사는 닫힌 사회"라며 "교사들조차 민주적인 의사결정을 해본 경험이 없는데 학생들에게 민주주의 교육을 하는 것은 모순 아니냐"고 쓴웃음을 지었다(한국일보, 2011).

📖 **토의과제**

교장선생님이 생각하는 인적자원을 관리하는 시스템이 무엇인지 설명하고, 인적자원행정과 인적자본행정의 시각에서 해결방안을 제시하시오.

💡 **참고문헌**

강윤주·김혜영, <한국일보>, 2011. 10. 04.

기획재정부, 2022. 직제 시행규칙.

김민강·박통희, 2008. 「신자유주의적 인사혁신의 맥락에서 인사 공정성과 조직 시민 행동」, 『한국행정학보』 42(3), pp.261-291.

미국 인적자본책임관법, 2002.

박천오, 2011, 「인사개혁의 변화(2005년과 2011년의 비교 연구) : 중앙부처 공무원들의 인식을 중심으로」, 『한국인사행정학회보』 10(3), pp.1-22.

신원동, 2007. 『삼성의 인재경영』, pp.22-27.

양혁승, 2002. 「전략적 인적자원관리 : 기존 연구결과 및 향후 연구 과제」, 『인사관리연구』 26(2), pp.113-143.

이학종·양혁승, 2012. 『전략적 인적자원관리』, 박영사.

임도빈·유민봉 공저, 2019. 『인사행정론』, 박영사.

정정화, 2000. 「지방정부 인사권한 분권화의 영향 요인 : 실·국장 책임인사운영제 비교분석」, 『한국행정학보』 34(3), pp.227-242.

Amstrong, Michael. 2020. Armstrong's Handbook of *Strategic Human Resource Management* London, GBR : Kogan Page Ltd.

Brewer, G. 2005. In the Eye of the Storm: Frontline Supervisors and Federal Agency Performance. *Journal of Public Administration Research and Theory*, 15(4), 505-527.

Brint, Steven. 1996. *In an Age of Experts-The Changing Role of Professionals in Politics and Public Life*, Princeton Paperbacks.

Child, J., 1972. Organizational structure, environment and performance : The role of strategic choice. *Sociology* 6, pp.1-22.

Condrey, Stephen E. 2010. *Handbook of Human Resources Management in Government*, 3rd edition, Jossey-Bass.

Condrey. S. E. 2015. Public Human Resource Management: We Get Where We Are Today. *Public Personnel Management* edited by Norma M. Riccucci. Routledge.

Fadem, B. 2009. *Behavioral Science*. 5th ed. Philadelphia : Wolters Kluwer Health/Lippincott Williams & Wilkins.

Ferris, G. R., Hochwarter, W. A., Buckley, M. R., Harrell-Cook, G. and Frink, D. D. 1999. Human Resources Management : Some New Directions. *Journal of Management,* 25(3), pp.385-415.

Frederick W. Taylor, 1911. *The Principles of Scientific Management*, Harper & Brothers.

Galang, M. C. and Ferris, G. R. 1997. Human Resource Department Power and Influence through Symbolic Action. *Human Relations.* 50(11), pp.1403-1426.

GAO, 2004. *Human Capital : Principles, Criteria, and Processes for Governmentwide Federal Human Capital Reform.* [Washington, D.C.] : U.S.

Government Accountability Office, National Commission on the Public Service Implementation Initiative.

Garrow, Valerie and Wendy Hirsh, 2008. Talent Management : Issue of Focus and Fit, *Public Personnel Management*, 37(4), pp.389-402.

Ghoshal, S. and Bartlett, C. A. 1999. *The Individualized Corporation : A Fundamentally New Approach to Management : Great Companies are Defined by Purpose, Process, and People.* 1st HarperPerennial ed. New York : HarperPerennial.

Green, Daryl D. and Roberts, Gary E., 2012. Impact of Postmodernism on Public Sector Leadership Practices : Federal Government Human Capital Development Implications, *Public Personnel Management,* 41(1), pp. 79-96.

Hall, Bradley W. 2008. *The New Human Capital Strategy-Improving the Value of Your Most Important Investment-Year After Year*, AMACOM.

James, K. C. 2001. The HR Paradigm Shift and Federal Human Capital Opportunity, *Public Manager*, 30(4), p13-16.

Jones, Y. D., 2019, July. *Human Capital: Improving Federal Recruiting and Hiring Efforts, Statement of Yvonne D. Jones, Director, Strategic Issues*, Testimony Before the Subcommittee on Regulatory Affairs and Federal Management, Committee on Homeland Security and Governmental Affairs, US Senate.

Kim, Jungin, 2010. Strategic Human Resource Practices, Introducing Alternatives for Organizational Performance Improvement in the Public Sector, *Public Administration Review*, 70(2), pp.38-49.

Lawler III, Edward E., and John W. Boudreau, 2018. *Achieving Strategic Exellence*, Palo Alto, CA : Stanford University Press.

Mamokhere, J., 2018. The Conceptualization of Human Capital Management in the Public Sector in the 21st Century. *Commonwealth Youth & Development*, 16(2).

Miles, R. E. and Snow, C. C., 2003. *Organizational Strategy, Structure and Process*. McGraw-Hill, New York.

Nigro, Lloyd and Felix Nigro, 2013. *The New Public Personnel Administration*, Thomson Wadsworth.

McNabb, David E. 2009. *The New Face of Government-How Public Managers Are Forging a New Approach to Governance*, CRC Press.

OECD, 2004. Trends in Human Resources Management Policies in OECD

Countries-An Analysis of the Results of the OECD Survey on Strategic Human Resources Management, *GOV/PGC/HRM(2004)3/FINAL,* pp.1-25.

OECD, 2007. *OECD Reviews of Human Resource Management in Government.* Paris : OECD Publishing.

OECD, 2011. Delegation in Human Resources Management, *Government at a Glance 2011*, pp.126-131.

O'Toole Jr. Lawrence. 1997. Treating Networks Seriously : Practical and Research-based Agendas in Public Administration. *Public Administration Review*, 57(1) : 45-61.

O'Toole, L., & Meier, K. 2009. The Human Side of Public Organizations: Contributions to Organizational Performance. *American Review of Public Administration*, 39(5), 499-518.

Pfeffer, Jeffrey and G. R. Salancik. 1978. *The External Control of Organizations: A Resource Dependence Perspective.* New York: Harper & Row.

Pfeffer, Jeffrey. 1998. *The Human Equation-Building Profits By Putting People First*, Harvard Business School Press.

Pfeffer, Jeffrey and Robert I. Sutton, 2006. Hard Facts, *Dangerous Half-Truths & Total Nonsense-Profiting From Evidence-Based Management*, Harvard Business School Press.

Purcell, J, Kinnie, K, Hutchinson, S, Rayton, B and Swart, J. 2003. *Understanding the People and Performance Link : Unlocking the black box*, Chartered Institute of Personnel and Development, London.

Rainey, Hal G., 2006. Reform Trends at the Federal Level with Implications for the States : The Persuit of Flexibility and the Human Capital Movement, in the Chapter 2 of the book *Civil Service Reform in the States* edited by J. Edward Kellough and Lloyd G. Nigro.

Selden, Sally Coleman, 2008. *Human Capital-Tools and Strategies for the Public Sector*, CQ Press.

Weber, Max. 1947. *The Theory of Social and Economic Organization*, Free Press.

Wesemann, A. 2021. The Performance Rewards of Human Capital Development in the Federal Government. *Public Personnel Management*, Sage. 009102 60211039876.

White, Jr., William H. 1956. *The Organization Man*, Doubleday Anchor Books.

Wilson, Woodrow. 1887. The Study of Administration, *The Academy of Political Science.*

Wharton, Amy S. 2005. *Working in America: Continuity, Conflict, and Change*

McGraw-Hill.

Wyman, Sherman M. and William B. Eddy, 1973. The Role of Behavioral Science in Public Administration Programs. *Public Administration Review*, 33 (5) : 464-467.

제 2 편

목표와 전략

제4장

인적자원행정의 목표와 구성

제2편에서는 인적자원행정의 목표와 전략을 살펴본다. 제1편이 인적자원행정에 관한 서론적 학습이라면 제2편은 인적자원행정의 첫 번째 핵심적 요소인 목표와 전략에 관한 내용이다. 이 장에서는 인적자원행정의 목표와 가치, 그리고 공직의 구성방식을 살펴본다. 인적자원행정의 궁극적인 목표가 무엇이고, 인적자원행정이 추구하는 가치가 무엇인지 학습한다. 인적자원행정의 전략적 목표와 관리적 목표를 살펴본 후 효과성 및 효율성, 권익보호 및 공정성, 민주성, 사회적 형평성, 그리고 예측가능성 등 인적자원행정의 가치를 알아본다. 이러한 가치를 실현하기 위한 공직시스템의 구성방식으로 엽관제, 실적제, 그리고 대표관료제를 살펴본다. 특히 실적제와 직업공무원제의 관계를 심도 있게 논의한다.

제 1 절   인적자원행정의 목표와 가치
제 2 절   공직구성의 의의와 방식
제 3 절   직업공무원제와 실적제

가위와 사람은 쓸 탓이다.

제1절 인적자원행정의 목표와 가치

1. 인적자원행정의 목표

인적자원행정을 연구하고 학습하는 첫 번째 단계는 그 목표가 무엇인지 확인하는 일이다. 인적자원행정의 목표는 인적자원행정의 전반적인 과정에서 기본적인 방향을 결정하고 안내하는 기능을 하기 때문이다. 즉 인적자원행정의 목표와 가치에 따라 직무와 역량이 결정되며, 인적자원의 확보와 이동, 역량개발과 동기부여, 평가와 보상, 그리고 권리와 책임이 결정된다.

인적자원행정을 통하여 실현하고자 하는 목표가 무엇인가? 인적자원행정의 목표는 전략적 목표와 관리적 목표로 구분된다. 인적자원행정의 전략적 목표는 인적자원행정을 통하여 궁극적으로 달성하고자 하는 가치이자 소망이며, 관리적 목표는 인적자원행정 활동에 적용되는 운영상 목표이다.

(1) 전략적 목표

먼저 인적자원행정의 전략적 목표는 한마디로 말해 조직효과성(organizational effectiveness)을 높이는 것이다. 인적자원 활동을 통해 달성하고자 하는 궁극적인 목표는 조직의 성공에 있기 때문이다. 인적자원행정은 조직의 성공을 위해 이루어지는 조직 내부의 다양한 활동 중 하나이다. 성공적인 조직이란 무엇인가? 이는 곧 높은 조직성과를 거둔 조직이며 조직효과성이 높은 조직이다. 조직효과성은 인적자원 활동을 통하여 조직 목표를 얼마나 달성했는지에 의하여 평가된다. 다만, 조직의 목표가 모호하고 다양한 만큼 조직효과성의 개념과 범위에 대한 이론도 많다(민진, 2003 ; 박희봉, 2005 ; Stazyk & Goerdel, 2011).

좁은 의미의 조직성과는 조직이 활동을 통해 생산한 산출물(outputs)인 반면, 넓은 의미의 조직효과성은 조직에서 생산한 결과물(outcomes)을 포함한다. 이러한 결과물에는 조직의 설립 취지에 따라 외부고객을 위해 생산되는 상품이나 서비스는 물론 조직 내부의 직원들의 직무만족이나 조직몰입도 포함된다. 인적자원행정의 전략적 목표는 후술하는 인적자원행정의 가치에 따라 달라진다. 이러한 전략적 목표는 결과물을 원하는 방향으로 이끌어내기 위한 조직의 궁극적인 목표이다. 그리고 관리적 목표는 이러한 전략적 목표를 달성하는 데 필요한 과정상의 목표로서 인적자원행정의 중요한 파트이다.

(2) 관리적 목표

인적자원행정의 관리적 목표는 한마디로 '적재적소(適材適所)'와 '신상필벌(信賞必罰)'로 요약할 수 있다. 먼저 적재적소는 인적자원시스템 구성으로 역량과 직무의 적합성을 높이는 것이다. 즉, 적절한 인력을 적절한 직위와 직급, 그리고 직무에 배치하는 것이다. 구체적으로는 적자·적재·적소·적시 등 네 가지 적합성이 요구되는데, 이는 적절한 재능을 가진 적절한 인재를 적소에 적시에 효율적이고 효과적으로 배치(the right people with the right skills in the right job at the right time at the their assignments efficiently and effectively)하는 것을 말한다(Cotten, 2007). 적재적소는 적절한 인력을 모집·선발하고, 수직적·수평적으로 이동하며, 역량개발과 동기부여를 하는 등 사전적 관리의 의미가 강하다. 즉 성공적인 직무수행을 위하여 선발·배치되는 사람과 직무/직위를 명확히 합치시키는 과정이다. 이 과정에서 수행하는 직무에 대한 분석·평가와 함께 이에 필요한 역량을 진단하는 작업이 필요하다. 이러한 의미에서 직무 중심 또는 역량 중심의 인적자원 관리과정이라고 말할 수 있다.

그렇다고 직위와 이에 적합한 역량을 갖춘 사람을 배치하는 것으로 인적자원행정이 끝나는 것은 아니다. 신상필벌은 성과평가와 보상에 관한 것으로, 잘한 일은 확실히 상을 주고 못한 일은 반드시 벌을 준다는 뜻이다. 적재적소에 배치한 후에는 해당 인력의 직무성과를 평가하고 보상하는 사후적 관리 과정이 남아 있다. 아무리 적절한 인력을 배치했다 하더라도 실제 업무를 수행한 성과에 대한 측정과 평가가 이루어지지 않으면 인력 활용을 극대화하기 어렵다. 적재적소가 역량 중심의 인력관리라면, 신상필벌은 실적 중심의 인력관리라 할 수 있다. 두 가지 목표가 통합적으로 달성될 때 비로소 인적자원행정의 바람직한 모습이 실현되고, 궁극적으로 조직성과와 직무만족도도 높아질 수 있다.

적재적소와 신상필벌의 가장 이상적인 형태는 모든 인력관리 시스템이 제도화(institutionalize)되고 고객화(customize)되는 것이다. 최선의 인력관리는 개인의 역량이 자동적으로 판단되고 이에 상응하는 직무 또는 직위가 결정되며, 직무성과도 자동적으로 공정하게 평가되어 그에 따른 보상이 제도적으로 이루어지는 것이다.

표 4-1 인적자원행정의 두 가지 관리적 목표	
적재적소	신상필벌
직무 · 역량 중심 인사	실적 중심 인사
사전적 목표	사후적 목표
인적자원 확보 · 개발	인적자원의 평가 · 보상
직무와 역량의 적합성	실적과 보상의 정합성

즉 가장 이상적인 모형은 모든 조직 구성원들이 인사 문제로부터 해방되는 상태, 달리 말하면 조직 구성원의 머릿속에 인사 부담 제로가 되는 시스템이다.

하지만 인적자원 관리과정의 현실은 결코 그렇지 않다. 그것은 직무와 역량을 완전하게 이해하고 해석하기 어려울 뿐만 아니라, 개인과 조직이 바라보는 시각이 서로 다르고, 평가와 보상이 완전하고도 합리적으로 이루어지기 어렵기 때문이다. 특히 직위에 부여되는 직무와 이에 적합한 역량은 계속해서 변화한다. 따라서 직무의 변화에 맞추어 필요한 역량을 정의하고 진단하려는 노력이 필요하다. 인적자원행정의 목표와 이념은 변하지 않을지라도 이를 달성하기 위한 방법과 절차는 현실에 바탕을 두어야 하기 때문이다.

2. 인적자원행정의 가치

인적자원행정이 추구해야 할 가치는 무엇인가? 가치는 "바람직한 것에 관한 사람들의 관념"으로서 사람들의 행동에 영향을 미친다고 한다(오석홍, 2022). 인적자원행정이 추구하는 가치 역시 인적자원행정의 목표를 달성하기 위하여 인적자원 관리과정에서 지켜야 할 바람직한 관념이다. 이러한 관념은 인적자원행정의 당위적 방향을 내포하고 있다. 합리성이 가장 대표적인 가치일 수 있으나 합리성만 가지고는 너무 추상적이다. 합리성을 바라보는 시각에 따라 다양한 하위 가치가 존재할 수 있다. 합리성의 하위 가치는 크게 효과성/효율성, 권익보호/공정성, 민주성, 사회적 형평성, 그리고 예측가능성/투명성 등 다섯 가지로 나눌 수 있다.

(1) 효과성 · 효율성

첫 번째 인적자원행정이 추구해야 할 가치는 효과성과 효율성이다. 이는 인적자원행정 책임자 또는 관리자 입장에서 중시되는 가치로서, 효과성은 인적자원행정의 전략적 및 관리적 목표를 달성하는 정도를 말하며, 효율성은 인적자원의 투입과 이에 따른 조직성과의 향상 정도를 말한다. 인적자원행정은 그 목표를 얼마나 달성하느냐에 중요한 가치를 두어야 한다. 인적자원행정을 통하여 조직효과성을 효율적으로 확보할 수 있어야 한다. 즉 조직 목표와 성과에 가장 기여할 수 있는, 역량 있는 사람을 채용하고 활용하는 것이 중요할 뿐만 아니라 인적자원 관리과정에서 최소의 비용으로 성과를 극대화할 수 있어야 한다. 아무리 역량 있는 인재라 하더라도 조직이 가진 자원의 범위 내에서 활용할 수 있어야 하고, 조직 목표에 기여할 수 있는 인사관리제도나 프로그램이라 하더라도 절차나 과정에서 비용과 시간이 지나치게 많이 투입되어야 한다면 곤란하다. 개방형 직위나 직위공모제, 면접시험이나 실기시험의 확대 등이 효율성 측면에서 문제가 되는 이유 역시여기에 있다.

(2) 권익보호 · 공정성

두 번째 인적자원행정이 추구해야 할 가치는 조직 구성원의 권익보호와 공정성이다. 이는 인사 대상자인 조직 구성원의 입장이 중시되는 가치로서, 인적자원행정의 전반적인 과정은 조직 구성원의 권익을 보호하고 투명하고 공정한 운영을 강조한다. 인사대상자인 직원의 입장과 의견을 존중하고 인사관리 과정에 참여하게 함으로써 직원들의 권익을 보장하고 직무만족도를 높이는 것은 인적자원행정의 중요한 가치가 아닐 수 없다. 이러한 가치는 먼저 인사권자의 사리사욕이나 정치적 요인에 의한 인사를 부정한다. 또한 실적제, 직업공무원제, 정치적 중립, 단체활동, 복지, 보수 등에서 직원들의 권익이 인적자원 관리과정에서 실현되어야 한다. 공정성 확보는 이를 실현하는 과정에서 꼭 필요한 가치이다. 최근 동일한 직급과 경력에 대하여 동일한 보수를 지급하는 결과적 공정성보다 조직구성원이 공정하게 경쟁할 수 있도록 하는 과정적 공정성이 강조되고 있다(Bailey, 1994).

(3) 민주성

세 번째 인적자원행정이 추구해야 할 가치는 민주성이다. 민주성은 인적자원행정에서 국민의 의견을 존중하고 반영하는 정치적 대응성을 말한다. 헌법에 따르면, 공무원은 국민을 위해 봉사하는 사람이다. 따라서 정부 인사는 민간기업의 인사와 달리 단순한 조직 내부의 문제로만 보기 어렵다. 인적자원행정의 민주성을 확보하기 위해서는 두 가지 요건이 필요하다. 첫째는 정부 인사에 국민의 요구와 의견이 충분히 반영되어야 한다. 둘째, 정부의 인사운영 과정에 국민이 직접 참여하고 결정할 수 있는 기회가 부여되어야 한다. 이러한 의미에서 국민은 정부 인사의 감시자이자 대리인을 뽑는 주인으로서 최종 인사권자라고 할 수 있다. 민주성을 확보하는 방법은 대부분 국민의 대표기관인 국회를 통하여 이루어진다. 국회에서는 대통령이 임명하는 정부 인사에 대하여 사전에 인사청문회를 실시하고 대내외에 발표한다. 그리고 임명 후보자에 대한 철저한 검증과 함께 국민들의 의견수렴 절차를 거친다. 뿐만 아니라 정부 내부에서 이루어지는 인적자원행정의 방법과 절차, 세부내용도 국민에게 공개해야 한다. 이와 같이 민주성은 정부의 인적자원행정에서 반드시 지켜야 할 중요한 가치이다.

(4) 사회적 형평성·책임성

네 번째 인적자원행정이 추구해야 할 가치는 사회적 형평성과 책임성이다. 민주성의 당연한 결과로 국민은 헌법에 따라 누구나 공직을 맡을 수 있는 권리를 가진다. 따라서 차별이 없고 균형 있는 인사가 필요하다. 성별·출신·지역·종교·장애 여부, 그리고 연령 등이 공직 임용 제한 요건이 될 수 없다. 인적자원행정에서 사회적 형평성은 이러한 소극적 의미를 넘어 보다 적극적 의미를 갖는다(이창길, 2020). 공직 임용 과정에서 근본적으로 불리한 여건에 처해 있는 계층을 특별히 우대하는 적극적 인사조치 제도(affirmative action)를 마련하는 것이다. 실제 인적자원 운용과정에서 지원자가 여성·장애인·소수자 등 불리한 여건에 있는 경우, 이들을 적극적으로 임용하는 제도의 마련이 중요하다. 이때 국민은 인사 감시자인 동시에 수혜자가 된다. 장애인 고용할당제, 여성할당제, 지역우수인재 채용제도 등은 공직 구성에서 사회정의를 실현하기 위한 대표적인 사례들이다. 최근 사회적 형평성과 함께 평등한 기회 및 공정한 경쟁의 보장이라는 사회적 책임성이 강조되고 있다(장용성·정장훈·조승희, 2014). 반부패 윤리경영의 강화, 사회공헌활동의 증가, 노사간의 협력 증진, 인력 선발의 투명성 강화 등의 변화는 이를 반영한 것이다.

(5) 예측가능성·투명성

마지막으로 인적자원행정이 추구해야 할 가치는 예측가능성이다. 채용 방법과 필요 역량이 공개되고 성과평가 방법이 투명하다면 인사의 예측가능성은 매우 높아진다. 특히 직원들의 역량과 성과가 명확하고 투명하게 나타나면 보상과 이동 역시 예측가능하다. 이러한 예측가능성은 직원 보호와 민주성의 가치를 실현하는

표 4-2	공공부문 인적자원관리의 가치와 목표

구분	가치	내용
조직(관리자, 인사 책임자)	효율성/효과성	조직성과(내부 지향)
개인(근로자, 인사 대상자)	권익보호/공정성	직무만족(내부 지향)
국민(대표자, 인사 감시자)	민주성	국민만족(외부 지향)
사회(수혜자, 인사 수혜자)	사회적 형평성/책임성	기회균등(외부 지향)
전체(공통, 이해 관계자)	예측가능성/투명성	안정성(내부·외부 지향)

* Llorens, Klingner and Nalbandian(2017, pp.3-4)을 토대로 수정하여 재작성함.

수단이 되나, 반대로 예측가능성이 낮은 인사운영은 대부분 외부의 정치적 요인이
나 인사권자의 개인적 인연이 강하게 작용하여 즉흥적으로 결정하는 경우가 많다
(이창길, 2016). 따라서 조직의 목표와 방향을 명확히 제시하고, 필요역량과 인재가
분명하게 나타나게 할 필요가 있다. 동료는 물론 본인 스스로도 인사 예측이 가능
한 시스템이 구축되어야 한다. 다만, 예측가능성 확보 과정에서 효율성과 효과성
이 떨어질 가능성이 있으므로 이들 간의 균형과 조화가 필요하다.

3. 인적자원행정의 가치충돌과 균형

(1) 가치 상호간의 충돌

인적자원행정의 가치들은 상호 긍정적인 관계를 유지할 수 있다. 투명성과 예
측가능성은 공정성과 공무원 개인의 권익보호에 긍정적 효과를 줄 수 있으며, 사
회적 형평성과 민주적 대응성은 상호 긍정적인 작용을 할 수 있다. 하지만 인적자
원행정의 목표와 가치들은 상호간의 긍정적 상호작용과 함께 충돌과 갈등이 발생
할 수도 있으므로 이에 대한 조정과 균형이 필요하다.

첫째, 효과성과 사회적 형평성 간의 충돌이 있을 수 있다(McGregor, 1974). 즉
실적제에 의하여 조직성과를 극대화하려는 인적자원행정시스템은 사회적 형평성
이란 가치를 경시하기 쉽다. 반대로 사회적으로 소외된 집단의 구성원을 공직에
우선적으로 임용할 경우에는 실적제 인사 원칙에 반하고 인적자원행정의 효과성
이 떨어질 수 있다(Krantz, 1974).

둘째, 실적제에 입각한 효과성은 민주적 대응성과 상충될 수 있다(이창길, 2017).
실적과 경쟁에 의한 선발과 승진이 이루어지면 엘리트 전문가들을 중심으로 공직
이 구성되고 운영될 수 있기 때문에 관료제의 민주적 대응성이 낮아질 수 있다.

예컨대 소위 엽관제 인사는 정치권력의 정치이념 구현과 책임성을 확보한다는 차원에서 보면 민주성이 반영된 인사로 해석할 수 있는 여지가 있는 반면, 효과성이나 형평성, 공무원 권익보호에 부정적으로 작용할 가능성이 많다. 엽관제 인사는 조직성과나 직무만족보다는 획일적 민주성에 의존하여 운영하는 경향이 강하기 때문이다.

셋째, 효과성이나 예측가능성이 높으면 인사 대상자의 권익보호에 긍적적인 영향을 미칠 수 있는 반면 부정적인 효과도 예상된다. 소위 '깜짝인사'는 예측가능성이 낮은 인사로 효과성을 높이는 측면이 있을 수도 있으나, 민주성·권익보호·형평성 등의 측면에서는 다분히 부정적이다. 깜짝인사는 사전에 인사 로비를 차단 또는 최소화할 수 있고, 기존 세력에 대한 개혁 인사에 유리할 뿐만 아니라 기존의 시스템을 초월하여 발탁 인사가 가능해 효과성과 효율성 또는 공정성을 높일 수 있다. 그러나 인사 정보를 오용할 가능성이 많고, 인사권자가 자기 권력을 극대화하기 위한 수단으로 활용할 가능성이 있으며, 모든 절차와 과정이 무시된다는 점에서 민주성과 예측가능성, 사회적 형평성 가치는 매우 낮은 인사로 해석된다. 이밖에도 인적자원의 권익보호와 민주성, 사회적 형평성과 예측가능성, 권익보호와 사회적 형평성 등 다양한 관점에서 가치충돌이 발생하기도 한다.

(2) 인적자원행정의 가치와 인적자원행정시스템

인적자원행정의 가치는 인적자원행정의 전반적인 과정에 반영된다. 인적자원행정의 목표와 직무, 역량, 성과와 보상뿐만 아니라 책임과 권익에도 적용된다. 이러한 가치의 우선순위에 따라 인적자원행정시스템의 운영 방향과 세부적인 인사관리제도가 달라질 수 있다. 인적자원행정의 우선 목표를 조직 차원의 효과성에 두는가 하면, 직무만족이나 국민만족, 사회정의에 둘 수도 있다. 또 추구하는 가치에 따라 직무 체계나 필요역량, 성과 보상이 달라진다. 효과성을 중요한 가치로 보는 인적자원시스템은 직무성과 중심으로 운영하는 반면, 권익보호·민주성·형평성 중심의 인적자원시스템은 직무배분·직무책임 등에 중점을 두게 된다.

각각의 인적자원행정시스템은 장점과 단점을 모두 가진다. 민주성 중심의 인적자원시스템에서는 시민들의 참여와 민주적 통제가 가능하지만, 민주적 선택의 결과가 전체의 공익이나 자유를 해치는 '민주주의의 역설(paradox of democracy)'이 발생할 수도 있다(Berman, Bowman, West & Wart, 2021). 한편 효율성을 강조하는 인적자원시스템은 행정의 능률을 높이는 데 유리하지만 수단적 합리성에 대한 강조는 조직 구성원의 기본권 보장이나 시민 참여를 저해할 우려가 있다.

결국 인적자원행정의 가치와 시스템에는 하나의 정답이 존재하는 것이 아니므로 시대와 상황이 요구하는 가치를 우선 살리면서 다른 가치와 조화와 균형을 꾀할 수 있는 인적자원행정시스템의 선택과 설계가 필요하다.

제2절 공직구성의 의의와 방식

1. 공직구성의 의의와 방식

(1) 공직구성의 의의

정부를 어떻게 구성할 것인가? 정부는 국가를 대표하는 행정기관이다. 넓은 의미에서 정부는 입법기관·사법기관·행정기관을 포괄하고, 좁은 의미에서는 행정권을 담당하는 헌법상의 기관을 말한다. 굳이 헌법적 규정을 인용하지 않더라도 정부는 공적인 조직이다. 국민을 대신하여 공공의 업무를 수행하는 곳이다. 따라서 공공의 업무를 담당하는 사람들을 어떻게 구성할 것인가는 매우 중요한 과제가 아닐 수 없다.

어떤 사람들로 공직을 구성하는 것이 바람직한가? 어떤 사람들로 하여금 공직을 수행하게 하는 것이 바람직한가? 어떤 사람들로 구성해야 공공의 업무가 성공적으로 수행될 수 있는가? 이러한 질문은 앞장에서 논의한 인적자원행정의 목표를 실현하기 위한 방법에 관한 논의이기도 하다. 하지만 인적자원행정이 추구하는 가치에 따라 목표는 달라질 수 있고, 정부 조직의 구성 방식도 인적자원행정의 목표에 따라 달라질 수 있다. 즉 인적자원행정이 추구하는 가치와 목표에 따라 공직의 성격과 구성 방식에 큰 차이가 있다.

일반적으로 공직을 구성하는 방식으로는 엽관제(spoils system), 실적제(merit system), 그리고 대표관료제(representative bureaucracy)가 있다. 공직구성 방식에서 엽관제는 민주성을 강조하고, 실적제는 효과성을 존중하며, 대표관료제는 사회의 형평성을 강조한다. 우선시하는 가치에 따라 공무원을 어떻게 충원하고, 충원된 공무원을 어떻게 편성하여 운영할 것인가가 정부 인적자원행정의 방향을 결정짓는다. 이러한 인적자원행정시스템은 행정과 정치와의 관계, 행정과 국민과의 관계, 정부 엘리트의 역사적 인식, 그리고 사회문화적 특성 등 다양한 요소의 영향을 받는다.

그림 4-1 공직구성의 방식과 가치

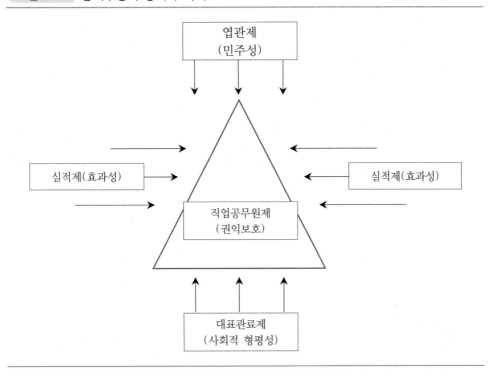

(2) 공직구성 방식

공직구성 방식은 <그림 4-1>에서 보는 것처럼 크게 세 가지로 구분할 수 있다. 첫째는 정치와의 관계를 강조하여 민주성을 공직구성의 핵심 가치로 여기고, 정당화된 정치권력으로부터 하향적으로 충원하는 방식이다. 이에 따라 인적자원행정에서 대의제적 민주성을 엽관제 형태로 반영하기도 한다. 둘째는 행정의 효과성을 강조하는 실적제로, 공직의 전문성을 존중하여 개방적으로 충원하는 방식이다. 셋째는 사회적 형평성을 공직구성의 핵심 가치로 생각하는 대표관료제이다. 일반 사회와 일반 국민들 간의 형평성에 입각하여 국민을 대표하여 상향적으로 충원하는 방식이다. 공직구성이 사회의 인적 구성을 반영할 수 있도록 하는 것이다. 특히 사회적 약자를 배려함으로써 실질적 형평성이 이루어지도록 하는 공직구성을 목표로 한다. 마지막으로, 공무원시스템의 안정성과 권익보호를 위한 직업공무원제이다. 이는 엽관제, 실적제, 대표관료제 구성방식과 가치충돌의 가능성을 내포한다.

2. 엽관제(spoils system)

(1) 엽관제의 의의와 발전

엽관제는 민주적 선거제도에 의하여 정치권력을 획득한 정당이 소위 '전리품 (spoils)'으로서 공직을 접수하고, 자율적으로 충원하고 운영하는 방식이다. 즉 "집권한 정당의 추종자들을 정당 활동에 대한 공헌도와 충성심의 정도 그리고 집권세력에 대한 신뢰 수준에 따라 공무원을 임용해야 한다는 원리"이다(오석홍, 1999: 257).

따라서 정치인들은 행정에 대하여 포괄적이고 구체적으로 책임을 지며, 이를 위해 공직 신분의 획득과 박탈에 관한 전면적인 권한을 행사한다. 공무원은 단지 국민의 대표기관이 정치적으로 결정한 법과 규칙에 따라 집행·처리하는 역할만 하기 때문에 법과 규칙 위반에 대한 책임만을 지게 된다. 엽관제 하에서는 이러한 도구적 국정운영 방식이 민주주의의 근본 원리에 부합하는 행정 본연의 역할로 인식한다. 정부 관료제는 민주주의 이념을 실현하는 도구이며, 의회에 의한 정치적 통제의 대상으로 관료의 독자적인 자율성을 인정할 수 없다는 것이다.

따라서 공직은 정당에 대한 공헌이나 국민에 의해 선택된 정치권력자의 정치적 관계를 기준으로 임용되어야 한다는 것이다. 정부 관료와 정치권력자와의 관계는 봉건시대 영주와 개인의 관계와는 구별된다. 봉건영주에 대한 충성은 정치권력에 대한 봉사로 전환되었으며, 봉건영주의 임의적 명령이나 지시에 대한 이행 책임은 법과 정치에 대한 집행 책임으로 변화되었다.

그러나 18세기 이후 절대군주제에서 민주주의와 의회정치 체제로 변화하면서 공직의 역할과 시각도 변화하기 시작했다. 즉, 중세 이전까지 국가관리직은 왕이나 봉건영주의 시종으로 사적인 종복(從僕, private servant)에 지나지 않았으나, 민주주의 체제로 바뀌면서 시민을 위해 공적 업무를 수행하는 공복(公僕, public servant)으로 변화한 것이다. 과거에 국가관리직은 봉건영주 개인을 위해 전문적인 관리 역할을 담당하며 영주를 개인적으로 보조하는 역할을 수행했다. 그들은 천부 계급적 성격을 지니고 있었고, 전문적인 업무 능력보다는 봉건영주에 대한 충성도에 따라 신분이 유지되거나 박탈되는 경우가 많았다.

하지만 민주주의가 시민의 의사를 결정하는 대표적인 정치체제로 자리 잡고, 이를 반영하는 선거제도가 정착되면서 공직의 역할과 이에 대한 시각도 달라지게 되었다. 공직은 더 이상 특정 계급이나 개인을 위해 존재하는 것이 아니라 전체 시민을 위해 존재하는 직위로 변화했다. 시민들의 의사가 결정되면 이를 집행하고 처리하는 민주적 공직관으로 변모한 것이다. 특히 의회정치 체제에서는 선거를 통해 뽑힌 시민 대표자들의 결정사항을 처리하는 전문적인 직위가 필요했다. 선거에서 승리한 정당들이 자신들의 정치적 이념을 실현하기 위한 수단으로서 공직이 필요했던 것이다(이창길, 2020). 이 경우 공직은 이들 정치권력에 예속된 집단으로 인식되었다.

이처럼 엽관제는 기본적으로 정치권력 획득 과정에서 발생한 정치적 공헌에 따라 공직을 분배하는 인적자원행정체제로 이해된다. 하지만 정실주의(favoritism)와는 근본 성격이 다르다. 정실주의는 선거를 통해 정치적 정당성이 갖춰진 정치적 관계라기보다는 개인적 친분 관계에 따라 공직을 배분하는 것을 말한다.

이와 같이 엽관제와 정실주의는 일반적으로 따로 구분하여 사용하는 경우가 많으나, 현실적으로 정치적 관계와 개인적 관계의 구분이 명확하지 않기 때문에 이를 구분하지 않고 적용하는 경우가 많다. 정치적 인연을 바탕으로 하되 정치적 인연이 혈연·학연·지연 등 개인적 관계와 뚜렷이 구분되지 않기 때문에 엽관제와 정실주의가 뒤섞인 인사가 나타나는 것이다. 따라서 엽관제를 비판하는 경우, 실제 정실주의를 비판하는 경우가 많다.

(2) 엽관제의 장점과 문제점

엽관제는 여러 가지 장점이 있다(오석홍, 2022). 무엇보다도 일반 국민들을 대상으로 정치적 선호를 심판받고, 이를 토대로 공직을 임용하는 시스템이기 때문에 민주정치에 부합하고 행정 민주화에도 기여할 수 있다. 또한 행정과 정책의 정치적 정당성을 확보함으로써 국민들의 의사가 반영된 공약 또는 정책들을 강력하게 실천할 수 있다. 아울러 정치와 행정을 일원화해 운영함으로써 행정의 통일성을 기할 수 있다. 이 경우 귀족이나 엘리트 중심의 공직 독점을 억제할 수 있고, 관료들은 국민의 의사를 충실히 집행하는 공복으로서 인식된다.

하지만 19세기에 들어서면서 이러한 엽관제의 폐단이 나타나기 시작했다. 앞에서 지적한 것처럼 엽관제가 민주주의 원리에 부합하고 정당제도나 법치행정의 발전에 기여하는 등의 장점이 있으나, 다음과 같은 몇 가지 문제점 역시 존재한다.

첫째로, 행정이 정치권력에 예속될 수 있다. 행정의 민주성을 강화하는 엽관제의 근본 취지와는 달리, 공직이 공공의 이익을 위한 대변자로서 운영되기보다는 정치권력의 충복으로 전락할 우려가 있다. 또한 임용 권한을 둘러싸고 정치적 파벌에 따라 공직이 분할되거나 배분될 수 있다. 정치권력을 획득한 후 권력자들이 공직을 사유화하여 개인적 친분이나 정실에 의한 충원을 확대시킬 가능성이 있다. 이로 인해 결과적으로 공공의 이익이 침해되고, 조직의 성과가 낮아질 우려가 있다(이명석, 2001).

둘째로, 행정의 계속성과 전문성을 침해할 우려가 있다. 정치권력에 따라 행정과 정책이 좌우됨으로써 행정의 일관성이나 계속성을 유지하기 어려울 수 있다. 특히 행정 수반이 단임제로 운영될 경우, 단기적이고 가시적인 성과에 치중하느라 장기적인 안정성이나 예측가능성을 약화시킬 수 있다. 또한 정치인들의 공직 임용으로 전문적인 관리 능력이 경시되기 쉬워 행정이 왜곡되거나 불필요한 혼란이 야기될 수도 있다. 행정을 정치 활동의 일환으로 인식해 공정성이나 형평성보다는 정치적 효과성에 우선순위를 두기 때문이다. 특히 전문화되고 복잡해진 현대 행정에서 엽관제는 합리적인 정책결정보다는 정치적 판단에 따라 왜곡된 정책결정을 내릴 우려가 있고, 급격한 환경변화에 효율적이고 전문적인 대응을 어렵게 할 수 있다.

셋째, 부패가 심화될 우려가 있다. 전리품으로 임명된 공직은 부패로부터 자유로울 수 없다. 행정과 재정이 선거비용 보전이나 다음 선거의 승리를 위한 수단으로 변질될 우려가 있다. 또한 임명된 이후에는 정책결정이 민주성에 의한 공익 추구보다 사익적 판단에 치우치기 쉽다. 이에 따라 불필요한 관직을 증설하고, 공약 실천을 위해 무리한 예산을 배정하여 행정의 낭비를 초래할 수 있다. 결국 행정의 공정성은 약화되고, 공공의 이익보다 정치적 또는 개인적 이익이 정책결정의 기준으로 작용할 가능성이 있다.

3. 실적제(merit system)

(1) 실적제의 도입

실적제는 실적에 따라 공직을 운영하는 제도이다. 정치적 동기 등으로 인한 자의적 인사 조치로부터 공무원을 보호하고, 능력과 자격에 따라 공무원의 확보, 이동, 역량개발, 평가와 보상, 그리고 퇴직 등을 관리하는 것이다. 이를 위해 공개채용시험 실시, 공무원의 정치적 중립과 신분보장, 그리고 정당의 영향력으로부터 중립성 확보 등을 요건으로 한다(오석홍, 1999). 특히 공무원 채용과정에서 실적주

의는 일정한 교육조건과 시험성적을 중요한 선발기준으로 간주하고, 이러한 역량
을 평가하기 위한 선발도구로 경쟁시험을 활용한다(김정인·이윤석, 2021).

역사적으로 보면 엽관제의 폐단이 날로 심해지면서 공직의 역할과 신분 개혁
이 필요해졌다. 그래서 만들어진 법이 1883년 미국의 펜들턴법(Pendleton Act)이다
(이창길, 2020). 이는 엽관제의 병폐를 개혁하고 실적 중심의 공직시스템을 구축하
는 획기적인 방안이자, 공직의 안정성과 계속성을 유지하고 공무원의 전문성과 정
치적 중립성을 강조하기 위한 조치였다. 엽관제를 대체하는 이러한 실적제는 오늘
날 정부 인사제도의 근간이 되었다.

실적제에서는 공직 임용에서부터 퇴직에 이르기까지 정치적 영향력을 최소화
하고, 인적자원행정의 독자성과 자율성을 강조한다. 인적자원행정학의 독자적인
학문적 발전도 실적제의 발전에 기반한 것이다. 공직에 대한 용어 역시 개인적 업
무를 강조하는 공복(公僕, public servant)에서 직업적 전문성이 강조되는 공무원(公
務員, public servant)로 변화하였다. 인적자원행정 전반에 걸쳐 실적을 중시하는 실
적제는 실적 이외의 다른 요인을 최소화하기 위해 다음 몇 가지 요소를 강조한다
(오석홍, 2022 ; 임도빈·유민봉, 2019).

첫째로 실적과 능력을 강조한다. 정치적 영향력을 배제하고 공직의 전문성을
존중하는 것이다. 공직은 누구나 처리할 수 있는 쉬운 업무라기보다 전문적인 지
식과 경험을 요하는 업무이기 때문에 효율적으로 추진할 필요가 있다는 것이다.
직업적 전문성과 자율성을 인정하고 이를 토대로 인적자원행정을 운영하는 것이
다. 이에 따라 직무를 철저히 분석·평가하여 신규 채용이나 교육훈련, 그리고 성과
보상에서도 능력과 실적에 따라 한다.

둘째로 정치적 중립성이다. 실적제는 정치권력이 바뀐다 하더라도 행정시스템
의 계속성과 일관성을 유지하려고 한다. 정치와 행정을 분리함으로써 정치로부터
행정을 보호하고 행정에 독자적인 역할을 부여한다. 공직은 선거 등 정치적 변화
보다는 국민의 이해와 요구에 부응한다. 공직에 종사하는 개인들을 정치적 이해나
이익으로부터 그 신분을 보호하고 선거에 개입하지 않음으로써 행정의 정치적 중
립성을 지키는 것이다.

셋째로 공직에의 기회균등이다. 실적제는 혈연·성별·종교·지위·지역·나
이·장애 등에 의하여 차별받지 않는다. 특히 정치적 성향에 따라 공직 임용을 배
제하지 않는다. 오직 공정한 경쟁을 거쳐 능력과 실적에 따라 채용하고 선발한다.

넷째로 신분보장이다. 정치권력자의 자의적 판단으로부터 공무원의 신분을 보

미국 펜들턴법의 입법 배경과 주요 내용

'펜들턴법'은 1881년에 미국의 20대 대통령인 제임스 가필드가 취임한 지 4개월도 채 되지 않아 암살당하는 사건이 발생했다. 당시 변호사였던 암살자 찰스 퀴토는 공화당의 충직한 당원으로서 대통령 당선에 크게 기여했다고 스스로 생각하고 빈이나 파리의 영사직을 요구했지만 거절당하자, 대통령을 암살한 것이었다. 이로 인해 엽관제도에 대한 국민적 공분이 커지면서 공무원 제도 개혁을 요구하는 목소리가 높아졌다. 당시 정치적 상황도 급박하게 돌아갔다. 1882년 의회 선거에서 공화당이 참패하자, 당선된 의원들의 새 임기가 시작되기 전에 엽관제로 이미 임용된 공화당 출신 공직자들을 보호하기 위해 공화당은 아직 다수당일 때 공무원 개혁법을 통과시켰다. 이렇게 탄생한 법이 '펜들턴 공무원법(Pendleton Civil Service Act)'이다(Theriault, 2003; 이창길, 2020)

1883년에 제정된 미국 연방의 공무원임용법을 약칭한 것이다. 이는 최초의 미연방공무원법으로 '미국 공무원제도의 마그나 카르타(Magna Carta)'로 불리기도 한다. 이 법률의 주요 내용은 ① 공무원 임용에서 정치적 중립을 확보하기 위한 독립기관으로서의 인사위원회(Civil Service Commision) 설치, ② 공무원 임용에 있어서 공개시험제 확립, ③ 공무원의 정당자금 제공 및 정치운동 금지 등이다. 요컨대 펜들턴법 제정의 의의는 미국의 공무원제도를 엽관제(spoils system)에서 실적제(merit system)로 전환시킨 최초의 연방 공무원제도라는 점과, 오늘날 미국 공무원제도의 법적 기초가 되고 있다는 점이다. 특히 인사위원회는 인사에 관한 전반적인 기능을 수행하는 국가의 중앙인사기관으로서 독립성을 보장하였다. 독립된 인사위원회를 통하여 공무원제도에 관한 많은 법령을 제정함으로써 실적제가 정착되었다(한인근, 2010).

장하기 위해서이다. 외부의 부당한 압력으로 공정한 업무처리가 방해받지 않도록 한다. 뿐만 아니라 이해관계자들의 불필요한 압력에 굴하지 않고 공정하고 전문적인 업무수행을 하도록 촉진한다.

(2) 실적제의 장점과 문제점

실적제 인사시스템은 실적과 능력을 강조하고 공직 임용에 기회균등을 적용함으로써 효율성과 형평성을 높일 수 있다. 또한 정치적 임용을 배제하고 직무 중심의 인적자원행정을 구현할 수 있다. 공직 임용이 명확하고 객관적인 기준에 따라 이루어짐으로써 공정한 인사운영이 가능하다. 특히 정치적 중립과 신분보장을 통해 공무원 신분을 정치적으로 보호하고 행정의 계속성과 전문성을 확보할 수 있다. 또한 정치인들의 자의적인 정책결정과 인사운영에 따른 부패를 미연에 방지하고 행정공무원의 도덕적 역량을 향상시키는 데 기여한다.

하지만 19세기 이후 이러한 실적제가 공직제도의 핵심으로 정착되면서 부작용 또한 늘어났다. 특히 실적제로 관료제의 효율성은 확보할 수 있었지만, 관료제가 갖고 있는 병폐를 그대로 답습하면서 근본 취지와는 달리 제도 자체가 왜곡되고 악용되는 사례가 발생하게 된 것이다(이창길, 2020 ; 오석홍, 2022).

첫 번째 문제점은 민주적 대응성 약화이다. 엽관제의 경우, 선거제도와 정치권력의 변화에 따라 국민의 의사와 행정의 정책 방향과 내용이 밀접하게 연계되어 수행된다. 하지만 실적제는 관료에 대한 정치권력의 통제 범위를 축소시켜 정치적 결정과 국민 다중의 가치가 경시되기 쉽다(이창길, 2020). 두 번째 문제점은 인사운영의 소극성과 경직성이다. 내부의 실적과 자격, 그리고 형평성을 강조함으로써 인사운영이 소극적으로 이루어지고 복잡한 인사처리 절차와 규칙으로 인해 서류 중심의 경직된 집행이 많아진다. 세 번째 문제점은 공직의 실질적 기회균등이 약화될 우려가 있다는 것이다. 개인적 특성을 무시하고 실적과 능력에 의해 공직을 채용할 경우 장애인, 빈곤 계층, 특정 직업 등의 채용이 제한되므로 공직의 대표성도 약화된다. 자격요건이 직·간접으로 지배적 가치관을 반영하여 사회적 약자의 공직 진입을 어렵게 하는 것이다. 그 밖에 정치적 중립성과 공직자의 정치적 기본권의 충돌 문제 등의 난점 역시 존재한다.

4. 대표관료제(representative bureaucracy)

(1) 개념과 의의

대표관료제는 "모든 사회집단들이 한 나라의 인구 전체 안에서 차지하는 수직 비율에 맞게 정부 관료제의 직위를 차지해야 한다는 인사행정 체제"를 말한다(오석홍, 2013). 정부 관료제의 인적 구성이 그 사회의 주요 인적 구성을 반영하도록 하는 것이다. 관료제가 민주성을 확보하지 못하고 엘리트 중심으로 운영함에 따라 발생하는 여러 가지 폐단이 나타나는 것을 우려하여 만들어진 제도라고 할 수 있다(Meier, 1975). 정부 관료제에 민주적 가치를 부여해 사회적 소수자의 임용을 우대함으로써 실질적인 사회적 이해관계를 공직 구성에 반영하는 것이다. 이러한 제도 하에서는 실적제나 엽관제와 달리 인적자원행정 과정에서 민주성과 함께 사회적 형평성의 가치가 강조된다.

일반적으로 대표관료제는 장애인이나 성별, 인종, 지역, 신분, 더 나아가 이익집단이나 종교적 가치 또는 태도의 차이까지 반영하여 공직을 구성하는 방식이다

(Meier, 1975). 궁극적으로 공직의 구성 비율을 총인구 대비 집단별 구성 비율과 동일하게 유지하는 것이다. 관료제 내의 직무 분야와 계급에 상응하도록 배분할 필요가 있다는 주장이다. 사회적으로 소외되어 집단의 이해를 정부 정책에 반영하기 어려운 경우, 적극적으로 공직 구성에 반영하는 것이다. 양성평등 채용목표제, 장애인 고용할당제, 지역인재할당제 등이 대표관료제의 예라 할 수 있다(김상숙 · 이근주 · 김진숙 · 이창길, 2020)

대표관료제의 대표성은 소극적 대표성과 적극적 대표성으로 구분할 수 있다 (Thompson, 1976). 소극적 대표성이 사회의 인적 구성 비율에 따라 공직의 구성 비율을 확보하는 것인 반면, 적극적 대표성은 관료가 능동적으로 소속 그룹의 이해를 반영하는 것을 말한다. 전자가 형식적 의미의 대표관료제라면, 후자는 실질적 의미의 대표관료제라 할 수 있다. 일반적으로 형식적인 구성을 통하여 실질적인 균형을 이루고자 하지만, 형식적인 구성과 함께 실질적인 접근이 필요하다.

(2) 대표관료제의 긍정적 측면과 비판

대표관료제의 긍정적 측면으로는 민주적 대표성, 대중적 통제의 내재화, 형평성의 실질적 보장, 실적제의 폐단 시정 등을 들 수 있다(오석홍, 2009). 가장 큰 장점은 국민의 다양한 요구에 대한 정부의 대응성이 높아짐으로써 관료제의 민주성 확보에 기여할 수 있다는 것이다. 또한 소수자들의 대표 의견을 반영함으로써 소외집단의 사회적 · 경제적 지위가 향상되고, 집단별 이해관계에 대응하는 책임성을 높일 수 있다. 아울러 소수자 보호 등이 정치적 상징으로 작용해 국민의 신뢰를 얻을 수 있으며, 이해관계 집단의 협조로 정부 활동의 능률도 높일 수 있다 (Meier, 1975).

대표관료제는 이러한 긍정적 측면에도 불구하고 현실 적용 과정에서 많은 문제점과 비판이 제기된다(Mosher, 1968). 대표관료제에 대한 비판은 사회적 형평성이라는 목표에 대한 내용보다는 집행 과정에서 왜곡될 가능성에 집중되는 경우가 많다.

먼저, 소극적 · 형식적 대표성을 갖춘다 해도 실질적인 대표성을 확보하기 곤란하다는 점이다. 공직 내의 비율을 확보하는 것이 반드시 공직에서의 태도나 정책에서 대표성 확보로 연계되지 않을 수 있기 때문이다. 실제 정책을 결정하고 집행하는 과정에서 소속 집단을 대표하지 않는다면 대표관료제 도입은 의도한 만큼의 효과를 내기 힘들다. 특정 사회 집단을 대표하여 선발된 공무원이 채용 후 적극적 대표성의 확보가 어려운 이유는 조직 내의 재사회화, 동료 집단의 압력, 사적 이익과 경력의 중시 등의 한계를 들 수 있다.

또한 대표관료제가 인적자원 선발 과정에서 할당제를 강요하는 결과를 초래해 개인의 능력보다는 소속 집단에 중점을 둠으로써 실적제를 훼손하고, 행정 능률을 떨어뜨릴 수 있다(오석홍, 1999). 할당제가 역차별을 가져올 수 있다는 의견도 있다. 소수 집단 출신자들이 혜택을 받는 반면, 유능한 후보자가 채용상 불이익을 받아 실질적인 불평등이 야기될 수 있다.

아울러 대표성을 가진 공무원들이 자신이 속한 집단에 대한 적극적인 정책 활동으로 공무원의 정치적 중립과 공평한 업무처리를 해칠 우려도 있다. 인적자원 관리과정에서의 민주성이나 형평성 확보와 함께 미래의 다양성 관리라는 차원에서 대표관료제의 보완적 활용이 필요하다.

제 3 절 직업공무원제와 실적제

1. 직업공무원제

(1) 직업공무원제의 배경

실적제 공무원제도가 확산되면서 직업공무원이라는 말도 생겨났다. 행정이 정치와 분리되면서 공무원의 독자성과 전문성을 인정한 제도이다. 이처럼 직업공무원제는 행정의 계속성을 유지하기 위해 공무원을 평생 직업으로 보장하는 제도이다. 국어사전에 의하면, 직업이란 어떤 사람이 생계유지를 위하여 자신의 적성과 능력에 따라 상당기간 계속하여 종사하는 일을 말한다. 따라서 상당기간 계속 일하지 않을 경우, 이는 직업(occupation)이라기보다는 그저 일(work)이다. 상당기간은 특정할 수 없지만 적어도 오랜 기간을 말하며, 대부분의 경우 평생 동안 할 수 있는 일을 말한다. 직업 군인, 직업 외교관, 직업 의사, 직업 변호사라는 말은 있지만 직업 학생, 직업 사장, 직업 아르바이트라는 용어는 거의 사용하지 않는다.

이러한 의미에서 직업공무원은 공직에 상당히 오랜 기간 계속하여 종사하는 공무원을 말한다(임도빈·유민봉, 2019). 직업공무원제는 엽관제보다는 실적제에 기반한 것이다. 엽관제에서는 공무원이라는 명칭을 사용할지 모르지만 직업공무원이라는 명칭은 적합하지 않은데, 이는 평생을 기약할 수 있는 직업이 아니기 때문이다. 실적제는 실적과 능력에 따라 신분을 보장한다는 의미에서 직업공무원제와 부합하는 측면이 있다.

그렇다면 왜 공무원을 직업화해야 하는가? 이는 단순히 엽관제의 폐단을 시정한다는, 소극적 필요성만 있는 것이 아니다. 공직의 중요성과 직업성을 동시에 고려하는 적극적인 의미가 내포되어 있다. 평생 직업으로서 공직은 직업적 안정성, 윤리성, 그리고 우수성의 확보가 전제되어야 한다. 즉 정치적 변화와 신분의 변화가 분리되어 평생 동안 안정적으로 업무를 수행할 필요가 있으며, 공공의 가치를 실현하기 위해 높은 도덕적 역량과 함께 우수한 능력과 자격을 갖추어야 한다.

(2) 직업공무원제의 특성과 문제점

직업공무원제는 기본적으로 젊은 사람들을 공직에 임용하여 평생 동안 근무하

고위공무원단제도

고위공무원단제도는 정부의 주요 정책 결정 및 관리에 있어서 핵심적 역할을 담당하는 실·국장급 공무원을 범정부적 차원에서 적재적소에 활용하고 개방과 경쟁을 확대하며 성과책임을 강화하기 위한 제도이다. 이는 미국이 1978년 공무원개혁법에 의해 최초 도입한 이후 영국, 호주, 캐나다 등 OECD 정부혁신 선도국가들이 도입하였으며, 우리나라에서는 2006년 7월 1일부터 시행되었다.

그 주요내용과 취지는 다음과 같다. (1) 고위공무원단은 행정기관 국장급 이상 공무원으로 일반직·별정직·특정직 약 1,500여명으로 구성된다. (2) 고위공무원단은 과거 1~3급의 계급을 폐지하고 직무와 직위에 따라 인사를 관리한다. 고위공무원은 신분보다 일 중심으로, 계급과 연공서열 보다는 업무와 실적에 따라 적격자를 임용할 수 있다. (3) 고위직의 개방을 확대하고 경쟁을 촉진하기 위하여 고위공무원직위의 30% 범위 내에서 개방형 직위 또는 공모직위를 운영한다. (4) 고위공무원의 성과를 체계적으로 관리하고 능력개발을 강화한다. 상급자와 협의하여 성과계약을 체결하고, 목표달성도 등 평가제가 시행되고 있다. (5) 고위공무원이 되기 위해서는 후보자교육과 역량평가를 거쳐야 한다. 고위공무원단 직위로의 진입전 고위공무원으로서 갖추어야 할 핵심역량에 대해 사례중심의 현장감 높은 교육을 받는다. (6) 직업공무원제의 근간을 유지하되 고위직의 책임성을 제고한다. 고위공무원 인사의 실적주의 원칙과 정치적 중립성이 보장되며 정년 및 신분보장제도는 존치된다. 다만, 성과와 능력이 현저하게 미달하는 고위공무원은 객관·공정한 판단을 거쳐 엄정하게 인사조치된다(인사혁신처, 2022).

이러한 고위공무원 제도는 정치적 오용과 정실개입 우려, 공무원의 신분불안, 직무수행상의 자율성 손상, 직무수행 경험에 의한 전문성 저하, 기관별 지원자의 불균형, 중앙인사기관의 인사관여, 정확한 성과측정 곤란 등의 비판이 제기된다(김다니·임도빈, 2019; 오석홍, 2022).

게 하는 제도이다. 조직적 측면에서는 직업적 전문성과 안정성을 보장하고, 개인적 측면에서는 지속적으로 능력을 발전시킬 수 있고 성공적인 경력을 보장받을 수 있어야 한다. 외부적으로는 정치적 중립성이 보장되고 직업으로서의 사회적 평가도 높아야 한다.

이처럼 직업공무원제는 평생 직업으로서의 공무원을 상정하고 있다. 평생 직업이 되기 위해서는 성공적인 인생을 보장하는 직업적 특성과 전망이 있어야 한다. 평생 근무할 수 있을 뿐만 아니라 이를 통해 긍지와 보람을 느낄 수 있어야 하고, 성공적인 경력 발전 가능성이 담보되어야 한다.

이를 위해서는 다음 몇 가지 요건이 필요하다(박동서, 2002 : 392-393). 첫째, 비교적 젊은 인재를 채용한다. 여기서의 '젊은 인재'는 최소한 오래 근무할 수 있는 사람을 말한다. 둘째, 장기적인 발전 가능성이 있어야 한다. 잠재역량을 가진 인재들이 오랜 기간 역량을 개발하며 근무할 수 있는 여건이 필요하다. 셋째, 직무에 충실할 수 있도록 신분이 보장되어야 한다. 정치적 압력에 굴하지 않고 직무를 공명정대하게 처리할 수 있도록 중립성과 안정성이 보장되어야 한다는 말이다. 넷째, 공직이 직업으로서 사회적으로 인정받고 평가받아야 한다. 그 밖에 능력 발전 기회가 주어지고, 보수가 적정해야 하며, 인력 수요와 공급에 대한 장기적인 계획이 마련되어야 한다.

하지만 직업공무원제는 그 특성과 요건을 강조할 경우 이에 따른 문제점이 나타날 수 있다(박동서, 2004). 첫째는 소극성과 폐쇄성이다. 정치적 자의성으로부터 행정의 전문성과 독자성을 확보하려는 시도는 배타적이고 폐쇄적인 모습으로 나타난다. 정보 독점을 통하여 공직이 특권 집단화되는 사례가 발생하고, 외부로부터의 민주적 통제가 오히려 봉쇄되는 결과를 가져온다. 둘째, 전문성 약화이다. 내부승진과 순환보직을 통하여 일반 행정가 중심으로 임용이 이루어지고, 선발 채용과 교육훈련에도 전문지식보다는 일반 행정적 관리와 경험에 치중하는 경향을 보인다. 이에 따라 계급제적 내부승진에 몰두하고 전문지식의 개발이나 발전을 소홀히 하는 경향이 있다. 셋째, 공직 기회의 제한과 폐쇄성이다. 신분보장이 강화되면서 외부 인사의 공직 임용은 사실상 제한을 받는다. 내부의 공직 임용이 강화되면서 연령과 직급에 의해 철저하게 제약을 받기 때문이다. 이에 따라 외부 수혈을 방해하는 제도가 되어 공직의 침체를 낳기도 한다. 넷째, 민주주의나 법치주의 원리가 경시되기 쉽다. 직업공무원제는 공무원들로 하여금, 안정된 신분을 바탕으로 국민들에게 행정서비스를 제공하는데 그 목적이 있으나 국민의 의사가 경시되거나 행정의 민주성을 약화시킬 수 있다(장경원, 2021).

2. 직업공무원제와 실적제의 관계

(1) 두 제도의 역사적 발전 비교

역사적으로 공무원의 정치성이 배제되고 실적이 강조됨에 따라 실적 중심의 인사제도가 확산되면서 직업공무원제가 강화되었다. 이러한 의미에서 직업공무원제와 실적제는 상호 긍정적인 관계라 할 수 있다. 실적 중심의 행정운영이 강화될수록 직업공무원제의 정착이 강조되고, 직업공무원제를 통하여 전문적이고 실적 중심의 행정을 실현할 수 있기 때문이다. 실적제는 엽관제나 정실주의에 대응하는 개념으로 직위분류제, 개방형 임용제, 전문가주의 등을 내용으로 한다. 반면 직업공무원제는 비직업공무원제 또는 일시적 공무원제에 대응하는 개념으로 계급제, 폐쇄형 공무원제, 일반행정가주의 등을 내용으로 한다.

미국의 경우에는 엽관제에 대응하는 실적제가 직위분류제를 토대로 먼저 도입된 후, 직업공무원제가 이를 보완하는 형태를 띠었다. 반면에 영국은 왕권에 의한 종신직 공직임용제도가 정착된 상태에서 의원내각제 도입과 함께 실적제 공무원제도가 보완하는 형태를 띠고 있다. 전자를 약한 형태의 직업공무원제, 후자를 강한 형태의 직업공무원제라고 한다(임도빈·유민봉, 2019). 각 제도를 보다 정확히 이해하기 위해서는 개념과 연혁을 살펴볼 필요가 있다.

강한 형태의 직업공무원제로는 관료제 전통이 강한 대륙계 국가나 영국의 공무원시스템에서 볼 수 있다. 봉건제적 전통 속에서 직업공무원제가 먼저 성립된 국가들은 강한 형태의 직업공무원제에 해당한다. 봉건시대 분권과 주종관계의 의미(private servant, 사적 종복)로 운영되던 공직은 절대왕정 시대에 접어들면서 강력한 왕권에 힘입어 직업공무원제와 정실주의가 확립되는 모습(public service : royal servant, 왕의 종복인 직업공무원)을 보인다. 이후 의회민주주의 발달과 함께 직업공무원제의 기반 위에 실적제가 도입되면서 현재와 같이 실적 중심의 직업공무원제가 정착되기에 이른다.

반면 약한 형태의 직업공무원제는 관료제 전통이 없는 미국과 같은 나라의 공무원시스템이다. 실적제가 먼저 성립한 후 직업공무원제가 도입된 형태이다. 건국 초기부터 의회민주주의가 성립되었던 미국은 엽관제의 배경 하에서 정치공무원(political servant) 형태로 공직이 자리 잡기 시작했다. 그러나 엽관제의 폐해로 인해 펜들턴법 등 개방형 실적제가 공무원제도의 근간이 되면서 공직은 행정공무원 형태로 된다. 이후 실적제의 기반 위에 직업공무원(public service)적 요소가 일부 도입되며 현재와 같은 형태에 이르게 된다. 결국 제도의 성립과 운영은 각 나라의 역사적 맥락과 무관하지 않으므로 제도를 올바로 이해하기 위해서는 이러한 역사적 발전 과정을 살펴볼 필요가 있다(Hummel, 2008).

(2) 실적제 관점에서 본 직업공무원제의 문제

역사적으로 볼 때 실적제와 직업공무원제는 엽관제에 대한 반발 등 상호 긍정적인 관계로 출발했으나, 실적 중심의 공무원제도가 정착되면서 실적제는 정치성 배제라는 소극적 의미에서 조직성과라는 적극적인 의미로 변화하였다. 적극적 의미의 실적제는 성과주의를 말하는데, 이 경우 실적제는 직업공무원제의 의미와는 다소 차이가 있어 상호 부정적인 관계로 확대될 수 있다. 이에 적극적 의미의 실적제는 직업공무원의 보장적 측면을 강조하기보다는 직무 중심의 성과적 측면을 강조하게 된다. 반면 실적제와 상관없이 직업공무원제는 공무원을 평생 직업으로 여기려는 제도의 취지에 맞게 젊은 사람들을 채용하여 퇴직 때까지 정치적 간섭을 받지 않고 직무에 충실하라는 의미를 지닌다.

그러나 직업공무원제는 채용 후 보직이동과 승진제도를 전제로 하고 있는 반면, 경험과 전문성을 가진 중년의 나이에 일시적으로 근무하는 것을 전제하지 않고 있다. 따라서 직업공무원제는 승진을 위한 계급제 공무원제, 경력직 채용을 인정하지 않는 폐쇄형 공무원제, 그리고 평생 한 직무만 하는 것이 아니라 두루 이동하는 일반행정가주의(generalists)를 지향한다는 점에서 실적제에 반한다.

(3) 직업공무원제 관점에서 본 실적제의 문제점

오늘날의 실적제 인사제도는 과거의 엽관제에 대응하는 소극적인 의미에서 벗어나 '실적은 곧 성과'라는 적극적인 의미를 가진다. 이 경우 직업공무원제와 달리 전문성을 기반으로 조직의 성과를 향상시킬 수 있는 공무원을 전제로 한다. 따라서 실적제는 승진을 전제로 하는 계급제보다는 직무성과를 중심으로 하는 직위분류제, 성과 달성에 필요한 유능한 사람은 나이와 상관없이 채용하는 개방형 공무원제, 그리고 평생직장으로 이동과 승진보다는 전문성과 성과를 강조하는 전문가주의(specialists)를 지향한다(이종수·윤영진 외, 2014). 그러나 이러한 적극적 의미의 실적제는 직업공무원제의 근간이 되는 계급제, 폐쇄형 채용, 일반행정가주의와 상충되기도 한다(Krantz, H., 1974).

(4) 실적제와 직업공무원제의 상충 및 조화

실적제는 엽관제와 제도적으로 구별되며, 직업공무원제는 한시공무원제에 대응된다. 실적제와 직업공무원제의 공통되는 요건은 자격과 능력의 존중, 정치적 중립성, 신분보장(정치권력으로부터), 행정의 전문성·계속성 강조, 유능한 인재의 육성과 훈련 등이다. 하지만 양자 간에는 상충되는 측면도 있다. 고위공무원제도의 도입, 성과 중심의 인적자원행정, 신분보장(종신고용계약)의 약화, 개방형 직위 도입, 계급제 완화 등은 직업공무원제를 후퇴시키는 반면 실적제를 강화하는 방향의 인사제도 개편이라 할 수 있다. 반면 이 같은 제도들이 오히려 실적제를 약화시키고 직업공무원제를 강화하는 방향으로 운영될 경우, 문제가 야기되기도 한다. <표 4-3>은 실적제와 직업공무원제와 관계를 유형화한 것이다.

표 4-3 실적제와 직업공무원제의 관계

구분	실적제 (+)	실적제 (−)
직업공무원제 (+)	A형 (젊은 우수인재 채용, 전문성 강화, 역량평가제 도입)	B형 (정년연장, 순환보직, 호봉제 보수제도)
직업공무원제 (−)	C형 (성과평가/퇴출, 개방형 임용제, 나이제한 폐지, 연봉제)	D형 (낙하산 인사, 정실인사, 특별채용 확대)

첫째, A형은 실적제와 직업공무원제에 모두 긍정적인 영향을 미치는 유형으로 가장 바람직한 형태이다. 예를 들면, 젊은 우수인재의 채용, 전문성 강화, 역량평가제 도입 등이 포함될 수 있으며, 정치권력의 남용을 방지하기 위한 권익보호형 신분보장(임도빈·유민봉, 2019)도 이 유형에 해당된다고 할 수 있다. 둘째, B형은 실적제에는 부정적인 영향을 미치는 반면, 직업공무원제에는 긍정적인 영향을 미치는 유형이다. 예를 들면, 정년연장이나 순환보직, 호봉제 보수제도 등이다. 이는 직업공무원제는 강화하는 반면 성과는 낮아질 수 있는 제도들이다. 셋째, C형은 실적제에는 긍정적인 영향을 미치는 반면, 직업공무원제에는 부정적인 영향을 미치는 유형이다. 예를 들면, 성과평가 및 퇴출, 개방형 임용제, 나이제한 철폐, 연봉제 등이다. 이는 성과향상을 위해서 직업공무원들의 희생이 필요한 제도들이다.

넷째, D형은 실적제나 직업공무원제에 모두 부정적인 영향을 미치는 유형이다. 예를 들면, 낙하산 인사, 정실인사, 특별채용 확대 등이다. 이러한 유형은 특정개인에 대한 인사상의 특혜인 경우가 많으나 정부 전체적으로 성과를 떨어뜨리고 직업공무원들의 사기를 저하시킨 경우가 많다. 이와 같이 기존 제도의 변경 또는 새로운 인사제도의 도입 시에는 실적제와 직업공무원제의 관계를 충분히 고려할 필요가 있다.

학●습●포●인●트

- 전략적 목표와 관리적 목표
- 인적자원행정의 가치
- 가치지향과 갈등
- 공직구성 방식별 가치지향
- 엽관제와 정실주의의 차이
- 대표관료제
- 직업공무원제와 실적제의 관계
- 적재적소와 신상필벌
- 인적자원행정의 예측가능성
- 공직구성 방식의 유형
- 엽관제
- 실적제
- 직업공무원제

연●습●문●제

1. 인적자원행정에서 목표 설정의 중요성을 설명하고, 전략적 목표와 관리적 목표를 구분하여 설명하시오.
2. 인적자원행정의 목표로 적재적소와 신상필벌을 비교하여 설명하시오.
3. 인적자원행정이 추구하는 가치를 설명하고, 가장 중요하다고 생각되는 가치의 상대적 중요성을 근거와 자료를 통하여 설명하시오.
4. 공공기관의 기관장에 대한 소위 '낙하산 인사'에 대한 비판적 논란이 많은데, 인적자원행정의 가치 상호간의 갈등 차원에서 설명하시오.
5. 인적자원행정의 민주성과 효과성의 가치 갈등을 어떻게 조화롭게 해결할 것인지 서술하시오.
6. 실적제와 직업공무원제 상호 간에는 공통된 측면만이 아니고 서로 상충되는 측면이 있다. 그 내용을 구체적인 사례 또는 제도를 들어 설명하시오.
7. 승진 등 인적자원행정에서 연공(seniority)과 실적(performance)을 조화시킬 수 있는 방안을 제시하시오.

토·의·사·례

마르퀴즈 로네 vs 피에르 율랑

프랑스 혁명이 일어났던 1789년 7월 14일 밤, 바스티유 감옥을 습격했을 당시 두 명의 전·현직 공무원이 대치했다. 마르퀴즈 드로네Marquis de Launay 수비대장과 피에르 율랑 Pierre Hulin 시위대장이었다. 로네는 시위대로부터 바스티유 감옥을 지키고 있던 현직 수비대장이었고, 율랑은 3년간 국왕 근위대원으로 근무했던 관료였다.

7월 14일 오후 5시, 시위 군중이 바스티유 감옥으로 쳐들어왔다. 수비대가 시위를 진압하는 과정에서 이미 많은 시민이 희생되었다. 시위 군중의 집중 공격에 로네 수비대장은 항복하기로 결심하고 교도소 첨탑의 총인 뒤 연단에서 하얀 손수건을 흔들었다. 그리나 시위대는 시끄러운 대포 소리로 인해 그 사실을 인지하지 못했다. 그러자 그가 메모 하나를 전달했다. "우리에게는 2만 파운드의 탄약이 있다. 만약 우리의 항복을 받아들이지 않는다면, 우리는 여기 바스티유 감옥 요새는 물론 주변 전체를 폭파시킬 수 있다." 단호한 경고를 보내고 얼마 지나지 않아 감옥 문이 열렸다. 수비대장이 자신의 주머니에 숨겨둔 정문 열쇠를 문지기에게 전달했던 것이다. 정문이 활짝 열리자, 시위 군중이 물밀듯이 감옥 안으로 들어왔다.

시위대를 선두에서 이끌었던 사람은 피에르 율랑이었다. 그는 키가 크고 정의감이 강한 인물이었다. 관료로 재직 중이었던 1782년 저항에도 가담했던 그는 파리의 팔레 루아얄 광장과 시청 광장 등에서 대규모 시위군중을 향해 연설했다. 국왕 근위대의 2개 부대와 대치하고 있는 상황에서 그의 연설은 다소 장황했지만 단호하고 열정적이었다. 그의 뺨 아래로 눈물이 흘러내렸다. "용감한 우리 근위대원 여러분, 저 대포 소리가 들리는가? 저 악당 로네가 우리 형제들, 우리의 부모들, 우리의 아내와 아이들을 죽이고 있습니다. 우리 파리 사람들이 양처럼 살해되고 있습니다. 그들이 살해되도록 그대로 두겠습니까? 바스티유 감옥으로 행진하지 않으시겠습니까?"87 시위 군중은 "당신이 앞장서라, 그러면 따라가겠다!"고 답했다. 4개의 대포로 무장한 시민 300명이 바스티유 감옥으로 행진하기 시작했다. 그리고 높이가 5미터나 되는 바스티유 방벽과 첨탑을 향해 대포를 쏘았다.

두 사람 모두 관료였다. 한 사람은 바스티유 감옥을 지키는 행정 관료였고, 다른 한 사람은 국왕을 지키던 전제 관료였다. 하지만 국왕 근위 대원이었던 율랑은 국왕을 비판하며 바스티유 감옥을 습격하는 시위대 편에 섰고, 수비대장 로네는 바스티유 감옥을 지킴으로써 결과적으로 루이 16세 편에 서게 됐다(Hibbert, 1982: 72-77; 이창길, 2020).

토의과제

1. 공공부문의 인적자원행정의 목표와 가치로서 마르퀴즈 로네와 피에르 율랑 중 어느 유형이 바람직하다고 생각하는지 자신의 입장을 밝히시오.

2. 위 사례와 관련하여 인적자원행정의 대립되는 가치 갈등을 조정하는 전략과 방안을 제시하시오.

3. 위 사례를 통하여 직업공무원제의 의미와 한계를 논술해보시오.

참고문헌

김다니·임도빈, 2019. 「고위공무원의 정치적 중립에 대한 이해: 근거이론을 이용하여」, 『한국행정학보』, 53(1), 95-123.

김상숙·이근주·김진숙·이창길, 2020. 중앙정부와 지방자치단체의 양성평등 균형인사정책 비교 분석, 『한국인사행정학회보』, 19(2): 67-92

김정인·이윤석, 2021. 「공무원 채용과정에서의 실적주의: 미국과 일본의 공무원 채용제도를 중심으로」. 『한국사회와 행정연구』, 32(3), pp.147-170.

민진, 2003. 「조직효과성에 관한 개념 정의의 분석 및 재개념화」, 『한국행정학보』 37(2), pp.83-104.

박동서, 2002. 『시민과 정부 개혁』, 한울아카데미.

박동서, 2004. 『한국행정론』, 법문사.

박희봉, 2005. 「조직효과성에 대한 비판적 고찰-조직관에 따른 조직목표와 조직효과성 측정지표 비교」, 『한국조직학회보』 2(1), pp.1-20.

신원동, 2007, 『삼성의 인재경영』, 청림출판.

오석홍, 1999. 「인사행정 원리의 이해와 오해」, 『행정논총』 37(2). pp.255-270.

오석홍, 2022. 『인사행정론』 제9판, 박영사.

임도빈·유민봉, 2019. 『인사행정론』, 박영사.

윤영근, 2015. 「자치단체 인사행정의 난제 (wicked problem)-무기계약직과 무보직공무원을 중심으로」. 『한국행정학회 하계학술발표논문집』, 2015(단일호), 1279-1296.

이명석, 2001. 「정부투자기관 임원의 정치적 임용과 경영실적」, 『한국행정학보』 35(4), pp.139-156.

이종수·윤영진 외 공저, 2022. 『새 행정학 3.0』, 대영문화사.

이창길, 2016. 「인사예고제실시하자」, 「서울신문」 2016.1.12.

이창길, 2017. 공공기관 공직가치의 특성과 현실: 민주적 가치의 갈등상황을 중심으로. 한국행정연구, 26(2), pp.75-107.

이창길, 2020. 『대한민국 인사혁명: 휴머니즘 인사혁명을 위한 22가지 질문』. 나무와숲.

인사혁신처, 2022. 홈페이지(www.mpm.go.kr).

임도빈, 2008. 『국가운영 시스템 : 과제와 전략』, 서울대 행정대학원, pp.546-547.

장경원, 2021. 「공무원제도의 기본이념과 국가공무원법」. 『서울법학』, 29(2), pp.49-76.

장용석·정장훈·조승희, 2014. 인적자원관리제도 운영의 딜레마: 효율성과 책임성의 공존에 관한 공, 사부문 비교분석, 한국행정학보, 48(2), 27-53.

한인근, 2010. 「영미 고위공무원단 설립의 역사적 배경에 대한 연구」, 『한국인사행정학회보』 제9권, pp.59-82.

Bailey, R. 1994. Annual Review Article 1993: British Public Sector Industrial Relations. *British Journal of Industrial Relations*, 32(1): 113-136.

Berman, Evan M., James S. Bowman, Jonathan P. West, Montgomery R. Van Wart, 2021. *Human Resource Management in Public Service : Paradoxes, Processes, and Problems, 4th edition.* SAGE Publications.

Cotten, A. 2007. *Seven Steps of Effective Workforce Planning.* IBM Center for the Business of Government.

Hibbert, C., 1982. *The French Revolution,* Penguin UK,

Hummel, Ralph P., 2008. *The Bureaucratic Experience-The Post Modern Challenge,* M.E. Sharpe.

Krantz, H., 1974. Are Merit and Equity Compatible?, *Public Administration Review,* 34, pp.434-439.

Llorens, Jared E, Klingner, Donald E. and John Nalbandian, 2017. *Public Personnel Management : Contexts and Strategies,* 7th edition. Prentice-Hall.

McGregor, Jr., Eugene B. 1974. Social Equity and the Public Service, *Public Administration Review,* 34(1) : 18-29.

Meier, K, J., 1975. Representative Bureaucracy : An Empirical Analysis, *American Political Science Review,* 69, pp.526-542.

Stazyk, Edmund C. and Holly T. Goerdel, 2011. The Benefits of Bureaucracy : Public Managers' Perceptions of Political Support, Goal Ambiguity, and Organizational Effectiveness, *Journal of Public Administration Research and Theory,* 21(4), p 645-672.

Theriault, Sean M., 2003. Patronage, the Pendleton Act, and the Power of the People," *Journal of Politics,* 65(1): 50-68.

Thompson, F. J., 1976. Minority Groups in Public Bureaucracies : Are Passive and Active Representation Linked?, *Administration and Society* 8, pp.201-226.

제5장

인적자원행정의 전략기획

이 장에서는 인적자원의 전략적 관리모형과 전략기획에 관하여 살펴본다. 전략적 관리모형으로는 개인역량과 집단역량, 그리고 집권적 관리모형과 분권적 관리모형의 특성과 장단점을 학습한다. 이러한 분석을 토대로 인적자원의 전략적 관리모형을 직무 중심 통제형, 직급 중심 관료형, 역량 중심 인재형, 부서 중심 몰입형 등 네 가지로 구분하고, 전략적인 선택과 방향을 논의한다. 이어서 공공부문 인적자원행정에서 전략기획의 의의와 중요성, 그리고 전략기획의 모형을 살펴본다. 전략기획의 내용으로 거시적 전략과 미시적 전략을 소개하고 인적자원의 수요와 공급을 예측하는 구체적인 내용과 방법을 학습한다.

제 1 절 인적자원의 전략적 관리모형
제 2 절 인적자원행정 전략기획의 의의
제 3 절 인적자원행정 전략기획의 내용

구슬이 서 말이라도 잘 꿰어야 보배다.

제1절 인적자원의 전략적 관리모형

1. 전략적 관리모형의 의의

인적자원행정은 어떤 목표와 전략을 가지느냐에 따라 전반적인 관리과정의 방향과 내용이 달라진다. 인적자원의 전략적 관리모형은 다양한 기준에 따라 다양하게 제시될 수 있다. 개인역량 중심인지 집단역량 중심인지, 관리자 중심인지 근로자 중심인지, 집권적인지 분권적인지, 폐쇄적인지 개방적인지 등에 따라 인적자원행정의 목표와 전략이 달라질 수 있다. 이는 인적자원을 관리하는 체계화된 구조로, 인적자원에 대한 기본적인 시각과 함께 인적자원행정의 목표와 전략, 그리고 철학과 가치를 반영하는 시스템이다.

인적자원의 기본적인 관리모형은 조직성과 향상의 핵심 역량을 어디에 두느냐에 따라 개인역량 중심 관리모형과 집단역량 중심 관리모형으로 구분할 수 있고, 아울러 인적자원행정의 권한을 어떻게 배분하느냐에 따라 집권적 관리모형과 분권적 관리모형으로 구분할 수 있다. 이를 바탕으로 하여 직무중심 통제형, 직급중심 관료형, 역량중심 인재형, 부서중심 몰입형 등 인적자원행정의 종합적인 관리모형을 도출할 수 있다. 이러한 관리모형은 일반적으로 조직의 역사와 문화, 조직구성원의 행태와 특성, 조직 환경적 요인 등을 감안하여 조직 관리자의 전략적 선택에 의하여 결정된다. 조직 관리자는 인적자원행정의 목표와 가치에 따라 관리모형을 선택하고, 선택된 관리모형에 따라 인적자원행정의 전반적인 과정에 반영한다.

2. 개인역량 중심 관리모형과 집단역량 중심 관리모형

(1) 개인역량 중심의 관리모형

개인역량 중심의 관리모형은 조직성과 향상의 핵심적인 요소로 개인역량을 강조한다(Harzallah, Berio and Vernadat, 2006). 조직 내 개인 간의 협력적 인간관계보다는 경쟁적 거래관계를 중시한다(Boreham, 2004). 개인 상호간에 명확한 업무 범위와 성과 수준이 존재하며, 리더는 개인의 역량을 개발하는 데 중점을 둔다. 역량 있는 인적자원을 확보하거나 확보된 인적자원에 대한 역량개발을 강조한다. 개개인의 역량은 상호비교될 수 있다고 보며, 역량 있는 개인들의 실적을 토대로 보상이 이루어진다.

조직성과를 향상시키기 위한 가장 좋은 방법은 역시 우수한 인재의 발굴과 채용이다. 또한 인재의 역량을 향상시키기 위한 조직의 적극적인 노력이 필요하다고 본다. 따라서 리더의 역할보다는 역량 있는 인재의 확보가 더 중요하다. 확보된 인재의 배치가 팀장의 핵심 업무로, 개인별 역량 순위에 따라 배치한다. 조직 운영은 구성원 상호간의 신뢰보다는 경쟁에 바탕하고 있다.

이 모형의 장점은 첫째, 업무 범위와 한계가 비교적 명확하여 상대적으로 업무영역을 둘러싼 다툼이나 갈등이 적다는 것이다. 둘째, 업무성과를 계량화하고 차별화할 수 있어 객관적이고 공정한 보상이 가능하다. 이에 따라 보상에 대한 불만이 적은 편이다. 셋째, 개인의 역량 향상을 위해 구성원들이 자발적으로 노력한다. 넷째, 리더는 단기적인 성과보다는 중장기적 전략 업무에 집중할 수 있다.

반면 단점으로는 첫째, 뛰어난 역량을 가진 개인이 조직성과를 좌우함으로써 소수의 우수한 직원에 의존하는 경향이 강하다. 둘째, 조직 구성원 간의 경쟁이 격화될 우려가 있다. 셋째, 팀워크가 필요한 경우 조직 융화가 쉽지 않다. 넷째, 서로 업무영역이 맞닥뜨리는 경계 지역에 대한 책임회피 성향이 강해 업무 공백이 우려된다. 다섯째, 역량 있는 인재를 보상을 약속하고 채용했는데 개인 실적이나 조직성과가 좋지 않을 경우 문제가 될 수 있다.

(2) 집단역량 중심의 관리모형

집단역량 중심의 관리모형은 조직성과 향상의 핵심적인 요소로 개인역량보다는 집단역량을 강조한다(Boreham, 2004). 따라서 조직 내 개인 간의 경쟁적 거래관계보다는 협력적 인간관계를 중시한다(Margerison, 2001). 자기의 역할과 직무는 정해져 있을지라도 직무 영역이나 역할 설정이 명확하지 않고 상황에 따라 수시로 변할 수 있다. 전체 구성원이 하나의 팀으로 업무영역이 중복되고 교차된다. 자기 임무가 부여되어 있을지라도 언제든지 다른 직무도 수행할 수 있는 자세와 역량이 필요하다. 따라서 팀장의 역할이 매우 중요하다. 팀장은 조직 전체의 집단역량 강화를 위해 존재한다. 개인의 역량이 아무리 탁월하더라도 팀장의 전략과 역량에 따라 조직성과가 좌우된다. 따라서 개인별로 업무성과를 계량화하거나 객관적으로 평가하기가 어려워 보상을 둘러싸고 논란이 생길 수 있다. 한 개인의 역량이

표 5-1	개인역량 중심 관리모형과 집단역량 중심 관리모형의 비교

구분	개인역량 중심 관리모형	집단역량 중심 관리모형
목표와 전략	개인역량 극대화 (거래관계 중심, 경쟁)	조직성과 극대화 (인간관계 중심, 신뢰)
직무배분	명확한 직무구분	탄력적 직무구분(중복/교차)
핵심역량	개인역량, 직무역량	집단역량(팀워크), 관계역량
성과측정/보상체계	성과지표 명확/개인성과급	성과지표 불명확/집단성과급
권리/책임	권리강조	책임강조

아무리 탁월하다 하더라도 팀워크가 부족하면 조직 전체의 성과가 낮아질 수 있기 때문이다. 조직성과에 대한 책임은 구성원 모두에게 있다. 조직 운영은 구성원 상호간의 경쟁보다는 신뢰에 바탕을 둔다(Margerison, 2001).

이러한 모형의 장점은 첫째, 개인의 역할과 업무영역에 상관없이 조직 목표와 성과를 중심으로 탄력적인 인력운영이 가능하다는 것이다. 둘째, 개개인의 업무영역이 구분되어 있을지라도 중복과 교차가 가능하기 때문에 업무 공백이 작다. 셋째, 업무성과에 대한 공동책임으로 성과와 실패를 구성원 전체가 공유한다. 넷째, 외부환경 변화에 신속하고 탄력적으로 대응할 수 있다. 단점으로는 첫째, 업무 구분이 명확하지 않고 상대적인 비교가 곤란하여 조직성과에 대한 개인별 기여 정도를 계량적으로 파악하기 곤란하다. 둘째, 이에 따라 업무성과에 대한 객관적이고 공정한 보상에 한계가 있다. 셋째, 한 개인의 업무 실패가 팀 전체의 성과 저하를 가져올 수 있다.

3. 집권적 관리모형과 분권적 관리모형

(1) 집권적 관리모형

인적자원행정에서 집권적 관리모형은 중앙인사행정기관의 역할을 중시하고 조직의 상층부에 인사권한을 부여함으로써 인적자원을 집중적으로 관리하는 방식이다(Galang & Ferries, 1997 ; Ferris, Hochwarter, Buckley, Harrell-Cook & Frink, 1999). 지방이나 일선 기관, 그리고 하위 조직보다는 중앙인적자원행정기관, 중앙부처, 그리고 상위 조직에 인사권한을 부여하는 것이다. 이러한 모형은 인사권한이 인사부서(HR manager)나 상층부에 집중되어 일선관리자나 하층 조직의 자율성을 제한하게 된다. 예를 들면 우리나라에서 중앙인사행정기관에서 공개채용 후 각 부처에 배치하는 방식이 집권적 관리모형을 대표하는 제도이다. 공직 채용 제도 및 관리만이 아니라 역량 개발 및 훈련, 성과평가, 보상관리 등 인사관리 전반에서 집권적인 운영을 도모한다. 또한 중앙인적자원행정기관이 주도하는 집권 관리모형 하에서는 개별 부처의 인사 수요에 따라 자율적으로 운영되기보다 중앙인적자원행정기관이 인적자원을 통합 채용하여 이를 개별 부처에 배치한다. 현장의 업무 수요나 성과보다는 인사관리의 효율성이나 형평성의 가치를 중시하는 경향이 강하다.

이러한 모형의 장점은 무엇보다 인사운영의 통일성과 일관성을 유지할 수 있다는 점이다. 관리 대상인 하부 기관에 인사운영의 공통된 지침을 마련하고 인사정책의 방향과 내용을 전달할 수 있다. 이를 통해 부처 또는 부서 간의 조직이기주의나 할거주의를 막을 수 있다. 뿐만 아니라 통일된 인사 기준을 제시함으로써 개별 부서나 부처와 인사 대상자를 연계하는 정실주의를 배제할 수 있다. 특히 엄격한 규정과 통제를 통하여 정치적 엽관제에서 탈피하여 인사의 공정성과 중립성을 확보할 수 있다. 또한 사회 변화와 인사 수요에 따라 총 인력을 부서 간 또는 부처 간에 상호 조정하여 전략적이고 탄력적으로 운영할 수 있어 효율성을 높일 수 있다. 무엇보다 집권적인 인적자원행정은 인사관리의 혁신과 변화가 용이하다. 즉 상층부의 인사권한을 활용하여 새로운 인사정책을 도입할 수 있고, 인사제도 개선을 위한 다양한 방안을 일률적으로 적용할 수 있다. 이를 통해 인사 전담 부서 또는 부처의 전문성이 높아질 수 있고, 다양한 정책개발을 통해 인적자원행정의 발전에도 기여할 수 있다. 반면 단점도 있다. 단점은 다음에 설명할 분권적 관리모형의 장점을 뒤집은 것과 같다.

(2) 분권적 관리모형

집권적 관리모형과 달리 분권적 관리모형은 일선관리자나 근로자 중심의 인적자원 관리방식이다(Hay & Kearney, 2001 ; Teo & Rodwell, 2007). 중앙인적자원행정기관의 권한과 역할을 부처 내 하위 계층, 하위 부서, 하위 기관에 위임하는 것이다. 또한 인사 담당자로부터 일선관리자에게 인적자원행정의 권한을 위임하고 자율성을 부여하는 것이다. 극단적으로 중앙인적자원행정기관을 아예 설치하지 않거나 인사지침과 제도를 관리하는, 최소한의 기능만을 수행하는 중앙인사기관을 설치할 수도 있다. 이는 범정부적 인적자원에 대한 종합적 관리보다는 개별 부처의 업무 수요에 상응하는 인력 수요를 존중한다. 대통령보다는 장관, 장관보다는

표 5-2 집권적 관리모형과 분권적 관리모형 비교

구분	집권적 관리모형	분권적 관리모형
인적자원행정의 가치	효율성·통일성	민주성·자율성
인사권한의 배분	사용자·인사관리자 중심	근로자·일선관리자 중심
인적자원의 확보	중앙 단위 집중모집 공개채용	기관·부서 단위 분할모집 특별채용
인적자원의 이동	인적자원행정기관장/인사부서장	일선기관장·부서장
인적자원의 개발	공급자 중심	수요자 중심
인적자원의 동기부여	효율성·통제	자율성·참여
성과측정 및 보상	상대평가 방식	절대평가 방식

차관, 장·차관보다는 국장이나 과장, 그리고 소속 기관이나 산하 기관 등 하부 조직이나 부서에 인사권한을 주는 방식이다(이창길 외, 2015). 효율성이나 통일성보다는 민주성이나 자율성을 인적자원행정의 핵심 가치로 생각한다.

이러한 모형의 장점은 먼저 인사권한을 업무 담당자에게 부여함으로써 전문적인 업무 수요에 맞추어 인력을 탄력적으로 확보하고 운영할 수 있다는 점이다. 또한 인사관리 전반에 걸쳐 인사 대상자와 인사권자의 거리를 좁힘으로써 개별적인 인사 고민을 보다 직접적이고 적극적으로 해결하고 지원할 수 있다. 뿐만 아니라 부처나 부서의 자율성을 보장하여 다양성을 인정하고, 개별 조직의 수요와 특성을 인사에 반영하기 쉽다. 예를 들면 직급별 인력 수요에 대응하여 통합적으로 공개채용하기보다는 특별공개채용을 통해 개별적으로 선발한다.

이러한 분권적 관리모형에서는 인사 대상자가 인사관리 담당자보다 업무관리 담당자와 연계해 직접 의사소통을 하고 업무 상담과 인사 상담을 병행할 수 있다. 이를 통하여 집권적 인사관리에서 나타나는 인사 대상자와 업무 담당자 간의 거리감을 좁힐 수 있다. 반면 단점은 앞에서 쓴 것과 같이 집권적 관리모형이 가지는 장점의 반대와 같다.

인적자원 관리방식으로서 축구와 야구의 차이

축구와 야구는 많은 차이가 있다. 첫째, 선수 간의 역할과 직무 배분이 다르다. 야구는 투수와 포수, 1·2·3루수, 그리고 내야수와 외야수 등 각기 주어진 직무와 책임이 명확하다. 자신의 업무영역도 비교적 분명하게 정해져 있다. 1루수가 3루수의 영역에 와서 경기를 하는 경우는 발생하지 않는다. 반면 축구는 역할과 직무가 명확하지 않다. 수비수와 공격수가 존재하지만, 경기장 내에서 어디든지 이동이 가능하다. 수비수가 골을 넣을 수도 있고, 공격수도 수비에 가담해야 하는 경우가 많다. 골키퍼가 공격에 가담하는 웃지 못할 광경이 나타나기도 한다.

둘째, 성과의 측정과 배분 방식이 다르다. 야구에서는 팀 성적도 중요하지만 개인별 성적이 중요하다. 개인 성과가 타율이나 타점, 홈런 또는 실수 등 명확하고 구체적으로 측정된다. 이에 따라 개인별로 조직에 대한 기여도가 명시적으로 계산된다. 반면 축구의 경우에는 개인별 성과를 측정해 명확히 제시하기 어렵다. 물론 골 득점에 의하여 판단할 수 있을지 모르지만, 이는 스트라이커 개인의 성과로만 보기 어렵다. 공격수나 수비수 등 개인의 성과를 명확히 측정하여 계산하거나 조직에 대한 기여도를 계량적으로 나타내기가 쉽지 않다. 팀 조직에 대한 기여도도 수비수와 공격수를 비교하여 설명하기가 어렵다.

셋째, 감독의 통제 방식이 다르다. 야구나 축구나 감독이 경기장 밖에 있다는 것은 동일하다. 하지만 경기 중에 선수들에게 지시하고 관리하는 방식은 매우 다르다. 야구 감독의 경우, 선수의 개별적인 행동을 구체적으로 결정하고 지시한다. 온몸으로 사인을 주면서 끊임없이 지시한다. 감독 이외에도 1루 코치와 2루 코치가 있어 추가적으로 지시한다. 반면에 축구 감독은 경기 중에 선수들의 행동에 직접 개입하여 지시하지 않는다. 감독이 실제 지시를 하더라도 구체적으로 이루어지기 어렵고, 선수들도 그대로 실천하기 어려운 경우가 많다. 감독은 포괄적·전략적으로 지시할 뿐이다. 유일하게 할 수 있는 감독의 명확하고 구체적인 권한은 선수 교체이다.

넷째, 심판의 경기운영 방식도 차이가 있다. 야구의 경우나 축구의 경우나 심판의 자율성은 인정된다. 야구의 경우 심판의 내용이 명확하고 엄격하다. 야구의 주심은 스트라이크와 볼을 결정하는 명확한 결정을 내린다. 1루나 2루, 3루 심판의 경우에도 아웃과 세이프가 명확하다. 홈런인지 아닌지, 파울인지 아닌지, 그리고 터치가 되었는지 안 되었는지 모두 분명하다. 하지만 축구 심판의 경우에는 선수들의 행동을 직접적으로 규율하기보다는 경기를 전반적으로 운영한다. 경기를 운영하는 과정에서 주어진 규정을 적용할 것인지 여부는 그때 그때의 상황에 따라 달라질 수 있다. 따라서 심판의 결정에 대한 논란이나 항의는 야구보다 심하다고 볼 수 있다. 축구 심판의 경우, 경기의 원만한 진행자이지 규정의 엄격한 집행자는 아니다.

다섯째, 경기장도 차이가 있다. 야구 경기장은 부채꼴이다. 또한 내야석과 외야석이 구분되고 내야석의 경우에도 1루석과 3루석이 구분된다. 따라서 관중석 중 좋은 자리와 나쁜 자리의 경계가 분명하고, 경기장과 1·3루 관중석은 관중을 보호하기 위하여 얼개망을 쳐서 구분한다. 1루석과 3루석은 경기팀별로 구분된 경우가 많다. 하지만, 축구의 경우에는 관중들은 좌측과 우측의 관중석 중 어디를 가도 상관없다. 관중석에는 보통 자기팀과 상대팀의 구분이 크게 없다. 따라서 축구는 파도타기가 가능하지만, 야구의 경우에는 파도타기를 하기가 어렵다. 그리고 야구의 경우 홈런을 치면 팀 선수들이 일렬 지어 반겨주지만, 축구의 경우에는 관중석을 향하여 환호한다. 이와 같이 조직으로서 사람을 관리하고 운영하는 방식에서 축구와 야구는 차이가 있다(Angus, 2006 ; 이창길, 2020).

4. 종합 : 인적자원행정모형의 유형화

인적자원행정모형은 조직 내부의 관계 유형과 인적자원 관리방식에 따라 네 가지 모형으로 구분된다. 앞에서 논의한 바와 같이 인적자원 관리방식은 집권적 관리방식과 분권적 관리방식으로 나누고, 조직 내부의 관계 속성은 거래관계(transactional relations)와 인간관계(humanistic relations)로 구분한다. 이러한 두 가지 기준의 조합에 따라 인적자원행정모형을 통제형·관료형·인재형·몰입형으로 유형화할 수 있다.

표 5-3 인적자원행정모형의 유형

구분	개인역량 모형 (거래관계 중심)	집단역량 모형 (인간관계 중심)
집권적 관리방식 (관리자 중심)	직무중심 : 통제형(control) * 과학적 관리 모형	직급중심 : 관료형 (bureaucracy) * 내부관리 모형
분권적 관리방식 (근로자 중심)	역량중심 : 인재형(star) * 전문가 모형	부서중심 : 몰입형 (committment) * 소집단 모형

전략형 (Strategy)

(1) 직무중심의 인적자원행정 : 통제형(과학적 관리 모형)

직무 중심의 접근은 직무평가에 근거하여 직무급을 지급하거나, 직무에 따라 선발·배치·이동하는 등 인사제도가 직무 중심으로 운영되는 방식이다. 직무별로 역량 기준이 수립되면 평가 개념으로도 채택할 수 있다. 채택된 평가는 객관적 근거를 강화할 수 있고, 맞춤식 경력관리와 교육훈련 등에 이용된다. 이 방식을 이용하고자 할 경우 역량의 최종 분석 및 적용 대상을 일관성 있게 직무로 설정해야 한다. 포괄적인 직군 개념에 적용하는 것이 아니라 각 직무별로 업무 내용이 다른 세분화된 직무 단위에 적용해야 한다.

통제형 인적자원 관리방식은 집권적 성격을 가지고 거래관계로 운영된다. 관리자 중심의 하향적 인적자원행정이며, 집권적 구조를 가진다. 엄격한 규정과 통제, 내·외부의 감시가 이루어지는 모형이다. 관리자를 중심으로 상세한 직무 설계가 이루어져 업무 범위와 권한이 명확하다. 인력은 일정한 직무 기술을 갖춘 통상적 인력으로 충원하는 방식으로 이루어진다. 과학적 관리론과 같이 인간을 직무를 수행하는 기계로 인식하며, 인간적 관계보다는 금전적 보상을 통한 거래관계를 중심으로 운영된다. 즉, 업무능력과 실적에 따라 물질적 보상이 주어진다. 하지만 이러한 유형은 조직에 대한 충성도가 낮고, 근로자의 자율권을 제약해 직무에 대한 열정과 의지가 낮을 수 있다. 또한 조직 내 인력의 탄력적 운영이 곤란하고, 전문적 기술을 중심으로 이루어지므로 비인간적 요소가 많다.

(2) 직급중심의 인적자원행정 : 관료형(내부관리 모형)

직급 중심의 접근이란 직급 체계 또는 직능자격제도에 역량을 도입하는 방식이다. 이 방식에는 두 가지 유형이 있다. 첫째는 직능 등급에 자격요건을 상세히 부여해 운영하는 경우이고, 둘째는 세부 직능별로 요건을 운영하지만 직군별로 직급을 설정하여 요건을 부여하거나 전체적으로 공통된 직급 요건을 운영하는 경우이다. 두 가지 방식 모두 직급 개념이 신분적 의미가 강하기 때문에 승진 논리에 따라 평가가 이루어지기 쉽고, 직급이 높으면 역량도 높다는 식의 단순 논리가 적용될 수 있다는 점에서 한계가 있다.

관료형 인적자원 관리방식은 통제형과 같이 위계적 성격을 가지고 있으나 조직 구성원 상호간의 관계는 경쟁적 거래관계보다는 협력적 인간관계를 중심으로 이루어진다. 이 모형에서 개인들은 동일한 직무를 수행함으로써 계층적 승진이 이루어진다. 내부에서 임용하는 경향이 강하고 연공서열제, 직장에 대한 교육 강화, 신분보장, 공식적인 규칙과 절차에 따른 통제 등의 특징을 갖는다. 이에 따라 조직문화와 특성에 대한 교육이 많으며, 조직 구성원의 충성도를 높이고 통제와 감시 비용을 최소화할 수 있다. 또한 연공과 경력을 중심으로 승진이 이루어지고, 신분이 보장된다. 동기나 동료들 간에 상호 통제 효과가 크다. 다만 규정과 제도를 만들고 모형을 유지하는 데 많은 비용이 들 수 있으며, 외부 변화에는 매우 경직적이고 배타적인 태도를 보이기 쉽다. 이에 따라 창조성과 혁신성이 떨어질 수 있다. 초봉은 낮으나 연공서열에 따라 보수가 늘어나며, 보수나 평가에서 형평성이 강조된다. 하지만 이러한 유형은 근로자들의 적극적이고 자발적인 직무 노력을 저해할 뿐만 아니라 현실에 안주하고 변화를 싫어하는 경향을 부추기기 쉽다. 또 인간관계가 직무수행 및 인사운영 과정에서 지나치게 개입할 우려가 있다.

(3) 역량중심의 인적자원행정 : 인재형(전문가 모형)

역할 중심의 접근은 기능별로 하위와 상위의 역할에 따라 역량의 내역과 수준을 설정하여 평가하는 방식이다. 이러한 각 역할별 역량의 설정과 평가를 연봉의 차등 지급과 인력운용 및 경력개발의 기준으로 삼는다. 연공서열 중심의 직능자격 제도를 폐지하고 근속년수에 상관없이 역량과 수준을 갖춘 사람이면 직책을 맡을 수 있게 하는 것이다. 이렇게 한다면 개인이 어떤 기능에 재배치되거나 어떤 기능이 재구성된다 하더라도 해당 기능의 역할과 수준에 따라 역량 요건의 적용을 받을 수 있다. 조직의 상황에 따라 역할 개념을 비교적 자유롭게 수립함으로써 유연한 반면, 역할 개념이라는 것이 해당 조직에 특화된 내용인 경우가 많아 역량을 객관적으로 확인하기 어렵다.

인재형은 근로자 중심의 참여적 인적자원 관리방식이다. 다만 조직 내부의 관계 속성은 인간적 관계보다는 거래적 관계이다. 이 모형에서는 전문가적 잠재역량에 따라 선발되고 충원된다. 외부 임용이 활성화될 수 있지만, 경력직은 내부 시장에서도 충원된다. 역량개발을 위하여 멘토링, 직장 내 직무특성 훈련, 장기적 목표와 전략적 가치를 중시한다. 보수는 개인별 역량급으로 이루어지기 때문에 상위직과 하위직 간의 격차가 크다. 성과평가는 평가 자체보다는 직원들의 역량개발을 위한 평가와 피드백을 중심으로 이루어진다. 승진은 엄격한 기준과 규칙에 의거하여 이루어지며, 경력보다는 직무역량과 성과가 더 중요하게 작용한다. 이에 따라 조직에 대한 충성도가 낮아질 수 있고, 직장 내 소통 및 인간관계가 취약해지기 쉽다. 성과 중심의 조직문화가 형성되지 않았을 경우, 직원 상호간에 위화감이 생길 수 있고 집단적인 직무 의지가 낮아질 수 있다.

(4) 부서중심의 인적자원행정 : 몰입형(소집단 모형)

부서 중심의 접근이란 회사의 전략에 따라 각 부서별로 수행 중이거나 앞으로 수행하기로 계획된 주요 업무들을 분류한 후, 각 업무와 관련된 역량을 정의, 행동지표를 구성한 후 하위 부서의 역량을 상위 부서 단위에서 통합하고 표준화하는 방식이다. 이 방식을 사용하기 위해서는 역량 관련 사항에 대해 부서장의 책임을 공식화하고 역량 담당자를 부서별로 지정해야 한다. 그 후에 하위 부서들의 역량 관련 사항에 대해 상위 부서의 담당자를 지정하여 조정하고 통합할 수 있도록 해야 한다. 마지막으로 인사부서가 현장에서 보고된 역량 정보와 역량 모형 관련 사항을 검증하고 지원하여 역량 관리 네트워크를 안정적이고 효과적으로 운영해야 한다. 이 방식은 인사시 매우 편리하고 유용하며 일반 구성원들도 이해하기 쉬운 방법이다.

몰입형은 근로자 중심의 참여적 인적자원 관리방식이면서 구성원 간의 관계도 경쟁적 거래관계보다는 협력적 인간관계로 이루어진다. 조직 구성원이 조직에 몰입하여 직무에 충실함으로써 성과가 높은 조직을 만드는 방식이다. 관리자와 근로자, 그리고 근로자 상호간의 인간관계에 중점을 둔다. 아울러 계층적이고 권위적인 위계 체계보다는 하부 구성원 또는 부서들이 권한을 위임받고 자율적으로 관리하게 함으로써 적극적으로 참여하게 한다. 따라서 조직에 대한 자발적인 충성도가 높고, 성과도 높은 편이다. 조직의 핵심 가치는 사랑(love)이며, 인적자원행정의 전략적 수단으로 동료 간의 협력적 인간관계를 중시한다. 조직이 추구하는 가치가 중요하고, 이를 토대로 인적자원행정이 이루어진다. 이에 따라 직무도 팀제 구조에 따라 탄력적으로 구성된다. 하지만 이러한 인적자원 관리방식은 직접비용이 많이 들고, 인원증가 우려가 있다. 또 재량권을 남용 또는 오용할 가능성이 있으며, 현장감독자와 중간관리자들이 실망하고 저항할 우려도 있다. 노동조합도 이러한 인사제도 도입에 반대할 수 있다. 그리고 관리자들은 장기적인 안목보다는 단기적인 시각을 가질 우려가 있고, 잠재적 지식이 저평가되기 쉽다. 또한 충분한 권한이 위임되지 않거나, 성과 중심의 관리 규범이 지나치게 강조될 우려도 있다.

(5) 전략형

<표 5-3>에서 가운데 원으로 표시된 전략형은 전략과 목표는 위계적으로 운영하되 역량과 직무는 인재형 또는 몰입형으로 구성하는 방식이다. 성과와 보상에서도 직무를 중심으로 하는 통제형과 몰입형에 의거한다. 사회와 조직의 특성이나 비전에 따라 전략은 달라질 수 있으며, 그에 따라 구체적인 모형도 달라질 수 있다. 인적자원의 확보, 이동, 개발, 그리고 동기부여 등 관리과정에 따라 서로 다른 모형을 적용할 수 있고, 조직 상황과 목표에 따라 효과적인 인적자원모형의 유형이 달라질 수 있다. 최근의 경향을 보면 전통적인 인적자원행정모형에서 시작된 인사제도는 경력 중심 인사제도를 거쳐 직위 중심 인사제도, 나아가 부서 중심 인사제도로 이동하고 있다. 전략형은 각 모형의 장점을 합친 것으로 조직 목표의 달성과 구성원의 동기유발, 그리고 발전을 동시에 이끌어낼 수 있다. 반면 전략과 목표의 선택이나 관리 모형의 적용에서 조직문화나 사회적 특성과 어긋나는 구성을 한 경우에는 조직 목표 달성이나 직무의지 유발에 모두 실패할 수도 있다.

표 5-4 인적자원행정모형 유형의 상호 비교

구분		직무중심	직급중심	역량중심	부서중심
목표 전략	핵심 요소	직무 (집권적, 거래관계)	관리 (집권적, 인간관계)	역량 (분권적, 거래관계)	가치 공유 (분권적, 인간관계)
	관리 전략	통제형 * 규정	관료형 * 상하관계	인재형 * 전문성	몰입형 * 가치/문화
	인재 육성 전략	직무별 전문가와 고위공무원 차별 육성	역량별 전문가와 고위공무원 차별 육성	계층별 인재 분류, 차별 육성	부문별 핵심 인재, 고위공무원, 전문가 차별 육성
직무	직무 분석	업무별 직무분석	계층별 직무분석	역량별 직무분석	부문별 직무분석
	직무 설계	경직적 직무 설계	계층별 직무 통합, 경직/계층적 설계	직무 대분류, 명확한 직무 설계	부문별 직무 통합, 탄력적 직무 설계,
역량	모집 선발	직무기술 외부모집 * 직무시험	관리역량 내부모집 * 인성면접	직무역량 제한적 외부모집 * 역량평가	가치지향 내부모집 * 부문별 면접
	승진	직무 등급별로 승진	직군별 직급 요건에 따라 승진	역량 등급별로 승진	개인별로 역량개발 목표를 설정, 승진에 반영
	경력 관리	요구 역량별 수준 달성자에 대해 직군 내 이동을 경쟁적으로 허용	상위 직급 역량 요건 달성자에 대해 보직 또는 직책 부여	보유 역량 수준에 따라 상위 역할 부여, 유관 프로세스로 이동 허용	부서별 기본 역량 요건 충족자에 대해 해당 부서로 이동 허용
	교육 훈련	직무별 기술교육	직책별·직급별 관리교육	직무 과정별 역할 교육	부문별 팀워크 교육
성과 보상	성과 평가	결과 평가 * 직무별 관련 역량에 대해 개인별 보유 수준 평가	행태 평가 * 기존의 능력/ 태도 평가 양식을 다양화하여 적용	역량 평가 * 역할 관련 역량에 대해 개인별 보유 수준 평가	팀워크 평가 * 부서 내/부서 간 평가자를 지정, 별도의 다면평가 실시
	보상 관리	직무급 초과 인센티브 직무별 봉급 격차	연공급 정규 인센티브 직급별 봉급 격차	역량급 수시 인센티브 역량별 봉급 격차	(집단)성과급 집단 인센티브 부서별 봉급 격차

출처 : 김현주·전상길, 2006. pp.107-139의 내용을 참고하여 작성함.

제 2 절 인적자원행정 전략기획의 의의

1. 공공부문 전략기획의 중요성

(1) 공공부문 전략기획의 의의

공공조직의 가장 중요한 기능은 시민의 요구와 기대에 부응하여 효율적이고 효과적이며 형평성 있는 행정서비스를 제공하는 것이다. 좀 더 거시적으로 보면, 국가 발전은 물론 전반적인 거버넌스의 수준을 높이는 기능을 수행한다. 이러한 목표를 달성하기 위해서는 조직 내부의 운영 전략이 필요하다. 민간기업들은 시장에서 경쟁자를 이길 수 있는 방법으로 전략기획을 활용한다. 하지만 공공조직에서 전략은 공공의 성과를 향상시키고 서비스를 증진시키는 데 필요한 수단이다(Klingner, 1993 ; Perry, 1993).

이러한 관점에서 공공조직의 전략은 "바람직한 목표를 성취하기 위하여 현재의 환경을 수정하고 잠재적인 기회를 실현하기 위한 일련의 행위"로 정의된다(Rubin, 1988). 또한 "현재 제공되는 서비스, 그러한 서비스가 제공되는 방식, 그리고 서비스 제공을 위해 필요한 자원"으로 구성된다(Joldersuma & Winter, 2002). 이와 같이 전략은 공동체의 목표와 노력의 방향을 설정하고, 성과를 향상시키기 위한 노력에 집중하며, 조직 내부 상호간 관리 행위의 일관성과 통일성을 이루기 위한 것이다(Boyne & Walter, 2010).

전략이 중요하다고 말하는 것은 성과와 관련이 있기 때문이다(Teo & Rodwell, 2007). 일반적으로 공공기관에서 어떤 전략과 목표를 설정하느냐는 조직성과를 결정하는 중요한 요소이다. 그것은 무엇보다도 조직성과가 기술적이고 제도적인 조직 외부 환경이나 조직 내부의 특성에 의해서만 결정되는 것이 아니기 때문이다. 전략은 조직성과를 직접 결정하는 요인으로서 조직 외부 환경이나 내부 특성이 조직성과에 미치는 정도를 높이기도 하고 낮추기도 한다(Buller & McEvoy, 2012 ; Chakraborty & Biswas, 2019). 두 번째로 조직의 전략이 조직성과에 미치는 영향으로 상징적인 효과를 들 수 있다. 조직 목표를 달성하기 위한 구체적인 전략은 조직관리자들은 물론 일선 공무원들에게 정당성의 근거를 제공해 줌으로써 조직 외부의 다양한 이해관계자들도 재정적·정치적 지원을 받을 수 있는 근거를 제공한다. 조직이 전략을 가지고 있으면 그에 맞는 다른 조직의 성공 사례를 도입하기도 하고, 고객의 요구에 보다 민감하게 반응할 수 있다. 전략관리가 필요한 세 번째 이유는 공공조직의 특성과 유형에 따라 차이가 있고, 이러한 차이는 조직성과의 차이로 나타날 수 있기 때문이다(Teo & Rodwell, 2007).

(2) 공공부문 전략기획의 모형

가장 전통적인 전략 수립 모형은 마일즈와 스노우의 모형이다. 단순히 민간기업만이 아니라 공공조직에도 적용될 수 있는 전략 모형이다. 이들은 조직 전략 모형으로 세 가지를 제시하고 있다(Miles & Snow, 2003).

첫째는 조직의 활동이 현재의 서비스 제공 방식이나 보다 개선된 서비스 유형을 개발하기 위한 새로운 방법들을 찾고 있느냐에 중점을 두는 '예측자(prospector)' 모형이다. 예를 들면 '우리가 제공하는 서비스는 혁신의 첨단에 있다'는 전략이 이에 해당한다. 둘째는 조직의 활동 결과보다는 과정에 집중하고 믿을 만한 서비스를 효율적으로 제공하는 안정적인 포트폴리오를 유지하는 데 중점을 두는 '방어자(defender)' 모형이다. 예를 들면 '우리는 핵심적인 정책에 집중한다'는 전략이다. 셋째는 조직 활동이 자신의 전략에 따라 이루어지기보다는 환경의 핵심적인 행위자의 의도에 따라 움직이는 '반응자(reactor)' 모형이다. 예를 들면 '내·외부의 감사 활동이 성과 향상에 매우 중요하다'고 인식하는 것이다.

이러한 세 가지 모형은 공공부문 전략기획에도 적용될 수 있는 내용이다. 각각의 공공조직은 예측자, 방어자, 그리고 반응자로서 적정한 전략을 선택하는 것이다. 공공조직은 전략적 행위를 통해 조직 내부 자원과 외부의 다양한 기회를 연결시키기도 하고, 기관장의 가치나 선호를 반영하기도 한다(Boyne & Walter, 2010).

그러면 이러한 전략이 어떻게 성과에 영향을 줄 수 있는가? 조직의 환경과 상황에 따라 성공적인 성과를 가져오는 전략이 달라질 수 있다. 일반적으로 조직이 성과를 내려면 다음 세 가지 측면을 고려해야 한다. 즉, 어떤 전략을 선택할 것인가라는 창업자적 측면, 어떤 기술을 선택할 것인가라는 공학적 측면, 그리고 어떤 과정과 구조를 선택할 것인가라는 행정적 측면이 그것이다. 일반적으로 예측자 모형은 창업자적 관점에서 현재의 행정서비스를 보다 혁신적으로 바라보는 것이 중요하다. 하지만 방어자 모형은 공학적인 관점에서 접근한다. 핵심적인 행정서비스에만 집중하면서 효율성을 높이는 데 중점을 두는 것이다. 이와 달리 반응자 모형은 행정적 관점에서 환경적 보다 많은 관심을 가진다.

2. 인적자원행정의 전략기획

(1) 인적자원행정 전략기획의 의의

공공조직을 성공적으로 운영하기 위해서는 먼저 직무수행에 필요한 인력의 수요를 예측하고 산정하여 적정인력을 확보해야 한다. 현재 인력의 프로필을 확인하고 중장기 정책과 프로그램에 따라 새로운 직무 수요를 예측하는 것이다. 여기에 조직적 차원에서 인적자원에 대한 중장기적 수요를 파악하고 이에 상응하는 운영방안을 구체적으로 마련해야 한다. 즉 인적자원 전략기획은 직무에 맞는 사람을 선발하고, 개발·활용하여 평가하고 보상하는 계획이다(Barney & Wright, 1998). 또한 "필요한 인적자원을 확보하기 위해서 조직체의 전략기획과 긴밀한 연계 하에 항상 조직체의 인력 수요를 예측하여 장기간에 걸쳐 내부 인력을 개발하고 외부 인력원을 개척하여 수요 인력을 충당해 나가는 체계적이고 지속적인 계획 과정"(Bryson, 2010)이다. 한마디로 조직 내 인력관리를 위해 전략·목표·프로그램을 기획하는 과정이다. 특히 전략적 인적자원 기획은 "조직체의 전략 목표를 효율적으로 달성하는 데 필요한 인적자원을 적시에 확보하기 위한 인적자원 관리과정"으로 정의된다(Bryson, 2010).

전략적 인적자원 기획은 전통적인 인적자원 기획과는 차이가 있다. 전통적 인적자원 기획이 기관의 정책 목표와 전략이 수립된 후 이에 따라 인적자원 관리계획을 수립하는 반면, 전략적 인적자원 기획은 기관의 정책 목표와 전략 수립 과정에서 인적자원행정 기획을 동시에 수립하는 것이다(이학종·양혁승, 2012). 이와 같이 인적자원행정 전략기획은 조직의 정책 목표와 정책 방안의 기획 단계부터 직접 참여하고 수립한다(Bowey, 1974).

인적자원행정의 전략기획은 두 가지 측면에서 미래지향적 의미를 갖는다. 첫째는 미래 조직을 관리하고 운영하기 위해 '어떤 종류의 사람'들이 필요한지 설계하는 것이다. 둘째는 조직 및 인적자원행정의 목표를 달성하기 위하여 '어떤 종류의 인적자원정책과 프로그램'이 마련되어야 하는지에 대한 구상이다(Nkomo, Myron, Fottler and Mcfee, 2010). 전략적 인적자원행정의 구체적인 내용을 보면 1) 인적자원행정 과제와 대상 파악, 2) 인적자원의 수요와 공급 예측, 3) 인적자원의 목적과 목표 개발, 4) 인적자원 프로그램 개발 및 실행, 5) 실행 결과 평가 및 개선 등이다.

(2) 전략기획과 조직성과와의 관계

공공부문의 일반적인 전략과 마찬가지로 인적자원 행정전략은 조직 목표나 성과에 긍정적 영향을 준다(나병선·송건섭, 2013; 채주석·김찬중, 2019). 그 이유는 다음 세 가지로 설명할 수 있다(Walker, 1980; Teo & Rodwell, 2007).

첫째, 경제적 비용을 절감할 수 있다. 전략적인 접근은 합리적인 인력 배분을 통하여 인적자원 운용의 효율성을 높일 수 있다. 최소 비용으로 최대 효과를 낼 수 있는 인사정책에 우선순위를 두는 것이다. 둘째, 효과적인 운영 능력을 발휘할 수 있다. 실제 인적자원행정 활동에서 전략은 인사운영의 원칙과 방향을 제시해준다. 인사 담당자에게 명확한 목표의식을 심어주고 인사정책의 일관성과 통일성을 기할 수 있다. 셋째, 새로운 제도를 도입하거나 새롭게 운영해 볼 수 있다. 인사 담당자는 전략적인 접근을 통해 새로운 인사정책을 도입할 수 있을 뿐만 아니라 현재 인사제도의 틀에서 벗어나 창의적인 아이디어를 중장기 전략에 포함하여 실현할 수 있다.

인적자원행정 전략이 조직성과에 영향을 주는 경로에 관한 모형이 두 가지 있다. 하나는 정책추진 전략과 인적자원 전략이 인적자원 효과성에 영향을 주고, 인적자원 효과성은 다시 정책과 서비스의 품질을 높이고 조직의 생산성을 높이는 것이다. <그림 5-1>에서 볼 수 있듯이 인적자원의 효과성은 인적자원 전략에 따라 인적자원을 운영한 결과 직원 역량 강화, 조직몰입 증가, 직무 유연성 확대 등으로 나타나고, 인적자원행정 효과는 정책과 서비스의 품질 향상은 물론 조직 생산성에

그림 5-1 인적자원 전략, 인적자원 효과성, 정책 효과성

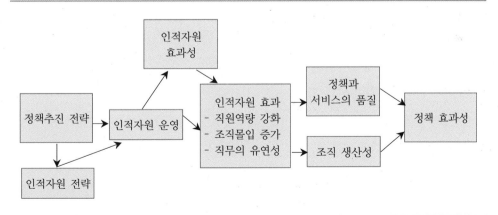

출처 : Guest, et al., 2000. p.146.

영향을 미쳐 결국 정책 효과성을 확보할 수 있게 한다.

다른 하나는 <그림 5-2>에서 볼 수 있듯이 다양한 인적자원행정 활동을 통하여 세 가지 인적자원 요소를 강조하고 이를 통해 조직의 최종 성과를 향상시킨다는 모형이다. 이때 인적자원 활동은 능력과 기술, 동기부여와 인센티브, 그리고 직원 참여 기회 세 가지 요소로 구분된다. 이러한 인적자원 활동 요소를 통해 조직몰입이나 동기부여, 직무만족을 실현할 수 있다는 것이다. 이렇게 되면 조직 구성원들은 스스로 조직의 성과를 높이기 위해 노력한다. 특히 최종 조직성과가 높게 나타나면 이는 조직몰입이나 동기부여, 그리고 직무만족을 더욱 높여 다시 조직성

그림 5-2 인적자원 활동, 인적자원 핵심 요소, 조직성과와의 관계 모형

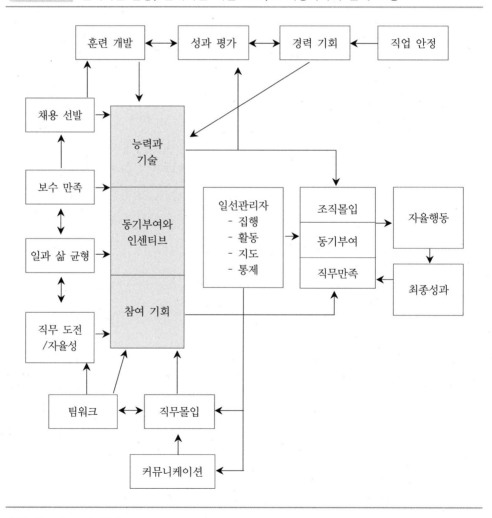

출처 : Purcell, et al., 2003.

과를 높이는 데 기여한다.

전통적인 인력 계획은 조직 전략이 수립된 후 전략 실행에 필요한 인력 수급을 계획하는 것이었으나, 최근에는 조직의 핵심역량으로서 인적자원의 중요성과 노동시장의 유연성이 강조되면서 단지 조직의 전략을 실행하기 위한 하위 인사 기능에 그치는 것이 아니라 조직의 전략 수립과 동시에 통합적으로 실행되어야 한다는 쪽으로 변화하고 있다(Teo & Rodwell, 2007). 뿐만 아니라 적절한 인력을 확보하는 것을 넘어 이들을 어떻게 조직의 핵심역량으로 육성·개발할 것인지 전략적 측면에서의 접근이 좀 더 강조되고 있다(진재구, 2009).

따라서 전략적 인적자원 기획은 조직 목표와 전략 속에 인적자원 전략을 포함하여 통합 전략을 마련하는 것이며, 여기에는 조직 내부의 가치와 철학, 권력구조, 절차와 과정, 운용 방법, 규범과 제도 등이 포함된다(Briggs & Keogh, 1999). 특히 조직성과 향상을 위한 중장기 전략에는 개인별 또는 부서별 성과평가 방법이나 보상 모형에 대한 내용도 포함되어야 한다.

전략기획은 원칙적으로 내적 일관성과 외적 일관성이 중요하다(이학종·양혁승, 2012). 내적 일관성은 전략·직무·역량·성과보상이 일관적이고 체계적으로 구성되어 서로 충돌이 잘 일어나지 않도록 구성하는 것이고, 외적 일관성은 조직의 규모·환경·문화·리더십 등 조직 환경적 요인과 인적자원행정모형 구성 요소 상호간의 일관성을 말한다.

3. 전략기획과정과 인적자원행정관의 역할

전략적 인적자원행정 또는 인적자본행정은 조직성과와 효과성을 높이는 데 가장 중요한 요소이다. 조직 목표 달성을 위해 필요한 인적자본과 지식, 역량, 그리고 경험을 효과적으로 활용하는 것이다. 전략적 인적자원행정이 성공적으로 이루어지려면 기획 과정은 물론 개별 과정에서 인적자원 행정가의 역할이 매우 중요하다(Perry, 1993 ; Teo & Rodwell, 2007). 클링거(Klinger, 1993)는 전략기획 과정에서 전략적 인적자원 행정가가 고려해야 할 다섯 가지 핵심 요소를 제시한다.

첫째, 조직 내 책임성과 생산성 제고를 위한 핵심 요소는 사람이라는 인식이 필요하다. 둘째, 직위 관리(position management)에서 벗어나 직무와 직원 중심의 사고가 중요하다. 직위를 분류하고 성과를 보상하는 업무에 집중할 필요가 있다. 셋째, 위험을 감수하고라도 변화와 혁신을 꾀한다. 넷째, 조직 전체의 자산과 비용

관리를 생각해야 한다. 다섯째, 최근 증가하고 있는 조직 내 인력의 다양성을 생각해야 한다. 과거의 단순한 기회균등이나 사회적 형평성 같은 개념에서 탈피하여 모든 구성원의 생산성과 개인 발전, 직원 참여를 통한 목표 달성에 집중해야 한다(Condrey, 2010).

한편 인적자원 기획 과정을 알기 위해서는 1) 인적자원행정의 외부환경을 분석하고, 2) 인적자원 계획을 일반적인 정책 추진 계획과 연계하며, 3) 인적자원의 수요와 공급을 분석하고, 4) 분야별로 인적자원 전략을 산출·분석·개발하며, 5) 계획한 결과를 받았는지 확인 점검할 필요가 있다(Nkomo, 1987)며 기획 과정에 단계적으로 접근하고 있다. 아래에서는 1) 조직의 비전과 목표, 사명의 확인, 2) 장기적 전략계획의 마련, 3) 세부운영계획 수립, 4) 세부운영계획의 집행 및 사후평가 단계로 나누고, 각 단계에서 인적자원 행정가가 어떤 역할을 해야 하는지 검토한다.

(1) 조직의 비전과 목표, 사명의 확인

전략적인 인적자원행정을 위해서는 조직의 비전과 목표, 사명을 확인하는 작업이 무엇보다 필요하다. 조직이 처한 상황과 여건에 비추어 현재의 조직이 추구하는 비전과 목표가 무엇인지를 확인하는 과정이다. 이를 실행하는 방법은 다양하다. 다른 조직에 대한 벤치마킹(benchmarking), 조직 구성원 상호간의 브레인스토밍(brainstorming), 조직 전체의 비용편익분석(cost-benefit analysis), 조직의 다양한 보고서 검토(document analysis), 핵심 계층과의 인터뷰(elite interview), 전문작업단(focus group) 구성, 현재와 미래의 차이 분석(gap analysis), 설문지(questionnaire) 활용, SWOT 분석방법 등이다(Brown & Brown, 2005).

인적자원 행정가는 조직의 비전과 목표, 사명을 확인하는 과정에서 조직 구성원들이 얼마나 조직의 비전과 가치, 사명에 동의하고 공감하는지를 파악할 수 있다. 일반적으로 개별 조직마다 비전이나 사명이 명시되어 있기는 하지만, 조직 구성원들의 이해와 공감 정도는 매우 다르다. 인적자원 행정가는 이러한 과정에서 조직 구성원의 인식과 태도를 분석하여 문제점과 개선책을 마련함으로써 향후 전략 수립 단계에서 참고자료로 활용할 수 있다. 즉 인적자원 행정가는 전략기획 수립에 참여하는 사람은 물론 참여하지 않는 구성원들이 조직의 설립 목적과 사명이 무엇인지, 비전과 핵심 사업이 무엇인지를 어느 정도 인식하고 있는지 알아야 한다. 또한 실제 직원들의 직무 활동 내용과 범위에 대한 깊이 있는 이해가 필요하다. 전략 수립 과정에서는 포커스 그룹 활동이나 직원 의견 조사, 또는 인터뷰를 통하여 기관장은 물론 전략기획가들이 이해할 수 있는 다양한 자료를 제공한다.

(2) 장기적 전략기획의 마련

인적자원의 전략기획 과정은 조직 목표가 달성되었는지 확인하는 활동이다. 또한 일상적인 인적자원 활동을 조직의 목표와 비전, 사명, 설립 취지 등과 연계하는 과정이기도 하다. 인적자원 활동 과정에서는 대체로 자기 직무에 매몰되어 조직 전체의 장단기적 목표나 사명을 망각하는 경우가 많다. 따라서 전략기획은 조직의 목표나 미션이 일상적인 인적자원행정 활동에 반영될 수 있도록 해야 한다.

일반적으로 조직관리자들은 전략기획과 운영기획을 구분하여 수립한다 (Klingner, 1993). 먼저 전략기획은 조직의 목표를 확인하고 일상적인 활동을 안내하는 것으로, 운영기획의 거시적인 방향과 내용을 결정하는 활동이다.

전략기획 수립 과정에서는 고위관리자는 물론 중간관리자와 일선 직원들까지 적극 참여하는 것이 중요하다. 목표를 공유하고 각자의 활동을 연계하는 노력의 과정이기 때문이다. 이와 같은 전략기획 과정은 다음과 같은 몇 가지 단계를 거쳐 이루어지는 것이 바람직하다(Brown & Brown, 2005).

1) 조직 구성원들이 3~5년간 집중해야 할 5~8개의 핵심 전략 분야를 설정한다. 이 경우 단년도 과제보다는 다년도 과제가 바람직하다.
2) 이러한 핵심 전략 분야에 해당하는 각각의 목표를 정하고, 이들의 집행 과정을 총괄하는 관리자를 선정한다.
3) 분야별 목표들을 성취하기 위한 장기적이고 거시적인 목표를 설정한다.
4) 조직 전반에 이러한 분야별 전략 목표와 장기적인 목표를 확산한다. 이러한 과정에서 부서 간 또는 기능 간의 통합적 참여와 노력이 필요하다.

전략기획, 특히 핵심 전략 분야를 선정하는 데는 시간과 노력이 많이 소요된다. 대부분의 조직 구성원들은 일상적인 업무에 전념하느라 전략기획 과정을 세우는 데 소극적인 태도를 갖기 쉽다. 또한 조직의 장기적인 방향과 연계하여 미래에 필요한 전략 분야를 선정하고, 선정된 분야 중에 우선순위를 정하기 어려운 경우도 많다. 또 장기적인 계획이라기보다 향후 3~5년간 추진할 과제를 선정하는 것이기 때문에 어느 정도 실현 가능성을 염두에 두어야 한다.

전략기획 과정에서 인적자원 행정가는 조직 구성원들이 핵심 과제를 정하고,

현재 상황과의 차이를 확인하고 우선순위를 정하는 전반적인 활동을 지원한다. 때로는 교육훈련을 담당하고 자료를 분석하기도 한다. 조직 구성원과 개별 인터뷰를 하거나 포커스 그룹을 구성하고, 또 의견조사를 실시하는 등 다양한 방법으로 지원할 수 있다. 포커스 그룹의 리더가 되어 각자 역할을 부여하고 참여자들과 수시로 접촉, 적극 활동하도록 유도하기도 한다. 또한 전략 분야와 분야별 목표를 선정하는 과정에 참여하여 조직 목표와 분야별 업무를 연계시킬 수 있는 자료를 직·간접으로 지원한다. 조직 전체의 핵심적인 이슈를 파악하는 데에는 분야별 일선관리자와 함께 인적자원 행정가의 거시적인 안목이 필요하다.

(3) 세부운영계획의 수립

전략기획이 수립된 다음에는 핵심적인 전략 분야의 개별적인 목표를 구체화하는 세부운영계획이 필요하다. 3~5개로 정리된 전략 목표를 실제 업무를 담당하는 일선관리자와 직원들이 이해할 수 있는 세부적인 목표로 만드는 것이다. 세부운영계획은 연간 단위로 세우고, 실제 전략 목표가 잘 실현되고 있는지 지속적으로 확인할 필요가 있다. 전략 목표에 따라 세부운영계획은 탄력적으로 수정되고 변화될수 있다. 세부운영계획에 나와 있는 세부 목표들은 구체적이고 측정 가능하며 실현 가능해야 한다. 따라서 집행하는 데 소요되는 시간이나 비용을 고려해야 한다. 물론 전략 목표와의 정합성도 점검해야 한다.

인적자원행정가는 이 과정에서 각 부서들이 세부운영계획을 원활하게 수립하고 추진할 수 있도록 지원한다. 수집한 정보가 적정하고 제대로 활용되고 있는지, 다양하게 활동하고 있는 작업팀들의 전문성은 확보되어 있는지, 그리고 조직의 전략적인 목표에 상응하는 세부운영계획이 수립되고 있는지를 점검한다. 이때 단순히 인적자원의 측면만을 점검하기보다 조직의 비전과 목표, 전략과 운영계획이 일관성 있게 수립되고 추진되고 있는지 확인하고 기관장에 보고해야 한다.

특히 세부운영계획 수립 과정에서는 실제 분야별 정책관리자와 비교하여 해당 과제에 대한 전문성이 떨어지는 경우가 많다. 따라서 인적자원 행정가는 각 분야별 전문성과 인적자원의 활용은 물론, 조직 전체의 비전과 목표에 기반한 거시적 시각을 제공할 필요가 있다.

(4) 세부운영계획의 집행과 사후평가

세부운영계획 집행 과정에서 인적자원 행정가의 역할은 더 증대된다. 새로운 업무를 추가하거나 업무를 변경하는 경우에는 인적자원의 확보, 교육과 훈련, 부서 간 직위 재배정 등이 필요하다. 아울러 새로운 업무에 대한 성과목표와 지표의 개발, 성과관리 확인, 그리고 새로운 교육훈련 수요도 측정해야 한다.

이러한 과정에서 인적자원 행정가는 정책 담당자와 긴밀히 협력해야 한다. 전략목표가 충실하게 달성되고 있는지 정책 담당자에게 자문하고 지원하는 역할을 수행한다. 이때 직원 보상이나 인센티브와 관련된 사항은 특별한 주의가 요구된다.

인적자원 행정가는 사후평가 과정에서도 정책 담당자를 지원한다. 정책 담당자는 조직의 업무 활동이 전략 목표에 맞게 이루어지고 있는지 정기적이고 체계적으로 확인, 점검하고 평가한다. 이 과정에서 인적자원 행정가는 비용효과성과 효율성, 직무량과 질적 수준을 확인한다. 피드백을 통해 고객만족도를 조사하고, 고충처리 과정을 분석하며, 업무 전후 비교 등 평가 활동을 직접 수행하기도 한다. 이와 함께 조직 목표의 달성 정도를 측정하고 평가하여 다음 단계의 전략기획 및 다음 연도 운영계획 수립에 반영할 수 있도록 지원한다.

제 3 절 인적자원행정 전략기획의 내용

1. 거시적 전략과 미시적 전략

조직의 전략기획 과정에서 인사책임관이 담당하는 역할과 기능은 매우 크다. 인사책임관은 전략 수립 과정에 참여하여 적극적인 역할을 할 뿐만 아니라 조직의 전략적 목표를 실현하기 위한 인적자원행정 전략을 직접 수립하는 역할도 한다. 특히 공공조직의 경우, 인건비가 차지하는 비율이 상대적으로 높기 때문에 적재적소의 인적자원 확보와 배치가 무엇보다도 중요하다. 그런 점에서 인적자원행정은 조직의 전략 목표를 실현하기 위한 하위 전략이라고 할 수 있다.

인적자원행정의 전략은 일반적으로 1) 조직 전체의 전략에 명시되어 있는 목표를 실현하는 데 필요한 인적자원의 역량, 2) 인력의 규모와 수준, 3) 인적자원행정을 통하여 현재와 미래의 격차를 해결할 수 있는 방법을 제시해야 한다(Llorens, Klingner and Nalbandian, 2017).

특히 이러한 인적자원행정 전략은 매년 수립되어야 한다. 조직의 환경과 조건이 항상 변화하기 때문이다. 이런 점에서 보면 인적자원행정 전략 수립은 전년도 인적자원행정에 대한 평가의 의미를 담고 있다. 조직의 목표를 어떻게 달성하고, 이를 위하여 어떤 인적자원이 필요한지, 그리고 전년도와 비교하여 무엇이 달라져야 하는지에 대한 검토 작업이 수반되기 때문이다. 이와 같은 인적자원행정 전략은 조직의 성격과 목표, 그리고 추구하는 가치에 따라 달라질 수 있다.

인적자원 전략은 일반적으로 거시적 전략과 미시적 전략으로 나눌 수 있다. 거시적 전략은 전체적인 방향과 비전을 설정하는 전략인 반면, 미시적 전략은 인적자원행정 분야별로 각각의 목표와 방향을 설정하는 것이다(Amstrong, 2020).

(1) 인적자원행정의 거시적 전략

인적자원행정의 거시적 전략은 유능한 인적자원을 어떻게 확보하고, 인적자원을 어떻게 관리하고 개발하며, 어떻게 인적자원의 사기를 높여 직무에 전념하도록 할 것인지에 대한 전반적인 방향을 설정하는 것이다.

이러한 전략은 일반적으로 인적자원행정의 목표와 방향을 종합하는 문장으로 표현된다. 이는 미시적인 분야별 전략을 세우는 데 필요한 논리적 근거를 제공한다. 거시적 인적자원 전략은 보다 효과적인 인적자원행정을 통하여 조직효과성을 높이고자 한다. 즉 보다 훌륭한 사람을 선발하고, 성과가 높은 업무 과정을 개발하며, 일반적으로 일하기 좋은 직장을 만드는 것이다.

예를 들어 "우리 부처의 핵심 직위에 있는 사람들은 다른 조직의 같은 직위에 있는 사람들보다 직무수행에서 더 높은 성과를 보인다"는 전략 문구는 역량보다는 성과를 중시하는 전략이다. 역량은 목표를 달성하기 위한 중요한 수단이지만, 역량 자체를 목표로 설정하지는 않는다. 따라서 성공적인 전략기획은 최고의 사람보다 최고의 성과에 집중한다. 이를테면 "우리 조직은 직무에 몰입하는 최고 인재를 보유하고 있다", "우리 조직을 정부 최고의 직장으로 만든다", "우리는 최고의 사람들이 최고 업무를 수행한다", "우리 직원들은 스스로의 직무를 즐기면서 수행한다. 모든 직무는 존중받는다. 동시에 고객에게는 최고의 서비스를 제공한다", "직원들에 대한 보상관리, 성과관리, 그리고 경력관리를 일관성 있게 추진한다" 등이다. 특정 직위의 성공적인 직무수행 여부는 해당 분야 다른 경쟁 직위와의 비교에 의하여 측정한다. 만약 경쟁 직위에 대한 평가 측정이 곤란할 경우에는 연도별 성과 변화 추이에 대한 분석도 가능할 것이다.

그림 5-3   인적자원행정의 전략 모형

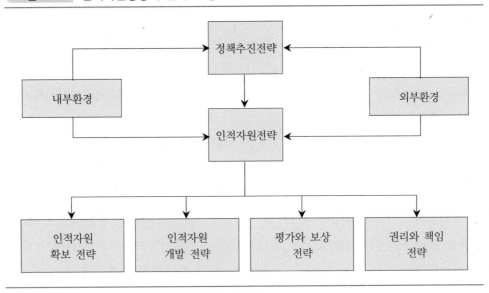

출처 : Amstrong, 2020. p.36을 참조하여 재정리함.

(2) 인적자원행정의 미시적 전략

인적자원행정의 미시적 전략은 거시적 인적자원 전략을 구체화하는 분야별 전략이다. 조직의 비전과 목표에 따라 분야별로 인적자원행정을 위한 세부목표를 설정한다. 거시적인 전략은 조직 전체의 인력관리에 대한 비전과 목표를 제시해 주는 반면, 미시적인 전략은 구체적인 행동 방향을 제시한다. 분야별로 인적자원행정제도와 그 운영 방향에 대한 구체적인 안내 역할을 하는 것이다. 따라서 이는 조직 구성원과의 약속이기 때문에 문구와 문장에 세심한 주의가 필요하다. 추후 노사협상 과정에서 중요한 쟁점이 될 수도 있다.

하지만 이러한 미시적 전략은 거시적 전략을 구체화하고 인적자원관리 방향을 제시한다는 점에서 중요한 지침이 된다. 일반적으로 미시적 전략은 인적자원 관리 과정을 포함하나 보다 추상화된 표현으로 방향을 설정한다. 미시적 인적자원행정 전략에는 다음과 같은 내용이 포함될 수 있다(Amstrong, 2020).

1) 재능관리(talent management) : 어떤 능력과 역량을 어떻게 개발할 것인가?
2) 지속발전(continuous improvement) : 어떻게 상당한 기간 지속적으로 개선할 수 있는가?
3) 지식관리(knowledge management) : 성과와 학습을 위한 지식을 어떻게 창조

하고, 확보하고, 찾아내고, 공유하며 활용할 것인가?

4) 자원확보(resourcing) : 유능한 인재를 어떻게 확보하고 유지할 것인가?

5) 학습과 발전(learning and developing) : 직원들이 학습하고 발전할 수 있는 환경을 어떻게 조성할 것인가?

6) 보상(reward) : 조직 목표를 실현하기 위해 보상정책과 운영을 장기적으로 어떻게 해나갈 것인가?

7) 노사관계(employee relations) : 내부 직원들이나 노동조합과의 원만한 관계를 위하여 조직이 앞으로 할 수 있는 일과 해야 하는 일이 무엇인가?

특히 정부 조직의 미시적 전략에는 다음 몇 가지가 포함되어야 한다. 1) 정책의 성패를 결정하는 인적자원에 대한 적극적인 투자관리, 2) 거시적인 전략에 포함되어 있는 성과관리의 구체화, 3) 정부 조직 전체의 목표와 방향에 상응하는 직무설계, 4) 직원들이 직무에 전념할 수 있는 보상과 인센티브 관리, 5) 직원들에게 동기를 부여할 수 있는 권리와 책임의 명확화 등이다. 이러한 내용을 구체적으로 표현한 문장으로 미시적 전략을 수립하는 것이다. 미시적 전략은 일관성과 연속성을 유지하되 거시적 전략에 부합하는 다양한 전략이 필요하다. 물론 상황 변화에 따라 전략을 수정하거나 보완할 수도 있다.

2. 인적자원의 수요 예측

앞에서 살펴본 것처럼 인적자원행정의 전략기획은 조직의 비전과 목표, 그리고 전략을 확인한 후 이를 실현하기 위한 장단기 계획을 수립하는 것이다. 인적자원행정 전략에는 역량 있는 인재의 확보와 개발, 직무의 분류와 확인, 그리고 인적자원 활동에 대한 성과와 보상 등이 포함된다.

인적자원의 장단기 계획 중 가장 중요한 것은 인적자원의 수급을 전망하고 이를 확보하기 위한 전략이다. 즉 조직 목표를 달성하기 위한 인적자원의 전반적인 수급 계획이다(인사혁신처, 2022). 일반적으로 인적자원의 전략기획은 전략적 인력수급계획(strategic manpower planning)을 의미하는 경우가 많다. 여기에서는 인적자원의 수급을 예측하고 산정하는 전략적 인력수급계획의 구체적인 방법을 몇 가지 소개하기로 한다. 분야별 전략기획은 4편 인적자원 관리과정에 포함해 논의할 것이다.

(1) 인력수요의 예측

정부 인력의 수요를 정확히 예측하는 것은 매우 어렵다. 인력규모의 산정 과정에는 당해 연도 예산 규모는 물론, 직위 분석과 평가의 내용, 직원 보수와 복지 수준 등 다양한 변수가 작용하기 때문이다. 장단기적 인력규모를 예측하는 방법에는 하향적(top-down) 방법과 상향적(bottom-up) 방법이 있다(Brown & Brown, 2010 ; Gully & Phillips, 2010). 하향적 예측 방법은 전문적인 예측 기법을 사용해 전체 인력규모를 산정하는 방식이다. 반면에 상향적 예측 방법은 일선관리자나 직원 또는 전문가 집단의 의견을 종합하여 전체 인력규모를 산정하는 방식이다. 전자에는 시계열분석, 모형 또는 시뮬레이션, 점증주의 또는 점감주의 방식이 있고, 후자에는 관리자추정 방식과 집단결정 방식이 있다(Brown & Brown, 2010).

(가) 하향적 인력수요 예측

하향적 예측 방법으로 가장 쉽게 접근할 수 있는 방법이 시계열(time-series)을 통한 추세 분석이다. 이는 시간에 따라 과거에 연속적으로 관찰한 값을 토대로 미래의 수요치를 예측하는 방법이다. 예를 들어 경찰, 교사, 군인, 출입국관리 등 분야별 과거 인력의 변화 추이를 토대로 향후 인력을 예측하는 것이다. 이는 기본적으로 과거의 추세가 미래에도 적용될 수 있다고 전제한다. 즉 과거의 인력 변화 상황과 미래의 인력 변화 상황이 유사할 것이라고 가정하고, 미래의 인력규모를 예측하는 것이다.

이러한 방법은 공공조직의 인력 변화가 비교적 안정적으로 이루어진다는 점에서 중요한 시사점을 줄 수 있고, 구체적인 경험 자료를 토대로 하기 때문에 객관적 자료로 활용될 수 있다. 하지만 과거와 미래의 인력수요 여건이 달라질 수 있고, 새로운 행정 수요가 생기거나 또는 기술의 발전으로 인력수요가 크게 감소하는 경우에는 예측 내용의 신뢰성이 떨어질 수 있다. 따라서 인력규모의 추이를 세부분야별로 분석하거나 일정기간별로 구분하여 분석하는 등 보완해야만 전체 인력규모를 산정하는 기초 자료로 활용할 수 있다.

둘째로 모형분석 방법이다. 시계열분석은 일반적인 인력규모의 변화 추이를 분석하기 때문에 인력규모를 결정하는 다양한 변수를 고려하지 못한다는 한계가 있다. 따라서 구체적인 산정 모형을 만들어 인력규모에 미치는 다양한 영향 요인을 변수화하여 인력규모를 추정하는 방식이 모형분석 방법이다. 즉 인력수요와 변수와의 상관관계를 분석하는 것이다. 특히 법률개정이나 시설증가, 장비도입 등과 같이 개별적인 인력수요 상황에 적합한 모형을 개발하여 활용할 수 있다. 예를 들면 경찰서나 학교 또는 교도소 신설시 소요되는 인력규모를 산정하는 모델을 개발하여 적용하는 방식이다.

이러한 방법은 객관적이고 과학적인 산정으로 인력규모가 구체적으로 명확하게 예측되는 장점이 있는 반면, 현실적으로 그러한 모형을 개발하기 쉽지 않다는 한계가 있다. 모형분석 역시 시계열분석과 유사하게 대부분 과거 자료를 토대로 미래를 예측하기 때문에 새로운 기능이나 직종이 나타나고 새로운 인력이 필요한 경우에는 적용하는 데 한계가 있다. 미래의 변화 상황을 모두 고려하여 정확히 예측하기가 사실상 어렵고, 실제 모형을 만들었다 하더라도 행정여건의 변화로 수시로 모형을 수정하고 변경해야 하는 단점도 있다.

가장 단순한 모형분석은 마르코프 체인(Markov chain) 인력산정 모형이다(Rowland & Soverreign, 1969). 즉 미래의 인력규모는 현재의 인력규모에 의해 결정된다는 전제 아래 예측하는 모형이다(Trivedi, Moscovice., Bass & Brooks. 1987). 연도별로 동일한 모형이 적용된다는 조건에서 현재의 인력규모를 토대로 미래 중장기적인 인력규모를 연도별로 예측하는 것이다.

인력규모에 영향을 미치는 요인에는 환경적 요인, 조직적 요인, 개인적 요인이 있다. 예를 들어 인구증가율이나 경제성장률, 예산 증감률, 1인당 소득액이나 물가지수 등 경제사회 변수와 행정수요 증가율, 업무정보화 비율, 해당 분야 고객 규모의 변화 등 행정환경 변화를 모형에 포함하여 추정하는 것이다. 뿐만 아니라 조직목표와 특성, 전략과 우선순위 등 조직적 요인은 물론, 인적자원의 역량이나 수준, 근무기간, 경험과 지식 등 개인적 요인도 포함될 수 있다. 이러한 모형은 모든 변수를 고려하는 종합적인 모형이 이상적이겠지만, 현실적으로는 두세 가지 변수만을 고려하는 분석 모형을 만들어 적용한 후, 이를 확대해 나가기도 한다.

셋째, 시뮬레이션(simulation) 방법은 다수의 변수를 종합적으로 고려하여 연도별 또는 분야별 인력규모를 다양한 상황에 맞게 산정하는 것이다(O'Brien-Pallas, Baumann, Donner, Murphy, Lochhaas-Gerlach & Luba, 2001). 개인적·조직적·환경적 요인들을 모두 포함하여 이들 변수 상호간의 복잡한 관계를 종합적으로 감안하여 분석하는 방법이다. 조직의 변화나 인력의 변화 추이, 그리고 정책 변화 과정을 모두 고려할 수 있다는 장점이 있다. 최근 정보통신기술이 발달하면서 컴퓨터를 활용한 시뮬레이션 방법이 점차 늘고 있다.

그러나 이 방법은 기초 데이터를 구하는 데 시간과 비용이 많이 들고, 적용 모형의 현실성이나 타당성에 대한 비판이 제기될 수 있다. 따라서 모형분석이나 시뮬레이션은 인력규모 예측의 과학적인 방법을 활용하여 기본적인 규모를 예측하되 이를 현실에 맞게 보완하여 활용하는 것이 중요하다.

넷째, 점증주의적(incremental) 또는 점감주의적(decremental) 산정 방식이다. 앞에서 설명한 것처럼 시계열분석이나 모형분석이 과학적이고 합리적인 방법이긴 하지만 다양한 상황을 모두 고려하기 어렵다는 한계가 있다. 그 때문에 인력규모를 예측하고 산정할 경우, 일반적으로 일정비율 또는 일정규모의 인력을 점증 또는 점감하는 방식을 따르는 경우가 많다. 보통 향후 5년간 매년 5% 또는 10%씩 인력을 증가하는 방식, 또는 향후 5년간 매년 3%씩을 감축하여 산정하는 방식 등의 형태로 이루어진다. 이는 정확하고 과학적인 근거에 의한다기보다는 기관장이나 인사책임자의 직관으로 일정한 증가율 또는 증가 규모를 산정하는 것이다. 예를 들면 초등학교나 중학교의 학급 학생수를 줄이기 위해 매년 5%씩 교사 인력을 충원하는 계획을 세우는 방식이다. 행정 정보화로 행정 효율화가 진행됨에 따라 향후 3년간 매년 3%씩 사무기능인력을 감축하는 계획을 세운 것이 이에 해당한다. 이러한 방식은 조직의 기능이나 목표가 그대로거나 일부 변화한다고 가정한다.

과학적 산정 방법이 복잡한 변수와 관련 자료의 부족, 모형의 신뢰성과 같은 한계를 가진 반면, 점증주의적 방식은 실제 관리자들이 조직 목표와의 관련성을 강화하고, 과학적인 산정 방법으로 고려하지 못한 변수도 고려할 수 있으며, 인력규모 예측 과정에서 분야별 형평성을 도모할 수 있다는 장점이 있다.

하지만 급격한 행정환경 변화에 따른 획기적인 인력증가나 감소가 어렵고, 기존의 인력구조를 고착화할 우려가 있으며, 책정된 인력 증가율이 기관별 또는 부서별 인력 증가의 명분으로 활용될 수도 있다. 특히 실제 인력 증가율을 책정하는 과정에서 다양한 대안을 비교 검토하여 정교하게 결정하기보다 고객의 불평 건수, 특정 사건이나 사고, 또는 기관장의 주관적인 판단이 지나치게 높게 반영될 수 있다. 이에 따라 정부 전체 인력활용의 효율성이 떨어질 수 있다는 단점이 있다.

(나) 상향적 인력수요 예측

상향적 인력수요 예측은 관리자나 조직 구성원 또는 전문가들이 부서별 또는 분야별로 책정한 인력규모를 종합하여 정부 전체의 인력수요를 예측하는 방법이다(Gully & Phillips, 2010). 일반적으로 부처별로 인력규모를 산정하고, 이를 종합하여 정부 전체의 인력수요 및 규모를 결정하는 방식이다. 기관이나 부처 내에서도 부서별 또는 세부분야별로 인력수요를 예측한 후 이를 토대로 전체 인력규모를 산정한다.

첫 번째 상향적 예측 방법으로 관리자추정법(managerial estimates)이 있다(Con-drey, 2010). 이는 기관장이나 인사책임관보다는 정책담당자 또는 일선관리자들이 자기 분야의 인력수요를 가장 잘 예측할 수 있다고 가정한다. 일선관리자는 자기 직무 분야의 행정환경 변화, 현재의 인력규모와 인력수준, 그리고 미래에 필요한 인적자원의 수준 및 역량 등에 대하여 가장 많은 정보와 자료를 가지고 있다.

따라서 전체 인력규모를 일괄적으로 예측 산정하기보다는 일선관리자나 직원들의 의견을 존중하여 부서별 또는 분야별로 인력규모를 추정하는 방식이 관리자추정법이다. 관리자는 자기 분야의 인력규모를 책정하는 과정에서 외부 전문가나 이해관계자의 의견을 수렴하여 결정할 수 있고, 앞에서 설명한 과학적 모형이나 시계열분석 등을 활용할 수도 있다.

이러한 방식은 분야별 또는 기관별/부서별 중장기 인력규모 산정에서 분야별 전문성을 존중하고, 풍부한 자료와 정보를 토대로 진단할 수 있다는 장점이 있다. 특히 인력 산정에서 자기 분야나 부서의 인력규모 및 활용에 대한 평가 점검 작업도 병행할 수 있으며, 해당 분야의 정책 비전이나 전략, 인적자원 관리전략을 연계하는 중요한 기회가 될 수 있다.

하지만 인력규모 산정 과정에서 분야, 기관 또는 부서이기주의적인 결정이 내려지기 쉽다. 전체 인력 산정보다 자기 분야의 인력 산정에 주력하여 인력규모를 과다하게 산정하는 경향을 보일 우려가 있다는 것이다. 이로 인해 인사책임관은 이를 종합하는 과정에서 분야별 인력규모를 조정해야 하는 부담이 발생할 수 있다.

두 번째는 명목집단법(nominal group technique)이다. 이것은 관리자추정법의 한계를 극복하기 위하여 분야별·기관별 인력 산정 과정에 보다 체계적인 방법을 도입한 것이다. 명목집단법은 한마디로 그룹 결정 과정을 구조화한 것이다. 즉, 직원들이 의견이나 아이디어를 제시하면 이를 정리한 후 다시 토의하는 방식으로, 실무 부서 단위로 각 구성원과 직무를 분석하여 필요한 인력수요를 예측하고, 이것을 상부 경영층에서 종합하는 방법이다. 이 과정에서 조직 내부는 물론 외부의 다양한 정보와 자료가 활용될 수 있다. 조직 외부의 상황 요인으로는 새로운 법률 제정이나 개정 사항, 예산 규모와 인력 상한선, 기관 목표와 구조의 변화, 균형인사 요구, 노동조합과의 협상 전략, 정치적 압력 등이 있고, 조직 내부 요인으로는 현재 인력 활용의 효율성, 예상 인력수요, 정책 우선순위의 변화 등이 있다. 특히 구성원별로 퇴직·승진·전직 등 변동 사항도 함께 고려해야 한다.

셋째, 델파이 방법이다. 인력규모의 예측을 전문가 집단에 맡기는 경우이다. 외부 전문가들로 패널을 구성하여 인터뷰나 설문지 등을 활용하여 인력규모를 산정하는 것이다. 분야별 인력수요 전망이나 향후 필요한 핵심 기능 분야, 그리고 이에 상응하는 인재 유형 및 필요역량 등에 관한 전문가 의견을 종합하여 인력수요의 규모와 방향을 예측한다.

(2) 인력공급의 예측

인력수요와 함께 인력공급에 대한 예측도 필요하다. 먼저 현재 인력의 프로필을 만들고, 중장기적 추세 분석 자료를 검토하여 미래의 인력공급을 예측하는 것이다. 인력공급은 적정한 역량을 가진 사람들을 적절한 규모로 공급하는 것이 중요하다. 일반적으로 현재의 유형별 인력규모, 인력의 역량 수준, 보수와 인건비 지출 규모, 성별 또는 연령별 인력 구성, 이직률 등 퇴직 인력 통계, 그리고 근무장소 등을 고려해야 한다. 과거의 추세 분석은 부서별 또는 직종별로 구분하여 적용할 수 있다. 이를 위해서는 인력변화 추세를 알 수 있는 자료들을 먼저 수집해야 한다. 인력공급계획에는 인력확보계획, 인력대체계획, 인력승계계획 등이 있다.

(가) 인력확보/관리계획

인력공급 방법에는 내부 공급과 외부 공급이 있다. 내부 공급의 규모는 현재 인력 통계를 토대로 퇴직자와 이직자를 추정하여 산정한다. 그 외는 외부 공급으로 채운다. 현재의 공급 규모를 기준으로 하여 미래의 공급 규모를 예측하는 것이다. 정규직과 계약직의 신규 임용 인원이나 연도별 예상되는 퇴직 인력, 그리고 역량 유형별 인력공급 규모를 예측하는 것 등이다.

(나) 인력대체계획

인력대체계획(replacement plan)은 주로 관리인력이나 기술인력을 대체할 수 있는 인력을 확보하기 위한 단기적 또는 장기적인 계획이다. 인력승계계획이 고위관리직 또는 기관장을 대상으로 이루어지는 반면, 인력대체계획은 중간관리층 또는 전문기술인력을 대상으로 해당 업무를 대신 수행할 수 있는 후보자를 미리 구하는 작업이다. 인력대체계획은 보통 인력대체도(replacement chart)를 그린다. 인력대체도는 직위별 또는 직무수행자별로 배치이동 계획을 만들어 놓은 지도를 말한다. 조직 도표에 나이와 현직에서의 성과 기준, 승진 가능성 등 몇 가지 중요 사항을 요약 기재하고 앞으로 기대되는 관리자의 승진 경로와 후임자 후보들을 기재한다.

인력대체도는 단기적 계획과 중장기적 계획으로 구분한다. 단기적 계획은 1년 또는 3년 안팎의 기간에 발생하는 다양한 인사 요인을 고려하여 직위별 적절한 후임자를 선정하는 것이다. 후임자는 단순히 한 명만이 아니고 두 명 이상의 후보자를 두어 인사운영의 탄력성을 확보한다. 후보자 선정시 해당 직위에 필요한 직무수행 역량, 경험, 나이, 전문성, 그리고 개인별 경력발전계획 등을 종합적으로 고려한다. 단기적 계획은 향후 인사배치 기준으로 활용되기 때문에 조직 구성원들로서는 매우 민감한 사안이다. 따라서 해당 직무를 가장 잘 수행할 수 있는 직원을 선발하는 것이 무엇보다도 중요하다. 인사이동과 배치만큼이나 신중한 접근이 필요하다.

단기적 계획이 직원들에게 미치는 직접적인 영향을 완화하기 위해서는 중장기 인력대체계획을 마련해야 한다. 중장기 인력대체계획은 조직 내부의 인력만이 아니라 외부 인력의 충원까지도 감안하여 해당 직무를 성공적으로 수행할 수 있는 후보자들을 선정하는 것이다. 조직 전체의 직위별 인력대체계획인 셈이다. 조직 전체의 중장기적 인력운영계획인 만큼 조직 목표와 정책 방향, 경력 발전 및 경로, 역량개발의 내용·전략과 연계하여 수립한다. 이는 중장기적 인력수요와 현재 인력의 공급 측면 사이에 발생하는 차이를 줄이기 위한 것이기도 하다. 이러한 과정에서 내부 인력과 외부 인력의 비율, 경력 기간별 대상 직위, 승진 가능성, 동일 직급 간 이동 가능성 등을 종합적으로 고려한다.

(다) 인력승계계획

인력승계계획(succession plan)은 조직 내 핵심적인 직위에 대한 인력공급계획이다(Ibarra, 2005). 조직 목표 실현에 가장 중요한 직위의 경우 갑작스러운 인력손실로 인한 공백을 막고, 조직성과를 지속적으로 유지하고 향상시키기 위해서는 장기적인 인력관리계획을 세워야 한다. 먼저 조직의 생존이나 성패에 결정적인 역할을 하는 직위를 선정하는 것이 중요하다. 이는 조직의 전략 목표를 성공적으로 수행할 수 있는 미래의 리더십을 승계하는 계획이다. 따라서 해당 직위의 직무를 수행하는 관리자들의 역량과 기술 수준을 분석하는 등 장기적이고도 발전적인 준비 작업이 필요하다. 특히 역량개발이나 경력관리와 관련하여 핵심 직위에 대한 단기적 또는 중장기적 배치계획으로 인적자원행정의 예측 가능성을 높인다.

이를 위해서는 첫째, 역량 수요를 정확히 진단하는 것이 필요하다. 둘째, 핵심 직위의 필요역량과 후보자들의 현재역량 차이를 역량별로 기록한다. 셋째, 핵심 직위가 장기적으로 축소될 우려는 없는지, 전략 목표를 위해서는 어떤 새로운 직위가 필요한지, 그리고 핵심 직위의 역량과 조건은 무엇인지 명확히 한다. 넷째, 승계 후보자가 적정한지 평가하고 판단한다. 공식적·비공식적 평가와 함께 다면 평가 등 종합적 판단이 필요하며, 젊은 인재들이 조직과 직무에 몰입할 수 있는 기회가 되는지 판단한다. 특히 정부의 핵심 직위인 경우, 중장기적 경력과 전문성·도덕성 등 조직 구성원이 공감할 수 있는 다양한 기준을 마련하여 적용할 필요가 있다. 다섯째, 인력승계 직위와 대상자가 확정된 후에는 이를 지속적으로 평가하고 모니터링하는 것이 중요하다. 아울러 대상자에 포함되지 못한 직원들에 대한 경력관리계획도 함께 제시할 필요가 있다(Arun, 2010).

그러나 인력승계계획 수립 과정에서 다양한 장애요인이 발생할 수 있음을 유의해야 한다. 조직 규모가 작아 핵심 직위 선정이 곤란하거나 인력승계를 지원할 재원이 부족할 수도 있고, 인력의 사용가능한 범위가 줄어들거나 젊은 인재가 부족할 수도 있다. 또 인력승계 과정에서의 부정과 왜곡, 부적절한 역량개발, 승진경로의 무시, 의사소통의 부족, 승계 기간의 문제 등이 생길 수도 있다. 특히 정부 조직의 효과성을 높이기 위한 인사관리전략으로 직위 또는 직원 간의 형평성 문제가 제기될 우려도 있다. 따라서 해당 직위에 대한 직무분석과 필요역량에 대한 철저한 사전 검토가 필요하다(Arun, 2010).

학●습●포●인●트

- 인적자원행정모형의 유형
- 집단역량 모형
- 분권적 모형
- 직급중심 관료형
- 부서중심 몰입형
- 전략기획
- 전략수립 모형
- 거시적 전략과 미시적 전략

- 개인역량 모형
- 집권적 모형
- 직무중심 통제형
- 역량중심 인재형
- 전략형
- 전략기획과 조직효과성
- 전략적 인적자원행정
- 인력 수요와 공급

연●습●문●제

1. 효율적인 인적자원행정을 위한 전략적 인적자본관리 과정을 설명하시오.
2. 인적자원행정모형 중 가장 높은 성과를 기대할 수 있는 유형을 택하고, 그것을 택한 이유를 서술하시오.
3. 앞서 집권적/분권적 인적자원 관리방식의 예로 축구와 야구를 제시했는데, 그 밖에 집권적/분권적 인적자원 관리방식의 예가 될 수 있는 사례를 제시하시오.
4. 인적자원행정모형의 유형을 표로 제시하시오.
5. 인적자원행정모형 각각의 유형을 제시하고, 유형별로 특징 다섯 가지를 제시하시오.
6. 인적자원 전략기획은 거시적 전략과 미시적 전략으로 나누는데, 이와 같이 두 가지 유형으로 나누는 기준이 무엇인지 말하시오.

토●의●사●례

토털 사커와 인적자원행정

1970년대 초 네덜란드 프로축구팀 AFC 아약스 감독이자 국가대표팀 감독이었던 리누스 미헐스는 혁명적 전략인 '토털 사커'를 도입했다. 토털 사커는 모든 선수가 경기장 내 어떤 포지션에서도 플레이할 수 있도록 한 전략이다. 즉, 한 선수가 자기의 포지션을 떠나면 다른 선수가 즉시 그 포지션으로 이동하여 원래의 형태를 복원하는 전략이다. 공격수가 수비수 위치로 이동하기도 하고, 수비수가 공격수 위치로 이동하기도 한다. 이를 위해서는 모든 선수가 모든 포지션에서 뛸 수 있는 능력을 가져야 한다.

이러한 능력을 발휘한 최고의 선수가 바로 유명한 요한 크라위프였다. 관중들은 그를 경기장 내 어느 곳에서도 쉽게 볼 수 있었다. 미헐스 감독과 함께 토털 사커를 완성한 요한 크라위프는 나중에 바르셀로나 감독이 되어 이를 계승했다. 그는 히딩크 감독, 퍼거슨 감독과 함께 박지성 선수가 맨체스터 유나이티드에 입단할 때 추천서를 써주었던 세 사람 중 한 사람이기도 하다.

토털 사커 전술의 가장 좋은 점 중 하나는 한 선수가 공을 소유하게 된 순간 어디로든 패스할 수 있다는 것이다. 수비수와 공격수가 다양한 패스 경로를 갖게 되고, '제3의 선수'인 레프트 윙어가 센터포워드의 위치로 이동한다. 강력한 압박도 장점이다. 그들은 상대방에게 어떤 시간이나 공간도 내주지 않고, 오프사이드 함정을 활용하여 강력한 방어 라인을 형성할 수 있다. 상대방이 공을 잡으면 선수들이 떼 지어 적극 방어에 나서 그의 패스 옵션을 차단하고 공을 빼앗을 수 있기 때문이다. 토털 사커의 승률은 높다(이창길, 2020 참조).

1. 위 사례를 읽고, 여러분이 감독이라면 축구 경기의 승리를 위해 토털 사커의 전략을 도입할 것인지 의견을 제시하시오.
2. 인적자원행정의 전략으로서 토털 사커의 장단점을 논의하고, 정부 조직에도 적용 가능할 것인지 설명하시오.
3. 토털 야구는 가능할 것인지, 불가능하다면 왜 곤란한지 설명하고, 토털 사커 전략이 성공하기 위한 조건은 무엇인지 논의해보시오.

참고문헌

김현주·전상길, 2006. 「역량기반 인적자원관리의 적용에 관한 연구 : 한국 기업을 위한 상황론적 접근」, 『인사·조직 연구』 제14권.
나병선·송건섭, 2013. 「공공조직의 인적자원관리가 조직성광에 미치는 영향」, 『지방정부연구』, 17(3), 67-91.
〈서울신문〉, 2010. 10. 15. 3면.
『신동아』, 2001년 10월호.
〈아시아경제〉, 2011.03.17.
이창길, 2020. 「대한민국 인사혁명 : 휴머니즘 인사혁명을 위한 22가지 질문」. 나무와숲.
이창길 외 공저, 2015. 「대한민국 정부를 바꿔라.」, 올림.
이학종·양혁승, 2012. 『전략적 인적자원관리』, 오래.
인사혁신처, 2022. 홈페이지(www.mpm.go.kr).
조태준·윤수재·이도석, 2013. 「인적자원관리기법과 조직 문화의 상호작용이 조직 성과에 미치는 영향」, 『한국인사행정학회보』, pp.199-225.
진재구, 2009. 「정부 부문 역량 기반 인적자원관리체계 수립의 전제 : 쟁점과 정책적 시사점」, 『한국정책과학학회보』 13(1).
채주석·김찬중, 2019. 「전략적인적자원관리가 조직역량을 통해 경영성과에 미치는 영향」, 『인적자원관리연구』, 26(1), 143-174.
Angus, Jeff., 2006. *Management by Baseball*. HarperCollins Publishers. (제프 엥거스, 2009. 『메이저리그 경영학』, 부키)
Amstrong, Michael, 2016. *Strategic Human Resources Management : A Guide in Action*, London, GBR, Kogan Page Ltd.
Arun Sekri, 2010. *Human Resource Planning and Audit*, Hamalaya Publishing House.
Bryson, John M., 2010. The Future of Public and Nonprofit Strategic Planning in

the United States. *Public Administration Review,* 70(s1) : 255-267.

Boreham, Nick., 2004. A Theory of Collective Competence : Challenging The Neo-Liberal Individualisation of Performance at Work. *British Journal of Educational Studies.* 52(1), pp.5-17.

Bowey, Angela, 1974. *A Guide to Manpower Planning,* London : McMillan.

Boyne, George A., Richard M. Walter, 2010. Strategic Management and Public Service Performance : The Way Ahead, *Public Administration Review.*

Briggs, Senga and William Keogh, 1999. Integrating Human Resources Strategy and Strategic Planning to Achieve Business Excellence, *Total Quality Management,* 10. NOS 4&5.

Brown, Roger G. and Mary Maureen Brown, 2010. Strategic Planning for Human Resource Managers, in the book *Handbook of Human Resource Management in Government,* edited by Stephen G. Condrey.

Buller, Paul F. and Glenn M. McEvoy, 2012. Strategy, Human Resource Management and Performance : Sharpening Line of Sight, *Human Resource Management,* 22(1), pp.43-56.

Chakraborty, D. and Biswas, W., 2019. Evaluating the Impact of Human Resource Planning Programs in Addressing the Strategic Goal of the Firm : An Organizational Perspective. *Journal of advances in management research.*

Condrey, Stephen E., 2010. *Handbook of Human Resources Management in Government,* 3rd edition, Jossey-Bass, pp.648-649.

Guest, D., Michie, J., Sheehan, M., and Conway, N. 2000. *Employment Relations, Human Resource Management and Business.*

Gully, Stanley and Jean Phillips, 2010. *Staffing Strategically : Staffing Forecasting and Planning.* Society for Human Resource Management.

Harzallah, M., Berio, G., Vernadat, F. 2006. "Analysis and modeling of individual competencies : toward better management of human resources," *Systems, Man and Cybernetics,* Part A : Systems and Humans, IEEE Transactions on , 36(1), pp.187-207.

Ibarra, Patrick., 2005. Succession Plan : An Idea Whose Time Has Come. *Public Management.*

Joldersuma, Cisca and Vijco Winter, 2002. Strategic Management in Hybrid Organizations, *Public Management Review,* 4.

Llorens, Jared E, Klingner, Donald and John Nalbandian, 2017. *Public Personnel Management : Contexts and Strategies,* 7th ed. Upper Saddle River, NJ : Prentice Hall.

Margerison, Charles, 2001. Team Competencies, *Team Performance Management*, 7(7/8), pp.117 - 122.

Miles, Raymond E. and Charles Curtis Snow, 2003. *Organizational Strategy, Structure, and Process*. Stanford University Press.

Nkomo, Stellar M, Myron D. Fottler, and R. Bruce Mcfee, 2010. *Human Resource Management Applications : Cases, Exercises, Incidents, and Skill Builders*, 7th Edition.

Nkomo, Stella M., 1987. Human Resource Planning and Organization Performance : An Exploratoty Analysis, *Strategic Management Journal,* 8.

O'Brien-Pallas, L., Baumann, A., Donner, G., Murphy, G. T., Lochhaas-Gerlach, J. and Luba, M. 2001. Forecasting Models for Human Resources in Health Care. *Journal of Advanced Nursing*, 33 : 120 - 129.

Purcell, J., Hatchinson, S., Kinnie, S. 2003. *Understanding the Role and Performance Link : Unlocking the Black Box*, London : CIPD.

Rowland, K. M. and Soverreign, M. G. 1969. Markov-Chain Analysis of Internal Manpower Supply. *Industrial Relations : A Journal of Economy and Society*, 9 : 88-99

Rubin, Michael S, 1988. Sagas, Ventures, Quests and Parleys : A Typology of Strategies in the Public Sector. In *Strategic Planning*. edited by John N. Bryson and Robert C. Einswetler, 84-105.

Trivedi V., Moscovice I., Bass R. & Brooks J. 1987. A Semi-Markov Model for Primary Health Care Manpower Supply Prediction. *Management Science* 33, 149-160.

Walker, James W., 1980. *Human Resource Planning*, McGraw-Hill, New York.

제 3 편

직무와 역량

제6장

직무체계 : 계급제와 직위분류제

　제3편에서는 직무와 역량에 관해 살펴본다. 직무는 '사람'이 수행하는 '일'에 대한 내용인 반면, 역량은 '일'을 수행하는 '사람'에 관한 내용이다. 즉, 일과 사람을 구성하는 일이다. 결국 인적자원행정은 일과 사람을 연결하는 관리과정인 셈이다. 제6장에서는 일과 사람에 대한 기본적인 구성체계를 살펴본다. 직무체계는 직무를 수행하는 사람을 기준으로 구성하는 방법과 직무 자체를 기준으로 구성하는 방법이 있다. 직위분류제는 직무를 기준으로 하는 방식이고, 계급제는 사람을 기준으로 하는 방법이다. 계급제와 직위분류제의 개념을 이해하고, 각각의 장단점을 비교한다. 최근 계급제에서 직위분류제로 변화하는 과정에서 상호 절충하는 방안도 학습한다.

위관택인(爲官擇人)은 관직에 등용하기 위하여 인재를 선택하는 것이고, 위인설관(爲人設官)은 어떤 사람을 위해 관직을 마련하는 것이다.

제 1 절 직무체계와 직위의 구성

1. 직무 : 조직과 개인의 접점

인적자원행정의 목표와 가치, 그리고 전략이 설정되면 사람이 조직 내에서 수행할 직무를 규정하는 것이 중요하다. 조직과 개인의 관계는 일종의 사회적 계약이다. 조직은 직무를 부여하고 개인은 직무를 수행하는 상호 의존 관계이다. 개인들의 직무수행을 통하여 조직은 목표를 달성하고, 개인은 조직이 부과한 직무를 통하여 자신의 목표를 달성한다. 이러한 계약 관계를 핵심적으로 연결시켜 주는 접점이 바로 직무이다. 조직과 개인 모두에게 직무는 계약의 필수적이고 핵심적인 요건이다. 따라서 직무를 통하여 공동의 이익을 극대화하려는 노력이 필요하다. 특히 조직은 직무를 통하여 개인의 목표와 조직의 목표를 일치시키기 위한 노력을 반드시 기울여야만 한다.

<그림 6-1>에서 볼 수 있듯이, 조직과 개인은 직무를 통하여 각자의 요구를 주고받는 교환 관계라 할 수 있다. 먼저 조직의 입장에서 보기로 하자. 조직은 개개인에게 직무와 직장을 부여한다. 직무 분야와 유형을 정하고, 개인 역량에 상응하는 직무의 난이도와 책임을 부여한다. 수평적인 의미에서 직무의 종류와 수직적 의미에서 직무의 등급을 결정하여 인적자원을 확보하기 위한 것이다. 이는 조직이 개인을 필요로 하는 수요 측면으로 볼 수 있다. 반면 조직이 개인에게 주는 공급 측면은 보상이다. 직무를 수행하면 그 결과에 대하여 보상을 해주는 것이다. 금전적이고 물리적인 보상만이 아니라 직장과 직무를 가지고 있다는 자존심을 포함하는 심리적 보상도 있다. 이러한 점에서 조직은 직무와 보상을 통하여 개인과 연결돼 있다고 보면 된다.

이러한 관계를 개인 입장에서 보면 반대가 된다. 조직의 공급 측면은 개인의 수요 측면이 되고, 조직의 수요 측면은 개인의 공급 측면이 된다. 먼저 개인의 공급 측면에서 본다면 개인이 조직에 줄 수 있는 것은 역시 직무이다. 즉, 조직에서 주어진 직무를 수행하는 시간과 노력, 그리고 자신의 능력·지식·기술을 조직에 주는 것이다. 대신에 개인은 금전적·비금전적 자원이 필요하다. 개인은 직무를

그림 6-1　조직과 개인의 교환 관계

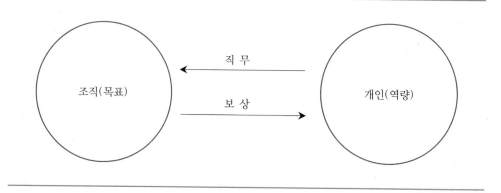

수행한 대가로 보상이 필요하고, 개인 생활의 유지를 위해 금전적 자원이 필요하다. 이와 같이 조직과 개인은 직무를 통하여 상호관계를 맺고 있으며, 직무를 통하여 자신의 목표를 실현한다.

2. 직무체계의 구성방식

직무체계는 조직 내 직무를 수행하는 체계이다. 앞서 제2편 제4장에서 살펴본 바와 같이 정부를 어떤 사람들로 구성할 것인가에 대한 기본적인 방향이 정해진 이후에는 사람들이 직무를 수행할 수 있는 구조가 필요하다. 정부 조직 외부에서 어떤 사람들로 공직을 구성하느냐의 문제와 함께 조직 내부의 직무수행 방식은 인적자원행정의 핵심적인 틀이 된다.

직무체계를 구성하는 방식은 크게 두 가지이다. 직무를 수행하는 사람을 중심으로 구성하는 방식과 사람이 수행하는 직무를 중심으로 구성하는 방식이 있다. 직위분류제가 직무를 중심으로 운영한다면, 계급제는 사람을 중심으로 운영하는 방식이다(김영우, 2008). 계급제(rank in person)는 조직에 근무하는 사람에게 일정한 지위를 부여하는 방식이고, 직위분류제(rank in job)는 조직 내 개인이 수행하는 직무에 지위를 부여하는 방식이다(Llorens, Klingner and Nalbandian, 2017).

직무체계를 직무를 중심으로 구성하느냐, 또는 사람을 중심으로 구성하느냐는 인적자원행정의 전반적인 관리과정에 큰 차이를 낳는다. 직위분류제는 수평적 분화를 중시하는 반면, 계급제는 수직적 분화를 중시한다. 직위분류제를 택하느냐, 아니면 계급제를 택하느냐에 따라 인적자원의 확보·개발·이동·평가·보상의 방식이 달라진다(Berman, Bowman, West & Wart, 2018).

3. 직위의 개념과 구성

계급제를 채택하든 직위분류제를 채택하든 정부 내부의 공직은 '직위'로 구성되어 있다. 직위는 두 제도 모두 공통적으로 필요한 업무 단위이다. 즉 직위(position)는 한 사람이 수행할 수 있는 직무와 책임 단위를 말한다(Berman, Bowman, West & Wart, 2018). 직무의 최소 단위인 셈이다. 따라서 직위는 직무를 수행하는 지위적 개념이고, 직무는 직위를 구성하는 기능적 개념이다. 이러한 점에서 직무는 조직과 개인을 연결하는 접점이며, 이러한 접점이 조직 내 구체적으로 나타난 단위가 바로 직위이다. 직위는 수직적 분류와 수평적 분류의 교차점이다. 직무의 높낮이가 수직적 개념이라면, 직무의 범위와 특성은 수평적 개념이다. 이러한 직위의 개념적 특성에 대한 이해가 필요하다.

(1) 수직적 개념

먼저 직위의 수직적 개념은 직무의 상대적 곤란도와 책임 정도를 말한다. 이러한 개념적 특성으로 등급, 계급, 그리고 직급의 세 가지 용어가 자주 쓰인다(오석홍, 2013). 세 가지 용어의 개념을 잘 이해하고 적절한 용어를 그때그때 사용하는 것이 필요하다.

첫째, 일반적으로 직무와 책임의 상대적 차이를 구분하는 개념이 등급(grade)이다. 등급은 직무의 높낮이를 말한다. 등급에 따라 직무를 책임지는 정도가 다르고, 이에 따라 보수와 대우도 차이가 난다. 일 자체의 경중과 책임 정도가 다르기 때문이다. 예를 들면 고위공무원단이 담당하고 있는 직위를 가급, 나급, 다급 등으로 나누고 등급에 따라 보수를 달리 지급한다. 이와 같이 등급은 직무의 난이도와 책임도에 따른 수직적 차이를 말한다.

둘째, 사람에게 주어진 신분적 개념으로 계급(rank)이 있다. 계급 역시 직위의 수직적인 의미이다. 이것은 직무의 곤란도와 책임도에 따라 구분되는 경우가 많다. 하지만 계급은 직무에 주어진 개념이라기보다는 사람에 주어진 개념이다. 직위분류제에 따르면 대부분 직무의 수직적 개념으로 '등급'을 많이 활용한다. 반면 계급제에서는 등급보다 '계급'이라는 용어를 사용한다. 이는 직무 중심의 관리 방식과 사람 중심의 관리 방식의 차이라고 할 수 있다. 가장 대표적인 것이 경찰이나 군인의 계급이다. 경찰의 경우에는 순경, 경장, 경사, 경위, 경정, 총경, 경무관, 치안감, 치안총감이란 계급이 있다. 일반 공무원들도 3급, 4급, 5급, 6급, 7급, 8급, 9급 등의 계급으로 구성되어 있다. 일반 공무원에게 사용되는 서기보, 서기, 주사보, 주사, 사무관, 서기관, 부이사관 등도 개인에게 부여된 계급이라고 할 수 있다.

셋째, 직급이라는 개념을 사용한다. 직급이란 업무에 주어진 등급, 즉 직무등급을 말한다. 직급 역시 직무의 책임 정도와 난이도에 따른 수직적 분류나, 신분적 성격을 내포하고 있다. 개념상 계급과 등급의 중간 형태로 이해된다. 직급은 원래 직무와 사람의 성격을 동시에 내포하고 있다. 계급제 하에서는 직급을 많이 사용한다. 계급에 직무적 성격을 포함하여 계급제를 완화하기 위한 명칭으로 사용하는 것이다. 계급제 하에서 직급은 계급화되는 경향이 있다. 직급이라는 명칭의 중립적 성격에도 불구하고 직무보다는 계급을 강조하기 때문일 것이다. 예를 들면 행정서기, 행정주사, 행정사무관, 서기관, 부이사관 등은 일반 행정 업무를 담당한다는 의미가 담겨 있어 계급보다는 직급이라 할 수 있다. 세무서기, 세무주사, 세무사무관 등이나 전산서기, 전산주사, 전산사무관, 시설서기관, 토목부이사관 등도 직무적 성격을 포함하는 명칭이라 할 수 있다. 실제 직급이 계급화되면 계급과 직급을 구분하기가 사실상 어렵다.

(2) 수평적 개념

직위는 수직적 개념과 함께 수평적 개념도 포함하고 있다. 수평적 개념은 직무의 종류와 유형을 말한다. 직무의 특성에 따라 수평적으로 분류하는 개념이다. 동일한 직무인 경우, 범위에 따라 직류·직렬·직군으로 구분한다. 이는 직무의 수평적 구분으로, 수직적인 분류인 직무 등급이나 계급과는 차이가 있다.

첫째, 직류(sub-series)는 동일 직렬 내에서 담당 분야가 동일한 직무의 범주를 말한다. 직무의 종류를 나타내는 최소 단위이다. 예를 들면 일반행정·교육행정·사회복지 등과 같이 직무 분야의 유사성에 따라 구분한다. 둘째, 직렬(series of classes)은 직무의 종류가 유사하고 그 곤란성과 책임 정도가 다른 직급의 범주를 말한다. 예를 들면 세무직렬 등이 있다. 셋째, 직군(occupational group, group)은 직무의 종류가 광범위하게 유사한 직렬의 범주이다. 예를 들면 공안직군·행정직군 등이다.

이러한 직류·직렬·직군의 구분은 직무의 범주를 정하는 상대적 개념이다. 따라서 절대적 기준에 따라 구분한 개념이 아니기 때문에 실제 적용 과정에서 적절한 용어의 선택이 필요하다. 담당 직무의 동일성 또는 유사성 정도를 어떻게 판단 하느냐에 따라 직류·직렬·직군으로 구분할 수 있다. 따라서 새로운 직류는 기존 직류에서 분리하여 규정할 수 있고, 새로운 직렬은 기존 직렬에서 분리하여 신설 할 수 있다. 예를 들면 우리나라 일반직 공무원의 경우는 직군이 10개 내외, 직렬 은 60개 내외, 그리고 직류가 100개 내외로 구성되어 있다(인사혁신처, 2021).

제 2 절 계급제와 직위분류제의 의의

1. 계급제

(1) 의의와 특성

계급제는 공직을 수행하는 사람의 자격과 능력을 기준으로 수직적 계급으로 구분하여 운영하는 방식이다(Llorens, Klingner and Nalbandian, 2017). 직무보다는 사 람을 중심으로 공직을 구분하는 계급제는 어떤 직무를 수행하느냐는 수평적 기능 보다 계급 상호간의 수직적 관계를 더 중시한다. 공무원 개개인에게 계급이 우선 적으로 부여되고 수행할 직무를 분배하는 방식이다.

<그림 6-2>에서 보는 바와 같이 국장은 3급, 과장은 4급, 계장은 5급 등으로 모든 직위와 사람에 일정한 계급이 부여되어 있다. 영어로는 'rank classification' 또는 'rank in person'로 표현한다(Llorens, Klingner and Nalbandian, 2017). 일반적 의미의 계급은 "사회 전체 내부에서 직업·신분·재산 등에 따라서 구별되는 사 람들의 집단"으로 정의된다(오석홍, 2022). 계층은 "재산과 지위, 그리고 신분 등 객 관적 조건이 동일한 사람들의 집단"을 의미하는 개념으로, 계급과는 약간 차이가 있다(오석홍, 2022). 다만 의미의 유사성으로 인해 이러한 공직 분류 방식을 계급제 또는 계층제라고 한다.

계급제 하에서 직위는 곧 계급을 의미한다. 즉 계급제에서 직위와 계급은 수직 적인 의미에서 동일한 개념이라고 할 수 있다. 이와 같이 계급제는 직위의 계층을 구분하고 이를 사람에게 부여하여 운영하는 방식이다. 계급제 하에서 계급은 공무 원 내부의 신분으로서 공무원 개인의 직무와 신분, 그리고 능력을 말해준다.

이러한 개념적 의미와 함께 계급제는 이를 도입하게 된 역사적 배경과 특성이

그림 6-2 계급제와 직위분류제의 비교

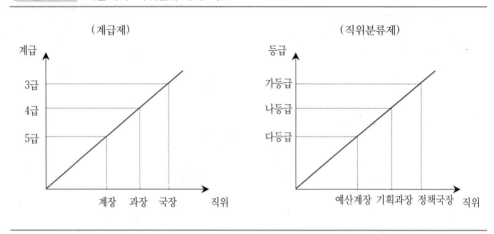

있다. 기본적으로 계급제는 개인보다는 조직을 우선시하는 문화 풍토 속에서 발전해 왔으며, 미국보다는 유럽에서, 그리고 집단문화를 중시하는 아시아 국가에서 발달해 왔다(김영우, 2008).

계급제의 특성을 보면, 첫째 사람 중심의 인적자원 관리방식을 들 수 있다. 직위분류제와는 대조적으로 직무가 아닌 사람을 중심으로 하는 시스템이다. 계급을 사람에게 부여하고, 그 사람들로 하여금 관리하게 하는 방식이다. 둘째, 사람 중심으로 하다 보니 전문 행정가보다는 일반 행정가 중심으로 운영된다. 전문성보다 더 중요한 것이 계급이기 때문이다. 이처럼 계급은 개인적 신분으로 직무와는 별개로 운영된다. 이는 신분화된 계급을 통하여 조직을 효과적으로 운영할 수 있음을 전제한다. 셋째, 인적자원의 운영이 폐쇄적이다. 외부의 인적자원을 활용하기보다는 내부의 인적자원을 활용한다. 내부 인적자원을 활용한다는 것은 장기간 근무와 함께 하위 계급으로부터 지속적인 상향적 이동을 전제하고 있다. 따라서 승진이 가장 중요한 인센티브가 된다. 근속년수에 따른 호봉이나 성과급 같은 제도를 제외하고 보수의 증가는 승진을 통하여 가능하다(Llorens, Klingner and Nalbandian, 2017). 넷째, 계급제에서는 신분보장이 잘 된다. 내부의 인적자원을 활용하려면 장기간 근무가 전제되어야 한다. 따라서 신분보장을 통하여 장기간 안정적으로 근무하게 함으로써 공직에 전념하도록 하는 것이다.

(2) 계급제의 장단점

계급제의 장점은 첫째, 동일 계급 내에서 인적자원을 탄력적으로 운영할 수 있다는 점이다. 동일 계급 내에서는 직무의 특성과 상관없이 이동할 수 있다. 조직의 새로운 목표가 주어지거나 변경될 경우, 계급 내 순환보직 등을 통해 인력을 자유롭게 활용할 수 있다. 가령 외부환경의 변화에 따라 경제위기 대응팀·기후변화 대응팀 같은 새로운 조직이 설치된 경우, 직무와 상관없이 계급별로 인력을 확보하여 신속하게 배치, 활용할 수 있다. 둘째, 인적자원을 안정적으로 유지할 수 있다. 평생 또는 장기간 안정적으로 근무하기 때문에 조직의 입장에서 적절한 경력발전계획을 수립하여 단계적으로 승진하도록 지원할 수 있다(Llorens, Klingner and Nalbandian, 2017). 특히 평생 근무하기 때문에 신분이 안정되어 있어 공직 지원의 유인이 되기도 한다. 장기적인 경력발전계획도 조직 계획상 인적자원의 성장 경로를 마련하여 직업공무원제를 유지할 수 있게 한다(김영우, 2008). 셋째, 계급제는 목표지향성이 강하다. 담당 직무에 대한 사명감보다는 자기 조직에 대한 사명감이 강하게 나타난다. 계급 체계가 분명해 조직에 대한 충성도나 몰입도를 높일 수 있다. 넷째, 다양한 직무를 수행함으로써 조직 구성원들이 관리자 입장에서 거시적인 시각을 가질 수 있다. 국가 관리, 정부 관리, 국민, 사회, 공익 등의 개념을 이해하면서 전략적이고 거시적인 시각을 가질 수 있다는 것이다.

하지만 계급제는 여러 가지 단점도 있다(Llorens, Klingner and Nalbandian, 2017). 첫째, 직무보다는 조직을 우선하기 때문에 전문성이 약화된다. 인적자원행정이 계급 중심으로 이루어져 상대적으로 직무의 전문성을 고려하지 않기 때문이다. 동일 계급 내에서 순환보직이 수시로 이루어지다 보니 전문성을 기를 시간이 부족하다. 이처럼 일반 행정가 중심으로 운영되다 보면 노동·교육·특허·조세·관세·환경·복지 등 특정 분야의 전문가 양성이 곤란하다. 둘째, 폐쇄성이다. 조직 내부의 인적자원을 활용하기 때문에 외부환경에 대한 이해와 대응이 약하다. 현대 행정이 점차 복잡해지고 전문화된 상황에서 내부 인적자원만을 활용하는 방식은 외부환경의 변화에 둔감하기 쉽다. 셋째, 연공서열 중심의 인적자원 관리방식이다. 계급과 연공서열 중심이 되다 보니 직무수행 능력이나 성과가 경시되기 쉽다. 계급제에서 가장 중요한 인센티브인 계급 간의 이동, 즉 승진이 연공서열에 따라 이루어지기 때문이다. 연공서열에 의한 승진은 성과 등 직무와의 직접 관련성이 약하기 때문에 직무에 대한 열정이나 노력이 약해질 수 있다. 따라서 실적주의 인적자원행정과는 멀어진다. 넷째, 보수와 직무의 관련성이 약해진다. 보수가 직무가 아닌 계급에 의하여 결정되기 때문이다. 보수는 매년 자동적으로 올라가는 승급이나 상위 직급으로 승진할 때 증가한다. 따라서 직무를 위한 노력이나 직무 결과로 나타

그림 6-3 계급제와 직위분류제의 비교

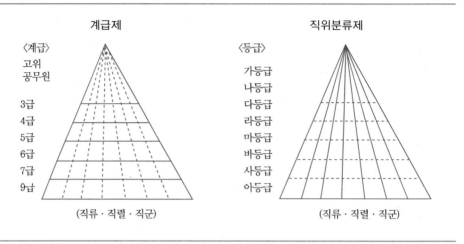

나는 성과는 보수에 반영되지 않을 수 있다. 마지막으로, 집단주의적 성향이 강해진다. 집단주의는 조직의 목표와 일치할 경우 긍정적인 효과를 가져올 수 있지만, 조직의 목표와 집단의 목표가 일치하지 않을 경우 부정적인 효과가 나타난다. 아울러 이로 인하여 관료제의 집행적 성격을 정당화하고 공무원들을 정치권력에 예속시키는 결과를 초래할 수 있다(윤견수, 2018).

2. 직위분류제

(1) 의의와 특성

직위분류제(position classification 또는 rank in job)는 계급제와는 달리 사람을 중심으로 공직을 분류하기보다 직무 또는 직위를 중심으로 공직을 분류하는 직무 분류 체계이다(Llorens, Klingner and Nalbandian, 2017 ; Berman, Bowman, West & Wart, 2021). 직위분류제는 조직 내부의 수직적 분화보다는 수평적 분화를 강조한다. 직무를 중심으로 공직을 분류하기 때문에 인간적 상하관계보다는 직무 중심의 업무 분담이 더 중요하다. <그림 6-2>에서 보는 바와 같이 정책국장은 '가'등급, 기획과장은 '나'등급, 예산계장은 '다'등급 등으로 모든 직위에 등급이 부여된다. 이경우 국장직위 상호간 또는 과장직위 상호간에도 다른 등급이 부여될 수 있다. 사람보다는 직무와 책임을 기준으로 분류하는 직무체계이기 때문이다.

직위분류제의 특성을 보면 첫째, 직무의 특성에 따라 직위별로 등급이 주어진다(Llorens, Klingner and Nalbandian, 2017). 앞에서 설명한 것처럼 직위는 수직적 분류와 수평적 분류의 교차점이다. 따라서 직무의 특성과 직무의 책임도 및 난이도에 따라 등급을 구분한다. 모든 직위는 후술하는 직무분석과 직무평가에 의한 직위의 특성에 따라 등급이 결정된다. 일정한 직위에 일률적으로 하나의 등급을 부여하기보다는 개별 직위에 따라 등급이 다양하게 주어진다. 둘째, 보수는 이들 등급에 따라 주어진다. 등급은 직무의 특성과 난이도, 그리고 책임도에 의하여 구분되기 때문에 보수는 개인별로 담당하는 직무 또는 직위에 따라 결정된다(Berman, Bowman, West & Wart, 2021). 직무의 특성과 등급이 정확히 보수에 반영되는 방식이다. 따라서 상대적으로 어려운 직무를 맡은 사람은 보수를 더 많이 받게 되고, 상대적으로 쉬운 직무를 맡은 사람은 보수를 덜 받게 된다. 셋째, 인적자원의 확보나 이동도 직무를 기준으로 이루어진다(Chi, 2010). 개별 직위별로 적합한 지식과 능력을 가진 인적자원을 채용해 일률적으로 계급별로 충원하는 계급제 하의 인력 확보 방식과는 차이가 있다. 모든 직위의 직무 요건이 다르기 때문에 그에 상응하는 사람을 채용하는 것이다.

(2) 직위분류제의 장단점

직위분류제 역시 장점과 단점이 있다. 장점으로는 첫째, 직무 중심 인적자원행정으로 인해 전문성이 강화된다. 직무를 중심으로 사람을 운영하기 때문에 전문적인 지식과 경험이 축적된 인적자원이 증가한다. 즉 직위에 맞는 사람을 확보하여 배치하고 활용함으로써 전문적인 관리가 가능하다. 전문분야별로 교육훈련의 수요를 조사하고 실행하기도 쉽다. 둘째, 직무성과에 대한 책임감이 높아진다. 직무에 적합한 사람을 배치하기 때문에 직무수행 동기와 성과가 높아질 수 있다. 조직 구성원들이 직무수행과 관련성이 약한 일반적인 조직관리나 인간관계보다는 자기 직무에 전념할 수 있기 때문이다. 그리고 자기 직무의 내용과 범위를 명확하고 구체적으로 규정함으로써 권한과 책임이 확실하게 구분된다. 셋째, 보수가 직무에 의해 결정된다는 점이다. 직무에 상응하는 보수를 줌으로써 인적자원행정의 효율성을 극대화할 수 있다. 성과에 대한 측정과 평가가 비교적 명확하게 이루어져 이에 상응하는 보수와 인센티브도 공정하게 주어질 수 있다(Llorens, Klingner and Nalbandian, 2017). 넷째, 개방적인 인적자원 관리방식이라는 점이다. 해당 직위를 수행할 수 있는 전문적인 지식과 능력이 있으면 조직 내부는 물론 외부에서도 충원이 가능하다. 따라서 다양한 우수 인재를 적극적으로 활용할 수 있다. 직무를 수행할 수 있는 능력과 실력이 존중받는 시스템이다.

하지만 단점 또한 있다. 첫째, 직무 중심 체계라 인간적인 요소가 경시된다는 점이다. 조직 내부의 인간관계보다는 직무 중심의 조직문화, 그리고 직무와 성과 중심의 조직 운영에 치중하기 쉽다. 조직을 단순히 직무를 수행하고 보수를 받는 곳으로 이해하게 돼 자신이 평생 근무하는, 따뜻한 직장의 의미가 약해질 수 있다. 둘째, 조직에 대한 충성심이나 몰입도가 낮아질 수 있다. 자신이 맡고 있는 직무만을 생각하고 조직 전체의 목표나 전략 등 거시적인 이해가 부족하기 때문이다. 그로 인해 조직 전체의 성과가 오히려 떨어질 수 있다. 이처럼 직위분류제 하에서는 상대적으로 전산·법령·예산 등 자신이 직접 맡고 있는 직무 이외에 것에 대한 이해가 부족하고, 관리자 능력이나 자질을 훈련할 수 있는 기회도 미흡하다. 셋째, 인적자원 운영 면에서 경직성을 보인다. 직무 요건과 내용이 서로 다른 직위 간의 수평적 보직 이동이 곤란해지는 등 조직 내 인적자원의 탄력적인 이동과 배치가 제한되기 때문이다(Llorens, Klingner and Nalbandian, 2017). 따라서 새로운 목표가 주어지거나 변화가 필요한 경우에도 신속하고 탄력적으로 대응하기 어렵다. 넷째, 책임성과 불안정성이다. 직무 중심의 인적자원행정으로 외부 채용이 많아지면서 내부 조직을 안정적으로 유지하는 직업공무원제가 약화될 수 있다. 이에 따라 자기 직무에 대한 부분적 책임성은 강화될 수 있지만, 자신이 속한 조직 전체에 대한 주인의식과 국민에 대한 책임성은 약해질 수 있다.

3. 계급제와 직위분류제의 비교

이상에서 본 바와 같이 계급제와 직위분류제는 다양한 측면에서 차이가 있다(하미승·권용수·이재은, 2007). 이를 인적자원행정의 구성 요소를 기준으로 보면 <표 6-1>과 같다.

첫째, 목표와 전략에서 차이가 있다. 계급제는 집단적 가치를 중시하는 폐쇄적·집권적 시스템이다. 집단 역량이 강조되는 관료형 인적자원관리 유형에 해당한다. 동시에 직업공무원제와 신분보장을 전제로 한다. 반면 직위분류제는 개인적 가치를 중시하는 개방적·분권적 시스템이다. 개인 역량이 강조되는 스타형 인적자원관리 유형에 해당한다. 따라서 신분보장이나 직업공무원제도 약하다. 둘째, 직무체계 측면에서 보면 계급제는 계급 중심의 수직적 직무체계이다. 따라서 사람을 중심으로 하는 일반 행정가를 선호한다. 반면 직위분류제는 직무 중심의 수평적

| 표 6-1 | 계급제와 직위분류제의 특성 비교 |

구성요소	세부기준	계급제	직위분류제
목표 전략	목표/가치	집단 가치	개인 가치
	관리방식	집권적 관료형 (폐쇄형)	분권적 스타형 (개방형)
	직업공무원제	강함(신분 보장)	약함
직무 역량	직무체계	직급 중심(수직 관계)	직무 중심(수평 관계)
	직무 성격/ 역량	일반행정 기능 중심 (집단 역량 중심)	전문행정 기능 중심 (개인 역량 중심)
인적자원 관리과정	인적자원 확보	직급별 선발	직위별 선발
	인적자원 개발	관리역량 개발	직무역량 개발
	인적자원 이동	수평적 이동 용이	수평적 이동 곤란
	인적자원 동기	집단적 복지 수준 향상	개인적 직무 보상 강화
성과 보상	성과 측정	측정 곤란	측정 용이
	성과 기준	연공서열주의	능력/실적주의
	보상	생활급/연공급 중심	직무급/성과급 중심

직무체계여서 직무를 중심으로 하는 전문 행정가를 선호한다(Berman, Bowman, West & Wart, 2021). 셋째, 인적자원행정 과정 측면이다. 계급제는 계급별로 선발하여 계급별 관리 역량을 강화하는 것이 중요하다. 인적자원의 이동은 수평적·탄력적으로 이루어지고, 동기부여 방식은 주로 집단적 복지 수준을 향상하는 데 초점이 맞춰져 있다. 반면 직위분류제는 직위별로 선발하여 직위별 또는 직무 유형별 역량을 강화하는 것이 중요하다. 인적자원의 수평적 이동은 곤란하고, 동기부여 방식은 개인별로 직무 인센티브를 높이는 데 집중한다. 넷째, 성과 보상 측면이다. 계급제는 성과 측정이 곤란하기 때문에 성과 중심의 인적자원행정이 어렵다. 따라서 연공서열 중심의 보수 체계로 생활급이나 연공급에 의존하는 경우가 많다. 반면 직위분류제는 직무 성과의 측정이 용이하기 때문에 능력이나 실적을 강조하고, 이에 따라 보수 체계도 직무급이나 성과급을 중심으로 운영된다.

제 3 절 계급제와 직위분류제의 균형

1. 두 제도의 결정요인

지금까지 살펴본 바와 같이 계급제와 직위분류제는 인적자원행정 운영 전반에서 상당한 차이를 보인다. 즉 목표와 전략, 직무와 역량, 인적자원 관리과정, 그리고 성과와 보상에 이르기까지 큰 차이가 있다. 두 제도 중 어떤 것을 선택하느냐는 그 나라가 처해 있는 상황에 따라 달라진다(Chi, 2010).

그러나 어느 제도를 택하든 그 나라의 역사적 맥락과 사회문화적 특성이 반영되어 현재의 시스템을 유지하는 경우가 많다. 즉 사회적 계층화 정도, 직업 구조의 분화 정도, 교육제도의 특성, 경제 및 보수 수준 등에 따라 제도를 선택하게 된다 (오석홍, 2022).

(1) 사회적 계층화 정도

계급제는 일반적으로 신분사회에 많다. 프랑스나 독일처럼 농업 위주의 전통적 계급사회의 맥락에서(오석홍, 2022) 사회적 계층이 명확히 구분되는 역사를 가진 나라들이 대체로 계급제를 택한다. 개인의 가치보다는 집단의 규범과 도덕을 강조하는 사회 성격으로 인해 개인의 가치는 집단의 가치에 희생될 수 있다고 본다. 이 경우 정부 조직에서도 계급제를 택하는 경우가 많다.

반면 민주적·개방적 사회에서는 직위분류제를 채택하는 경우가 많다(Chi, 2010). 개인의 자유와 창의성이 존중되고, 직무에 대한 전문적 지식과 능력이 존중받는 사회의 특성 때문이다. 직무를 중심으로 운영되며, 조직은 개인을 통제하지 않는다. 오히려 개인의 자유로운 활동을 강조한다. 이러한 역사와 문화를 가진 나라들은 정부 조직에서도 직위분류제를 채택한다. 미국은 동일한 직무, 동일한 보수 (equal pay for equal work) 주장이 나온 후 1923년 직위분류법(Classification Act) 제정 이후 직위분류제를 택하고 있다. 이러한 배경은 합리주의·자유주의적 문화와 역사 속에서 이해할 수 있다(김중양, 2008).

(2) 직업구조의 분화 정도

계급제를 택할 것인지, 아니면 직위분류제를 택할 것인지는 직업 구조의 분화 정도에 따라 달라질 수 있다. 직업 분화 수준이 낮은 사회에서는 대체로 계급제를 채택한다. 예를 들면, 농촌의 대가족 제도 하에서는 직업의 분화 정도가 매우 낮다. 이러한 경우에는 직무를 중심으로 분류하기 곤란하기 때문에 계급에 따라 직무수행 체계를 구성한다. 반대로 현대사회가 갈수록 복잡해지고 전문화되면서 기존의 직업이 다양하게 분류되고 새로운 직업도 끊임없이 생겨나고 있다. 이들 직업 구조는 정부 조직에도 그대로 적용될 수 있는 직무분류 시스템이 될 수 있다. 이처럼 다양하고 전문화된 직업 구조에서는 계급제보다는 직위분류제를 선호하게 된다.

(3) 교육제도의 특성

정부의 인력운영 및 관리방식도 그 나라가 가지고 있는 교육제도의 특성에 따라 달라진다. 고등교육제도가 발전한 국가의 경우에는 직업 분화의 정도도 크고 전문적인 영역이 발달되어 있다. 특히 사회과학보다도 자연과학이 발달되어 있는 경우에는 직무의 성격과 특성을 비교적 명확하게 구분할 수 있다. 이러한 경우에는 계급제보다는 직위분류제가 정착되는 경향이 있다. 하지만 분야별 전문교육에 대한 사회적 인식이나 제도가 정착되어 있지 않은 나라에서는 계급제가 활용된다. 전문교육보다 일반적인 교양교육이나 윤리교육 중심의 교육제도가 정착된 경우에는 직위분류제를 시행하기 곤란하기 때문이다.

(4) 경제 및 보수 수준

계급제와 직위분류제를 채택하고자 할 경우 경제와 보수 수준도 고려할 필요가 있다. 경제가 발전하고 공무원의 보수 수준이 높은 경우에는 직위분류제를 택하여 직무 중심의 인적자원 관리방식을 도입할 수 있다. 하지만 공무원의 보수가 전반적인 생계비에 미달하는 나라에서는 직무에 상응하는 보수를 지급하기 곤란한 경우가 많다. 따라서 그 나라의 경제수준, 그리고 이에 상응하는 공무원의 보수 수준에 따라 계급제나 직위분류제 적용 과정에서 여러 가지 장애요인이 발생할 수 있다.

2. 계급제와 직위분류제의 조화

(1) 기본 방향

현대 행정이 복잡화·전문화되면서 계급제에서 직위분류제로 차츰 이동하는 경향을 보이고 있다(김성연, 2019 ; Veit, 2020 ; 이학구 외, 2021). 사회의 계층화 정도가 약해지고, 직업 구조는 더욱 분화되고, 고등교육제도가 확산되고, 경제발전이 지속되는 상황에서는 계급제보다 직위분류제를 선호하는 경향이 강하다. 특히 전통적으로 계급제를 택하고 있는 경우, 직위분류제로 전환하기 위한 노력이 활발하게 이루어지고 있다(김영우, 2008). 또한 계급제와 직위분류제를 조화시킬 수 있는 구체적인 방안을 도입하여 적용하는 것이 중요하다(하미승·권용수·이재은, 2007).

이러한 관점에서 계급제와 직위분류제가 앞으로 나아갈 방향을 두 가지로 요약할 수 있다. <그림 6-4>에서 보는 바와 같이 계급제를 폐지하고 직위분류제로 전환하는 급격한 개혁 방안과 계급제와 직위분류제를 상호 보완하는 점진적 개혁 방안이 있다.

그림 6-4　계급제에서 직위분류제로의 이동

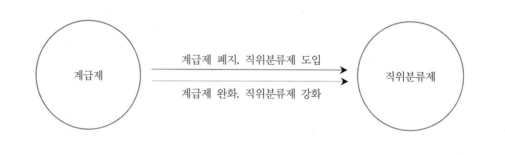

(2) 계급제와 직위분류제의 조화

(가) 계급제의 폐지

계급제를 전면 폐지하는 방안은 기존의 계급을 통합하고 통합된 직급 내에 직위분류제를 도입하는 방식이다. 상위 3개 등급을 통합한 고위공무원단제도, 중간 관리계층의 직급 통합, 중하위직 직급의 폐지 방안 등이 여기에 해당한다(이학구 외, 2021). 계급제를 폐지하고 직위분류제를 도입하는 것은 전문 행정가 중심의 인사행정이 가능하고, 직무 중심의 인사운영으로 전문성과 창의성을 높일 수 있으며, 성과와 보수의 연계가 용이하고, 직무와 역량의 정합성을 높일 수 있다는 것이다. 하지만 계급제를 완전 폐지하고 직위분류제를 도입할 경우, 전문 직위 상호간의 수평적 협력이 약화될 수 있고, 전문 분야 중심으로 편협한 사고에 빠질 수 있으며, 계층적인 조직문화를 그대로 유지한 채 제도상으로만 도입하고 실제 형식적으로 운영될 우려가 많다. 특히 공직의 직업안정성이 주요 공직 동기인 점(박천오, 2008) 등을 고려하면 이는 계급제에서 부여된 강력한 신분보장이 다소 완화되면서 직업공무원제도가 전반적으로 취약해질 수 있다는 단점이 있다.

(나) 계급제의 완화

계급제 완화 방안은 현행 계급제를 유지하되 직위분류제 요소를 가미하는 형태이다. 즉 계급제적 요소를 완화하거나 직위분류제 요소를 강화하는 방안이다. 계급제적 요소를 완화하는 방안으로는 직위별 복수직급제를 도입하는 방안, 직급과 보수를 분리 운영하는 방안, 성과급제를 통한 계급 요소 약화 방안 등이 있다. <그림 6-5>는 복수직급제를 표시한 그림이다. 일반적으로 계급제 하에서는 단수

우리나라 계급제와 직위분류제의 역사적 변천

1948년 정부 수립과 함께 '국가공무원법'을 제정하고 공무원의 계급을 1급에서 5급으로 구분하여 공직 내부의 직무체계를 구성하였다. 이는 3급과 4급에 갑과 을로 구분하여 총 7계급으로 구성되었다. 1963년 11월 1일 계급제를 폐지하고 직위분류제를 시행하기 위하여 '직위분류법'을 제정하여 1967년부터 실시하려 했다. 1973년 2월 5일 직위분류법이 폐지되어 직위분류제의 전면적 도입은 실패로 돌아갔다. 다만, 국가공무원법에 '직위분류제의 원칙과 단계적 도입'의 일반적 근거 규정을 두고 계급제를 운영하되 직위분류제적인 요소를 가미하는 공무원 시스템을 구성하였다. 즉 계급제를 폐지하지 않는 대신 직위·직급·직렬·직류 등 직위분류제에서 사용하는 직무 관련 용어가 법령에 사용되었다. 이 시기부터 계급제를 1급, 2·3·4·5급을 갑과 을로 구분하여 9계급으로 운영하게 되었다.

1981년에는 갑과 을의 구분을 없애고, 1급에서 9급으로 구분하여 현행 체계를 유지하였다. 다만, 2006년에는 1급 내지 3급의 계급을 폐지하고 고위공무원단으로 통합함으로써 상위직에 직위분류제적 요소를 도입한다. 즉 고위공무원단 내 직급은 폐지하는 대신 직무분석과 직무평가를 통하여 직무등급을 가·나·다·라·마 등 5등급으로 구분하여 운영하게 되었다. 이후 2008년 직무 등급은 5등급에서 2등급으로 축소함으로써 과거의 계급제적 성격이 오히려 강화되어 지금에 이르고 있다(유진식, 2007).

직급제, 즉 하나의 직위와 하나의 계급을 일치시키는 시스템을 운영한다. 계장은 5급, 과장은 4급, 국장은 3급 등으로 부여하던 것을, 계장은 4-5급, 과장은 3-4급, 국장은 2-3급 등 복수의 직급을 부여하는 방식이다. 복수직급제는 하나의 직위에 두 개 이상의 직급을 부여함으로써 계급제를 약화시키는 방법이다(하미승·권용수·이재은, 2007). 즉 직위와 계급을 분리하여 계급적 요소를 완화하고 직위 중심의 인적자원행정을 도모하기 위한 방안이다(중앙인사위원회, 2007). 이 경우 동일한 4급이라 하더라도 계장 또는 과장이 될 수 있으며, 동일한 3급이라도 과장 또는 국장이 될 수 있다. 직급과 직위를 분리하여 직무 중심의 인적자원행정을 도모하기 위한 제도이나, 계급제에 익숙한 공무원들의 계급의식 완화에 제한적 효과, 승진을 확대하기 위한 수단으로 작용하는 등 부정적 측면에 대한 고려가 필요하다.

그림 6-5 단수직급제와 복수직급제

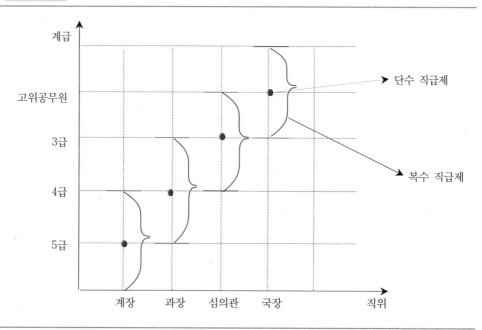

(다) 직위분류제의 강화

직위분류제 요소를 강화하는 방안은 직무분석과 직무평가를 바탕으로 인적자원의 전반적인 과정에 직무 중심 요소를 도입하는 것이다. 직급보다는 직무와 보수의 연계를 강화하는 직무등급제, 부처 간 또는 부처 내 직위공모제 확대, 민간 대상 개방형 계약직 임용(배귀희, 2009), 전문직공무원제(김성연, 2019), 직렬·직류 구분의 세분화 또는 상위직까지 직렬 적용 확대, 부처 간 직렬 단위 수평적 이동 확대 등이 해당된다. 이러한 방식은 직접 또는 간접적으로 계급제를 완화하는 효과를 발휘한다. 직위분류제적 요소를 어느 정도 가미하느냐에 따라 다양한 형태의 제도 도입과 적용이 가능하다. 이러한 계급제 완화 또는 직위분류제 강화는 채용과 훈련, 보수와 승진 제도의 전면 개편과 함께 조직문화의 혁신적 변화가 병행되어야 한다.

외국의 계급제와 직위분류제

[미국]
계급 개념은 없고, 직위분류제로 15개 직무등급으로 구분함. 개인별 계급은 없고 자격과 책임에 따라 직위(직책)을 부여하고, 직위별로 직무등급(15등급)을 구분 운영하고 있음. 보수체계도 15개의 직무등급별로 각각 10단계 보수체계를 유지하되, 단계승급은 자격과 능력에 따라 부여함. 채용과 보수, 성과평가 등은 부처별 자체 결정함.

[영국]
통일된 직급이 없고 부처별 직급 명칭이 다름. 채용과 승진, 보수는 각 부처에 위임. 원칙적으로 승진의 개념이 없음. 소속 기관의 다른 직위나 다른 기관에 이동할 경우에는 공개적으로 채용되어야 함. 고위공무원의 경우, 1996년 7계급을 폐지, 7단계로 보수등급화(상한, 하한)함. 고위공무원이 아닌 일반직의 경우 경력이 반영되지 않고, 성과 등을 기준으로 등급을 평가함.

[일본]
계급은 없고, 13개 직무등급으로 구분함. 직위분류제(직계제)로 직위의 등급을 정하여 13개 직무등급을 운영함. 직무등급에 따라 보수등급이 결정됨. 관직 분류의 기초는 관직의 직무와 책임이며, 직원 개인이 가지는 자격, 성적 또는 능력이 아님. 한 사람이 담당하는 직무와 책임이라고 규정된 관직의 등급은 직무의 난이도와 책임도에 의해 결정됨.

[프랑스]
3개 계급으로 구분하고, 개인별 봉급지수에 의해 보수를 지급함. 수백 개의 공무원단(corps)으로 구분, 공무원단은 A, B, C의 3개 카테고리로 구분하여 계급화됨. 공무원단별로 인사규칙이 따로 제정, 별도 운영. 직급과 직위를 철저히 분리 운영함. 직급과 달리 직위는 능력에 따라 부여됨. 업무 수행상 필요에 따라 상위직급 공무원도 하위직위에 임용될 수 있음. 개인별 보수는 100을 기준으로 봉급지수에 의해 책정 운영함.

[독일]
4개 계급으로 구분하고, 16개 보수등급을 운영함. 고등직, 상급직, 중간직 및 단순직으로 4개 계급군으로 구분함. 4개 계급군의 학력 등 임용요건이 다름. 4개 계급군 내에 3-4개의 보수등급이 있고 총 16개의 보수등급이 존재함. 계급제이면서도 부처별 자율 채용제를 채택함.

* 출처: 전국교직원노동조합(2011), 전주열 등 5인(2015) 및 이창길(2020)을 참조

학•습•포•인•트

- 조직 목표와 개인 역량
- 직위의 구성
- 직무체계와 직위
- 계급제의 의의와 장단점
- 계급제 완화 방안

- 직위의 개념
- 직무체계의 의의
- 직위분류제의 의의와 장단점
- 직위분류제와 계급제 결정시 고려사항
- 직위분류제와 계급제의 미래 방향

연•습•문•제

1. 직위분류제와 계급제의 직위에 대한 시각을 비교하여 설명하시오.
2. 직위분류제와 계급제를 비교하는 기준을 제시하고, 그 기준에 따라 비교하여 설명하시오.
3. 계급제와 직위분류제의 장단점을 설명하고, 단점을 보완하는 방안을 구상해 보시오.
4. 현재 우리나라 공무원 체제는 계급제를 완화함과 동시에 직위분류제를 강화하는 방향으로 다양한 제도개선이 이루어지고 있다. 전자(계급제 완화)와 후자(직위분류제 강화)의 제도 도입 사례를 제시하고, 절충안이 있을 경우 이를 제시하시오.
5. 직위는 수직적 개념과 수평적 개념으로 나뉘는데, 각각 이에 속하는 개념을 제시하고 예를 들어 설명하시오.

토•의•사•례

정부가 서기관(4급)과 사무관(5급), 주사(6급) 등과 같은 기존 공무원 직급을 전면 폐지하는 방안을 추진한다. 1948년 정부 출범 이후 60여 년간 유지돼 온 계급 중심 체계를 허무는 것이어서 공직사회에 큰 파장이 예상된다. 정부는 24일 현행 3급(부이사관)~9급(서기보)으로 나뉜 공무원의 직급체계를 '관리자-중간간부-실무그룹' 등으로 대폭 단순화하는 작업에 착수했다고 밝혔다. 현행 부이사관-서기관-사무관-주사-주사보-서기-서기보로 이어지는 7단계 직급체계를 '3단계'로 줄이는 방안이다. 정부는 우선 법제처와 특허청, 농업진흥청, 기상청 등에 이를 시범 적용하도록 공문을 통해 권고했다. 빠르면 오는 10월쯤 관련 규정 손질 등 제반 절차를 거쳐 내년까지 시범 운용한 뒤 2년 내지 3년 후에는 부 단위를 대상으로 시범 적용한다는 방침이다.

정부 인사행정관은 "고위공무원단은 직무등급제를, 3~9급은 계급제를 취하는 등 우리나라 공무원 조직은 이원화돼 있다"면서 "시대변화를 잘 반영할 수 있는 효율적인 직급체계를 찾을 필요가 있다"라고 말했다. 현행 제도는 중앙부처 국장급 이상 공무원에 해당하는 1급(관리관)과 2급(이사관)은 2006년 이미 폐지돼 지금의 고위공무원단(가~나급)으로 개편됐지만 3급 이하는 직급제를 그대로 유지하고 있다. 3급 공무원은 역량평가 등 심사를 거쳐 고위공무원단으로 승진이 가능하고, 승진과 동시에 3급이라는 직급은 사라진다. 정부는 당초 3가지 유형의 3급 이하 공무원 직급체계 개편 방안을 놓고 저울질을 했다. 이 가운데 3~9급을 '관리자-중간간부-실무그룹' 3단 계급으로 재편하는 방안으로 의견이 모아지고 있다(서울신문, 2010).

📖 **토의과제**

1. 정부에서 계급제를 폐지하는 의미와 구체적인 내용을 요약하여 설명하시오.
2. 계급제를 폐지하고자 하는 이유와 당위성은 무엇인지 설명하시오.
3. 계급제를 폐지한 후에는 정부 인적자원행정을 어떻게 운영하는 것인지 구체적인 방안(들)을 제시하고, 제시된 방안(들)으로부터 예상되는 부작용을 설명하시오.

💡 **참고문헌**

김성연, 2019. 「공무원 계급제 개편정책 변동 분석: Winter 정책통합모형 활용」.『한국인사행정학회보』, 18(2), pp.35-67.

김중양, 2008.『한국인사행정론』제6판, 법문사.

김영우, 2008. 「유럽통합이 계급제 국가의 인사행정에 미친 영향」,『한국인사행정학회보』, 7(3), pp.1-23.

박천오, 2008. 「우리나라 중상위직 중앙공무원의 직무 성격과 직무 동기」,『한국인사행정학회보』, 7(2).

배귀희, 2009. 「개방형 직위제도의 효과적 정착에 관한 연구」,『한국정책과학학회보』 13 (2).

<서울신문>, 2010. 2. 25, 1면.

오석홍, 2022.『인사행정론』제8판, 박영사.

유진식, 2007. 「국가공무원법과 직위분류제」,『공법학연구』8(2), p.69.

윤견수, 2018. 「한국 행정의 오래된 미래 : 관료제와 정치」.『한국행정학보』, 52(2), pp. 3-35.

이창길, 2020.『대한민국 인사혁명 : 휴머니즘 인사혁명을 위한 22가지 질문』. 나무와숲.

이학구・김정환・안문희・김성화・서용성, 2021.『공정하고 충실한 법원업무 실현을 위한 법원공무원 직급・직렬구조 개편 방안』. 사법정책연구원 연구총서.

인사혁신처, 2021.『2021인사혁신통계연보』.

전주열 등 5인, 2015. 해외주요국의 국가공무원에 관한 법제 분석. 한국법제연구원.

전국공무원노동조합/미래경제사회포럼, 2011. 공직체계의 바람직한 개편방안 연구.

중앙인사위원회, 2007. 『공무원 인사개혁백서』, pp.65-167.

하미승·권용수·이재은, 2007. 「공무원 직종·직급체계의 합리적 개편 방안 연구 : 공무원 인식을 중심으로」, 『한국인사행정학회보』 6(2), pp.163-194.

Berman, Evan M., James S. Bowman, Jonathan P. West, Montgomery R. Van Wart, 2021. *Human Resource Management in Public Service : Paradoxes, Processes, and Problems, 4th ediiton.* SAGE Publications.

Condrey, Stephen E. 2010. *Handbook of Human Resources Management in Government,* 3rd edition, Jossey-Bass.

Chi, Keon S. 2010. State Civil Service System, in the book *Handbook of Human Resources Management in Government,* 3rd edition, edited by Condrey, Stephen E.

Llorens, Jared E, Klingner, Donald E. and John Nalbandian, 2017. *Public Personnel Management : Contexts and Strategies,* 7th edition. Prentice-Hall.

Veit, S., 2020. Career Patterns in Administrations. In *Oxford Research Encyclopedia of Politics.*

제7장

직무분석과 평가

이 장에서는 조직 내 직위를 구성하는 방법으로 직무분석과 직무평가에 대해서 학습한다. 직무분석은 직무 자체의 특성과 유형을 수평적으로 분류하는 작업인 반면, 직무평가는 직무의 책임도와 난이도에 따라 수직적으로 등급을 부여하는 작업이다. 직무분석 방법으로 분석 목적에 따라 직무특성분석법·직무요소분석법·중요사건기록법·직무분석설문방법·직무기능분석방법 등을 알아보고, 직무평가 방법으로는 비계량적 방법인 분류법과 서열법, 그리고 계량적 방법인 점수법과 요소비교법을 살펴본다. 아울러 직무분석과 직무평가에 대한 발전적 개념으로 직무확대와 직무풍요화의 개념을 이해하고, 직무 자체의 발전을 위한 직무설계 및 재설계에 대해서도 학습한다.

각득기소(各得其所) : 모든 것은 그 있어야 할 곳에 있게 된다.
　　　　　　－ 각자의 능력이나 적성에 따라 적절히 배치될 것이다. －

제1절 직무분석

1. 직위 구성과 직무분석

(1) 직위 구성의 의의

앞장에서 설명한 것처럼 직위는 수직적 분류와 수평적 분류의 교차적 개념이다. 직위는 수직적으로 등급을 정해주고 수평적으로 직무의 유형을 말해준다. 직위는 한 사람이 수행하는 직무 단위이고, 직무는 직위가 수행하는 업무의 묶음이다. 직위나 직무에 대한 분석이나 연구는 직위의 수직적 계층을 중시하는 계급제보다는 직위의 수평적 특성을 중시하는 직위분류제를 전제로 하여 이루어진다. 계급제는 직무 중심의 직위 체계라기보다 사람 중심의 직위 체계로, 직무 자체의 분석과 평가의 중요성이 상대적으로 낮기 때문이다.

이와 같이 직위분류제 하에서는 직무를 먼저 규정한 후에 해당 직무에 맞는 사람을 배치한다. 따라서 해당 직위에 포함된 직무를 상세히 분석하고 평가하는 작업이 선행되어야 한다. 직무분석은 해당 직위에서 수행할 직무가 무엇인가를 규정하는 것이고, 직무평가는 해당 직위의 직무가 얼마나 중요한가를 결정하는 것이다. <그림 7-1>에서 보는 바와 같이, 직무분석은 수평적 의미가 담겨 있는 반면, 직무평가는 수직적 의미가 담겨 있다.

직무분석 및 직무평가와 함께 직무설계 또는 직무재설계도 필요하다. 직무분석이나 직무평가가 현재의 관점에서 직무에 관한 정보를 수집하고 분석·평가한 반면, 직무설계 및 직무재설계는 미래의 관점에서 해당 직위에 부여된 직무 내용을 발전시키는 작업이다(Fields, 2002). 따라서 직무설계는 직무분석과 직무평가에 의하여 결정된 현재의 직무에 만족하지 않고 어떻게 변할 것이고 변해야 되는지, 또 어떻게 하면 해당 직무를 효율적으로 할 수 있는지 등을 발전적인 관점에서 살펴보는 것이다(Champoux, 1992).

그림 7-1　직무분석과 직무평가

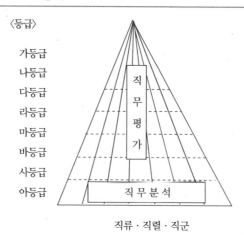

〈등급〉

가등급
나등급
다등급
라등급
마등급
바등급
사등급
아등급

직 무 평 가

직 무 분 석

직류 · 직렬 · 직군

(2) 직무분석의 개념과 목적

직무분석은 다른 직무와 구별되는 직무 관련 정보를 체계적으로 기술하는 과
정으로, 직위별 직무의 종류와 유형을 결정하는 작업이다(Foster, 2010 ; 이학종 · 양
혁승, 2012). 직무분석은 직무의 내용과 특성을 유형화하는 작업으로 직무의 등급
을 결정하는 직무평가의 개념과는 구별된다. 직위는 조직의 목표를 성취하려는 다
양한 기능을 체계적으로 분류한 직무 단위이다. 따라서 직무분석은 직위가 수행하
는 직무에 대한 기초적인 분석 작업이며, 성공적인 인적자원 활용의 전제조건이다
(Scheider & Konz, 1989).

이러한 직무분석은 여러 가지로 활용된다(Drauden, 1988 ; Foster, 2010). 첫째, 직
무기술서(job description)를 만드는 기초 자료가 된다. 일반적으로 직무기술서는 직
무 내용과 요건을 작성한 서류인 데 비해, 직무분석은 직무 내용과 여건을 확인하
는 과정이다. 즉 직무에 필요한 지식과 기술, 능력 등을 분류하여 직군 · 직렬 · 직
류로 구분하는 자료이다. 그런 점에서 직무분석은 직무기술서의 선결 요건인 셈이
다. 둘째, 인적자원 모집과 선발 과정에서 활용되는 기초 자료가 된다. 역량개발의
수요를 예측하고, 성과측정이나 평가에도 활용되는가 하면, 재직자의 경력관리나
직업안내에도 활용할 수 있는 자료가 된다. 셋째, 직무분석은 직무평가에도 활용
된다. 직무분석을 토대로 직무평가를 하고, 나아가 보수 등급을 결정하는 기초 자
료인 것이다. 예컨대 팀장들의 직무를 상세히 분석하지 않고는 직무평가 자체가
곤란하다. 넷째, 현실적인 직업 견습(job preview)으로 활용된다. 직무의 장단점을

교육부 국제협력국장 공모직위 「직무수행요건 명세서」

Ⅰ. 기본사항

1. 부처명	2. 직위명	3. 보직 가능 직급	4. 직무 등급
교육과학기술부	국제협력국장	일반직 고위공무원	나등급
5. 주요 업무 내용			비 중
1. 교육과학기술 국제화 전략 수립			15
2. 국제공동연구사업 등 교육과학기술 국제화 사업 추진			15
3. 재외동포 교육정책 수립 및 재외한국학교 등 운영 지원			15
4. 국제장학프로그램(Global Korea Scholarship) 추진			15
5. 양국간 공동위 개최 등 교육과학기술 협력기반 조성			13
6. OECD · UNESCO 등 국제기구와의 교육과학기술협력			13
7. FTA · WTO · DDA 교육과학기술 분야 협상 대응			6
8. 해외우수연구기관 유치사업 기획 · 추진			5
9. 남북 과학기술교류협력 활성화			3
6. 관련 분야			
과학기술, 통상협력, ODA, 초 · 중 · 등 교육과정, 학사운영 등 교육행정 전반			
7. 필요 지식 및 기술			
1. 국제회의 협상 능력, 영어 구사 능력, 사업 기획 · 관리 능력			
2. 재외한국학교 지원을 위한 유 · 초 · 중 · 고등학교 및 평생교육 관련 이론적 · 실무적 · 법규적 지식			
3. 과학기술 분야의 행정 및 교육행정(정책)에 관한 지식과 경험			

Ⅱ. 직무수행 요건

1. 임용자격 요건	가) 필수요건 ○ 고위공무원단에 속하는 경력직 공무원 ○ '고위공무원단 인사규정' 제7조의 요건을 갖춘 고위공무원단 후보자 나) 경력 또는 실적 요건 ○ 해당 직위 직무수행과 관련된 경력 · 실적 · 학력 등 소지자
2. 능력 요건	① 전문가적 능력 ⅰ) 관련 분야에 관한 전문 지식 및 기술 ⅱ) 새로운 지식, 전략, 정보의 수집 · 분석 및 활용 능력 ⅲ) 종합적 판단력 및 정책결정 능력
	② 전략적 리더십 ⅰ) 혁신 비전 제시 및 혁신 지향 능력 ⅱ) 전략적 사고 및 전략 수립 능력 ⅲ) 유연하고 전향적인 자세를 견지하는 능력
	③ 변화 관리 능력 ⅰ) 문제에 대한 사전예측과 예방조치 능력 ⅱ) 문제해결 방안을 도출하는 능력 ⅲ) 고객지향성 및 새로운 방식의 전파 능력
	④ 조직 관리 능력 ⅰ) 부서 내부 팀워크 형성 및 목표 공유 능력 ⅱ) 업무개선 능력 ⅲ) 자원활용 능력
	⑤ 의사전달 및 협상 능력 ⅰ) 공감대 형성 능력 ⅱ) 효과적인 커뮤니케이션 능력 ⅲ) 효과적인 협상 및 설득 능력
3. 특별 요건	① 자격증 ■ 무, □ 유 ② 외국어 : 영어 ③ 정보화 능력 : 컴퓨터 활용 능력(인터넷 등) ④ 기타 특별 요건

분석하고 기술하기 때문이다. 예를 들면 인턴을 가기 전에 직무의 성격과 장단점을 미리 알 수 있는 자료가 된다. 다섯째, 직무설계 및 재설계(job design and redesign)의 자료가 된다. 새로운 업무 내용을 정하고, 기존 업무의 변경 가능성을 검토할 수 있는 기회를 제공하기 때문이다. 예를 들면 직무 내용이 허가제에서 신고제로 변경된 경우에는 직무분석을 통하여 직무수행의 방법과 절차, 요구조건 등이 재설계될 필요가 있다. 여섯째, 직무분석을 통하여 해당 직무의 법적 요건을 명확히 규정할 수 있다. 안전도 분석 업무와 같이 추가로 주의할 사항을 체계적으로 정리할 수도 있다. 예를 들어 소방 업무의 경우, 안전도를 확인할 수 있는 다양한 법적 요건을 분석할 수 있다. 일곱째, 조직 분석의 자료로 활용될 수 있다. 조직의 변화와 혁신, 조직문화와 구조를 분석하는 기초 자료가 되기 때문이다. 이를 통하여 조직의 효율성을 향상시킬 수 있는 방안을 강구할 수 있다.

2. 직무분석 방법

직무분석 방법은 다양하다. 이는 직무의 종류와 유형을 구분하는 기준과 내용이 무엇이냐에 따라 차이가 있다. 직무의 특성을 어떻게 분류할 것이냐는 직무분석의 목적이나 조직의 성격에 따라 다를 수 있다. 여기에서는 직무특성분석법, 중요사건기록법, 직무요소분석법, 직무행동분석법, 직무기능분석법을 살펴보기로 한다(Gael, 1988 ; Fine & Cronshaw, 1999 ; Foster, 2010).

(1) 직무특성분석법(Threshold Trait Analysis, TTA)

직무특성분석법은 분석 대상 직무를 업무성격(task)과 작업요건(demand)으로 구분한 다음, 다섯 가지 특성을 기준으로 분석하는 방법이다. 이때 분류 기준인 다섯 가지 특성은 육체적, 정신적, 학습적, 동기적, 그리고 사회적 측면으로 구분한다(Lopez, 1988 ; Foster, 2010).

첫째, 육체적 특성은 해당 직무를 성공적으로 수행하기 위해서는 어떤 신체적 조건이 충족되어야 하는지, 또 직무수행 과정에서 육체적 노력이 얼마나 필요한 업무인지 등에 관한 분석이다. 예를 들면 시각·청각·후각·미각의 활용이 필요한지, 적정한 키나 몸무게가 유리한지, 야간 근무가 많은지, 육체적 노동이 많은 직무인지 등에 따라 직무의 특성을 분류하고 기술하는 것이다. 둘째, 정신적 특성은 정신적 노동이 얼마나 필요한지 분석하는 것이다. 예를 들면, 직무가 사무실에

| 표 7-1 | 직무특성 분석법 | | |

구분	필요요소	직무특성	작업요건(예시)
육체적 특성	체력(strength)	신체적 특성	시각·청각·후각·미각 요건
정신적 특성	정력(stamina)	정신적 노력	전략기획, 보고서 작성, 정책개발 능력
학습적 특성	생기(agility)	학습능력	언어·수학·외국어 능력
동기적 특성	비전(vision)	목표/열정	새로운 기술 개발, 적극적·열정적 자세
사회적 특성	경청(hearing)	인간관계/의사소통	고객 접촉, 동료 간 협력

서 이루어지는지, 아니면 공사현장에서 이루어지는지, 위기상황에 얼마나 노출되는지, 또는 얼마나 기획 성격의 업무인지 등에 관한 것이다. 셋째, 학습적 특성이다. 해당 직무를 수행하기 위해 얼마나 훈련을 받아야 하는지, 어떤 내용의 훈련이 필요한지를 기준으로 분류하는 것이다. 예를 들면 수리·언어·외국어 능력 중 어느 것이 가장 중요한지, 기계나 전기 등 기술교육이 필요한지 등이다. 넷째, 동기적 특성이다. 분석 대상 직무가 직무수행자의 의지와 동기에 의하여 결과가 달라질 수 있는 정도이다. 예를 들면, 유사한 작업을 단순 반복하는 직무인지, 아니면 새로운 기술을 개발하는 직무인지, 또는 해당 직무의 목표와 비전을 얼마나 명확히 제시될 수 있는지 여부도 이에 해당한다. 다섯째, 사회적 특성이다. 사람과의 관계정도를 말한다. 예를 들면, 사람을 응대하고 관계를 유지하는 게 중요한 업무인지, 아니면 혼자 단독으로 연구하고 처리하는 업무인지 등이다.

민원인 또는 고객과의 접촉이 얼마나 빈번한지, 동료와의 협력 관계가 얼마나 중요한지, 그리고 유창한 언변이나 의사소통 능력이 얼마나 필요한 직무인지 등에 대한 분석도 필요하다.

(2) 중요사건기록법(Critical Incident Technique, CIT)

중요사건기록법은 극히 예외적인 사례(사건)를 중심으로 직무 정보를 수집하여 분석하는 방법이다(Flanagan, 1954 ; Foster, 2010). 해당 직무를 수행한 경험이 있는 점직자(占職者)를 대상으로 최고 및 최저의 성과를 비교함으로써 해당 직무의 가장 핵심적인 행동 정보를 기술하는 것이다. 분석 절차를 보면, 먼저 가장 좋은 성과와 가장 나쁜 성과를 낸 사건을 작성하고, 전문가들이 이를 분류·해석하여 그 직무적 특성을 도출하고 분류한 다음, 마지막으로 분류된 직무의 개념과 범위, 그리고 특성을 정의한다.

예를 들면 경찰서장의 직무를 분석하는 경우, 직무수행 과정에서 발생한 대형 교통사고, 언론에 보도된 살인사건 또는 부패사건 처리 등을 확인하고 이를 토대로 직무적 특성을 도출하고 분류하는 것이다. 또한 시장·군수 또는 동장 직위를 대상으로 하여 직접 참가했던 행사, 노동조합과의 갈등 상황, 민원의 가장 핵심적인 불편불만 사항, 주민들의 호응이 가장 좋은 정책 등에 관한 정보를 수집하고 직무의 특성을 도출하여 규정할 수 있다.

(3) 직무요소분석법(Job Elements Method)

직무요소분석법은 직무 특성을 규정하는 네 가지 특성으로 지식(knowledge)·기술(skill)·능력(ability)·기타 특성(other characteristics)을 들고, 분석 대상 직무에 대하여 이들 직무 요소별로 정보를 수집·분류하는 방법이다(Prinoff, 1975 ; Foster, 2010). 네 가지 특성은 보다 세부적으로 나눠 50가지 이상의 직무 요소를 제시할 수 있다. 이러한 직무 요소별 기준에 따라 전문가들이 분류하는 것이다.

첫째, 지식은 직무를 적절하게 수행하기 위하여 개인이 갖고 있는 사실적 또는 절차적 정보를 말한다. 지식은 능력과 기술이 발현되는 기초가 된다. 둘째, 기술은 쉽고도 정확하게 직무에서 요구되는 동작을 할 수 있는 신체적 또는 운동 능력을 말한다. 셋째, 능력은 직무수행에 요구되는 인지적 능력으로, 교육이나 경험을 통해 당장 어떤 일을 할 수 있는 준비 상태를 말한다. 넷째, 기타 특성의 하나로 제시될 수 있는 적성(aptitude)은 어떤 일을 하거나 배울 수 있는 잠재력이라 할 수 있다.

이와 같은 네 가지 직무 요소에 대하여 전문가들은 다음 네 가지 분류 기준을 활용하여 해당 직무를 분석한다. 1) 해당 직무 요소가 공통적으로 발견되는 정도, 2) 평균 이상 또는 평균 이하의 성과를 낸 지원을 구별할 때 해당 직무 요소의 중요성, 3) 해당 직무 요소가 고려되지 않을 경우 나타날 문제의 정도, 4) 해당 직무 요소를 직무 담당 직원에게 요구할 수 있는 현실적 가능성 등을 활용하여 직무 특성을 규명하는 것이다. 분석 대상 직무별로 직무 요소와 분류 기준에 따라 해당 직무의 특성과 유형은 다양하게 분류하고 규정할 수 있다.

(4) 직위분석설문법(Position Analysis Questionnaire, PAQ)

직위분석설문법은 직위를 수행하는 점직자의 행동을 분석하는 방법이다(Foster, 2010). 점직자의 직무 관련 활동과 상황을 제시하고 이를 토대로 행동의 빈도와 내용을 확인하는 과정을 거친 후 정보의 투입, 정신적 과정, 산출물, 다른 직원과의 관계, 직무 환경, 그리고 기타 특성 등 여섯 가지로 구분하고 다시 세부적인 항목으로 194가지 이상을 제시한다(McCormick, Jeanneret & Mecham, 1989).

첫째, 정보와 자료, 통계를 어느 정도 수집하고 투입하는지, 둘째 투입된 정보를 활용하여 산출로 전환하는 정신적 과정에서 어떤 특성이 있는지, 셋째 산출물은 어떤 형태인지, 넷째 다른 직원과의 관계는 협력적이고 교류가 빈번한 직무인지, 다섯째 직무 장소나 여건 등 직무 환경은 어떤지, 여섯째 기타 직무와 관련된 여러 가지 요소를 포함한다. 이러한 여섯 가지 직무 활동과 상황에 대하여 선다형으로 세부적인 내용을 측정하는 것이다. 즉 사용 빈도, 소요 시간, 직무의 중요성, 발생 횟수, 적용 가능성 등을 감안하여 직무 활동을 측정하고 이를 토대로 직무를 분류하는 것이다.

<표 7-2>는 서울시 소재 ○○경찰서장 직위의 직무분석 사례이다. 이를 통해 직무 활동과 상황의 특성을 파악하여 전국의 경찰서장 직위를 직무 특성별로 분류하는 작업을 할 수 있다. 이와 같이 해당 직위의 점직자를 대상으로 설문조사를 하여 직무 활동과 상황을 분석하는 직위분석설문법은 직무별로 서로 비교하기가 쉽고, 일정한 기준에 따라 분류함으로써 직위별 직무를 표준화할 수 있으며, 많은 직무에 동시에 적용 가능하다는 장점이 있다. 하지만 지나치게 일반적인 내용에 치우치고, 보다 상세한 내용에 대한 응답이 부족할 우려가 있으며, 설문 대상자들이 자기 직무에 대한 이해가 높아야 한다는 단점이 있다. 그럼에도 불구하고 직무 수행자의 행동을 분석함으로써 직무 활동과 상황에 관한 정보를 기술하고 분석할 수 있다는 점에서 그 활용도가 높다.

표 7-2 직위분석설문법 예시 : ○○경찰서장 직위

분석기준	분석내용(빈도, 시간, 중요성, 발생 횟수, 적용 가능성, 기타)
정보의 투입	범죄사건 발생 횟수, 사건 발생 시간, 사건 유형, 사건 기소 여부 등
정신적 과정	사건 해결 과정, 사건 종결 처리 소요시간, 기소 횟수 등
산출물	사건 처리 건수, 사건보고서 작성 횟수 및 소요시간, 미결 사건 수 등
동료 관계	다른 경찰서장과 정기회의, 직원 면담, 본부 방문 등
직무 환경	긴급출동 횟수, 신변위험 노출 정도, 시위현장 지휘 횟수, 근무지역, 관할 인구 등
기타 요소	직원 조회 및 상담 횟수, 주민 면담 횟수, 상부기관 수 등

(5) 직무기능분석법(Functional Job Analysis, FJA)

직무기능분석법은 직위분석설문법과 유사하게 현직자에 대한 직무조사를 실시하는 것이다. 즉 현재 직무를 수행하는 현직자를 대상으로 1) 직무수행자, 2) 직무활동, 3) 직무성과/산출물, 4) 직무수행 도구, 5) 직무 교육요건 등 다섯 가지를 조사하는 방법이다(U.S. Department of Labor, 1991 ; Foster, 2010).

분석 방법은 다음 세 가지의 직무유형으로 구분하여 분류한다. 첫째, 정보(data) 처리 방식에 따라 종합, 조정, 분석, 수집, 계산, 그리고 반복 등의 유형으로 구분된다. 둘째는 사람(people) 관계방식에 따라 멘토링, 협상, 교육, 감독, 전환, 설득 등의 유형으로 구분되며, 셋째는 업무(things) 처리방식에 따라 기획설계, 세밀작업, 운영관리, 조작통제, 보호지원, 감정판단, 수송처리 등으로 구분된다(Foster, 2010).

이러한 방법은 현직자를 대상으로 다양한 정보를 얻을 수 있고, 이를 표준화하여 제시할 수 있으며, 정보처리와 사람 관계, 그리고 업무처리를 기준으로 비교적 명확히 직무 특성과 그 정보를 수집할 수 있다는 장점이 있다. 반면 실제 정보 처리 방식이나 사람 관계의 방식을 하나의 성격으로 명확히 구분하기 어렵고, 항목 간에 중복되거나 혼합된 직무 특성을 보일 경우 비교하기 곤란하다는 단점이 있다. 예를 들면 국정홍보관 직위에 대한 직무분석을 할 경우, 정보처리 방식이 실제 종합·조정·분석·수집을 동시에 하는 경우가 많고, 사람 관계 방식의 경우에도 지원과 협상, 감독과 설득이 동시에 진행되기도 한다. 업무처리의 경우에도 기획설계와 운영관리가 동시에 이루어져 구분하기 어렵다. 이처럼 혼합된 직무 특성을 가지고 직무를 분류하는 것이 곤란한 경우가 자주 발생한다. 청사 관리과장, 여권과장, 노인복지과장, 주택정책과장, 인사과장 등 정부 내 직위의 특성을 분석할 때도 마찬가지 한계가 있다.

3. 직무분석 방법의 선정기준

이상과 같은 직무분석 방법 중에 어느 방법이 적정한지는 여러 가지 고려사항을 검토한 뒤에 결정할 필요가 있다(Foster, 2010). 첫째, 직무분석의 목적(purpose)에 따라 분석 방법이 달라질 수 있다. 단순히 직무기술서 작성을 위한 것인지, 견습직원을 위한 것인지, 인적자원의 모집과 선발을 위한 것인지, 직무설계 또는 재설계를 위한 것인지, 성과측정과 평가를 위한 것인지, 조직 변화와 혁신을 위한 것인지 등에 따라 분석 방법 선택은 물론, 분석의 중점과 세부적인 내용도 달라진다.

둘째, 직무분석의 실제 적용가능성(practicality)을 고려해야 한다. 지역적으로 분산된 직위의 점직자를 대상으로 직접 면담 조사하는 방식을 채택하게 되면, 직위분석설문법이나 직무기능분석법을 사용하기 곤란할 수 있다. 중요사건기록법은 업무상 비밀이 강조되거나 실패를 용인하지 않는 조직에 적용하기엔 현실적으로 한계가 있을 수 있다. 따라서 직무 특성을 도출하는 기준에 따라 현실적으로 직무 활동이나 상황에 대한 정보를 얼마나 수집할 수 있는지 사전에 검토가 필요하다.

셋째, 분석 대상 직무에 따라 분석 방법이 달라질 수 있다. 상위직 업무와 하위직 업무는 분석 방법과 내용에 차이가 있을 수 있으며, 경찰 등 제복 업무의 경우에도 점직자를 대상으로 설문조사하는 방법은 적용하기 곤란하다. 특히 고도의 연구나 대규모 조직의 관리 업무는 성격상 서로 다른 분석 방법을 적용할 필요가 있다.

넷째, 대상 조직이 직무분석 경험이 있느냐 없느냐도 고려해야 한다. 직무분석 경험이 많은 조직은 직무분석 개념과 절차에 대한 이해가 높은 반면, 직무분석 경험이 없는 조직은 이를 설명하는 과정에서 많은 설득과 이해가 필요하다. 실제 직무분석의 목적과 취지를 잘못 이해할 경우 분석 결과가 왜곡될 수 있고, 성공적인 직무분석도 기대할 수 없다.

마지막으로, 직무분석 시간과 비용을 고려해야 한다. 직무분석은 오랜 기간이 걸리는 만큼 인내가 필요한 작업이다. 분석 대상인 재직자는 물론 직무분석 담당자도 지속적으로 개입하여 관리하고, 보다 많은 직무 정보를 도출하고 분석하는 작업이 필요하다. 따라서 지나치게 단기적인 작업으로 기획할 경우 실패할 가능성이 많다. 시간과 비용 측면에서 적정한 균형과 조화가 필요하다.

제 2 절   직무평가

1. 직무평가의 의의와 목적

직무평가는 직무의 상대적 가치를 체계적으로 결정하는 작업으로, 직무의 곤란도와 책임도를 기준으로 등급화·계층화하는 것이다(Patten, 1977). 따라서 직무평가는 결과적으로 직무 계층(job hierarchy) 또는 직무 등급(job grade)을 낳는다. 이는 직무에 대한 등급으로 사람에 등급을 매기는 것은 아니다. 직무평가는 직무분석과 달리 수직적 등급의 구분이기 때문에 조직 구성원들이 보다 민감하게 반응하고 평가결과가 미치는 파급효과도 크다. 보수와 직접 연계되어 있어 조직 구성원의 사기와 동기부여, 성과에 직접 영향을 주기 때문이다(Siegel, 2005).

<표 7-3>에서 볼 수 있듯이 직무분석과 직무평가는 여러 가지 점에서 구분된다. 직무분석이 직무 특성을 파악하기 위한 수평적 분류라면, 직무평가는 직무 등급을 결정하기 위한 수직적 분류이다. 직무분석은 직무 특성과 상황에 관한 정보를 수집하여 절대적 의미의 평가 분석이 이루어지는 반면, 직무평가는 직무의 곤란도와 책임도를 상대적으로 평가한다. 따라서 직무분석은 조직 변화와 혁신을 위한 작업으로 확대될 수 있는 반면, 직무평가는 개인별 인사관리를 위한 중요한 정보가 된다. 그로 인해 조직 구성원은 직무분석보다는 직무평가에 민감하게 반응한다.

직무평가를 활용하는 목적은 다양하다. 첫째, 보수를 결정하는 데 활용할 수 있다(Siegel, 2005). 직무평가를 통하여 기본급 결정은 물론, 보수 지급 범위와 한계를 규정하기도 한다. 직무평가는 직무의 난이도와 책임도에 따라 보상이 주어질 수 있기 때문에 보수 지급을 위한 기초 정보를 제공한다. 둘째, 직무평가는 모집과 선발의 안내 역할을 한다. 직무분석이 지원자들에게 직무 내용에 관한 정보를 제시해 주는 반면, 직무평가는 동일한 직급 내 직무의 중요성은 물론 조직 내 상대적 가치에 관한 정보를 제공해 준다. 셋째, 직무평가는 경력계획·교육훈련·인력배치·인력감축 등 인력관리의 기준으로 활용된다. 경력발전계획(career development planning)을 위해 주요 보직 경로, 교육훈련, 승진 전망, 장기적인 보수 예측 등에 활용될 수 있다. 조직의 입장에서도 미래의 인적자원 수요를 예측하고, 인적자원 행정 전략을 기획하고 관리하는 기초 정보를 제공한다. 넷째, 직무평가는 직업군(occupational categories)의 비교 연구에도 활용될 수 있다. 직무평가 결과 동일한

표 7-3 직무분석과 직무평가의 차이

구분	직무분석	직무평가
분류 내용	수평적 분류	수직적 분류
주된 활용 목적	직무 특성 파악	직무(보수) 등급 결정
평가방식	절대적 평가	상대적 평가
수집 정보	직무 중심(직무 활동과 상황 정보)	직위 중심(직무 곤란도/책임도)
직원 민감도	간접적	직접적
조직구조의 변화	조직 중심(조직구조 설계의 정보)	개인(개인별 인사관리 정보)
직무재설계	직무확대	직무충실화

직무등급이 부여될 경우, 행정직군과 기술직군 상호간의 직무등급 비교가 가능하다. 다섯째, 직무평가는 조직운용이나 업무과정을 전면적으로 재설계하는 도구로 활용될 수 있다. 전반적인 인적자원의 쇄신을 위하여 직무등급의 조정, 직무등급별 예산 소요, 감사통제 등을 위한 정보로 활용될 수도 있다.

2. 직무평가 요소

직무의 난이도와 책임도를 어떻게 측정할 것인가? 어떤 직무가 더 어려운지, 어떤 직무가 더 책임이 큰지를 판단하기 위해서는 해당 직무에 관한 정보가 필요하다. 일반적인 직무평가의 요소는 다음 몇 가지로 요약될 수 있다(Siegel, 2005).

첫째, 직무요건(job requirement)이다. 직무수행을 위해 필요한 요건이 복잡하고 어려울 경우, 높은 직무등급을 부여하는 것은 당연하다. 예를 들면 특정 직위에 고도의 법률적 지식과 경험이 필요한 경우 변호사나 회계사 자격증이 필수적인 직무요건에 포함될 수 있다.

둘째, 복잡성과 창의성(complexity and creativity)이다. 즉 창의적인 아이디어가 필요하고, 단순한 업무보다는 다양한 변수들이 복잡하게 연계되어 있는 직무에 보다 높은 등급을 부여하는 것이다. 예를 들면 연구개발·생명공학·나노기술·스마트폰·경영혁신 등을 담당하는 경우, 일반적으로 단순하고 반복적으로 처리하는 직무보다 높은 직무등급을 부여한다.

셋째, 리더십과 관리능력(leadership & management ability)이다. 많은 부하직원을 관리하는 리더십이 필요한 경우, 보다 높은 직무등급으로 평가된다. 조직 통합능력이나 비전과 방향을 설정하고 방대한 예산을 집행할 수 있는 능력이 필요한 경우 직무의 난이도와 책임도가 높다고 판단된다.

넷째, 의사소통(communication)이다. 직원, 동료, 상관, 관련기관 직원 또는 외부고객 등과 얼마나 빈번하게 의사소통을 하느냐는 직무등급을 결정하는 중요한 기준이 된다. 다양한 직무와 관련하여 많은 이해관계자들을 설득할 필요가 있고, 많은 의사소통이 필요한 경우 높은 직무등급을 부여하는 것이다.

다섯째, 권위 높이(latitude of authority)나 직무의 파급효과(scope of impact)도 중요한 직무평가 요소이다. 자원배분이나 인사권한 등 보다 강력한 권한을 가지고 있는 경우, 그리고 자신의 의사결정이 미치는 파급효과가 광범위할 경우 높은 직무등급을 부여한다. 광범위한 권한이 행사될 수 있고, 국제적·국내적 파급효과가 크면 책임도 높다고 판단하는 것이다.

마지막으로, 작업여건(working conditions)이다. 다른 직무와 비교하여 물리적·지역적 직무환경이 열악할 경우 이를 수행하는 직무의 등급은 높게 책정되어야 할 것이다. 이는 직무의 신체적·물리적 위험도가 높고, 성공적인 직무수행을 위해서 보다 많은 노력이 필요하기 때문이다.

3. 직무평가 방법

직무등급을 결정하는 직무평가 방법으로는 일반적으로 비계량적인 방법과 계량적인 방법이 있다. 그리고 다시 기준 척도가 있는지, 즉 기준이 되는 척도에 따라 해당 직무를 절대적으로 평가하는지, 아니면 기준 척도 없이 평가 대상 직무와 다른 직무와의 상호 비교를 통하여 상대적으로 평가하는지에 따라 두 가지 방법으로 나뉜다(Siegel, 2005 ; 이학종·양혁승, 2012 ; 임도빈·유민봉, 2019). 이에 따라 <표 7-4>에서 보듯이, 비계량적 방법은 서열법과 분류법, 계량적 방법은 점수법과 요소비교법으로 구분된다.

표 7-4 　직무평가 방법 비교

구분	비계량적 비교	계량적 비교
직무와 직무	서열법	요소비교법
직무와 척도	분류법	점수법

(1) 비계량적 방법
(가) 서열법

서열법은 직무를 서로 비교하여 상대적 순위를 정하는 방식이다. 서열을 정하는 특별한 기준 없이 직관과 경험에 따라 직무의 난이도와 책임 정도를 비교하여 판단하는 것이다. 이러한 방법은 평가 대상 직무가 적을 경우 가장 단순한 방법으로 활용할 수 있고, 특별한 준비 없이 짧은 시간에 평가할 수 있다는 장점이 있다.

하지만 평가자의 주관적 판단에 의존함에 따라 객관적이고 과학적인 근거를 찾기 어렵고, 특히 직무의 수가 많을 경우 비교 기준과 내용이 수시로 달라질 수 있어 객관적 평가가 곤란하다는 단점이 있다. 서열법에 따른 직무평가 방법으로는 두 개의 직무를 1대1로 비교하는 방법, 책임도가 가장 높은 직무와 가장 낮은 직무를 선정해 가는 방법 등이 있다.

(나) 분류법

분류법은 직무등급별 평가기준표를 만들고 이를 기준으로 등급을 결정하는 방식이다. 즉 높은 직무등급은 직무의 난이도와 책임도가 높은 세부 내용으로 평가기준을 만들고, 낮은 직무등급은 직무의 난이도와 책임도가 낮은 세부 내용으로 평가기준을 만드는 것이다. 평가 대상 직무가 이러한 기준에 충족하는지 여부를 직무별로 평가하는 것이다.

이 방법은 서열법과 비교하여 보다 객관적인 평가가 가능하고, 모든 직무를 평가기준에 따라 평가하기 때문에 직무의 수가 많을지라도 일관성을 유지할 수 있다는 장점이 있다. 하지만 평가기준을 만드는 데 시간이 걸릴 뿐만 아니라 명확한 평가기준을 마련하는 데 한계가 있다. 또한 서열법과 마찬가지로 직무등급 기준을 적용하는 과정에서 평가자의 주관이 개입할 여지가 있다는 단점이 있다.

(2) 계량적 방법

(가) 점수법

점수법은 분류법과 같이 직무의 하위 요소별 상대적 가치를 점수화하여 평가하는 방식이다. 점수법에 의한 평가 절차는 1) 직무분석 결과 확보된 직무 정보를 활용하여 평가 하위 요소를 선정하고, 2) 하위 요소별로 5~7개의 등급을 정하고, 3) 직무기술서에 나타난 직무 정보에 따라 하위 요소별로 등급을 평가한 후, 4) 하위 요소별 평가 점수를 합산하여 총점을 산출하고, 5) 총점수별로 직무등급표에 따라 직무등급을 최종 결정하는 것이다. 직무등급표는 평가 하위 요소별 점수의 합계를 기준으로 등급을 구분하는 표이다.

점수법은 비계량적 방법에서 나타나는 주관적이고 일관성을 유지하기 어렵다는 단점을 보완하는 계량적 방법으로, 보다 객관성과 일관성을 확보할 수 있다. 또한 대규모의 다양한 직무에도 적용 가능하고, 요소별 평가 등급을 부여하는 기준을 제시할 경우 평가의 신뢰성과 객관성이 보다 높아질 수 있다. 다만, 평가 요소의 개발 및 선정이나 요소별 등급 판정 과정에서 평가자의 주관이 개입할 우려가 있고, 점수 위주의 계량적 방법에 지나치게 의존함으로써 평가 요소별 점수의 합계가 실제 직무의 난이도와 책임도를 얼마나 반영할 수 있을지와 같은 문제가 제기될 수 있다.

(나) 요소비교법

요소비교법은 요소별로 비교하여 측정하되, 대표 직무를 선정하여 각 요소별로 평가할 직무와 기준 직무를 비교해 가며 점수를 부여하는 방식이다(Lawler, 1987). 기준 직무와 해당 직무를 비교하는 요소비교법의 절차는 다음과 같다(유민봉·임도

표 7-5 기준직무와 평가직무의 요소비교 평가(예시)

구분	예산규모/인력	전문지식/경험	대국회관계	국민관심정도
25				
24				조세정책국장
23			국제금융국장	
22				
21				〈복지예산국장〉
20	국유재산국장	조세정책국장		
19				
18				
17	〈복지예산국장〉		조세정책국장	
16				공공혁신국장
15		국제금융국장		
14				
13			공공혁신국장	
12				국제금융국장
11				
10	공공혁신국장			
9			〈복지예산국장〉	
8		국유재산국장		
7				
6	조세정책국장	〈복지예산국장〉		
5				
4				국유재산국장
3		공공혁신국장		
2	국제금융국장		국유재산국장	
1				

* 〈복지예산국장〉은 기준직무임.

빈, 2016). 첫째, 직무평가 요소를 선정한다. 정신적 노력, 육체적 노력, 기술, 책임, 근무조건 등 직무의 난이도와 책임도를 측정할 수 있는 요소들이다. 둘째, 기준 직무를 선정한다. 직무의 책임도와 난이도가 지나치게 낮거나 높지 않고 다른 직무와 명확히 비교할 수 있는, 가장 대표성 있는 직무를 선정한다. 셋째, 기준 직무의 금전적 가치를 각 평가 요소에 배분하여 점수배분표를 만든다. 직무의 핵심 기술이나 지식을 점수배분표에 반영한다. 넷째, 기준 직무에 대한 평가 요소별 점수배분표를 요소비교표로 전환한다. 즉 개별 평가 요소별로 기준 직무와 평가 대상 직무를 서로 비교하고, 평가 대상 직무에 대하여 각 요소에 적정한 점수를 부여한다. 이와 같이 직무 상호간에 평가 요소별로 비교하여 상대적 평가를 하고, 이를 점수화하는 작업이 가장 핵심적인 과정이 된다. 마지막으로 해당 직무에 대한 등급표를 작성한다. 요소별로 비교하여 평가한 점수를 합산하는 것이다. 총점을 기준으로 일정한 점수대를 묶어서 직무등급표를 만든 후, 평가 대상 직무의 합산된 총점에 따라 직무등급을 부여한다.

요소비교법은 비교적 정교한 논리적 과정을 통하여 계량적인 방법으로 직무와 직무를 직접 비교하기 때문에 상대적으로 과학적이고 객관적이며, 직무평가 과정을 통해 개인별 보수를 직접 산출할 수 있는 장점이 있다. 하지만 요소비교표를 만드는 과정이 복잡해 많은 시간과 노력이 필요하며, 타당성 있는 점수배분표 작성과 직무 상호간의 비교를 위해 전문가를 확보할 필요가 있다는 단점이 있다(Lawler, 1987). 또한 기준 직무 선정이나 평가 요소 작성 과정에서 직무에 대한 충분한 지식과 이해가 필요하다.

표 7-6 직무등급 표

구분	가등급	나등급	다등급	라등급	마등급
평가점수	60점이상	50-60	40-50	30-40	30점이하
직위별 등급판정	조세정책국장 (67)	복지예산국장(53) 국제금융국장(52)	공공혁신국장 (42)	국유재산국장 (34)	-

제 **3** 절 직무설계/재설계

1. 직무설계의 의의

직무설계(job design)는 현재의 직무를 대상으로 직무의 효율성을 높이기 위해 직무 내용을 개선하고 직무 상호간의 관계를 조정하는 활동이다(Griffin, 1982 ; 이학종·양혁승, 2012). 직무의 특성과 수준을 결정하고 규정하는 과정이기도 하다 (Schuler, 1998). 이와 같이 직무설계의 목적은 조직의 생산성과 효율성 확보, 그리고 조직 구성원의 만족도 향상에 있다.

직무는 직무분석에 따라 서술되고, 직무설계에 의해 만들어진다고 할 수 있다. 직무분석은 현재의 직무 정보를 수집하여 체계적으로 정리하는 것인 반면, 직무설계는 미래적 관점에서 직무 내용과의 연관 관계를 체계적으로 발전시키는 것이다.

직무설계는 직무 내용과 직무의 연관 관계로 구성된다(Llorens, Klingner and Nalbandian, 2017). 직무설계의 대상이 되는 직무 내용에는 1) 필요역량의 다양성 (skill variety), 2) 일의 중요성(job significance), 3) 일의 정체성(job identity), 4) 자율성(autonomy), 5) 결과 환류(feedback) 등이 있다.

직무수행의 난이도나 직무의 완결도는 직무 내용에 의해 좌우된다. 직무의 연관 관계는 직무수행 과정에서 직원 간의 관계, 팀워크의 필요성, 그리고 조직 전체와의 관계 등을 말한다. 이와 같이 직무설계는 직무 내용과 직무의 연관 관계를 개선하는 활동이다.

2. 직무설계 접근방법

직무설계 방법으로는 과학적 직무설계와 동기부여적 직무설계가 있다. 전자는 조직 발전 차원에서 접근하는 방법이고, 후자는 개인 만족도 향상 차원에서 접근하는 방법이다. 즉 직무설계에서 과학적 직무설계는 직무 내용에 치중하는 반면, 동기부여적 직무설계는 과업 특성과 작업자의 반응, 작업자 간 관계, 심리 차원에 치중한다(Foss, Minbaeva, Pedersen & Reinholt, 2009). 어느 접근방법을 선택하느냐에 따라 직무설계의 방향과 내용이 달라질 수 있으며, 두 가지 접근방법을 동시에 추구할 수도 있다.

(1) 과학적 접근방법

과학적 직무설계 방법은 직무의 전문성과 효율성을 강조하면서 궁극적으로 조직의 생산성을 향상시키기 위한 방법이다(Fine & Cronshaw, 1999). 이러한 관점에서 직무설계는 조직의 목표를 달성하기 위하여 직무를 합리적이고 과학적으로 배치하는 작업이다. 이는 테일러의 과학적 관리론에 기초하여 직무의 시간과 동작을 연구하여 과학적으로 설계함으로써 조직의 생산성을 높이려 한다. 직무의 유형과 등급에 따라 분류하고 정의함으로써 직무수행의 효과성을 높이는 데 집중하는 방식이다. 구성원의 동기나 역량보다는 직무 자체의 합리적 구성에 중점을 두는 방식이다.

(2) 동기부여적 접근방법

동기부여적 접근방법은 구성원의 동기를 유발하고, 자아실현 기회를 줄 수 있도록 직무 내용과 직무 환경을 설계하는 것이다. 즉, 점직자가 가장 효과적으로 직무를 수행하도록 직무 내용 분석을 통해 직무 범위를 확대하거나 축소하는 것이다(Foss, Minbaeva, Pedersen & Reinholt, 2009). 제10장에서 설명하는 직무특성이론에 따라 직무의 다양성이나 일체성, 자율성이나 피드백을 통하여 직무 동기를 유발하는 데 중점을 둔다(김상묵·김영종, 2005). 개인 수준의 동기부여적 직무설계로는 작업자의 자리를 교대 이동시킴으로써 지루함을 덜어주는 직무순환(job rotation)이나 다음에 설명하게 될 직무확대(job enlargement), 직무충실화(job enrichment)가 있고, 집단 수준에서는 작업팀(work team)과 자율적 작업집단(autonomous work group), 분임조(quality circle) 등이 있다.

3. 직무설계 방법

(1) 수평적 직무설계 : 직무확대

직무확대는 직무의 수평적 범위를 확대하는 것이다. 과업의 수를 늘리고 다양화함으로써 직무 내용을 확대하는 것이다(Patten, 1977). 직무 자체의 중요성이 커지거나 직원들의 보람을 직접적으로 강화해 주지는 않으나 과업의 수와 종류를 늘려 직무 자체의 의미와 정체성이 커지고 구성원의 성취감을 높일 수 있다(Parker,

1998). 예를 들면 홍보과장의 직무를 보도자료 작성 등 오프라인 홍보 활동에서 홈 페이지 관리 등 온라인 홍보 활동까지 추가하는 경우, 식품과장의 직무 범위를 식품 관리에서 일부 약품 관리까지 추가 확대하는 경우, 또 국제금융국장의 직무를 환 율관리 기능에 국내 물가관리 기능까지 추가하는 경우 등이 직무확대에 해당한다.

(2) 수직적 직무설계 : 직무충실화

직무충실화는 직무의 수직적 깊이를 심화시키는 것이다. 이를 통해 직무의 중 요성을 높이고, 기술 수준을 고급화하며, 직원들에게 자율성을 부여함으로써 직무 에 대한 책임감과 만족감을 높이기 위한 것이다(Norton, Massengill & Schneider, 1979). 즉 고도의 지식과 기술을 적용하고, 창의력과 분석 능력을 활용하며, 작업집 단에 직접 참여하도록 하는 것 등이 직무충실화에 해당한다.

예를 들면 기획과장의 직무를 국회 연락이나 업무보고, 예산총괄 등에 한정하지 않고 조직의 전략과 목표를 설정하고 미래 방향과 비전을 개발하는 기능까지 부여 하는 것, 또 청사관리과장의 경우 단순한 청사 유지 및 보수관리 업무 외에 청사의 배치와 디자인, 그리고 관리시스템 자동화 등의 기능을 부여하는 것, 그리고 반도 체 생산과장의 직무를 기존의 반도체기기 생산 기능에서 스마트폰에 적용하는 반 도체 응용기술 연구개발 업무까지도 부여하는 것 등이 직무충실화에 해당한다. 직 무의 양적 확대와 질적 개선의 차이를 엄밀하게 구분하기란 현실적으로 어려움에 도 불구하고, 양적 확대가 곧 질적 개선으로 나타날 수 있다.

4. 직무분석과 평가, 그리고 직무설계

직무분석과 평가, 그리고 직무설계는 직위가 수행하게 되는 직무의 구성 과정 이다. 앞에서도 언급한 바와 같이, 일반적으로 직위의 개념은 직무와의 관련성을 전제로 하기 때문에 계급제보다는 직위분류제를 전제로 논의되는 경우가 많다.

하지만 직위의 구성은 직위에서 수행하는 직무를 수직·수평적으로 분류하여 평가하고 설계하는 것으로, 직위분류제는 물론 계급제 인적자원행정에서도 중요 한 과정이 아닐 수 없다.

지금까지 살펴본 것처럼 직무분석이나 직무평가 작업은 직무수행의 최소 단위 인 직위를 설정하는 과정이기 때문에 인적자원행정의 전반적인 성패를 결정하는 중요한 요소라고 할 수 있다. 즉 직무분석이나 직무평가 작업이 잘못되면 인적자원의 확보·개발·이동·동기부여 등의 전반적인 과정뿐만 아니라 평가와 보상도 성공적으로 운영될 수 없다. 직무분석 및 평가 과정은 조직의 기본적인 목표와 전략을 설정하는 기초 자료가 될 수 있고, 반대로 조직의 목표와 전략이 직무에 반영되는 과정이기도 하다(Schneider & Konz, 1989).

직무분석이나 평가 작업은 사전준비 과정에서 조직 구성원의 적극적인 참여와 지원이 필수적이다. 즉 직무분석과 평가는 하향적 작업이 아닌 상향적 작업이다 (Campion, Mumford, Moregen, Nahrgang, 2005). 이러한 작업은 현재 직무를 수행하고 있는 점직자들의 입장에서 매우 귀찮고 어려운 작업이다. 따라서 직무분석과 평가 과정에서 직원들이 구체적인 목적과 상세한 작업 과정을 명확하게 이해할 수 있도록 반복적으로 교육하고 설득할 필요가 있다. 직무분석이나 직무평가, 그리고 직무설계를 담당하는 관리자와 실무자의 역할과 판단이 성공하는 데 매우 중요한 요소이다(이창길·문명재·이근주, 2007).

학·습·포·인·트

- 직무분석의 개념
- 직무특성분석법
- 직무분석설문법
- 직무기능분석법
- 점수법과 요소비교법
- 직무확대

- 직무평가의 개념
- 직무요소분석법
- 중요사건기록법
- 분류법과 서열법
- 직무설계/재설계
- 직무충실화

연·습·문·제

1. 직무분석 개념과 목적을 기술하고, 직무분석의 방법을 제시하시오.
2. 직무분석과 직무평가의 차이를 설명하시오.
3. 직무설계의 방법을 예를 들어서 설명하시오.
4. 홍보담당관의 직무확대와 직무충실화 방안을 제시하시오.
5. 외교부의 북미국장, 환경부의 자연보전국장, 교육부의 학생지원국장의 직위별로 직무등급(A등급, B등급, C등급)을 부여하고자 한다. 3개 직위에 대한 직무평가의 기준을 제시하고, 직무평가의 과정과 결과를 표로 설명하시오.

토●의●사●례

직무기술서

형사과장 직무기술서

직무명	형사과장	작성일자	2013.04.11	부서명	형사과	직무분류번호	073066	작성자	강○○
직무요약	강력 사건을 담당하며, 범죄가 발생하면 즉시 출동하여 범인을 검거하는 일을 함.								

임무와 책임

범죄 단속 계획 수립 및 기록 관리, 컴퓨터 터미널(전과 기록 등) 운영, 수사 첩보 관리, 강력·도난·폭력 범죄 수사, 마약 및 도박 사건 수사, 지문 감식 및 수사식 운영관리, 형사기동대 운영(24시간 무장하여 신속한 출동 대기)

근무조건

-야근 및 외근이 잦음(최소 50시간), 출퇴근 시간이 불분명, 범인 검거 중 중경상에 이르는 상해를 입을 수 있음.
-관리 인원 : 58명

최소 자격 요건

-신체적·정신적 결함이 없는 자, 관련 부서 근무 경험 최소 10년, 무도 자격증 3개 이상

기계·장비·도구

-업무시간 내 신고 후 총기류 등의 소지 가능, 방검·방탄복, 용의자 호송 차량

교통과장 직무기술서

직무명	교통과장	작성일자	2013.04.11	부서명	교통과	직무분류번호	092915	작성자	이○○
직무요약	○○경찰서 교통과 교통관리계 경찰로서 ○○구 관할 구역 내의 교통 단속, 교통범칙금 납부 안내, 운전면허 행정처분 안내 등의 업무를 총괄.								

임무와 책임

교통경찰관 교양 및 지도 감독, 교통사고 방지대책 수립 및 교통사고 조사, 교통법규 위반 차량 행정처분 및 집행, 교통사고 야기 및 교통사고 위반 차량(운전자 포함) 수배에 관한 사항, 음주운전 및 무면허운전자 조사, 교통 소통 계획 및 통제관리.

근무조건

-다른 내근직에 비해 근무환경이 열악. 잦은 외근, 교통사고 위험이 상대적으로 높음.
-관리 인원 : 65명

최소 자격 요건

-근무시 예상치 못한 사건에 대한 신속한 판단능력 및 원활한 의사소통 기술이 요구됨.
-2륜 및 4륜 자동차 운전면허증이 요구됨. 도로교통법에 대한 기본적인 지식 숙지 필요.
-관련 부서 근무 경험 최소 7년.

기계 · 장비 · 도구

- 다기능 조끼, 경찰봉, 음주감지기, 무인교통단속장비, 무전기(차량용 · 휴대용), 오토바이(교통순찰용), 수갑 승용차(교통순찰용)

총무과장 직무기술서

직무명	총무과장	작성일자	2013.04.11	부서명	총무과	직무분류번호	073088	작성자	김○○

직무요약	경찰서의 관리 조직에 대한 직무로서 ○○경찰서 내의 경찰들에 대한 인사 · 예산 · 홍보를 책임지고 있다. 경찰서 내의 모든 물품들에 대한 관리를 한다.

임무와 책임

경찰 관계 행사 및 회의, 조직의 정 · 현원 관리, 경찰공무원의 승진 · 인사 · 교육훈련 및 상훈 관리, 예산의 집행 · 결산 등 회계 업무, 문서관리 및 경찰서 직인 관리, 소속 직원의 복무 · 후생 및 사기진작

근무조건

- 사무실 근무환경 상태 최적, 근무시간 : 08:00~18:00 (야근이 잦음), 다른 과와 연계된 일이 많아 정보교류가 많음, 이행된 업무에 다른 과로부터 이의제기가 많음.
- 관리 인원 : 41명

최소 자격 요건

- 경찰청 내 전반적인 관리교육 이수자, 관련 부서 근무 경험 최소 15년, 컴퓨터 활용 능력 자격증 소지자

기계 · 장비 · 도구

- 인사 · 예산에 관한 자동화 시스템

평가요소		등급				
		1	2	3	4	5
기술 (30)	경험 (15)	3년 이하 3	3~7년 미만 6	7~10년 미만 9	10~15년 미만 12	15년 이상 15
	지식 (15)	일반인 수준 3	일반인 이상 6	준전문가 9	전문가 수준 12	전문가 이상 15
노력 (25)	육체(15)	3	6	9	12	15
	정신(10)	2	4	6	8	10
직무조건 (25)	위험성 (15)	매우 낮음 3	6	9	12	매우 높음 15
	작업조건 (10)	매우 좋음 2	4	6	8	매우 열악 10
의사소통 (10)	타부서와의 연계 정도(5)	매우 낮음 1	2	3	4	매우 높음 5
	대민 서비스 (5)	매우 낮음 1	2	3	4	매우 높음 5
조직관리능력(10)		거의 없음 2	가끔 요구 4	적당히 요구 6	상당히 요구 8	매우 요구 10

* 주 : 위험성은 직무수행 중 위험에 처할 가능성, 지식은 관련 분야에 관한 전문지식 및 기술,

작업조건은 직무수행 환경 및 지원 여건, 대민서비스는 주민과의 접촉 정도, 조직관리능력은 관리인원, 리더십 요구 정도 등을 의미한다.

등급	1	2	3	4	5	6	7
총점	20~25	26~34	35~39	40~55	56~69	70~85	86~100

📖 토의과제

여러분이 직무평가단이 되어 OO경찰서의 형사과장, 교통과장, 총무과장 등 3개 직위에 대하여 직무평가를 실시하고, 직위별 직무등급을 결정하시오.

💡 참고문헌

김상묵·김영종, 2005. 「정부 조직의 직무특성에 관한 연구」, 『한국행정학보』 제39권 제2호.

임도빈·유민봉, 2019. 『인사행정론』, 박영사.

이창길·문명재·이근주, 2007. 『직무분석의 다양한 활용방안과 분석기법의 개발 연구』, 중앙인사위원회 연구보고서, 한국조직학회.

이학종·양혁승, 2012. 『전략적 인적자원관리』, 박영사.

Campion, M. A., Mumford, T. V., Morgeson, F. P. and Nahrgang, J. D. 2005. Work redesign : Eight obstacles and opportunities. *Human Resource Management*, 44 : 367-390.

Champoux, J. E., 1992. A Multivariate Analysis of Curvilinear Relationships Among Job Scope, Work Context Satisfactions, and Affective Outcomes, *Human Relations,* 45.

Condrey, Stephen E. 2010. *Handbook of Human Resources Management in Government*, 3rd edition, Jossey-Bass.

Drauden, Gail M. 1988. Task Inventory Analysis in Industry and the Public Sector, in Sidney Gael, *The Job Analysis Handbook for Business, Industry, and Government,* 2, John Wiley & Sons. Emory A. Griffin, 1982. *Getting Together : A Guide for Good Groups*, IVP Academic.

Fields, D. L., 2002. *Taking the Measure of Work*, Thousand Oaks : Sage.

Fine, Sidney A. and Steven F. Cronshaw, 1999. *Functional Job Analysis : A Foundation for Human Resources Management.* Series in Applied Psychology. Mahwah, NJ, US : Lawrence Erlbaum Associates Publishers.

Flanagan, J. C. 1954. The *Critical Incident Technique*. Psychological Bulletin,

51(4), pp.327–358.

Foss, N. J., Minbaeva, D. B., Pedersen, T. and Reinholt, M. Foss, N. J., Minbaeva, D. B., Pedersen, T. and Reinholt, M. 2009. Encouraging Knowledge Sharing Among Employees : How Job Design Matters. *Human Resource Management*, 48 : 871–893.

Foster, Mark R. 2010. Effective Job Analysis Methods, in the book *Handbook of Human Resources Management in Government,* 3rd edition, edited by Condrey, Stephen E.

Gael, S. 1988. *The Job Analysis Handbook for Business, Industry, and Government.* New York : Wiley.

Lawler III, Edward E. 1987. What's Wrong with Point-Factor Job Evaluation, *Personnel,* vol 64, p.38.

Llorens, Jared E, Donald E. Klingner and John Nalbandian, 2017. *Public Personnel Management : Contexts and Strategies*, 7th edition. Prentice-Hall.

Lopez, F. M. 1988. Threshold Traits Analysis System. in Gael, S. *The Job Analysis Handbook for Business, Industry, and Government.* New York : Wiley.

McCormick, E.J., P.R. Jeanneret and R.C. Mecham, 1989. *Position Analysis Questionnaire.* Palo Alto, California; Consulting Psychological Press.

Norton, S. D., Massengill, D. and Schneider, H. L. 1979. Is job enrichment a success or a failure?. *Human. Resource. Management.*, 18 : 28–37.

Parker, SK. 1998. Enhancing Role Breadth Self-Efficacy : The Roles of Job Enrichment and Other Organizational Interventions, *Journal of Applied Psychology.*

Prinoff, E. S. *How to Prepare and Conduct Job Element Examinations,* Washington, D.C., U.S Civil Service Commission.

Schuler, Randall S. 1998. *Managing Human Resources,* South-Western College Publishing.

Schneider, B. and Konz, A. M. 1989. Strategic Job Analysis. *Human Resource Management*, 28 : 51–63.

Patten, T. H. 1977. Job Evaluation and Job Enlargement : A Collision Course?. *Human Resource Management,* 16 : 1–8.

U. S. Department of Labor, *Dictionary of Occupational Titles*, Washington, D.C.

제8장

역량유형과 평가

이 장에서는 인적자원의 역량유형과 역량평가에 대하여 살펴본다. 제6장과 제7장에서 살펴본 직무체계는 인적자원을 확보하고 배치하여 활용하기 위한 기초 작업이었다. 직위의 내용과 범위가 결정되면 해당 직위에 어떤 사람을 배치할 것인가의 문제가 대두된다. 따라서 직무 측면과 함께 사람 측면에 대한 이해가 필요하다. 즉 조직에서 부여한 해당 직무를 성공적으로 수행하기 위한 역량의 유형과 내용이 무엇인지를 알아야 한다. 직무분석과 평가를 통해 확정된 직무에 대하여 어떤 역량을 가진 인재를 배치할 것인가? 조직 내 직무수행에 필요한 역량의 개념과 유형, 역량을 진단하고 평가하는 과정과 방법에 대해서 학습한다.

문예부산(蚊蚋負山) : 모기가 산을 짊어진다.
- 역량이나 능력이 부족한 사람은 중대한 일을 감당할 수 없다. -

제1절 역량의 개념과 범위

1. 직무중심 인적자원행정과 역량중심 인적자원행정

(1) 직무 중심 인적자원행정의 한계

제6장에서 살펴본 직무체계는 인적자원을 확보하고 배치하여 활용하기 위한 기초 작업이었다. 직위의 내용과 범위가 결정되면 해당 직위에 어떤 사람을 배치할 것인가의 문제를 생각해야 한다. 직무의 관점과 함께 사람의 관점에서 해당 직무를 성공적으로 수행하기 위한 역량의 유형과 내용이 무엇인지 알아야 한다. 해당 직무를 수행할 수 있는 역량 있는 사람을 확보하고 이들을 배치하여 활용하기 위한 작업도 필요하다. 인적자원의 확보, 인적자원의 개발, 인적자원의 이동, 그리고 인적자원의 활용 등 인적자원 관리과정에서 핵심 요소가 역량이기 때문이다. 우선 역량 있는 사람을 확보하고, 확보한 이후에는 역량을 개발하고, 그리고 역량에 맞게 직무를 부여하며, 역량을 발휘할 수 있도록 지원하는 것이다.

제3장에서 살펴본 바와 같이 정부의 전통적인 인사행정은 법령 중심의 집권적이고 통제지향적 특성을 가지고 계급제 방식으로 운영되어 왔다. 사람을 인적자원이라기보다 조직의 부품으로 생각하는 비용 개념에서 바라본 것이다. 이는 사람의 행동과 동작을 철저하게 분석하고 감시·통제하는 방식이다. 이러한 방식은 사람에 대한 애정과 관심이 부족하고, 인사운영이 경직되어 있으며, 조직의 전략이나 목표와의 관련성도 약하다는 지적을 받아 왔다. 직무에 대한 분석과 평가라기보다 사람의 행동과 동작을 분석하는 데 중점을 두고, 직무를 수행하는 부품으로서 사람을 어떻게 관리하고 통제할 것인가에 초점을 맞췄던 것이다. 이러한 방식은 통제 중심 또는 계급 중심의 인적자원행정이다.

하지만 계급과 통제 중심의 인적자원 관리방식이 지닌 문제점이 지적되면서 정부 조직의 인력관리 방식은 전통적 인사행정에서 직무 중심의 인적자원행정으로 변화하게 된다. 이는 조직의 성공적인 운영을 위해서 사람의 직무 의지와 열정을 신뢰하고 개인적 능력과 경험을 존중하는 방식이다. 조직에서 사람은 조직성과를 생산하는 중요한 자산이기 때문이다. 이를 위해 먼저 적정한 직위에 사람을 배치하고 활용하기 위하여 직무분석과 평가를 통해 적정한 직무의 유형과 등급을 부여한다. 직무를 수행한 이후에는 직무의 성과를 측정하고 평가하여 그에 상응하는 적정한 보상을 한다. 이때 동일한 직무와 노력에 대해서는 동일한 보상을 한다. 물론 직무수행 과정과 절차에는 항상 직원들이 참여하고 협력해야 한다. 이를 직무 중심의 인적자원행정이라 한다. 즉 직무 중심의 인적자원행정은 개인이 맡게 되는 직무를 규정한 다음, 이를 수행할 수 있는 요건을 갖춘 사람을 채용하고 훈련하며 보상하는 관리 과정이다(박우성, 2002).

직무 중심의 인적관리는 환경이 안정적인 상황에서는 효율적이고 공정한 관리 방식으로 인식되지만, 조직 환경의 변화로 직무 자체가 변화하는 상황에서는 유연성과 효과성이 떨어지기 때문이다. 이에 따라 제3장에서 논의한 바와 같이 직무 중심의 인적자원행정의 문제점이 다양하게 제기되었다(Leonard, 2000 ; Dubois & Rothwell, 2010).

첫째, 직무 중심의 인사관리는 직원이 현재 수행할 것으로 예상하는 활동만을 명확히 하는 것일 뿐, 조직의 성공에 필요한 산출물이나 결과를 명확하게 기술하지 못한다. 둘째, 전통적인 직무분석의 산출물인 직무기술서와 직무명세서는 오늘날과 같이 역동적인 환경에서는 쉽게 구식화되어 조직 변화에 보조를 맞추기 어려울 뿐 아니라 신속한 변화에 오히려 걸림돌로 작용한다. 셋째, 현재 직무기술서는 엄격한 법적 요구사항과 직원에 대한 조직의 정형화된 기대를 반영해야 하기 때문에 오늘날 요구되는 유연성을 결여하고 있다(최무현·조창현, 2007).

(2) 역량중심 인적자원행정의 발전

직무 중심의 인적자원행정은 역량 중심의 인적자원행정으로 전환되는 추세를 보이고 있다(Lucia & Lepsinger, 1999 ; Green, 1999 ; Dubois & Rothwell, 2010). 끊임없이 변화하는 기술과 고객들의 변화 요구에 쉽게 부응할 수 있도록 보다 광범위한 능력 중심의 직무 역할(job role)로 이동하는 것이다(최무현·조창현, 2007). 따라서 직무 자체가 없어지거나 직무의 양과 질이 달라지는 상황에서는 역량 있는 인적자원의 확보와 함께 현재 인적자원의 역량개발이 중요해지게 되었다. 즉 역량 중심의 인적자원행정이 확산되면서 변화하는 직무를 수행하는 데 필요한 역량의 진단과 개발이 필요하고, 더 나아가 역량 있는 우수한 인재가 있을 경우 새로운 직무와 직위를 창출하려는 조직적인 노력이 증가하고 있는 것이다(최무현·조창현, 2007). 따라서 조직 목표와 전략에 비추어 조직성과에 필요한 핵심역량이 무엇인지 확인하는 작업이 필요하다. 직무분석과 평가에 따라 규정된 직무의 범위와 등급에 기초하여 필요역량을 규정하고, 해당 직무를 수행할 역량 있는 사람을 확보하여 활용하는 것이다. 이처럼 역량 있는 사람을 확보하기 위해서는 조직의 전략과 목표가 정해지고 수행 직무가 결정되어야 한다.

<표 8-1>에서 볼 수 있듯이 역량 중심의 인적자원행정은 첫째, 직무수행의 효율성이나 적합성보다는 효과성에 집중한다. 따라서 조직 목표와 전략에 기반하여 우수한 성과를 낼 수 있는 역량을 도출하는 작업이 필요하다. 둘째, 직무 역량을 가진 우수한 인적자원이 중요하기 때문에 직무 자체는 탄력적으로 운영할 수 있다. 직무를 명확히 규정하여 관리하는 방식이나 직무를 합리적으로 규정하고 자발적인 직무수행을 전제로 하는 방식과는 차이가 있다. 셋째, 사람이 조직의 핵심적인 자원이 된다. 주어진 직무를 수행하기 위하여 사람을 통제하는 방식이나 직무를 적절히 배분하여 수행하도록 하는 방식과는 다르다. 넷째, 성과와 보상의 기준은 연공급이나 직무급보다는 역량급을 선호한다. 마지막으로 역량 중심의 인적자원행정은 책임과 의무만을 강조하거나 권리를 강조하기보다는 권리와 책임을 동시에 부여한다. 이와 같이 역량 중심의 인적자원행정은 기존의 통제 중심이나 직무 중심의 인적자원행정과는 다르다. 이러한 역량 중심의 인적자원행정은 최근 들어 크게 확산되고 있다. 지금까지의 인사행정은 이러한 전략과 직무에 관한 관심이 상대적으로 부족했기 때문에 대부분의 정부 조직들은 아직도 통제 중심의 인적자원행정에 머물러 있는 경우가 많으며, 직무 중심의 인적자원행정도 단지 부분적으로 도입하여 적용하고 있다. 앞으로 인적자원행정의 발전을 위해서도 역량 중심의 인적자원행정에 대한 이해가 필요하다(Beeck & Hondeghem, 2010)

표 8-1 직무 중심 인적자원행정과 역량 중심 인적자원행정

구분	통제 중심	직무 중심	역량 중심
목표와 전략	직무수행의 효율성	직무수행의 적합성	직무수행의 효과성
직무와 역량	직무의 명확성 (관리역량 강조)	직무의 합리성 (직무 역량 강조)	직무의 탄력성 (모든 역량 강조)
인적자원 관리과정	계급 중심	직무 중심	사람 중심
평가보상 체계	연공급	직무급	역량급
권리와 책임	책임/의무	권리	권리와 책임

특히 최근에는 인적자본행정의 일환으로 인재관리(talent management)가 확산되고 있다(OECD, 2021). 우수 역량을 가진 인재의 발굴, 확보, 개발, 보유, 활용을 체계적으로 관리하는 인적자본 관리방식이다(Boselie and Thunnissen, 2017). 인재관리는 객관적 인재관리와 주관적 인재관리로 구분될 수 있다. 객관적 인재관리는 우수한 성과를 도출하는 개인에 내재된 특성과 자질을 중시하는 인적자본관리인 반면, 주관적 인재관리는 조직이나 직위에 적합한 특성과 자질을 중시하는 인적자본관리이다. 일반적으로 민간부문에서는 객관적 역량 개념이 강하고, 공공부문에서는 주관적 역량 개념이 집중하는 경향이 강하다(Kravariti, F. and Johnston, K., 2020). 또한 배타적(exclusive) 인재관리와 포용적(inclusive) 인재관리로 구분되기도 한다. 배타적 인재관리는 조직목표나 성과 달성을 위해 다른 조직구성원보다 우수한 역량을 가진 인재를 강조한 반면, 포용적 인재관리는 모든 조직구성원이 조직에 기여할 수 있는 각자의 자질과 강점을 가지고 있다고 전제하고 개인의 역량과 조직 내 직위와의 적합성을 강조한다(Walker, 2020). 향후 공공 부문에서도 역량 있는 인재의 부족이 확산되고 이로 인한 인재 확보 경쟁에 증가하면서 다양한 인재관리의 전략과 제도 구축의 필요성이 증가하고 있다.

2. 역량의 의의와 범위

(1) 역량의 개념과 정의

역량 중심의 인적자원행정을 활용하기 위해서는 먼저 직무수행에 필요한 역량을 파악해야 한다. 직무에 필요한 역량이 무엇이고, 현재 부족한 역량이 무엇인지 알아야 한다. 이를 위해서는 역량의 개념부터 알아야 한다. 미국의 심리학자 맥클랜드(McClelland)에 따르면, 역량은 전통적인 지능검사나 적성검사가 갖는 약점, 즉 그러한 검사 결과가 직업 혹은 사회생활에서의 성공을 예측해 주지 못한다는 것을 발견하고 그 대안으로 도입한 개념이다(McClelland, 1973).

많은 학자와 실무자들이 역량에 대해 다양한 정의를 내리고 있다. 이들 의견을 종합해 보면, 역량의 개념은 소극적 의미와 적극적 의미로 구분할 수 있다. 소극적 의미에서 역량이란 사람들의 행동이나 특성, 태도를 말하고, 적극적인 의미에서 역량이란 우수한 성과를 내는 사람들이 보통의 성과를 내는 사람들과 다르게 보여주는 행동이나 특성을 말한다(권용수, 2006 ; 신종국, 2001). 전자는 가치중립적 개념이고, 후자는 우수한 성과를 전제로 하는 가치지향적 개념이다. 전자와 같이 소극적 의미에서 역량을 정의할 경우 "구체적인 과업을 수행하는 데 필요한 실무기술·능력·지식의 총체"이다(Rychen & Salganik, 2001). 즉 역량은 고용주가 기대하는 기준에 부합하도록 직업별 또는 기능별 활동을 효과적으로 수행하도록 하는 지식·실무기술·태도이다(Richey, Fields & Foxon, 2001). "개인이 갖는 내적 특성으로 여러 가지 상황에서 비교적 장시간 동안 지속되는 사고 및 행동양식"(Mirabile, 1997)이며, "개인이 수행하는 업무의 주요한 부분들에 영향을 주고, 업무성과와 관련성이 높고, 교육훈련과 개발을 통해 개선될 수 있는 지식과 기술, 태도의 집합체"(Parry, 1996)이다. 후자의 입장에서 보면, 역량이란 조직의 목표 달성과 연계하여 뛰어난 직무수행을 보이는 고성과자의 차별화된 행동 특성과 태도를 의미한다(행정안전부, 2010). "효과적이고 우수한 성과를 내는 개인의 잠재적인 특성"(Klemp, 1982)이고, "우수한 성과를 내는 사람들이 보통의 성과를 내는 사람들과 다르게 보여주는 행동이나 특성"(신종국, 2001)으로 정의된다. 즉 역량이란 직무수행에 효과적이거나 또는 우수한 성과의 원인이 되는 개인의 내재적 특성으로 동기·특질·자아인식·지식·직무기술 등이 포함된 개념이다(Spencer & Spencer, 1993).

<그림 8-1>에서 보는 바와 같이 동기나 특질, 자아인식은 감춰진 부분으로 개발 가능성이 낮은 반면, 직무기술이나 지식은 드러난 부분으로 개발 가능성이 높다(Spencer & Spencer, 1993).

종합해 보면, 적극적 의미의 역량 개념은 직무와 관련된 지식이나 기술 이상의 우수한 수준의 조직성과 향상을 가져오는 사람들에게 내재되어 있는 특성을 말한다. 즉, 역량이란 우수한 조직성과에 영향을 미치는 조직 구성원들의 지식·기

그림 8-1 역량의 개념과 구조

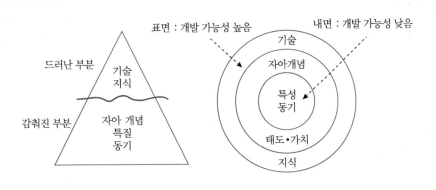

출처 : Spencer & Spencer, 1993 참조.

술·태도 및 행동 특성의 집합체라고 정의한다(이창길, 2008 ; Dubois & Rothwell, 2010). 이러한 개념 정의는 두 가지 의미가 있다. 첫째는 기존의 '능력' 개념과 차이가 있다. 능력은 개인이 갖고 있는 자질에 초점을 맞춘 것인 반면, 역량은 조직 측면에서 조직의 성과 창출을 위한 자질이라 할 수 있다. 둘째, 역량의 범위를 확장한다. 직무와 관련된 역량만이 아니라 조직성과 향상을 위한 다양한 역량을 모두 포괄하는 개념이다. 셋째, 핵심역량에 집중한다. 핵심역량은 조직이 시장에서 경쟁우위를 갖도록 하는 조직의 전략적 강점, 또는 다른 사람에 비해 자신만이 갖고 있는 개인적 강점을 의미한다(Green, 1999).

(2) 역량의 범위

역량 개념에 관한 소극적 정의와 적극적 정의는 역량의 범위와 내용을 내포하고 있다. 즉 소극적 의미의 역량은 역량의 내용과 범위를 직무에 관련된 지식과 실무기술에 한정하고 있는 반면, 적극적 의미의 역량은 훌륭한 성과를 만들어내는 모든 개인의 특성, 지식과 실무기술뿐 아니라 모든 수준의 동기부여와 개인의 성격적 특질까지도 포함한다(Dubois & Rothwell, 2004). 역량 중심의 인적자원행정은 적극적 의미의 역량 개념을 활용하여 역량의 내용과 범위를 확대한다. 따라서 이러한 정의는 미래의 수요에 대비해 장기적인 관점에서 직원들을 평가하고 훈련시키는 데 활용될 수 있다. 또한 직무역량만이 아니고 동기부여나 태도를 포함하기 때문에 개인의 종합적인 잠재역량을 측정할 수 있다.

하지만 역량을 훌륭한 성과를 만들어내는 모든 개인의 내재적 특성을 의미하는 것으로 정의할 경우, 지나치게 포괄적이고 직무와의 관련성이 약해진다는 단점이 있다. 즉 동기와 성격적 특질까지도 포함하는 역량의 개념과 범위를 활용할 경우 역량의 측정 가능성은 매우 낮아진다(진재구, 2009).

따라서 이론적으로는 적극적인 의미의 역량 개념을 활용하는 반면, 실무적으로는 소극적 의미의 역량 개념을 적용하고 있다. 미국에서는 직무 요건을 설정하는 과정에서 지식·실무기술·실무능력(knowledge, skills, abilities : KSAs)이라는 개념을 사용하고 있는데, KSAs는 전형적으로 현재 직무수행에 필요한 것이 무엇인가에 초점을 맞추고 있다(Green, 1999). 이와 같이 적극적 의미의 역량 개념과 소극적 의미의 역량 개념은 각각의 유용성이 있다.

제 2 절 역량의 내용과 유형

역량의 개념은 다차원적이고 복잡하며, 역동성을 가지고 있기 때문에 단일한 한 가지의 개념적 틀로 구성하기 어렵다(오헌석, 2007). 따라서 역량의 개념을 보다 구체적으로 이해하기 위해서는 역량의 내용과 유형을 살펴볼 필요가 있다. 역량의 유형에 따라 그 특성과 적용 대상, 그리고 역량개발 방식이 달라지기 때문이다. Byham & Moyer(1996)은 역량의 개념을 행태역량, 지식역량, 동기적 역량으로 구분하여 정의한다. 행태역량이 한 개인의 우수한 또는 미진한 성과를 초래하는 행태에 초점을 둔다면, 지식역량은 한 개인이 알고 있는 사실 또는 보유한 기술과 전문성 등에 초점을 맞추고, 동기적 역량은 한 개인이 직업·조직 등에 갖는 느낌과 감정에 초점을 둔다.

이와 유사하게 김현주·전상길(2006)은 공통/핵심 역량, 관리적/리더십 역량, 그리고 직무/전문 역량으로 구분한다. 역량을 적용하는 대상과 범위에 따라 유형화한 것으로 관리역량과 전문역량의 구분이나 핵심역량과 전문역량의 구분이 사실상 곤란하고 중복되기도 하므로 보다 명확한 용어로 정리할 필요가 있을 것이다. 여기서 공통역량은 사람이 갖고 있는 기본적인 능력, 즉 지식·행동·기술을 말한다. 언어 이해 능력, 계산 능력, 기억력, 인지력, 추론력 등의 지적 능력과 민첩성, 근력, 지구력 등 신체적 능력을 말한다(임도빈·유민봉, 2019).

이러한 역량의 내용과 유형은 조직의 목표와 맥락에 따라 차이가 있다 (Gallardo-Gallardo, Thunnissen & Scullion, 2020). 전략적 인적자원관리, 인적자본관리, 역량 중심의 인재관리(talent management) 역시 조직의 성과와 혁신을 위한 노력이며, 조직의 성과는 조직의 설치목적이나 목표에 따라 달라질 수 있다. 따라서 조직에서 필요한 역량 유형도 조직의 내부적 상황이나 외부적 환경에 따라 결정된다. 조직의 목표나 성과에 직접적으로 영향을 주는 핵심역량의 발굴과 활용이 중요한 과제이다.

여기에서는 역량의 내용과 특성에 따라 일반적인 역량의 유형을 구분한다. 첫째, 역량의 내용을 기준으로 직무역량, 관리역량, 그리고 도덕적 역량으로 구분하고, 둘째 역량의 특성을 기준으로 사고역량, 업무역량, 그리고 관계역량으로 구분한다. 인적자원행정에서 분야별 역량 모델의 차별화가 중요해지면서 역량의 성향에 따라 학자마다 다양하게 역량의 유형을 나누고 있다(진재구, 2009)

1. 역량 내용에 따른 분류

(1) 직무역량

직무역량은 조직성과 또는 직무수행과 관련된 내적 특성으로, 직무수행에 필요한 지식이나 기술과 관련된 행태적 특성을 말한다. 직무역량은 조직의 미션이나 가치, 전략을 실현하기 위하여 전 직원이 공통적으로 갖추어야 할 역량, 즉 공통역량을 포함하기도 한다. 적극적 의미에서 보면 직무역량은 개인 또는 단위 조직이 담당하고 있는 과업을 수행함에 있어 높은 성과를 내기 위한 역량으로 정의된다(김현주·전상길, 2006). 직무역량은 직원들이 직무를 수행하는 데 직접적으로 필요한 역량이기 때문에 직위별, 직군별, 직급별 또는 직무별로 차이가 있다(이창길, 2008). 또한 직무역량은 학습된 능력이나 기술적 효율성을 내포하는 개념이다(Macaulay & Lawton, 2006).

이러한 직무역량은 직급별 또는 계층별로 구분하여 규정할 수 있고, 직무 내용과 요건에 따라 세분할 수도 있다. 직무 내용의 변화에 따라 직무역량도 변화해야 하기 때문에 직무별로 역량 요소를 설정하여 상시적인 직무 변화에 대응할 필요가 있다(김현주·전상길, 2006).

직무역량으로는 성취 능력, 기술적 능력, 분석적 사고, 개념적 사고, 종합적 판단 및 정책결정 능력, 전문성, 개혁성 등이 있다. 예를 들면 생산물류 직군은 커뮤니케이션, 컴퓨터 활용, 공정관리, 품질관리 등의 직무역량이 필요한 반면, 연구개발 직군은 정보 수집·가공, 조사·분석, 커뮤니케이션, 업무추진 등의 직무역량이 필요한 것으로 분석되었다(김진모, 2001). 이와 같은 직무역량은 직무기술서를 토대로 작성된다.

(2) 관리역량

관리역량은 조직관리와 운영을 위해 관리자가 지녀야 할 행태적 특성을 말한다. 이는 직무수행에 직접 필요한 기술과 지식이라기보다는 소속 직원 등 사람과의 관계에서 나타나는 특성이다. 역량은 개인과 조직을 연결해 주는 역량으로 리더십 역량이라 할 수 있다(김현주·전상길, 2006). 관리적 역량으로는 리더십, 비전

제시, 기업가적 능력, 조직관리 능력, 고객지향성, 종업원 개발, 종업원 동기부여, 성장과 성과, 글로벌 관점, 비전과 전략, 혁신 촉진, 관계와 협력 등이 있다(박우성 2002 ; 박천오·김상묵, 2004).

관리역량은 직무상의 기술이나 지식과의 직접적인 관련성은 약하지만 성공적인 직무수행 및 조직성과 향상에 필수적인 역량이다. 아무리 직무기술이나 지식이 뛰어나다 해도 조직관리 역량이 부족하면 높은 성과를 기대하기 어렵다. 특히 자신의 업무수행보다도 소속 직원 및 상관의 직무성과에 기여할 수 있는 역량이기 때문에 조직 전체의 입장에서는 중요한 역량임에 틀림없다. 전반적인 직무성과 향상에 도움이 된다는 점에서 관리역량은 직무역량에 포함된 요소의 하나로 볼 수 있다.

(3) 도덕적 역량

도덕적 역량은 조직 구성원으로서 지녀야 할 기본적인 가치관과 태도로, 윤리와 행동규범을 말한다. 즉, 조직 구성원이 갖추어야 할 덕목으로 삶의 방식에 대한 시각과 도덕성을 포괄한다(Macaulay & Lawton, 2006). 도덕적 역량은 직무와 상관없이 개인이 갖고 있는 일반적인 공통역량이다. 청렴성·도덕성·준법성·성실성 등이 여기에 포함된다.

도덕적 역량은 직무역량과 관리역량의 성공적 발휘를 위한 필수요건이다. 도덕적 역량은 특히 공공부문에서 공무원이 가져야 할 최소 역량이며, 직무역량은 성공적인 직무수행을 위한 전문적 역량이고, 관리역량은 개인의 직무역량이 극대화될 수 있도록 조직 차원에서 필요한 핵심적인 역량이다. 역량개발이란 직무와 관련하여 지식과 기술을 습득하는 것, 즉 직무역량과 함께 가치관과 태도의 변화, 즉 도덕적 역량의 개발까지 포함한다.

2. 역량의 특성에 따른 분류

(1) 사고역량

사고역량은 문제를 정확히 파악하여 이해하고 전략적·논리적 사고를 가지고 대응하는 역량이다. 문제인식 역량과 전략적 사고역량으로 구분된다. 고위직 공무원은 사회적으로 문제가 되고 있는 과제 해결 아이디어를 제시하는 것은 물론, 조직을 이끌어 나갈 비전 제시 및 기획 업무를 수행해야 한다(조선일, 2008). 이를 위한 문제인식 역량에는 문제와 문제의 원인을 파악하고, 잠재되어 있는 문제를 예측하는 통찰력과 함께 목적의식을 가지고 정보의 가치를 창출하는 능력이 포함된다(인사혁신처, 2022). 전략적 사고역량은 대안 선택을 위한 포괄적·역사적 시각을 포함한 다양한 관점의 사고, 외부와의 지속적인 의사소통, 자신과 조직의 능력 파악, 계획과 실천 전략 수립 능력, 강한 신념 등을 필요로 한다(인사혁신처, 2022).

(2) 업무역량

업무역량은 직무와 관련하여 성과를 창출하고 새로운 변화에 대응하여 직무를 성공적으로 수행할 수 있는 역량이다. 성과지향 역량과 변화관리 역량으로 구분될 수 있다. 관리적 직위의 공무원은 조직의 방향 설정과 주도, 조직 관리 및 발전, 부하직원에 대한 평가와 훈련, 조직 문제 해결, 인적·물적 자원의 균형 분배 등을 담당한다(조선일, 2008). 따라서 분명한 목적의식과 확신을 가지고 적절한 목표를 설정하는 것은 물론, 목표를 달성하고 직무성과를 창출하는 데 필요한 성과지향 역량이 필요하다. 아울러 변화하는 행정 환경 속에서 변화의 필요성을 감지하고 새로운 변화를 주도하여 이러한 변화에 맞게 창의적으로 목표와 비전을 제시하는 능력도 업무 측면의 역량에 포함된다. 뿐만 아니라 변화의 수용도와 실천도를 측정하는 능력, 저항 극복과 소통, 공헌에 대한 보상 시행 등의 변화관리 역량도 직무수행과 관련된 역량이다.

(3) 관계역량

관계역량은 내부의 동료와 상관 및 부하직원은 물론 외부의 고객과 효과적으로 의사소통하고 조정하며 타협할 수 있는 역량이다. 고객만족 역량이나 조정·통합 역량이 여기에 해당한다. 공무원에게는 국민의 시각에서 봉사하는 공직관, 높은 윤리의식과 열정, 경청하는 자세, 공정성, 부하직원과의 연결, 메시지 전달과 업무수행의 가교 역할, 균형 있는 정치적 감각과 설득력, 커뮤니케이션 능력과 인적 네트워크 등 다양한 관계역량이 요구된다.

이를 위해 우선 고객을 명확히 정의하고 정책과정 전반에 대한 고객 참여와 고객 만족을 위해 행정 고객의 특성을 인식하는 능력, 내부 고객을 위한 꾸준한 마케팅, 고객과 고객 요구의 다양성 파악과 의견수렴, 정책만족도의 지속적 관리·점검 같은 고객만족 역량이 요구된다. 또한 사람과 문제를 분리하고 표면적 입장 이면에 존재하는 이해관계를 탐색하는 능력, 조정·통합을 위한 철저한 준비와 전

표 8-2		고위공무원 평가역량에 대한 정의

역량군	역량명	역량 정의
사고	문제인식	정보 파악 및 분석을 통해 문제를 적시에 감지·확인하고 문제와 관련된 다양한 사안을 분석하여 문제의 핵심을 규명함.
	전략적 사고	장기적인 비전과 목표를 설정하고 이를 실행하기 위한 대안의 우선순위를 명확히 하여 추진 방안을 확정함.
업무	성과지향	주어진 업무 성과를 극대화하기 위한 방안을 다양하게 강구하고, 목표 달성 과정에서도 효과성과 효율성을 추구함.
	변화관리	환경 변화의 방향과 흐름을 이해하고, 개인과 조직이 변화 상황에 적절하게 적응 및 대응하도록 조치함.
관계	고객만족	업무와 관련된 상대방을 고객으로 인식하고, 고객이 원하는 바를 이해하고 그들의 요구를 충족시키려 노력함.
	조정·통합	이해당사자들의 이해관계 및 갈등 상황을 파악하고 균형적 시각에서 판단하여 합리적인 해결책을 제시함.

출처 : 고위공무원단 인사규칙, 2022.

략 마련, 공정하고 균형 잡힌 시각에서 수용성 있는 대안 제시, 상대의 말을 경청하면서 상대의 감정과 상황을 이해하는 소통 능력 등 조정·통합 역량이 요구된다.

제 3 절 역량의 진단과 평가

1. 필요역량의 도출

역량의 도출이란 직무를 수행하는 데 필요한 역량을 찾아내는 것을 말한다. 일반적으로 역량을 도출하는 방법으로는 직무역량평가방법(job competency assessment method), 일반역량모델방법(generic model method), 직무역량모델방법(job competency model method)이 있다(Dubois, 1993).

(1) 직무역량평가방법

직무역량평가방법은 우수한 직무성과자와 평균 직무성과자를 대상으로 직무성과 특성에 관하여 인터뷰를 하거나 자기의 직무 특성을 스스로 기록하게 하고 이를 토대로 역량을 도출하는 방법이다. 직무역량평가방법은 우수한 성과를 달성한 사람을 뽑아서 중요 사건을 중심으로 직무수행 과정을 인터뷰하고 성공한 경험과 실패한 경험을 기술하게 함으로써 얻은 정보를 토대로 1) 아주 뛰어난 사람에게서 만 발견되는 특질, 2) 아주 뛰어난 사람과 그럭저럭 성과를 달성한 사람 모두에게 서 발견되는 특질, 3) 그럭저럭 성과를 달성한 사람에게서만 발견되는 특질을 도출한 후 1)을 우수성과역량 또는 차별화역량이라 하고 2)를 최소성과역량 또는 필수역량으로 구분한다(Dubois, 1993).

준거집단으로부터 역량을 도출할 경우 역량 정보와 자료수집 방법에는 행동사건 면접, 전문가 패널, 설문조사, 과업기능 분석, 직접관찰 등이 있다(김진모, 2001). 이 방법은 행농사건 면접법에 의존하므로 종합적이고 풍부한 데이터를 확보할 수 있으나 미래의 직무를 위한 역량을 찾아내기 어렵고, 많은 전문성 있는 면접관과 통계기술을 필요로 할 뿐만 아니라 일하는 시간을 뺏어야 한다는 단점이 있다.

(2) 일반역량모델방법

일반역량모델방법은 일반적인 역량 메뉴를 우선 나열하고 이중 해당 직무에 필요한 역량을 선정하여 도출하는 방법이다. 역량메뉴방법이라고도 한다. 일반적인 역량 메뉴 중에서 자신의 조직과 직무에 적합한 역량을 뽑아서 쓰는 방식이다. 이 경우 전문가 패널을 활용하는 경우가 많다. <표 8-3>은 역량 메뉴의 예이다. 시간과 비용이 적게 들뿐더러 많은 컨설팅업체에서 역량 목록을 확보하고 있다는 점에서 역량메뉴방법의 이용이 점차 활발해지고 있다. 우리나라에서도 많은 조직이 이 방법을 통해 역량모델을 활용한다. 문제는 수많은 역량 목록 또는 역량 메뉴를 통해 확보한 역량들이 과연 특정 조직과 직무에 적합한지, 그 역량들이 과연 우수한 성과자로부터 발현되는 역량인지, 아니면 평균적인 성과자로부터 발현되는 역량인지 구별할 수 없다는 것이다.

(3) 직무역량모델방법

직무역량모델방법은 미래의 조직과 직무를 예측하고 역량모델의 기초 정보를 수집하는 방법이다(이창길, 2008). 조직 내에서 아주 뛰어난 성과자와 그 감독자·관리자 등을 모이게 한 다음, 조직 또는 부서가 목표를 달성하기 위해 매일 하는 일을 기록하여 그것을 역량 도출의 근거로 삼는 것이다. 궁극적으로 직원 또는 외부 전문가를 활용하여 조직성과 향상에 필요한 역량을 도출하는 방법이다. 이 경우 반드시 현재 필요한 역량만이 아니고 미래에 필요한 역량도 포함하게 된다. 따

표 8-3 역량 메뉴의 예시

번호	역량	번호	역량	번호	역량
1	조직헌신도	21	다양성 관리	41	합리적 의사결정
2	전문가 의식	22	대인 이해	42	혁신성
3	공무원 윤리의식	23	동기 부여	43	문제해결능력
4	고객/수혜자 지향	24	리스크테이킹(위험부담/감수)	44	업무추진능력
5	자기통제력	25	명확한 지시	45	부하육성능력
6	경영마인드	26	세밀한 일처리	46	경영 지식
7	적응력	27	스트레스 내성	47	분석능력
8	정보 수집/관리	28	시스템 사고	48	기획력
9	문제 인식/이해	29	업무 네트워킹	49	도전정신
10	전략적 사고	30	업무 조직화	50	책임감
11	정책집행 관리	31	영향력 행사	51	자기계발
12	목표/방향 제시	32	임파워먼트(empowerment)	52	예측력
13	지도/육성	33	자기 확신	53	위험관리
14	자원/조직관리	34	적극적 경청	54	유연성
15	정치적 기지	35	주도성	55	프로세스 개선
16	의사소통	36	신속한 판단 및 상황 대처	56	변화관리
17	조정/통합력	37	창의력		
18	협상력	38	친밀한 대인관계		
19	협조성	39	품질 지향		
20	결과 지향	40	피드백		

출처 : Hewitt Associates.

라서 이 방법은 미래 역량을 예측할 수 있고 역량개발의 방향과 수요를 추정할 수 있다는 장점이 있으나, 예측의 타당성과 신뢰성을 확보하기 어려운 한계 또한 가지고 있다.

이처럼 직무역량평가방법은 준거집단을 주로 이용하고, 일반역량모델방법은 전문가 패널을 적극 활용하며, 직무역량모델방법은 미래형 직무를 연구하는 방법이다(Spencer & Spencer, 1993). 이와 같은 다양한 역량 도출 방법이 공통의 장점과 단점을 가지는 부분에 유의할 필요가 있다. 대부분의 역량 도출 방법이 타당성 있는 정보를 직접 수집하고, 전문가적 경험과 지식을 활용할 수 있으며, 도출 방법에 따라 상당한 수준의 객관성을 확보할 수 있다는 점에서 긍정적인 측면이 많다.

하지만 현실적으로 많은 비용과 시간이 소요되고, 실제 자료수집 과정에서 기술적으로 객관성이나 타당성을 유지하기 곤란한 경우가 많다는 단점도 있다. 또한 역량 진단 및 도출 방법은 면접 방식 등을 포함하고 있을지라도 인적자원책임관과 전문가들의 독자적인 판단에 따라 직원들의 필요역량을 구성하고 모델을 설정하는 방식이 많다. 인사책임관이 일방적으로 결정하거나 전문가에 의존하는 결정 방식은 상대적으로 주관적 판단에 의존함으로써 조직성과 향상을 위한 구성원의 필요역량이 왜곡될 수 있고, 조직 구성원들의 전체 의견을 반영하는 데도 한계가 있다(이창길, 2008). 따라서 어떤 역량 도출 방법을 활용하더라도 전문성에만 의존하기보다는 조직성과에 미치는 영향을 분석하여 보다 타당성 있는 역량을 도출하는 것이 중요하다.

2. 역량평가

(1) 역량평가의 의의

역량평가는 인사평가의 핵심적인 내용 중 하나로, 조직 구성원이 직무를 성공적으로 수행하는 데 필요한 행동을 관찰하고 측정하는 표준화된 평가방법이다(Povah & Thorton, 2011). 이러한 역량평가는 행동을 관찰하여 분류하고 평가하는 것으로 훈련(training)과는 구별된다. 즉 역량평가는 훈련 결과를 평가하는 것은 아니며, 훈련을 시키는 과정도 아니다.

일반적으로 역량평가는 평가디자인과 집행, 시뮬레이션 방법, 다양한 과제 수행, 평가자의 특성, 평가 결과의 활용 목적 등에 따라 다양한 형태로 구성될 수 있다. 엄밀한 의미의 역량평가(competency evaluation)는 조직 내 개인들의 역량을 평가하는 것으로 역량센터(assessment center)로 부르기도 한다. 역량센터는 경우에 따라 평가센터(assessment center), 발전센터(development center), 발전평가센터 또는 평가발전센터 등으로 사용되고 있다. 인적자원의 선발이나 승진에 주로 활용할 경우에는 평가센터로, 인적자원의 개발과 성장을 경우에는 발전센터로 명명하는 경우가 많다(Povah & Thorton, 2011). 개념적 차원에서 역량센터는 역량평가의 장소적 개념에 해당하지만, 일반적으로 역량센터와 역량평가를 구분하지 않고 둘을 동일한 개념으로 이해하고 활용한다. 이것은 역량센터가 일반적 의미의 역량평가 개념에 포함된 역량 요소를 대부분 포괄하고 있고, 다양한 역량을 평가하는 하나의 기법이라기보다는 역량별로 평가 기법을 다양하게 적용하기 때문이다.

즉 역량센터는 실제와 유사한 직무 상황을 제시하고 그 상황에서 피평가자가 맡은 역할을 수행할 때 나타나는 행태를 통해 평가자가 피평가자의 역량을 측정하는 방법이다(인사혁신처, 2016). 이러한 점에서 역량(센터)평가는 기존의 근무성적평정이나 다면평가, 인터뷰, 서류심사 방식의 평가 체계와는 상이한 다음과 같은 특성들을 갖는다(Klinmoski & Strickland, 1987).

첫째, 역량평가는 구조화된 모의 상황을 설정하고 현실적 직무 상황에 근거한 행동을 관찰・평가하는 방식이다. 추측이나 유추가 아닌, 직접 나타난 행동을 관찰함으로써 평가자의 주관적 판단을 배제할 수 있다. 둘째, 대상자의 과거 성과를 평가하는 것이 아니라 미래 행동의 잠재력을 측정한다. 성과에 대한 대외 변수를 통제하여 환경적 변인을 제거함으로써 개인의 역량에 대한 객관적 평가가 가능하다. 셋째, 역량평가는 다양한 실행과제(exercise)를 종합적으로 활용함으로써 개별 평가 기법들의 한계를 극복하고, 대상자들의 몰입을 유도하며, 다양한 역량들을 측정할 수 있다. 넷째, 평가자가 직접 참여하거나 상호 토론하여 합의를 도출하는 과정이 관찰되고 평가된다. 피평가자와 평가자 간에 심리적・언어적 교환 과정을 통하여 평가한다는 특성을 갖고 있다. 이를 통해 개별 평가자의 오류를 막고 평가의 공정성을 확보하는 것이다.

(2) 역량평가의 과정과 방법

역량평가는 평가 대상자에게 모의 상황을 설명하는 실행과제를 부여하고 이를 해결하는 과정을 통하여 다양한 역량을 평가하는 것이다(Thorton, Deborah & Rupp, 2008 ; Howard, 1974). 이는 평가자와 피평가자의 상호작용을 통하여 이루어진다. 따라서 역량평가 과정은 1) 실행과제를 평가 대상자에게 제시하고 평가를 준비하는 단계, 2) 평가 대상자들로 하여금 실행과제를 직접 수행하도록 하고, 과제를 해결한 후 해결 과정에 대한 사후 면담을 통하여 평가를 진행하는 단계, 3) 평가자 회의를 통하여 피평가자 개인별 역량을 종합평가하는 단계, 4) 종합적인 평가 결과를 피평가자에게 통보하는 단계 등으로 구분할 수 있다.

이와 같이 역량평가는 단계적으로 평가되지만 개인별 역량은 주로 2단계와 3단계에서 평가되고, 마지막 단계에서 종합적으로 평가된다. 평가자들은 평가 대상자들이 실행과제를 직접 해결하는 과정은 물론, 실행과제 해결 과정에 대한 면담을 통해서도 집중적으로 평가하게 된다. 따라서 역량평가를 하기 위해서는 항상 평가 대상자를 위한 실행과제와 함께 평가자를 위한 평가자 가이드가 준비되어야 한다.

역량평가 방법은 다양하다. 보통 실행과제의 유형에 따라 구분되는데, 개인의 역량을 평가할 수 있는 실행과제는 다양하게 개발할 수 있다. 또한 개인의 역량을 측정하는 방법은 역량별 특성에 따라 달라질 수 있다. 어떤 역량을 측정하느냐에 따라 서로 다른 평가 방법이 적용될 수 있기 때문이다. 또 동일한 역량이라 하더라도 서로 다른 기법을 사용하여 측정할 수 있다. 이처럼 역량평가 방법은 다양하며, 현재의 방법과 다른 새로운 방법이 얼마든지 개발될 수 있다.

(가) 역량평가 실행과제의 구성

역량평가는 다양한 실행과제를 통하여 이루어진다. 역량평가에서 활용하고 있는 실행과제는 크게 네 가지 유형으로 나눌 수 있다. 첫째, 1 : 1 역할수행(1 : 1 role play, presentation, interview), 둘째 1 : 2 역할수행(1 : 2 role play), 셋째 서류함 기법 (in-basket), 넷째 집단토론(group discussion)이다(Thorton, Deborah & Rupp, 2008 ; Povah & Thorton, 2011). 이밖에 프리젠테이션이나 전략시뮬레이션 등 다양한 실행과제가 주어질 수 있다. 이 네 가지 유형은 주어진 모의 상황, 평가자와 피평가자의 역할 관계, 그리고 평가 대상 역량에서 차이가 있다.

표 8-4 고위공무원 역량평가 기법

과제	내용(예시)	시간
1 : 1 역할수행	현안에 대응하기 위한 기자와의 인터뷰, 업무 대책 발표, 부하 직원 코칭 등 실시	준비 30분 진행 30분
1 : 2 역할수행	부서 간 업무중복 문제 등을 해결하는 상황	준비 30분 진행 30분
서류함 기법	여러 가지 현안을 시간 안에 처리하는 상황	준비 50분 진행 30분
집단토론	부처별 공통 문제 등 합의, 조정하는 상황	준비 40분 진행 50분

출처 : 인사혁신처, 2022.

1 : 1 역할수행(1 : 1 interview, role playing) : 이 실행과제는 피평가자와 평가자가 각각 1 : 1로 대면하여 문제상황 속의 역할을 수행하는 방법이다(Povah & Thorton, 2011). 문제상황은 예를 들면 부하직원이 업무나 동료와의 관계에서 곤란에 처한 경우 상사로서 부하직원에 대하여 조언하는 상황, 특정 정책을 수립하여 발표한 후 일간지 기자가 담당 국장을 상대로 인터뷰하는 상황, 정책발표자가 다수의 이해관계자들을 대상으로 최근의 정책을 발표하고 설명하는 상황 등이다. 이 과정에서 평가자와 피평가자는 각각 부하와 상사, 기자와 담당국장, 그리고 대표적인 이

해관계자와 정책발표자 역할을 수행하게 된다. 이러한 1：1 역할수행은 주어진 역할을 통하여 피평가자의 문제인식, 의사소통, 고객만족 등의 역량을 측정한다. 1：1 역할수행의 세부평가 방식으로는 역할수행, 인터뷰, 프리젠테이션 등이 있다. 1：1 역할수행은 평가자와 피평가자가 대면하여 이루어지기 때문에 다양한 역량을 동시에 측정할 수 있고, 평가자의 다양한 변화를 통하여 피평가자의 상황 대응과 논리 전개를 파악할 수 있다. 특히 평가자와 근접한 상호작용을 통하여 피평가자의 행태에 반영된 미세한 감정을 정확히 확인할 수 있다는 장점이 있다. 하지만 피평가자와의 직접적인 상호작용 과정에서 평가자의 주관이 개입할 우려가 있고, 평가자에 따라 주어진 역할을 충실히 수행하지 않거나 평가자의 성향에 따라 다양한 방식으로 역할을 수행할 우려가 있다. 또한 평가자가 자기 역할에 매몰되어 역량 측정을 소홀히 할 수도 있다. 따라서 평가자의 주어진 역할과 평가 대상 역량에 대한 깊은 이해가 전제되어야 하며, 평가자별로 수행 역할의 일관성을 유지하기 위해서는 철저한 사전준비가 필요하다.

1：2 역할수행(1：2 role playing)：이 실행과제는 평가자 두 명과 피평가자 한 명으로 구성하여 평가자 상호간에 갈등 상황을 연출하고 피평가자가 이를 조정하고 해결하는 과정을 통해 피평가자의 역량을 측정하는 방법이다(Povah & Thorton, 2011). 예를 들면 시·군 통합의 대상이 되는 두 도시의 시장 통합 찬반을 둘러싼 갈등, 일정규모의 예산이나 인력을 감축하는 상황에서 두 부서장 간의 충돌, 그리고 특정 정책 추진 과정에서 조직 목표 상호간의 상충 등과 같은 모의 상황이 제시된다. 이 과정에서 두 명의 평가자가 갈등 당사자가 되고 피평가자가 이를 조정하는 역할을 맡는다. 이를 통해 피평가자의 문제인식, 의사소통, 그리고 조정 통합의 역량을 측정하는 것이다. 이 방법은 평가자가 두 명이기 때문에 보다 측정의 객관성을 높일 수 있고, 실제 갈등 상황을 조정 통합하는 과정에서 피평가자의 다양한 행태를 발견할 수 있다는 장점이 있다. 반면, 두 명의 평가자가 관찰 내용에 따라 서로 이견이 발생할 경우 엄격화 또는 관대화할 우려가 있고, 평가자들이 역할수행에 매몰되어 평가과정에서 역량 측정을 놓치기 쉽다는 단점이 있다.

서류함 기법(in-basket)：이는 몇 가지 직무 과제를 부여하고 주어진 시간 안에 해결방안에 관한 짧은 보고서를 작성하게 한 후 평가자가 작성한 내용을 중심으로 인터뷰하는 방법이다(Schroffel, 2012). 직무 과제의 해결방안 내용을 확인하고 추가

질문에 대한 응답 과정에서 피평가자의 역량을 측정하는 것이다. 예를 들면 특별 과제 수행을 위한 TF 구성 방안, 특정 정책의 기본 방향이나 실행 방안, 성과가 낮아 문제가 되고 있는 부하직원에 대한 처리 방안 등 몇 가지 과제를 동시에 부여하는 것이다. 이를 통해 전략적 사고, 문제인식, 성과지향, 변화관리 등의 역량을 측정한다. 이러한 방법은 주어진 시간에 얼마나 성과를 낼 수 있는지를 측정할 수 있고, 여러 가지 문제를 동시에 처리하는 문제상황으로 다양한 역량을 측정할 수 있다는 장점이 있다. 또한 서면으로 직접 보고서를 작성하게 함으로써 구두상의 역할 수행에서 확인되지 못한 역량을 측정할 수 있으며, 주어진 문제와 관련된 질문으로 일관성을 유지할 수 있다는 장점이 있다. 하지만 평가자가 1인으로 주관성이 개입할 우려가 있고, 개별 과제 상호간에 난이도 차이가 있을 경우 일관성 있는 역량 측정이 곤란하며, 피평가자가 익숙한 실행과제가 출제된 경우 또는 사전 준비를 철저히 한 경우에는 평가 결과가 상대적으로 좋게 나타날 우려가 있다 (Schippmann, Prien, & Katz, 1990).

집단토론(group discussion): 집단토론 방식은 피평가자의 규모에 따라 달라진다. 10명 이상이 동시에 하기도 하고, 5명 이하가 토론하기도 한다. 단, 평가자의 수는 피평가자의 수와 동일하거나 조금 더 적은 것이 보통이다. 여기에서는 평가자와 피평가자가 모두 3명인 최소 규모의 집단토론 방식을 살피기로 한다. 이러한 집단토론은 피평가자들에게 문제상황이 주어지고 서로 토론을 통하여 문제를 해결하는 과정에서 나타나는 행태를 관찰하고 역량을 측정하는 방식이다. 평가자 3명은 평가 대상 피평가자를 사전에 배정받고 자기가 맡은 피평가자의 행태를 관찰한다. 예를 들면 사전에 주어진 예산 범위 내에서 3개의 부서 상호간에 토론을 통하여 예산을 분배하는 상황, 총 감축 인원이 주어진 상태에서 부서별 감축 규모를 결정하는 상황, 또는 서로 상충되는 세 가지 조직 목표나 정책대안을 토론을 통해 수렴하는 상황 등이다. 이 과정에서 각각의 피평가자는 부서의 장이나 기관의 장, 또는 이해관계자가 될 수 있다. 이를 통하여 피평가자들의 전략적 사고, 의사소통, 조정 통합, 문제인식 등의 역량을 측정하는 것이다.

집단토론 방식은 3개 부서 이상의 상호 갈등을 전제로 하기 때문에 1 : 2 역할 수행보다는 좀 더 복잡한 상황에서 피평가자의 다양한 역량을 측정할 수 있고, 피평가자가 자기의 역할과 위상, 그리고 제약 요인 등 상황을 어떻게 인식하고 있는지 정확히 파악할 수 있다. 또한 평가자가 3명이므로 동일한 상황에 대한 평가 결과를 서로 공유하며 토론함으로써 객관성을 확보할 수 있다. 다만, 주어진 시간에 피평가자가 역량을 충분히 발휘하지 못할 수도 있고, 평가자도 주어진 시간에 관찰할 수 있는 역량이 제한적일 수 있다는 한계가 있다. 그것은 평가자가 관찰 내용이 미진한 특정 역량을 측정하기 위하여 피평가자를 대상으로 직접 질문할 수는 없기 때문이다. 대체로 집단토론은 좀 더 긴 시간이 주어지는 것이 보통이지만 역량평가를 충분히 하기에는 시간이 부족한 경우가 많고, 더 많은 시간을 주려면 비용 부담이 증가하는 단점이 있다. 이러한 집단토론의 세부평가 방식은 두 가지로 나누어 볼 수 있다. 즉 3명의 피평가자를 평가자 3명이 각각 한 명씩 평가하는 방식과 3명의 피평가자를 평가자 3명이 모두 평가하여 평균을 내는 방식이다. 후자는 전자보다 절차와 과정이 좀 더 복잡한 반면, 다수 평가자에 의한 정확한 역량 측정이 가능하다는 장단점이 있다.

그림 8-2 역량평가 실행과제

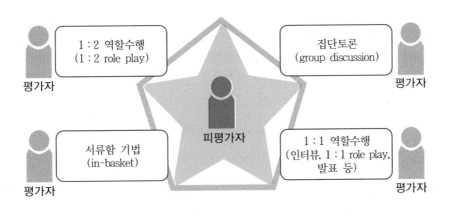

출처 : 인사혁신처, 2022.

(나) 실행과제의 수행 및 피평가자 면담

실행과제가 선정되고 난 후에는 피평가자가 이를 실행하는 과정이 있다. 실행 과정은 1) 피평가자가 문제상황을 이해하는 단계, 2) 문제를 해결하는 단계, 그리고 3) 문제를 해결한 후에 평가자를 면담하여 역량을 평가받는 단계로 구분될 수 있다(Povah & Thorton, 2011). 평가자는 실행과제의 유형에 따라 두 번째 단계에서 선택적으로 참여하고, 세 번째 단계에는 반드시 참여하여 평가한다.

위에서 설명한 네 가지 실행과제 수행 방법은 공통으로 첫 번째 단계를 거친

후 1：1 역할수행 또는 1：2 역할수행, 그리고 집단토론은 두 번째 단계에서, 서류함 기법은 세 번째 단계, 즉 문제해결 방안을 연구한 후에 피평가자를 면담하는 과정에서 평가가 이루어진다. 실행과제 수행 과정이나 피평가자 면담이 끝난 후, 평가자는 해당 피평가자에 대하여 세부 역량별로 긍정적인 요소와 부정적인 요소를 구분하여 평가한다. 그리고 이를 토대로 개인별로 세부 역량별 평점을 부여한다. 평점은 세부 역량별로 5점 척도에 의하여 부여되는 경우가 일반적이다.

이와 같이 역량센터는 피평가자와 평가자 간의 지속적인 상호작용에 의해 이루어지기 때문에 특별한 주의와 노력이 필요하다. 우선 평가자는 주관성을 배제하고 객관성을 유지해야 한다. 피평가자와의 의사소통 과정에서 발생하는 순간적인 감정이나 선입관, 편견이 개입되지 않도록 노력해야 한다. 둘째, 평가의 일관성을 유지해야 한다. 이를 위해 피평가자들에 대하여 매번 동일한 유형의 질문을 할 필요가 있다. 셋째, 평가 역량을 분명히 인식해야 한다. 해당 실행과제를 통하여 피평가자의 어떤 역량을 측정하려고 하는지 사전에 분명히 하고 평가에 임하는 것이 중요하다.

3. 역량평가 결과의 활용

(1) 개인별 역량평가의 종합

평가자의 평가가 종료된 후 평가자 회의를 거쳐 개인별로 역량별 평가 결과를 종합하여 최종 결정하는 마지막 단계이다. 각 평가자가 실행과제별로 측정하고자 하는 역량평가 결과를 합산하여 피평가자 개인에 대한 역량별 평가 결과가 나오는 것이다. 통상 하나의 역량을 측정하기 위하여 두 개 또는 세 개의 실행과제가 주어지며, 이를 통해 해당 역량을 다양한 시각에서 평가하게 된다. 보다 정확한 역량을 측정하기 위해서는 많은 실행과제, 즉 다단계의 역량 측정 과정이 바람직하지만 현실적으로 시간과 공간, 그리고 비용 면에서 불가피하게 2~3개의 실행과제로 한정된다. 이들 실행과제에 대한 평가를 통하여 도출된 개인별 역량평가 점수를 평가자 상호간에 의견을 제시하고 토론하여 최종 결정하는 것이다.

이 과정에서 동일한 역량에 대하여 평가 점수가 평가자들 간에 지나치게 차이가 많이 날 경우, 이를 조정하는 작업이 진행된다. 이는 평가자들이 해당 역량을 측정하는 과정에서 관찰하지 못했거나 잘못 해석한 결과를 확인하고 수정하는 작업이다. 즉 보다 정확한 역량을 측정하기 위한 점검 작업이라 할 수 있다.

  피평가자들의 개별 역량별 측정 결과에 대한 논의와 함께 종합평정에 대한 논의 또한 필요하다. 개인별 종합평정 결과 점수는 통상적으로 5개 등급 또는 7개 등급으로 구분하는데 일정 점수 이상일 경우 우수역량, 일정 점수 이하일 경우는 역량부족으로 평가한다. 그리고 이를 바탕으로 다시 한 번 피평가자별로 역량 수준을 평가한다. 평가자들 사이에서 해당 피평가자의 역량 수준에 대한 평가가 지나치게 차이가 날 경우, 토론을 통해 점수가 조정된다. 또한 역량평가 결과 평점이 매우 높게 나왔다 하더라도 피평가자의 다소 미흡한 역량이 무엇인지에 대한 토론도 필요하다. 이를 통해 피평가자에게 향후 자기 역량 개발의 방향과 과제를 제시해 줄 수 있기 때문이다. 평가자들 간의 종합평가 논의 사항은 개인별 평가보고서에 포함되어 피평가자에게 전달된다. <표 8-5>는 공공부문과 민간부분의 역량평가를 비교한 것이다(권용만·정장호, 2021).

표 8-5 공공부문과 민간부문의 역량평가 비교

구분	공공부문	민간부문
평가목적	후보자 선발과 승진 중심	직무수행 성과 향상 중심
사전교육	역량평가 사전교육 있음	역량평가 사전교육 없음
평가모델	정형화된 평가모델	조직특성에 따라 차이
평가기법	4개 기법(1 : 1, 1 : 2, 서류함, 집단토론)	4개 기법 + BEI, 사례분석 등 다양한 기법을 활용
평가위원	교수 중심 * 전현직 고위공무원, 심리학·행정학 교수 등, 인사 컨설턴트	외부 컨설턴트 중심 * 인사 컨설턴트와 내부 임원
평가점수	평균 점수 중요	역량별 점수 중요
평가활용	평가결과보고서, 적격여부 결정	평가결과보고서, 피드백 및 코칭

* 권용만·정장호(2021)를 참조하여 재정리함.

  그런데 피평가자 개인별 역량평가 결과를 종합하는 과정에서 몇 가지 유의할 점이 있다(Povah & Thorton, 2011). 첫째, 평가 과정에서 평가자 개인별로 관찰하고 측정했던 내용이 왜곡될 수 있다는 것이다. 다수결의 원칙이나 소극적인 회의 분위기는 평가자의 관찰 내용을 오도할 수 있음을 상기할 필요가 있다. 따라서 피평가자를 직접 관찰했던 평가자 개인의 평정 점수나 의견이 존중될 필요가 있다. 둘째, 평가자 종합회의는 피평가자의 역량 보완과 발전을 위한 논의가 되어야 한다. 피평가자의 평가 점수 조정 차원에서 접근하기보다는 피평가자 개인의 탁월한 역량과 부족한 역량을 구분하고 이를 피평가자에게 조언하는 기능을 담당해야 한다. 셋째, 개인별 평가보고서를 작성할 때는 평가자 회의 결과에 충실할 필요가 있다. 특히 개인별 종합의견은 각 평가자들의 평가 결과를 단순히 조합한 것이라기보다는 이를 토대로 피평가자의 평가 과정에 대한 전반적인 평가와 함께 피평가자 개인에게 역량별 수준과 역량 간 편차, 그리고 향후 역량 개발을 위한 방향과 내용을 제시하는 것이 되어야 한다(진선미, 2021).

(2) 평가 결과의 통보 및 활용

평가자 회의 결과를 토대로 작성된 개인별 역량평가 보고서는 피평가자와 피평가자 소속 기관에 전달한다. 일반적으로 피평가자에게는 역량 발전을 위한 목적으로, 피평가자 소속 기관에는 역량평가를 위한 목적으로 활용되는 경우가 많다. 하지만 둘 다 단순히 평가 목적으로 활용되기보다는 개인별 역량 발전을 위한 목적으로 활용되는 것이 중요하다(오헌석, 2007). 피평가자에게 전달되는 역량평가 보고서의 내용은 일반적으로 역량별 평가 점수와 평가 의견, 그리고 종합적인 의견이 제시된다. 또한 종합평정과 함께 역량평가를 받은 전체 피평가자 중 자기 평점의 위치를 백분위로 제시함으로써 전반적인 자기 역량의 수준을 확인할 수 있게 한다. 피평가자는 이를 토대로 자기 역량에 대한 평가 결과를 확인하고 부족한 역량을 개발하기 위한 방향을 설정할 수 있다.

피평가자 소속 기관 역시 역량평가 결과를 다양하게 활용할 수 있다. 첫째, 일반적으로 인사이동이나 승진의 참고자료로 삼을 수 있다. 상위직의 역량을 외부 기관에서 객관적으로 확인하고 평가하는 자료가 부족한 상황에서는 특히 중요한 인사 참고자료가 된다. 직위별 필요역량과 비교하여 직위와 역량 간의 정합성을 높이기 위한 인사배치의 기준이 될 수도 있다. 둘째, 역량과 성과를 서로 비교할 수 있다. 역량은 높으나 성과가 낮은 경우, 또는 성과는 높으나 역량이 다소 낮게 나오는 경우 등 개별적인 상황에 따라 인력 재배치의 기준으로 활용할 수 있다. 셋째, 개인별로 부족한 역량 개발을 위한 자료가 된다. 해당 기관은 전체적으로 소속 직원에게 부족한 역량이 무엇인지 분석하고 확인할 수 있다. 이를 토대로 역량별 개발 프로그램을 마련하여 시행할 수 있을 것이다. 넷째, 개인별 인사상담의 자료로 활용될 수 있다. 경력발전을 위한 적정한 보직 경로를 제시할 수 있고, 우수 역량을 활용하기 위한 배치 상담도 이루어질 수 있다.

하지만 피평가자 소속 기관에서 활용할 경우 몇 가지 유의할 점이 있다. 첫째,

종합평점보다는 역량별 평점을 중시할 필요가 있다. 종합평점은 각 역량별 평점의 단순 평균에 불과하다. 따라서 피평가자의 종합평점을 통한 전인적 평가보다는 탁월한 역량과 부족한 역량을 구분하여 역량별 수준과 내용을 확인하는 것이 필요하다. 둘째, 평가 점수보다는 평가 의견을 중시할 필요가 있다. 역량 수준을 점수화하여 평가하고 있으나 역량 간 또는 점수 간 격차가 개인별로 비교할 수 있을 만큼 일정하지 않은 경우가 많기 때문이다. 따라서 평가 점수보다는 평가 의견을 중시하여 인사 참고자료로 활용할 필요가 있다. 셋째, 승진의 기준으로는 제한적으로만 활용하는 것이 좋다. 역량을 승진 기준으로 삼더라도 역량 평점이 피평가자의 역량을 완전하게 측정했다고 보기 어렵기 때문이다. 피평가자의 개인별 역량 평정 점수를 반영하기 어렵기 때문에 상·중·하 등 그룹별로 구분하여 활용하는 등 역량 측정의 한계를 명확히 인식할 필요가 있다.

학•습•포•인•트

- 인적자원 관리방식의 변화
- 역량의 적극적 의미와 소극적 의미
- 직무 중심 인적자원행정과 역량 중심 인적자원행정
- 직무역량, 관리역량, 도덕적 역량
- 역량 도출 방법
- 일반역량모델방법

- 역량의 개념
- 역량의 유형
- 사고역량, 업무역량, 관계역량
- 직무역량평가방법
- 직무역량모델방법

연•습•문•제

1. 역량의 개념을 설명하고 적극적 의미와 소극적 의미를 비교하여 설명하시오.
2. 직무역량, 관리역량, 그리고 도덕적 역량을 예를 들어 설명하고, 세 역량 상호간에 자신이 생각하는 상대적 중요성을 비교하여 보시오.
3. 역량을 도출하는 방법을 설명하고, 자신이 속한 조직에서 어떤 방법을 활용하는 것이 바람직한지 의견을 제시하시오.
4. 역량의 유형에 따라 자신의 역량을 스스로 평가해 보시오. 부족한 역량과 우수한 역량

을 구분하고, 그 근거를 제시하시오.

5. 본인이 원하는 직업이나 직무에서 필요한 역량이 무엇인지 생각해 보고, 그 역량을 높일 수 있는 방안을 제시해 보시오.

6. 현재 우리나라 공무원들의 행태를 살펴보고, 이들에게 가장 부족한 역량과 이를 향상시킬 수 있는 방안을 제시해 보시오.

 토●의●사●례

<사례 1>

수준 높은 관료는 누구인가? 사람들은 흔히 '수준 높은' 경제관료란 경제학이나 경영학 분야에서 선진교육을 받은 인력을 가리킨다고 생각한다. 하지만 성공한 동아시아 국가들의 경험에 따르면, 이런 식의 접근은 문제를 바라보는 잘못된 방법일 수 있음을 보여준다. 일본의 경우 엘리트 경제관료들의 주축은 법학도들이었다. 한국 또한 경제관료 중에서 법학도의 비율이 높았다. 반면 대만은 대부분의 엘리트 경제관료가 공학도였다. (…중략…) 세계 최고 수준의 경제학 교육을 실시하는 국가 중 하나라고 할 수 있는 인도에서 관료 조직이 자국 경제를 성공적으로 이끌지 못했다는 사실 또한 경제학 교육의 강조가 '수준 높은' 경제관료 체제를 갖추는 데 그렇게 중요하지 않다는 사실을 보여준다. 선별적 산업무역정책의 성공을 위해서는 전통적인 의미의 경제학자로서의 능력보다도 오히려 관리자(generalists)로서의 능력이 필요하다고 할 수 있다. 이는 '선별적인' 종류의 정책이라도 그 성공적 수행을 위해 가장 필요한 것은 전문적인 지식이 아니라 주요 쟁점에 대해 올바르게 판단할 수 있는 정책입안자이자 관리자로서의 능력이다. 다시 말해 훌륭한 경제관료를 양성하고자 하는 최저개발국의 경우에는 경제학이나 다른 관련 학문의 전문가보다는 일반적으로 뛰어난 역량을 가진 인물의 채용에 강조점을 두어야 할 것이다(장하준, 『국가의 역할』, 2003 중에서).

<사례 2>

정부종합청사에서 만난 ○○○부 6급 공무원 임아무개씨는 공무원 인사제도와 관련해 이런 얘기를 들려줬다. "계급제에서는 보직이 수시로 바뀔 수밖에 없다. 각각의 자리를 국장으로 가는 코스쯤으로 여길 뿐이다. 따라서 한 자리에 근무하는 기간이 아주 짧다. '이런 업무구나' 하고 파악할 즈음이면 다른 자리로 옮기는 악순환이 되풀이된다. 대체로 1~2년 근무하고 옮긴다. 3급 이상은 몇 달 만에 바뀌는 경우가 허다하다. 상대국에서는 오랫동안 그 분야에 종사한 전문가가 협상 자리에 나오는데, 우리 쪽에서는 1년 안팎 근무한 아마추어가 나간다. 협상력이 떨어지는 것은 당연하다." 환경부 사무관 이아무개씨는 "공무원 사회에는 '관리자만 키우고 전문가를 키우지 못한다'는 얘기가 있다"고 말했다. "순환보직이란 여러 부서를 돌며 경력을 쌓는 것이다. 잦은 보직 이동은 관리자가 되는 데 필요한 실습과도 같은 것이다. 계급제가 없어진다면 모를까, 한 부서에 오래 근무하는 것을 다들 꺼리는 분위기다. 현 인사제도에서 공무원의 최대 목표는 승진이다. 높은 자리에 올라가면 업무를 총괄 관리해야 한다. 따라서 부서를 자주 옮겨 다니며 다양한 경력을 쌓은 사람이 그렇지 않은 사람보다 승진에 유리한 것이다."(『신동아』 2001년 10월호).

📖 **토의과제**

1. <사례 1>과 <사례 2>의 주장을 각각 요약하시오.
2. 위 두 가지 사례에 나타난 주장 중 자신의 입장을 선택하고, 근거와 사례를 제시하시오.
3. 소위 '수준 높은' 관료가 되기 위해서 가장 중요한 역량은 무엇인지 설명하시오.

💡 **참고문헌**

권용만 · 정장호, 2021. 「공공부문 역량평가제도의 활성화 방안에 대한 연구: 민간부분의 운영방식과의 비교 연구」. 『벤처혁신연구』, 7(1), pp.51-65.

권용수, 2006. 「공무원 역량기반교육훈련에 관한 고찰」, 『한국인사행정학회보』 5(1), pp.129-148.

김진모, 2001. 「기업의 인적자원 개발을 위한 역량 중심의 교육과정 개발」, 『한국직업교육학회』.

김현주 · 전상길, 2006. 「역량기반 인적자원 관리의 적용에 관한 연구 : 한국 기업을 위한 상황론적 접근」, 『인사 · 조직연구』 14(2), pp.107-139.

박우성, 2002. 『역량 중심의 인적자원관리』, 한국노동연구원.

박천오 · 김상묵, 2004. 「정부 산하단체 임원의 공통 직무수행 역량 설정에 관한 연구」, 『한국사회와 행정연구』 15권, pp.1-25.

신종국. 2001. 「캐나다 정부의 역량중심 인사관리」 『인사행정』 6, pp.64-67.

오헌석. 2007. 「역량중심 인적자원개발의 비판과 쟁점 분석」 『경영교육논총』 47, pp.191-213.

임도빈 · 유민봉, 2019. 『인사행정론』, 박영사.

이창길, 2008. 「중앙부처 계층 상호간의 직무역량 기대 격차에 관한 연구 : 재정경제부의 중간관리층을 중심으로」, 『한국인사행정학회보』 7, pp.87-115.

이창길, 2020. 대한민국 인사혁명: 휴머니즘 인사혁명을 위한 22가지 질문. 나무와숲.

인사혁신처, 2016. 『고위공무원단 진입을 위한 역량평가 안내』.

인사혁신처, 2022. 홈페이지 https://www.mpm.go.kr/

조선일, 2008. 「고위공무원의 역할과 필요역량」, 한국거버넌스 2008년 동계학술대회.

중앙인사위원회 · 삼일회계법인 · Hewitt Associates Korea, 2004. 『역량모델교육 자료집』, 중앙인사위원회 내부 발간 자료.

장하준, 2003. 『국가의 역할』, 부키.

진선미, 2020. 「공무원 역량개발센터(Devlopment Center)의 효과 향상 요인에 대한 탐색적 연구」. 『한국인사행정학회보』, 19(4), pp.127-153.

진재구, 2009. 「정부 부문 역량기반 인적자원 관리체계 수립의 전제 : 쟁점과 정책적 시사점」, 『한국정책과학학회보』 13(1), pp.1-23.

최무현·조창현, 2007. 「정부 부문에 역량기반 교육훈련제도의 도입 : 과학기술부 사례를 중심으로」, 『한국인사행정학회보』 6권, pp.263-291.

하미승·권용수·전영상, 2007. 「공무원 역량평가를 위한 비교사례연구」, 『한국인사행정학회보』 6(1), pp.37-79.

Boselie, P. and Thunnissen, M., 2017. Talent management in the public sector. In The Oxford handbook of talent management.

Beeck, Sophie Op de and Annie Hondeghem, 2010. *Managing Competencies in Government : State of the Art Practices and Issues at Stake for the Future.*

Byham, W.C. and R.P. Moyer, 1996. *Using Competencies to Build a Successful Organization*, Developmnent Dimensions International Inc.

Dubois, D. 1993. *Competency-based Performance Improvement A Strategy for Organizational Change*, Amherst, MA : HRD Press.

Dubois & Rothwell, 2010. *Competency-Based Human Resource Management*, Nicholas Brealey Publishing.

Gallardo-Gallardo, E., Thunnissen, M., & Scullion, H,. 2020. Talent management: context matters. *The International Journal of Human Resource Management*, 31(4), 457-473.

Green, Paul C., 1999. *Building Robust Competencies : Linking Human Resources Systems to Organizational Strategies*, San Francisco : Jossey-Bass.

Howard, A. 1974. An Assessment of Assessment Centers, *Academy of Management Journal*, 72(2) : 115-133.

Kravariti, F. and Johnston, K., 2020. Talent management: a critical literature review and research agenda for public sector human resource management. *Public Management Review*, 22(1), pp.75-95.

Kessler, Robin, 2008. *Competency-Based Performance Review*, Franklin Lakes, N.J. : Career Press.

Klemp, G. G., Jr. 1982. *Job Competence Assessment : Defining the Attributes of the Top Performer*, Alexandria, VA : ASTD.

Klinmoski, R. and W. Strickland, 1987. Why Do Assesssment Centers Work? The Puzzle of Assessment Center Validity. *Personnel Psychology*, 40(3) : 353-361.

Lucia, A.D, & Lepsinger. R., 1999. *The Art and Science of Competency Model :*

Pinpointing Critical Success Factors in Organizations, San Francisco, CA, Jossey-Bass.

Macaulay & Lawton, 2006. From Virtue to Competence : Changing the Principles of Public Service, *Public Administration Review*, p.702 of 702-710.

McClelland, W.G. 1973. *Management in a Service Environment*, 25(3), Aslib Proceedings.

Mirabile, R. 1997. Everything You Wanted to Know about Competency Modeling, Training & Development : August.

OECD, 2021b. *Ageing and Talent Management in European Public Administrations*. Paris.

Parry, Scott B. 1996. "Just What Is a Competency?(And Why Should You Care?)." *Training* 35(6), pp.58-60.

Povah, Nigel and George C. Thornton, III. 2011. *Assessment Centres and Global Talent Management*. MPG Books Group.

Richey, R., Fields, D., Foxon, M. (with Roberts, R.C.; Spannaus, T. & Spector, J.M.) 2001. *Instructional Design Competencies : The Standards (3rd Ed) Eric Clearinghouse on Information and Technology*, Syracuse, NY.

Rychen, D. S. E., & Salganik, L. H. E. 2001. *Defining and Selecting Key Competencies*. Hogrefe & Huber Publishers.

Schippmann, J.S., Prien, E.P and Katz, J.A. 1990. Reliability and validity of in-basket performance measures. *Personnel Psychology, 1990,* Vol. 43, pp.837-859.

Schroffel, A. 2012. The Use of In-Basket Exercises for the Recruitment of Advanced Social Service Workers. *Public Personnel Management, 41*(1), pp.151-160.

Spencer L. M. & Spencer S. M., 1993. *Competence at Work : Model for Superior Performance*, New York : John Wiley & Sons.

Thornton, III, George C. Deborah E. Rupp. 2008. *Assessment Centers in Human Resource Management : Strategies for Prediction*, Talor& Francis e-Library.

Walker, Cross T., 2020. Inclusive talent management in the public sector : theory and practice. *Transnational Corporations Review*, 12(2), pp.140-148.

제 **4** 편

인적자원 관리과정

인재에 정말 목말라하지 않는다면 인재 전쟁에서 결코 승리하지 못한다.

- 톰 피터스

제1절 인적자원 확보의 의의

인적자원 확보는 인적자원행정이 실질적으로 시작되는 첫 번째 단계이다. "시작이 반"이라는 말도 있듯이, 좋은 사람을 뽑는 것이 전반적인 인적자원 활동의 성공 여부를 결정짓는 중요한 요소이기 때문이다. 첫 번째 단추를 잘못 끼우면 나머지 단추들도 어긋날 수밖에 없다. 이에 따라 사회의 모든 조직은 우수한 인적자원을 확보하기 위하여 끊임없이 노력을 한다. 민간기업들은 좋은 인재를 확보하기 위하여, 학교는 좋은 학생을 선발하기 위하여, 그리고 대학들은 훌륭한 교수를 임용하기 위해 다양한 방법을 개발한다. 우수한 인적자원의 확보가 조직의 성공 여부를 결정짓는 중요한 요인이기 때문이다. 인적자원 확보 단계에서 우수한 사람을 선발하지 못하면 우수한 성과를 기대하기 어려울 뿐만 아니라 채용 후 역량개발 비용도 많이 들게 된다.

특히 공공조직의 경우, 우수한 인적자원을 확보하는 것은 성공적인 조직 운영에 반드시 필요하다. 공직을 수행하는 사람들은 민간기관과는 직무의 성격이 다르고, 직무수행의 파급효과도 넓고 클 뿐만 아니라 자기 직무와 역할에 강한 책임감이 요구되기 때문이다. 직업공무원제를 시행하고 있는 나라의 경우에는 평생직장으로 신분이 보장되어 장기간 근무하기 때문에 한 번의 잘못된 채용은 되돌릴 수 없는 실패의 원인이 될 수 있다. 또한 정부 내 사소한 결정이라 하더라도 잘못될 경우 국민의 일상적인 활동에 지대한 영향을 미칠 수 있다.

이와 같이 공공조직에서 인적자원 확보의 중요성을 부정하는 사람은 없다. 다만 실제 어떤 사람을 어떻게 뽑아야 하느냐를 두고서는 논란이 많다. 주어진 직무를 잘 수행할 수 있는, 역량 있는 사람을 뽑아야 한다는 점에는 모두가 동의한다. 하지만 어떤 역량을 가진 사람이 필요한지, 그리고 어떻게 선발해야 그런 사람이 지원하고 뽑힐 수 있는지에 대한 의견은 분분하다. 앞 장에서도 언급한 것처럼 최근에는 직무 중심으로 선발해야 하는지 아니면 역량 중심으로 선발해야 하는지, 그리고 직무역량·관리역량·도덕적 역량 중 어떤 역량을 가진 사람을 뽑는 것이 좋은지 등 결정하기 곤란한 경우가 많다. 인적자원의 현실과 앞으로의 변화에 따라 조직성과를 향상시키는 데 기여할 수 있는 인적자원을 찾는 방법에 대한 이해가 필요하다.

일반적으로 인적자원 확보는 이러한 모집(recruitment)과 선발(selection)을 의미한다. 모집은 조직이 필요로 하는 인력을 조직으로 끌어들이는 과정이고, 선발은 주어진 상황에서 지원자 중 가장 적합한 자격을 갖추었다고 생각하는 사람들을 선택하는 과정이다(Heneman & Judge, 2018). 이 장에서는 모집의 유형과 절차, 그리고 선발 기준과 방법에 대하여 살펴본다.

제2절 인적자원의 모집

1. 적극적 모집의 의의와 필요성

(1) 적극적 모집의 의의

인적자원의 모집은 조직이 필요한 인적자원을 끌어 모으는 과정이다. 넓은 의미의 모집은 소극적 모집과 적극적 모집을 모두 말한다. 최근 공공조직에서는 단순히 채용계획 공고 후 지원자를 기다리는 소극적 모집에 머무르지 않고, 우수한 인적자원이 지원할 유인을 제공하는 적극적 모집이 중요해지고 있다(Hays & Sowa, 2005).

이와 같이 적극적 모집은 미래 직무 생활에 대한 전반적인 내용을 적극적으로 알려줌으로써 모집에 응하도록 하는 활동이다(오석홍, 2022). 모집은 보다 직무에 적합하고 역량 있는 후보자들이 응모하도록 하는 과정으로, 지원자들 중에서 가장 적합한 사람을 선택하는 과정을 의미하는 선발과는 다소 차이가 있다.

(2) 적극적 모집의 필요성

지금까지 공공조직은 사회적 선호도가 강한 경우, 적극적으로 모집하지 않아도 유능한 인재들이 많이 지원하는 경우가 많았다. 따라서 인사행정기관이 적극적으로 나서서 모집 활동을 해야 할 필요가 크게 없었다. 특히 경제상황이나 취업여건이 좋지 않은 때는 더욱 그랬다. 적극적으로 모집을 하지 않아도 지원자가 많아 경쟁률이 높고, 우수한 인재들도 많이 몰려들었던 것이다.

하지만 사회환경의 변화로 적극적 모집의 필요성이 크게 증가하고 있다. 우선 복잡화·전문화된 특정 직무에 적합한 인적자원을 확보하기가 어려워졌다. 일반 행정가보다 전문행정가의 역할이 중요해지면서 이에 적합한 우수 인재의 확보가 중요한 과제로 떠오른 것이다. 또한 역량 있는 지원자들이 공공기관보다는 민간기업이나 다른 분야를 선호하는 경향이 많아졌다. 높은 보수와 근무여건을 제공하는 민간기업을 택할 가능성이 높아진 것이다. 이에 따라 실제 역량 있는 우수 인재가 공직의 안정성 대신에 민간기업의 창의성과 도전성을 선택하는 사례가 증가하고 있다. 여기에는 공직 내부의 성과 경쟁이 심화되면서 직업공무원으로서 평생직장이라는 개념이 약해진 것도 한몫 하고 있다. 공직의 안정성에 기반한 기존의 긍정적인 모집 여건이 점차 악화하고 있는 것이다.

이와 같이 전반적인 모집 환경이 달라지면서 공직의 경우 적극적인 모집 활동의 필요성이 증가했다(Hays & Sowa, 2005). 단순히 지원자를 확대하는 것보다는 우수한 인재들이 공직에 지원할 수 있도록 하는 적극적 모집이 필요하게 된 것이다. 따라서 채용시험의 절대적인 경쟁률에 기초해 적극적 모집 여부를 결정하기보다는 어떤 사람이 지원하느냐, 어떤 역량을 갖추고 있느냐에 따라 전문적인 역량을 가진 사람이 공직에 관심을 가지고 지원하도록 만드는 적극적 모집이 필요하다(Mastracci, 2009).

(3) 적극적 모집의 방법

적극적인 모집 방법으로는 공직에 대한 정보나 긍정적 이미지 제공, 직접적 인력 형성 혹은 민관협동 과정을 통한 지원 유도, 지원자격이나 선발요건 등의 진입장벽 완화 등 다양하다. 공직에 대한 정보나 긍정적인 이미지를 주기 위해서 미디어나 공직박람회 등을 활용할 수 있고, 직·간접적 인력 형성을 위해서는 전문교육기관을 운영하거나 대학과의 협동 프로그램(임도빈·유민봉, 2019)을 마련할 수도 있다. 뿐만 아니라 시험 응시 자격제한을 낮추거나 시험과목 수를 줄여 더 많은 지원자를 유치하는 등 진입장벽을 조정하는 것도 하나의 수단이 될 수 있다. 민간기업이나 학교 등 다른 부문에서 활용하는 모집방법을 도입하고, 공공부문에 적합한 다양한 모집방법의 개발이 필요하다.

2. 모집범위 1 : 내부모집과 외부모집

(1) 의의와 방법

모집에서 가장 중요한 결정은 내부모집을 할 것인가, 아니면 외부모집을 할 것인가이다. 내부모집은 조직 내에서 근무하고 있는 기존의 인적자원을 대상으로 모집하는 것이고, 외부모집은 조직 외부에 개방하여 인적자원을 모집하는 것이다 (Hays and Sowa, 2005). 조직 내 일정한 직위에 필요한 사람을 선발하려고 할 경우, 내부모집 또는 외부모집 방법을 활용한다. 일반적으로 계급제와 직업공무원제를 취하고 있는 경우에는 내부모집이 활성화되어 있고, 직위분류제를 택하고 있는 경우에는 내부모집보다 외부모집이 활성화되어 있다. 두 가지 모집 방법이 가지고 있는 장점과 단점을 토대로 조직의 규모와 상황, 내부 자원의 우수성, 그리고 외부 환경의 요구 등을 고려하여 적절히 선택하는 것이 필요하다.

내부모집의 구체적인 방법은 조직 내부의 인력을 대상으로 하기 때문에 일반적인 인적자원 관리과정과 동일하다. 내부승진이나 인사이동, 순환보직, 내부의 인사풀 등을 활용해 직무수행자를 모집하며, 퇴직자를 선발하는 것도 넓은 의미에서 내부모집이라 할 수 있다(Noe, Hollenbeck, Gerhart & Wright, 2020).

통상 모집이라고 하면 내부모집보다는 외부모집을 가리키는 경우가 많다. 대체로 조직 외부에서 인력을 확보하는 것을 의미하기 때문이다. 외부모집의 가장 대표적인 방법은 모집 공고를 내는 것이다. 모집 인원과 자격, 선발 방법과 기준, 그리고 처우와 경력관리 등을 광고하는 것이다. 또한 인재 데이터베이스를 통하여 인력풀을 구성하고, 이들을 대상으로 모집 활동을 하기도 한다. 뿐만 아니라 동료 추천제, 헤드헌터 등 인력회사 활용, 민간기업 또는 전문적 협회나 조합의 추천, 학교 추천, 지역 추천, 인턴십 활용 등 다양한 방법이 있다(Hays and Sowa, 2005). 특히 지원자 스스로 직접 조직에 찾아와 자기지원(walk in)하는 것도 외부모집 방법의 하나로 볼 수 있다. 모집에 사용되는 수단도 라디오, 텔레비전, 신문 광고, 인터넷, 모바일 등 다양하다.

(2) 내부모집과 외부모집의 장단점

<표 9-1>에서 볼 수 있듯이, 내부모집과 외부모집은 각각 장점과 단점이 있다. 일반적으로 내부모집의 장점은 외부모집의 단점이 되고, 외부모집의 장점은 내부

표 9-1	내부모집과 외부모집의 장단점	
구분	내부모집	외부모집
장점	• 승진 기회 확대로 재직자 동기부여 및 사기 진작 • 다양한 관리자 계층 형성 가능 • 시간과 비용 절감 가능 - 저렴하고 신속하고 안전	• 국가 인재풀을 활용, 전문적인 역량을 가진 우수 인재 선발 가능 • 새로운 변화와 혁신 유도 가능 • 내부 정실주의 배제 • 외부의 시각을 조직 내부에 반영
단점	• 유능한 전문인력 확보에 한계 • 재직자 상호간의 내부 경쟁 격화 • 동종교배로 인한 다양하고 폭넓은 시각 부족 • 정실주의적 선발 우려	• 시간과 비용 과다 소요 등 모집의 효율성 문제 발생 • 외부모집 선발자의 부적응 우려 • 재직자 승진 기회 감소로 불만 증가 및 사기 저하 우려

출처 : 임도빈·유민봉(2019)를 수정 보완함.

모집의 단점이 된다. 내부모집의 가장 큰 장점은 역시 재직자에게 승진 기회를 주어 동기부여와 사기진작에 도움이 된다는 것이다. 재직자들이 외부모집을 기피하는 이유이기도 하다. 둘째, 시간과 비용 면에서도 효과적이다. 더 저렴하고(cheaper), 더 신속하며(quicker), 더 안전한(safer) 모집이다(Noe, Hollenbeck, Gerhart & Wright, 2020). 갑작스런 결원을 충원하려고 할 때도 외부모집보다는 내부모집이 보다 신속하게 충원할 수 있다. 뿐만 아니라 내부 자원의 경우 근무기간에 상당한 검증이 이루어진 만큼 직무 실패의 위험을 줄일 수 있다. 셋째, 조직 내부에 관리자 계층을 양성할 수 있는 통로가 형성될 수 있다. 조직 구성원이 관리자가 되기 위한 다양한 역량을 준비하고 강화할 수 있는 기회를 주기 때문이다.

하지만 이러한 내부모집은 근본적으로 동종교배(inbreeding)라는 한계를 가지고 있다. 무엇보다도 모집 범위를 조직 내부에 제한함으로써 사회에 광범위하게 존재하는 유능한 인재를 폭넓게 모집하기가 곤란하다. 또한 내부에서 모집한 인적자원은 조직 외부의 다양한 시각을 갖지 못할 수 있다. 결국 조직 내부의 인적자원 상호간의 승진 경쟁만 격화될 우려가 있다. 해당 직위를 수행하는 전문적인 능력보다는 조직 내부의 인간관계 등 정실주의에 의하여 선발함으로써 장기적으로 인적자원의 전문성을 약화시킬 수 있다(Noe, Hollenbeck, Gerhart & Wright, 2020).

반대로 외부모집은 무엇보다 전문적인 역량을 가진 우수한 인재를 모집할 수 있다는 장점이 있다. 전문적인 역량을 갖춘 국가적 인재를 공공부문에 활용할 수 있다는 것이다. 뿐만 아니라 정실주의를 배제하고 조직의 새로운 변화와 혁신을 꾀하는 데도 긍정적 효과가 있다. 외부의 인적자원이 유입될 경우 조직 내부 점직자들에게 신선한 자극과 건전한 긴장을 줄 수 있기 때문이다. 또한 외부모집은 다양한 인재풀을 적극 활용하므로 지원자가 크게 늘어나 우수 인재를 확보할 수 있는 가능성이 그만큼 높아진다(Lewis and Frank, 2002).

반면 외부모집은 집행 과정에서 여러 가지 문제점이 예상된다(Roberts, 2003). 무엇보다도 비용과 시간이 많이 소요된다. 내부모집에 비해 외부모집은 지나치게 지원자가 많아 이를 관리하는 데 많은 노력과 절차가 필요하다. 선발 인원이 적은데 불필요하게 많은 지원자가 응모할 경우, 선발 기간이 지나치게 오래 걸리는 등 효율성 문제도 제기될 수 있다. 또한 모집과 선발 기준 등을 둘러싼 공정성 논란도 항상 있다. 뿐만 아니라 모집과 선발이 끝난 뒤에도 신규 임용자가 조직에 적응하는 시간과 비용도 필요하다. 보수 측면에서도 내부 재직자보다 외부모집 대상자에게는 전문성을 감안하여 더 높이 제시해야 하는 부담도 있다. 이러한 집행 과정상의 문제만이 아니라 현재 근무하고 있는 재직자들의 경우 외부모집으로 승진 기회가 줄어들어 불만이 많아지고 근무 동기도 낮아질 수 있다.

(3) 내부모집과 외부모집의 절충 : 직위공모제와 직위개방제

(가) 의의와 목적

앞에서 살펴본 것처럼 내부모집과 외부모집은 각각 장점과 단점이 있다. 이에 따라 각각의 단점을 보완하고 장점을 살리는 방향에서 수정 보완한 방안이 제시되어 활용되고 있다. 대표적인 방안이 직위공모제(job posting)와 직위개방제(job opening)로, 각각 내부모집과 외부모집의 한 형태이다. 다만, 전자는 내부모집의 단점을 보완한 모집 방법이고, 후자는 외부모집의 단점을 보완한 모집 방법이다. 직위공모제는 조직 내부 직원들에게 다른 직위의 모집에 응모하게 하여 경쟁을 통하여 우수한 자원을 공개적으로 모집하는 제도이다(Connelly, 1975). 조직 내 일정 직위에서 근무하는 사람에게 일정한 직위를 수행할 사람을 정부 내의 모집 범위에 따라 기관 내부에 한정하여 모집하는 직위공모제와 기관 외부로 확대하여 모집하는 직위공모제로 나눌 수 있다. 일반적으로 직위공모제는 특정 기관의 일정한 직위에 대하여 모집 대상과 범위를 정부 전체의 재직자로 확대하여 공개모집하는 방법을 말한다.

반면에 직위개방제는 정부 내의 일정한 직위를 정부 내부는 물론 외부에도 개방하여 인적자원을 공개모집하는 방법으로, 개방형 임용제라고 부르기도 한다(배귀희, 2009 ; 이근주 외, 2011). 즉 직위공모제가 내부모집의 한계를 인식하고 정부 전체에 개방하는 방식인 데 반해, 직위개방제는 일반적이고 포괄적인 정부 외부모집의 한계를 인식하고 외부모집 대상 직위를 명확히 한정하는 방식이다. 다만 외부모집 방법으로서 직위개방제는 내부모집의 한계를 극복하기 위한 방안으로도 활용된다. 두 가지 방식 모두 일정한 계약 기간을 두고 성과를 평가하여 계속 근무여부를 결정하고, 만약 계약 기간이 끝나게 되면 원래의 조직으로 돌아가 근무하거나 공직을 그만두는 제도이다.

(나) 장단점

직위공모제와 직위개방제는 모집 과정의 효율성이나 재직자의 동기부여보다는 조직 외부에서 새로운 시각과 전문적인 역량을 가진 우수 인재를 확보할 수 있다는 장점이 있다(Connelly, 1975). 또한 정부 내부의 재직자들이 개인적 역량에 따라 성장하고 발전할 수 있는 평등한 기회를 보장한다. 아울러 직무등급이나 직무기술, 인사이동 과정에서 직무와 역량의 중요성을 인식하는 계기가 될 수 있다. 즉 직위공모제 응모 과정에서 조직 구성원들이 조직 목표를 재인식하고, 직무구조와 자신의 역량을 일치시키기 위해 노력하는 등 긍정적인 효과가 있다. 특히 직위공모제는 조직 내부의 폐쇄성을 극복하고 정부 내 인력운영에 탄력성을 제공한다. 직위개방제 역시 공직 내부에 긴장과 쇄신의 분위기를 만들고, 민간 전문성을 활용하여 업무성과를 높이는 긍정적 효과가 있다.

하지만 두 제도의 단점도 많다. 이들 단점 대부분은 기본 취지나 목적에 대한 반론이라기보다는 집행 과정에서 나타나는 공통적인 문제점이라 할 수 있다. 특히 승진 예정자 등 현직자와 공모 임용자 사이에 갈등이 생길 수 있고, 실질적인 공모나 개방이 이루어지지 않고 형식화될 우려도 있다. 아울러 공모 직위에 응모했으나 탈락한 경우에는 근무 의욕이 더 떨어질 수 있다. 또한 유사한 경력의 응모자가 많을 경우, 선발 과정의 공정성 논란이 야기될 수 있다.

직위공모제의 경우, 공모 대상 직위 선정 과정에서 조직 내 중요성이 떨어지는 직위를 선정하여 공모하거나 기관 상호간의 교환 방식으로 공모 직위를 지정할 우려가 있다. 특히 부처 간 장벽이 높은 직업공무원제에서 실제 공모를 통하여 선발된 직위자들의 경우 조직문화의 차이, 한시적인 근무로 인한 신분불안, 장기적인 경력관리의 한계, 복잡한 선발 절차와 과정, 보상 부족, 명확한 성과평가의 한계 등과 같은 문제점을 제기할 수 있다(Connelly, 1975).

직위개방제의 경우에도 직위공모제와 유사한 문제점이 나타난다. 직위 선정 과

표 9-2	직위공모제와 직위개방제의 비교	
구 분	직위공모제	직위개방제
목적	정부 내 또는 부처 내 역량 있는 우수 인재의 확보 내부모집의 한계 극복	사회 내 역량 있는 우수 인재의 확보 외부모집의 한계 극복 * 내부모집의 근본적 한계 해결
모집대상	정부 내부의 재직자 * 기관 내에 근무하는 재직자	정부 외부의 전문가 정부 내에 근무하는 재직자
선정근거	직무 공통성, 전문성, 변화 필요성	전문성, 민주성, 변화 필요성
임용형식	직위파견제(임용 기간)	성과계약제(계약 기간)
보수수준	공무원 보수 수준과 동일 * 일부 추가 수당	공무원 보수 수준과 별개로 책정

정에서 정부 내부의 핵심적인 직위는 선정 대상에서 제외되는 경우가 많고, 실제 개방된 직위 임용자들이 정부 조직의 기본적인 운영 방식이나 문화에 익숙해지는 데 시간과 노력이 많이 소요된다. 즉 한시적인 계약으로 인한 신분불안, 정부 내 폐쇄적인 조직문화, 임용자 개인의 부적응, 불충분한 보상제도, 경력관리의 한계, 복잡한 선발 절차와 과정 등의 문제점이 나타날 수 있다(배귀희, 2009 ; 이근주 외, 2011; 최순영·조임곤, 2014).

따라서 직위공모제와 직위개방제가 성공하기 위해서는 개인 차원의 노력은 물론 조직 차원의 지원이 필요하다. 직위공모제의 경우 공모 직위 선정 등 실질적인 적인 개방 강화, 역량 있는 인재들이 모집에 참여할 수 있는 여건 마련, 새로운 조직문화에 대한 적응지원, 임용절차의 공정성과 효율성 확보, 그리고 명확한 성과관리의 운영 등이 필요하다(이선우·이창길 외, 2011). 또한 직위개방제의 경우에도 실질적인 개방비율 확대, 경쟁력 있는 인재발굴 및 활용, 정부조직문화적응 지원, 임용절차의 공정성과 효율성 확보, 민간에 상응하는 보수수준, 계약기간 종료 후 관리강화 등이 제시될 수 있다(이선우·이창길 외, 2011).

3. 모집범위 2 : 모집대상의 제한

내부모집의 경우 이미 재직 중인 공무원을 대상으로 하기 때문에 모집범위를 정하는 것이 상대적으로 쉽다. 하지만 외부모집의 경우에는 모집대상과 범위에 관한 논의가 필요하다. 즉 지원자의 자격기준으로 성별·지역·국적·연령·학력 등 모집범위를 얼마나 제한할 수 있는지의 문제이다. 모집 제한으로 인해 차별받는 계층이나 집단이 생기게 되면 헌법상의 평등권에 위배되어 법적 쟁송의 대상이 될 수 있다. 이러한 법적 다툼을 떠나 모집대상의 제한문제는 두 가지 차원에서 논의된다. 첫째, 누구에게나 공직 기회가 균등하게 주어져야 한다는 차별금지의 원칙과, 둘째 공직 모집과정에서 사회적 불평등을 적극적으로 해소하고 배려하는 차원이다. 이러한 논란이 생기는 이유는 주로 조직의 효과성과 사회적 형평성 간의 가치갈등에서 비롯된다(이창길, 2020).

(1) 성별제한

성별제한은 모집 및 선발대상에 남성 또는 여성의 제한 여부이다. 일반적으로 모집 범위에 성별제한은 없다. 명시적으로 제한할 경우 차별금지의 원칙에 위반되기 때문이다. 차별금지의 원칙에 위배되지 않을 만큼 직무상의 특수성이 있는 경우만 제외된다. 군인이나 경찰, 또는 교정 공무원의 경우, 직무의 특성상 남성적인 신체적 요건이 필요한 경우가 있다. 그러나 일반적으로 남성과 여성을 구분하여 모집할 만큼의 직무상 특수성을 증명하기란 쉽지 않다.

따라서 과거 성별에 의한 직무의 특수성을 인정한 분야에서도 최근에는 대부분 여성을 모집 대상에 포함하고 있는 추세이다. 오히려 남성과 여성 간의 실질적인 형평성을 보장하기 위한, 보다 적극적인 차별해소(affirmative action) 제도를 도입하기도 한다. 즉 차별 위험이 큰 성별을 추가로 모집하는 것이다. 공직임용에서 여성에게 균등한 기회를 주기 위하여 여성할당제 또는 양성평등목표제를 시행하는 것이나, 남성에게 공직임용상의 균등한 기회를 제공하기 위해 군복무 가산점제를 시행하는 것이 이에 해당한다. 단, 이러한 제도 역시 여성 차별의 과거와 현실에 대한 인식에 따라 사회적 찬반 논란이 많다.

따라서 모집 범위와 선발 과정에서도 양성평등의 원칙을 철저히 준수하여 성 차별에 대한 사회적 인식을 충분히 반영할 필요가 있으며, 아울러 상대 성별에 대한 부당한 피해를 최소화하는 방안 마련이 필요하다.

(2) 지역제한

모집 범위를 지원자의 출신 지역이나 거주지를 기준으로 제한할 수 있다. 지역제한에는 두 가지 형태가 있다. 중앙과 지역 간의 모집 구분과 지역 단위 간의 모집 구분이 그것이다. 중앙과 지역의 모집 구분은 중앙과 지역 간의 불균형을 전제로 하여 지역 출신 지원자들에게 실질적인 기회균등을 보장하려는 사회적 배려라

할 수 있다. 즉, 사회적 형평성 차원에서 취하는 지역 출신자들에 대한 적극적인 보호 조치이다. 현재의 불리한 사회적·경제적 여건에서 잠재력이 있는 우수한 지역 출신 인재에게 공직임용 기회를 똑같이 주기 위해서이다. 중앙과 지역 간의 모집 구분은 지역인재임용제와 같이 중앙과 지방을 구분하여 모집하는 방식이다.

그러나 이러한 중앙과 지역 구분은 지역 출신인지 아닌지 범위를 명확히 규정하기 곤란하고, 실력 있는 인재에 대한 역차별 문제가 제기될 수 있으며, 임용 후 오히려 지역 출신자에 대한 직장 내 차별의 근거가 될 수 있다는 한계가 있다. 따라서 이러한 제한은 중앙과 지방의 불균형에 대한 실질적인 해소보다 상징적인 의미가 강하다고 할 수 있다.

보다 실질적인 지역제한은 지역 단위로 모집을 제한하는 방식이다. 중앙과 지방의 불균형보다는 지역 상호간의 불균형을 해소하기 위하여 지역별로 선발 인원을 해당 지역 출신 또는 거주자로 제한하는 것이다. 원칙적으로 이러한 제한은 해당 지역의 공적 업무를 수행하는 공무원으로서 해당 지역에 대한 지식과 애정을 감안한 조치이다. 다른 지역 거주자나 출신자는 해당 지역의 공적 업무를 수행하기에 적절치 않고, 해당 지역 주민들에 대한 행정서비스는 해당 지역 거주자여야 한다는 논리이다. 다만 이 경우 거주지를 어떻게 구분하고, 거주 기간을 얼마로 할 것인지 등 논란의 소지가 있다.

이와 같은 지역제한은 공무원의 모집과 선발이 중앙집권화되어 있는 인적자원 관리시스템을 전제로 한 경우가 많다. 다만 지방자치단체에서 직접 선발할 경우에도 거주지 자격을 해당 지역으로 한정하는 방법과 다른 지방자치단체 거주자들도 지원할 수 있게 하는 방법이 있다. 교통 및 정보통신의 발달로 지역제한은 유능한 인재의 광범위한 모집을 제한하는 것으로, 이를 완화할 필요성이 점차 커지고 있다.

(3) 국적제한

국적제한은 다른 나라 국적을 가진 사람을 모집 대상에 포함할 수 있는지 여부이다. 일반적으로 그 나라의 공무원은 해당 국민에 대한 봉사자로서 공적 업무를 수행하기 때문에 자국 국민이 아닌 외국 국적자를 공무원 모집 대상에서 제한하는 것은 당연시되어 왔다. 국가안보 등 국가이익이나 비밀에 해당하는 업무를 외국인이 담당할 수는 없다는 것이다. 더욱이 공무원에 대한 선호도가 높은 국가에서 외국인을 모집 대상에 포함하면 결과적으로 내국인의 공직임용 기회가 줄어든다. 하지만 최근 들어 외국인의 공직임용 필요성에 대한 논의가 활발해지고 있다.

이러한 논의는 두 가지 관점으로 요약된다. 유능한 인적자원을 확보해야 한다는 사회적 필요성 측면과 국내에 거주하는 외국인에 대한 사회적 형평성 측면이다. 전자는 과학기술·전문번역·외국 공관 등 사회적 필요에 따라 외국인의 임용이 필요하다는 것이고, 후자는 국내에 거주하는 외국인들도 사회적 약자이므로 일정한 보호조치가 필요하고 공직임용 기회도 제공해야 한다는 것이다(Beauchamp, 2013). 전자의 시각에서 실제 고도의 전문기술을 요구하거나 단순 육체노동을 수행하는 분야의 공적 업무를 위해 일시적으로 외국인을 공무원으로 채용하기도 한다. 외국 주재 대사관에서 현지인을 채용하는 것도 마찬가지이다. 또한 후자의 시각에서 국제결혼과 외국인 근로자, 국내 거주 재외동포, 탈북 주민 등 국제화 추세와 다문화 환경 조성에 따라 외국 국적자에 대한 공직임용 요건을 일부 완화해야 한다는 주장이 힘을 얻고 있다. 원칙적으로 국적제한은 인정하되 인적자원행정의 효과성과 사회적 형평성 차원에서 요건을 일부 완화할 필요성이 점차 커지고 있는 것이 현실이다.

(4) 연령제한

공무원 모집 대상을 일정 연령 이상 또는 이하로 제한하는 것이다. 일반적으로 연령은 공직수행을 위해 필요한 요건으로 공직에 임용할 수 있는 나이는 보통 20세 이상 성인으로 제한된다(Berman, Bowman, West & Wart, 2021). 그리고 공무원 정년이 60세인 경우에는 모집 대상을 60세 이하로 하는 경우가 대부분이다. 20세 이하나 60세 이상인 경우에도 공직임용 대상이 되는 직무 분야가 존재할 수는 있다. 좀 더 중요한 제한은 20세 이상, 60세 이하 범위 안에서 추가로 연령제한을 두는 것이다. 일반적으로 연령 하한보다는 연령 상한에 대한 논의가 많다(연령 하한은 정년제도와 연계되어 있기 때문에 5편에서 논의한다).

이처럼 공직임용에 연령 상한을 두는 것은 직무수행 능력의 측면과 직업공무원제 측면에서 논의된다. 먼저 직무수행 측면에서 일정한 연령 이하가 되어야 성공적인 직무수행이 가능하다는 주장이다. 젊은 사람들이 일반적으로 직무수행에 보다 적극적이고 창의적이라는 인식에서이다. 나이가 많은 사람들은 사회환경의 급격한 변화에 적응력이 떨어질 수 있고, 조직과의 일체감도 떨어질 수 있다는 것이다(박천오 외, 2011). 직무수행 측면과 함께 직업공무원제도 실현 차원에서 연령제한의 필요성을 강조하기도 한다. 즉 젊고 유능한 사람들이 공직에 임용되어 평생 동안 근무하게 한다는 취지이다. 나이가 많은 사람들이 공직에 신규로 임용될 경우 상대적으로 평생직장으로 근무하기가 어렵다. 또한 공직임용을 모든 연령에 허용할 경우 수년간 시험 응시로 인한 사회적 비용도 증가할 수 있다. 따라서 일정한 연령 상한을 두어야 한다고 주장한다.

하지만 나이를 기준으로 직무수행 능력을 평가할 수 없다는 주장이 많다. 나이가 많은 경우 전문지식과 경험이 축적되어 젊은 사람들보다 높은 직무수행 능력을 보여줄 수 있기 때문이다. 또한 절대적인 신분보장이 점차 완화되는 등 직업공무원제 자체가 변화되고 있는 추세를 감안할 때 연령 상한 주장은 설득력을 잃는다. 특히 연령제한은 공직 외부에서 유능한 인재를 수시로 선발하여 활용할 수 있는 기회를 제한한다는 문제가 있다. 뿐만 아니라 보다 근본적으로 연령제한은 기회균등 및 차별금지 차원에서 보면 위헌적 요소를 갖고 있다. 누구에게나 공직에 임용될 수 있는 기회가 주어진다는 헌법 취지를 감안할 때 연령제한은 평등권에 위배되기 때문이다. 연령도 성별·학력·지역 등의 차별과 동일한 차원에서 접근할 필요가 있다.

(5) 학력제한

공무원 임용의 학력제한을 어떻게 할 것인가의 문제 역시 인적자원행정에서 추구하고자 하는 가치에 따라 달라진다. 학력제한에 대한 논의는 기본적으로 두 가지로 구분된다. 조직효과성 차원에서 접근하는 방법과 사회적 형평성 차원에서 접근하는 방법이다.

첫째, 조직효과성 차원에서 역량 있는 인재를 선발하기 위하여 학력 하한을 두는 방법이 있다. 즉, 학력 하한의 제한이다. 고등학교 졸업 또는 대학 졸업, 석·박사 졸업 등 특정 직위에 일정한 학위 요건을 부여함으로써 우수한 역량을 가진 사람을 공직에 임용하기 위한 것이다. 학력요건이 어느 정도 직무기술과 지식의 정도를 반영한다는 전제 아래 실적주의 원칙에 충실한 방법이다. 하지만 학력이 실력을 대변할 수 있느냐에 대한 문제 제기가 많다. 특히 고등학교 졸업자와 대학 졸업자의 경우, 지원자의 실력보다는 지원자의 경제적·사회적 여건의 차이로 인식되는 경향이 있기 때문이다.

둘째, 사회적 형평성 차원에서 접근하는 것이다. 즉, 학력 상한의 제한이다. 이 경우 학력이 높은 사람을 선발하기보다는 학력이 낮은 사람에게 선발 혜택을 부여해야 한다고 말한다. 이는 사회적·경제적 여건이 상대적으로 불리하여 대학에 진학하지 못한 고등학교 졸업자 등에 대한 배려이다. 선발 시험에서 가산점을 부여하거나 일정한 인원을 고등학교 졸업자로 제한하여 뽑는 방법이다. 여성할당제나 장애인 할당 같은 고등학교 졸업자 할당제가 이에 해당한다.

그리고 이 두 가지 가치를 절충하는 방안도 있다. 능력 있는 우수 인재를 선발하기 위하여 공개경쟁 선발 시험을 실시하되 시험의 난이도를 조정하는 것이다. 고등학교 졸업자 수준의 시험문제를 출제함으로써 고등학교 졸업자에 대한 사회적 배려와 실적주의에 따른 능력 중심의 선발을 절충하는 방안이다.

하지만 시험의 수준을 낮출 경우 발생하는 문제점을 고려할 필요가 있다. 즉 복잡화·전문화되어 가고 있는 현대 행정과 맞지 않다는 주장이다. 선발 시험이 일반행정가를 선발하는 방식으로 변화해 공무원의 전문성을 강조하는 직무 중심의 인적자원행정과 상충되는 면이 있기 때문이다. 이와 같이 학력제한의 문제는 실적주의 원칙에 입각한 행정의 전문성과 사회적 형평성에 따라 그 방향과 내용이 달라질 수 있다.

제 3 절 인적자원의 선발

1. 선발의 의의와 유효성

선발(selection)은 모집 후에 이루어지는 인적자원 확보 과정이다. 모집은 조직이 필요로 하는 인력을 조직으로 끌어들이는 과정인 반면, 선발은 주어진 상황에서 지원자 중 가장 적합한 자격을 갖추었다고 생각되는 사람들을 선택하는 과정이다(오석홍, 2022 ; Lane & Pyne, 2012). 모집에 응모한 지원자들을 심사하여 선택하는 것이다. 선발은 다음 몇 가지 요건을 갖추어야 한다(Werbel, 1995).

첫째, 전략적 측면에서 인적자원의 선발은 조직 목표와 전략 또는 조직문화와의 정합성을 가져야 한다(Ployhart, 2012). 인적자원의 선발은 조직 목표를 달성하기 위한 자원을 획득하는 과정이기 때문에 조직 목표나 방향에 부합하는 사람이 필요하다. 조직에 따라 지향하는 인재상이 다를 수 있기 때문이다. 조직의 목표와 특성에 따라 창조·혁신·도전 등을 핵심역량으로 규정하는 조직이 있는가 하면, 협동·융화·성실성 등을 핵심역량으로 생각하는 조직이 있다. 공공조직의 경우에도 정책개발을 담당하는 조직과 현장집행을 담당하는 조직의 목표와 방향이 다르다.

둘째, 관리적 측면에서 인적자원의 선발은 유효성이 있어야 한다(Werbel, 1995). 선발 시험은 도구적 유효성, 즉 신뢰도·타당도·객관성·난이도 등의 요건이 필요하다. 아울러 경제성도 있어야 한다. 이처럼 선발 과정의 관리적 측면으로 비용·시간·공간 등 적용가능성을 고려해야 한다.

2. 선발의 유효성

인적자원 선발이 유효성을 가지기 위해서는 신뢰도과 타당도가 최우선적으로 확보되어야 한다. 선발 요건으로는 신뢰도와 타당도 말고도 난이도·객관성·선발 비율 등이 있다(Cook, 2016). 이러한 요건은 비단 인적자원행정에서의 선발 시험에 국한되지 않고 다양한 분야에서 인적자원을 선발할 때에도 적용 가능하다.

(1) 선발의 타당도

타당도(validity)는 선발을 위하여 시험이 측정하고자 하는 바를 제대로 측정했는가이다. 즉 시험 목적에 맞게 측정되었는지를 확인하는 것이다. 측정 자체에 대한 분석이 아닌, 당초 측정하고자 한 목적에 맞게 측정이 제대로 이루어졌는지를 파악하는 데 초점을 둔다. 이러한 타당도에는 기준타당도(criterion-related validity), 내용타당도(content validity), 그리고 구성타당도(construct validity)가 있다(Wainer and Braun, 1988 ; Arvey and Faley, 1988 ; Cook, 2009 ; Ployhart, 2012).

(가) 기준타당도

일반적으로 기준타당도는 만일 측정 A가 갖고 있는 개념의 기준이 될 수 있는 새로운 측정 B가 존재할 때, 측정 A와 B의 관계를 분석하는 것을 말한다(Wainer & Braun, 1988). 즉 시험성적 측정이 잘 되었는지 여부를 본래 시험이 예측하고자 했던 직무수행 실적을 기준으로 하여 측정하는 타당도 개념이다(Arvey & Faley, 1988). 시험성적이 높은 사람이 직무수행 실적이 높고, 시험성적이 낮은 사람이 직무수행 실적이 낮으면 그 시험은 기준타당도가 높다고 할 수 있다. 예를 들면 운전면허 필기시험 점수가 높은 사람이 실제 운전을 잘한다면 운전면허 필기시험은 실제 운전 능력이라는 기준에 비추어 기준타당도가 높다고 할 것이다.

기준타당도는 시험이 측정하고자 하는 기준이 발생하는 시점에 따라 예측타당도(predictive validity), 과거타당도(postdictive validity), 동시타당도(concurrent validity)로 구분할 수 있다(Wainer & Braun, 1988). 예측타당도는 미래, 동시타당도는 현재, 과거타당도는 과거 시점에서 발생한 기준을 각각 활용하는 것이다(Cook, 2016).

먼저, 예측타당도는 선발 시험에서 합격한 지원자들의 시험성적과 임용 후 일정기간이 지나서 그들의 직무수행 성과를 비교하는 방법이다(Cook, 2016). 임용 전 시험성적과 임용 후 직무수행 성과 간의 상관관계가 높으면 예측타당도가 높다고 할 수 있다. 다음으로, 동시타당도는 현재 근무 중인 재직자들에게 필기시험을 치르게 한 후 필기시험 성적과 현재 그가 보여주고 있는 직무수행 성과를 비교하는 방법이다. 즉 타당도의 기준이 되는 직무수행 성과의 측정 시점과 필기시험을 치르는 시점이 같다. 마지막으로, 과거타당도는 현재 근무 중인 재직자들에게 필기시험을 치르게 한 후 필기시험 성적과 과거의 직무수행 성과를 비교하는 방법이다. 즉 현재의 운전자에게 필기시험을 치르게 한 후, 교통사고 등 과거의 운전경력을 조사하여 그 상관관계를 측정하는 것이다. 타당도의 기준이 되는 직무수행 성과의 기준 시점은 과거이고, 필기시험을 치르는 시점은 현재인 경우이다.

그러나 기준타당도의 경우 기술적으로 미래, 현재, 그리고 과거의 직무수행 성과를 비교하는 데에 여러 가지 어려움이 따른다. 표본수집이 곤란하고, 실제 대표성을 확보하기도 곤란하기 때문이다. 또한 실시하는 과정에서 다양한 오류가 나타날 수 있다. 특히 정부 업무에서는 직무수행 성과를 측정하기 어렵기 때문에 선발시험의 타당도를 측정하기가 더욱 곤란하다.

<그림 9-1>에서 첫 번째 그림은 기준타당도가 높고 직무성과와 시험성적이 일반적으로 정비례 관계를 보이는 바람직한 경우에 해당한다(임도빈·유민봉, 2019).

그림 9-1 기준타당도 : 시험성적과 직무성과와의 관계

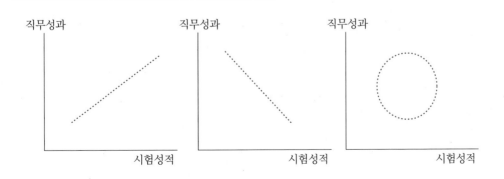

두 번째 그림은 직무성과와 시험성적이 반비례를 보이고 있어 기준타당도를 인정하려면 역의 상관관계를 설정해야 한다. 세 번째 그림에서는 일대일로 선형의 인과 함수가 성립하지 않아 기준타당도를 인정하기 힘들다.

(나) 내용타당도

내용타당도는 시험에서 측정하고자 하는 내용 자체가 시험에 얼마만큼 반영되었는지를 파악하는 것이다(Cook, 2016). 즉 시험의 구체적인 내용이 성공적 직무수행 내용이나 직무수행에 필요한 지식과 기술을 얼마나 포함하고 있는지와 관련된다(Rossiter, 2008 ; Thorton, 2009). 예를 들면 영어 능력을 측정하는 시험의 경우, 영어 능력의 내용을 무엇으로 하느냐가 중요하다. 독해·문법·듣기·말하기 등 영어 능력을 측정하는 시험의 경우, 이러한 내용이 모두 포함되어야 내용타당도가 높다 할 것이다. 이에 반해 듣기와 말하기 없이 독해와 문법만을 시험문제로 냈을 경우에는 영어 능력을 측정하는 시험의 내용타당도가 높다고 할 수 없다. 회계 업무를 담당하는 직원 선발 시험에서는 회계 지식이나 경험을 측정하는 내용이 포함되어야 하고, 컴퓨터운용요원 선발 시험에서는 컴퓨터 지식과 운용 능력을 측정하는 내용이 시험에 포함되어야 한다. 9급 세무행정직 선발 시험에 세법이 포함되어 있지 않거나 경찰공무원 선발 시험에 경찰관직무집행법을 제외하고 정치학 원론을 포함했다면 내용타당도가 높다고 할 수 없을 것이다.

이러한 내용타당도를 검증하기 위해서는 직무수행에 필요한 지식·기술 등 능력 요소와 선발 시험의 내용을 서로 비교해 본다. 이러한 방법은 직무 자체에 대한 깊이 있는 이해는 물론, 직무를 시험에 반영할 수 있는 전문성이 필요하다. 직무분석을 철저히 해야 가능하므로 전문가의 판단과 도움이 필요하다. 내용타당도는 시험 실시 이전에 선발 시험의 타당도를 검증하는 것으로, 직무수행 후 직무성과를 비교하는 기준타당도와는 차이가 있다.

(다) 구성타당도

구성타당도는 시험이 측정하고자 하는 기준이나 내용의 구성을 어떻게 할 것이냐의 문제이다(Wainer & Braun, 1988). 추상성이 아주 강해 단순한 판단으로는 규정하기 어려운 개념을 측정할 때 어떤 측정 요소가 적절한지 판단하는 것이다(Cook, 2016). 이와 같이 구성타당도는 이론적 관계와 실제 측정값 사이에 나타나는 관계가 얼마나 일치하는지와 관계있다. 즉, 이론적으로 나타나는 기대값과 실제 측정결과 나타나는 수치를 비교하여 관계를 규명해 나가는 것이다. 선발도구의 직무성과 예측도를 나타낸다기보다는 해당 선발 측정도구로서의 적격성을 판정하는 타당도이다.

만약 측정한 내용이 개념을 잘 반영했으면 구성타당도가 높고, 개념을 반영하지 못했으면 구성타당도가 낮다고 할 수 있다. 따라서 이를 개념타당도라고도 한다. 구성타당도의 내용은 추상적인 개념을 어떻게 측정 요소 또는 측정 내용으로 구체화하느냐이다. 예를 들어 고위공무원을 임용하려고 할 때 직무수행에 필요한 리더십·혁신성·판단력·적극성 등을 측정하려 한다고 하자. 이때 리더십을 어떻게 측정할지 명확히 규정하기란 곤란하다. 따라서 리더십에 대한 측정 요소가 원래 측정하고자 하는 리더십에 부합하는지를 나타내는 지표로서 구성타당도가 필요하다. 혁신성이나 판단력, 그리고 적극성도 타당한 측정 요소로 구성되어야 한다. 타당한 측정 요소를 찾기 위해서는 행태과학적 조사를 통한 검증 절차를 거쳐야 하는 등 전문가의 판단이 필요한 경우가 많다.

이러한 개념타당도를 수렴타당도(convergent validity)와 판별타당도(discriminant validity)로 다시 구분하기도 한다(Wainer & Braun, 1988 ; Thornton & Gibbons, 2009). 수렴타당도는 각각의 개념들이 이론적으로 밀접한 관계가 있다면 이를 측정하는 수치들 역시 서로 유의한 상관관계를 가져야 한다는 것이다. 반면, 판별타당도는 서로 다른 두 개념이라면 측정치들 역시 상관관계가 낮아 서로 구분되어야 한다고 본다.

<그림 9-2>는 기준타당도, 내용타당도, 그리고 구성타당도를 그림으로 표시한 것이다.

그림 9-2 기준타당도·내용타당도·구성타당도

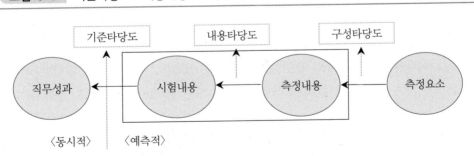

(2) 선발의 신뢰도

선발의 신뢰도(reliability)란 선발 시험이 측정 도구로서 가지는 일관성을 말한다(Cook, 2016). 즉, 같은 환경에서 측정된 결과가 일치하는 정도를 말한다. 동일한 사람이 동일한 내용을 시간을 달리하여 여러 번 측정했을 때 동일한 결과가 나타나는 정도이다(Lane & Pyne, 2012). 예를 들면 고무줄에 눈금을 그려 길이를 측정하고자 할 경우, 고무줄은 신뢰도 있는 선발 도구가 되지 못한다. 왜냐하면 누가 측정하는지 또는 환경에 따라 고무줄에 그려진 눈금의 크기가 달라지기 때문이다. 측정 도구로서 일관성을 유지하기 어려운 것이다. 영어 실력을 측정하는 토플과 토익은 타당도가 있는지 명확하지는 않지만 신뢰도가 높은 시험으로 인정되고 있다. 한편 필기시험과 비교하여 면접이나 실기시험은 신뢰도가 낮은 경우가 많다.

이와 같이 측정 도구는 완벽할 수 없기 때문에 늘 오차가 있게 마련이다. 측정 과정에서 발생하는 오차는 체계적 오차(systematic error)와 무작위 오차(random error)로 나눌 수 있다. 무작위 오차를 제거하는 것은 불가능하므로 체계적 오차가 없을 경우 측정값은 실제 값과 가장 근접하게 된다(남궁근, 2021). 신뢰도는 일반적으로 0에서 1 사이의 값을 가지게 된다. 체계적 오차를 최소화하고 무작위 오차의 크기가 0에 가까워지면 측정값이 실제 값과 일치하게 된다. 이 경우 신뢰도는 1에 가까운 값을 가진다.

이러한 신뢰도를 측정하는 방법에는 재검사법, 상호 교환적 검사를 이용한 동질이형법, 그리고 반분법이 있다. 첫째, 신뢰도를 가장 쉽게 측정하는 방법은 재검사법(retest method)으로, 말 그대로 동일한 대상에 대해 같은 방식으로 일정한 시간 간격을 두고 두 번 측정하는 방법이다(Ployhart, 2012). 즉 한 개의 시험 유형을 동일한 사람에게 다른 시점에서 두 번 치르게 하는 방법이다(A, E, t → A, E, t+1). 만약 두 측정값이 일치한다면 상관계수는 1이 된다. 이러한 방식은 직관적으로 타당해 보이지만, 한계 역시 존재한다. 일정 시간 간격을 두고 다시 측정한다는 것 자체가 시간과 비용 면에서 용이하지 않을 수 있으며, 시간에 따라 대상 자체의 속성이 변하게 되면 측정값이 달라질 가능성 또한 배제하지 못한다. 뿐만 아니라 선행 측정 결과에 대한 영향으로 응답자가 다른 응답을 할 가능성이 있고, 반대로 반복 측정으로 인한 학습효과로 실제 상관관계가 낮음에도 과대평가될 수도 있다. 시기나 장소 등 응시 환경이 달라졌다고 동일한 시험의 성적이 달라져서는 안 된다.

둘째, 동질이형법(parallel-form method)은 재검사법과 유사하지만 한 측정 대상이 서로 다른 형태의 선발 시험을 치르게 하는 방법이다(Lane & Pyne, 2012 ; 임도빈·유민봉, 2019). 즉 두 가지 시험 유형을 만들어 동일한 사람이 다른 시험을 치르게 하는 것이다(A, E1, t → b, E2, t+1). 재검사법이 시차를 두는 데 반해 동질이형법은 동일한 시점에서 다른 시험을 치르게 하고 두 시험 결과를 비교하는 방식이다. 이를테면 문제은행같이 A형과 B형의 문제를 동일한 사람이 치르게 하고 이 두 유형의 시험 결과를 비교하는 것이다. 이러한 방식은 학습효과에 따른 과대평가 가능성을 줄일 수 있어 신뢰도를 좀 더 높일 수 있지만, 시간이 흐름에 따른 대상 자체의 변화를 여전히 통제할 수 없다는 한계가 있다. 뿐만 아니라 최소한 두 가지 이상의 상호 교환적 측정 방법을 고안해야 한다는 어려움이 있다. 같은 주제의 시험이 여러 유형이 있고, 시험을 되풀이할 때마다 형식을 바꿀 필요가 있는 경우 형식의 변화가 시험성적에 영향을 미치지 않아야 한다.

셋째, 반분법(split-halves method)은 측정에 사용되는 항목을 두 그룹으로 나누어 측정한 후 결과 값을 비교하는 방식이다(Lane & Pyne, 2012). 하나의 시험지에 두 종류의 유형을 포함하여 동일한 사람이 치르게 하는 방법이다(A, E1+E2, t). 두 부분의 성적이 같을수록 신뢰도가 높다. 이 방식은 두 번 측정해야 하는 재검사법과 달리 한 번만 측정해도 될 뿐만 아니라, 두 개의 측정 도구가 필요한 상호 교환적 검사 방법과 달리 추가 측정이 필요하지 않다는 장점이 있다. 반면, 측정 항목을 어떻게 구분하여 사용하느냐에 따라 신뢰도가 달라질 수 있다는 단점이 있다.

<그림 9-3>의 첫 번째 그림은 t기와 t+1기라는 다른 시기에 한 동일한 테스트 A에 대한 결과를 비교하는 재검사법을, 두 번째 그림은 동일한 내용을 측정하려는 서로 다른 테스트 A1과 A2를 비교하는 동질이형법을, 세 번째 그림은 동일 시험의 다른 두 유형인 a1과 a2를 포함시켰을 때의 반분법을 나타낸다. 그림처럼 점

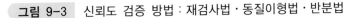

그림 9-3 신뢰도 검증 방법 : 재검사법·동질이형법·반분법

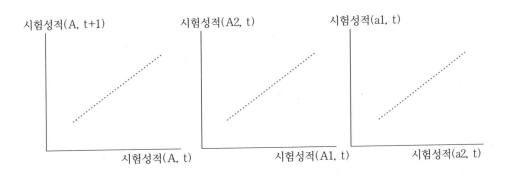

선으로 표시된 정비례 관계는 신뢰도가 높음을 의미한다.

(3) 선발 시험의 객관도

선발 시험의 객관도(objectivity)은 채점 기준의 객관성을 의미한다. 다시 말해 시험성적이 채점자에 따라 큰 차이가 없는 것을 말한다. 시험 결과가 채점자의 편견이나 시험 외적 요인이 개입되지 않는 정도이다. <그림 9-4>에서 보이는 것처럼, 채점자의 수와 상관없이 시험점수가 일정하다면 객관도가 높다고 할 수 있다. 반대로 같은 답안에 대해 채점자에 따라 점수 차이가 크다면 해당 시험의 객관도가 낮다고 볼 수 있다. 채점자의 주관적 판단을 제거하여 해답이 객관적이고 명확할 경우 객관성이 높아진다. 일반적으로 객관식 시험과 주관식 시험의 구분은 이 기준에 따른 것이다. 즉 '우리나라 공직임용제도의 바람직한 개선 방향을 논술하시오' 등과 같이 주관적 의견이나 판단이 필요한 경우, 채점자에 따라 다른 시험성적이 나올 수 있다.

그림 9-4 시험성적과 채점자와의 관계

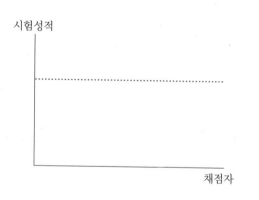

---

(4) 선발 시험의 난이도

선발 시험의 난이도(difficulty)는 시험이 얼마나 어려운가에 관한 기준이다. 시험은 기본적으로 응시자들의 능력 차이를 구별하는 것이므로 지나치게 어렵거나 쉬우면 응시자들의 시험 결과를 한쪽으로 편중 분포시킴으로써 변별력을 떨어뜨린다. <그림 9-5>에서 보듯이 시험을 치른 지원자들의 평균점수가 낮을 경우 난이도가 높고, 평균점수가 높을 경우에는 난이도가 낮다고 말한다. 난이도 조절에

그림 9-5 시험 난이도에 따른 성적분포도

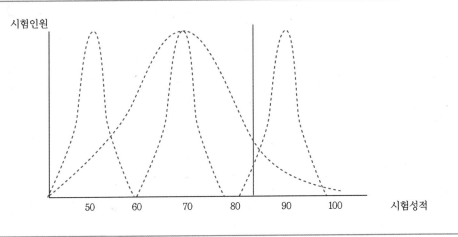

실패할 경우, 동점자가 많거나 점수가 비슷해 차별화하기 어렵다. 난이도가 지나치게 높을 때에는 중위 그룹의 차별화가 어려워지고, 지나치게 낮을 때에는 상위 그룹의 차별화가 어려워진다. <그림 9-5>와 같이 상위·중위·하위 모든 지원자들의 능력이 적절하게 차별화될 수 있도록 정규 분포에 맞게 시험의 난이도를 유지하는 것이 중요하다.

(5) 선발 비율/경쟁률

선발 비율은 총 지원자 수 대비 선발 인원의 비중을 말한다. 선발 인원 대비 총 지원자 수로 표현되기도 한다. 즉 선발 비율은 '선발 인원 ÷ 지원자 수'이고, 경쟁률은 '지원자 수 ÷ 선발 인원'이다. 공개채용시에는 선발 인원을 미리 정하여 공고 후, 지원자 수에 따라 선발 비율이 정해진다. 선발 도구가 합리적이기 위해서는 신뢰도와 타당도를 높여야 하지만, 효용과 비용 면에서 어느 수준 이상의 타당도를 높이는 데에는 한계가 있다. 이에 주어진 선발 도구를 통해 선발의 합리성을 높이는 데 선발 비율이 사용된다.

이때 만약 선발 비율이 1에 가까우면 선발의 의미가 상실되었을 가능성이 큰 반면, 선발 비율이 낮을 경우에는 지원자에 대한 선택 폭은 증가하나 선발 비용이 상대적으로 과도하게 발생할 우려가 있다. 따라서 선발 도구의 타당도가 낮을 경우에는 선발 비율을 낮추고 해당 도구의 유효성을 높이려는 노력을 해야 한다.

선발 비율과 관련된 주요 개념으로 기초비율이라는 것이 있다. 기초비율은 지원자 중에서 무작위로 선발할 경우, 그들 중에서 만족스러운 성과를 낼 만한 사람들의 비율을 말한다(이학종·양혁승, 2012). 일반적으로 일정한 기초비율 하에서 선발 비율이 높으면, 즉 경쟁률이 낮으면 선발의 타당도가 낮아진다. 반대로 일정한 기초비율 하에서 선발 비율이 낮으면, 즉 경쟁률이 높으면 선발의 타당도가 높아진다. 다만 기초비율이 높은 경우 선발 비율이 높더라도, 즉 경쟁률이 낮더라도 높은 타당도를 유지할 수 있다. 하지만 기초비율이 낮은 경우에는 선발 비율이 낮더라도, 즉 경쟁률이 높더라도 타당도가 떨어질 수 있다. 따라서 해당 직무를 수행할 수 있는 우수한 후보자들이 지원할 수 있는 적극적인 모집 과정을 통하여 기초비율을 높이는 것이 중요하다. 기초비율이 높은 경우 경쟁률을 높이기 위한 노력도 필요하다. 기초비율과 경쟁률이 일정한 경우, 우수한 인재를 선발하기 위해서는 선발 인원이나 비율을 축소 조정할 수도 있다. 이러한 의미에서 모집과 선발의 연계가 중요한 과제가 된다.

3. 선발방법

어떻게 선발할 것인가? 다수의 지원자 중 우수한 사람을 어떻게 찾아낼 것인가? 이 문제는 위에서 논의했던 선발의 기준에 맞추어 어떤 측정 도구를 사용할 것인가의 문제와 같은 맥락에 있다. 다음 여섯 가지 측정 도구를 활용하여 선발방법을 구성할 수 있다.

(1) 필기시험

필기시험(assembled, written exams)은 서면을 통하여 개인의 능력을 평가하는 시험이다. 가장 오래되고 보편적인 시험 방법이다. 지원자가 직접 서면상의 문제를 풀게 하는 것으로, 시험 출제자와 지원자가 직접 대면하거나 대화를 나누지 않는다. 이에 따라 누구나 동일한 객관적 조건에서 시험을 칠 수 있다는 장점이 있다. 일반적으로 필기시험은 관리가 용이하고, 시간과 경비가 절약되며, 일시에 대규모 실시가 가능하다는 이점이 있다. 뿐만 아니라 객관적 평가가 용이하고, 채점비용이 적게 들 뿐 아니라 타당도와 신뢰도가 상대적으로 높다는 것도 장점으로 꼽힌다. 다만 필기시험의 유효성은 문제의 성격과 유형, 그리고 구성과 난이도 등에 의하여 결정된다.

필기시험은 크게 객관적 시험과 주관적 시험이 있다. 객관식은 선택형이 많고,

주관식은 논술형이 많다. 객관식은 채점자의 주관이 개입되지 않고 채점이 가능하지만, 주관식은 채점자의 주관이 상당히 반영될 수 있다. 이와 같이 객관식 시험은 객관적 평가가 가능하고 채점 비용과 시간을 절약할 수 있다는 장점이 있는 반면, 단순 암기 위주의 지식만을 측정할 우려가 있고 직무수행 능력에 실질적으로 도움이 되는 풍부한 지식이나 사고력을 측정하기 어렵다는 단점이 있다.

이와 달리 주관식 시험은 사고력이나 논리력을 측정할 수 있고 작성 과정을 통해 지원자의 다양한 능력을 종합적으로 측정할 수 있는 장점이 있는 반면, 채점자의 주관에 따라 성적이 달라질 수 있고 시험의 신뢰도와 일관성을 유지하기 어렵다는 단점이 있다. 특히 필기시험은 단순히 서면상으로 지원자의 능력을 측정하기 때문에 임용 후 실제 담당하게 되는 직무수행 능력을 측정하기 곤란하고, 대면 접촉이 없기 때문에 지원자의 성격이나 특징, 의사소통 능력 등을 파악하기가 곤란하다.

(2) 면접시험

면접시험(interview, oral test)은 말로 표현하는 것을 바탕으로 능력을 평가하는 시험이다. 시험 출제자와 지원자가 직접 대면하여 개인의 능력을 평가한다. 따라서 필기시험에서 측정하기 힘든 해당 지원자의 자질이나 인성을 측정할 수 있다. 필기시험 결과에 나타난 성적 이외에 지도력·주의력·표현력 등 잠재적인 직무수행 능력도 검증할 수 있다. 응시자에게 자연스런 자기표현 기회를 제공하기 때문에 성격과 태도, 행태 등에 대한 종합적인 판단이 가능하다.

하지만 단점도 있다. 우선 직접 대면하기 때문에 면접자의 편견이나 선입관 등 주관적 판단이 작용함으로써 시험의 일관성을 유지하기 어렵다(박상진·황규대, 2000). 특히 면접자와 지원자의 정실 관계에 따라 평가되기도 하는 등 공정성 문제가 제기될 수 있다. 그리고 면접은 필기시험과 비교할 때 상당한 준비가 필요하다. 지원자가 많을 경우 대면하여 면접하려면 많은 시간과 비용, 노력이 필요하다. 또 제한된 시간에 이루어지기 때문에 지원자의 객관적인 능력보다는 미모나 호감에 따라 평가할 수 있다.

이러한 면접시험은 크게 개인면접과 집단면접으로 구분된다. 개인면접은 지원자별로 각각 면접을 진행하는 방식이고, 집단면접은 임의로 구성된 지원자 그룹을 대상으로 여러 사람을 동시에 면접하는 방식이다. 집단면접 방법에는 다수의 면접자가 다수의 지원자를 면접하는 방법과 다수의 지원자가 특정한 문제 또는 주제에 대하여 상호 토론을 실시하고 이를 면접자들이 관찰하는 방법이 있다. 일반적으로 전자를 집단면접, 후자를 집단토론으로 구분한다. 개인별 면접이나 집단면접은 면접자가 직접 지원자에게 질문하는 방식이기 때문에 일반적인 면접의 장단점과 유사하다.

다만, 집단토론의 경우 다양한 장점과 단점이 있다. 장점으로는 면접자가 직접 개입하지 않고 진행되기 때문에 자연스러운 분위기 조성이 가능하다는 것을 들 수 있다. 따라서 일상생활에서 나타나는 지원자의 성격과 행태를 자연스럽게 확인할 수 있다. 리더십과 표현력, 논리력과 설득력을 평가하기 용이하다. 또한 지원자 상호간의 행태와 능력을 보다 직접적으로 비교할 수 있다. 무엇보다도 면접자들이 면접 진행에 대한 부담 없이 평가에 집중할 수 있는 장점이 있다.

하지만 토론 주제와 평가지표 등에 대한 철저한 준비 작업이 없을 경우, 신뢰도가 떨어진다는 단점이 있다. 동일한 면접자가 동일한 지원자를 관찰하더라도 개별 지원자에 대한 판단은 주관적이고 일관성이 결여될 수 있다. 특히 집단토론의 경우, 집단 상호 간의 지원자 능력을 비교하기 곤란하기 때문에 지원자가 어느 그룹에 속하느냐에 따라 평가 결과가 달라질 수 있다. 집단토론의 결과가 최종 합격 여부를 결정할 경우 더욱 그렇다. 토론 그룹 상호간의 비교가 곤란하기 때문에 그룹별로 탈락자 인원을 할당하는 방식으로 이루어질 수 있다. 이 경우 능력이 우수한 지원자임에도 불구하고 우수자로 구성된 그룹에 속하여 탈락할 수 있다. 따라서 객관성과 신뢰도, 그리고 타당도를 유지하기 위한 면접 기법의 개발이 중요하다. <표 9-3>은 필기시험과 면접시험의 장단점을 비교한 표이다.

표 9-3 필기시험과 면접시험의 장단점 비교

	필기시험	면접시험
장점	• 표준화 용이하고 객관적인 평가 가능 • 시험관리 용이 및 비용절감 • 공정성에 대한 신뢰	• 개인의 성격과 행태, 지도력, 표현력 측정 가능 • 응시자가 자연스런 자기표현 가능 • 직접 대면해서 종합적인 판단 가능
단점	• 개인의 행태나 특성, 의사소통 능력 등을 파악하기 곤란 • 그룹화 • 실무실행 능력 약화 우려	• 평정자들의 편견 개입 소지, 진실 우려 • 평정자 변경시 평정자 신뢰도 문제 • 노력과 시간, 비용 과다, 응시자가 많을 경우 곤란 • 기술이나 능력보다는 선입관이나 외모에 의존 우려

(3) 서류심사

서류심사(unassembled exams) 방법은 지원자의 능력을 각종 자료를 통하여 검증하는 방법이다(Levine & Flory, 1975). 필기시험이나 면접이 지원자들에게 시간적·공간적 상황을 부여하고 이러한 구조화된 틀 속에서 능력을 검증하는 방법인 반면, 서류심사는 지원자들이 자신의 능력을 증명하는 다양한 자료를 제출하고, 이러한 자료를 통하여 능력을 검증하는 방법이다. 따라서 지원자와의 직접적인 대면 없이 정보와 자료만을 검토한다. 서류심사는 필기시험이나 면접시험의 사전 단계로 활용되기도 한다. 따라서 서류심사는 선발 시험의 가장 기초적인 과정으로 다른 선발 시험의 기초가 된다는 점에서 매우 중요하다. 서류심사의 구체적인 내용은 선발 목적이나 대상에 따라 다르긴 하지만, 일반적으로 성별·이름·주소·교육 등 일반적인 인적정보와 함께 유사 분야 근무 경험, 직무수행 성과, 임용 후 업무계획서 등이 포함된다.

서류심사는 지원자에 관한 다양한 정보를 수집할 수 있고, 과거의 경력을 통하여 구체적이고 가시적인 직무성과를 확인할 수 있다. 또한 업무계획서 등 지원자가 자신에 관한 긍정적인 정보를 충분히 제출할 수 있다는 장점이 있다. 아울러 서류에 나와 있는 정보를 활용하기 때문에 지원자에 대한 선입관이나 인상에 치우치지 않고 객관적으로 평가할 수가 있다. 특히 필기시험이나 면접시험처럼 구조화된 상황을 만들 필요가 없기 때문에 비용도 절약할 수 있다.

하지만 서류심사는 직접 대면하지 않기 때문에 서면상의 확인 가능한 능력만 측정하고 그 사람의 인성이나 행태, 리더십이나 표현력 등 다양한 요소를 직접 확인하기는 곤란하다. 특히 자격증 유무, 인증시험 등 개별 지원자들의 정보나 자료를 단순히 정량화하고 점수화하여 성과를 측정할 우려가 있다. 따라서 서류심사는 선발 목적에 맞도록 평가지표와 판단기준을 명확히 구성할 필요가 있다. 또한 필기시험이나 면접시험 등 다른 선발 시험의 중요한 기초 자료가 되는 만큼 보다 풍부한 자료를 작성하도록 하는 것이 중요하다.

(4) 실기시험

실기시험(performance test)은 직무수행에 필요한 지식과 기술을 실험이나 실습, 또는 실기를 통해 검증하는 것을 말한다. 지원자로 하여금 직접 직무를 수행하게 하는 것이다. 이 방법은 해당 직무에 대한 능력을 가장 직접적으로 검증할 수 있다는 점에서 타당도가 가장 높은 방식이다. 지원자의 직무 행동을 직접 관찰함으로써 결과를 즉시 이해할 수 있고 지원자들 역시 합격 여부를 바로 확인할 수 있다는 점에서 지원자의 수용도가 상대적으로 높다. 하지만 주어진 시간에 능력을 직접 측정할 수 있는 분야에만 적용 가능하다. 기술적인 전문성이 높거나 단순 기능 업무를 수행하는 분야에 적절하다. 그러나 모든 수험자에게 동일한 직무 상황을 부여하기 어려운 경우도 있다. 고도의 판단력과 리더십, 설득과 협력이 필요한 고위직 공무원에게는 적용하기 곤란하다. 특히 지원자가 다수일 경우 등 대규모 시행이 어렵고 다른 시험 방법에 비해 상대적으로 시간과 비용이 많이 든다는 한계가 있다.

(5) 평가센터

평가센터(assessment centers)는 장소적 개념이 아니라 기능적 개념이다. 평가센터는 고위공직자의 경우 서류함 기법(in-basket simulation), 구두발표(oral presentation), 역할연기(role play), 경영게임(business games), 집단토론(group discussion), 에세이 작성(essay writing) 등의 평가방법을 사용해 결과를 측정한다. 상황을 제시하고 직무 상황 속에서 피평가자가 맡은 역할을 수행하면서 나타나는 행태와 잠재력을 측정하는 것이다. 평가센터의 경우, 각 기법에 따라 장점과 단점이 달라진다(Howard, 1974).

표 9-4   선발 도구별 유효성 평가

선발 도구/기준	타당도	신뢰도	객관도
필기시험	낮음	높음	매우 높음(객관식)
면접	높음	매우 낮음	낮음
서류심사	중간	낮음	높음
실기시험	매우 높음	낮음	낮음
평가센터	매우 높음	중간	매우 낮음

레오나르도 다빈치의 자기소개서(1482)

세상에서 가장 빛나는 영주 각하께,

저는 자칭 전쟁무기의 유명한 발명가라고 일컫는 자들의 발명품을 모두 연구하였습니다. 하지만, 그들의 발명품들은 흔히 쓰이는 물건들과 크게 다를 바 없음을 알게 되었습니다. 다른 사람들을 존중하면서도 감히 저만의 비밀들을 각하께 제시하고자 합니다. 그리고 각하께서 편하신 시간에 언제라도 직접 시연해 보여줄 수 있다는 말씀을 올립니다.

1. 저는 물건을 쉽게 운반할 수 있는 매우 가볍고 튼튼한 다리들을 설계할 수 있습니다. 제가 설계한 다리는 화재나 싸움에도 깨지지 않습니다. 쉽게 들어 올려 놓을 수도 있습니다. 아울러 적들의 다리를 불태우고 파괴하는 방법도 알고 있습니다.

2. 저는 포위 공격을 당할 경우 참호에서 물을 밖으로 빼내는 방법을 알고 있습니다. 수만 가지의 다리를 만드는 방법도 알고 있습니다. 군사용 포장도로나 성곽 공격용 사다리, 그리고 격전지 탐험에 필요한 다른 기기들을 만드는 방법도 잘 알고 있습니다.

3. 저는 어떤 요새들도 무너뜨릴 수 있는 방책을 가지고 있습니다. 그 요새가 단단한 바위 위에 만들어졌다 해도 그렇습니다. 강둑이 너무 낮거나 단단하지 못해서 폭격으로 무너져 포위되어 있는 상황이라 해도 가능합니다.

4. 저는 편리하고 쉽게 운반할 수 있는 다양한 대포들을 만들 수 있습니다. 우박처럼 작은 돌맹이들을 날릴 수 있는 대포들입니다. 적에게는 커다란 공포의 대상이며 심각한 손상과 혼란을 가져올 수 있을 것입니다.

5. 저는 소음을 내지 않고 지하 터널을 만들 수 있는 방법을 가지고 있습니다. 정해진 지점까지 도착할 수 있도록 땅 밑 또는 강 밑으로 통과하는 비밀통로도 만들 수 있습니다.

6. 저는 난공불락의 무장 마차들을 만들 수 있습니다. 무기들을 장착하고 적들의 행렬을 분산하여 관통할 수 있는 마차들입니다. 이들을 막아낼 수 있는 군인들은 없습니다. 마차들 뒤에는 보병 연대가 아무런 피해도 없이 진군하게 될 것입니다.

7. 저는 필요하다면 멋있고 세련된 모양의 대포와 무기를 만들 것입니다. 이는 흔히 볼 수 있는 것들과는 전혀 다른 것들입니다.

8. 저는 대포를 사용할 수 없는 곳이라면 발사기와 투석기, 사출기와 마름쇠를 개발할 수 있습니다. 뿐만 아니라 일반적으로 사용되지 않는 유용한 기기들을 만들 수 있습니다.

9. 저는 바다 전투를 위해 공격용과 방어용의 다양한 무기와 함대들을 개발할 수 있습니다. 이들은 기관총이나 화약과 가스의 공격에도 견뎌낼 수 있습니다.

10. 저는 평화 시에도 각하께 완전한 만족을 드릴 수 있습니다. 공공건물이나 개인건물을 지을 수 있습니다. 또한 한 곳에서 다른 곳으로 흐르는 물길을 낼 수 있습니다.

11. 저는 대리석이나 청동, 찰흙으로 조각상을 만들 수 있습니다. 그림 그리기와 마찬가지로 어떤 물건이나 사람도 조각해낼 수 있습니다.

12. 뿐만 아니라 저는 청동 기마상을 만들 수 있습니다. 이 기마상은 각하 아버님, 그리고 빛나는 스포르자 가문의 불멸의 영광과 영원한 명예를 위해 바쳐질 것입니다.

위에 말씀드린 사항 중에서 가능하지 않거나 실용적이지 않은 것이 있다면, 각하의 정원이나 각하가 원하시는 장소에서 직접 시연할 수 있습니다. 앙청드립니다, 각하.

출처: Walter Issacson, 2017. Leonardo Da Vinci : The Biography. pp.94-96(저자번역)

4. 선발상의 오류

(1) 신뢰도와 타당도의 관계

선발 과정에서 오류가 발생할 가능성은 언제나 있다. 선발상의 오류는 일반적으로 신뢰도와 타당도의 실패에서 온다. <표 9-5>는 선발 도구의 타당도와 신뢰도를 비교한 것이다(임도빈·유민봉, 2019; 이학종·양혁승, 2012). 선발의 신뢰도에 실패하면 아무리 타당도가 높다 하더라도 의미가 없다. 성공적인 선발을 위해서는 신뢰도, 즉 측정 도구로서 시험의 일관성을 유지하는 것이 반드시 필요하다. 즉 신뢰도에 실패하면 타당도를 논하기 어렵다. 물론 신뢰도가 높아도 타당도에 문제가 있을 수 있다. 신뢰도는 타당도의 필요조건이긴 하지만, 신뢰도가 아무리 높아도 타당도를 보장해주지는 못한다. 시험 성적이 높더라도 채용 후 직무성과가 높다고 말할 수 없다. 타당도가 낮은 시험은 채용 후 직무성과가 높은 인적자원의 선발이라는 당초의 목적을 달성할 수 없다. 이와 같이 신뢰도가 없는 시험의 경우 타당도를 논의할 수 없고, 신뢰도가 있더라도 타당도를 확보하기 위한 노력이 필요하다. 따라서 신뢰도와 함께 타당도를 갖춘 선발 도구를 활용하는 것이 중요하다.

표 9-5 시험의 유용성 : 타당도와 신뢰도

구분	신뢰도 높음	신뢰도 낮음
타당도 높음	시험의 일관성이 높고 시험성적과 직무성과가 모두 높음	시험의 일관성이 낮으나 시험성적과 직무성과가 모두 높음 (시험이 유용하지 않음)
타당도 낮음	시험의 일관성이 높고 시험성적은 높고 직무성과는 낮음	시험의 일관성이 낮고 시험성적과 직무성과가 상관없음

(2) 타당도의 오류

신뢰도가 높음을 전제로 하더라도 타당도가 낮은 시험의 경우 선발의 오류를 범할 수 있다(이학종·양혁승, 2012 ; Lane & Pyne, 2012). <그림 9-6>은 시험 성적과 선발 후 기대 직무성과의 관계를 보여준다. 이 그림에서 보는 바와 같이, 제1의 오류는 합격점에는 미치지 못했으나 실제 직무성과가 기대수준보다 높은 경우이다. 이 경우 시험 자체의 문제로, 우수한 인적자원을 확보하지 못하는 결과를 가져온다. 즉 첫 번째 오류는 시험성적은 합격선에 미달했지만, 선발했더라면 만족스러

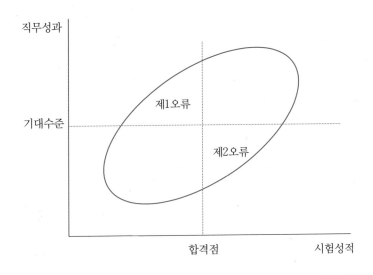

그림 9-6　선발 시험의 두 가지 오류 가능성

운 성과를 올릴 수 있었던 지원자를 실제로 탈락시키는 데서 발생하는 오류이다. 직무성과가 높을 것으로 기대되는 유능한 지원자를 선발 과정에서 놓쳤으니 당초의 선발 목적을 이루지 못한 것이다. 해당 지원자는 다른 기관 또는 민간기업에 채용될 가능성이 높기 때문에 인적자원 선발 과정의 오류에 해당한다. 이 경우 유능한 인적자원을 확보하기 위해 추가모집과 선발이 필요해지는 등 추가적인 노력과 비용이 들게 된다.

　제2유형의 오류는 <그림 9-6>에서 보는 바와 같이 합격점보다 높은 점수를 얻어 합격했으나 실제 직무성과가 기대수준 이하인 경우이다. 시험의 행운이 작용한 것으로 선발이 잘못된 경우이다. 시험성적은 합격선을 초과했지만 선발 후 실제 직무성과는 만족스럽지 못한 지원자를 선발하는 오류이다. 이 경우 역시 역량이 부족한 사람을 선발했으니 기대했던 직무성과를 달성하기는 어렵다. 조직 입장에서 보면 직접적인 손실 또는 비효율이 예상되며, 이를 방지하기 위해서는 합격 후 역량개발 비용이 추가로 들 수 있다. 즉 기대하는 직무성과를 달성하기 위하여 추가 선발이 필요할 수도 있다.

　이와 같이 제1유형의 오류는 물론 제2유형의 오류 모두 조직의 선발 비용을 증가시키게 된다. 이러한 오류를 최소화하기 위해서는 두 가지 방법이 있을 수 있다. 첫째, 선발 과정에 선발 도구를 추가하는 방법이다. 즉 필기시험에 의존한 경우, 필기시험을 2회 이상 실시하거나 면접을 확대하는 것이다. 둘째, 타당도를 높일 수 있는 새로운 선발 도구를 개발하는 방법이다. 집단면접을 도입하거나 실기시험을 치르도록 하는 것이다. 또는 평가센터를 활용하여 집중적인 역량을 측정하고 평가하는 방법도 있다. 이와 같이 시험의 오류를 최소화하기 위해서는 타당도를 높이는 선발 도구를 추가하거나 개발하는 것이 필요하다. 단, 이것들은 타당도를 높이기 위한 방법이기 때문에 신뢰도에 손상이 가지 않도록 유의할 필요가 있다.

5. 인적자원 선발시험의 변화추이

(1) 컴퓨터 적응평가

컴퓨터 적응평가(computerized adaptive testing)는 지원자의 수준에 맞는 난이도의 문제를 컴퓨터가 자동적으로 선택하여 지원자로 하여금 그 문제를 풀게 하는 방식이다. 기존의 필기시험은 모든 지원자에게 일정한 수의 동일한 문제를 풀게 한 후 정답률이 높은 지원자에게 높은 점수를 부여하는 방식이었다. 하지만 컴퓨터 적응평가는 문제은행에서 지원자의 수준에 맞는 문제가 주어지기 때문에 문제를 많이 풀었다고 높은 점수를 받는 것은 아니다. 주어진 문제들의 난이도가 모두 다르기 때문이다. 지원자의 수준에 맞는 문제를 선택하는 작업은 컴퓨터가 처리한다. 처음에는 쉬운 문제를 주는데 그 문제를 맞혔다면 다음 단계의 난이도가 있는 문제가 주어진다. 하지만 그 문제를 풀지 못했다면 난이도가 낮은 문제가 다시 제시된다. 시험시간은 동일하기 때문에 주어진 시간에 누가 더 어려운 문제를 많이 푸느냐에 따라 성적이 결정된다.

이러한 방식은 단순히 컴퓨터로 치러지는 필기시험이나 면접시험과는 차이가 있다. 최근 들어 컴퓨터를 활용한 선발 도구가 다양하게 개발되고 있다. 예를 들면 컴퓨터가 지시한 주제를 발표하게 하고 이를 컴퓨터가 평가하게 하는 방법, 지원자가 원거리에 있을 경우 화상으로 면접을 진행하는 방식 등이다. 문제의 선택이나 평가과정에서도 컴퓨터가 활용될 수 있는 선발 도구의 개발이 필요하다.

컴퓨터 적응평가 역시 장단점이 있다. 장점으로는 먼저 지원자의 수준에 상응하는 문제가 주어짐으로써 지원자의 능력을 비교적 객관적으로 평가할 수 있다는 것이다. 더불어 컴퓨터에 의해 자동적으로 문제가 선택되기 때문에 신뢰도가 매우 높은 편이다. 특히 이러한 방식은 대규모 시험을 신속하게 치를 수 있어 비용과 시간을 절약할 수 있다. 단, 컴퓨터 적응평가의 핵심적인 과제는 문제은행이 직무성과를 정확히 예측하도록 만들어져야 한다는 것이다. 문제은행은 만드는 데 상당한 시간과 노력이 필요하다. 또한 문제은행은 대부분 객관식이어서 직무능력을 측정하는 데 한계가 있다. 게다가 필기시험처럼 지원자를 직접 대면하지 않기 때문에 지원자의 성격이나 행태, 리더십이나 표현력 등을 종합적으로 판단하기 곤란하다. 또한, 한 문제를 반드시 풀어야 그 다음 문제로 넘어가기 때문에 지원자 입장에서 보면 주어진 시간 안에 난이도가 서로 다른 문제를 탄력적으로 순서를 바꾸어 치를 수 없다는 단점이 있다.

(2) 역량면접(competency-based interview)의 확산

역량면접은 행동면접, 상황면접, 구조화된 면접, 직무역량면접 등 다양한 명칭으로 불리며, 특히 학술적으로는 행동사건면접(behavior-event interview)이라고도 한다. 이러한 면접방식의 특성은 다음과 같다(Dipboye, Wooten and Halverson, 2004). 첫째, 미래행동의 예측을 위해 과거의 행동을 활용한다. 둘째, 해당직위의 핵심적인 직무역량을 파악한다. 셋째, 선발요소들을 종합적인 시스템으로 조직화한다. 넷째, 효과적인 면접방식과 기술을 적용한다. 다섯째, 다수의 면접자들이 조직적으로 정보를 교환하고 토론한다. 여섯째, 행동시뮬레이션으로부터 관찰된 내용을 토대로 면접을 점차 강화한다. 전통적인 비구조화된 면접은 편향된 정보를 수집할 우려가 있고, 비언어적 행동에 영향을 받기 쉽다. 아울러, 피면접자의 인상이 결정을 좌우하며, 피면접자를 범주화하여 편향된 결정을 하기 쉽다는 단점이 있다(Dipboye, Wooten and Halverson, 2004).

이를 극복하기 위해 역량면접은 구조화된, 직무역량 중심의 행동면접이다(Doll, 2018 : 52-53). 과거의 행동으로 미래를 예측하는 면접방식이다. 즉 STAR방식, 즉 상황(Situation), 과제(Task), 행동(Action), 그리고 결과(Result)에 따라 질문을 구성하고 면접하는 방식이다(Doll, 2018 : 52-53). 역량면접에서는 "만약 당신이 ○○○ 상황이라면 어떻게 할 것인가?"라고 질문하지만, 역량면접에서는 "당신은 ○○○ 상황을 경험한 적이 있느냐? 그 때 어떻게 했느냐?"라고 질문한다. 자신이 경험했던 상황을 생각해보고, 그 상황에서 무엇이 필요했으며, 상황해결을 위해 무엇을 했고, 그 결과는 어떠했는지를 질문한다.

이러한 면접의 장점은 구체적인 과정의 행동을 통하여 타당성을 높일 수 있고, 평가내용을 구체화하여 효과적인 직무수행을 관찰할 수 있다. 그리고 준비된 답변을 방지하고, 질문의 구조화를 통해 공정성을 확보할 수 있고, 직무와 관련된 질문에 집중할 수 있다. 마지막으로 직무에 맞는 역량을 측정할 수 있다는 장점이 있다. 반면에, 면접내용이나 방식이 정교하지 못하고, 매우 제한적으로만 활용될 수 있으며, 급격하게 변화하는 조직에는 효과적으로 적용하기 어렵다는 단점이 제기되고 있다(Martin & Pope, 2008).

(3) 인공지능 면접(Artificial Intelligence Job Interview)

인공지능(AI) 면접은 인공지능이 직접 질문하고 피면접자가 답변하면 이를 평가하는 선발방식이다(Mishra & Shekhar, 2018). 즉, 지원자의 역량을 객관적, 과학적으로 분석하는 온라인 면접이다. 인공지능 면접자는 피면접자의 서류상의 자질과 특성, 경험에 따라 다양한 형태와 수준의 질문을 제시하고 그 답변 과정과 내용, 태도를 평가한다(최현주, 2018). 인공지능은 서류심사, 인성·적성검사, 그리고 면접시험까지 채용과정 전반에 적용될 수도 있다. 또한 서류심사-필기시험-AI면접-대면면접-실기시험 등 선발단계의 보완수단으로 추가될 수 있다. 대면 면접시험은 신뢰성을 희생해서라도 타당성을 높이기 위한 선발도구였으나 인공지능 면접은 면접시험의 신뢰성을 강화함으로써 그 활용도가 높아지고 있다(Van Esch, 2019).

인공지능 면접의 가장 큰 장점은 인간의 주관이 개입되지 않는다는 점이다. 공정성과 객관성을 높다는 것이다. 또한 인공지능은 피면접자의 다양한 상황에 맞게 질문하기 때문에 타당도도 높다. 면접을 보는 동안 인공지능은 지원자의 얼굴표정, 음성크기 및 떨림, 말의 속도, 사용어휘와 심장박동, 맥박, 얼굴색 변화까지 감지하여 분석할 수 있다(최현주, 2018). 아울러 인공지능 면접은 시간과 비용을 절감하여 효율성을 높일 수 있다. 대면면접과 달리 별도의 면접위원 선정, 면접과정과 절차관리 등을 생략할 수 있기 때문이다. 뿐만 아니라 컴퓨터와 카메라, 마이크만 있으면 언제 어디서라도 면접시험을 치를 수 있다는 장점도 있다(최현주, 2018).

하지만 인공지능 면접의 부정적인 측면도 있다. 우선 피면접자의 입장에서 거부감 또는 불편함이 있을 수 있다(Baur, Damian, Gebhard, Porayska-Pomsta & André, 2013). 사람이 아닌 로봇기계와의 면접으로 비인간적이고 기능적인 감정을 유발하기 쉽다. 일반적인 채용 선발과정에서 이루어지는 조직과 개인 간의 심리적 계약과정이 경시될 수 있다(Kavanah and Johnson, 2018 : 263-264). 또한 면접과정에서 인공지능 기기나 기능의 오류 가능성이다. 질문답변이나 평가과정에서 오류가 발생하면 인재채용에 실패할 수도 있다. 아울러 단순히 현재의 기술적 데이터에 기초한 접근이 많아 지원자의 미래 성장잠재력을 평가하는데 한계가 있을 수 있다.

인공지능에 맞는 특별한 용어, 질문유형, 답변내용, 응답태도 등 별도의 면접기술의 학습정도에 따라 결과가 달라질 수도 있을 것이다(Albert, 2019).

이에따라 인공지능 면접 지원자는 인간과 로봇의 상호작용성을 고려하여 준비할 필요가 있다. 지원하는 조직의 인재상, 중요하게 생각하는 역량, 조직특성과 분위기 등을 미리 생각하여야 한다. 표정과 목소리가 비언어적 의사소통 능력의 평가척도이고, 사용어휘 및 어휘사용빈도가 언어적 소통능력의 평가척도라는 점을 고려하여 연습할 필요가 있다(김윤정·권순희, 2021).

학 ● 습 ● 포 ● 인 ● 트

- 내부모집
- 직위공모제
- 타당도
- 난이도
- 선발 비율
- 재검사법
- 선발방법
- 제2유형의 오류
- 인공지능면접

- 외부모집
- 직위개방제
- 신뢰도
- 객관성
- 기준, 내용, 구성타당도
- 동질이형법
- 신뢰도와 타당도의 관계
- 제1유형의 오류
- 역량면접

연 ● 습 ● 문 ● 제

1. 최근 공공부문에서 적극적 모집이 필요한 이유를 설명하시오.
2. 내부모집과 외부모집의 장단점을 논의하고, 바람직한 방향을 제시하시오.
3. 기준타당도·내용타당도·구성타당도를 예를 들어 설명하시오.
4. 필기시험과 면접시험을 타당도와 신뢰도를 기준으로 비교하시오.
5. 지원자 선발의 두 가지 오류를 설명하고, 극복하고자 하는 방안을 설명하시오.
6. 최신 확산되고 있는 인공지능면접을 평가하시오.

토●의●사●례

〈국가공무원 5급 공개채용시험〉

- 1차 선택형 필기시험(PSAT): 5지선택형, 언어논리, 자료해석, 상황판단 등 3개 영역으로 구분 평가(영어 및 한국사는 검정시험으로 대체).
- 2차 논문형 필기시험(일반행정 직류): 시험 과목은 행정법, 행정학, 경제학, 정치학 등 필수 4과목과 민법(친족상속법 제외), 정보체계론, 조사방법론(통계분석 제외) 정책학, 국제법, 지방행정론 중 1과목으로 총 5과목임. 최종 선발 인원의 110%~150%를 선발.
- 3차 면접시험: 평가요소는 전문지식과 그 응용능력, 공무원으로서의 자세와 태도, 의사표현의 정확성과 논리성, 예의 품행 및 성실성, 창의력 의지력 및 발전 가능성 등 공직자로서의 직무수행능력과 공직가치관을 종합적으로 평가함. 총 면접시간은 2일, 총 240분임. 조별 응시인원은 6명 내외임. 면접위원 6명. 면접은 집단토론, 개인발표, 개별면접, 3가지가 있음.

〈문제예시: 1차 PSAT〉

다음 글을 근거로 판단할 때, 〈보기〉에서 옳은 것만을 모두 고르면?

甲, 乙, 丙은 미팅에서 짝을 정하려고 한다. 짝을 결정하는 방식은 아래와 같다.

○ 미팅 상대방 A, B, C는 각자의 이름을 자신의 쪽지에 적는다.

○ 그 쪽지 세 장을 무작위로 甲, 乙, 丙에게 한 장씩 나누어준다.

○ 각자가 받은 쪽지에 이름이 적힌 사람이 자신의 짝후보가 된다.

○ 甲, 乙, 丙순으로 각자의 〈성향〉에 따라 짝 후보를 거절하거나 수락한다.

○ 만일 한 명이라도 거절할 경우, 그 즉시 세 장의 쪽지를 무작위로 다시 나누어 주어 甲, 乙, 丙순으로 거절하거나 수락한다. 예를 들어 甲이 수락한 후 乙이 거절한 경우, 丙의 선택을 묻지 않고 세 장의 쪽지를 무작위로 다시 나누어 주게 된다.

○ 모두가 수락할 경우 짝이 확정된다.

〈성 향〉

甲	B만 내 짝이 아니면 된다고 생각한다. 단, 네 번 이상 거절하지 않는다.
乙	내 짝으로 삼고 싶은 사람은 A뿐이다. 단, 세 번 이상 거절하지 않는다.
丙	내 짝으로 삼고 싶은 사람은 C뿐이다. 단, 두 번 이상 거절하지 않는다.

〈보 기〉

ㄱ. 짝이 확정되기 위한 최소의 거절 횟수와 최대의 거절 횟수를 합하면 총 7회이다.

ㄴ. 甲, 甲, 乙, 乙순으로 거절한 이후 짝이 확정되었다면 乙의 짝은 A이다.

ㄷ. 甲, 乙, 丙, 甲순으로 거절한 이후 짝이 확정되었다면 丙의 짝은 B이다.

ㄹ. 甲, 乙, 甲, 丙순으로 거절한 이후 짝이 확정되었다면, 丙이 거절했을 당시 甲의 짝 후보는 A이었을 것이다.

① ㄱ, ㄷ　　② ㄱ, ㄹ　　③ ㄴ, ㄷ　　④ ㄴ, ㄹ　　⑤ ㄷ, ㄹ

〈**문제예시: 2차 주관식 행정학**〉

제1문. 다음은 정부조직에서 발생하는 '저(低)성과자'의 관리와 대책의 필요성을 보여주고
있다. 물음에 답하시오. (총 30점)

> 공직의 안정성과 지속성을 위해 공무원에게 신분을 보장하였지만, 일각에서는 '철밥통'
> 이라는 비판이 제기되고 있다. 특정 기관에서는 '현장시정추진단'을 설치해서 능력이 떨
> 어지거나 근무 태도가 불량한 공무원들을 재교육하는 시책을 도입한 바 있다. 1차로 ○
> ○○명을 선발하여 쓰레기를 줍거나 환경 감시와 같은 업무를 하면서 '반성의 시간'을
> 갖도록 하였다.

1) 정부조직에서 저성과자가 발생하는 일반적 배경과 원인을 설명하시오. (16점)
2) 저성과자 관리개선 방안과 쟁점을 제시하시오. (14점)

〈**7급 공개채용시험**〉

- 제1차 선택형 필기시험(PSAT): 5지선택형, 언어논리, 자료해석, 상황판단 등 3개 영역으로 구
분 평가(영어 및 한국사는 검정시험으로 대체).
- 제2차 시험(선택형 필기): 행정직(일반행정 직류)의 경우, 헌법, 행정법, 행정학, 경제학(인사·
조직 직류의 경우, 인사·조직론; 재경 직류의 경우 회계학 등)
- 제3차시험 : 면접

〈**문제예시: 행정학**〉

데이터 기반의 과학적 정책 수립을 위하여 빅데이터의 중요성이 커지고 있다. 빅데이터에
대한 설명으로 옳지 않은 것은?

① 빅데이터의 부상의 이유로 페이스북, 트위터 등의 소셜네트워크서비스(SNS)의 보급 확대
를 들 수 있다.
② 인터넷쇼핑업체인 아마존(Amazon)이 고객 행동 패턴 데이터를 분석하여 상품 추천 시스
템을 도입한 것은 빅데이터를 활용한 사례이다.
③ 빅데이터는 비정형적 데이터가 아닌 정형적 데이터를 지칭한다.
④ 빅데이터를 활성화하기 위해서는 개인정보 보호 장치가 제도적으로 선행될 필요가 있다.

〈**9급 공개채용시험**〉

- 제1, 2차 병합시험(선택형 필기): 국어, 영어, 한국사 필수 3과목과 행정법총론, 행정학개론 2과
목으로 5과목임(일반행정 직류의 경우).
- 제3차 면접 시험

〈문제예시: 국어〉

문 1. 어법에 맞게 쓰인 것은?
① 내일 야유회 간데요?
② 그이가 말을 아주 잘하대.
③ 연예인을 보니 그렇게 좋던?
④ 제가 직접 봤는데 너무 크대요.

토의과제

1. 국가공무원의 직급별 공개채용 시험의 신뢰도와 타당도를 평가하시오.
2. 5급 공무원 공채시험에서 3차 면접시험의 신뢰도와 타당도를 높일 수 있는 방안을 설명하시오.
3. 직급별 공개채용 시험에서 선발의 오류 가능성과 그 극복방안을 논의하여 보시오.

참고문헌

김윤정·권순희, 2021. 「AI면접을 대비하기 위한 화법교육방안」. 『한글』, 82(4), 1101-1139.
남궁근, 2021. 『행정조사방법론』, 법문사.
박상진·황규대, 2000. 「면접 구조화가 면접의 신뢰도와 타당도에 미치는 영향에 관한 연구」, 『인사조직연구』 8(2), pp.93-110.
박천오 외 공저, 2020. 『인사행정론』, 법문사.
배귀희, 2009. 「개방형 직위제도의 효과적 정착에 관한 연구」, 『한국정책과학학회보』 13(2).
오석홍, 2022. 『인사행정론』, 박영사.
이근주·전영한·조성한·권태욱, 2011. 「개방형 직위제의 성과 영향 요인에 대한 연구 : 폐쇄형 임용자의 인식을 중심으로」, 『한국인사행정학회보』 10(2), pp.119-145.
이창길, 2020. 『대한민국 인사혁명 : 휴머니즘 인사혁명을 위한 22가지 질문』. 나무와숲.
임동현, <인터넷저널>, 2008. 1. 21.
이선우·이창길·이근주·김영우, 2011. 『고위공무원단 성과분석 및 발전방향』. 행정안전부 연구과제
임도빈·유민봉, 2019. 『인사행정론』, 박영사.
조현빈, 2011. 「한국 경찰의 개방형임용제 도입 가능성에 대한 검토」, 『한국콘텐츠학회논문지』 11(2), pp.397-407.
최순영·조임곤, 2014. 「개방형 임용제도에 대한 공무원의 평가」, 『한국인사행정학회보』, pp.1-30.

최현주, 2018. 중앙일보 2018.3.14.자 https://news.joins.com/article/22430484

Albert, E. T. 2019. AI in Talent Acquisition : a Review of AI-applications used in Recruitment and Selection. *Strategic HR Review*.

Arvey, R. D. and Faley, R. 1988. *Fairness in Selecting Employees.* Addison-Wesley. Boston.

Baur, T., Damian, I., Gebhard, P., Porayska-Pomsta, K., & André, E. 2013. A job interview simulation : Social cue-based interaction with a virtual character. In Social Computing (SocialCom), *2013 International Conference*(pp.220-227). IEEE.

Berman, Evan M., James S. Bowman, Jonathan P. West, Montgomery R. Van Wart, *2021. Human Resource Management in Public Service : Paradoxes, Processes, and Problems, 4th edition.* SAGE Publications.

Beauchamp, T. L. 2013. Affirmative Action. *The International Encyclopedia of Ethics.*

Cook, M. 2016. *Personnel Selection : Adding Value through People.* Wiley.

Connelly, S. 1975. Job Posting. *Personnel Journal*, 54(5), 295-7.

Derek Martin, P., & Pope, J. 2008. Competency-based interviewing-has it gone too far?. *Industrial and commercial training*, 40(2), 81-86.

Dipboye, Robert, Kebin Wooten and Stefanie Halverson, 2004. Behavioral and situational interviews. *Comprehensive Handbook of Psychological Assessment*, Volume 3 : Behavioral Assessment (Vol. 3), John Wiley & Sons.

Doll, J. L. 2018. Structured Interviews : Developing Interviewing Skills in Human Resource Management Courses. *Management Teaching Review,* 3(1), 46-61.

Hays, Steven W. Jessica E. Sowa, 2010. Staffing the Bureaucracy : Employment Recruitment and Selection, in the book *Handbook of Human Resources Management in Government*(chapter five), 3rd edition, edited by Condrey, Stephen E.

Heneman, Herbert G. and Timothy A. Judge, 2018. *Staffing Organization*, McGrew Hill.

Howard, A. 1974. An Assessment of Assessment Centers, *Academy of Management Journal,* 72(2) : 115-133.

Issacson, Walter, 2017. *Leonardo Da Vinci : The Biography.*

Kavanagh, M. J., & Johnson, R. D. (Eds.). 2017. Human resource information systems : Basics, applications, and future directions. Sage Publications.

Lane, J. & T. Pyne, 2012. Selection Methods. *Managing Human Resources*, 36.

Levine, E. & Flory, A. Evaluation of Job Applications : A Conceptual Framework. *Public Personnel Management.* 4(6) : 378-384.

Lewis & Frank, 2002. Who Wants to Work for Government? *Public Administration Review,* 62(4) : 395-404.

Mastracci, Sharon H, 2009. Evaluating HR Management Strategies for Recruiting and Retaining IT Professionals in the U.S. Federal Government, *Public Personnel Management,* 38(2), pp.19-34.

Mishra, D. & Shekhar, S. 2018. Artificial Intelligence Candidate Recruitment System using Software as a Service (SaaS) Architecture. Artificial Intelligence, 5(05).

Murphy, K. R. 2009. Is Content-Related Evidence Useful in Validating Selection Tests?. *Industrial & Organizational Psychology, 2*(4), pp.517-526.

Noe, Hollenbeck, Gerhart & Wright, 2020. *Human Resource Management-Gaining a Competitive Advantage,* McGrew Hill.

Ployhart, R. E. 2012. Personnel Selection : Ensuring Sustainable Organizational Effectiveness through the Acquisition of Human Capital. *The Oxford Handbook of Organizational Psychology,* 1, p.221.

Riccucci, Norma. M., 2010. Staffing the Bureaucracy : Employment Recruitment and Selection, in the book *Handbook of Human Resources Management in Government*(chapter five), 3rd edition, edited by Condrey, Stephen E.

Roberts, G., 2003. Issues and Challenges in Recruitment and Selection in S. W. Hays and R.C. Kearney (eds.) *Public Personnel Administration : Problems and Prospect* (3rd edition) N.J. : Prentice Hall.

Rossiter, John R., 2008. "Content Validity of Measures of Abstract Constructs in Management and Organizational Research." *British Journal Of Management* 19, no. 4 : 380-388.

Thorton, I. C., 2009. Evidence of Content Matching Is Evidence of Validity. *Industrial & Organizational Psychology, 2*(4), pp.469-474.

Thornton III, G. C. and A. M. Gibbons, 2009. Validity of assessment centers for personnel selection. *Human Resource Management Review,* 19(3), pp. 169-187.

Van Esch, P., Black, J. S., & Ferolie, J. 2019. Marketing AI Recruitment : The Next Phase in Job Application and Selection. *Computers in Human Behavior,* 90, 215-222.

Wainer, Howard and Henry I. Braun. 1988. *Test Validity.* Hillsdale, N.J. : L. Erlbaum Associates.

Werbel, I. 1995. A Review of Research Regarding Criteria Used to Select Job Applicants, in J, Robin, T. Vicino, W.B Hildreth, and G.J. Miller (eds.) *Handbook of Public Personnel Administration,* New York : Dekker.

제 10 장

인적자원의 이동

이 장에서는 인적자원의 이동에 관하여 살펴본다. 제9장에서 확보된 인적자원의 역량과 해당 직무에 필요한 역량이 맞지 않으면 인적자원을 이동시켜 적절한 직무를 부여할 필요가 있다. 역량의 수준이 서로 맞지 않으면 인적자원의 수직적 이동이 필요하고, 역량의 유형이 서로 맞지 않으면 인적자원의 수평적 이동이 필요하다. 수직적 이동의 대표적인 형태가 승진이고, 수평적 이동의 대표적인 형태가 전환배치이다. 이러한 수직적·수평적 이동을 조직과 개인의 발전을 위하여 계획적이고 체계적으로 수립하는 것이 경력개발이다. 이 장에서는 수직적 이동, 특히 승진의 기준과 방법, 수평적 이동의 목적과 방향, 그리고 경력개발의 개념과 경로에 대하여 학습한다.

계층화된 조직에서 일하는 사람들은 자신의 무능력 수준이 드러나는 단계까지 승진하려 한다. 시간이 지남에 따라 조직 내 모든 직위는 결국 그 업무에 필요한 능력이나 자질이 부족한 사람들로 채워지게 된다.

- 피터의 원리

제1절 인적자원 이동의 의의

인적자원의 이동은 직무에 필요한 역량과 직무를 수행하는 사람의 역량이 차이가 날 경우, 직위를 수평적·수직적으로 변경시켜 주는 활동이다. 일반적으로 역량의 격차를 해소하기 위한 방안으로는 직무를 변경하는 방법과 사람을 변경하는 방법이 있다. 직무를 변경하고 재설계하여 조직 발전을 도모하는 방법은 직무설계 또는 재설계로 제7장에서 이미 설명한 바와 같다. 직무변경의 경우, 다소 시간이 걸리고 복잡한 절차를 거치게 되므로 보다 쉬운 방법은 해당 직무를 담당하는 인적자원을 이동시키는 것이다.

사람을 이동시키는 방법에는 수직적 이동과 수평적 이동이 있다. 수직적 이동은 다시 상향이동과 하향이동으로 나뉜다. 상향이동은 소위 승진에 해당하고, 하향이동은 강임에 해당한다. 일반적으로 인적자원의 수직적 이동은 승진을 말한다. 강임은 현실적으로 매우 드문 경우이고 징계 수단으로 활용되기 때문에 17장에서 살펴보기로 한다.

개인의 역량수준이 직무에 필요한 역량 수준보다 높을 경우에는 두 가지 해결 방법이 있다. 직무의 질적 수준을 높이는 방법과 사람의 직위를 바꿔주는 방법이다. 직무의 질적 수준을 높이는 방법은 직무다양화와 직무풍요화 등 직무설계 또는 재설계를 하는 것으로 제7장에서 논의한 바와 같다. 사람의 직위를 바꿔주는 방법은 직위의 상향이동, 즉 승진이다. 승진은 직무에 필요한 역량 수준보다 직무를 수행하는 사람의 역량이 더 높을 때 상위 직위로 이동시키는 것이다.

인적자원의 수직적 이동과는 달리 인적자원의 수평적 이동은 역량의 수준보다는 유형과 특성이 맞지 않는 경우이다. 현재 직위에 필요한 역량과 현재의 점직자가 가진 역량이 서로 맞지 않을 경우 동일한 직급 또는 등급에서 새로운 직위로 이동시키는 것이다. 이는 가장 일반적인 인사이동이다.

인적자원의 수직적 이동과 수평적 이동

- 인적자원의 수직적 이동 (역량 수준의 차이)
  - 상향이동 : 직무필요역량(직무) < 직무수행역량(사람) (승진)
  - 하향이동 : 직무필요역량(직무) > 직무수행역량(사람) (강임)
- 인적자원의 수평적 이동 (역량 내용의 차이)
  - 직무필요역량(직무) ≠ 직무수행역량(사람) (이동)

제 2 절 인적자원의 수직적 이동

1. 의의와 중요성

인적자원의 수직적 이동 중 상향적 직위이동은 승진이다. 승진은 역량수준의 향상에 따라 하위 등급의 직위에서 상위 등급의 직위로 이동하는 것이다. 직무의 범위가 넓어지고 질적 수준도 높아진다. 이른바 권한과 보상이 높아지고, 책임과 의무도 아울러 커지는 것이다. 원론적 의미에서 승진은 현재의 직무에 필요한 역량 수준보다 해당 직무를 수행하는 사람의 역량 수준이 높은 경우에 이루어진다. 역량 수준이 높아지면 이에 상응하는 직위를 부여하는 것이 맞다.

하지만 이러한 승진은 대부분 계급제를 전제로 하는 경우가 많다. 계급제 하에서는 수직적 계층이 명확하게 구분되어 있어 승진은 개인에게 부여된 계급의 변경이다. 즉 조직에 필요한 역량 수준의 질적 향상이라기보다는 역량 수준과 상관없는 계급의 상향이동으로 이해한다. 역량 수준과 별개로 신분변동으로만 이해하는 이유는 계급제 하에서 승진은 개인에게 높은 계급을 새로 부여하기 때문에 역량 이외의 요인까지 포괄적으로 평가하기 때문이다.

직위분류제에서의 승진은 역량 수준의 질적 향상을 통해서만 가능하다. 단순히 경력이 많아졌다고, 높은 성과를 보여주었다고 승진되는 것은 아니다. 높은 경력이나 성과에 의한 승진 역시 역량 수준의 질적 향상을 내포하고 있다. 따라서 수직적 상향이동이 역량 수준의 향상 없이 이루어지는 것은 인정되지 않는다. 특히 직위분류제 하에서는 계약에 따라 직위와 보상이 주어지기 때문에 다른 직위로 수직 이동하고자 할 경우에도 계약을 변경하거나, 새로운 계약을 맺어 해당 직위를 부여하게 된다.

어떠한 인사행정시스템에서든 개인에게 승진은 중요한 동기부여 수단이자 직장생활의 핵심적인 관심 사항이다(박인서, 2021). 승진은 성취감·자신감·인정감·만족감을 준다. 특히 직업공무원들의 경우, 성공의 기준으로 판단하기도 한다. 개인의 성장과 발전뿐 아니라, 조직의 입장에서도 인적자원을 효과적으로 관리하는 중요 수단으로 상위 직위에 결원이 발생했을 때 이를 보충하는 중요한 과정이다. 또한 승진은 직무 활동의 방향과 기준을 제시하기도 한다. 승진의 기준과 대상을 어떻게 설정하느냐에 따라 조직 구성원의 직무 행동이 달라질 수 있기 때문이다.

2. 승진대상과 범위

승진, 즉 직위의 수직적 상승은 크게 세 가지 측면에서 논의할 수 있다. 첫째는 승진의 대상이고, 둘째는 승진의 기준, 그리고 셋째는 승진의 방법이다.

(1) 승진대상
(가) 외부임용과 내부승진

새로운 직위에 대한 충원 방법은 두 가지가 있다. 내부 직원을 승진 또는 이동시켜 충원하는 방법과 외부 인사를 충원하는 방법이다. 이러한 구분은 제8장에서 논의한 바와 같이 내부모집이나 외부모집과 동일하다. 다만 승진 후보자의 대상 범위 차원에서 논의될 수 있다. 내부승진과 외부모집은 경쟁적인 관계이다. 현직자의 퇴직으로 공석이 된 경우나 새로운 직위가 신설되는 경우, 외부 신규 채용과 내부승진 인사 상호간에 어떤 비율로 할 것인지는 인적자원행정의 중요한 과제가 아닐 수 없다.

신규 직위에 대한 내부승진 비율이 지나치게 높을 경우, 현실적인 승진 적체 해소를 통하여 내부 직원들의 사기 진작에 도움이 될 수 있을 것이다. 하지만 연도별 내부승진과 외부임용의 비율이 크게 달라질 경우 장기적인 인력수급계획에 차질이 올 수 있고, 몇 년 후에는 인적자원관리의 부담으로 작용할 수 있다. 특히 과다하게 내부승진이 이루어질 경우 인력 구성의 불균형을 가져올 수 있으므로 연차적·단계적으로 내부승진 인원과 외부 신규채용 간에 적절한 균형을 유지할 필요가 있다.

반대로 외부임용 비율이 지나치게 높으면 재직자의 불만 요인으로 작용할 수 있다. 연도별 임용자의 역량수준에 차이가 날 우려가 있으며, 대규모 채용시에는 내부승진자보다 오히려 역량이 낮은 사람이 선발될 우려도 있다. 또한 외부임용자의 조직 적응 과정에서 시간과 비용이 추가로 들 수 있기 때문에 인력 운영상의 부담이 되지 않을 수 없다. 또 계약직으로 선발한 경우, 계약 기간이 동시에 만료되는 시점에서 인력운용에 차질이 생길 수 있다. 따라서 이러한 부작용을 사전에 막기 위해서는 대규모 외부 선발이나 내부승진은 바람직하지 않으며, 연차적인 인력수급에 관한 중장기적 계획이 필요하다.

(나) 부처별 승진과 부처 간 승진

승진의 범위와 관련하여 두 번째 중요한 과제는 부처별 승진과 부처 간 승진의 구분이다. 즉 승진 인원 및 대상자의 범위를 부처 내에 한정하는 방법과 부처 간에 통합하여 운영하는 방법이 있다(임도빈·유민봉, 2019). 이를 부처 조직의 입장에서 보면 앞에서 논의한 외부임용과 내부승진의 구분과 유사하다. 일반적으로 부처 내 승진이 이루어지는 것이 보통이나, 부처 구분 없이 통합하여 공개 승진 시험을 치러 승진자를 선발하는 방식 등 부처간 통합 승진방식도 활용된다. 제8장에서 논의한 직위공모 방식과 유사한 형태이다.

승진을 부처 내로 한정할 경우, 인적자원행정의 독자성과 자율성을 부여함으로써 직무 특성과 상황에 맞는 승진이 이루어질 수 있다. 부처 내 재직자에 제한된 승진 경쟁으로 조직 구성원들에게 동기를 부여할 수 있고, 또 인사권자인 기관의 장은 인적자원을 탄력적이고 자율적으로 활용할 수 있다. 특히 같은 부처에서 장기간 근무한 사람에게 승진 기회를 부여함으로써 전문성과 경험을 활용할 수 있다. 내부임용과 마찬가지로 부처 내 승진자는 고유의 조직문화나 업무방식에 적응할 기간이 따로 필요 없다.

하지만 부처 내로 승진을 제한한 경우, 부처 간의 명확한 경계가 전제되어야 한다. 인적자원관리의 가장 중요한 수단이 부처 내에서 이루어짐으로써 범정부적 시각보다는 부처 내부적인 시각에 매몰될 우려도 있다. 특히 부처 간 장벽이 두터워져 범정부적 정책에 관한 협의와 조정이 어려워지게 된다. 이에 따라 부처 조직의 새로운 변화와 혁신에 소극적으로 대응할 우려가 있다. 부처 간 승진 불균형 또는 부처 간 능력의 격차가 심화됨으로써 수행하는 직무와 상관없이 공직사회의 불만 요인이 될 수도 있다. 그보다 더 중요한 문제로 중요 직위의 승진이 부처 내로 제한됨으로써 우수한 인재를 범정부적으로 활용하기 어렵다는 것이다.

부처 간 통합 승진이 갖는 장점과 단점은 부처 내 승진의 단점 및 장점과 동일하다. 두 방식의 장점을 살리고 단점을 보완하는, 적절한 조정이 필요하다. 예를 들면 승진은 부처별로 하되 다양한 부처교류제도를 활성화하고, 승진자에 대한 통합교육 프로그램을 실행하며, 승진 심사 과정에 다른 부처 재직자가 참여하는 것 등을 고려할 수 있다. 부처 간 또는 부처 내 승진 방식의 결정은 인적자원행정에서 부처 조직의 자율성을 부여하는 정도와 직접 관련된다. 특히 범정부 차원에서 부처 간의 문제뿐만 아니라 부처 내에서 부서 간 또는 소속 기관 간의 승진 대상과 범위의 결정도 동일한 맥락에서 이해할 수 있다.

(2) 승진기준

전통적인 인사행정에서 가장 핵심이 되는 과제는 승진 기준이다. 현대적 인적자원행정에서도 승진 기준은 인사책임자에게 가장 중요한 과제의 하나이며, 조직구성원으로서도 가장 민감한 과제가 아닐 수 없다. 이에 따라 승진의 기준과 내용이 갈수록 복잡해지고 다양해지고 있다.

승진 기준에 관한 논의는 대체로 두 가지 범주로 구분된다. 첫째는 개인의 어떤 특성을 승진의 기준으로 할 것인가이고, 둘째는 어떤 역량을 승진의 기준으로 할 것인가이다. 첫 번째는 승진 기준을 연공(seniority)·역량(competency)·성과(performance)로 분류하는 것이고, 두 번째는 직무역량·관리역량·도덕적 역량으로 분류하는 것이다.

(가) 승진기준 1 : 연공·역량·성과

(a) 연공(seniority)

공직 승진의 가장 일반적인 기준은 연공이다. 연공 승진은 일반적으로 계급제 하에서 조직의 충성도를 기준으로 승진을 결정한다. 이는 일반행정가를 중심으로 근무년수나 경력, 그리고 나이 등 담당 직무와 관계없는 객관적인 정보를 활용한다. 집단주의와 종신고용제를 채택하는 경우에는 연공을 승진 기준으로 활용한다. 직업공무원제와 계급제를 결합했을 경우, 연공 기준을 활용하는 경우가 많다. 이처럼 연공을 승진 기준으로 할 경우, 비교적 명확하고 구체적이며 객관적으로 비교 가능하다는 장점이 있다. 승진 탈락자의 불만도 상대적으로 적고, 승진 시기 및 승진 여부에 대한 예측 가능성도 높다. 또한 조직 충성도가 조직 내 중요한 가치로 작용하기 때문에 조직 구성원들의 조직몰입도와 조직안정성도 높일 수 있다. 다만, 연공서열에 따라 승진하기 때문에 개인의 역량이나 능력, 그리고 자기가 수행하는 직무와 상관없이 승진이 이루어진다(김진수·하재룡·김승언, 2012). 그러므로 승진이 인적자원행정의 중요한 도구 중 하나임에도 불구하고 직원들의 직무 동기를 유발하지 못한다. 따라서 우수한 역량을 가진 인재의 불만이 커지고 이직 가능성이 높다. 특히 연공에 의한 승진은 집단 중심의 서열을 형성하여 위계적인 조직문화를 만들어 직무성과를 떨어뜨릴 수 있다.

(b) 역량(competency)

두 번째 승진 기준은 역량이다. 개인이 가지고 있는 역량에 따라 승진하는 것이다. 즉, 승진은 직무의 난이도와 책임도가 높은 직위로 이동하는 것이기 때문에 해당 직무를 수행할 수 있는 역량이 무엇보다도 중요하다. 이와 같이 승진은 해당 직무를 수행할 수 있는 전문행정가를 선택하는 과정이다. 따라서 집단 응집력이나 조직에 대한 충성도보다 개인의 역량이 중요한 기준이 된다.

역량에 의한 승진의 경우, 승진 후 수행 직무와 개인의 역량을 연계함으로써 직무성과를 높일 수 있다는 장점이 있다. 역량이 뛰어난 후보자가 승진할 경우, 승진 결정에 대한 수용도도 높다. 조직 내에서 우수한 인재를 존중하고 확보함으로써 개인별 역량개발 의지와 노력을 강화할 수 있다. 하지만 승진의 기준이 되는 역량의 개념과 범위는 물론, 이를 측정하는 기준과 방법에 대한 논란이 야기될 수 있다. 실제 승진 직위에 필요한 역량을 잘못 규정할 경우, 승진 탈락자의 불만과 저항이 많아진다. 실제 개인의 역량과 성과와의 관계를 증명하기도 어렵다. 즉 개인이 가지고 있는 역량이 뛰어나더라도 이를 실현하려는 직무의지가 낮을 경우, 직무성과가 높아지기 어렵다.

(c) 성과(performance)

세 번째 가능한 승진 기준은 성과이다. 직무성과가 높은 사람이 승진해야 한다는 논리이다. 고성과자를 승진시키는 것은 두 가지 의미를 갖고 있다. 첫째는 조직에 대한 기여도이다. 조직성과에 기여한 사람이 승진해야 한다는 것이다. 이 경우 승진은 보상의 의미가 있다. 승진은 성과가 높은 사람에 대한 사후적 보상의 성격이 있다. 둘째는 앞으로 맡게 되는 차상위 직위의 성공적인 수행 가능성을 현재의 성과를 기준으로 판단하는 것이다. 역량은 잠재능력으로 실현된 성과가 아니기 때문에 성과가 높은 사람을 곧 역량이 있는 것으로 판단하는 것이다. 즉, 직위분류제 하에서는 동일한 전문분야의 성과는 차상위 직위의 성공적인 수행 가능성을 담보

표 10-1 승진기준 : 연공 · 역량 · 성과

구분	연공	역량	성과
인적자원행정 모형	계급제 · 관료형	직위분류제 · 인재형	직위분류제 · 몰입형
핵심 가치	조직 충성도	개인적 역량	조직 기여도
대상 직종	일반행정가	전문행정가	전문행정가
승진 세부 기준	근무년수 · 경력 · 연령	직무역량(관리 · 도덕)	산출 · 업적 · 성과
인사환경	가족 · 집단주의 종신고용제 운명공동체	개인주의(역량) 중기고용제 이익공동체	개인주의(성과) 단기고용제 이익공동체
장점	조직몰입 · 충성도 향상 객관적 승진 기준 가능 안정성과 예측 가능성	직무와 역량의 연계 합리적인 기준 적용 우수인재 확보 용이	직무성과와 역량 중심 인사 합리적인 기준 적용 우수 인재 확보 용이
단점	직무성과와 역량 괴리 젊은 우수 인재 사기저하 집단 중심의 연공서열 형성	역량의 개념과 범위 모호 역량 측정 기준 · 방법 논란 역량과 성과와의 관계 의문	성과 측정 관리 시간과 비용 객관도 확보 곤란 개인 상호간 경쟁 심화

하는 것으로 해석된다.

두 경우 모두 주로 직위분류제 하에서 해당 직무를 잘 수행하여 결과물을 산출해낸 전문행정가를 승진 대상으로 한다. 이때 승진 대상이 개인이고, 성과도 개별적으로 산출되므로 성과 중심의 승진 운영은 개인주의적 성향이 강하다. 또한 실질적인 성과를 낸 사람을 승진시키기 때문에 재직자들의 업무 의욕을 고취시킬 수 있고, 승진 대상자들의 수용 가능성도 높다. 누구나 열심히 노력하여 성과를 내면 승진할 수 있다는 인식이 확산될 수 있다.

하지만 성과를 기준으로 승진 대상자를 선정할 경우 현재의 직위에서는 성과가 높을지라도 새로운 차상위 직위에서도 높은 성과를 낼 것인지는 알 수 없다. 해당 직위가 요구하는 역량을 제대로 갖추고 있지 못할 수도 있기 때문이다. 뿐만 아니라 개인별 성과를 측정하는 명확하고 객관적인 기준과 내용을 제시하기 어렵고, 성과를 측정하고 평가하는 데 상당한 시간과 노력이 필요하다. 특히 승진을 위한 개인 상호간의 지나친 경쟁이 유발될 우려가 있다.

(d) 연공 · 역량 · 성과의 절충

일반적으로 승진의 세 가지 기준 중 하나만을 활용하는 경우는 드물다. 특히 조직문화와 인사제도가 상치되는 현실에서는 다양한 절충 방안이 고려될 수밖에

없다. 엄격한 계급제 시스템 하에서 승진 기준을 연공만으로 할 수 없고, 철저한 직위분류제 하에서도 연공을 무시하기 어려운 경우가 많다(박천오, 2012). 계급제를 택하고 있는 국가의 경우, 승진을 포함한 인적자원 관리과정 전반에 연공서열을 중요한 기준으로 활용하는 경우가 많다(박종민, 2020). 즉 승진은 물론, 인적자원 선발 과정에서 연령 중시, 연공서열에 의한 교육훈련, 호봉제 보수, 장기근속수당 지급, 퇴직 연령 또는 경력의 중시 등이다.

따라서 인적자원관리의 전반적인 과정이 연공서열에 따라 이루어지는 조직문화에서 승진 기준으로 성과와 역량 수준을 어떻게 반영해 나갈지 단계적으로 검토하는 것이 필요하다. 즉 조직의 장기적이고 전략적인 목표와 방향에 따라 승진의 명확한 기준을 결정하되, 단기적으로는 다양한 절충안이 도출될 수 있다. 이러한 방법으로 다음 세 가지를 생각해 볼 수 있다.

첫째, 연공은 승진에 적용하고, 성과나 역량은 보수에 적용하는 방안이다. 계급제와 직위분류제의 절충 방안에서도 논의했듯이 직급 승진과 직무성과에 대한 보상을 분리하는 것이다. 즉 계급제를 완화하기 위하여 연공에 따라 승진을 시키되 승진으로 인한 보수 증가를 최소화하는 방안이다. 승진의 가치와 의미보다는 직위의 중요성을 강조하는 것이다. 일반적으로 보수보다는 승진을 중요시하는 조직문화에서 이를 적용하는 방안을 검토할 수 있다. 형식적인 승진과 실질적인 보상을 차별화해 승진 대상자의 일부를 연공에 의하여 승진시키되 중요 보직에 배정하지 않는 것이다. 반면 연공은 매우 짧더라도 역량이 뛰어난 사람을 중요 보직에 앉혀 조직성과를 높이도록 한다. 그러나 이는 조직 내 중요한 동기부여 수단으로서 승진의 의미를 약화시킴으로써 효과적인 조직관리에 지장을 초래할 수 있다. 또한 승진과 보수의 상대적 가치에 따라 승진 대상자 선정 결과에 대한 실제 직원들의 수용 가능성이 낮아질 수 있다는 단점이 있다.

둘째, 연공은 하위직에 적용하고, 실적은 상위직에 적용하는 방안이다. 승진의 기준을 직급별로 달리하는 것이다. 하위직의 경우, 비교적 단순하고 반복적인 직무가 많고 상대적으로 장기간 근무를 했기 때문에 연공이 승진의 중요한 기준이 될 수 있다. 반면 상위직의 경우, 조직성과에 대한 책임이 상대적으로 크고 직무수행에 높은 수준의 역량이 필요한 만큼 성과와 역량을 승진의 기준으로 삼는 것이다. 하지만 이렇게 할 경우, 조직 내 다수를 이루는 하위직의 경우 역량이나 성과보다는 연공에 의하여 운영된다는 비판이 있을 수 있고, 상위직 관리자의 입장에서는 조직성과 향상을 위한 부서 내 직원들에 대한 관리 및 동기부여에 한계가 있을 수 있다.

셋째, 상하 간의 직급과 직위를 통합하는 방안이다. 동일한 직급에 상이한 직위를 부여할 수 있고, 동일한 직위에 상이한 직급이 보직될 수 있도록 하는 것이다. 즉 계급제를 직위분류제로 전환하는 방식으로, 연공이나 성과보다 역량을 승진 기준으로 활용한다. 설령 계급제를 유지한다 하더라도 연공에 대한 개념과 의식을 변화시키는 것이다. 지금까지 연공은 연령과 근무기간을 의미했으나, 연공의 개념을 직무의 전문성을 의미하는 것으로 전환하는 것이다. 직무 역량과 경험을 승진의 중요한 기준으로 삼는 것으로, 승진의 기준을 정함에 있어서 승진 후 맡게 될 직위에 필요한 직무 역량과 직무 경험을 중시하는 방안이다. 이 경우 단순히 근무경력만이 아니라 해당 직무 수행 기간과 직무성과를 동시에 고려하게 된다. 이러한 방식은 전통적인 개념의 연공 의식을 낮추고, 넓은 의미의 성과와 역량 개념에 일부 연공적 요소를 포함함으로써 합리적인 인사운영을 도모할 수 있다. 다만 실제 의식 전환에 상당한 시일이 걸리고, 현실적으로 실제 승진 과정에서 연공을 실질적인 기준으로 활용하게 될 우려가 있다.

(나) 승진기준 2 : 직무역량·관리역량·도덕적 역량

일반적으로 승진은 낮은 직위에서 높은 직위로 이동하는 것이다. 따라서 승진의 목표와 이유는 승진 후 맡게 될 새로운 직위를 성공적으로 수행하는 데 있다. 이를 위해서는 해당 직위를 수행할 수 있는 역량을 갖추는 것이 무엇보다도 중요하다. 앞에서 논의한 것처럼 연공과 성과가 승진의 중요한 기준이 될 수 있지만, 이론적으로 승진의 기준은 역량이 되어야 한다. 해당 직위를 성공적으로 수행하는 것이 무엇보다도 중요하기 때문이다. 다만 해당 직위를 성공적으로 수행하기 위해 어떤 역량이 필요한지를 둘러싸고 논란이 많다. 앞 장에서 설명했듯이, 직무역량·관리역량·도덕적 역량 중 어떤 역량을 승진의 기준으로 하는 것이 바람직한가이다.

첫째는 직무역량에 의한 승진이다. 직무역량이 승진의 첫 번째 기준이 되어야 한다는 것이다. 해당 직위의 직무성과를 높이기 위해서는 해당 직위와 직무를 수행할 수 있는 전문지식과 기술을 가져야 하기 때문이다. 한마디로 일을 잘하는 사람을 승진시키는 것이다. 이와 같이 직무역량이 뛰어난 사람을 승진시키는 것이 가장 합리적이며, 승진 대상자나 탈락자의 수용도도 높다. 다만 직무역량의 세부 내용을 어떻게 구성하고 측정할 것인지에 대한 논란은 있다.

둘째, 관리역량에 의한 승진이다. 승진은 직무의 전문성도 필요하지만 기본적으로 책임성이 높아지는 것이다. 그런데 직무역량이 뛰어난 사람이 반드시 높은 책임감을 가진 것은 아니다. 조직 내 중간관리자 또는 고위관리자로서 직무를 수행해야 하기 때문에 실제 승진은 스스로 직무역량을 발휘하여 직무성과를 도출하기보다는 조직 목표 달성을 위하여 다양한 조직 구성원들을 이끌고 지원하는 조직 책임자로서의 역할이 매우 중요하다. 따라서 직위별로 관리역량의 수준은 차이가 있을 수 있을지라도 조직성과 향상을 위해 조직 구성원들을 일정한 방향으로 이끌어갈 수 있는 역량이 중요하다. 다만 승진 기준을 관리역량으로 할 경우, 계급제하의 일반행정가만을 양산할 수 있다는 우려가 있다.

셋째, 도덕적 역량에 의한 승진이다. 직무역량과 관리역량이 아무리 뛰어나도 도덕적 역량을 갖추지 못하면 조직성과가 무의미한 경우가 많다. 특히 공공부문의 경우, 도덕적 역량은 국민의 입장에서 보면 공직을 수행하는 기본 역량으로 가장 중요한 승진 기준이 될 수 있다. 따라서 직무역량과 관리역량이 약간 미흡하더라도 도덕적 역량이 뛰어난 사람이 승진해야 한다는 논리이다. 이는 직무수행 과정이나 조직관리 과정에서 우선적으로 고려해야 할 필수적인 요소이기 때문이다. 다만 도덕적 역량을 승진 기준으로 할 경우, 승진 후보자를 차별화하기 어렵다는 문제가 있다. 대부분 특별한 부정이나 부패가 없는 경우가 많고, 실제 도덕적 역량을 차별화하여 승진 기준으로 적용하기가 어렵기 때문이다. 뿐만 아니라 도덕적 역량만 갖추고 직무역량이 부족할 경우, 높은 직무성과를 기대하기 곤란하다.

이와 같이 직무역량과 관리역량, 도덕적 역량 중 어느 하나만을 승진 기준으로 삼기는 곤란하다. 직무역량은 직무수행 및 직무성과 향상을 위하여, 관리역량은 조직 목표의 효과적인 달성을 위하여, 그리고 도덕적 역량은 윤리적인 공직 수행을 위하여 반드시 필요한 기본 요건들이기 때문이다. 세 가지 역량 상호간의 상대적 중요성은 조직의 성격과 기능, 역할, 그리고 승진자가 맡게 될 직위와 직무의 특성에 따라 달라지게 된다. 구체적인 직위 또는 직급별로 세 가지 역량의 상대적 비중을 부여하는 방법이 있을 것이고, 도덕적 역량을 우선적 요건으로 하고 직무역량과 관리역량의 세부 내용에 직위별 가중치를 부여하여 활용하는 방법도 있을 것이다. 직무나 직위에 따라 필요역량이 달라질 수도 있다. 국제협력관, 예산심의관, 감사관, 지방기관장, 정보화 심의관, 장관 비서관, 청와대 경제수석 등 직위가 다양한 만큼 다양한 승진 기준이 적용될 수 있을 것이다.

표 10-2 승진기준 2 : 직무역량 · 관리역량 · 도덕적 역량

구분	직무역량	관리역량	도덕적 역량
핵심 가치	전문성 · 창의성	책임성	도덕성
역량 요소	전문지식 · 기술 등	리더십 · 조직관리 등	청렴도 · 성실성 등
중점 대상	개인 역량	집단 역량	개인 역량
핵심 주체	개인(인사 대상자)	조직(인사 책임자)	국민(인사 감시자)
직무와 사람	직무 중심	사람+직무 중심	사람 중심

(3) 승진 방법

승진 방법에는 여러 가지가 있다. 대표적인 구분이 시험승진과 심사승진이다. 이러한 방법은 승진의 기준과도 관련된다. 시험승진은 역량을 중시하는 방법이고 심사승진은 성과를 중시하는 방법이라 할 수 있다.

필기시험을 통한 승진은 승진의 기준이 명확하고 승진 후보자 상호간에 객관적인 비교가 가능하다. 따라서 승진 과정에서 정실이 개입할 여지가 작고 승진 탈락자의 수용성도 높은 편이다. 하지만 승진 후보자들이 시험 준비에만 몰두하느라 업무를 소홀히 할 수 있고, 기존의 근무경험이나 성실성, 그리고 조직에 대한 기여도 등을 반영하기 어렵다는 한계가 있다.

심사에 의한 승진은 조직에 대한 기여도, 즉 성과를 측정 · 심사하여 반영하는 방법이다. 심사에 의한 승진은 직무성과를 기준으로 승진이 이루어지기 때문에 승진 과정에서 직원들의 직무 동기를 높일 수 있다. 아울러 승진 후보자들이 승진을 위한 별도의 준비 등 부담 없이 직무에 전념하게 할 수 있다. 하지만 심사승진은 조직 내부에서 이루어지기 때문에 단순히 연공에 의하여 이루어질 우려가 있고, 정실주의를 배제하기 어려우며, 주관적 심사와 결정으로 승진 후보자의 수용도가 낮을 수 있다.

이와 같은 두 가지 방법의 중간 형태로서 역량평가에 의한 승진이 있다. 승진 후보자들의 준비 부담을 줄이고, 승진 과정의 객관성과 수용도를 높일 수 있는 방법이다. 이는 직위의 수직적 상승이라는 승진의 원래적 의미에도 부합된다는 장점이 있다. 다만, 역량에 의한 승진은 성과의 반영이 미약하다는 약점이 있다.

이처럼 승진 방법은 승진 기준과 연계되어 있다. 따라서 승진 기준을 어떻게 하느냐에 따라 승진 방법이 달라진다, 즉 승진 방법의 선택은 근속이나 성과 등의 경력을 우선할 것인지 또는 역량을 우선할 것인지, 부처 내부로 한정할 것인지 또

는 부처 내부로 한정할 것인지, 어떤 역량을 승진 기준으로 할 것인지 등에 따라 결정된다 할 것이다.

소니(SONY)의 승진제도

소니 쇠퇴의 원인으로 조직적인 문제를 거론하지 않을 수 없다. 가장 영향이 큰 것은 승진 시스템이다. 소니에서 승진은 연차가 크게 좌우한다. 소니의 직급을 간단히 설명하면, 급여 기준이 되는 직능 랭크와 사내 위치를 의미하는 직위 랭크라는 것이 있다. 만일 직능 랭크가 부장이라면 직위 랭크가 과장이어서 과장의 업무를 수행해도 부장급의 월급을 받을 수 있다. 반면 조직 내 직급이 과장이라도 직능 랭크가 계장이라면 계장의 월급을 받게 된다.

이러한 기이한 현상이 존재하는 이유는 연차 때문이다. 과장이나 계장이라는 특정 랭크에 필요한 햇수만큼 근무하지 않은 이상, 아무리 실력이 있어도 상위로 진급할 수 없는 시스템이다. 성과주의를 표방한 의미를 유명무실하게 만드는 것이다.

최근 들어 이러한 연차 규정은 다소 완화되고 있지만, 최근까지도 평사원의 직능 랭크가 S1, S2, S3, S4, S5, 계장대리, 계장의 7개 등급으로 나뉘어져 있고, 입사에서 계장이 되기까지 최단 7년 이상이 걸린다. 또 계장에서 과장이 되기까지 '계장 재임기간 00년'이라는 연차 규정도 엄연히 존재한다. 한마디로 소니는 세상 사람들의 생각처럼 실력에 의해 승진하는 회사가 아니라 연차에 의해 승진이 결정되는 회사다. 이는 전통적인 연공서열제와 별로 다를 것 없는 승진제도다.

상위 랭크에는 상위 랭크 나름의 특전이 있다. 평사원은 해외출장시 비행기는 이코노미석을 이용해야 하고 접대비 전혀 없다. 업무상 택시를 타게 되면 아주 특별한 경우에만 신청을 하고, 또 아주 운이 좋아야만 채택이 된다. 그러나 부장은 비행기는 비즈니스석을 사용하고 택시도 타고 싶은 만큼 탈 수 있다. 접대비도 개인적으로 쓸 수 있는 액수가 있다. 월급은 보통 연봉이 1300~1500만 엔 이상이고, 2000만 엔 가깝게 받는 사람도 있다. 평사원보다는 계장, 계장보다는 과장…. 위로 가면 갈수록 점점 대우가 좋아지며 부장급부터는 월등히 차이가 난다. 물론 부장급에 도달하려면 입사해서 적어도 15년 이상의 연차를 채워야만 한다. 외부에는 연공서열제가 아닌 듯 행세를 하면서 실제로는 연공서열제와 마찬가지다.

따라서 아무리 유능한 사람이라도 이처럼 긴 인고의 세월을 견뎌낸 뒤 얻은 대우에 집착하게 되고, 적극적으로 성과를 내기보다는 자리를 무사히 보전하려 노력하게 된다. 자기 의견을 피력하여 자칫 랭크가 떨어지거나 좌천이라도 되면 큰일이기 때문이다. 애사심과 정의감은 어딘가에 내버리고 상사에게 영합하는 태도로 일관하게 된다. 그러는 편이 훨씬 편하고 또 출세하기도 쉽다. 소니의 승진제도는 유능한 인재를 시간을 들여 바보로 만드는 결과를 낳고 있었다(미야자키 타쿠마, 2006. 『소니 침몰』, 북쇼컴퍼니, pp.117-118).

제 3 절 인적자원의 수평적 이동

인적자원의 수평적 이동은 동일한 직급 내에서 한 직위에서 다른 직위로 수평적으로 이동하는 것이다. 인사이동, 보직이동 또는 배치전환이라고 부른다. 조직 내 다양한 직위를 순환 이동한다는 뜻에서 순환보직으로 불리기도 한다. 이러한 조직 내 인적자원의 수평적 이동은 높은 직위로 이동하는 승진과는 달리 동일 직급 내 보수의 변동 없는 직위 간 이동이다. 동일한 직급일 경우 다른 직무로 이동하여 직무를 담당할 수 있다는 전제가 깔려 있기 때문에 직위분류제보다는 계급제에서 주로 논의된다. 직위분류제에서는 전문행정가를 전제로 직무의 종류와 유형이 다르기 때문에 인적자원의 직위 이동이 많지 않다. 반대로 계급제에서는 동일한 직급을 가진 사람에게 조직 내 다른 직무를 부여하더라도 그 직무를 수행할 수 있다고 전제한다. 일반행정가를 상정하는 것이다. 수평적 인사이동 방식으로는 전직, 전보, 겸임, 파견, 인사교류, 전출입 등 다양하다. 여기에서는 인적자원의 수평적 이동 중 계급제 하의 순환보직에 대하여 살펴보기로 한다.

1. 수평적 이동의 긍정적 측면

동일 직급 내 수평적인 보직이동을 하는 것은 다음과 같은 이유 때문이다. 첫째, 적재적소의 배치를 위해 필요하다(오석홍, 2016). 개인의 능력과 적성이 해당 직위에 맞지 않은 경우, 이에 상응하는 직위로 이동시켜 주는 것이다. 둘째, 직무에 대한 피로감을 방지할 수 있다. 동일한 직무를 장기간 수행할 경우 새로운 아이디어 창출이나 업무 쇄신을 기대하기 어렵다. 셋째, 부패를 방지할 수 있다. 동일한 직위에 장기간 근무할 경우 이해관계자들과의 유착으로 부패가 유발될 수 있다. 넷째, 다양한 업무 경험을 통하여 관리역량이 강화될 수 있다. 일반행정가로서 조직관리 능력을 개발하고 거시적인 안목을 가질 수 있다.

수평적 이동은 이동의 빈도와 직무기간이 중요한 과제가 된다. 이는 기관의 규모와 특성, 업무 유형과 성격, 부패 위험성, 그리고 조직환경의 변화 정도 등에 따라 다르다. 전문성이 높은 분야인 경우 상대적으로 장기간 근무하도록 한 반면, 전문성이 낮은 분야는 상대적으로 짧은 직무기간을 둔다. 부패 위험도가 높은 업무는 장기간의 근무를 억제하고 이동 빈도를 높게 하는 반면, 부패 위험도가 낮은 업무는 상대적으로 장기간 근무를 권장하고 이동 빈도를 낮게 한다. 이밖에도 조직 규모나 환경에 따라 적정한 순환보직 기간을 결정할 필요가 있다.

2. 수평적 이동의 문제점과 한계

수평적 직위 이동은 여러 가지 장점에도 불구하고 인사운영 과정에서 문제점이 지적된다. 무엇보다도 먼저, 직위 이동을 위한 명확한 근거나 기준을 찾기 어렵다. 적재적소에 인원을 배치한다는 명분과는 달리, 실제 보직 이동 과정에서 개인이 지닌 직무역량은 고려하지 않는 경우가 많다. 따라서 개인이 보유한 직무역량과 아주 동떨어진 직위 이동이 발생할 수 있다. 현실적으로 적용되는 직위 이동기준은 1) 현재의 직위에서 몇 년 동안 근무했는지, 2) 해당 직급에서 어느 정도 경력이 있는지, 즉 승진이 얼마나 남았는지, 그리고 3) 상위직과의 관계가 원만하게 유지될 수 있는지 등 직무역량 이외의 것이 많다. 이에 따라 인사권자의 자의적이고 임의적인 인사 활용 수단이 된다(임도빈·유민봉, 2019). 또한 인사이동 시기도 불분명한 경우가 많다.

둘째, 계급제 하에서는 직위 이동 자체를 승진으로 인식하는 경향이 있다. 직위 이동 단계의 하나하나가 승진을 향한 이동이 된다. 모든 직위는 동일한 직급이라 하더라도 승진 가능성을 기준으로 계급이 암묵적으로 부여되어 있다. 따라서 승진 서열에 따라 주요 보직이 결정된다. 이와 같이 수평적 직위 이동은 사실상 수직적 성격의 승진 개념으로 인식된다.

셋째, 승진과 반대로 징계의 수단 또는 징계를 피하기 위한 수단이 된다. 직무의 특성이나 개인의 역량과 관계없이 직위 이동에 대한 수직적 사고가 고정되어 있어 수직적 서열이 낮은 직위로의 수평적 이동은 일종의 징계로 인식된다. 일반적으로 좌천, 전보조치, 지방근무, 소속기관 배치 등은 징벌적 인사조치에 해당한다. 인사권자는 수평적 보직이동을 중요한 인사권의 하나로 인식하고, 이를 조직을 통제하는 수단으로 활용한다. 그 때문에 신분이 보장되어 있는 직업공무원제도 하에서도 사임을 강요하는 수단으로 활용되기도 한다. 특히 파견, 교육, 해외전출 등은 징계를 피하기 위한 수단으로 활용된다.

넷째, 배치이동의 기준이 명확하지 않은 상태에서 청탁과 정실에 의해 이동 직위가 결정되는 경향이 있다. 전보 경쟁이 심화될 경우, 소위 '힘 있는 직위' 또는 '승진이 용이한 직위'로 이동하기 위하여 지연·학연·혈연 등 정실 인사에 의존할 우려가 크다. 조직 구성원의 실질적인 인사 불만은 잘못된 인사 이동에 기인하는 경우가 많다.

3. 수평적 이동의 개선

계급제 하에서 수평적 직위 이동의 문제점을 어떻게 해결할 수 있을까? 현실적으로 계급제를 폐지하지 않는 한 수평적 직위 이동은 불가피하다. 왜냐하면 일반 행정가 중심의 계급제 하에서 동일 직급의 다양한 업무를 수행한 후, 차상위 직급으로 이동하기 때문이다. 직위분류제로 전환하지 않는 한 수평적 직위 이동은 불가피하다고 할 수 있다. 따라서 계급제를 유지하는 한, 앞에서 지적한 수평적 직위 이동의 장점을 살리는 방향으로 개선할 필요가 있다.

첫째, 직위 이동의 기준을 역량과 성과 중심으로 운영하는 것이다. 명확한 기준을 가지고 운영해야 자의적인 인사이동을 줄일 수 있기 때문이다. 가장 최선의 방안은 직무분석과 직무평가를 통하여 필요한 직무역량을 조사하고, 해당 역량과 현재의 직위가 맞지 않는 경우 역량에 상응하는 직위로 이동하는 것이다. 직무역량 기준이 명확하지 않을 경우, 차선책으로 성과측정 및 평가를 통한 실적평가제를 도입하거나 다면평가 등을 통하여 해당 직위에 적합한 후보자를 선정하는 것이 중요하다. 이러한 수평적 이동의 기준은 해당 직위의 특성을 감안하여 직무역량, 관리역량, 그리고 도덕적 역량을 적절히 배분하는 것이다.

둘째, 인사이동의 투명성과 공정성을 높이는 것이다. 이를 위해 개인별 희망 지역, 희망 부서, 희망 직위를 사전에 제출받아 이를 활용한다. 인사이동의 기준을 명확히 사전에 제시하고, 이에 따라 절차와 과정을 투명하게 운영하는 것이다. 특히 부처 내외의 직위공모제를 통해 적합한 인재를 발굴하는 것도 투명성을 확보하는 중요한 방법 중 하나이다. 인사이동 과정과 절차를 투명하게 하는 것이 공정성을 담보하는 중요한 요건이 될 수 있다.

셋째, 인사이동의 예측가능성을 높여야 한다. 인사이동이 인사권자에 의하여 즉시적이고 자의적으로 이루어질 경우 인사 대상자들의 물리적·심리적 불안이나 불편을 가중시킨다. 특히 지역 간 이동이나 해외 이동, 그리고 기관장의 이동은 반드시 3개월이나 6개월, 또는 1년 전에 미리 선정하여 발표하는 것이 좋다. 새로운 직무와 환경에 적응하는 데 시간이 필요하기 때문이다.

넷째, 인사이동을 위한 최소한의 근무기간을 정하는 것이다. 일정한 근무기간에는 전보 제한을 시행한다. 법령의 규정에 의거해 한 직위에 근무하는 기간을 최소 1년이나 2년 또는 3년 등으로 명확하게 통제하는 방식이다. 이는 빈번한 인사이동을 억제함으로써 직무수행의 안정성과 예측가능성을 확보할 수 있다는 장점이 있다. 반면 불필요한 절차와 규제로 인하여 인사운영의 탄력성과 유연성이 줄어들 수 있다.

다섯째, 장기적으로 경력개발제도를 도입하는 방안이다. 후술하는 바와 같이, 본인의 역량과 전문성을 기반으로 장기적인 경력개발계획을 세워 시행하는 방안이다. 즉, 개인별로 중장기적 직위 이동 경로를 설정하는 것이다. 이를 통해 직위 이동 경로를 미리 기획하고 예측할 수 있기 때문에 개인의 역량개발과 직위 이동을 연계할 수 있다. 이는 직무의 종류와 유형에 따라 성공적인 경력관리 방안을 마련할 수 있다는 점에서 긍정적이다. 이러한 경력개발제도는 수평적·수직적 이동의 중장기적 경로를 설정하는 것으로 상세한 내용은 다음 절에서 별도로 설명하기로 한다.

제4절 경력개발

1. 경력개발의 의의

인적자원의 수직적·수평적 직위 이동의 기준이 다양하고 자의적으로 이루어지는 단점을 보완하기 위하여 인적자원의 이동 계획을 수립할 필요가 있다. 이는 조직의 발전만이 아니고 개인의 성공을 위해서도 필요한 과정이다. 경력개발(career development)은 조직 구성원들의 직업 생애 기간에 수직적·수평적 직위의 중장기적 이동 경로를 체계적으로 설계하는 인적자원 관리과정이다(Russell, 1991 ; Clark, 2013). 이는 조직 구성원과의 상담과 협력을 통하여 직위 이동 경로를 탐색·기획·조정하는 것이다. 여기에서 경력은 개인이 직장생활을 영위하면서 겪게 되는 동일한 또는 상이한 일의 경험, 일에 대한 전문성 또는 장기간 수행한 일에 대한 과정을 의미한다(이진규, 2009). 즉, 직업과 관련하여 시간에 따른 경험의 정도를 말한다. 이러한 경력을 보다 효과적이고 효율적으로 관리하는 과정이 다름 아닌 경력개발이다.

경력개발은 조직의 목표와 개인의 목표를 상호 일치시키는 과정이다(Russell, 1991). 일반적으로 경력개발은 개인의 경력 목표를 설정하고 이를 달성하기 위한 계획을 수립하여 각 개인의 경력을 개발하는 활동이다(김귀영, 2010). 또한 개인의 일과 삶의 과정에서 추구하는 목표를 향해 끊임없이 계획을 세우고 추구해 나가는 과정이다(McDonald & Hite, 2005). 하지만, 조직의 입장에서 보면 조직의 목표와 미래에 적합한 개인의 경력을 설계하는 과정인 셈이다. 이를 통하여 개인은 조직과 직무에 몰입할 수 있고, 조직은 보다 높은 목표와 성과를 거둘 수 있다.

따라서 경력 목표를 정하는 것이 매우 중요하다. 이는 조직과 개인이 나아갈 방향이자 지향점이기 때문이다. 명확한 경력 목표에 도달하기 위해 수평적·수직적 직위 이동의 경로가 설계된다. 이를 경력경로(career path)라 한다. 경력경로는 직종이나 직렬에 따라 이동 가능 영역을 설정하고, 그 범위 안에서 전문성을 개발하고 활용하는 계획이다(Shein, 1976). 경력경로에 따라 개인은 물론 인적자원행정관의 역할과 책임이 정해진다. 즉 개인에게 현재 필요한 역량과 미래에 필요한 역량이 무엇이고, 이를 어떻게 개발할 것이며, 그리고 이를 위하여 현재 어떤 직위에 배치되는 것이 적정한가 등이 결정된다.

2. 경력개발계획

개인별 경력 목표와 경력경로가 설정되면 경력개발계획을 수립한다. 일반적으로 조직의 입장에서 경력개발계획은 배치계획(displacement plan)과 승계계획(succession plan)으로 구분된다(Noe, Hollenbeck, Gerhart & Wright, 2020).

배치계획은 일반적으로 조직과 개인의 경력 목표를 고려하여 조직 구성원들의 직위를 미리 선정하여 준비하는 작업이다. 직종별 또는 직위별로 배치하는 기준을 만들고, 개인별로 장단기적 이동배치계획을 수립하는 것이다. 이는 인적자원의 이동을 보다 계획적이고 전략적으로 하기 위한 것이다. 이를 통하여 조직 구성원들은 안정적으로 현재의 직무에 매진할 수 있을 뿐만 아니라 직위 이동의 전문성과 예측가능성을 높인다.

승계계획은 직무의 책임도가 높은 고위직, 특히 기관장을 승계할 수 있는 유능한 핵심 인재를 사전에 발굴하여 준비하는 작업이다. 핵심적인 직위에 적임자를 적시에 배치하기가 어렵기 때문이다. 따라서 기관장의 변화에도 불구하고 차질없이 직무를 수행할 수 있도록 기관장 직위를 승계할 수 있는 후보자를 탐색하는 과정이 필요하다. 조직의 목표와 핵심적인 사업이 무엇인지 직무분석과 평가가 사전에 정확히 이루어져야 함은 물론이다. 무엇보다 해당 직위를 수행할 수 있는 인재풀을 만들고, 이들 인재양성을 위한 전문적인 역량개발 프로그램을 개발하여 운영하는 것이 중요하다.

이러한 배치 및 승계 계획은 인적자원의 전문성과 효율성을 높일 뿐만 아니라 조직의 위기상황에 신속하게 대처할 수 있다는 장점이 있다. 또한 인적자원 이동의 예측가능성을 높일 수 있다. 아울러 배치 및 승계 계획에 따라 조직 구성원들의 역량개발 동기를 부여하고 경력을 발전시키도록 지원할 수 있다.

그러나 승계계획의 경우, 핵심 인재를 선정해 미리 배치하거나 승계자를 결정하는 과정에서 조직 구성원들 간에 이질감을 유발할 수 있다. 특히 평등이 강조되는 조직문화에서는 후보자풀이나 후보자 선정 기준과 방법에 대한 신뢰성을 확보하기 어렵다. 이에 따라 조직 구성원 전체의 사기를 떨어뜨릴 수도 있다. 또한 중장기적 배치 및 승계 계획의 경우 실행 비율이 낮아 형식화될 우려도 있고, 조직환경의 변화에도 불구하고 이를 반영하지 못하고 경직적으로 운영될 우려가 있다. 이러한 단점을 보완하기 위해서는 배치와 승계의 기준과 방법을 명확히 할 필요가 있다. 또한 승계계획의 경우 승계 후보자의 명단을 비공개로 하거나, 일부 직위에 한정하여 단계적으로 시행하는 방법, 또는 정기적 평가를 통하여 후보자풀을 변경하는 방법 등 다각적으로 검토할 필요가 있다.

3. 경력단계

경력개발계획상의 경력경로는 연령대별 경력 단계와 연계되어 있다. 조직 구성원 개인에게 직업 생애 주기의 설계는 인생의 직업 설계와 같기 때문이다(Shore & Nowack, 1996). 따라서 조직 내 경력경로를 설계할 때는 조직 구성원의 연령대별 직업 활동을 고려해야 한다. 일반적으로 연령대별 경력단계는 <그림 10-1>에서 보는 바와 같이 탐색 단계, 확립 단계, 유지 단계, 쇠퇴 단계로 구분된다(Shore & Nowack, 1996 ; Noe, Hollenbeck, Gerhart & Wright, 2020).

첫째, 탐색 단계이다. 보통 17세 이후 30세 이하의 시기이다. 사회에 존재하는 다양한 직업 중 자신에게 맞는 직업을 탐색하고 시작하는 단계이다. 아울러 자신의 직업 생애와 경력의 목표를 설정하고, 이에 따른 직업 경로를 탐색하는 것이다. 이 시기에는 직업 선택과 시작을 위한 다양한 역량개발이 이루어진다. 직장을 다니기 시작한 경우에는 자신에게 맞는 직위와 경로를 탐색하는 단계이다.

둘째, 확립 단계이다. 일반적으로 30세 이후 45세 정도까지의 시기이다. 경력의 성패 여부가 결정되는 중요한 시기이다. 직업생활을 본격적으로 시작하면서 자신의 경력 목표와 경로를 확립하는 단계이다. 따라서 전문적인 지식과 경험을 축적하고 전문성을 강화하기 위한 다양한 노력이 이루어진다. 특히 조직 내 중견으로 발돋움하면서 적극적인 조직 활동이 필요한 시기이다.

셋째, 유지 단계이다. 45세 이후 55세 정도에 이르는 시기이다. 직업생활 중 상당한 직위나 역할을 유지하면서 자기 역량을 최대한 발휘할 수 있는 시기이다. 확립 단계에서 축적된 경험과 지식, 그리고 노력에 따라 자기 경력의 성패가 좌우되는 시기이다. 직업을 유지하기 어려운 경우도 있고, 새로운 직업으로 전직하는 경우도 있다. 제2의 직업을 탐색하는 시기인 셈이다. 사회환경 변화에 신속하게 적응하고 성공적으로 경력을 유지하기 위해서는 끊임없는 자기변화 노력이 필요한 시기이다.

넷째, 쇠퇴 단계이다. 55세 이후 60대 퇴직 이전의 시기이다. 자신의 경력과 직업을 성공적으로 마무리하는 단계이다. 탐색 단계, 확립 단계, 그리고 유지 단계에서 축적된 경험과 지식을 최대한 활용하는 단계이다. 자신의 역할과 위치를 유지하기 위해서는 지속적인 학습이 필요하다. 아울러 그 이전 단계에 있는 사람들에게 자신의 지식과 경험을 설명하고 전수하는 단계이기도 한다.

그림 10-1 연령대별 경력개발 단계

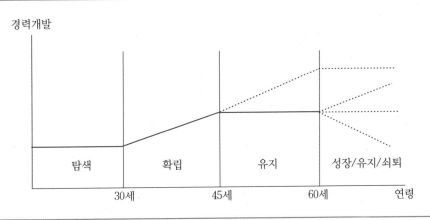

이와 같은 연령대별 경력 단계는 매우 일반적인 경우를 상정한 것이다. 이러한 경력 단계는 연령대와 상관없이 적용될 수 있다. 젊은 연령대가 탐색과 확립 단계에만 머물러 있지 않고, 조기에 유지 및 쇠퇴 단계에 이르는 사례도 많다. 또한 중년 이후의 연령대라 하더라도 탐색과 확립 단계에서 자기 역량개발에 투자하는 사례도 많다. 따라서 개인의 역량과 건강, 직업의 유형, 그리고 사회변화 양상 등에 따라 개인의 경력 단계는 다양하게 설계되고 적용될 수 있다.

4. 경력경로 유형

경력경로는 조직 생활에서 직무와 관련한 역할과 직위의 연속선을 말한다(Walker, 1976). 이는 경력의 발전이나 개인적 출세, 그리고 조직 내 위상이나 개인적 만족감 등과는 차이가 있다. 일반적으로 경력경로는 경력이 늘어남에 따라 단계적으로 전진함을 의미한다.

하지만 이러한 경로에는 1) 일정한 전문성을 가지고 정상적인 발전 경로를 담고 있어야 하고, 2) 직무 내용이나 우선순위, 조직 형태의 변화에 탄력적으로 대처할 수 있으며, 3) 개인별로 보상 정도가 포함되어야 한다. 또한 4) 미래의 경로상 직위에 상응하는 역량과 지식, 기술을 명확하게 규정해야 한다(Walker, 1976).

일반적인 연령대별 경력경로와 달리, 조직 구성원의 구체적인 경력경로는 직위별로 구분하여 설정한다. 공공조직에서 개인의 성공적인 경력관리를 위한 적정한 경력경로는 인적자원행정시스템에 따라 달라진다. 일반행정가 중심의 인적자원행정시스템에서는 조직 구성원에게 광범위한 지식과 경험을 쌓아 성공적인 관리자로 성장시키는 경로를 가지고 있는 반면, 전문행정가 중심의 인적자원행정시스템은 전문분야를 중심으로 전문적인 지식과 경험을 쌓아 전문행정가로 성장하게 하는 경로를 취한다. 이에 따라 조직은 물론 개인의 경력 목표와 경로도 달라진다.

이러한 기본 경로를 바탕으로 직업 생애 주기나 연령대별 역할과 지위 등을 고려하여 T자형, 역T자형, 工자형 등 몇 가지 형태의 표준화된 경력경로를 제시할 수 있다. 이들 모형은 개인의 경력경로로서 동적 의미를 가짐과 동시에 개인이 보유한 역량을 설명하는 인재 모형의 하나로 제시되고 있다(조철선, 2007).

(1) T자형 경력경로

T자형 경력경로는 직업 초기에는 전문적인 직무역량을 개발하고, 후기에는 일

반적인 관리역량을 개발하는 경로 모형이다. 즉 탐색 단계와 확립 단계에서는 전문행정가로서의 경력경로를 채택하고, 유지 단계 이후에는 일반행정가로서의 경력경로를 채택하는 것이다. 직장 초기에는 다양한 경험보다는 자기 전문분야에 대한 지식과 경험을 축적하는 것이 중요하기 때문이다. 직장 후기에는 승진 등을 통해 조직 내 핵심적인 역할을 담당하면서 전문행정가보다는 조직관리자로서 다양한 직위를 경험하는 것이다. 여기에서 조직 구성원은 궁극적으로 전문행정가(specialist)인 동시에 일반행정가(generalist)가 되어야 한다(조철선, 2007). 성공적인 경력관리를 위해서는 기술적인 전문성과 함께 전략적인 관리능력이 필요하기 때문이다. 일정한 경력을 쌓은 후에는 한 분야의 전문지식뿐만 아니라 다른 분야에 대한 기본적인 지식과 함께 업무수행 방식도 알고 있어야 한다는 논리이다. 규제·인사·금융·노동·예술·환율·세제·식품·무역·감사 등 전문행정 분야에 대한 깊이 있는 지식과 함께 리더십도 갖추고 다양한 분야의 지식과 경험은 물론, 인맥과 관리역량, 전략기획 능력, 그리고 폭넓게 바라보는 시야와 경영 마인드 등을 가져야 한다. 이러한 경력경로는 조직 내 중간관리자로 시작하여 고위직으로 승진하여 핵심적인 역할을 담당하는 경우에 해당한다.

(2) 역T자형 경력경로

역T자형 경력경로는 T자형 경력경로와는 반대이다. 직업 초기에는 다양한 지식과 경험을 축적하고, 후기에는 특정 분야의 전문적인 직무역량을 개발하는 경로 모형이다. 즉 탐색 단계와 확립 단계에서는 일반행정가로서의 경력경로를 채택하고, 유지 단계 이후에는 전문행정가로서의 경력경로를 채택하는 것이다. T자형과는 반대로 일반행정가로서 경력을 관리하다가 전문행정가로 성장하는 경력관리이다. 전문행정가가 실질적인 전문성을 발휘하기 위해서는 다양한 지식과 경험의 축적이 필요하고, 조직과 직무에 대한 포괄적인 이해가 선행되어야 한다는 논리이다. 다양한 분야의 직무를 경험한 이후에 특정 분야를 자기 전문분야로 선정하는 경로이다. 이러한 경력경로는 정부 조직 내 하위직(예 : 9급)으로 시작하여 중간관리자로 승진하여 퇴직하는 사례에 해당한다.

(3) 工자형 경력경로

工자형 경력경로는 T자형과 역T자형을 혼합한 모형이다. 직업 초기에는 일반행정가에서 중간관리자로 이동하면서 전문행정가로 성장하고, 후기에는 관리자로서 일반행정가로 관리하는 방식이다. 이 경력경로에 따르면, 먼저 중하위직에서 두루 경험을 갖춘 후 이를 토대로 중간관리직에 승진한 후 전문분야에 집중한다. 그리고 나서 상위직으로 승진한 경우 거시적이고 전략적인 사고나 판단이 필요하게 됨에 따라 일반행정가 중심의 직위 경로를 설정하는 것이다. 가장 이상적인 모형이기는 하지만, 일반행정가와 전문행정가 사이를 오감으로써 경력 목표의 혼란을 초래할 수 있다. 또 실제 직업 생애 주기 동안 이러한 반복적인 경력 목표의 변동이 가능할지도 의문이다. 이러한 경력경로는 정부 조직 내 중하위직(예 : 7급)으로 시작하여 중간관리자로 승진한 후 상위직 관리자로 성장하는 경우에 해당한다.

5. 경력개발의 문제점과 성공요건

(1) 문제점

앞에서 논의한 경력개발계획이나 경력경로 모형은 이상적인 미래 모형이다. 그러나 실제 이러한 계획과 모형에 따라 경력개발이 이루어지는 경우는 극히 드물다. 대부분 경력개발이 실제 성공적으로 운영되지 못하는 문제점을 살펴보면 다음과 같다(오석홍, 2022).

첫째는 비현실적인 경력 목표를 설정한다는 것이다. 조직의 목표보다는 조직 구성원 개인의 자기중심적 경력개발만 생각하는 경우가 많다. 예를 들면 경제부처 공무원들의 경우, 모든 구성원이 비슷한 경력경로를 희망하는 경우가 많다. 특히 중간관리자로 공직에 입문한 경우, 부처 수습→국제협력과→예산담당과→금융정책과장→대통령비서실 행정관→경제조정심의관→국제기구 파견→경제정책국장→예산실장→경제수석비서관→경제부처 차관→장관 등으로 경력경로를 설정하는 것이다. 이는 바람직한 경로이기는 하지만 대부분의 중간관리자가 동일한 경로를 계획하는 것은 물론이고, 조직 목표에 대한 고려보다는 다수가 원하는 직위를 중심으로 나열하는 경우가 많다.

둘째, 빠른 승진 경로 중심으로 계획하고 운영한다는 점이다. 앞의 경제부처 중간관리자 경력경로의 예에서 보듯이, 경력경로를 승진 경로와 동일시하고 가장 빠른 승진 경로를 중심으로 설계하는 경우가 많다. 즉 승진 가능성이 높은 핵심 과장 직위는 반드시 거쳐야 하는 경력경로로 자기의 전문성과 상관없이 경력경로에 포함하는 경향이 있다.

셋째, 경력관리를 자신이 기획하기보다 인사담당부서에 지나치게 의존하는 경향이 있다. 수평적·수직적 직위 이동은 결국 인사담당부서에서 결정하는 것이기 때문에 자신의 경력 목표나 경로의 결정과 기획은 무의미하다는 자포자기 의식이다. 실제 전통적인 인사행정에서는 이러한 인사행정부서의 권한과 통제로 인해 경력개발이 권위적이고 형식적으로 이루어진 경우가 많았다.

넷째, 경력상의 정체와 침체를 인정하지 않는 경향이 있다. 경력관리는 중장기적 관리과정이다. 전문적 지식과 경험을 쌓기 위해서는 한 직위에 장기간 근무하는 것이 필요하다. 하지만 대부분의 조직 구성원들은 아무리 전문성 향상을 위해 도움이 되더라도 승진 가능성이 없으면 경력관리에 도움이 되지 않는 것으로 판단하는 경향이 있다. 잦은 전보 이동으로 인하여 인사행정부서에서 계획적이고 전략적인 경력개발이 불가능하다는 불신이 팽배해 있기 때문이다.

이에 따라 대부분의 경력 목표와 경력경로는 서류상 형식적으로 운영되는 경우가 많다. 이로 인해 수평적 인사이동은 우리나라에서 Z형 또는 지그재그 형태를 띠게 된다. 특정 전문분야나 전문성이 고려되지 않고, 모두가 다양한 영역을 관장하는 일반행정가 중심으로 운영되기 때문이다. 특히 인사책임자가 수평적 이동을 단기적이고 자의적으로 운영할 경우, 개인 경력의 성장과 발전은 기대하기 어렵다.

(2) 경력개념의 변화와 성공요건

(가) 경력개념의 변화

인적자원행정에서 전략적 인적자본행정으로 이동하면서 경력의 개념과 경력개발 패러다임이 변화하고 있다.

첫째, 경력개발과 관련하여 조직과 개인 간의 관계가 변화하고 있다. 직무 중심에서 역량 중심의 인적자원행정으로 변화하면서 조직의 목표보다 개인의 목표가 강조되고 있다. 따라서 과거의 고용계약 관계에서는 조직 내부의 직무를 중심으로 전문성을 강조하는 경력개발이었으나 지금은 개인이 추구하는 목표를 달성하고 역량을 개발할 수 있도록 간접적으로 지원하는 경력개발제도로 변화하고 있다(김귀영, 2010).

둘째, 경력개발의 개념도 하나의 조직만이 아니고 다수의 조직을 전제로 한다. 전통적 경력 개념은 하나의 조직 혹은 매우 유사한 업무를 수행하는 한두 개의 조직환경을 가정했기 때문에(Henry, 2012). 경력개발의 목표는 하나의 직장이나 직업에 고용(employment)되는 것이었다. 그러나 조직 간의 경계가 약화되면서 개인의 역량에 따라 조직을 선택할 가능성이 높아졌다. 따라서 다수 조직을 전제로 장기적인 고용가능성(employability)이나 적응성(adaptability)이 강조되고 있다(McDonald & Hite, 2005).

셋째, 경력 성공의 의미도 조직 내에서 더 높은 연봉을 받거나 더 높은 자리로 승진하기보다는 개인 삶의 가치와 목표를 실현하는 방향으로 변화하고 있다. 단순히 물질적 부의 축적보다도 심리적이고 주관적인 성공으로 변화하고 있는 것이다 (McDonald et al., 2005 ; Nabi, 2003). 개인의 인생 목표를 중심으로 자기 정체성이나 삶의 만족이 직장에서의 가시적인 성공을 대체하고 있다(홍혜승·류은영, 2021).

넷째, 새로운 경력개발 모형이 연구되고 있다. 이에 따라 경력관리도 무경계 (boundaryless carreer), 프론티어 경력(frontier career), 무정형 경력(protean career), 또는 경력자본(career capital)과 같은 개인 중심의 경력개발 신개념이 사용되고 있다(Tams & Arthur, 2010 ; Hall & Moss, 1998 : Hall, 1996 ; DeFillippi and Arthur, 1996). 이들 용어들은 조직 간의 경계가 무너진 상황에서 탄력적으로 이동하면서 스스로 역량을 개발하고 다양한 분야를 경험하며 개인의 삶의 목표를 재조정해 나가는 축적된 경력과 능력을 말한다.

(나) 성공요건

경력개발 패러다임의 변화와 함께 경력개발의 현실적인 문제점을 해결하고 성공적으로 운영하기 위하여 다양한 방안이 제시될 수 있다. 하지만 단기적인 처방으로 모든 문제를 해결하기는 어렵다. 중장기적으로 전반적인 인적자원행정시스템의 변화가 필요하다. 또한 개인의 성공적인 경력개발을 위해서는 조직 구성원 개인은 물론, 인사행정부서와 인사책임자의 역할과 노력이 무엇보다도 중요하다 (Clark, 2013).

첫째, 조직 구성원의 자기 역량 개발 노력이 우선적으로 필요하다. 전문적인 역량 개발을 위한 노력과 함께 스스로 예측하고 준비하는 과정이 뒤따라야 한다. 직장생활의 성공과 직무에 대한 만족 여부는 단순한 승진이나 직위 상승보다 높은 전문성과 삶의 만족을 위한 경력경로를 찾아야 할 것이다.

둘째, 인사행정부서의 노력이 필요하다. 우선 경력개발은 직위 이동과 연계해 운영해야 한다. 경력 목표나 경력경로가 인력계획이나 직무분석 과정, 그리고 인적자원의 평가와 보상 등 인적자원의 전반적인 관리과정과 유기적으로 연계될 필요가 있다. 개인들의 고용가능성을 확장하고 삶의 만족을 지원하는 노력이 필요하다.

셋째, 인사책임자의 명확한 의지와 목표가 있어야 한다. 인사책임자는 조직 내 인사운영의 기준을 명확하게 제시하고 인적자원관리시스템을 전문가와 직무 중심으로 운영하려는 의지와 노력을 기울여야 한다. 전문적인 지식과 경험, 그리고 다양한 역량을 가진 경력자를 존중하는 인적자원행정이 필요하다.

학●습●포●인●트

- 수직적 이동과 수평적 이동
- 승진의 기준(연공·역량·성과)
- 경력개발의 개념
- 경력개발계획(배치계획·승계계획)
- T자형 경력 모형
- 工자형 경력 모형
- 경력개발의 문제점과 성공 요건

- 수평적 이동의 장단점
- 승진의 기준(직무역량, 관리역량, 도덕적 역량)
- 경력개발의 성공 요건
- 역T자형 경력 모형
- A자형 경력 모형

연●습●문●제

1. 인적자원의 수직적 이동과 수평적 이동의 의미를 설명하시오.
2. 승진 기준으로 연공·역량·성과 중 어느 기준이 바람직한지 자신의 의견을 제시하고, 자신이 선택하지 않은 다른 기준을 비판하시오.
3. 현재 우리나라 공직사회에서 승진 기준으로 가장 중점을 두어야 할 역량은 무엇인지 제시하고, 그 근거를 제시하시오.
4. 왜 경력개발이 필요한지 설명하시오.
5. T자형, 역T자형, 工자형 등 세 가지 경력관리 유형을 비교하여 설명하고, 공무원 경력관리에 대한 적용 가능성을 예를 들어 설명하시오.
6. 현재 우리 공직사회에서는 순환보직의 폐해가 많이 발생하고 있다. 이를 해결하기 위한 방안은 무엇인지 설명하시오.

토●의●사●례

<조직상황 및 배경>

　　금융기관에 대한 검사 및 감독 업무의 수행, 건전한 신용질서와 공정한 금융거래 관행을 확립해야 할 금융감독원에서 저축은행의 영업정지 전날 영업시간 마감 후 예금이 불법 인출된 사건과 저축은행의 부실 등 각종 현안을 수습해야 하는 금융감독원이 빠른 대처를 하지 못하고, 최근 고위직원 뇌물 사건이 터지면서 금융감독원의 조직역량에 관한 국민들의 불신이 커지고 있다. 이러한 문제의 실질적인 책임자로서 논란의 중심에 있는 현 저축은행감독국장이 사표를 제출하였다. 이에 따라 국장급 직위에 대한 승진인사가 필요하게 되었다. 금감원 내에서 근무하고 있는 승진후보자는 총 5명으로 이중 누구를 승진시킬 것인지 승진심사위원회가 개최되었다. 승진심사위원회는 원장을 위원장으로 하고, 부원장과 3명의 부원장보로 구성된 위원회로 실질적인 승진결정기구이다.

<금융감독원 조직도>

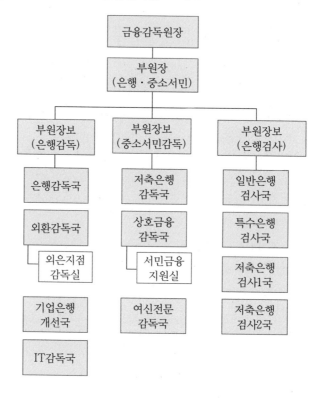

<저축은행감독국장 직무기술서>

직 무 명	저축은행감독국장	직무분류번호	1111
작 성 자	2022. 3. 1	작 성 자 명	최OO
부 서 명	저축은행감독국	관 리 인 원	35명
직 무 요 약	저축은행 감독 및 지원		
임무와 책임	저축은행 리스크 관리 저축은행 금융거래 표준약관 작성 저축은행 예금감독 및 예금자 보호 저축은행 검사 및 감독		
최소자격요건	3년 이상 관련 업무 수행한 자 국가공무원법 제33조에 따른 결격사유에 해당되지 않는 자		

<승진후보자별 인적사항>

	이병헌 (저축은행감독국)	하정우 (상호금융감독국)	강동원 (은행감독국)	이민정 (저축은행검사국)	고아라 (특수은행검사국)
근속년수	30년	19년	23년	15년	5년
근무성적	90점	95점	88점	94점	85점
임원교육	이수	이수	이수	이수	이수
최종학력	K전문대 금융학과(학사)	S대 경제학과(석사)	Y대 행정학과(학사)	E대 경영학과(학사)	미국 H대학원 경제학과(박사)
자격증	無	재무분석사 (CFA) 공인회계사 (CPA)	無	공인회계사 (CPA)	미 공인회계사 (AICPA) 신용위험분석사 (CRA)
경력	1993.4 은행감독원 6급 입사 2000.3, 5급 승진 금융감독원 조사장 2008.3 4급 승진 저축은행 감독지원팀장 2018. 4 3급승진 저축은행 감독지원실장	2004.3 은행감독원 5급 입사 2010.3 4급 승진 금융감독원 은행서비스총괄국 팀장 2019.4 3급 승진 금융감독원 서민금융지원실장	2000.5 은행감독원 5급 입사 2007.5 4급 승진 금융감독원 은행총괄팀장 2016.8 3급 승진 금융감독원 은행감독실장 2021. 1 올해의 공무원상 수상(청렴부문)	2008.3 금융감독원 5급 입사 2012.3 4급 승진 금융감독원 저축은행기획팀 2020.3 3급 승진 금융감독원 저축은행검사실장	2006.3 한국은행 입사 2009.12. 세계은행(IBRD) 파견 2011.12 금융위원회 금융서비스국 감독2팀장 2013. 7. 기획재정부 재정집행관리팀장 2020.9 금융감독원 특채 입사(3급)
출생연도	1965년(남)	1975년(남)	1971년(남)	1982년(여)	1978년(남)

<승진심사위원회 회의내용>

금융감독원장 : 이번 회의의 안건은 지난번 회의 때 선발한 5명 중 승진시킬 1명을 결정하는 것입니다. 위원님들은 각자 적임자라고 생각되는 후보자 한 명씩을 추천해 주십시오. 회의 후 가장 적합한 후보자를 승진시키고, 가급적 저축은행감독국장에 보직하도록 하고자 합니다.

중소서민감독 본부장 : 네, 저는 이병헌씨를 승진시켜야 한다고 생각합니다. 일단 이번 안건은 저축은행감독국장으로의 승진이므로 저축은행감독국장 밑에서 가장 오래 일을 해온 이병헌씨가 가장 적합하다고 봅니다. 그만큼 저축은행감독업무에 대해서 잘 이해하고 있는 사람은 없습니다. 또한 이병헌씨는 직무성과도 가장 좋고 직원들 사이에서 성실하고 바른 사람으로 정평이 나 있습니다. 그렇기 때문에 비리와 부패로 얼룩진 금감원의 이미지를 회복하기 위해서라도 이병헌씨를 국장으로 승진시켜야 한다고 생각합니다.

부원장 : 저는 이병헌씨보다는 하정우씨를 승진시켜야 한다고 생각합니다. 단순히 연공서열에 의한 승진은 여러 가지 부작용을 낳을 수밖에 없습니다. 예를 들면 뛰어난 능력을 지닌 후보가 연공서열로 인해 승진에서 누락된다면 근무의욕을 상실해 조직 전체 성과 달성에 문제가 발생하게 됩니다. 이병헌씨의 근무성적평가를 보면 90점으로 평균에 불과합니다. 현재 조직 상황을 감안했을 때 석사 출신의 근무성적이 뛰어난 하정우씨를 승진시켜 이러한 난국을 헤쳐 나가야 합니다.

은행감독본부장 : 저는 하정우씨가 그다지 적합하지 않은 후보라고 생각합니다. 비록 실적은 뛰어나지만 직원들을 다루는 능력이 부족하며, 기존 상호금융감독국의 부하직원들에게 지나치게 실적을 강조해 부하직원들의 스트레스가 이만저만이 아닙니다. 이는 집단의 결속력을 해칠 우려가 있습니다. 또한 지난 연말 음주운전 단속에 적발되어 조직의 명예를 실추시키는 등 책임자로서의 자질에 문제가 있습니다. 이에 반해 강동원씨는 최근에 실시된 설문조사에서 함께 일하고 싶은 상사 1위를 할 정도로 부하직원들과 관계가 원만하고 신임이 두텁다고 합니다. 때문에 저는 직원들을 잘 이끌 수 있는 강동원씨를 승진시켜야 한다고 생각합니다. 3급 승진도 가장 먼저 했구요.

부원장 : 제 생각은 좀 다른데요. 직원들과의 관계가 좋은 것이 우리 조직의 성과와 실적으로 이어지는 것은 아니라고 봅니다. 하정우씨가 속해 있는 상호금융감독국의 경우 그의 실적 덕분에 부서 내에 성과금도 주어졌고 부하직원들의 승진도 타부서에 비해 빨리 이루어졌던 것으로 알고 있습니다.

은행검사본부장 : 저는 다른 후보들보다 이민정씨가 저축은행감독국장으로 승진해야 한다고 생각합니다. 이민정씨는 저축은행검사국에서 근무하였기 때문에 저축은행 검사 및 감독에 관한 업무파악 능력을 갖추었으며 근무성적 또한 우수한 편입니다. 또한 강동원씨만큼 직원들의 평판 또한 좋습니다. 이처럼 자질을 두루 갖춘 이민정씨가 가장 적합하다고 생각합니다. 이제는 젊고 참신하고 역량 있는 사람을 승진시켜야 한다고 봅니다.

중소서민감독본부장 : 제 생각은 조금 다릅니다. 비록 이민정씨가 저축은행감독국과 유사한 직무를 수행해 왔더라도, 타 본부이기 때문에 저축은행감독국의 조직 내 분위기에 적응하는 데 쉽지 않을 것입니다. 또한 타 본부의 승진 진입이 허용될 경우 해당 본부 직원들의 사기를 저하시킬 수 있어 팀워크가 깨질 수 있습니다. 따라서 저축은행감독

국에서 오랫동안 근무한 이병헌씨가 가장 적합하다고 생각합니다.

은행검사본부장 : 현재 우리 조직의 실추된 이미지를 회복시키기 위해서는 좀 더 파격적인 개혁이 필요합니다. 이민정씨가 적합한 후보로 생각하지만, 얼마 전 경력직으로 입사한 고아라씨가 어떤가도 생각됩니다. 기존의 오래 근무한 내부 인사보다는 IBRD 파견, 금융위 금융서비스국, 기획재정부 등 금융에 관한 전방위적인 외부 경험이 풍부한 고아라 후보를 승진시키면 금감원의 변화하려는 모습을 보여줄 수 있지 않을까 생각합니다.

📖 토의과제

1. 5명의 승진후보자 중 어떤 후보자를 승진시키는 것이 바람직하다고 생각하는지 자신의 의견을 제시하시오.
2. 승진 결정을 위한 승진의 기준과 그 우선순위를 제시하시오.
3. 자신의 결정에서 가장 영향을 크게 미친 요소를 설명하고, 자신의 그러한 결정을 비판하시오.

💡 참고문헌

김귀영, 2010. 「지방공무원 경력개발제도 도입방안 연구-이론 및 사례 검토를 통한 함의를 중심으로」, 한국행정학회 하계학술발표논문집, pp.1-23.

김진수 · 하재룡 · 김승언, 2012. 「공무원 근속승진제도에 대한 고찰 : 공무원의 인식을 중심으로」, 『한국인사행정학회보』 11(1), pp.87-110.

로렌스 피터, 레이몬드 헐, 2009. 『피터의 원리』, 21세기북스.

미야자키 타쿠마(김경철 옮김), 2007. 『소니 침몰 : 영광의 소니 마침내 붕괴하는가?』, 북쇼컴퍼니(B&S).

박인서, 2021. 「어느 50대 체육 교사의 승진과 상실」. 『교육문화연구』, 27(1), 245-264.

박종민, 2020. 「공무원 인사제도의 유형과 차이: OECD 국가들의 경우」. 『정부학연구』, 26(1), 75-101.

박천오, 2012. 「승진 영향 요인에 대한 한국 공무원의 인식 연구 : 중앙공무원과 지방공무원 간 인식 비교」, 『한국인사행정학회보』 11(2), pp.195-220.

신원동, 2007. 『삼성의 인재경영』, 청림출판.

안철수연구소 웹페이지 참조 http://www.ahnlab.com/company/site/recruit/ideal.jsp

오석홍, 2022. 『인사행정론』, 제9판, 박영사.

이진규, 2009. 『전략적 윤리적 인사관리』, 박영사.

임도빈 · 유민봉, 2019. 『인사행정론』, 박영사.

최무현, 2005, 「공무원 인사관리에 경력개발제도 도입의 문제점과 개선방향」, 『한국인사행정학회보』 4(2), pp.159-190.

최항순, 2010. 『현대인사행정』, 두남.

홍혜승·류은영, 2020. 「공무원의 경력장애요인 및 경력개발이 직무만족에 미치는 영향 : A 중앙부처 공무원을 대상으로」. 『한국인사행정학회보』, 19(2), 197-221.

DeFillippi, R. J., and Arthur, M. B. 1996. Boundaryless Contexts and Careers : A Competency-based Perspective. In M. B.Arthur, and D. M.Rousseau (Eds.), *The Boundaryless Career* (pp.116-131). New York : Oxford University Press

Hall, D.T. 1996. Protean Careers of the 21st Century, *Academy of Management Executive*, 10(4), pp.8-16.

Hall, D. T. and Moss, J. E. 1998, The New Protean Career Contract : Helping Organizations and Employees Adapt, *Organizational Dynamics*, 26, pp. 22-37.

McDonald, Kimberly S. and Hite, Linda M. 2005, "Reviving the Relevance of Career Development in Human Resource Development", *Human Resource Development Review*, 4(4), pp.418-439.

Noe, Hollenbeck, Gerhart & Wright, 2020. *Human Resource Management-Gaining a Competitive Advantage*, McGrew Hill.

Russell, J. E., 1991. Career Development Interventions in Organization, *Journal of Vocational Behavior*, 38.

Shein, E, 1976. Career Development : Theoretical and Practical Issues for Organizations, *Career Planning and Development*, Geneva : International Labour Office.

Shore, Jane E. and Nowack, Kenneth M., 1996. Focus on Your Own Career in Human Resource, *American Society for Training and Development International Conference*.

Tams, S., and Arthur, M. B. 2010. New Directions for Boundaryless Careers : Agency and Interdependence in a Changing World. *Journal of Organizational Behavior*, 31(5), pp.629-646.

제11장

인적자원의 역량개발

이 장에서는 인적자원의 역량개발에 대해 살펴본다. 개인이 가지는 역량이 직위에 필요한 역량보다 낮을 경우 수직적·수평적 이동보다는 개인의 역량을 개발하는 것이 과제이다. 지금까지 조직은 직무에 필요한 지식과 기술을 일방적으로 전달하는 교육훈련을 해왔으나 점차 쌍방향의 역량개발 방식으로 변화하고 있다. 이 장에서는 역량개발의 의의와 변화과정, 역량개발의 유용성과 한계, 역량진단 및 역량모델의 개발, 역량격차를 통한 역량수요의 진단, 그리고 역량개발 프로그램의 내용과 효과 평가에 관하여 학습한다.

경영자의 가장 중요한 역할은 인적자원을 개발하는 것이다.
경영자는 한 손에는 물뿌리개를, 다른 한 손에는 비료를 들고
꽃밭에서 꽃을 가꾸는 사람과 같다.　　　　　　　　　- 잭 웰치

제1절 역량개발의 의의와 변화

1. 역량개발의 필요성

인사행정이나 인적자원행정에서 인재관리나 인적자본행정으로 변화하고 있다 (Boselie & Thunnissen, 2017). 조직의 성과는 핵심역량을 가진 인적자본에 의해 좌우되고 있음에도 인적자본의 확보 경쟁이 심화되고, 인적자본의 위기가 증가하고 있다(Battaglio, 2020). 역량개발은 조직성과 향상에 필요한 개인들의 전문적 지식과 기술, 그리고 행태를 개발하는 과정이다. 일반적으로 역량개발은 개인이 가진 역량보다 직무에 필요한 역량이 높을 경우 이를 수정하고 보완하는 작업이다. 즉 조직의 입장에서 직무의 성공적 수행을 위한 활동이다. 앞 장에서 살펴본 바와 같이 사람이 가지고 있는 역량이 직무에 필요한 역량보다 높은 경우에는 수직적 상향이동, 즉 승진이 필요하고, 사람이 가지고 있는 역량과 직무에 필요한 역량이 맞지 않는 경우에는 해당 역량에 상응하는 다른 직위로의 이동이 필요하다.

하지만 인적자원의 수직적·수평적 이동에도 불구하고 여전히 사람이 가지고 있는 역량과 직무에 필요한 역량의 차이는 있게 마련이다. 수직적·수평적 이동은 직위 자체의 이동이기 때문에 역량 말고도 다양한 적응 과정이 필요하기 때문에 현재의 역량 수준을 높이기 위한 노력이 인적자원의 이동보다 더 효율적일 수 있다. 인적자원의 직위 이동보다는 성공적인 직위 수행에 필요한 다양한 역량을 개발하는 것이 중요한 과제가 아닐 수 없다.

직무수행에 필요한 역량을 개발하는 것은 단순히 현재의 역량 유형과 수준을 인정하기보다 미래의 역량 유형과 수준을 개발한다는 의미가 있다. 즉 조직의 입장에서 현재 직무의 성공적 수행만이 아니라 개인의 목표와 발전을 위한 중요한 인적자원 관리과정이다. 이처럼 직무 중심에서 역량 중심의 인적자원관리가 확산되면서 수시로 변화하는 직무를 수행하는 데 필요한 역량의 진단과 개발이 필요하게 되었다. 특히 시대 변화에 따라 직무 자체가 없어지거나 직무의 양과 질이 끊임없이 변화하는 상황에서는 역량 있는 인적자원의 확보와 함께 현재 인적자원의 역량개발이 무엇보다 중요한 과제이다(Schuler, 1998 ; Pfeffer, 2010). 우수한 역량을 가진 인재가 존재할 경우 새로운 직무와 직위를 창출할 수 있기 때문이다. 직무의 변화가 상대적으로 적은 공공부문에서도 점차 역량개발이 중요한 연구 과제가 되고 있다(최무현·조창현, 2008).

2. 역량개발의 개념과 변화

기본적으로 조직성과 향상을 위해 현재의 부족한 역량을 채우는 방법에는 역량을 갖춘 새로운 인력을 확보하는 방법과 기존 인력의 역량을 진단하고 개발하는 교육훈련 방법이 있다(Llorens, Klingner and Nalbandian, 2017). 지금까지 전통적 인사행정에서는 역량개발보다는 교육훈련의 개념을 사용하였다.

교육훈련은 지식·기술·태도의 변화를 촉진하는 계획적 활동이다(임도빈·유민봉, 2019). 훈련은 단기적으로 현재의 직무와 책임을 수행하기 위한 지식과 기술 학습 과정인 반면, 교육은 미래지향적으로 개인의 전반적인 업무능력을 향상시키기 위한 학습 과정이다(Llorens, Klingner and Nalbandian, 2017). 전자가 구체적인 지식과 기술을 습득하는 과정이라면, 후자는 여러 가지 상황에 대비하여 일반적인 태도와 능력을 배양하여 새로운 책무와 도전을 준비할 수 있도록 하는 과정이다. 교육은 조직의 발전과 함께 개인의 발전을 기할 수 있다는 점에서 훈련과 차이가 있다. 이와 같이 교육훈련은 교육의 개념과 훈련의 개념이 복합적으로 내포된 용어이다.

교육훈련은 교육자인 조직의 입장에서 사용하는 권위적·하향적 개념으로 인식되어 왔다. 그러나 <그림 11-1>에서 보는 바와 같이, 전통적 인사행정에서 인적자원행정으로의 개념적 변화에 따라 이제는 교육훈련을 받고 또 교육훈련을 필요

그림 11-1 인적자원 개발의 변천

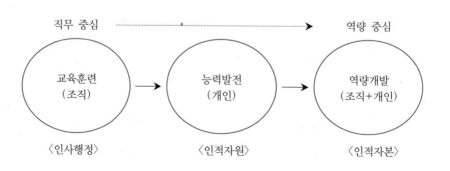

로 하는 피교육자, 또는 교육 수요자 입장이 강조되면서 인력개발(staff development) 또는 인적자원개발(human resource development)이라는 용어가 점점 더 많이 사용되고 있다(Llorens, Klingner and Nalbandian, 2017). 특히 교육훈련이 갖는 공급자적인 시각을 줄이기 위하여 '능력발전'이라는 용어가 활용되었다(오석홍, 2016). 하지만 이러한 용어 역시 조직 주도적인 교육훈련의 의미가 담겨 있기 때문에 최근에는 조직 내부의 계급이나 인력 중심에서 직무 중심의 인적자원관리의 확산과 함께 역량개발(competency development)이라는 보다 적극적인 개념을 사용하고 있다. <표 11-1>은 전통적 인사행정에서의 교육훈련과 전략적 인적자본행정에서 역량개발의 차이를 정리한 것이다.

지금까지의 교육훈련은 주로 후술하는 '훈련타당도'에 중점을 둔 반면, 인적자원의 역량개발은 '성과타당도'에 중점을 둔다. 즉 교육훈련이나 인력개발은 미래의 다양하고 복잡한 직무를 수행할 수 있도록 조직 구성원의 전반적인 능력과 태도를 향상시키는 반면, 역량개발은 조직성과의 향상을 위하여 직무수행에 필요한 전문적 지식과 행동적 특성을 개발하는 과정이다. 따라서 인력개발은 교육훈련을 포함하는 포괄적 개념으로 사용되는 경우가 많은 반면(이학종, 2006), 역량개발은 직무능력 향상과 개인 능력의 발전을 위한 통합적 역량을 개발하는 데 중점을 둔다. 이러한 인적자원의 역량개발은 역량 중심 또는 역량 기반의 교육훈련이라고 표현하기도 한다(권용수, 2006). 즉 조직이 필요로 하는 역량 요소를 설계하고 이를 근거로 조직 구성원의 개인별 역량을 체계적으로 진단하여 피드백한 후 부족한 역량을 보완하는 다양한 교육과정 및 교육지원 체계를 확립함으로써 교육훈련의 효과성을

표 11-1 교육훈련과 역량개발의 차이

구분	교육훈련	역량개발
배경	전통적 인사행정	전략적 인적자본행정
목적	개인의 지식과 기술 개발	사업성과의 증대
대상	필요한 지식과 기술	수행성과의 충족
방법	일방향(조직 중심)	쌍방향(개인 중심)
평가기준	훈련타당도 (직무기술 습득 정도)	성과타당도 (조직성과의 향상 정도)
목적 달성 방법	교육과정의 개발	다양한 학습지원

출처 : 윤여순(1998)을 수정 보완.

높이는 것이 주된 목적으로 조직이 필요로 하는 핵심 인재의 육성을 도모하는 동시에 개인의 성장 욕구를 적극적으로 충족시키는 교육훈련 체계이다(권용수, 2006).

3. 역량개발의 유용성과 한계

(1) 역량개발의 유용성

인적자원에 대한 역량개발은 공급자 중심의 교육훈련, 교육훈련과 조직성과 연결 부족, 다른 인사과정과의 체계적인 연계성 부족 등의 한계를 극복하기 위한 대안으로서 기존의 교육훈련과 비교할 때 몇 가지 유용성이 있다(이홍민·김종인, 2003 ; 권용수, 2006 ; 최무현·조창현, 2007 ; Dubois & Rothwell, 2004 ; Chyung, Stepich & Cox, 2006).

첫째, 역량개발은 조직 성과와의 관련성이 높다. 조직의 비전이나 전략과 연계된 역량모델 구축을 통해 단기적 교육이 아니라 조직과 개인의 목표를 위한 지식·기술·태도에 중점을 둔다. 앞에서 언급한 바와 같이 교육훈련은 '훈련타당도'에 중점을 둔 반면, 역량개발은 '성과타당도'에 중점을 둔다. 이러한 점에서 역량과 성과 중심의 교육훈련이라고 할 수 있다(Naquin & Holton, 2003).

둘째, 쌍방향의 학습방법을 활용한다. 전통적인 직무 중심의 교육훈련 체계는 피교육자들에게 직무명세서에 열거된 행태나 자격을 가르치고, 교육훈련의 설계과정에 피교육자들의 참여를 허용하지 않았다. 이에 반해 역량개발은 역량모델을 통해 피교육자 자신의 능력을 정확히 진단하고, 고성과자와의 격차(gap)를 줄이는 방안을 구체적으로 파악하여, 자신의 개발을 위해 주도적으로 학습하게 한다(최무현·조창현, 2007). 교육훈련이 관리자 지향의 학습인 반면 역량개발은 학습자 지향적 성격이 강하다(Cooper, 2000).

셋째, 역량개발은 조직의 발전과 개인의 성장을 동시에 목표로 한다. 조직은 코칭과 피드백을 위한 정보와 지침을 제공하고, 개인은 높은 성과를 낼 수 있는 역량을 개발하는 데 중점을 둔다. 경력관리의 차원에서도 누구에게 어떤 역량이 언제 필요한지, 상사의 입장에서 부하에게 어떤 직무를 어떤 방식으로 개발해야 하는가를 코칭하기 위한 유용한 정보를 제공한다(최무현·조창현, 2007).

(2) 한계

전통적인 인사행정에서의 교육훈련 체계는 전략적 인적자본행정에서의 역량개발로 변화하고 있다. 하지만 이러한 인적자원의 역량개발은 여러 가지 한계가 있음을 인식할 필요가 있다(Chyung, Stepich & Cox, 2006 ; 최무현 · 조창현, 2007).

첫째, 역량개발은 측정가능한 역량지표를 바탕으로 조직과 개인 상호간에 명확한 역량모델을 가정한다. 하지만 이는 인간 학습과정의 복잡한 특성을 반영하지 못하고 측정가능성을 중심으로 단순화될 가능성이 많다. 역량의 개념과 유형, 그리고 역량지표와 역량모델 등을 구체화하는 데 한계가 있고, 교육훈련이 갖는 직무기술이나 지식의 전달 기능을 경시하기 쉽다.

둘째, 역량개발은 전통적인 교육훈련에 비해 피교육자의 참여와 적극성을 유도하고 있음에도 불구하고 학습과 성과 산출을 측정하는 과정에서 표준화된 기준을 사용할 수밖에 없다. 따라서 해당 기준만을 잘 충족시키는 조직인(corporate android)을 양산할 수 있다(James, 2002).

셋째, 역량개발은 역량모델을 수립하는 데 많은 시간과 비용이 소요된다. 역량모델 수립 과정에서 다차원적 역량들이 도출되고 조합되어야 하고, 개별 역량들은 다른 역량과 체계적으로 연계되어야 한다. 따라서 이 과정에서 불필요한 형식과 절차에 집착할 우려가 있고, 개인별로 적절한 역량모델을 설정하는 데 많은 시간과 노력이 필요하다. 개인의 능력은 다양한 하위 요소로 구성되어 있고 개발 가능성도 각기 다르다는 점에서 역량을 포괄적이고 획일적으로 규정할 수 없기 때문이다(오현석, 2007).

제 **2** 절   역량진단과 역량모델

1. 역량진단의 의의

직무수행에 필요한 역량을 개발하기 위해서 가장 먼저 해야 할 일은 직무에 필요한 역량 자체를 파악하고 진단하는 것이다. 즉 직무에 필요한 역량이 무엇이고, 현재 부족한 역량이 무엇인지를 명확히 해야 한다. 이처럼 역량진단은 조직성과를 향상시키려면 조직 구성원에게 어떤 직무역량이 필요하고, 현재 어떤 직무역량을 갖추고 있으며, 그 격차는 어느 정도 되는가를 파악하는 것이다. 이를 위해서는 역량의 개념을 정확히 이해할 필요가 있다.

제3편에서 살펴본 바와 같이 역량은 우수한 조직성과에 영향을 미치는 조직 구성원들의 지식·기술·태도 및 행동 특성의 집합체라고 정의된다. 곧 기존의 '능력' 개념이 개인이 가지고 있는 자질이나 기술에 초점을 맞춘 것이라면, 역량은 조직 측면에서 조직의 성과 창출을 위한 지식과 태도, 그리고 행동을 포괄하는 의미가 있다. 따라서 단순한 기술이나 지식만을 측정하기보다 행동이나 동기, 태도 요소까지 포함할 필요가 있다.

이처럼 역량진단은 역량의 개념에 따라 종합적인 역량모델을 설정하는 작업이다. 즉 현재 직무에 필요한 역량과 개인의 가지고 있는 역량 간의 차이를 진단하는 것은 물론 더 나아가 전략적 차원에서 미래의 역량을 설계하는 작업이기도 하다. 이와 같이 역량모델을 설정하는 것은 역량개발 프로그램의 목표와 내용, 그리고 방향을 결정하는 중요한 과제라 할 수 있다.

2. 역량 도출방법

제8장에서 살펴본 것처럼, 직무역량을 도출하는 방법으로는 1) 직무역량평가방법(job competence assessment method), 2) 일반역량도출방법(generic model method), 3) 직무역량모델방법(job competency model method)이 있다(Dubois, 1993).

직무역량평가방법은 우수한 직무성과자와 평균 직무성과자를 대상으로 직무성과 특성에 관하여 인터뷰를 하거나 자기의 직무 특성을 스스로 기록하게 하는 방법이다. 일반역량도출방법은 일반적인 역량 메뉴를 도출하고 이중 직무역량에 대응시키는 방법이다. 직무역량모델방법은 미래의 조직과 직무를 예측하고 역량모델의 기초 정보를 수집하는 방법이다. 직무역량 평가방법은 준거집단을 주로 이용하는 반면, 일반역량도출방법은 전문가 패널을 적극 활용하고, 직무역량모델방법은 미래형 직무를 연구한다(Spencer & Spencer, 1993). 이러한 방법들을 시행하는 과정에서 역량 정보와 자료수집 방법으로는 <표 11-2>에서 보는 바와 같이 행동사건면접, 전문가 패널, 설문조사, 과업기능분석, 직접관찰 등 다양한 방법이 있다(전영욱·김진모, 2005 ; 최무현·조창현, 2007).

이와 같은 역량 도출 방법은 신뢰도 있는 정보를 직접 수집할 수 있고, 전문가적 경험과 지식을 활용할 수 있으며, 도출 방법에 따라 상당한 수준의 객관성을 확보할 수 있다는 점에서 긍정적인 측면이 많다. 하지만 많은 비용과 시간이 소요되고, 실제 자료수집 과정에서 기술적 객관성이나 타당도를 유지하기 곤란한 경우

표 11-2 역량 추출을 위한 자료수집 방법

측정 도구	적합한 상황	진행 방법	장점	단점
행동사건면접 (Behavior Event Interview)	심층적인 역량 정보를 추출할 경우, 훈련된 심리측정 전문가에게 적합	우수 집단과 열위 집단을 대상으로 사례를 간단히 설명하도록 한 후 주체통각검사(TAT)로 특성 요소 추출	심층적 정보 파악, 행위 알고리즘 파악, 편견 방지	시간과 비용 과다, 면접자 자질에 따라 차이 발생, 과업에 대한 정보 부족
전문가 패널법 (Expert Panels)	어느 정도 자세한 역량 정보 추출할 경우, 훈련된 직무 전문가 필요	직무별 우수 집단이나 관련 외부 전문가로 패널을 구성하여 직무별 역량 요소를 추출	방대한 역량 정보를 짧은 시간에 추출	참여자의 자질에 따른 편차 발생, 일반적 통념, 선입관 개입 가능
역량 설문법 (Competency Survey)	초기 개발된 역량 목록이 있는 경우, 전문가와 현업이 공동 수행	직무 유형별로 이미 개발된 역량에 대한 내용 타당성을 확인하기 위한 설문 실시	통계분석을 위한 자료를 신속하고 저렴하게 입수 가능, 다수 구성원 합의 도출에 유리	누락된 역량의 보완 곤란, 세부 정보 수집 곤란, 일반적 응답자의 대표성에 의문
중요사건기법 (Critical Incident Method)	직무의 주요 성과 요소 파악, 성과평가 기준 구성, 상사가 부하에 대해 추출할 때 유리	돌발·위기상황 발생시 대처 방식에 대해 조사	비일상적인 과업 및 행위 요소를 동시에 추출하기에 용이	시간과 비용 과다, 원자료 해석을 통해 의미를 부여하기 어려움(주관 개입)
업무분석 설문지법 (Positioning Analysis Questionnaire)	일반적 직무 요소의 추출, 직무분석 전문가, 수행자, 관리자 모두 필요	일반적 직무 요소에 대한 전문가, 수행자, 관리자가 평가 항목별로 공동 rating	광범위한 직무 분야에 대한 간략한 비교 자료 수집에 유리	직무에 대한 상세하고 고유한 특성 정보 파악 곤란
기능적 직무분석 (Functional Job Analysis)	수행 과업, 기능, 행동 등에 대한 상세한 목록 작성시 직무분석가 필요	직무별로 일정기간 동안 수행자의 행위 관찰, 기록, 질의응답을 통해 판단	광범위한 직무 유형과 내역을 종합적으로 도출하는 데 유리	직무분석자의 자질에 따라 차이 발생
과업-방법 분석법 (Work Methods Analysis)	안전, 건강, 보상 요소 파악, 산업공학 전문가 필요	관찰, 시간 기록, 행위 기록을 통해 과업 요소를 추출	과학적 과업 성과 기준을 수립하는 데 유리	생산직에 적합, 관리직에는 부적합, 개인 자질 파악 곤란
직무목록법 (Job Inventories and Checklists)	기존 직무 목록을 활용하고자 할 경우, 현업 수행 가능	미리 규명된 직무수행 요소를 목록 형태로 개발하여 배포, 중요도, 빈도, 난이도 등을 확인	광범위한 직무 분야에 관한 비교 자료, 신속·저렴한 수집 가능	Job Inventory의 사전 개발이 필요하여 시간·비용이 많이 들 수 있음
직접관찰법 (Direct Observation)	다른 방법의 보조적 수단, 직무분석 전문가 필요	과업을 수행하는 사람들을 직접 관찰함으로써 추출	단순·반복적 작업에 대한 상세한 조사 가능	지식 중심의 과업을 조사하기에는 부적합
면접법 (Interviewing)	다른 방법의 보조적 수단, 직무분석 전문가 필요	과업 관련 사항의 질의와 응답, 기록	직무별 심층자료 수집에 유리	시간 소요 과다

출처 : Spencer & Spencer(1993) ; 최무현·조창현(2007) 재인용.

가 많다는 단점이 있다.

따라서 역량진단 및 도출 방법은 면접 방식 등을 포함하고 있을지라도 전문가들의 독자적인 판단에 따라 직원들의 필요역량을 구성하고 모델을 설정하는 경우가 많다. 그러나 전문가들이 일방적으로 결정하는 방식은 상대적으로 주관적 판단에 의존함으로써 조직성과 향상을 위한 구성원의 필요역량을 왜곡할 수 있고, 전체 조직 구성원들의 의견을 반영하는 데도 한계가 있음을 인식할 필요가 있다(이창길, 2008).

3. 역량모델의 개발

적극적 의미의 역량모델 개발은 직무를 성공적으로 수행하는 데 필요한 역량을 발굴하여 모형화하는 방법이다. 역량의 내용과 차원을 파악하는 과정이 역량분석 또는 역량진단이고, 그 결과 나타나는 역량들의 집합이 역량모델이다(박우성, 2002). 역량분석이 개인과 조직의 성과를 내는 데 필요한 역량을 파악해내는 체계적인 과정이라면, 역량모델은 역량진단과 분석을 통하여 최종적으로 도출된 결과물이다(박우성, 2002). 박우성(2002)은 역량모델 개발 과정을 6단계로 구분하여 다음과 같이 설명한다.

(1) 성과 판단의 준거 마련

먼저 우수 성과자와 평균 성과자를 판단할 수 있는 기준을 마련한다. 역량에 대한 정의 자체가 우수 성과자가 가지고 있는 내적 특질을 말하기 때문에 구체적인 내적 특질이 무엇인가에 대한 조사가 필요하다. 이를 위해서는 조직성과에 대한 명확한 정의가 전제되어야 함은 물론, 우수한 성과가 무엇인지 우선 명확히 할 필요가 있다. 다만 공공조직에서 성과가 명확하지 않기 때문에 필요역량도 명확하게 규정하기 곤란한 경우가 많다.

(2) 준거집단의 선정

다양한 평가 자료를 통하여 우수자 집단과 평균자 집단을 선정한다. 우수자 집단으로서 준거집단은 직군별 또는 직종별로 구분하여 선정할 수도 있다. 공공기관의 경우 민원부서·정책부서·집행부서 등 부서별 차별화도 가능하고, 또 일반행정·재정경제·교육·사회복지·전기기계·토목건축 등 직렬별로 준거집단을 선정할 수도 있다. 이에 대응하는 평균자 집단은 우수자 집단과 직무 유형과 특성이 유사한 직위로 선정한다. 이러한 집단의 선정은 성과평가 결과, 상관의 추천, 그리고 직원들의 의견을 종합하여 결정한다.

(3) 자료의 수집

우수 성과자들이 특정 직무상의 과제와 위기상황에서 어떻게 대응하는지 역량 관련 정보를 수집하는 작업이다. 이는 우수자 집단과의 면접을 통하여 어렵고 중요한 사건을 어떻게 처리했는지 파악하거나, 또는 과거에 성공했거나 실패한 사건에 대한 다양한 정보를 수집한다. 전문가 패널이나 설문조사, 그리고 기록물 검토 등이 그 예이다. 이를 위해 통상적으로 행동사건면접법이 활용된다.

(4) 역량모델의 개발

수집된 자료를 분석하여 우수자 집단과 평균자 집단 간에 차이가 나는 역량을 규명한다. 이 과정에서 평가자들에게 고도의 자료 분석력과 판단력이 요구되며, 평가자가 둘 이상일 경우에는 평가자 상호간의 신뢰도와 객관성을 유지하는 데 주의할 필요가 있다. 마지막으로 역량에 대한 정의와 역량의 정도를 기술하고 설명하는 행위양식 코드(behavioral codebook)를 작성한다.

(5) 역량모델의 검증 및 활용

검증은 새로운 준거집단을 구성하여 동일한 성과와 결과가 나오는지 확인하는 것이다. 또는 만들어진 역량모델을 적용하여 선발하고 훈련을 한 다음, 그 후에 이들이 우수한 성과를 나타내는지 검토하는 것이다. 타당성이 검증된 역량모델은 인적자원의 모집과 선발, 성과와 보상 관리, 승진과 교육훈련 등 다양한 영역에서 활용할 수 있다.

4. 역량격차의 도출

(1) 역량격차의 도출 과정

역량모델이 확정되면 현재의 역량을 파악하여 역량격차를 확인하는 작업이 중요하다. 역량격차는 역량모델의 개발 과정에서 확인할 수 있다. 역량모델의 도출은 해당 직위에서 업무를 수행하고 있는 재직자의 현재역량과 직무를 성공적으로 수행하기 위한 필요역량과의 격차를 확인하는 과정이이기 때문이다(이창길, 2008). 그러나 역량모델이 우수자 집단을 중심으로 하는 역량개발의 목표를 설정하는데 중점을 둔다면, 역량격차의 도출은 보다 현실적인 역량개발 수요를 진단하는 일에 중점을 둔다. 이와 같이 역량격차를 확인하는 작업은 우수자 집단의 역량모델을 현재의 역량 수준과 비교하여 성공적인 직무수행에 필요한 역량 유형과 그 우선순위를 측정하는 것이다. 역량 격차의 도출 과정을 요약 정리하면 다음과 같다(이창길, 2008).

역량격차 도출을 위한 첫 번째 작업은 필요역량을 파악하는 것이다. 필요역량은 위에서 설명한 역량모델의 개발을 통하여 도출될 수 있다. 이는 조직 전체에 필요한 공통역량을 파악하는 방법과 계층별, 직위별 또는 분야별로 파악하는 방법이 있다. 어느 경우이든 조직성과 향상을 위해 필요한 조직 구성원의 특성과 자질을 말한다. 이는 조직성과에 필요한 가장 이상적인 역량 유형과 수준으로, 조직성과를 위한 계층별 핵심역량을 형성하는 중요한 자료가 된다.

둘째, 현재의 역량수준을 측정해야 한다. 계층별 필요역량에 대한 현재의 역량수준을 측정하는 것이다. 역량의 우선순위가 높은 핵심역량이라 하더라도 현재의 역량 수준이 높으면 직접적인 역량교육의 필요성이 적다. 오히려 현재 수준이 낮은 역량에 대한 집중적인 관심과 노력이 필요하다.

마지막으로 역량격차를 파악한다. 이는 조직 구성원 개인들이 인지하는 필요역량의 순위와, 역량격차에 따른 역량 우선순위로 구분된다. 즉 필요역량의 우선순위와 역량격차의 우선순위가 결정된다.

(2) 역량 기대격차의 도출

역량모델의 설정이나 역량격차에 대한 진단은 직무 분야나 직무 계층 상호간의 기대역량을 기준으로 측정할 수 있다. 외부의 전문가 패널과 비교하여 내부 직원을 대상으로 기대역량을 조사하는 방식이다.

기대역량은 자기 계층 기대와 다른 계층 기대로 구분된다. 즉 자기 계층 스스로 자기 계층에 필요한 역량을 진단하고 역량모델을 구성하는 방법과 다른 계층이 자기 계층에 필요한 역량을 진단하고 역량모델을 구성하는 방법이다(이창길, 2008). 자기 계층 스스로 판단하는 필요역량이 점직자로서 가장 정확한 필요역량이 될 수 있는 반면, 계층적 주관성으로 필요역량이 왜곡될 소지가 있다. 따라서 다른 계층이 자기 계층의 필요역량을 제시함으로써 객관성을 높일 수 있다. 한 조직의 역량 내용과 수준을 결정하고 역량모델을 규명하기 위해서는 조직구 성원들의 상호 역량 기대가 중요한 역할을 한다.

상대 계층의 기대역량과 자기 계층의 기대역량 간의 격차는 역량 수요를 측정하는 중요한 지표로 활용될 수 있다. 이와 같이 기대역량의 격차는 자기 계층이 판단한 필요역량과 다른 계층이 판단한 필요역량의 차이를 말한다(이창길, 2008). 이러한 기대역량의 격차는 필요역량 순위와 현재역량 격차가 가지는 주관적 판단의 오류 가능성을 보완해 준다.

제 3 절 역량개발프로그램의 운영

1. 역량개발 수요의 유형

역량 수요는 역량의 유형에 따라 세 가지로 나눌 수 있다. 즉 직무역량 수요, 관리역량 수요, 그리고 도덕적 역량 수요이다. 이에 따라 인적자원행정가는 부족한 역량을 확인하고 이를 보완하기 위한 다양한 역량개발 프로그램을 개발할 필요가 있다.

(1) 직무역량 수요

직무역량 수요는 직무에 필요한 지식과 기술의 습득이나 행태와 동기의 변화에 대한 수요를 말한다. 이러한 직무기술과 지식은 새로운 직위가 주어질 경우와 현재의 직무역량 수준을 향상하기 위한 경우로 구분된다. 전자에는 승진, 신규 채용, 새로운 직위로의 전보, 이동, 민원부서의 대인관계 교육, 친절교육 등이 있고, 후자에는 업무프로세스, 민원, 인사 회계, 환경, 토지관리, 법제, 교통, 보건위생 등이 있다. 또한 새로운 전문기술·지식의 변화에 탄력적으로 대응할 수 있는 역량개발이 필요하다. 직무역량으로는 성취 능력, 기술적 능력, 분석적 사고, 개념적 사고 등과 함께 전문적 지식과 기술 등이 있다.

(2) 관리역량 수요

관리역량 수요는 조직을 관리하기 위한 조직 구성원의 행동이나 관계 변화에 대응하는 역량 수요이다. 현재 낮은 성과의 원인이 하부 직원들보다는 리더의 관리적 역량과 책임 때문인 경우의 수요이다(Dalia, Bradshaw & Lynn, 2001). 조직 활동에 필요한 인간관계 교육이나 관리자 교육, 동기부여와 리더십에 관한 이론과 실무에 대한 수요가 그것이다. 따라서 일반적으로 관리자를 대상으로 한다. 현재의 낮은 조직성과는 이러한 관리역량이 부족해 발생하는 경우가 많기 때문이다. 우리나라의 연구 사례에서도 관리자의 개인적 역량이 그의 지시 등에 대한 하급자들의 승복이나 지지 수준에 큰 영향을 미치는 것으로 나타나고 있다(박천오, 2009). 즉 관리역량이 부족할 경우 성과 목표 미달성, 사고 발생, 높은 이직률, 복잡한 업무처리, 처리 시한 미충족 등 직무성과 문제가 발생하기 쉽다. 뿐만 아니라 민주적 거버넌스 시대의 도래로 협력과 조정 등의 능력이 요구되면서 이에 대한 역량개발 수요가 중요한 과제가 되고 있다.

(3) 도덕적 역량 수요

도덕적 역량 수요는 공무원의 사적·공적 생활의 윤리적 측면을 강조한다. 넓은 의미에서의 직무 동기·태도·가치관의 변화를 포함한다. 사회적으로도 조직 차원에서도 도덕적 역량에 대한 수요를 지속적으로 파악하는 것이 필요하다. 도덕적 역량 교육은 청렴 교육은 물론 가치관과 태도 변화를 위한 변화교육, 혁신교육 등이 포함된다. 직급별 또는 개인별 청렴도 조사나 부패지수의 확인 등을 통해 도덕적 역량에 대한 수요를 파악할 수 있다.

2. 역량개발프로그램

(1) 역량개발의 장소 기준

조직과 개인의 역량 수요를 파악하고 예측한 경우, 이에 상응하는 역량개발 프로그램이 필요하다. 역량개발 프로그램은 장소나 방법에 따라 달라진다. 우선 장소에 따라 직장 내 프로그램과 직장 외 프로그램으로 나눌 수 있다. 여기에서는 주로 직무훈련을 중심으로 살펴본다.

(가) 직장 내 직무훈련(OJT)

직장 내 프로그램은 근무 중 또는 근무외 시간에 역량개발 프로그램을 운영하는 것이다. 직장 내 역량개발 프로그램의 특징은 직무수행 과정에서 코칭(coaching)

표 11-3 | OJT와 Off JT의 장단점 비교

구분	장점	단점
OJT	1. 훈련이 추상적이지 않고 실제적이다. 2. Off JT보다 실시하기 용이하다. 3. 훈련으로 학습 및 기술향상을 알 수 있으므로 구성원의 동기를 유발할 수 있다. 4. 상사나 동료 간의 이해와 협동정신을 강화·촉진시킨다. 5. 낮은 비용으로 가능하다. 6. 훈련을 하면서도 일을 할 수 있다. 7. 구성원의 습득도와 능력에 맞게 훈련할 수 있다.	1. 우수한 상관이 반드시 우수한 교관은 아니다. 2. 일과 훈련 모두 소홀히 할 가능성이 있다. 3. 많은 구성원을 한꺼번에 훈련시킬 수 없다. 4. 교육훈련의 내용과 수준을 통일시키기 곤란하다. 5. 전문적인 고도의 지식과 기능을 가르치기 힘들다.
Off JT	1. 현장의 업무수행과 관계없이 예정된 계획에 따라 실시할 수 있다. 2. 많은 종업원을 동시에 교육할 수 있다. 3. 전문적인 교관이 실시한다. 4. 교육생은 업무 부담에서 벗어나 훈련에 전념하므로 교육 효과가 높다.	1. 교육훈련 결과를 현장에서 바로 활용하기가 곤란하다. 2. 직무수행에 필요한 인력이 줄어든다. 즉, 부서에 남아 있는 종업원들의 업무 부담이 늘어난다. 3. 비용이 많이 든다.

출처 : 이재규·김성국·권중생, 1996. pp.302-303.

을 하는 것이다. 이러한 프로그램의 예로는 순환보직, 회의/토론/대담/포럼(conference, discussion), 실무수습(apprenticeship training), 인턴십(internship), 멘토링(mentoring) 등이 있다. 실무 과정에서 역량 교육을 한다는 점에서 실제 직무과정의 역량을 개발하기 쉽다. 현실에서는 팀제 구성 후 멘토링을 시행하는 형태로 이루어진다.

(나) 직장 외 직무훈련(Off-JT)

직장 외 프로그램에는 강의나 교육원에서의 교육과 같은 집단교육(formal courses), e-learning 등의 프로그램 학습, 각종 상황의 시뮬레이션과 역할연기(role playing), 감수성 훈련(sensitivity training), 해외 자율훈련 형태의 wilderness trips, 사례연구(case study), 오리엔테이션(orientation), 학위 취득이나 실습 등의 해외훈련이 있다. 직장 외의 개발은 역량개발 전문가의 계획에 따라 진행되므로 훈련의 효과가 높을 수 있다. 구체적인 장단점은 <표 11-3>과 같다.

(2) 역량개발의 방법 기준

교육방법 기준으로는 크게 강의 방식과 토론 방식, 필기자료 방식, 실행 및 환류 방법, 행동구성 방법과 기술적 방법으로 나눌 수 있다(Condrey, 2010). 역량개발 프로그램은 제8장에서 논의한 역량평가의 세부적인 방법들을 참고하기로 하고, 이에 더하여 주로 직무훈련과 관련한 방법을 살펴본다.

첫째, 강의 방식(lecture methods)에는 표준 강의, 팀 교육, 초빙 강사, 패널 강의, 학생 발표 등이 있다. 기존에 많이 하던 방식이다.

둘째, 토론 방식(discussion methods)은 질의응답, 대그룹 토의, 소그룹 토의, 사례연구, 논쟁, 컨퍼런스 등의 행태로 이루어지는 것을 말한다. 이 경우 토론의 활발한 진행과 참여가 중요하다.

셋째, 필기자료(print materials) 방식은 보조적인 참고도서, 훈련 매뉴얼, 프로그램 교육을 활용하는 것으로 비용은 적게 드나 교육효과를 장담하기 힘들다.

넷째, 실행 및 환류 방법(practice and feedback technique)은 노트 필기, 개인 훈련, 추가 질문, 개인 연습, 실연, 역할연기, 시뮬레이션, 설문조사 및 자기평가, 테스트, 현장방문 등으로 다양하게 이루어진다. 피교육자에게 일정한 역할을 부여하기 때문에 피드백이 용이하다.

다섯째, 행동구성 방법(behavior-shaping methods)은 코칭, 견습, 직무순환, 자기훈련, 상담 등을 말한다. 효과적이지만 대규모로 실시하기 힘들다는 단점이 있다.

여섯째, 기술적 방법(technology-based techniques)은 오디오테이프, 슬라이드, 비디오테이프, 영화, 컴퓨터 훈련, 광디스크 기술을 활용하는 것을 말한다.

제 4 절 역량개발프로그램의 효과평가

1. 효과평가기준

역량개발프로그램은 일반적인 교육훈련과 마찬가지로 실제 역량이나 성과에 어떤 효과를 가져왔는지 평가하는 것이 중요하다. 역량개발 프로그램의 효과 평가 역시 일반적인 교육훈련 프로그램과 같이, 반응·학습·행동·결과 및 비용효과성 다섯 가지 기준이 적용될 수 있다(Kirkpatric, 1994 ; Llorens, Klingner and Nalbandian, 2017).

첫째, 반응(reaction)이다. 역량개발프로그램을 좋아하는지, 만족하는지 등에 대한 프로그램 참가자들의 반응이다. 프로그램에 대한 인상과 느낌, 소감 등 전반적인 만족도를 포함한다. 일반적으로 이는 주로 설문지 등을 통해 통상 프로그램 참가자를 대상으로 프로그램 종료 직전에 조사하지만, 프로그램의 실질적 효과와 성공적인 완료를 위해서는 프로그램 중간 또는 프로그램 종료 후 일정기간이 지나서도 실시할 수 있다.

둘째, 학습(learning)이다. 프로그램을 통하여 무엇을 얼마나 배웠는지에 대한 평가이다. 직무역량 프로그램의 경우 직무와 관련된 지식·기술은 물론 태도와 동기, 행동에 관한 지식과 기술을 얼마나 습득하였는지, 관리역량 프로그램의 경우는 리더십·의사소통·인간관계능력 등이 얼마나 향상되었는지 그 효과를 분석하는 것이다. 이는 성과타당도보다는 훈련타당도와 관련성이 있다.

셋째, 행동(behavior)이다. 이는 프로그램을 통하여 직무 행동이 얼마나 변화했는지에 대한 평가이다. 개인의 역량 변화가 과연 프로그램으로 인한 것인지, 아니면 자연적으로 변화한 것인지 구분할 필요가 있다. 학습은 이루어졌다고 하더라도 행동 변화가 뒤따르지 않는 프로그램은 효과가 있다고 할 수 없다.

넷째, 결과(results)이다. 실제 역량개발 프로그램을 마친 직원들이 조직의 목표와 성과를 얼마나 향상시켰는지에 대한 평가이다. 프로그램의 최종 목표와 성과에 대한 도달 여부 및 정도를 말한다. 직무역량이나 관리역량의 개발만이 아니라 조직성과에 영향을 미친 정도를 말한다. 이는 훈련타당도보다는 성과타당도와 관련이 있다.

다섯째, 비용효과성(cost effectiveness)이다. 이것은 프로그램의 내용적 측면보다는 관리적 측면에서 비용과 효과를 비교분석하는 것이다. 과연 적은 비용으로 최대의 교육효과를 보았는지 살피는 것이다. 역량개발 비용은 현재의 조직 생존을 위한 필수 비용이라기보다는 미래 발전을 위한 투자 비용이므로 감축 대상이 되기 쉽다. 따라서 보다 전략적이고 효과적인 예산 활용이 필요하다. 따라서 적은 비용으로 보다 많은 사람들을 대상으로 하는, 보다 수준 높은 역량개발 프로그램을 운영하는 것이 필요하다.

2. 효과평가의 타당도

역량개발프로그램은 역량평가 프로그램이 목적했던 역량의 증대를 가져왔는지, 그리고 역량의 변화가 성과의 향상을 가져왔는지 평가해야 한다. 교육훈련에서 일반적으로 전자를 훈련타당도, 후자를 성과타당도라고 한다. 이러한 구분은 역량개발프로그램에도 동일하게 적용될 수 있을 것이다.

그림 11-2 훈련타당도와 성과타당도

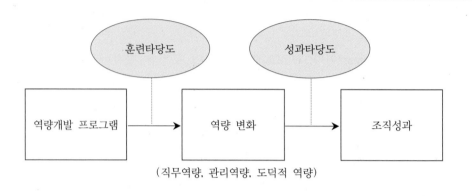

(직무역량, 관리역량, 도덕적 역량)

먼저 훈련타당도는 내적 변화를 나타내는 것으로 프로그램으로 인한 역량의 변화 정도를 의미한다. 대개 시험·설문·관찰 등 프로그램 효과를 측정할 수 있으며, 프로그램 참가자의 지식이나 태도·행동 등 일정한 변화를 가져왔는지에 대하여 평가한다.

반면 성과타당도는 외적 변화를 나타내는 것으로 역량의 변화가 조직이 원래 얻고자 했던 조직성과의 향상에 얼마나 영향을 미쳤는지를 의미한다. 이는 내적 변화로서 역량의 변화가 조직성과로 이어지는 과정을 측정하는 것이다. 이러한 성과타당도는 역량개발 프로그램의 목표에 따라 차이가 있으나, 일반적으로 직무성과와 관련된 지표, 즉 국민만족도·정책성공률·관리효율성 등을 통해 측정할 수 있다.

제 5 절 인공지능 시대의 미래인재와 역량개발

1. 미래의 인재유형과 역량

미래 인재유형에 대한 논의가 활발하다. 미래정부에 필요한 인재상이 무엇인지, 미래인재에게 필요한 역량이 무엇인지, 그리고 미재인재 역량을 어떻게 개발할 것인가에 대한 문제이다. 미래학자 다니엘 핑크는 디자인, 스토리, 감성, 공감,

놀이, 의미 등 여섯 가지의 핵심요소를 강조한다(Pink, 2005).

안철수연구소는 A자형 인재모형을 제시한다. A자형 인재 모형은 전문성 중심의 직무역량과 인성 중심의 도덕적 역량에 추가적으로 팀워크를 중심으로 하는 관계역량의 필요성을 강조한 모형이다. 현대사회의 전문화와 정보화, 그리고 세계화에 따라 직무의 성공적인 수행을 위해서는 개인 상호간 관계와 협력의 중요성이 증가하고 있다. 이러한 역량으로 전반적인 의사소통 능력, 다른 분야에 대한 상식과 포용력, 커뮤니케이션, 긍정적 사고방식, 평생교육, 끊임없는 자기발전 노력 등이 필요하다 이처럼 A자형 인재는 전문성과 더불어 인성을 가진 개인 상호간의 협력을 강조하는 관계역량을 강조하는 모형이다.

특히 인공지능 시대의 인재모형은 기존 역량유형과 다른 새로운 접근이 필요하다. 즉 미래 인공지능이 육체노동과 대부분의 정신노동까지 대체할 수 있는 상황에서 인간은 인공지능이 가지지 못하는 역량을 가져야 한다(박우성·양재완, 2020). 인사혁신처(2017 : 253-256)에 의하면, 인공지능 시대에 필요한 미래 인재상은 다음 4가지로 제시된다.

첫째, 길잡이형(pathfinder type) 인재이다. 정형적이고 현상유지적인 사고방식과 행태를 벗어나 불확실하고 급변하는 환경에 대해 유연하게 대응하고 비전을 제시하며 모험과 변화를 선도해 나가는 인재를 말한다. 둘째, 융합·협업형(H-letter

A자형 인재 모형

전문성
각자 맡은 직무의 전문지식뿐만 아니라 다섯 가지 역량을 고루 갖추고 반복적으로 행동할 때 비로소 전문가라고 부릅니다.

인성
개인 소양은 타고나는 것이 아닌 끊임없이 자기 통제와 노력을 통한 마음자세입니다.

팀워크
전문성과 인성을 갖춘 인재는 스스로 성장하기보다 조직과 함께 성장하고 기여하는 데서 큰 행복을 느낍니다.

– 출처: 안철수연구소 웹페이지

type) 인재이다. 고유의 전문영역을 갖고 있으면서, 동시에 다른 전문영역과 혹은 다른 전문가와의 연결 막대를 통해 연결함으로써 H자 지식체계나 사고력을 갖춘 인재를 말한다. 셋째, 창조적 정보조합형(lego type) 인재이다. 여러 정보와 지식을 조합, 편집, 결합함으로써 지금까지 없었던 새로운 것을 만들어 내거나 해결할 수 있는 인재를 말한다. 넷째, 감성적 교감형(renaissance type) 인재이다. 기계가 대체할 수 없는 창의력, 감수성, 사색능력 등 인간 본영의 능력과 공직자로서의 소망을 정책과 행정서비스에 담아낼 수 있는 인재를 말한다.

2. 미래인재의 역량개발

인공지능 시대의 역량개발 방식은 다르다(인사혁신처, 2017 : 281-283). 첫째, 현재의 집체식과 강의식 교육훈련은 가상·증강현실 기술을 통한 체험식 역량개발로 변화할 것이다. 현실과 가상을 혼합한 형태의 시뮬레이션이 확대될 것이다. 사례연구, 역할연기, 현장실습, 참여토론 등과 연계하여 운영될 수 있다. 이에 따라 지식 공유와 공감을 통해 방향을 제시해주고 문제해결 및 현장대응 역량을 강화하는 교육이 확산될 것이다. 둘째, 인공지능, 로봇, 드론 등 자동화 및 무인기술을 활용활용할 수 있는 역량 개발이 중요해질 것이다. 실제 현장에서 활용할 수 있는 능력을 배양하는 것이다. 이에 대한 기초적인 지식이나 이해 수준을 향상하기 위한 다양한 역량개발 프로그램이 필요하다.

고위직 공무원의 기본적인 필요역량은, 제8장에서 서술한 바와 같이, 사고역량, 업무역량, 관계역량으로 구분할 수 있다. 경제개발협력기구(OECD)는 미래인재로서 고위공무원의 필요한 역량 유형 15가지를 보다 구체적으로 제시하고 있다. 즉, (1) 비전과 전략 개발, (2) 성과 달성, (3) 공공가치와 청렴성, (4) 네트워킹과 협력, (5) 의사전달과 소통, (6) 직원/인력 개발, (7) 혁신, (8) 직원 참여, (9) 변화관리, (10) 증거 기반 분석과 조언, (11) 디지털 역량, (12) 다양성과 포용, (13) 위기관리, (14) 복원력, (15) 감성지능 등이다(OECD, 2021a)

특히 인적자본관리 또는 인재관리(Talent Management)의 활성화를 위한 13가지의 세부적인 정책 도구를 제시하고 있다(OECD, 2021b : 31-32). 공공인재 개발을 위한 인사정책을 말한다. 첫째, 역량진단과 검사이다. 조직 간 또는 조직 내의 핵심역량 격차를 심층 진단하고 조사하는 방법이다. 둘째, 외부와의 인재 교류가 필요하다. 외부 인재의 단기적인 채용을 통한 상호 교류를 활발하게 운영할 필요가 있다. 셋째, 신속채용 제도의 활용이다. 대학졸업생 또는 전문가 중에 탁월한 인재 후보자의 경우 신속하게 채용하여 활용할 수 있다. 넷째, 인재 풀(POOL)의 구성이다. 디지털 기술이나 관리역량이 우수한 인재를 예비후보군으로 미리 확보해두어야 한다. 다섯째, 인재 데이터베이스의 구축이다. 특정 기술 전문가, 우수 성과자, 프로젝트 관리자 등을 탑재한 인재플랫폼을 구축하는 것이다. 여섯째, 최고 성과자에 대한 특별 관리이다. 최고성과자를 대상으로 전문역량 개발과정 등 활용하여 미래지도자로 양성하는 것이다. 일곱째, 정부 내 인재 교류의 활성화이다. 국가 인재의 균형적 배분을 위해 부처 간 또는 기관 간 인재 교류 프로그램의 운영하는 것이다. 여덟째, 순환보직의 활용이다. 인재 개발을 위해 다양한 분야 경험을 축적하기 위한 단기적인 교류의 활성화가 필요하다. 아홉째, 경력자와 초임자 간의 멘토링이다. 인재 개발을 위한 경험을 공유하고 조언하는 것이다. 역멘토링도 가능한 모델이 될 수 있다. 열 번째, 우수 성과자에 대한 신속 승진이다. 강한 성과관리 시스템을 구축하여 인재 관리의 민첩성과 탄력성을 강화하는 것이다. 열한 번째, 인재 매트릭스를 구성하는 것이다. 개인 성과(상·중·하)와 잠재역량(상·중·하)의 매트릭스를 통해 9가지 유형의 인재관리 전략을 마련하는 것이다. 열두 번째, 잠재역량 보유자를 위한 인재 파이프라인의 구축이다. 현재와 미래 수요에 대응한 핵심역량을 예측하여 우수 인재 발굴 및 관리자 직위에 적극 활용하는 것이다. 열세 번째, 인재관리 교육을 강화하는 것이다. 효과적인 인력관리를 위해 인재담당관 및 조직관리자에 대한 교육을 확대한다. 이러한 방안들은 인적자본을 육성하고 개발하며 유지하기 위한 유용한 정책들이다(Lee, 2022).

학·습·포·인·트

- 역량개발의 필요성
- 역량개발의 유용성과 한계
- 역량모델의 도출
- 역량개발 프로그램의 유형
- 훈련타당도
- 교육훈련과 역량개발의 차이

- 역량수요의 유형
- 역량격차의 도출
- 역량개발프로그램 효과평가 기준
- 성과타당도
- 미래인재의 역량유형
- 미래인재의 관리방안

연 ● 습 ● 문 ● 제

1. 전통적 인사행정의 교육훈련과 인적자원행정의 역량개발의 개념적 차이를 설명하시오.
2. 역량개발 프로그램의 훈련타당도와 성과타당도를 설명하고, 한 가지 사례를 들어 평가해 보시오.
3. 공무원들의 역량 강화를 위한 역량개발프로그램을 구성해 보시오.
4. 직장 내 역량개발과 직장 외 역량개발의 장단점을 비교하시오.
5. 역량개발프로그램의 평가기준을 설명하시오.
6. 역량개발프로그램의 훈련타당도와 성과타당도를 예를 들어 설명하시오.
7. 미래의 인재유형과 역량개발 방안을 논의하시오.

토 ● 의 ● 사 ● 례

<자료 1> 계층별 필요역량 순위

순위	정책관리계층		정책실무계층		실무집행계층	
	역량	수치	역량	수치	역량	수치
1	목표·방향 제시	1.11	전문가 의식	1.55	정보 수집·관리	0.99
2	전략적 사고	0.97	문제해결능력	1.04	전문가 의식	0.94
3	합리적 의사결정	0.96	전략적 사고	0.72	세밀한 일처리	0.92
4	조정·통합력	0.88	업무추진능력	0.58	문제해결능력	0.64
5	명확한 지시	0.64	문제 인식·이해	0.56	조직헌신도	0.59

<자료 2> 필요역량과 현재역량의 차이

순위	정책관리계층		정책실무계층		실무집행계층	
	역량	수치	역량	수치	역량	수치
1	조정·통합력	1.00	전문가 의식	1.71	전문가 의식	1.69
2	합리적 의사결정	0.96	문제해결능력	1.49	정보 수집·관리	1.49
3	부하 육성 능력	0.86	업무추진능력	1.01	세밀한 일처리	1.42
4	신속한 상황 판단	0.84	전략적 사고	0.97	문제해결능력	1.03
5	경영 마인드	0.58	기획력	0.95	책임감	0.84

출처: 이창길, 2008.

📖 **토의과제**

1. 위의 두 자료는 ○○부 직원 200명을 대상으로 설문조사를 실시하여 계층별 직무역량
   의 순위와 필요역량과 현재역량의 차이를 조사 정리한 결과이다. 이를 활용하여 ○○
   부의 역량개발 수요를 예측하시오.
2. 그리고 이에 적정한 역량개발 프로그램을 제시하시오.

💡 **참고문헌**

권용수, 2006. 「공무원 역량기반 교육훈련에 관한 고찰」, 『한국인사행정학회보』 5(1), pp.
    129-148.

김성호, 2009. 『일본 전산 이야기』, 쌤앤파커스.

전영욱·김진모, 2005. 「기업체 인적자원 개발 담당자의 핵심 직무역량 모델 개발」, 『농업
    교육과 인적자원개발』 37(2) : 111-137.

박우성, 2002. 『역량 중심의 인적자원관리』, 한국노동연구원.

박우성·양재완, 2020. 「인공지능 시대의 지속 가능한 인재관리 전략」. 『Korea Business
    Review』, 24(신년 특별호), 189-209.

박천오, 2009. 「한국 중상위직 행정관리자의 주요 리더십 역량에 관한 실증 연구」, 『행정논
    총』 47(2).

오현석, 2007. 「역량 중심 인적자원개발의 비판과 쟁점 분석」, 『경영교육논총』.

윤여순, 1998. 「기업교육에서의 Competency-Based Curriculum의 활용과 그 의의」, 『기
    업교육연구』 1(1) : 103-123.

이재규·김성국·권중생, 1996. 『인적자원관리론』, 문영사, pp.302-303.

이창길, 2008, 「중앙부처 계층 상호간의 직무역량 기대 격차에 관한 연구 : 재정경제부의
    중간관리층을 중심으로」, 『한국인사행정학회보』 7(2).

이학종·양혁승, 2012. 『전략적 인적자원관리』, 박영사,

이홍민·김종인, 2003. 「핵심역량 핵심인재 : 인적자원 핵심역량 모델의 개발과 역량평가」,
    서울 : 한국능률협회.

인사혁신처, 2017. 인사비전 2045, 지식공감.

임도빈·유민봉, 2019. 『인사행정론』, 박영사.

제프리 페퍼(포스코경영연구소 옮김), 2010. 『사람이 경쟁력이다(Competitive Advantage
    through People)』, 21세기북스.

최무현·조창현, 2007. 「정부 부문에 역량기반 교육훈련제도(CBC)의 도입 : 과학기술부 사
    례를 중심으로」, 『한국인사행정학회보』 6(2).

Battaglio, P. 2020. The Future of Public Human Resource Management. Public
    Personnel Management, 49(4), 499-502.

Berman, Evan M., James S. Bowman, Jonathan P. West and Montgomery R. Van

Wart., 2022. *Human Resource Management in Public Service*, Sage, Washington D.C.

Chyung, Stepich and Cox, 2006. Building a Competency-Based Curriculum Architecture to Educate 21st-Century Business Practitioners, *Journal of Education for Business,* 81(6), pp.307-314.

Condrey, Stephen E. 2010. *Handbook of Human Resources Management in Government*, 3rd edition, Jossey-Bass.

Cooper, K. 2000. *Effective Competency modeling and reporting : A step-by-step guide for improving individual & organizational performance.* New York : American Management Association.

Dahlia Bradshaw Lynn, 2001. Succession Management Strategies in Public Sector Organizations : Building Leadership Capital, *Review of Public Personnel Adminstration,* 21(2), pp.114-132.

Dubois, D. 1993. *Competency-based Performance Improvement : A Strategy for Organizational Change.* Amherst, MA : HRD Press.

Dubois and Rothwell, 2004. *Competency-Based Human Resource Management*, Nicholas Brealey Publishing.

James, P., 2002, Discourses and Practices of Competency-Based Training : Implications for Worker and Practitioner Identities, *International Journal of Lifelong Education,* 21.

Keep, E. and K. Mayhew, 1995. Training Policy for Competitiveness-Time for a Fresh.

Kirkpatric, 1994. *Effective Supervision*, 1th edition, South-Western College Pub. Perspective?, in H. Metcalf ed. *Future Skill Demand and Supply,* PSI.

Llorens, Jared E, Donald E. Klingner and John Nalbandian, 2017. *Public Personnel Management : Contexts and Strategies*, 7th edition. Prentice-Hall.

Lee, C. 2022. Talent Strategies and Leadership Development of the Public Sector: Insights from Southeast Asia. Routledge.

Naquin, S. and Holton, E., III 2003. "Redefining State Government Leadership and Management Development : A Process for Competency-based Development", *Public Personnel Management* 32(1) : 23-46.

OECD, 2021a. *Public Employment and Management 2021 : The Future of the Public Service.* Paris.

OECD, 2021b. *Aging and Talent Management in European Public Administrations.* Paris.

Pink, Daniel H. 2005. *The Whole New Mind*, Chautauqua Institution.

Spencer L. M. and Spencer S. M., 1993. *Competence at Work : Model for Superior Performance*, New York : John Wiley & Sons.

제12장

인적자원의 동기부여

이 장에서는 인적자원의 동기부여에 대하여 살펴본다. 앞 장에서 설명한 인적자원의 확보와 개발, 그리고 이동이 성공적으로 이루어진다 하더라도 성공적인 직무수행을 위해서는 직무의지와 노력이 필요하다. 이 장에서는 조직 구성원의 직무의지와 노력을 가져오는 동기부여이론을 살펴본다. 동기부여이론은 크게 내용이론과 과정이론, 직무이론으로 구분된다. 내용이론으로 욕구계층이론, ERG 모형, 성취동기모형, 동기/위생요인이론을, 과정이론으로 기대이론, 공정성이론, 목표설정이론, 강화이론, 그리고 직무이론으로 직무특성이론과 공공서비스 동기이론을 각각 소개한다. 마지막으로 개인의 동기부여 과정에서 중요한 역할을 하는 현대적 리더십의 개념과 동기부여를 위한 역할에 대하여 논의한다.

책임을 맡고 결정을 내리는 것이야말로 즐겁게 일할 수 있는 동기가 된다.
자기결정 능력은 즐거움을 주고, 책임감은 기쁨을 준다.
책임감과 의사결정 능력은 음식의 맛을 내는 소금과 같다.

                                                          - 닐스 플래깅, 『언리더십』

제1절 동기부여의 의의와 중요성

1. 동기부여의 의의

제9장과 제10장, 제11장에서 설명한 인적자원의 확보와 이동, 그리고 인적자원의 개발은 직위의 필요역량과 사람의 현재역량 간의 차이를 최소화하기 위한 인적자원 관리과정이다.

이러한 인적자원 관리과정을 통하여 직위의 필요역량과 사람의 현재 역량을 일치시켰다 할지라도 문제는 남는다. 성공적인 직무수행을 위해서는 직무역량과 함께 직무의지가 있어야 하기 때문이다. 즉 아무리 높은 역량을 가지고 있다 하더라도 의욕이 없으면 직무수행 과정에서 현재역량이 충분히 발휘될 수 없다. 역량 있는 인재가 확보되고 개발되고 배치되었다 하더라도 일하고자 하는 의지와 동기가 없으면 궁극적으로 조직 목표나 성과를 달성할 수 없다는 것이다. 따라서 조직 구성원들이 주어진 역량을 최대한 발휘할 수 있도록 직무의지나 직무의욕을 고취시키는 것이 중요하다. 즉 인적자원에 대한 동기부여가 필요하다.

동기부여는 인적자원관리의 심리적 과정이라 할 수 있다. 동기는 일반적으로 개인이 자신의 행동을 어떤 목적을 위해 어떤 방향으로 작동시키려는 내적 심리상태로 정의된다(이창원·최창현, 2012). 즉 조직에 참여하고 일을 하려는 의욕과 정신상태, 근무 의욕, 근무 동기를 말한다. 여기에서 말하는 동기는 특히 직무수행과 관련된 동기(motivation to work)를 의미한다. 즉 하나의 목표를 달성하기 위한 개인의 노력 정도, 방향, 지속성을 설명한다(Robbins & Judge, 2021).

동기부여는 사기(morale)와는 구별된다. 사기는 내재적 동기 유발과 외재적 동기 유발로 나타난 조직원의 정신적 마음상태이다(이창원·최창현, 2012). 즉 사기가 심리적 변화나 행동 변화의 배경보다는 나중에 드러난 만족감이나 근무의욕 혹은 태도 등에 비중을 두는 표현이라면, 동기부여는 직무수행 동기가 유지되고 활성화되는 과정이나 배경을 강조하는 표현이다.

2. 동기부여와 리더십

사람이 일을 하는 동기는 다양하다. 직위에 필요한 역량이 성공적으로 발휘되기 위해서는 이러한 다양한 동기를 충족시킬 필요가 있다. 조직 구성원의 다양한 동기를 파악하여 이를 충족시키도록 노력하는 과정에서 강조되는 요소가 바로 리더십의 역할이다. 즉, 동기부여를 위한 다양한 제도와 환경이 주어진다 하더라도 리더십은 조직 구성원의 동기부여를 위한 핵심 요소라고 할 수 있다(Halachmi & Krogt, 2010).

리더십은 공유하고 있는 목표를 달성할 수 있도록 개인 및 집단의 노력을 촉진하는 과정이다(Yukl, 2002). 조직 목표를 성취하기 위하여 인적자원에 동기를 부여하는 것이다. 말하자면 무엇을 해야 하고, 어떻게 효과적으로 할 것인지에 대하여 조직 구성원들이 이해하고 동의하도록 하는 과정이다. 이러한 리더십은 헤드십(headship)과는 다르다. 전자가 개인의 영향력인 반면, 후자는 직위가 주는 권력이다. 전자는 아래로부터 오는 것이지만, 후자는 위로부터 주어진다는 점도 다르다(Noe, Hollenbeck, Gerhart & Wright, 2020). 이와 같이 리더십은 인적자원행정에 없어서는 안 될 중요한 요소이다.

제 2 절　동기부여이론

조직 내 사람이 일을 하는 동기의 종류나 내용은 다양하다. 그동안 동기의 내용이 무엇이고, 그런 동기가 어떻게 충족될 수 있는지를 두고 많은 이론이 제시되었다. 이들 연구를 종합하면, 크게 내용이론(content theory)과 과정이론(process theory), 그리고 직무이론으로 나눌 수 있다. 내용이론은 동기가 발생하는 내용적 측면을 강조한 반면, 과정이론은 동기가 발생하는 과정에서 동기의 요인을 찾는다(Hellriegel, Slocom, Woodman, 2010). 직무이론은 직무와 관련된 동기 요인을 찾는 이론이다. 내용이론으로는 매슬로(Maslow)의 욕구계층이론, 알더퍼(Aldefer)의 ERG 모형, 성취동기모형, 그리고 허즈버그(Herzberg)의 동기/위생요인모형 등이 있다. 그리고 과정이론으로는 브룸(Vroom)의 기대이론, 공정성이론, 그리고 목표이론이 있다. 그 밖의 직무이론으로는 직무특성이론과 공공서비스동기이론이 있다. 이러한 이론을 인적자원의 동기부여 관점에서 살펴본다.

1. 동기의 내용이론

(1) Maslow의 욕구계층이론

매슬로(Maslow)의 욕구계층이론(Needs Hierarchy Model)에 따르면, 인간에게는 다섯 가지 종류의 욕구가 있다. 즉 생리적 욕구, 안전 욕구, 소속 욕구, 존경 욕구, 자기실현 욕구이다(Maslow, 1954). 가장 기본적인 단계는 생리적 욕구로 생존을 위한 의·식·주 욕구와 그 밖의 신체적 욕구이다. 좋은 집에 살고 싶고, 좋은 옷을 입고 싶고, 맛있는 것을 먹고 싶은 욕구 등이 이에 해당한다. 둘째, 안전과 안정에 대한 욕구로 물질적 안정과 타인의 위협이나 재해로부터 안전하고자 하는 욕구를 말한다. 고통이나 위협, 질병이 없는 안전하고 안정된 생활에 대한 욕구이다. 셋째, 사회적 소속에 대한 욕구이다. 사랑·우정·모임·참여·협력 등의 욕구가 여기에 해당한다. 넷째, 존경의 욕구로 타인으로부터의 존경과 자아존중, 타인에 대한 지배 욕구를 말한다. 공개적으로 인정받거나 상장을 받는 경우이다. 마지막으로 자아실현 욕구는 자아발전과 이상적 자아를 실현하고자 하는 욕구이다. 열심히 그림을 그리는 화가, 평생 한 분야를 전문적으로 연구하는 학자, 그리고 자기발전을 위해 열심히 영어 공부를 하는 학생들을 예로 들 수 있다.

매슬로는 이러한 다섯 가지 욕구가 계층을 가지고 단계적으로 나타난다는 점을 강조한다(Maslow, 1954). 하위 욕구가 충족되었을 때 다음 단계에 위치한 상위 욕구가 발생하게 된다는 것이다. 즉, 생리적 욕구가 해결된 이후 안전 욕구가 나타나고, 안전 욕구가 충족되면 소속 욕구가 생기고, 소속 욕구가 충족되면 존경 욕구, 이어서 자기실현 욕구가 나타난다는 것이다. 욕구계층이론은 인간의 심리적 동기를 명쾌하게 제시함으로써 실제 조직 구성원의 동기부여 과정에서 쉽게 적용할 수 있다는 장점이 있다.

다만, 이 이론이 가지는 장점을 인정하면서도 몇 가지 문제점이 지적되고 있다(Robbins & Judge, 2021). 무엇보다도 인간의 욕구는 순서대로 나타나지 않는 경우가 많다는 것이다. 또한 여러 가지 동기가 복합적으로 나타날 수 있으며, 개인에 따라 다르게 나타날 수도 있어 일반화하기 어렵다는 한계도 있다. 동기의 내용이 다소 작위적으로 선택되어 그 밖의 다른 욕구가 있을 수 있다는 점도 지적된다.

(2) Aldefer의 ERG 모형

알더퍼(Aldefer)는 매슬로가 제시한 욕구계층이론의 한계를 지적하면서 인간의 욕구를 추상성의 정도를 기준으로 존재(existence) 욕구, 관계(relatedness) 욕구, 성장(growth) 욕구 세 가지로 구분한다(Aldefer, 1972). 존재 욕구는 음식·공기·물·봉급·작업환경 등과 같은 기본적인 생활과 관련된 물질적인 욕구이고, 관계 욕구는 동료·상관·부하·친구·가족 등과의 인간관계에 대한 욕구이다. 그리고 성장 욕구는 개인적 성장과 발전을 위한 욕구이다.

이러한 세 가지 욕구는 상하위 차원이나 단계적 계층 개념이 아니라 욕구의 구체성 정도에 따라 분류한 것이다. 따라서 단계적으로 존재하거나 충족에 있어 순서가 있는 것은 아니다. 존재 욕구와 관계 욕구, 관계 욕구와 성장 욕구, 그리고 존재 욕구와 성장 욕구가 복합적으로 나타날 수 있다. 또한 채워야 할 욕구의 양은 한정된 것이 아니며, 사람에 따라 세 가지 욕구의 상대적 크기가 다름을 강조한다. 하지만 이 모형을 통해 검증한 실증 자료가 많지 않으며, 관계 욕구의 충족이 성장 욕구를 가져오고, 성장 욕구의 좌절이 관계 욕구의 증대를 가져온다는 등의 주장과 관련해 연구 결과가 상반되게 나타나는 등 명확한 검증이 이루어지지 않은 상태라 할 수 있다(이창원·최창현, 2012).

(3) McClelland의 성취동기모형

맥클랜드(McClelland)는 매슬로의 다섯 가지 욕구 중 상위 욕구만을 세 범주로 구분하여 성취동기모형(Achievement Motivational Model)을 제시하였다. 성취 욕구, 친교 욕구, 그리고 권력 욕구가 그것이다(McClelland, 1965). 이들 세 가지 욕구가 인간 행동의 대부분을 설명할 수 있다는 입장이다. 성취(achievement) 욕구는 무엇을 이뤄내고 싶은 욕구이고, 친밀(affiliation) 욕구는 남들과 사이좋게 잘 지내고 싶은 욕구를 말한다. 그리고 권력(power) 욕구 또는 지배 욕구는 다른 사람들에게 영향력을 행사하여 타인을 통제하고자 하는 욕구를 말한다. 특히 통제 욕구가 강한 사람은 어떤 집단에서나 리더의 위치에 있고 싶어하고 대표로 남 앞에 나서기를 좋아한다.

맥클랜드는 비록 세 가지 욕구를 제시했으나, 친밀 욕구나 권력 욕구에 비해 상대적으로 성취 욕구를 더 강조한다(Halachmi & Krogt, 2010). 개인의 성취 욕구 수준을 파악하고 이에 적합한 목표를 설정하여 적절한 작업환경을 제공하는 동시

| 표 12-1 | 성취동기모형에 따른 미국 대통령의 욕구 비교 | | |

대통령	권력 욕구	성취 욕구	친밀 욕구
클린턴	보통	높음	높음
부시	보통	보통	낮음
레이건	높음	보통	낮음
케네디	높음	낮음	높음
루스벨트	높음	보통	낮음
링컨	보통	낮음	보통
워싱턴	낮음	낮음	보통

출처 : Hellriegel, Slocom, Woodman, 2010. p.139.

에 작업결과에 대한 피드백과 지도가 함께 제공된다면 성취 욕구와 성과 역시 상승할 수 있다는 것이다. 이에 성취 욕구가 강한 사람은 개인적 책임과 피드백이 있는 업무를 더 선호해 어느 정도의 위험성이나 난이도가 있는 업무를 맡고자 한다. 이러한 특성이 많은 직무환경에서는 사원들이 강하게 동기부여된다는 것이 성취 욕구와 동기부여 관계를 바라보는 기본 시각이다.

(4) Herzberg의 동기/위생요인모형

심리학자인 허즈버그(Herzberg)는 동기(motivation) 요인과 위생(hygiene) 요인을 구분하여 설명한다(Herzberg, 1964). 이를 2요인이론(two factors theory)이라고도 한다. 지금까지 동기부여이론은 인간이 욕구가 충족되면 만족도가 높아져 동기도 높아지는 반면, 충족되지 못하면 불만족도가 높아져 동기도 낮아지는 것으로 보았다. 하지만 2요인이론에 따르면 동기는 한 요인으로 인해 만족이나 불만족이 유발된다기보다는 만족 요인과 불만족 요인은 별개라고 본다.

허즈버그는 인간의 만족을 이끌어내 동기를 유발하는 만족 요인과 단순히 기존의 불만을 해소할 뿐 동기를 유발하지는 못하는 불만족 요인으로 구분한다. 즉 만족의 성취와 불만 해소는 차이가 있어, 불만족 요인을 해소한다고 해서 반드시 만족스러운 상태가 되지는 않는다는 것이다. 따라서 불만족 요인 또는 위생 요인의 해소는 만족 상태라기보다 '불만이 없는 상태'가 되며, 만족 요인이 충족되어야 만족 상태에 이를 수 있다는 것이다. 즉 동기를 유발하는 것은 불만족-불만 해소-무만족-만족의 단계로 설명될 수 있다고 말한다.

그러면 어떤 것이 동기 요인이고, 어떤 것이 위생 요인인가? 일반적으로 동기

그림 12-1   내용이론의 상호 비교

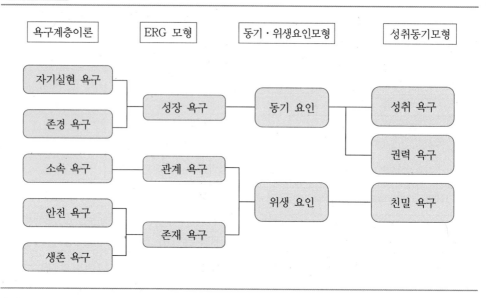

출처 : Hellriegel, Slocom, Woodman, 2010. p.145.

요인은 직무와 직접적인 관련성이 높은 내생적 요인이 많다. 예컨대 보다 높은 수준의 책임 부여, 성장 기회 제고, 직무의 질 향상, 직무에 대한 인정과 성취감 부여, 직무성과에 대한 보상 등으로 실질적인 동기부여 효과가 나타난다. 반면 위생요인은 직무와 직접적인 관련성이 낮은 외생적 요인이 많다. 사무실·주차장 등 업무 환경이나 보수 등 근무조건, 조직의 운영 방침이나 관행, 인간관계 등이 여기에 해당한다.

이러한 2요인 모형은 동기 요인과 위생 요인을 명확히 구분하여 동기유발의 내용과 효과의 정도를 구체화했다는 데 큰 의미가 있다(이창원·최창현, 2012). 특히 조직이 실제 활용하는 동기부여 수단들의 효과를 명확히 제시하여 현실에 적용할 가능성이 높다. 하지만, 동기 요인을 과대평가하고 위생 요인을 과소평가하는 경향이 있다. 또한 위생 요인의 경우에도 실제 만족과 동기를 유발하는 요인으로 작용할 수 있고, 동기 요인도 단순히 위생 요인으로 작용할 수 있다. 따라서 두 요인을 일반화하여 설명하기는 어렵다. 개인의 환경·직위·성격·직업 등에 따라 동기 요인과 위생 요인의 종류와 내용이 달라질 수 있다(Bright, 2009 ; Park & Word, 2012).

2. 과정이론

(1) Vroom의 기대이론

과정이론의 하나인 브룸(Vroom)의 기대이론은 인간의 동기는 무엇인가라는 질문을 하기보다 동기부여가 어떻게 이루어지는가라는 접근 방법을 활용한다. 기대이론에 따르면 인간은 자신의 행동의 정도가 행동의 결과로 나타날 것이라는 기대의 강도에 따라 동기유발의 정도, 즉 행동의 양이 결정된다(Vroom, 1964). 이때 행동의 양은 그 행동에 의해 나타날 것으로 기대되는 결과에 대한 가치부여와 매력의 정도에 따라 결정된다. 따라서 기대이론은 다음 세 가지 요인에 의해 행동의 양이 결정된다고 본다(Halachmi & Krogt, 2010).

첫째, 노력과 성과의 관계(effort-performance relationship)이다. 즉 일정한 정도의 노력 발휘가 성과를 가져올 가능성이다. 노력을 해 성과가 나타날 것이라는 기대가 없으면 아무리 원하는 욕구라 하더라도 노력하지 않을 것이다. 이를 성과기대라고도 한다. 둘째, 성과와 보상의 관계(performance-reward relationship)이다. 일정한 수준의 성과가 스스로 바라는 보상을 가져오는 정도이다. 성과가 좋다 하더라도 성과의 정도에 따라 기대되는 보상이 주어지지 않으면 동기를 유발하지 못한다. 이를 보상기대라고도 한다. 마지막으로, 보상과 개인의 목표 관계(rewards-personal goals relationship)이다. 즉 조직이 주는 보상이 개인의 목표나 욕구, 추구하는 가치의 정도 및 개인을 위한 잠재적 보상의 매력을 충족시키는 정도이다. 이를 보상의 가치라고 표현하기도 한다.

이와 같은 기대이론에 따르면, 행동이나 동기의 양은 다음과 같은 수식에 따라 결정된다.

행동 또는 동기의 정도 / 양 = 성과기대 + 보상기대 + 보상의 가치

위 식에서 성과기대와 보상기대는 기대비율(%)로 표시할 수 있다. 즉 성과기대는 자기의 노력으로 성과를 달성할 수 있는 기대비율을 말하고, 보상기대는 성과를 달성했을 경우 보상 정도에 대한 기대비율을 말한다. 일반적으로 성과기대가 높으면 보상기대는 상대적으로 낮고, 성과기대가 낮으면 보상기대는 높다. <표 12-2>는 이에 따라 기대이론에 의한 동기의 정도/양을 계산한 결과이다. 즉 보상

표 12-2 기대이론에 의한 동기의 정도(예시)

구분	성과기대	보상기대	보상의 가치	동기의 양
대안 1	0.10	0.90	3	0.27
대안 2	0.20	0.70	3	0.42
대안 3	0.50	0.50	3	0.75
대안 4	0.70	0.30	3	0.63
대안 5	0.90	0.10	3	0.27

의 가치가 동일하다고 가정한 상태에서 <대안 1>과 같이 성과기대가 매우 낮고 보상기대가 매우 높거나 반대로 성과기대가 매우 높고 보상기대가 매우 낮은 경우, 동기의 양은 상대적으로 낮게 나타난다. 성과기대와 보상기대가 적정한 수준을 유지할 경우, 상대적으로 가장 많은 동기부여가 되는 것으로 나타난다. 물론 이러한 결과는 자신이 생각하는 주관적 의미의 성과기대와 보상기대의 비율에 따라 달라질 수 있다. 특히 성과기대와 보상기대가 매우 낮은 경우에도 보상의 가치가 크면 동기의 양은 매우 높게 나타날 수 있다.

이와 같이 기대이론은 지금까지의 내용론적 접근 방법에서 벗어나 동기부여에 대한 새로운 시각을 제공한다는 장점이 있다. 하지만 실제 조직관리 과정에서 어떤 요소가 동기부여의 요인인지 정확히 제시하지 못하는 한계를 갖고 있다. 특히 개인별로 가지는 다양한 기대를 파악하고 측정하기 곤란할 뿐만 아니라 개개인이 직무수행 과정에서 실제 동기의 양이나 정도를 스스로 결정할 수 있을 것인지도 의문이다. 1990년대 이후 기대이론 관련 실증 연구들이 점점 줄어들기 시작하면서 다음에 말하는 공정성이론(equity theory)이나 목표설정(goal setting) 이론이 통합되어 활용되고 있다(Halachmi & Krogt, 2010).

(2) Adams의 공정성이론

애덤스(Adams)의 공정성이론은 개인들이 자신의 투입과 산출을 다른 사람들의 투입과 산출에 비교한 뒤 불공정한 정도에 따라 자신의 동기나 행동 방향과 정도를 결정한다는 이론이다(Adams, 1965). 개인들은 준거집단들의 투입 및 결과와 자신들의 투입 및 결과를 비교하여 교환관계의 공정성을 심리적으로 지각하고 판단한다(Adams, 1965). 일반적으로 개인이 조직에 투입한 요소로는 성격, 연령, 경력, 외모, 인종, 성별, 교육수준, 외국어 능력, 건강 정도 등은 물론, 사교 능력, 직무 노력, 성과 수준, 사회적 위치, 전문기술, 배우자 특성 등을 모두 포괄한다. 산출 요소는 개인이 조직으로부터 받는 모든 요소로 봉급, 수당, 성과급, 이익배당, 승진, 포상, 주차장, 사무실, 작업환경 등은 물론이고 직업안정성, 책임, 지위, 권한, 사회적 상징, 지루함, 불확실성 등을 모두 포괄한다(Adams, 1965 ; Al-Zawahreh & Al-Madi, 2012). 이러한 투입와 산출은 개개인이 지각한 요소이기 때문에 행태적·심리적 측면이 강하다.

이와 같이 준거집단의 투입-산출과 자신의 투입-산출 요소를 비교하고, 투입 대비 산출 비율이 적절하다고 생각되면 공정하다고 느끼는 대신, 부적절하다고 판단하면 불공정하다고 느끼게 된다(Adams, 1965).

불공정한 상황은 두 가지로 구분된다. 첫째는 과소보상(undercompensation)이다. 즉 준거집단의 산출-투입 비율보다 자신의 산출-투입 비율이 작다고 느끼는 경우이다. 이러한 상황에서 개인은 불공정하다고 지각하고 투입량을 줄이거나 산출량을 늘리는 방향으로 동기가 부여될 수 있다. 비교 대상으로 삼았던 준거집단을 바꾸거나 지금까지의 불공정한 관계를 끝내고 다른 조직으로 떠나기도 한다.

두 번째는 과다보상(overcompensation)이다. 자신의 투입보다 조직으로부터 받는 산출이 많은 경우이다. 이 경우 공정성을 회복하기 위한 노력으로는 투입을 확대하거나 산출을 축소하는 방법이 있으나 대개 산출 축소보다는 투입 비중 확대를 선호한다. 그러나 실제 직무 동기나 행동으로 연계되지 않는 경우도 있다. 구체적으로는 투입을 늘리기 위해 시간외 근무를 적극적으로 하거나 서비스의 품질을 높이는 행동 등을 할 수 있다.

이처럼 공정성이론은 조직 내 개인의 동기를 명확하게 구분하여 제시한다. 하지만 불공정한 상황에 대한 설명은 명확하게 제시하고 있을지라도 이에 대응하는

표 12-3 공정성이론에 의한 동기 유발

구분	자기자신(p)	준거집단(g)	행동/동기
과소보상	OUTp/INp < OUTa/INa		불공정 인지 (동기저하) ⇒ 투입 감소, 산출 증가
과다보상	OUTp/INp > OUTa/INa		불공적 인지 (동기저하) ⇒ 투입 증가, 산출 감소
적정보상	OUTp/INp = OUTa/INa		공정성 인지 (동기부여)

* OUTp/INp는 한 개인의 투입과 산출의 비율이고, OUTa/INa는 준거집단의 투입과 산출의 비율임.
  출처 : Adams, 1965.

개인들의 구체적인 태도나 행동 방식에 대한 설명이 부족하다(이선우·임현정, 2012). 뿐만 아니라 비교 대상 준거집단을 어떻게 결정하느냐, 그리고 개인별로 지각된 투입과 산출을 어떻게 측정하느냐 등과 같은 실제 적용상의 한계를 갖고 있다. 또한 준거집단이나 타인과의 비교는 객관적 요소보다는 주관적 요소가 크게 작용한다는 한계가 있다(Halachmi & Krogt, 2010).

(3) Locke의 목표설정이론

로크(Locke)는 기대이론이나 공정성이론과 달리 쾌락주의적 인지보다는 가치 지향적 인지의 중요성을 강조한다(Locke, 1968). 즉 인간은 단순히 스스로 좋아하는 것을 하기보다는 가치와 의도가 주어지는 경우에 행동의 양이 증가한다는 것이다. 그러한 가치와 의도는 목표의 설정을 의미하는 것으로, 목표가 설정되면 이를 달성하기 위해 보다 집중적인 활동이 늘어나고 적극적으로 노력한다는 것이다. 예를 들면 대기업에 취업하겠다, 공무원 7급에 합격하겠다, 졸업 후 1년 내에 창업하겠다, 고객만족도 90%를 달성하겠다, 예산 10%를 절감하겠다 등의 목표가 설정된 경우, 개인은 이를 성취하기 위하여 적극적으로 행동한다.

로크는 이러한 동기를 유발하기 위한 목표의 성격으로 다섯 가지 요소를 제시한다. 즉 인간의 동기는 목표의 구체성, 목표의 난이도, 목표의 수용성, 구성원의 참여, 결과에 대한 피드백에 따라 결정된다는 것이다(Locke & Latham, 1990). 구체적이고 어려운 목표가 설정되면 이를 성취하려는 동기가 더 강하게 유발된다는 것이다. 또한 목표가 수용 가능하고, 구성원의 참여가 보장되며, 결과에 대한 피드백이 있을 경우 보다 적극적으로 행동한다고 말한다. 이러한 목표의 특성과 함께 합리적인 보상 체계, 개인의 역량, 그리고 조직몰입의 정도 등 상황적 요인이 결합할 때 보다 높은 성과를 올릴 수 있다.

목표설정이론은 인간의 일반적인 동기이론에서 한 발 더 나아가 조직 내 직무활동 과정상의 동기 요인을 제시했다는 데 그 의의가 있다. 특히 목표설정의 중요성과 이를 통한 동기부여 방법을 제시함으로써 실제 조직관리에서 적용할 가능성이 크다. 1970년대 이후 많은 조직에서 적용된 목표에 의한 관리(management by objective) 기법도 이러한 이론에 근거한 것으로 볼 수 있다. 개인의 동기부여 뿐만이 아니라 팀의 성과를 향상하고자 할 경우에도 동일하게 적용될 수 있다(다니엘 골먼 외 지음, 2015).

다만, 목표설정이론은 목표의 구체성과 난이도 정도를 어떻게 측정하고 판단하

그림 12-2 목표설정이론에 의한 동기 요인

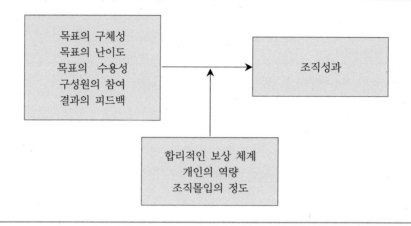

출처 : Hellriegel, Slocom, Woodman, 2010 참조.

느냐에 의문을 제기할 수 있고, 목표를 구체화하기 어려운 직무인 경우 적용하는 데 한계가 있을 수 있다. 또한 목표가 많을 경우, 목표 상호간의 충돌을 어떻게 조정하고 우선순위를 어떻게 할 것이냐에 따라 동기유발 정도가 달라질 수 있다. 목표설정 초기에는 동기부여가 이루어질 수 있으나 시간이 지남에 따라 초기보다 동기가 약화되는 등 한계가 있어 보다 실증적인 연구가 필요하다.

(4) Skinner의 강화이론

스키너(Skinner)의 강화(reinforcement)이론에 따르면, 인간의 동기는 행동을 위한 자극과 이에 상응하는 결과와의 연쇄적 관계를 학습함으로써 유발된다고 한다 (Skinner, 1965). 외부적 자극에 의한 학습을 통해 동기가 유발된다는 점에서 엄밀히 말하면 동기의 내용이론이나 과정이론과는 차이가 있다. 즉 일정한 자극을 주면, 이를테면 직무환경을 조성하면 이에 따라 개인의 행동이 변화하는 것이다.

강화는 학습이론의 하나로, 일정한 행위가 반복적으로 자주 일어나게 하거나 학습자가 갖고 있는 일정한 태도나 감정, 행동을 견고하게 해준다는 의미이다. 이를 위한 방법으로 자극 유형은 유쾌한(pleasant) 자극과 불쾌한(unpleasant) 자극으로 구분하고, 결과 유형은 바람직한(desired) 행위와 바람직하지 않은(undesired) 행위로 구분한다. <표 12-4>는 이를 종합하여 네 가지 강화 모형을 제시한 것이다.

첫째, 긍정적 강화(positive reinforcement)이다. 바람직한 행위의 빈도를 늘리기 위하여 유쾌한 자극을 부가하는 방식이다. 봉급 인상, 포상, 휴가, 선물 등을 부가

구분	부가(event-added)	제거(event-removed)
유쾌한 자극	긍정적 강화	소멸·소거
불쾌한 자극	처벌	부정적 강화

표 12-4 강화이론에 의한 강화 유형의 분류

출처 : Hellriegel, Slocom, Woodman, 2010.

함으로써 바람직한 행위의 반복을 유도한다. 긍정적 강화를 즉각적이고 많이 줄수록 동기는 증가한다. 둘째, 소거(extinction)이다. 바람직하지 않은 행동의 빈도를 감소시키기 위하여 유쾌한 자극을 제거하는 방식이다. 시간외 수당 중지, 직무의 자율성 축소, 해외유학의 축소 등이 이에 해당한다. 셋째, 부정적 강화(negative reinforcement)이다. 바람직한 행동의 빈도를 증가시키기 위하여 불쾌한 자극을 제거하는 방식이다. 성실 납세자에 대한 일정기간 납세 면제, 재산등록 해제, 당직 면제 등이 이에 해당한다. 넷째, 처벌(punishment)이다. 바람직하지 않은 행위의 빈도를 감소시키기 위하여 불쾌한 자극을 부가하는 방식이다. 징계 및 직위해제, 공휴일 당직 부과, 벌금 및 손해배상청구 등이 이에 해당한다.

이러한 강화 방법들은 강화 주기와 방법에 따라 그 효과가 달라질 수 있다. 이상의 방법 중 연속적 방법보다는 부분적 방법이 효과적이고, 부분적 방법 중에서도 고정간격이나 고정비율보다 변동간격이나 변동비율이 더 효과적이다. 하지만 실질적인 효과는 행위의 내용과 자극의 종류, 그리고 직무환경에 따라 달라진다(이창원·최창원, 2012).

3. 직무 이론

(1) Hackman과 Oldham의 직무특성이론

동기부여의 내용이론과 과정이론이 모든 직무에 공통적으로 적용할 수 있는 인간의 동기 요인을 찾는 데 집중하고 있으나 인간의 동기는 직무로부터 발생하는 경우가 많다. Hackman & Oldham(1975)이 제시한 직무특성이론은 조직 구성원의 동기부여와 만족도는 직무의 특성에 따라 달라진다는 이론이다. 동기부여의 내용이론이 직무보다는 사람에 중점을 둔 반면, 직무특성이론은 사람보다는 직무에서 동기 요인을 찾는다. 즉 직무상의 동기부여는 직무의 효용성이나 책임성, 그리고 직무 결과에 대한 이해 정도에 따라 결정된다는 이론이다. 그리고 이를 실현하는 동기 요인을 다섯 가지로 구분한다. 즉 기술의 다양성, 과업의 완결성, 과업의 중요성, 직무의 자율성, 그리고 직무 결과에 대한 환류이다(Hackman & Oldham, 1975).

첫째, 직무의 효용성은 자신의 직무가 조직이나 사회에 유용하다는 느낌이다. 직무 효용성을 구성하는 요인들에 따르면 다양한 기술을 가진 직무, 하나의 직무를 완결하도록 일련의 과업으로 구성된 직무, 그리고 다른 직무와 비교하여 조직 내 중요성이 높은 직무를 수행할 때 조직 구성원의 동기는 높아진다(Wright & Kim, 2004). 둘째, 직무의 책임성은 최종 산출물에 대하여 느끼는 책임감이다. 이는 직무를 기획하고 결정하고 집행하는 자율성을 의미한다. 셋째, 직무 결과에 대한 지식이다. 직무수행을 통하여 나타난 결과를 얼마나 잘 이해하고 있는지, 그리고 직무 결과가 얼마나 피드백되는지에 따라 조직 구성원의 동기가 달라진다. 직무 결과를 보다 정확히 이해하면 할수록, 그리고 직무 결과에 대한 피드백이 직무수행자에게 전달될수록 직무 동기는 높아진다.

종합하면, 직무에 대한 잠재적 동기(Motivating Potential Score, MPS)의 산식은 '{(기술의 다양성 + 과업의 완결성 + 직무의 중요성)/3} × 직무 자율성 × 직무 결과 환류'로 표시할 수 있다(Hackman & Oldham, 1975). 이러한 직무 특성을 동기부여 방향으로 전환하기 위한 노력으로 제시될 수 있는 것이 직무의 질적 수준을 향상시키기 위한 직무확대와 직무충실화이다. 이는 7장에서 설명했듯이 직무의 질적·양적 수준을 높임으로써 조직 구성원의 직무 동기를 높이는 요인으로 작용할 수 있다(김상묵·김영종, 2005).

그림 12-3 직무특성이론에 따른 동기유발 요인

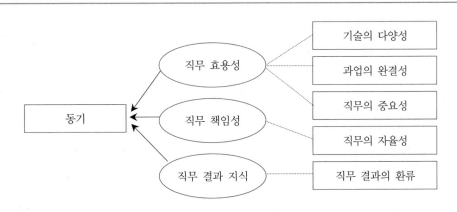

출처 : Hackman & Oldham, 1980. p.77.

(2) Perry의 공공서비스동기이론

공공서비스동기이론은 공공의 이익을 위한 이타적 노력과 봉사의 마음을 바탕으로 하고 있다(Houston, 2006 ; Perry & Hondeghem, 2008; 김상묵, 2018). 지금까지의 동기이론은 인간의 보편적 동기를 연구하면서 이기적 관점에서 접근했다면, 공공서비스동기이론은 이타적 관점을 강조한다. 즉 공공서비스 동기는 "하나의 공동체나 국가 또는 인류의 관심사에 봉사하는 일반적·이타주의적 동기"(Rainey & Steinbauer, 1999 : 20) 또는 "개인들이 공공이나 공동체의 의미 있는 일에 전념하도록 하는 동기적인 힘"(Brewer & Selden, 1998 : 417)이라고 정의된다. 즉 공공서비스 동기는 금전적·물질적 보상보다는 사회를 위하여 봉사하거나 직무가 공공의 이익에 도움이 될 경우에 유발된다는 것이다(Lyons, Duxbury & Higgins, 2006).

이러한 공공서비스 동기는 공적기관 종사자들이 가지는 독특한 동기로, 공공정책 결정에 대한 매력, 공공 이익에 대한 헌신, 공적 책무감, 사회정의, 자선과 동정의 마음, 자기희생 정신 등을 포함한다(Perry & Wise, 1996). 공공서비스 동기는 공공기관이나 공공조직에서 특별히 그리고 뚜렷하게 나타나는 동기이고, 공동체나 국가, 인류에 대한 관심이며, 공동체와 사회에 대한 서비스이고, 개인이나 조직의 이익을 넘어 보다 큰 정치체제에 관심을 보이는 믿음과 가치, 그리고 태도이다.

공공서비스 동기는 합리적(rational)·규범적 (normative)·정서적(affective) 토대를 가진다(Perry & Wise, 1990). 첫째, 합리적 동기는 공공부문 종사자가 정책과정에 참여하기를 원하거나, 개인적 일체감(personal identification) 때문에 특정 공공 프로그램에 몰입하거나 할 때 작동한다. 이러한 동기는 자기중요성(self-importance)의 이미지를 강화시키려는 효용 극대화의 성격을 내포하고 있지만, 기본적으로 이타적 동기이다. 즉, 이타적이지만 봉사가 개인의 효용 극대화로 전환될 수 있다는 점에서 합리적인 것이다. 둘째, 규범적 동기는 공익에 봉사하고자 하는 바람을 뜻하며, 애국심·의무·정부에 대한 충성심 등이 이에 해당한다. 셋째, 정서적 동기는 인간의 감정에 기초한 것으로 남을 돕겠다는 바람과 의지로 특징지어진다. 이러한 동기에는 이타심, 감정이입, 도덕적 확신 등이 속한다. 이들 세 가지 동기는 상호 중복되는 측면이 적지 않아 공공부문 종사자는 이들 세 가지 동기를 모두 가질 수 있다고 한다(Brewer, et al., 2000 : 255).

이러한 공공서비스 동기에 따라 공직 선택과 공직 성과, 그리고 공직 인센티브가 다르게 나타난다. 공공서비스 동기에 대한 실증 연구에서도 공직을 선택할 때 직업안정성 말고도 사회에 대한 기여나 타인에 대한 봉사와 같은 공직 동기가 주요 요인으로 작용하는 것으로 파악되었고(Lewis & Frank, 2002; 박천오·박수진, 2015), 공공부문 종사자들이 민간부문 종사자들에 비해 공공서비스 동기 수준이 높은 것으로 나타났다(이근주, 2005). 아울러 공공서비스 동기가 높은 경우에는 금전적 인센티브에 대한 의존도가 낮고, 개인의 직무성과와 조직몰입도도 높은 것으로 나타났다(Perry & Wise, 1990 ; Jacobson, 2011 ; Kim, 2012). 뿐만 아니라 공공서비스 동기가 높으면 시민 참여의 중요성을 긍정적으로 인식하고 평가하는 경향이 있다(Coursey, Yang & Pandey, 2012). 공공 업무를 수행하는 행정 영역의 특성상 실질적이고 효과적인 동기유발을 위해서는 공공서비스 동기를 고려한 전략의 수립이 필요하다.

제3절 동기부여를 위한 직무환경

동기부여에 관한 이론을 바탕으로 조직 구성원에게 동기부여를 할 수 있는 직무환경을 조성하는 것이 필요하다. 즐겁고 쾌적한 작업환경뿐만 아니라 개인의 권리가 보장되는 조직 분위기, 그리고 창의적이고 협력적인 조직문화 등이 그것이다.

직무 동기를 유발하는 조직 환경

1. 경쟁력 있는 보수
2. 근로자 욕구를 충족시켜 줄 수 있는 경제적·비경제적인 다양한 부가 혜택
3. 공정하고 합리적인 보상과 인정
4. 개인의 성장과 발전을 위한 도전적인 직무 배분과 훈련 기회
5. 우호적이고 협력적인 사무실 환경
6. 사회를 위해 의미 있게 기여할 수 있는 직무 할당
7. 인정감(recognition)과 발전기회를 부여하는 환류(feedback)
8. 작업환경에 대한 자율적 통제
9. 직업만족과 성과를 저해하는 규정과 규제의 최소화
10. 부정적 감독관계의 축소

– 출처 : Berman, Bowman, West & Wart, 2018.

일반적으로 동기부여를 할 때 개인적 차원과 조직적 차원으로 구분할 수 있다. 개인적 차원으로는 건강·고충·불만·인사·근무·직무스트레스·근무시간·근무장소 등이 있고, 조직적 차원으로는 참여·직무·보상·직업생활·인간관계 등이 있다. 이와 같은 조직 구성원의 불만족을 해결하고 직무 동기를 유발할 수 있는 직무환경을 조성하는 것이다. 여기에서는 개인적 차원으로 인사상담, 직무스트레스, 그리고 일과 삶의 균형을, 조직적 차원에서는 임파워먼트, 탄력근무제, 제안제도를 살펴본다.

1. 개인적 차원

(1) 인사상담/고충처리

행정학 용어사전에 따르면, 인사상담은 "조직 구성원들의 욕구불만, 갈등, 정서적 혼란 등 부적응 문제를 구성원 스스로 해결할 수 있도록 지원하는 개인적 면담 절차"를 말한다. 인사상담제도는 원래 1936년 호돈(Hawthorne)의 실험에서 활용되었던 방법으로, 의식적으로 대화를 통하여 다른 사람의 감성적 태도를 교정하기 위한 대면 과정이다(Snyder, 1947). 조직 구성원들이 주로 개인신상 문제로 고민하거나 딱한 사정이 있을 때 전문 상담자가 당사자의 정서적 긴장을 발산시키고 안도감을 주며 그 해결방안에 관한 조언을 해주는 것이 인사상담이다. 상담자가 조직 내 인사결정의 필요성과 중요성을 일방적으로 설명하기보다는 상담자와 피상담자 상호간의 대화를 통하여 문제를 찾고 해결책을 모색해 가는 것이다.

인사상담의 목적은 조직 구성원의 일정한 태도나 행동을 교정할 필요가 있거나 경력개발을 지원하고, 성과에 영향을 주는 개인적 위기에 대해 조언하고 해결책을 찾는 데 있다(Wilensky & Wilensky, 1951). 상담 내용은 담당 직무와 역할, 인사규정, 인사이동, 역량개발, 승진, 성과평가, 보상제도, 감사통제 등은 물론 개인적인 사건, 인간관계, 가족관계 등을 포함한다.

이러한 인사상담제도는 다음과 같은 장점이 있다(Wilensky & Wilensky, 1951). 첫째, 상담을 통하여 개인의 조직 적응 능력을 키워 준다. 피상담자들의 사기를 올려주고, 강박관념을 완화시켜 주며, 인간관계를 유연하게 해준다. 상담 과정 자체로 문제를 해결할 수도 있다. 둘째, 조직과 직무에 대한 긍정적인 사고로 사고율을 줄임으로써 조직의 생산성을 높여 준다. 셋째, 조직과 개인 간에 우호적인 관계를 형성할 수 있다. 상담 과정에서 조직이 얼마나 개인을 배려하고 지원하는지를 확인하게 된다. 넷째, 조직 구성원이 처한 직무여건과 환경에 대한 정보를 파악할 수 있다. 현재 시스템의 한계와 문제점을 확인하고, 이를 개선하기 위한 조직 발전의 참고자료를 제공한다.

성공적인 인사상담을 위해서는 다음 몇 가지를 유의할 필요가 있다(Wilensky & Wilensky, 1951). 무엇보다도 상담자의 중립적인 자세가 중요하다. 상담자가 주관적인 태도를 보이거나 조직의 방침이나 결정을 일방적으로 설명하고 전달해서는 안 된다. 둘째, 상담 내용이 조직에 대한 불만과 비판에 집중되지 않도록 해야 한다. 피상담자의 핵심적인 상담 내용을 상담자가 스스로 판단하여 상담하거나 상담 내용 이외의 사항에 시간을 소비할 수 있다. 셋째, 개인적 상담임을 감안하여 사생활의 비밀은 철저히 보호되어야 한다. 인사상담은 사적으로, 그리고 가능한 한 비밀리에 이루어지는 것이 중요하다. 피상담자가 보다 솔직하게 털어놓고, 문제가 되는 행동이나 이슈에 대해 적극적으로 의견을 개진할 수 있도록 편안한 분위기를 조성해야 한다.

무엇보다도 중요한 것은 인사책임자의 역할이다. 인사책임자는 인사행정부서나 인사행정 전문가를 인사상담자로 지정하여 운영할 필요가 있다. 개인적으로 불편한 사항을 상담하는 것이기 때문에 인사부서와 분리하여 외부 전문가를 상담자로 지정할 수도 있다. 피상담자에게 좀 더 편안한 분위기를 만들어 줄 수 있고 전문적인 상담 지식과 기술도 가지고 있기 때문이다. 또한 인사책임자는 누가, 언제, 어떻게 직원 상담을 할 것인지 신중하게 결정해야 하며, 일선관리자들 또한 인사상담에 대한 충분한 이해가 필요하다.

인사상담과 고충처리는 불만족·불공정·갈등·혼란 등을 겪는 조직 구성원에 대한 심리적 지원 프로그램이라는 점에서는 유사하다. 다만 인사상담이 보다 개인적이고 감성적인 접근인 반면, 고충처리는 보다 공식적이고 제도적인 접근이다. 불합리하고 불공정한 제도의 운영과 관련하여 직원들이 불평과 불만을 제기하고 해결하려는 공식적인 절차인 것이다. 즉 조직 구성원들이 고충을 제기하면 우선 비공식적인 상담이 이루어지는데, 해결되지 않을 경우 공식적으로 고충을 제기하게 된다. 고충이 제기된 이후에는 감독자와 인사책임자가 직접 고충 제기자를 만나 협의하고, 필요하면 직접 조사·중재·결정하여 처리한다.

고충처리 사항은 일반적으로 다섯 가지가 있다. 직무이동 및 배치, 승진 및 보상, 직무 감독의 적정성, 정치적 요인 개입 여부, 조직 내 차별 요소 등이다(Llorens, Klingner and Nalbandian, 2017).

(2) 직무스트레스

직무스트레스는 일반적으로 개인이 보유한 능력이나 자원과 환경 요구와의 부적합, 개인의 욕구와 욕구 충족을 가능케 해줄 수 있는 직무환경의 부적합으로 정의된다(French, Caplan & Harrison, 1982 ; 옥원호·김석용, 2000). 즉 직무요건이 근로자의 능력과 자원, 그리고 욕구와 맞지 않을 경우 발생하는 해로운 물리적·심리적 반응이다(NIOSH, 1999). 최근에는 의사결정상황에서 윤리적 가치가 충돌하는 심리적 반응을 의미하는 도덕스트레스까지 그 범위가 확대되고 있다(최도림·권향원, 2015).

직무스트레스 연구 초기에는 개인에게 영향을 주는 외부의 힘, 즉 자극 개념으로 이해되었으나 이후 외부환경에 대한 개인의 심리적·생리적 반응, 즉 반응 개념으로 이해되고 있다. 최근에는 자극과 반응의 상호작용 개념으로 발전하고 있다. 동일한 작업환경이라 하더라도 이를 지각하는 것은 개인별로 차이가 있기 때문이다. 일반적으로 직무스트레스가 클수록 직무만족이나 조직몰입이 낮아지고, 직무스트레스가 적을수록 직무만족이나 조직몰입이 높아진다.

직무스트레스의 원인은 수요·통제·지원·관계·역할·변화에서 찾을 수 있다(Palmer, Cooper & Thomas, 2004). 첫째, 수요적 원인은 업무과중, 업무패턴, 업무환경 등에서 온다. 예를 들면 작업량이 지나치게 많거나 복잡한 경우, 직무가 바뀌었을 경우, 그리고 비현실적인 작업일정 등이 여기에 해당한다. 둘째, 통제는 자기 직무에 대하여 스스로 원하는 방식으로 얼마나 말할 수 있고 어느 정도 관여할 수 있는지를 말한다. 자율성이 부족하다거나 감시 감독이 심한 경우이다. 셋째, 지원은 조직이나 동료들이 제공하는 격려·지원·자원의 정도를 의미한다. 개인 차이를 얼마나 인정하는지와 직무수행을 위한 교육기회 제공 여부 등을 예로 들 수 있다. 넷째, 관계는 상호간의 다툼이나 분쟁을 피하기 위한 노력 정도나 수용하기 곤란한 일의 처리 방식 등을 말한다. 다섯째, 역할은 사람들이 조직 내 자신의 역할을 얼마나 이해하고 있는지, 역할 갈등을 조직이 얼마나 헤아리는지 등에 관한 것이다. 직무기술서가 모호하거나 갈등이 있는 역할을 회피하는 것 등이 이에 해당한다. 여섯째, 변화이다. 크고 작은 조직의 변화가 잘 관리되는지, 그리고 의사소통이 원활하게 이루어지는지 여부를 말한다. 조직 변화의 필요성을 이해하지 못할 경우, 조직 구성원과 의사소통이 부족할 경우, 불안감이 반복될 경우 등이다.

이러한 여러 가지 원인을 해결하기 위해 다양한 측면에서 실증적인 연구가 이루어지고 있다. 옥원호·김석용(2000)의 연구에 따르면 대인관계와 역할과다가 직무만족을 통하여 조직몰입에 간접적으로 영향을 미치는 것으로 나타났으며, 특히 역할이 모호하거나 지나치게 많을 경우, 직무스트레스 요인에 대한 사회적 지원이 필요한 것으로 나타났다.

사회적 지원의 1차적인 원천은 가족과 친구 등이고, 2차적인 원천은 카운슬러와 같은 직장 외 원천과 직장상사나 동료·부하직원과 같은 직장 내 원천으로 직무스트레스 해결의 중요한 요소이다. 고종욱(2006)도 직무스트레스의 두 차원인 역할 모호성과 역할 갈등이 공무원의 직무만족 및 조직 시민 행위에 부정적 영향을 미치는 것으로 분석하고 직무재설계, 명확한 직무 규정, 원활한 의사소통 체계의 구축, 구성원의 능력개발을 위한 교육훈련 등을 통해서 직무스트레스 유발 요인들을 제거하려는 체계적인 노력이 필요하다고 강조한다. 특히 최근에는 재택근무 또는 스마트워크, 탄력근무 등 근로환경의 변화로 인하여 상시 통신이나 즉시 반응 요구 등 새로운 유형의 직무스트레스가 확산하고 있다(이다혜, 2021).

(3) 일과 삶의 균형

일과 삶의 균형(balance of work & life)은 "최소한의 역할 갈등을 가지고 직장과 가정에서 만족하고 성취하는 것"(Clark, 2000 : 751) 또는 "직무적 수요와 비직무적 수요 상호간의 수용하기 어려운 수준의 갈등의 부재"(Greenblatt, 2002 : 179)로 정의된다. 지금까지 전통적인 개념의 직업성공(career success)이 약화되면서, 근무시간을 초과하여 직무에 헌신하는 직장인들이 점점 줄어들고 있다. 이제는 직업의 1차적인 목표를 개인의 욕구와 가족의 욕구, 그리고 직무의 요구 조건을 균형 있게 통합하는 것으로 본다(Poulose and Sudarsan, 2018). 이러한 의미에서 일과 삶의 균형은 '일(work)과 가정(family)의 균형'이라기보다는 '직무(work)와 비직무(non-work)와의 균형'을 의미하는 것으로 확장되고 있다(Wallace, 1999).

일반적으로 앞선 연구에 따르면, 직무몰입은 일과 삶의 갈등과 긍정적인 관계가 있는 것으로 나타난다(Adams, King & King, 1996). 즉 직무에 몰입할수록 일과 삶의 갈등이 높아진다는 것이다. 직무에 지나치게 몰입할 경우 가족과 함께하는 시간이 줄어들기 때문이다. 하지만 또 다른 연구에 따르면, 직무에 강하게 몰입하는 사람이 반드시 일과 삶의 갈등이 심하다고 할 수는 없다는 연구 결과도 있다(Greenhuse, 1998). 다만, 직무몰입과 상관없이 일과 삶의 갈등이 커지면 커질수록 조직몰입은 낮아진다. 따라서 고용주나 조직의 입장에서 조직 구성원들의 조직몰입을 높이기 위해서는 일과 삶의 균형에 관심을 갖는 것이 중요하다(Greenhuse,

1988). 개인들의 비직무적 생활에 관심을 보일 경우, 일과 삶의 갈등이 줄어들기 때문이다(Jane Sturges & David Guest, 2004).

일과 삶의 균형을 유지하기 위한 조직적인 노력은 다음 몇 가지로 요약될 수 있다(손영미·박정열·김가영, 2006). 첫째로, 일 이외의 삶의 영역에 할애할 수 있는 시간의 확보를 위한 지원이 필요하다. 둘째, 임신·출산·육아·교육·재정 등 가족 체계의 유지 및 강화를 위한 가족친화적 지원제도이다. 셋째, 일의 영역에서 요구하는 업무기술의 습득 및 개인의 지속적인 성장을 지원하는 성장지원제도이다. 넷째, 개인이 삶의 활력과 재미를 찾고 신체적·심리적 에너지를 향상시키기 위한 휴식·여가·건강증진 활동에 대한 지원이다. 마지막으로 일과 삶의 균형이 중요함을 인식하고, 이들 정책 및 제도를 효율적으로 운영할 수 있도록 지원하는 조직문화이다. 일과 삶의 균형정책에 대한 반발(backlash)도 고려해야 한다(Perrigino, Dunford and Wilson, 2018). 즉 과도한 정책 추진으로 직장과 가정의 혼동, 과업의 가정 연장, 조직 내 지나친 친밀감, 생산성 저하 등이 나타나지 않도록 해야 한다. 특히 가족친화제도는 형식적 제도와 현실적 운영 사이의 디커플링(decoupling) 현상이 일어나지 않도록 조직문화의 개선, 상사의 지원, 교육과 컨설팅 등 다양한 노력이 필요하다(성민정·원숙연, 2017)

2. 조직적 차원

(1) 임파워먼트(권한위임)

임파워먼트는 개인의 권한을 키워 주는 과정으로서 신뢰를 바탕으로 권한이양, 정보공유, 의사결정에 대한 참여 등을 통해 무력감을 해소시켜 구성원 개개인의 내적 신념을 강화해 주는 것을 말한다(권인수·최영근, 2012). 임파워먼트는 리더의 입장과 부하의 입장을 구분하여 정의할 수 있다(임창희·김영천, 2003). 리더의 입장에서 임파워먼트는 '임파워시킴(empowering)'의 의미로 과업 수행에서 부하직원들이 자신의 능력에 대한 자신감을 갖도록 하는 행동이고, 부하의 입장에서는 '임파워됨(empowered)'의 의미로 자신의 능력에 대한 강한 자신감과 신념을 말한다.

임파워먼트의 기본 요소로는 네 가지가 있다(Spreizer, 1995). 첫째, 과업의 목적 또는 요구되는 역할과 개개인의 신념, 가치관 및 태도의 정합성을 뜻하는 의미성(meaning), 둘째 구성원들이 과업 성과를 향상시키기 위해 보유하고 있는 잠재력을 의미하는 작업역량(competence), 셋째 과업 수행에서의 자율성을 의미하는 자기

결정력(self-determination), 넷째 직무에 있어 실무적인 결정에 어느 정도 영향을 주는지를 나타내는 영향력(impact)이다.

이러한 임파워먼트는 관계구조 측면의 임파워먼트와 동기부여 측면의 임파워먼트로 구분할 수 있다(Conger & Kanungo, 1988). 관계구조 측면의 임파워먼트는 일반적으로 직무에 대한 자기결정권을 강화하기 위하여 의사결정 권한을 하위 계층에 위양하여 의사결정 과정에 참여하도록 하는 것이다. 반면 동기부여 측면에서의 임파워먼트는 단순한 권한위임이 아닌 종업원의 심리적 경험을 강조한다. 예컨대 상사가 동기부여적 언어를 쓰는 것은 이러한 임파워먼트의 과정이 될 수 있다(김상수, 2002). 즉 임파워먼트를 각자의 능력에 대한 개인적 신념을 강화시키는 행동으로, 단순한 외적 행동의 변화보다는 개인의 내적 신념을 변화시키는 과정이라고 본다. 또한 조직의 공식적·비공식적 기법을 통해 조직 구성원의 자기효능감(self-efficacy)을 높이는 과정(Conger & Kanungo, 1988)이며, 합법적이고 정당한 권한을 부여함으로써 업무수행에서 자신감 획득의 방법이다(Thomas & Velthouse, 1990). 앞에서 논의했던 직무특성이론이나 공공서비스동기이론에서 보았듯이 공공기관 종사자는 직무에 대한 효용성과 자율성, 그리고 공공성을 가져야 동기가 부여될 수 있다(조태준, 2015). 이는 의미상 관계구조적 측면보다는 심리적 측면이 강조된 것이다. 이와 같이 임파워먼트는 조직 구성원에 대한 동기부여 과정으로 내면적인 직무 동기와 역량의 증가를 포함한다.

성공적인 임파워먼트를 위해서는 최고 경영층의 적극적인 지원과 배려, 자율적인 의사결정의 존중, 성과의 적절한 배분, 역량개발과 조직발전 등이 필요하다. 이러한 임파워먼트는 개인만이 아니고 소집단에도 적용할 수 있다. 조직 내 지식 동아리나 임시팀, 그리고 분임조 등 소집단 활동을 통하여 조직 구성원들이 직무 과정에서 당면한 문제들을 공동으로 해결하고 업무 능률과 조직성과도 올릴 수 있다.

(2) 유연근무제

조직 구성원의 동기부여를 위한 직무 환경 변화 방법 중 하나로 유연근무제가 있다. 유연근무제는 정형화된 근무 형태에서 탈피하여 근무시간·근무장소·고용형태 등을 다양화함으로써 생산성을 높이려는 전략이다(진종순·장용진, 2010 ; Hörning, Gerhardt and Michailow, 2018). 좁게는 근무시간·근무장소 등의 다양화에서 넓게는 근무복장·근무방식 등 근무 문화의 유연화도 포함하는 개념이다. 그중에서 근로시간을 유연화하는 탄력근무제와 근무장소를 유연화하는 재택근무제를

표 12-5 탄력근무제의 장점과 단점

장점	단점
• 일과 삶의 균형으로 효율성과 생산성 확보 • 직무 자율성 부여로 근로의욕 고취 • 개인별 생활여건에 부응, 복지 향상 • 자율 근무를 통한 자기계발 기회 확대 • 유연한 조직문화 조성에 기여 • 통근 혼잡 회피 등 사회적 비용 절감 가능	• 직장 내외 의사소통의 어려움 • 관리자의 직원 통제 부담 • 직장생활의 불규칙성 확대 • 근로시간 준수 여부 확인 한계 • 시간외 근무, 외출, 출장, 초과근무 등 근로시간과 복무관리의 어려움

살펴보기로 하자.

먼저 탄력근무제는 일정시간대 내에서 자신의 업무수행에 적합하도록 하루 의무근무시간을 신축적으로 조정하여 근무하도록 하는 제도이다. 이는 1일 법정근로시간인 8시간 근무 체제를 유지하면서 공무원 스스로 자신의 출근시간을 결정할 수 있게 하는 제도이다(인사혁신처, 2019). 이러한 탄력근무제는 개별 공무원의 생활여건에 부응함으로써 복지 향상에 기여하는 동시에 일과 삶의 균형을 통해 직무의 효율성과 생산성을 향상시킬 수 있다는 장점이 있다. 또한 자유로운 근무제도 운영으로 자기계발 기회를 제공하고 능력발전을 지원하여 근무만족도를 높이는 한편, 유연한 조직문화를 조성하고, 출·퇴근시 교통혼잡으로 인한 에너지 낭비를 줄일 수 있다(장현주, 2009).

그러나 기관별·개인별로 상이한 근무시간대 운영으로 인해 민원인의 불편을 야기할 수 있고, 기관간·부서간 업무 연계의 어려움을 초래할 수 있다. 또한 시간외 근무, 외출, 출장, 초과근무 등 근로시간과 복무관리가 어렵다는 현실적인 한계도 있다(장현주, 2009).

탄력근무제와 달리 재택근무제(home-based telework)는 장소적인 근무 유연화로 근로자들이 정보통신기술을 활용하여 집에서 일하는 근무 형태이다(장현주, 2009). 이러한 재택근무제를 포함하는 광의의 개념은 원격근무제(telework)로 "정보통신기술을 활용하여 근무시간의 대부분을 전통적인 사무실 이외의 환경에서 작업하는 근무 형태"를 말한다(김영옥·정금나·안소영, 2002). 정보통신기술의 발달로 공간과 시간의 제약을 극복하게 되면서 근무시간과 근무장소를 유연화한 시스템이다. 이를 통하여 조직 구성원의 직무만족과 동기부여가 가능하고, 일과 삶의 균형을 도모할 수 있다. 특히 사무실 등 업무 공간의 효율성을 높이고, 출퇴근 비용 등을 절감할 수 있다. 하지만 재택근무의 생산성과 효과성을 확인하기 어렵고,

조직으로부터 고립감과 소외감을 유발할 수 있으며, 사생활 보호 및 업무 보안을 유지하기 어렵다는 단점이 있다.

(3) 창안제도

창안제도란 조직이 구성원으로부터 조직운영이나 업무개선에 관한 창의적인 의견 또는 고안을 제안받아 심사하여 채택하고, 창안자에게 보상하는 제도를 말한다(이종향, 2011). 법령상으로는 제안제도로 칭한다. 즉 조직 구성원의 아이디어를 체계적으로 수집하고 활용하는 것은 물론, 그에 대해 보상해 주는 인센티브이자 동기부여 제도이다. 창안제도는 원래 조직의 업무개선 및 효율성을 향상시키는 데 그 목적이 있었으나, 조직 구성원 들의 창의력을 발전시키고 근무의욕을 높이기 위해서도 활용된다. 조직 구성원들의 참여 기회를 확대함으로써 사회적 욕구를 충족시키고 직무수행에 보람을 갖게 하는 것이다. 최초의 창안제도는 1880년에 스코틀랜드의 데니(Denny)가 창시한 것이라고 하나, 이것이 선진산업사회에서 널리 보급된 것은 1930년경부터였다(김중양, 2004). 창안제도는 민간부문의 품질 및 생산성 향상을 위해 발달했으나 이후 정부 부문에도 보급되었다. 한국 정부에서는 1963년 국가공무원법 개정 때 제안제도 실시 조항이 삽입되었다(민원사무처리에 관한 법률 제31조).

조직 내부의 동기부여 측면보다 행정기관의 제도나 운영 개선을 위한 제안제도로는 국민창안제도가 있다. 국민창안제도는 국민이 정부 시책 또는 행정제도 및 운영의 개선을 목적으로 행정기관에 제출하는 창의적인 의견 또는 고안이다(국민제안규정 제6조). 창안심사 평가 기준으로는 1) 현재의 상황에 비추어 실현 가능한 내용(실시가능성), 2) 창안 내용이 새롭고 독창적인 내용(창의성), 3) 행정의 개선 및 파급효과가 있는 내용(효과성), 4) 행정기관에 광범위하게 적용할 수 있는 내용(적용 범위), 5) 일회성에 그치지 않고 지속적으로 실시될 수 있는 내용(계속성), 6) 직접적이고 구체적으로 예산을 절감하는 내용(구체성) 등이 제시된다.

성공적인 창안제도의 운영을 위해서는 관리자에게 구속받지 않는 자유로운 창안, 채택 창안에 대한 충분한 보상, 신속한 처리와 합리적이고 공정한 운영, 제도 취지와 목적에 대한 이해 등이 필요하다(박노국·장경생·장석주, 2009).

제4절 동기부여와 변혁적 리더십

앞에서 설명한 조직 구성원의 이론적 동기 요인을 충족하고 직무환경을 조성하는 데 가장 중요한 역할을 하는 것은 리더십이다. 동기부여의 요인과 방법을 정확히 이해하고 있을지라도 이에 적합한 리더십이 발휘되지 않을 경우, 실질적인 효과를 기대하기 어렵기 때문이다. 조직 구성원에 대한 동기부여 과정에서 리더의 역할은 그만큼 중요하다. 반대로 리더십 과정의 핵심적인 요소는 부하직원들에 대한 동기부여이다(Yukl, 2019). 효과적인 리더십이란 집단 목표나 비전을 성취하는 방향으로 조직 구성원의 동기를 유발할 수 있는 능력으로 정의된다(Shamir, Zakay, Breinin & Popper, 1998). 조직 구성원의 동기 요인이 다르기 때문에 리더십의 유형과 연계하여 동기부여 수단이나 방법이 달라질 수 있다. 전통적으로 리더의 특성이나 행태, 상황에 대한 연구들이 있었으며, 최근에는 변혁적 리더십이나 서번트 리더십 등에 대한 연구가 새롭게 진행되고 있다.

리더십유형을 거래적 리더십, 카리스마적 리더십, 그리고 변혁적 리더십으로 구분하고, 이들 리더십유형에 따른 동기 요인을 살펴본다.

첫째, 거래적 리더십은 리더와 부하와의 관계를 교환과 거래의 과정으로 본다(Yukl, 2019). 조직과 리더의 규칙에 순응하는 것은 거래관계의 적정성에 의하여 결정된다. 따라서 부하들은 직무 목표와 과정에 대한 열의와 몰입까지 가지는 않고, 그렇게 요구되지도 않는다. 이러한 리더십은 부하직원의 순응성을 강조하고, 직무과정을 통제하며, 개인의 성과를 엄격히 평가하는 방식을 채택한다(Bass & Avolio, 1994). 조직의 안정성을 유지하기 위해 부하들을 통제하고 모니터링하는 것이다. 이 경우 직원들의 동기 요인은 조직의 외재적이고 경제적인 보상이며, 계량적인 성과 목표의 달성 여부가 보상의 기준이 된다.

둘째, 카리스마적 리더십이다. 카리스마는 사람들을 구원하는 해결책을 가지고 출현하는 신비스러운 존재로 인식된다. 극단적으로 존경받는 인물로, 사람들을 끌어들이는 흡인력을 갖고 있다. 의식·상징·메시지·제도 등을 통하여 부하와의 관계도 내재적이고 감정적이다(Conger, 1998). 이 경우 부하들은 강한 소속감을 가지고 조직과 직무에 몰입한다. 부하직원들의 동기부여에는 단순한 경제적 보상보다는 존경과 친밀의 욕구가 작용한다. 또 규칙이나 규정의 준수보다는 규범이나 집단 압력이 작용한다(이창원·최창원, 2012). 즉 '카리스마적'이라 함은 1) 높은 성과를 기대하고 제시하며, 2) 그러한 성과를 성취할 수 있다는 자신감을 보여주며, 3) 현재의 상황을 거부하고 위험을 감수하게 하며, 4) 지향하는 가치와 미래 비전을 명확히 제시하는 것이다(Ehrhart & Klein, 2001).

셋째, 변혁적 리더십이다. 부하에 대한 동기부여적 관점의 현대적 리더십은 카리스마 리더십이나 변혁적 리더십이다. 즉 변혁적이고 카리스마적인 리더십은 부하직원들의 가치와 그들이 생각하는 우선순위를 변혁시켜 주고(transforming), 그들이 자신들이 기대한 것 이상으로 직무를 수행하도록 동기를 부여하는 것이다(Yukl, 2019). 변혁적 리더십은 다음 네 가지 구성요소를 포함하고 있다(Bass and Avolio, 1994). 첫 번째는 영감적 동기부여이다. 즉 매력적인 미래 비전을 창조하여 제시하고, 상징이나 감정을 활용하며, 긍정적 희망과 열정을 보여준다. 두 번째는 이상화된 영향력 또는 카리스마이다. 집단의 이익을 위해 희생적인 행동을 하고, 본받고 싶은 개인적 모델을 설정하며, 높은 수준의 윤리와 도덕성을 보여준다. 세 번째는 개별적인 배려이다. 부하직원들에 대하여 적극적인 지지와 성원을 보내고 그들의 성장과 발전을 위하여 진정한 조언을 해준다. 마지막으로, 지적 자극이다.

그림 12-4 리더십 유형과 동기 요인의 관계

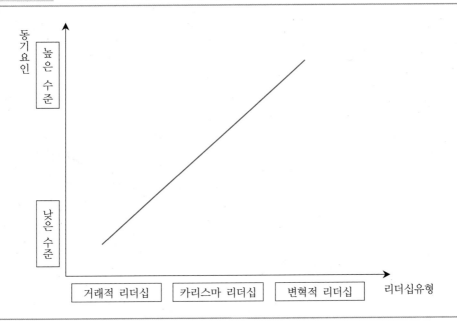

부하직원들의 문제의식과 도전의식을 키워 주고, 새로운 시각에서 문제를 바라보고 해결책을 제시하도록 자극한다.

<그림 12-4>는 리더십유형과 동기부여이론과의 관계를 나타내는 그림이다. 거래적 리더십은 생리적·물질적 욕구 등 낮은 수준의 동기 요인 충족과 관련성이 높고, 변혁적 리더십은 존경이나 자기실현 욕구 등 높은 수준의 동기 요인과 관련성이 높다. 즉 부하직원의 동기요인에 따라 효과적인 리더십유형이 달라질수 있고, 반대로 리더십유형에 따라 부하직원들의 동기가 달라질 수도 있다(Kark & Dijk, 2007). 즉 거래적 리더십은 부하직원들의 거래적 동기를 유발할 수 있고, 변혁적 리더십은 부하직원의 변혁적 동기를 유발할 수 있다. 따라서 부하의 동기 요인, 소위 '팔로워십(followership)'과 리더의 리더십(leadership)은 서로에게 영향을 미치는 쌍방향 관계로 조직성과 향상을 위한 긍정적 상호 관계로 발전하는 것이 중요하다(Howell & Shamir, 2005).

직원 동기부여를 위한 관리자들의 역할

1. 직원들에게 도전적이지만 성취 가능한 목표를 부여함.
2. 직원들의 성과에 대하여 솔직하게 피드백을 주고, 그들이 학습할 수 있고 자기효능감(self-efficacy)을 가질 수 있도록 지원함.
3. 직원의 역량과 책임을 확대함. 직원 개인의 미래 비전을 위하여 개인의 경력개발을 적극적으로 지원함.
4. 좋은 작업환경과 조건을 조성함(효율적인 작업과정 마련, 충분하고 효과적인 도구와 수단 제공, 우호적인 집단 환경과 문화 조성, 충분한 참여 등).
5. 개인들의 욕구에 맞게 적절히 지원함.
6. 성과 부족을 이유로 자율을 억제하고 통제를 강화함으로써 조직몰입을 약화시키고 결국 조직성과를 저하시키는 악순환을 차단함.
7. 직무 권태와 스트레스를 유발하는 과도한 과업 압력을 피함.
8. 직원들이 자기의 역량과 잠재력을 정확히 파악하도록 지원. 스스로에 대한 정확하지 않은 자기 이미지는 미래 경력에 대해 비현실적인 기대를 낳게 할 수 있음.
9. 공정하게 대접받고 있다는 확신을 갖게 함.
10. 관리자들은 관리와 조직에 적극적인 관심을 보이는 것으로 인식하도록 함.

– 출처 : Condrey, 2010, pp.194-195.

학•습•포•인•트

- 내용이론
- ERG 모형
- 동기/위생요인모형
- 기대이론
- 목표설정이론
- 직무특성이론
- 인사상담과 고충처리
- 임파워먼트(권한위임)
- 제안제도
- 거래적 리더십
- 변혁적 리더십

- 욕구계층이론
- 성취동기모형
- 과정이론
- 공정성이론
- 강화이론
- 공공서비스동기이론
- 직무스트레스
- 일과 삶의 균형
- 유연근무제
- 카리스마적 리더십

연•습•문•제

1. 동기부여와 관련한 내용이론을 제시하고 설명하시오.

2. 동기부여와 관련한 과정이론을 제시하고 설명하시오.

3. 공무원들에게 공공서비스 동기가 있다고 생각하는가? 이 이유를 설명하고 공무원에 대한 직무동기 부여 방안을 제시하시오.

4. 공무원을 준비하는 학생들이 일반적으로 7급을 많이 선택하는 이유를 설명하고, 특별히 5급을 선택하는 학생들은 일반 학생들과 무엇이 다른지 기대이론을 적용하여 설명하시오.

5. 자신이 어떤 조직 내 팀장이라고 가정하고, 팀원들에게 동기부여를 해줄 수 있는 다양한 방안을 제시하시오.

6. 현재 위치에서 자신에게 가장 동기부여가 되는 요인을 말하고, 이 요인이 어떠한 과정을 거쳐 자신에게 동기부여가 되었는지 서술하시오.

7. 자신이 과거나 현재에 속했던 리더들을 리더십 유형으로 나누고, 가장 자신의 동기를 부여하는 데 바람직했던 리더의 특성을 설명하시오.

8. 공무원의 경우 민간기업과 비교하여 '일과 삶의 균형'이 어느 정도 되어야 하는지 비율을 제시하고, 앞으로의 방향에 대하여 설명하시오.

토●의●사●례

최근 거대 공기업인 ◇◇공사가 엄청난 부채비율로 여론의 뭇매를 받고 있는 상황에서 사장 임○○은 각 사업별 실적 정도를 살펴본 결과, 핵심적인 사업부문의 사업성과와 고객만족도가 크게 떨어진 사실을 발견했다. 그 이유는 최근 직원들의 직무의욕이 크게 떨어지고, 사업에 대한 열정이나 고객을 대하는 태도가 매우 소극적인 것으로 나타났다. 이에 따라 전 직원을 대상으로 설문조사를 실시하고, 그 결과를 다음과 같이 공표했다.

<설문조사 결과>

설문 항목	전혀 그렇지 않다	그렇지 않다	보통 이다	그렇다	매우 그렇다
1. 회사에 전반적으로 만족한다.	26%	11%	55%	10%	8%
2. 회사의 업무량이 많다.	7%	18%	17%	24%	34%
3. 자신이 원하던 일을 하고 있다.	16%	14%	10%	37%	23%
4. 승진은 공정하게 이루어진다.	31%	5%	9%	23%	32%
5. 팀의 의사소통이 원활한 편이다.	9%	7%	4%	14%	67%
6. 다른 기업으로 가고 싶다.	13%	2%	30%	49%	6%
7. 월급에 만족한다.	47%	6%	4%	32%	11%
8. 업무에 책임감을 느낀다.	54%	18%	17%	7%	4%
9. 업무에 필요한 충분한 지식을 갖고 있다.	42%	27%	11%	8%	2%
10. 상관이 너무 권위적이다.	4%	13%	2%	17%	64%
11. 휴식 일수에 만족한다.	5%	4%	9%	22%	60%

<주관식 불만사항 설문조사 결과>

직원들이 서로 의욕이 없어요. / 사내 복장 규정이 엄해요. / 상사가 자꾸 사원의 의견을 무시합니다. / 컴퓨터가 느려서 업무를 볼 수가 없어요. / 회사에 정이 안 가요. / 사원 끼리 서로 너무 어색해요. / 회식이나 술자리가 너무 많아요. / 회사에서 언제 잘릴지 불안해요. / 상사가 재수 없어요. / 보너스가 없어요. / 편의시설이 너무 부족해요. / 사무실이 너무 더러워요. / 점심시간이 부족해요. / 야근이 너무 잦아요. / 직원 의무교육 시간이 너무 적어요. / 사내식당의 밥이 너무 맛이 없어요. / 업무를 볼 책상이 좁아요. / 휴가가 적어요. / 출근시간이 너무 빨라요. / 사원에 대한 관리와 체크가 너무 엄해요. / 남자 사원과 여자 사원에 대한 차별이 있어요. / 봉급이 너무 적어요. / 승진이 너무 안 돼요. / 냉난방이 잘 안 돼요. / 상사가 편애해요. / 낙하산 인사가 있어요. / 출산휴가가 짧아요. / 임원들이 법인카드를 남발합니다. / 각 부서 간에 업무협조가 안 되고 있습니다. / 화장실에 휴지가 부족해요. / 사람들이 담배를 너무 많이 피워요. / 흡연 공간이 따로 없습니다. / 사원의 개인적인 시간이 부족해요. / 업무가 항상 똑같아요. / 조명이 어두워요. / 의자가 딱딱해요. / 회의가 너무 많아요. / 개인의 의사를 고려하지 않고 업무가 부여됩니다. / 학연·지연 너무 따져요.

<일반 직원들의 사적인 대화 내용>

너 그거 들었어? / 뭘? /이번에 부채비율 낮춘다고 난리잖아. / 응응 /그래서 요즘 야근도 엄청 많잖아 / 응, 요즘 너무 많이 해 / 근데 요즘에 그거 때문에 김 부장이 6시 땡 하면 사무실 문 잠그고 직원들 못 가게 하는 거 알아? / 진짜? 에이, 그래도 설마… / 진짜라니까? 며칠 전에 내가 자물쇠 봤어 / 어머? 진짜로? / 너무 심하네. 우리가 갈 사람인가.

요즘 진짜 못 살겠다 / 너만 그러겠냐. 나도 요즘 상사가 동기 놈만 예뻐하고 미치겠다니까 / 너도 그러냐? / 우리도 내년이면 입사 15년차인데 언제 과장 된다니 /우리 기수가 좀 꼬인 것 같아. 주변 애들도 다 그러더라 / 그래?

으…속 쓰려/왜? 어제 회식 때문에?/어, 아! 무슨 부채비율 낮춘다는 회사가 무슨 놈의 회식을 이렇게 자주 하는 거야?/별수 있냐? 한다는데 빠지기도 그렇고/그렇지. 안 가면 안 온다고 눈치주고, 싫다고 할 수도 없고.

아, 진짜 피곤해… / 왜? / 어제 또 야근했어. 벌써 일주일째 야근하고 있다니까. / 정말? 부장님한테 말 좀 해봐./ 어떻게 그래, 그 대머리 잔소리할 거 생각하면 벌써부터 질려 / 하긴 부장님 잔소리 한번 하면 한세월이지 / 그나저나 나 요즘에 야근 때문에 남자친구가 왜 피하냐고 그런다니까? 결혼 준비하는데 내가 이런 소리 들어야 돼?

아! 남자로 태어났어야 했는데! / 왜? /만날 나만 커피 타! 복사도 내가 하고! / 야! 나도 그래! 좀 바뀌어야 하는데.

눈 아파 / 왜요? 컴퓨터 때문에 그래요 / 아, 들으셨어요? 컴퓨터가 아니라 조명 때문에요. 조명 좀 밝은 걸로 바꿔 달라고 시설과에 몇 번을 얘기했는데도 계속 그대로예요 / 아, 조명 때문에 그러셨구나. 조명이 좀 어둡긴 하죠.

아, 엉덩이 아파 / 그러게 방석을 사라니까/아니…다른 회사는 직원들 편하라고 기능성 의자도 제공한다는데…/부채비율 낮춘다고 그렇게 난리법석을 떠는데 바꿔 주겠니? 말하면 또 잔소리 시작이야. 밥이나 먹으러 가자.

아니, 내가 실적 내려고 얼마나 고생하는데… 결국 승진되는 건 걔야? / 걔가 한국대 나와서 그러잖아. 우리 회사에서 한국대 나온 사람들 중에 아직도 말단인 애 있냐? 임원들 대부분이 한국대 출신인데 자기들 라인 세우려고 하지…우리들 올리려고 하겠냐? 우리 같은 전문대 출신들은 설자리가 없어. 열심히 할 필요가 없어 / 확 여기서 뛰어내릴까? 더러워서 못하겠다고 하면서/아서라. 그런다고 바뀔 곳도 아냐.

김 과장, 왜 이리 얼굴이 안 좋아? 무슨 화나는 일이라도 있나? / 우리 처장님 때문에 짜증나 죽겠어요. 공사 하청 발주를 꼭 자기 고등학교 동창에게만 맡기려고 해요. 그 회사는 부채도 많고 부실공사로 말들이 많은데 그렇게 꼭 내 의견은 무시하고 밀어붙이려고만 하는지. 그러다 진짜 부실공사로 건물이라도 무너지면 자기가 책임지려고 하나? / 놔 둬. 비리 발각 나면 본인만 손해지. 아니면 확 내부고발이라도 해버릴까? 그러면 당장 잘릴 텐데.

아 아까 전에 사업처에 갔었는데 하나도 협조 안 해주는 거 있지?/뭐? 그랬단 말야? 우리도 나중에 자료 협조 해주지 말자. 지들도 당해 봐야 정신 차리지. 지들이 관리처 안

오고 배길 자신 있으면 한번 해보라 그래. 누가 이기나 한번 해보지 뭐.

너 아까 왜 그렇게 혼났어? / 휴, 우리 팀 뭐 하나 하려면 결재 받는 시간도 너무 오래 걸리고 해서 조직 구조를 바꾸자고 했다가 완전 욕먹었지 뭐야. 네가 뭘 아냐면서 막 뭐라 그러는데 서러워서 진짜…/직원들 말은 그냥 콧방귀로 알아듣는다니까.

어라, 너 오랜만이다, 어떻게 출산은 잘 했어?/응, 너무 귀여운 거 있지. 근데 출산휴가 일주일만 더 줬으면 좋겠어. 내 새끼 떼놓고 일하려니까 일도 안 잡히고, 몸도 불편하고 온몸이 쑤셔 / 어떡한다니…

야, 새로 들어온 그 어린애 봤어? / 응 좀 덜 떨어진 거 같던데, 그런 애가 어떻게 우리 회사에 왔대? / 걔? 이사 딸이라는 소문이 있던데? / 낙하산이네? / 아니, 낙하산은 아닌데, 면접시험 때 이사가 면접관한테 압박 좀 넣었다는 소리가 나더라.

이거 뭐 담배 한 대 피우려면 상사 눈치 보고 사무실 빠져나오랴, 엘리베이터 타랴, 밖으로 나오랴. 어떻게 된 회사가 흡연실도 없어? / 그러게 말입니다. 여직원들 담배 냄새 싫어하는 거 알고 조심한다고 하는데 이렇게 담배 한 대 피우는데 십 분 넘게 걸리면 담배 피우지 말라는 건지. 이거 없으면 무슨 낙으로 살라고….

📖 토의과제

1. A씨는 ○○공사의 인적자원관리 담당이사를 맡았다. 그 직원들의 동기부여만이 실적 개선, 궁극적으로 부채비율 감소라는 결과로 이어질 수 있다고 믿고 있다. 위 자료를 토대로 직원들의 동기부여 방법을 사장을 비롯한 이사진 전원이 보는 앞에서 구체적으로 제시해야 한다. A씨 입장에서 어떤 식으로 직원들의 동기부여 방법을 제시할 것인지 위 자료를 활용하여 설명해 보시오.

💡 참고문헌

고종욱, 2006. 「직무스트레스와 산출 간 관계에서의 조직몰입의 조절 역할 : 지방자치단체 공무원을 중심으로」, 『한국행정학보』 40(2), pp.147-166.

권인수·최영근, 2012. 「심리적 임파워먼트 및 리더-부하 교환관계와 조직시민행동의 관계에서 조직 지원 인식의 매개효과」, 『대한경영학회지』 24(4), pp.2415-2437.

김상묵, 2018. 공공봉사동기 연구의 성과와 과제, 정부학연구, 24(3), 43-112.

김상묵·김영종, 2005. 「정부조직의 직무특성에 관한 연구」, 『한국행정학보』 39(2), pp. 63-86.

김상수, 2002. 「임파워먼트의 영향 요인으로서 상사의 동기부여적 언어와 개인 특성 변수의 조절 효과에 관한 연구」, 『대한경영학회지』 31, pp.383-385.

김영옥·정금나·안소영, 2002. 「기업의 원격근무 도입 현황과 정책과제」, 한국여성정책연구원.

김중양, 2004, 『한국인사행정론』제5판, 법문사.

다니엘 골먼(정욱·강혜경 옮김), 2015. 「ON MANAGING PEOPLE: 조직의 능력을 끌어올리는 인적자원관리」, 매일경제신문사.

미야자키 타쿠마(김경철 옮김), 2007. 『소니 침몰 : 영광의 소니 마침내 붕괴하는가?』, 북쇼컴퍼니(B&S).

박노국·장경생·장석주, 2002. 「품질향상을 위한 중소기업 제안제도 활성화」, 『벤처창업연구』 4(2).

박선경·양승범, 2011. 「한국 지방공무원의 직무 관련 동기부여 요인에 관한 연구 : 세대차이를 중심으로」, 『한국인사행정학회보』 10(3), pp.53-74.

박천오, 2008. 「우리나라 중상위직 중앙공무원의 직무 성격과 직무 동기」, 『한국인사행정학회보』 7(1), pp.179-201.

박천오·박시진, 2015. 「한국 공무원의 공직선택 동기연구」, 『한국인사행정학회보』 14, pp.179-104.

성민정·원숙연, 2017. 「가족친화제도 디커플링 인식과 영향요인 : 출산육아 및 근로시간제도를 중심으로」. 『한국행정학보』, 51(2), 185-215.

손영미·박정열·김가영, 2006. 「일과 삶의 균형 정책의 도입에 관한 연구 : 공공부문을 중심으로」, 한국행정학회 동계학술대회 발표논문.

신원동, 2007. 『삼성의 인재경영』, 청림출판.

이근주, 2005. 「PSM과 공무원의 업무성과」, 『한국사회와 행정연구』 16(1), pp.81-104.

이다혜, 2021. 「재택근무에 대한 법적 규율-ILO 및 EU 국제기준에 비추어 본 국내 정책의 검토-」. 『노동법학』, (79), 71-110.

이선우·임현정, 2012. 「경찰 성과에 영향을 미치는 요인에 대한 연구」, 『한국행정학회보』 46(3).

이영면, 2007. 「직무만족의 측정도구에 대한 개요와 활용방안」, 『인사·조직연구』 15(3), pp.123-186.

이종향, 2011. 「우리나라 준정부기관 제안제도 활성화에 관한 연구」, 청주대학교 석사학위논문.

이창원·최창현, 2012. 『새 조직론』, 대영문화사.

인사혁신처, 2019. 홈페이지(www.mpm.go.kr)

임창희·김영천, 2003. 「임파워먼트와 절차 공정성이 조직시민행동에 미치는 영향-상사 신뢰의 매개효과를 중심으로」, 『인적자원개발연구』 50, pp.25-53.

장현주, 2009. 「참여정부의 가족친화적 근무에 대한 평가 : 공무원 인식 조사를 중심으로」, 한국행정학회 하계학술대회.

조태준, 2015. 「정부관료제의 임파워먼트와 성과 간 관계에 대한 연구」, 『한국인사행정학회보』, 14, pp.109-138.

진종순·장용진, 2010. 「공직사회 유연근무제의 발전방안에 관한 연구」, 『한국인사행정학회보』9(3), pp.29-55.

최도림 · 권향원, 2015. 「도덕적 스트레스 연구 동향과 가상시나리오」, 『한국인사행정학회보』, 14, pp.105-132.

Abdelghafour Al-Zawahreh and Faisal Al-Madi, 2012. The Utility of Equity Theory in Enhancing Organizational Effectiveness, *European Journal of Economics Finance and Administrative Sciences*, 46, pp.158-170.

Adams, G, King, L. and King, D., 1996. Relationships of Job and Family Involvement, Family Social Support, and Work-Family Conflict with Job and Life Satisfaction, *Journal of Applied Psychology,* 8(4), pp.411-420.

Adams, J. S., 1965. Inequity in Social Exchange, In L. Berkowitz (Ed.), *Advances in experimental psychology*, pp.267-299, New York : Academic Press.

Alderfer, C. 1972. *Existence, Relatedness, & Growth.* New York: Free Press.

Bass, B. M. and Avolio, B. J., 1994. *Improving Organizational Effectiveness through Transformational Leadership*, Thousand Oaks, CA : Sage.

Bolino, M. C. and Turnley, W. H., 2008. Old Faces, New Places : Equity Theory in Cross-Cultural Contexts, *Journal of Organizational Behavior*, 29, pp.29-50.

Bright, Leonard, 2009. Why Do Public Employees Desire Intrinsic Non-monetary Opportunities?, *Public Personnel Management*, 38(3), pp.15-37.

Clark, S., 2000. Work-family Border Theory : A New Theory of Work-Life Balance, *Human Relations*, 53(6), pp.747-770.

Condrey, Stephen E., 2010. *Handbook of Human Resources Management in Government*, 3rd edition, Jossey-Bass.

Conger, J. A. and Kanungo, R. N., 1998. *Charismatic Leadership in Organizations*, Thousand Oaks, CA : Sage.

Conger, J. A. and R. N. Kanungo, 1988. The Empowerment Process : Integrating Theory and Practice, *Academy of Management Review*, 13, pp.471-482.

Coursey, David, Kaifeng Yang and Sanjay K. Pandey, 2012. Public Service Motivation (PSM) and Support for Citizen Participation : A Test of Perry and Vandenabeele's Reformulation of PSM Theory, *Public Administration Review*, 76(2).

Ehrhart, M. G. and Klein, K. J., 2001. Predicting Followers' Preferences for Charismatic Leadership : The Influence of Follower Values and Personality, *Leadership Quarterly*, 12, pp.153-179.

French, J.R.P., R.D. Caplan and R.V. Harrison, 1982. *The Mechanism of Job Stress and Strain*, New York : John Wiley and Sons.

Theory, 22(3), pp.445-471.

Robbins, S. P. & Judge, T. 2021. Organizational Behavior. Pearson.

Shamir, B., Zakay, E., Breinin E. B. and Popper, M., 1998. Correlates of Charismatic Leader Behavior in Military Units: Subordinates' Attitudes, Unit Characteristics, and Superiors'Appraisals of Leader Performance, *Academy of Management Journal*, 41, pp.387-409.

Skinner, B. F., 1965. *Science and Human Behavior*. Free Press.

Snyder, William, 1947. The Present Status of Psychotherapheutic Counseling, *Psychological Bulletin*, 44(4), pp.297-386.

Spreitzer, G. M., 1995. Psychological Empowerment in the Workplace : Dimensions, Measurement, and Validation, *Academy of Management Journal*, 38, pp.1142-1465.

Sturges, Jane and David Guest, 2004. Working to Live or Living to Work? Work/Life Balance Early in the Career, *Human Resource Management Journal,* 14(4), pp.5-20.

Park, S. M. and Jessica, Word, 2012. Driven to Service : Intrinsic and Extrinsic Motivation for Public and Nonprofit Managers, *Public Personnel Management*, 41(4), pp.705-734.

Thomas, K. W. and B. A. Velthouse, 1990. Cognitive Elements of Empowerment : An Interpretive Model of Intrinsic Task Motive, *Academy of Management Review*, 15, pp.666-681.

Vroom, V.H., 1964. *Work and Motivation*, Wiley, New York, NY.

Wallace, J., 1999. Work-to-Nonwork Conflict among Married Male and Female Lawyers, *Journal of Organisational Behavior*, 20, pp.797-816.

Wilensky, J. L. and H. L. Wilensky, 1951. Personnel Counseling: the Hawthorne Case. *American Journal of Sociology,* pp.265-280.

Wright, Bradly E. and Soonhee Kim, 2004. Participation's Influence on Job Satisfaction: The Importance of Job Characteristics, *Review of Public Personnel Adminstration*, pp.18-40.

Yang Feng-Hua, Wu Melien, Chang, Chen-Chieh, Chien, Yuhsin, 2011. Elucidating the Relationships among Transformational Leadership, Job Satisfaction, Commitment Foci and Commitment Bases in the Public Sector, *Public Personnel Management*, 40(3), pp.265-278.

Yukl, G., 2019. *Leadership in Organizations,* 9th Edition, Pearson-prentice Hall.

제 5 편

성과와 보상

제13장

인적자원의 성과평가

제5편에서는 인적자원의 관리과정의 성과 평가와 보상, 그리고 퇴직관리에 대하여 논의한다. 제13장에서는 인적자원의 성과를 어떻게 측정하고 평가하는지 살펴본다. 일반적으로 인적자원평가는 발전적 목적과 평가적 목적이 있으며, 크게 역량평가와 성과평가로 구분된다. 인적자원평가에 필요한 기본 요건으로는 타당도와 신뢰도, 변별력, 특정성, 수용성, 실용성 등이 있다. 이러한 요건에서 벗어난 다양한 오류 가능성도 학습한다. 그러나 인적자원평가에서 가장 중요한 것은 평가 내용과 방법이다. 성과평가 방법에는 규범지향평정방법, 행태지향평정방법, 결과지향평정방법이 있다. 마지막으로 인적자원의 평가 주체, 즉 누가 평가할 것인가를 기준으로 자기평가, 상관평가, 다면평가, 외부 및 고객 평가 등으로 구분하는데 이러한 다양한 평가 결과를 종합하여 활용하는 방법들도 살펴본다.

Not everything that can be counted counts,
and not everything that counts can be counted.

- Albert Einstein

제1절 성과평가의 의의와 목적

1. 인적자원평가의 의의

인적자원에 대한 평가는 직무를 수행할 수 있는 역량과 직무를 수행한 결과에 대한 평가로 나눌 수 있다. 역량평가는 직무수행에 필요한 능력과 태도를 평가하는 것이고, 성과평가는 직무수행의 결과 또는 직무성과로서 인적자원이 도출한 산출물을 평가하는 것이다(Armstrong & Baron, 2007 ; Heinrich, 2002 ; Van Dooren, Bouckaert & Halligan, 2015). 제8장에서 살펴본 것처럼 역량 진단과 평가는 선발이나 이동, 그리고 개발 등 인적자원 관리과정과 관련성이 높은 데 반해, 성과평가는 인적자원 관리과정을 통하여 직무를 수행한 결과이므로 보상이나 환류 과정과 관련성이 높다. 좁은 의미의 인적자원평가는 역량평가보다는 성과평가를 의미하며, 일반적으로 실적 또는 성과평가를 이야기한다. 인적자원에 대한 역량평가는 제7장에서 설명했으므로 이 장에서는 성과평가를 중심으로 논의한다.

성과평가는 직무를 수행한 후 나타난 결과에 대한 평가이다. 조직 구성원이 조직 목표 달성을 위해 얼마나 기여했는지, 개인별로 직무수행 결과 나타난 서비스의 규모와 내용, 그리고 효과를 평가하는 것이다. 세부적인 성과평가 요소로는 업무량, 업무완성도, 목표달성도, 적시성, 업무량, 업무난이도 등 다양하다.

이와 같은 인적자원평가는 사람에 대한 평가로 직무평가나 정책평가 또는 조직평가 개념과는 구분된다. 직무평가는 업무수행 이전에 직무의 상대적 가치를 평

표 13-1 직무평가, 인적자원평가 및 정책평가의 비교

구분	직무평가 (job evaluation)	인적자원평가 (performance evaluation)	정책평가 (policy/program evaluation)
평가 성격	정태적(평가 대상 일정)	동태적(평가 대상 변화)	정태적+동태적
평가 대상	직무	사람(역량 · 실적)	정책
평가 시기	사전평가	사후평가	사후평가

가하는 것으로, 평가대상은 직무이다. 일반적으로 일정한 직무를 전제로 하고 직무 자체의 자율적인 변동 가능성을 전제하지 않기 때문에 평가의 안정성을 담보할 수 있다. 이에 반해 인적자원평가는 직무가 아닌 사람에 대한 평가이므로 평가대상이 항상 변할 수 있는 자율 의지를 갖고 있고, 이에 따라 평가결과가 달라질 수 있다는 점이 다르다. 그런 점에서 직무평가는 정태적 평가이고, 인적자원평가는 동태적 평가라 할 수 있다.

2. 인적자원평가의 목적

인적자원평가를 왜 실시하는가? 인적자원평가의 목적은 평가(evaluation)와 발전(development)이다. 평가적 목적은 평가결과를 중점적으로 활용하는 반면, 발전적 목적은 평가과정에 중점을 둔다(Behn, 2003).

첫째, 인적자원평가는 평가적 목적을 위해 실시된다. 즉 승진·전보·이동·징계·퇴직 등 인사조치의 기준이 된다. 평가결과를 토대로 승진 후보자의 명부 작성, 강제퇴직자 선정 등 인사관리가 이루어지는 것이다. 특히 보수 결정의 기준이 된다는 점에서 중요하다. 통상 인적자원평가 결과는 연봉과 성과급을 결정하는 기준이 된다(강혜진, 2012). 또한 평가점수와 평가서열을 부여함으로써 직원들의 동기를 자극하기도 한다. 평가결과는 시험의 타당도를 검증하는 근거로 활용할 수 있다.

둘째, 인적자원평가는 발전적 목적을 위해 실시된다. 개인은 물론 조직의 발전을 위한 도구로 활용된다. 우선 인적자원평가를 통하여 각 개인의 우수역량과 부족역량, 또는 잠재역량을 확인할 수 있다. 인적자원평가는 조직이 개인들에게 요구하는 필요역량이 무엇인지, 그리고 직무 책임은 무엇인지를 보다 명확히 제시하는 환류 기능도 갖고 있다. 뿐만 아니라 직무평가와 직무설계를 위한 다양한 정보를 제공한다. 또한 평가과정에서 상사와 부하 상호간에 직무성과에 관하여 의사소통 기회를 제공한다. 따라서 개인의 발전은 물론 조직의 발전에도 유용한 인사관리 수단이 된다. 평가지표를 통하여 조직의 운영방향을 제시하고, 조직의 목표를 재확인할 수 있기 때문이다. 평가결과를 분석한 후 이를 토대로 조직의 문제점을 확인하고 교육훈련의 수요를 파악함으로써 종합적인 인사기획이나 조직발전계획을 마련할 수 있다. 이처럼 평가과정과 평가결과를 통하여 조직목표와 성과의 향상을 도모한다.

제 2 절 평가지표와 평가오류

1. 평가지표의 의의 및 기준

인적자원의 평가는 어떤 평정지표를 활용하느냐에 따라 평가결과가 달라진다. 동일한 내용을 평가하더라도 어떤 지표를 사용하느냐에 따라 평가의 방향과 내용, 그리고 결과가 달라지기 때문이다. 좋은 지표는 원론적으로 평가의 두 가지 목적, 즉 평가적 목적과 발전적 목적을 모두 충족할 수 있는 지표이다. 일반적으로 평가지표, 평가내용, 그리고 평가방법이 좋은지를 판단하는 척도는 1) 타당도, 2) 신뢰도, 3) 변별력, 4) 수용성, 5) 특정성, 6) 실용성 등이다(Noe, Hollenbeck, Gerhart, Wright, 2020). 타당도와 신뢰도, 그리고 변별력은 평가적 목적을 반영하는 것이고, 수용성과 특정성은 발전적 목적을 반영한 것이다(Moynihan, 2008). 마지막 실용성은 평가 관리적 측면을 반영한 것이다. 이러한 평가지표의 척도는 평가목적을 달성하고 평가결과를 결정하는 중요한 기준이 된다.

(1) 타당도(validity)

첫 번째 인적자원 평가지표의 조건은 조직목표에 대한 기여 정도를 반영해야 한다는 것이다. 즉 평가지표의 타당도는 인적자원의 활동과 노력이 조직목표와 성과에 얼마나 기여했는지를 평가할 수 있는가에 달려 있다. 타당도란 측정하고자 하는 것을 얼마나 측정했는지를 말한다. 아무리 좋은 평가지표나 평가방법이라 하더라도 조직성과나 목표의 달성 여부에 대한 평가 없이는 좋은 평가지표라고 할 수 없다. 이는 피평가자 개인보다는 조직의 입장에서 소속 직원을 평가하고 비교하기 위한 기준으로, 이를 통하여 조직이 필요한 것, 조직이 요구하는 방향과 내용을 소속 직원에게 명확히 제시할 수 있는 기능 역시 존재한다. 타당도의 세부적인 유형으로 기준타당도, 내용타당도, 그리고 구성타당도에 대해서는 앞서 9장에서 설명했다. 역량을 평가할 경우, 해당 역량에 대한 평가요소가 직무성과에 영향을 줄 수 있어야 하고, 성과를 평가할 경우에도 조직에 대한 기여도를 판단할 수 있어야 타당도가 높은 평가지표라 할 수 있다.

(2) 신뢰도(reliability)

평가지표의 신뢰도는 측정도구로서의 일관성을 말한다. 평가과정에서 평가자의 주관성과 자의성을 배제하는 것이다. 두 사람 이상의 평가자가 서로 다른 시점에서 평가하더라도 동일한 평가결과가 나와야 한다. 동일한 기준을 적용했는데도 시점에 따라 다양한 해석이 가능한 지표는 신뢰도의 문제가 제기될 수 있다. 예컨대 역량평가에서 동일한 피평가자에 대하여 서로 다른 사람이 평가하더라도 동일한 지표를 활용했다면 동일한 평가결과가 나와야 평가지표의 신뢰도가 높다고 하겠다. 성과평가도 마찬가지로 동일한 수준의 성과에 대하여 동일한 평가결과가 나와야 한다. 이는 평가대상자 개인의 발전적 측면보다는 평가적 측면에서 필요한 요건이다.

(3) 변별력(differentiation)

평가적 목적을 위한 인적자원의 평가는 측정하고자 하는 내용을 차별화할 수 있어야 한다. 모든 평가대상자의 결과가 동일하게 나온다면 굳이 평가를 할 필요가 있는가라는 문제가 제기될 수 있다. 인적자원에 대한 평가는 소속 직원의 차별화된 특성을 찾아 인적자원행정에 활용하기 위해서이다. 따라서 평가지표는 평가대상자들 간의 서로 다른 역량과 성과를 확인할 수 있어야 한다. 일반적으로 변별력은 평가적 측면에서 필요한 요건이지만 평가대상자 개인의 발전을 위해서도 중요한 역할을 한다. 평가대상자들이 자신의 역량과 성과가 남들과 차별화되는 요소를 확인할 수 있기 때문이다.

(4) 특정성(specificity)

평가지표의 요건 중에서 가장 중요한 것이 특정성이다. 이는 평가결과가 피평가자에게 전달되는 피드백 과정을 말한다. 평가지표는 평가결과를 통하여 피평가자가 스스로 자신에게 부족한 역량과 우수한 역량이 무엇인지 확인하고, 어떤 부문의 성과가 부진하고 어떤 부문의 성과가 우수한지 확인할 수 있어야 한다. 평가의 근본 목적이 평가 자체에 있다기보다 피평가자의 역량과 성과를 향상시키는 데 있기 때문이다. 따라서 평가결과는 피평가자의 강점과 약점을 구체적으로 알려줌으로써 피평가자의 역량개발 또는 성과를 높일 수 있는 방향을 제시해 주어야 한다. 아무리 타당도와 신뢰도, 그리고 변별력이 좋더라도 특정성이 없으면 만족스러운 평가지표라 하기 어렵다. 특정성은 인적자원의 확보 과정이나 역량개발 프로그램의 효과성을 측정하는 과정에서 활용되는 평가지표와는 차이가 있다.

(5) 수용성(acceptability)

인적자원에 대한 평가는 현실적으로 피평가자 개인의 발전적 목적보다는 조직의 입장에서 피평가자들을 비교하는 평가적 목적을 위하여 활용되는 경우가 많다. 그런 점에서 평가결과는 피평가자의 조직 생활의 성패를 좌우하는 결정적인 요소로 작용할 수 있다. 따라서 아무리 타당도나 신뢰도, 그리고 특정성 측면에서 바람직한 평가지표라고 하더라도 피평가자들이 긍정적으로 수용하지 않으면 좋은 평가지표라고 보기 어렵다(최관섭·박천오, 2014). 예를 들어 다면평가가 피평가자의 역량과 성과를 가장 잘 측정할 수 있다 하더라도 인사권자는 물론 피평가자들이 그 결과를 수용하지 않는다면 좋은 평가지표 또는 평가방법이 되지 못한다. 평가점수가 높고 낮음에 상관없이 피평가자들이 어느 정도 수용할 수 있는 평가지표가 되어야 당초 평가의 목적을 달성할 수 있다.

(6) 실용성(applicability)

실용성은 평가관리적 측면에서 필요한 요건이다. 고도의 타당도와 신뢰도, 특정성, 수용성을 모두 충족한 경우라 하더라도 평가지표나 평가방법이 지나치게 시간과 비용을 많이 요구하는 경우 도입하기 어렵다. 인적자원을 평가하는 데는 조직적 차원은 물론 개인적 차원에서도 많은 시간과 비용이 소요된다. 특히 피평가자의 역량과 성과를 보다 정교하게 측정하고 평가할 수 있는 방법일수록 소요되는 비용과 시간은 늘어나게 마련이다. 따라서 평가지표가 모호하여 이를 해석하는 데 시간이 많이 걸려서는 안 될 것이다. 평가지표 준비작업이나 실행과정이 정책 부서나 일선 부서의 본래 업무에 지장을 초래하는 것은 바람직하지 못하다. 평가과정이 최소한의 노력으로도 가능하고, 평가지표는 평가자와 피평가자가 이해하기 쉽게 단순명료해야 한다.

2. 평가자 오류 가능성

평가의 전반적인 과정에서 핵심적인 요소는 역시 평가자이다. 즉 평가자의 태도와 자세, 그리고 노력에 따라 평가결과에 대한 신뢰도와 수용성이 달라진다. 특히 평가과정에서 평가자가 일반적으로 범하기 쉬운 오류들을 극복하는 것이 매우 중요하다(Mahler, 1947). 위에서 설명한 평가지표의 요건을 모두 충족했다 하더라도 실제 평가 과정에서 평가자 오류가 나타날 경우, 성공적인 평가가 될 수 없다(Daley, 2010). 평가자가 일반적으로 범하기 쉬운 오류를 살펴보면 다음과 같다.

(1) 후광효과와 역광효과

후광효과(혹은 연쇄효과, halo effect)는 하나의 평가요소가 긍정적으로 평가될 경우, 다른 평가요소도 모두 긍정적으로 평가하는 오류이다(Nisbett & Wilson, 1977). 피평가자의 한 가지 특성이 전체 특성을 좌우하는 것이다. 평가자는 대부분 개별적인 평가요소의 개념과 내용을 구체적으로 확인하기보다 한 가지 평가요소를 보고 다른 평가요소도 그럴 것이라고 추정해 버리곤 한다(이창길·최성락, 2009). 예를 들면 겉으로 보기에 인상이 좋거나 인간관계가 좋으면 역량과 성과도 좋을 것이라고 판단하는 것이다. 반대로 하나의 평가요소가 부정적으로 평가될 경우 다른 평가요소도 모두 부정적으로 평가하는 오류도 있다. 이를 역광효과(혹은 경적효과, horn effect)라고 한다. 예를 들면, 첫인상이나 인간관계가 나쁘면 역량과 성과도 좋지 못할 것이라고 판단하는 경우이다. 또는 의사소통 역량이 부족하면 문제인식 역량, 전략기획 역량, 고객만족 역량 등 나머지 역량도 모두 부족할 것이라고 단정하는 것이다.

그러나 실제 피평가자들은 어떤 평가지표에는 탁월한 역량과 성과를 나타내는 반면, 어떤 평가지표에는 매우 부족한 역량과 성과를 보이는 경우가 많다. 피평가자별로 평가지표 또는 평가요소에 따라 얼마든지 차등화될 수 있다. 따라서 평가자는 평가지표의 측정 내용과 방법을 정확히 숙지하고 이에 따라 충실히 평가하는 것이 필요하다.

(2) 관대화·엄격화·중심화

평가자가 범하기 쉬운 두 번째 오류는 자기 주관이나 경험에 의해 평가점수를 상위나 중위, 하위 수준에 집중하여 평정하는 경우이다(Noe, Hollenbeck, Gerhart, Wright, 2020). 이 가운데 가장 빈번하게 발생하는 오류가 대부분 피평가자에게 상위 점수를 부여하는 관대화(leniency)이다. 많은 평가자들이 평가지표별 측정 방법에 따른 객관적 평가보다는 피평가자와의 인간적인 관계를 고려하여 관대하게 평정하는 경향이 있다(조경호, 2011). 이는 피평가자의 저항에 직면할 위험성을 사전에 차단하고 마찰을 회피하기 위한 평가자의 소극적 행동이다. 특히 절대평가의 경우, 더욱 그러하다. 이러한 관대화 오류는 전체 평가대상자를 관대하게 평가하는 경우와 특정 그룹을 관대하게 평가하는 경우로 구분할 수 있다. 특히 후자는 인간관계를 중시하는 문화에서는 평가결과가 평가 후 관계에 영향을 미칠 수 있다는 심리적 우려에서 비롯된다.

이와 반대로 평가자들이 지나치게 엄격(strict)하게 평가하는 경우도 있다. 평가요소별로 대부분의 피평가자들에게 낮은 점수를 주는 것이다. 평정요소별 측정방법을 지나치게 신뢰하고 엄격하게 해석하여 평가하기도 한다. 또는 평가자 자신의 과거 경험과 노력에 비추어 피평가자의 역량이나 성과를 과소평가할 수도 있다. 지나치리만큼 엄격하게 평가하는 경우, 관대화 오류와 마찬가지로 평가 결과가 특정 수준에 집중되어 변별력을 약화시키고 수용성을 떨어뜨릴 우려가 있다.

중심화 오류는 관대화 또는 엄격화와 달리 피평가자 대부분에게 중간점수를 부여하는 경우이다. 이 또한 평가자들이 피평가자와의 마찰을 최소화하기 위한 소극적 행동에 해당한다. 최상위자와 최하위자에 대한 부담을 최소화하기 위하여 적당히 그리고 안전하게 중간에 평정하는 것이다.

이와 같은 관대화, 엄격화, 그리고 중심화의 오류는 절대평가에서 발생할 가능성이 높다. 따라서 이러한 오류를 최소화할 수 있는 극단적인 방법은 상대평가라 할 수 있다. 하지만 상대평가는 피평가자들의 절대적인 역량이나 성과수준을 왜곡할 우려가 있으므로 신중한 검토가 필요하다. 절대평가를 하면서 평가자의 관대화·엄격화·중심화의 오류를 최소화하기 위해서는 평가자에 대한 교육 등 적극

그림 13-1 관대화·엄격화·중심화 경향

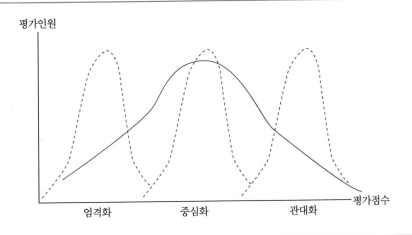

적인 노력이 필요하다.

(3) 최초효과와 최근효과

평가자가 일정한 평가기간에 평가를 할 때 최초 또는 최근의 정보나 행동, 또는 실적이 결정적으로 영향을 미치는 경우가 있다. 먼저, 평가자는 최초로 인지한 정보나 행동을 가지고 판단한 최초 평가가 나머지 평가를 좌우하는 오류를 범하기 쉽다. 첫인상이 평가결과에 영향을 미치는 경우와 유사하다. 하지만 최초효과(primacy)는 평가요소와 관련된 최초 정보에 의존하는 것이다. 예를 들면 어떤 사람이 평가기간에 초기 또는 분기별 성과평가에서 1/4분기에 좋은 평점을 받았다면 연말 종합평정에서 높은 점수를 받는 경우이다.

반대로 최근효과(혹은 근접효과, recency)는 최초의 정보보다 최근의 정보에 의존해 평가하는 경우이다. 일정기간이 지나면 평가기간 초기에 받았던 정보, 피평가자의 행동이나 실적을 망각하고 평가기간 말기의 최근 정보만을 토대로 평가하는 경향이 있다. 즉 평가 시기에 가장 가까운 시점의 정보가 평가에 강하게 영향을 미치는 것이다. 예를 들면 1/4분기에 나쁜 평가를 받았다 하더라도 4/4분기에 좋은 평가를 받으면 종합평정에서 높은 점수를 받게 되는 경우이다. 이러한 오류를 방지하기 위해서는 평가기간 내에 분기별로 평가하도록 하고, 종합평정은 이를 단순 합산하도록 하거나 평가기간 동안 상시평가 또는 실시간 평가 등의 방법을 활용하여 오류를 최소화해야 한다.

(4) 대조효과와 균형효과

마지막으로 대조효과(contrast)와 균형효과(balance)는 평가자가 전체 피평가자들 간의 상대적 비교를 통하여 평가하는 오류를 범하는 경우이다. 먼저 대조효과는 전체적으로 대부분 높은 수준의 역량이나 성과를 보인 그룹에서 보통 수준의 역량이나 성과를 보인 사람을 상대적으로 역량이나 성과가 매우 낮은 것으로 평가하는 오류이다. 반대로 전체적으로 대부분 낮은 수준의 역량이나 성과를 보인 그룹에서 보통 수준의 역량이나 성과를 보인 사람을 상대적으로 역량이나 성과가 매우 높은 것으로 평가하는 것도 이에 해당한다. 이러한 평가는 일정한 그룹별로 평가할 경우 그룹 간에 발생할 수 있는 평가 오류이다. 즉 동일한 피평가자라 하더라도 우수한 그룹에서 평가받는 경우와 열등한 그룹에서 평가받는 경우, 서로 다른 평가결과가 나올 우려가 있다.

그런가 하면 균형효과는 평가자가 개별적인 피평가자별 역량이나 실적보다는 전체적으로 피평가자 상호간 또는 피평가자 집단간 균형을 유지하려고 하는 오류이다. 예를 들면 많은 인원을 평가할 경우, 전체적으로 관대화나 엄격화의 오류를 피하기 위하여 처음에는 관대하게 평가하다 균형을 맞추기 위하여 점점 엄격하게 평가하는 경우이다. 특히 그룹별로 평가할 경우, 그룹 간의 평가 차이를 최소화하려는 경향이 있다. 그룹 상호간에 절대적인 역량이나 실적에서 차이가 있음에도 불구하고 평가자는 자기평가의 심리적 균형을 유지하고자 노력한다. 예를 들면 피평가자가 10명으로 구성된 그룹이 5개 있을 경우, 5개 그룹에서 각각 한 명 정도씩은 우수자와 열등자가 나타나도록 평가하는 것이다. 따라서 우수한 그룹에 속한 피평가자는 균형효과 오류로 인해 평가 결과가 왜곡될 수 있다. 평가자는 피평가자별로 관찰된 행동 또는 실적과 이를 평가하는 평가요소와 지표에 충실한 평가를 해야 한다.

(5) 상대평가와 절대평가

절대평가는 피평가자의 성과를 절대적인 준거(criteria)에 의해 평점을 부여한 반면, 강제배분식 상대평가는 비교 대상의 규준(norm)에 근거하여 피평가자들의 상대적 서열을 판단하는 평가이다(이창길·최성락, 2010 ; 이예경 외, 2021). 절대평가는 평가자들의 관대화 오류를 용이함으로써 평가에 대한 신뢰성을 저하할 수 있고, 상대평가는 평가자의 평가와 실제적인 성과와의 격차(decoupling)가 발생할 우려가 있고 평가기준별 또는 피평가자별 상대적 격차를 임의로 규정함으로써 피평가자 성과에 대한 과대평가와 과소평가 현상이 나타나기 쉽다(Gibbons and Murphy, 1990 ; Jenter and Kanaan, 2006). 이러한 상대평가의 왜곡 또는 평가오류 가능성은 평가의 공정성과 신뢰성 차원에서 피평가자의 오류 책임보다는 평가자의 오류 책임이 평가의 효과성을 저하시키는 주된 요인이 된다(이영식, 1998). 최근 대학들에서도 성적 줄 세우기를 위한 수업보다는 학문에 대한 충분한 지적 탐색을 위해 상대평가를 축소하고 절대평가를 도입하고 있다(이예경 외, 2021). 민간부문은 물론, 공공부문에서도 평가의 평가적 목적보다 발전적 목적을 위해서 강제배분식 상대평가를 폐지하고 대화와 상담, 코칭 중심의 절대평가가 증가하고 있다(이창길, 2020).

제 3 절 평가의 내용과 방법

　　인적자원에 대한 성과평가는 피평가자가 일정기간 보여준 직무 활동과 성과에 대한 평가이다(Heinrich, 2002). 앞에서 지적한 바와 같이 역량평가가 피평가자의 잠재적 능력을 평가한 것이라면, 성과평가는 피평가자의 성과를 현재 시점에서 평가하는 것이다. 또 역량평가는 발전적 목적이 더 강한 반면, 성과평가는 평가적 목적이 더 강하게 반영된다. 따라서 역량평가는 피평가자의 미래와 경력발전을 위한 역량개발이나 성과 향상이 궁극적인 목표인 반면, 성과평가는 피평가자의 과거 업적에 대한 보상적 성격이 강하다. 이러한 점에서 피평가자는 역량평가보다 성과평가에 더 직접적인 영향을 받고, 이에 따라 평가 결과에 더 민감하게 반응하는 경우가 많다.

　　인적자원에 대한 성과평가는 평가지표와 평가 방법에 따라 규범적 평가(norm-referenced appraisals)와 행태적 평가(behavior/attitude-referenced appraisals), 결과적 평가(results-referenced appraisals)로 구분된다. 규범적 평가는 객관적인 평가지표 없이 평가자의 마음속에 평가기준을 규범적으로 정하고, 이에 의거해 피평가자의 성과를 절대적 또는 상대적으로 평가하는 방법이며, 행태적 평가는 피평가자의 행동과 태도를 관찰함으로써 실적으로 평가하는 방법이다(Noe, Hollenbeck, Gerhart, Wright, 2020). 그리고 결과적 평가는 피평가자의 업무활동을 통하여 나타난 산출물을 평가하는 방법이다.

1. 규범적 평가

　　규범적 평가법이란 절대평가에서 나타나는 오류들을 해결하기 위한 비교평가법(comparative appraisals)을 의미한다. 후술할 강제배분법이나 단순순위법 같은 예에서 볼 수 있듯이, 규범적 평가는 분포된 순서에 따른 상대평가의 관점에서 접근한다. 평가자로서는 사용이 간편하고 용이하며, 또 상대적 순위를 부여하기 때문에 집중화 경향을 막을 수 있는 장점이 있다. 특히 평가과정에서 자주 발생하는 관대화, 중심화, 그리고 엄격화의 오류를 방지할 수 있다(Noe, Hollenbeck, Gerhart,

Wright, 2020).

하지만 상대평가의 한계 역시 인식해야 한다. 조직의 전략이나 목표, 그리고 성과와 무관하게 평가가 이루어질 우려가 있고, 피평가자들을 절대적인 평가지표나 기준 없이 평가자의 주관에 의존해 상대적으로 평가하다 보면 평가의 신뢰도를 확보하기 어렵기 때문이다. 또한 개별 피평가자에게 무엇이 부족한지 구체적인 피드백을 주기 어렵다는 단점도 있다.

(1) 단순/선택순위법(Straight/alternative Ranking, SR)

평가자의 주관적 기준에 따라 피평가자의 순위와 등급을 매기는 방법이다. 단순순위법은 평가자가 직접 피평가자를 상위 또는 하위부터 순차적으로 순위를 부여하는 방법이다. 선택순위법은 전체 피평가자 중 최상위 등급 직원 한 명과 최하위 등급 직원 한 명을 먼저 정하고 난 후, 나머지 피평가자 중에서 다시 최상위 등급 직원 한 명과 최하위 등급 직원 한 명을 정하고, 또다시 남은 피평가자들을 대상으로 동일한 방식으로 순위를 부여하는 방법이다. 이는 단순순위법보다는 조금 더 체계적인 방법이라 할 수 있다. 이러한 순위법은 대규모 조직보다는 소규모 조직에서 소속 직원들을 평가할 때 사용한다. 이러한 방법은 단순해서 실용성 측면에서 좋은 방법이라 할 수 있으나, 객관적인 평가기준 없이 평가자의 주관에 의존하기 때문에 평가의 신뢰도 문제가 제기될 수 있다. 또한 피평가자들의 수용성이 낮고 저평가자의 발전을 위한 구체적인 방향도 제시해 주지 못한다는 단점이 있다.

(2) 강제배분법(Forced Distribution, FD)

강제배분법은 등급별 할당 비율을 주고 이에 따라 피평가자들을 강제적으로 배분하도록 하는 상대평가 방법이다. 예를 들면 수·우·미·양·가 등 5개 등급으로 구분하고 각각 10%, 20% 40%, 20%, 10%를 할당하여 피평가자를 평가하도록 배정하는 것이다. 이는 관대화·중심화·엄격화 등의 오류를 방지할 수 있고, 평가적 목적으로 피평가자 상호간의 상대적 순위를 명확히 제시할 수 있는 장점이 있다. 하지만 구체적인 평가기준 없이 이루어지기 때문에 평가자의 주관이 개입할 우려가 있어 평가의 신뢰도나 타당도를 확보하기 어렵다. 또한 우수한 성과를 낸 피평가자가 다수인 경우 하위 등급을 받을 수 있고, 저조한 성과를 낸 피평가자가 다수인 경우 상위 점수를 받을 수 있다는 단점이 있다.

| 표 13-2 | 단순순위법, 선택순위법 및 2인비교법 |

단순순위법	
순위	직원 이름
1위	
2위	2.
3위	3.
기타	

선택순위법	
순위	직원 이름
상위1위	1.
상위2위	2.
상위3위	3.
기타	4.
하위3위	3.
하위2위	2.
하위1위	1.

2인비교법					
	홍OO	김OO	박OO	최OO	높은 순위를 얻은 횟 수
이OO	√	√	√	√	4
홍OO		√	√	√	3
김OO			√	√	2
박OO				√	1

출처 : Milkobich & Newman, 2005.

(3) 2인비교법(Paired Comparison, PC)

2인비교법은 한 명의 피평가자를 나머지 피평가자들과 1:1로 비교하여 상대적 우수자를 결정하고 이를 모든 피평가자에게 적용하여 합산 처리하는 방법이다. 예를 들면 전체 10명의 평가자가 있을 경우, 각각의 피평가자를 나머지 9명과 상호 비교하여 상대적 우수자에게 1점을 부여하고 상대적 열위자에게는 0점을 부여하여 피평가자별로 합산하여 순위를 결정하는 것이다. 평가자의 수를 N이라고 할 때, 이러한 1 : 1 비교 조합의 수는 N(N-1)/2이다. 즉 25명일 경우 총 300개의 피평가자 조합이 나타날 수 있는데, 이를 비교하여 상대적인 우수자 횟수를 산정한다. 이 방법은 피평가자를 규범적으로 비교 판단하더라도 평가의 신뢰도와 객관성을 어느 정도 확보할 수 있다는 장점이 있다. 하지만 피평가자의 수가 너무 많을 경우 평가자의 상대적 비교 능력에 한계가 있고, 우수자 빈도수를 가지고 절대적 순위를 부여하는 문제, 그리고 동일한 성과를 가진 사람이 없다고 전제하는 등의 단점이 있다.

2. 행태지향적 평가

행태지향적 평가는 규범적 평가와는 달리 피평가자의 직무 활동이나 실적과 관련되는 구체적인 행태를 중심으로 평가한다. 중요한 것은 평가등급 부여 과정에서 평가자의 주관을 최대한 배제할 수 있도록 평가요소별 평가등급 부여 기준을 보다 구체적으로 제시한다는 것이다. 이러한 행태 중심 평가는 피평가자의 실적 순위를 결정하기 위한 방법일지라도 성과평가뿐만 아니라 역량평가에도 동시에 활용되는 평가 방법이다.

(1) 도표식평정법(Graphic Rating Scales)

도표식평정법은 평가요소별로 등급을 부여하고 평가자가 피평가자에 해당하는 평가등급을 선택하게 하는 방법이다. 즉 평가등급을 점수화하여 선택된 등급을 합산하면 피평가자별 종합평점이 산정된다. 통상적으로 성과 등급은 5점 척도로 구분된다. 평가서에는 평가요소와 세부평가 항목이 설명되는데, 평가자는 평가 항목의 충족 정도를 평가하여 등급을 판정하게 된다. 평가 항목은 직무 행태와 태도를 중심으로 다양하게 선정된다. 예를 들면 업무수행량, 업무효과, 업무참여 정도, 업무협조 여부, 업무수행 태도 등 업무성과와 행태는 물론, 기획력, 협조성, 창의력, 리더십 등 업무 지식과 역량도 평가 항목에 포함된다.

도표식평정법은 무엇보다 평가자들이 해당 등급을 체크함으로써 쉽고 편리하게 평가할 수 있다는 장점이 있다. 또한 규범적 평가와 달리 평가서에 평가요소와 평가 항목이 구체적으로 설명되어 있기 때문에 평가의 객관성과 신뢰도를 확보할 수 있다. 특히 다수 인원을 평가할 경우, 평가관리 측면에서 매우 유용하다.

하지만 평가자들이 평가등급을 선택하는 과정에서 평가자 오류가 발생할 가능성이 많은 단점이 있다. 즉 하나의 평가요소가 다른 요소에 영향을 미치는 후광효과나 역광효과가 발생할 수 있고, 평가자들이 관대하게 평가하거나 평가 결과가

표 13-3   도표식평정법

도표식평정법				
의사소통능력	개인 또는 조직의 상황에서 자신의 생각·의견·사실을 명확하게 표현하는 언문 능력			
직원 성과 수준을 가장 잘 나타내는 숫자에 표시하시오.	1	2	3	4	5
	매우 우수	우수	보통	미흡	매우 미흡

직원명 : 홍OO
직위명 : 환경정책과장

성과 차원	차원 순위					차원 점수
	매우 미흡 1	미흡 2	보통 3	우수 4	매우 우수 5	
리더십 능력				√		0.2(×4)＝0.8
업무 지식					√	0.1(×5)＝0.5
업무 성과				√		0.3(×4)＝1.2
참여도			√			0.2(×3)＝0.6
동기부여			√			0.2(×3)＝0.6
순위의 합×점수＝3.7, 전체 순위＝3.7						

출처 : Newman, Gerhart and Milkovich, 2016.

중심화될 우려도 있다. 뿐만 아니라 피평가자들이 어떤 평가 항목이 미흡한지는 알 수 있으나 왜 그런 평가가 나왔고, 이를 개선하기 위하여 어떻게 해야 하는지 구체적으로 제시하지 못하는 한계가 있다. 구체적인 평가 근거가 명확히 제시되지 못해 피평가자들의 수용도가 낮을 가능성도 있다. 따라서 평가 결과를 보수·승진·해고 등 인사관리에 직접 활용하기에는 문제가 있다.

(2) 중요사건기록법(Critical Incidents Approach, CIA)

도표식평정법과 달리 중요사건기록법은 평가요소별로 점수화된 평가등급에 치중하기보다는 평가 기간에 피평가자가 담당했던 중요 사건이나 행태를 기록하여 평가하는 방법이다. 즉 피평가자들의 잘했던 행동이나 사건과 잘못했던 행동이나 사건을 구분하여 그 구체적인 처리 상황과 피평가자의 역할과 책임을 기록하는 것이다. 다시 말해 직무수행 과정에서 매우 성공했던 사건과 실패했던 사건을 기록하여 종합 평가하는 것이다.

이는 피평가자에게 무엇이 잘못되었고, 어떻게 행동하는 것이 바람직한지 구체적으로 설명해 줄 수 있다는 장점이 있다. 하지만 피평가자의 중요 사건을 기록으로 작성하는 데 상당한 시간과 노력이 필요하고, 비계량적인 방법이므로 피평가자의 상대적인 성과 수준을 계량적으로 제시해 주지 못하는 한계가 있다. 뿐만 아니라 기록된 사건의 중요도에 차이가 날 수 있어 피평가자 상호간의 비교 평가가 어렵다는 단점도 있다.

(3) 혼합표준평정법(Mixed Standard Scales, MSS)

혼합표준평정법은 도표식평정법과 중요사건기록법의 장점을 활용한 평가 방법이다. 이는 먼저 평가요소별로 우수·보통·저조 등 3개 등급을 구분한 후 등급별 평가기준을 구체적으로 설명한다(Blanz & Ghiselli, 1972). 평가요소별로 구분하여 등급화한 것은 도표식평정법과 유사하나 등급별로 구체적인 평가표준을 제시한다는 점이 다르다. 이때 평가기준은 중요사건기록법에서 활용되는 사건이나 행태를 말한다. 둘째, 이렇게 평가요소의 평가등급별로 마련된 구체적 평가표준을 모두 혼합하여 무작위로 나열한 후에 평가자가 피평가자의 행태를 평가한다. 셋째, 평가

표 13-4 혼합표준평정법(예시)

평가항목	순위	평가표준
다른 사람과의 관계	1	그는 다른 사람들과 좋은 관계를 맺고 있다. 다른 사람 의견에 동의하지 않아도 같이 잘 어울린다.
	2	대부분 사람들과 잘 어울린다. 매우 드물게 업무와 관련하여 다른 사람들과 사소한 일로 충돌한다.
	3	다른 사람들과 불필요하게 충돌하는 경향이 있다.
보고서 작성	1	그의 서면보고와 구두보고가 잘 구성되어 있고, 철저하며 생각이 깊다. 추가적인 설명이 거의 필요 없다.
	2	그의 서면보고와 구두보고가 유용하고 의미가 있다. 하지만, 보통 추가적인 설명이 필요하다.
	3	가끔 그의 보고서는 불완전하고 체계화되어 있지 않아 가치가 없거나 새로 다시 작성해야 한다.

출처 : Blanz and Ghiselli, 1972 참조.

자는 해당 평가표준에 비추어 피평가자의 행태나 성과를 기준 이상, 보통, 기준 이하로 구분하여 평가한다(Blanz & Ghiselli, 1972). 마지막으로 해당 등급별 기준 충족 여부에 따라 평가요소별 평가등급을 결정한다.

이러한 평가방법은 평가자가 단순히 평가요소별 평가등급 부여에만 집중한 도표식평정법의 단점을 극복하고, 보다 구체적인 행태 기준에 따라 등급을 부여한다는 장점이 있다. 따라서 도표식평정법에서 발생하기 쉬운 관대화·중심화 등의 오류를 막을 수 있다. 또한 평가자의 객관적 평가를 유도하고 평가의 일관성과 신뢰도도 유지할 수 있다. 평가기준이 정확하고 평가자가 공정하게 평가했다면 평가 결과가 일관성을 유지할 수 있을 것이다. 또한 구체적인 평가표준이 정해져 있는 만큼 평가 후 피평가자에게 구체적인 피드백도 가능하다. 다만 평가표준을 얼마나 명확하게 규정할 수 있을지가 문제이며, 조직목표나 전략과 다소 동떨어진 행태가 평가 대상에 포함될 우려도 있고, 구체적인 행태 표준을 둘러싸고 논란이 발생할 소지가 있다.

(4) 행태중심평정법(Behaviorally Anchored Rating Scales, BARS)

행태중심평정법 역시 도표식평정법과 중요사건기록법의 장점을 활용하고 있으나 혼합표준평가법보다 좀 더 발전된 형태이다. 혼합표준평정법이 평가등급에 따라 평가표준을 설명한 반면, 행태중심평정법은 평가등급보다는 평가표준, 즉 측정 대상의 행태에 집중한다. 즉 평가요소별로 가장 이상적인 행태부터 가장 바람직하지 못한 행태까지 몇 개의 등급으로 나누고, 각 등급마다 중요 행태를 정확하게 기술하고 점수를 할당하는 방식이다(Daley, 2010). 예를 들면, 피평가자의 팀워크 정도를 평가할 경우, <표 13-5>와 같이 가능한 행태 유형을 일곱 가지로 구분하여 순서대로 작성하고 이를 기준으로 평가하도록 하는 방법이다.

이러한 방법은 도표식평정법에서 평정 등급 간의 구분이 다소 모호하여 주관적 평가가 우려되거나 그 과정에서 다양하게 발생하는 평가 오류의 문제를 극복할 수 있다는 장점이 있다. 피평가자의 구체적인 행태를 보고 평가하기 때문이다. 또한 중요사건기록법이 평가자 또는 평가등급을 서로 비교하기 곤란하다는 단점을 행태를 점수화함으로써 어느 정도 극복할 수 있다. 다만, 국제협력관의 예시에서도 볼 수 있는 것처럼, 바람직한 행태와 바람직하지 못한 행태를 구분하여 구체적으로 작성하기가 쉽지 않다. 평가등급에 상응하는 적절한 행태를 발견하기도 곤란하고, 적절한 행태가 있더라도 평가서를 작성하는 과정에서 표현이 적절하지 못할 수 있다. 뿐만 아니라 피평가자가 바람직한 행태와 바람직하지 못한 행태를 동시에 가지고 있는 등 동일한 평가요소에서 두 가지 이상의 행태가 발견될 경우 평가의 신뢰도를 확보하기 힘들다.

표 13-5   행태중심평정법(팀워크 평가항목 예시)

팀워크 : 매우 어려운 상황에서도 항상 팀 성과에 공헌할 수 있고, 다른 사람들이 최고라고 말하고, 팀 사기를 높일 수 있는 능력

1. 스스로 팀 과제를 찾아다니고 함께 일하자는 사람이 많다. 또한 그가 속한 팀은 항상 높은 성과를 보이고 높은 사기를 유지한다. 개인적으로 헌신하면서 다른 팀원들의 장점을 인정하고 그들의 참여를 권장한다. 성격 차이를 긍정적인 태도로 극복 할 수 있고, 건전하지 않은 분쟁을 미연에 방지하고 사후에는 중재한다. 팀 성과에 대해서는 항상 모두 다 같이 공유한다는 적극적인 자세를 가진다.

2. 팀 과제를 수행하는 데 상당히 공헌할 수 있는 사람이다. 어떤 부류의 사람들이나 어떤 성격을 가진 사람들과도 함께 일할 수 있다. 때로는 다른 사람들의 팀 성과 기여도를 높이 칭찬하고, 팀 내 분쟁을 해결할 수 있는 능력도 어느 정도 가지고 있다. 팀 성과에 보다 많이 기여한 사람이 더 많이 받아야 한다는 것을 인정한다.

3. 팀 과제를 수행하는 데 어느 정도 공헌할 수 있는 사람이다. 대부분의 사람들과 함께 일할 수 있으며, 성격이 달라도 어느 정도 같이 일할 수 있다. 스스로가 팀 내의 분쟁 원인이 되지는 않는다. 또한 다른 사람들에게도 분쟁을 일으키지 않는 행동을 권장한다.

4. 팀 과제를 수행하는 데 이 사람이 가진 기술이 필요하다. 따라서 팀 과제 수행에 강력한 공헌자가 된다. 다른 경우에도 다른 사람들의 성과를 방해하지는 않는다. 대부분의 사람들과 함께 일할 수 있으며 성격이 달라도 어느 정도 같이 일할 수 있다. 팀 내 분쟁을 일으키는 사람은 아니다. 여러 가지 분쟁이 있지만 않는다면 분쟁에 개입하지 않는다.

5. 개인적인 기술과 팀 과제가 일치할 경우에만 팀에 기여할 수 있는 사람이다. 다른 사람들의 성과를 방해하지는 않는다. 다른 사람이 분쟁을 일으키지 않는다면, 자신은 팀 내 분쟁을 가급적 피한다.

6. 개인적인 기술이 팀 과제 수행에 필수적인 경우를 제외하고, 팀 워크가 필요한 과제를 수행하는 데 선택되지 못한다. 팀 목표에 대응하지 않는다. 개인적으로 필요할 경우에는 협력하려는 태도를 보인다. 다른 팀원들과 자주 어울리지 않는다. 스스로 분쟁을 유발하기도 하고, 분쟁이 발생하면 피해 버린다. 팀 성과에 자신의 공헌을 강조하고 다른 사람들의 노력을 경시할 수 있다.

7. 팀에 공헌하지 않는 사람으로 알려져 있다. 팀 내 분쟁을 일으키는 것으로도 유명하다. 팀 목표에 관심이 거의 없다. 개인적인 보상이 보장되지 않으면 팀 과제 수행에 결코 적극적으로 나서지 않는다. 더 많은 개인적 목적을 위하여 팀 성과를 평가절하한다. 개인적으로 인정받기를 원하고 다른 사람들의 노력을 경시한다.

평가등급 : (평가이유 기재)
*평가 이유는 6 · 7은 반드시 기재하고, 1~5는 선택 사항임.

출처 : Newman, Gerhart and Milkovich, 2016.

(5) 행태관찰평정법(Behavioral Observation Scales, BOS)

행태관찰평정법은 도표식평정법과 행태중심평정법을 혼합한 형태로, 행태중심평정법보다 중요사건기록법을 더 많이 반영한 평가방법이다. 이는 피평가자의 직무 활동이나 성과와 관련된 구체적인 사건, 사례 또는 행태를 관찰하여 사건이나 행태의 빈도수를 표시하는 방법이다(Daley, 2010). 예를 들면 <표 13-6>과 같이 국제금융정책관의 경우 행태중심평정법과 동일한 행태를 규정하더라도 등급별로 구분하기보다는 해당 행태가 관찰되는 빈도수를 평가하는 것이다. 즉 '국제금융시장 동향을 수시로 파악하고 종합적인 대응 보고서를 작성한다'는 행태가 얼마나 자주 관찰되는지 그 빈도를 평가하도록 하는 것이다.

따라서 이러한 방법은 직무 관련 행태를 평가 내용으로 삼기 때문에 평가의 타당도가 높다는 장점이 있다. 아울러 평가자는 피평가자의 구체적인 행태의 빈도수를 평가하게 되므로 도표식평정법상에 나타나는 평가자 오류를 최소화할 수 있다. 평가자가 피평가자의 행태를 관찰함에 따라 평가자의 주관적 판단을 줄일 수 있고, 평가 결과에 대한 피평가자의 수용성도 높일 수 있다. 또한 평가 결과 역시 피평가자의 직무 활동과 행태에 대한 구체적인 정보를 제공하고 행동 방향을 안내하는 역할을 할 수 있다. 하지만 평가자가 피평가자를 직접 관찰하는 데 따른 비용과 시간이 많이 소요되고, 긍정적인 행태와 부정적인 행태를 명확히 구분하여 작성하기 곤란하다는 단점이 있다. 또한 다양한 행태를 통하여 높은 성과를 낼 수

표 13-6 행태관찰평정법을 통한 국제금융정책관의 평가 예시

〈국제금융정책관〉

긍정적 행태

1-1. 국제금융시장 동향을 수시로 파악하고 종합적인 대응 보고서를 작성한다.
　　　거의 볼 수 없음　　(1)　-　(2)　-　(3)　-　(4)　-　(5) 항상 볼 수 있음

1-2. 환율 변동과 상관없이 수시로 관련 자료와 통계를 수집한다.
　　　거의 볼 수 없음　　(1)　-　(2)　-　(3)　-　(4)　-　(5) 항상 볼 수 있음

1-3. 분기별로 환율 보고서를 계획대로 작성하여 보고한다.
　　　거의 볼 수 없음　　(1)　-　(2)　-　(3)　-　(4)　-　(5) 항상 볼 수 있음

부정적 행태

2-1. 보고서 내용 중 일부 오탈자 및 단순 통계 오류가 발견된다.
　　　거의 볼 수 없음　　(1)　-　(2)　-　(3)　-　(4)　-　(5) 항상 볼 수 있음

2-2. 급격한 환율 변화에 신속하게 대응하지 못한다.
　　　거의 볼 수 없음　　(1)　-　(2)　-　(3)　-　(4)　-　(5) 항상 볼 수 있음

2-3. 잘못된 정보 및 분석으로 시민들의 불평불만을 듣는다.
　　　거의 볼 수 없음　　(1)　-　(2)　-　(3)　-　(4)　-　(5) 항상 볼 수 있음

있는 복잡한 직무의 경우, 직무 행태 상호간의 비교가 더욱 곤란할 수 있다.

3. 목표/결과지향적 평가

인적자원 성과평가의 세 번째 유형은 성과목표를 정하고 이것의 달성 여부를 중심으로 평가하는 방법이다. 행태지향적 평가방법과 달리 직무 활동과 관련된 피평가자의 행태보다는 구체적인 산출물을 중심으로 평가하는 것이다. 개인별 성과목표는 조직 목표와 직접적으로 연계되어 있기 때문에 목표지향적 평가방법은 대부분 개인의 성과를 평가하기보다는 조직의 성과를 평가한다. 다만 조직성과 평가 과정에서 평가요소와 평가방법이 인적자원의 개인별 평가에도 그대로 적용될 수 있다는 점에서 인적자원평가의 중요한 평가방법이라 할 수 있다.

목표지향적 평가방법의 경우 구체적인 평가방법에 대한 논의보다는 어떤 목표를 설정해야 하는지, 어떤 지표를 평가해야 하는지, 그리고 어떤 평가요소가 포함되어야 하는지 등에 대한 논의가 많다. 따라서 세부적 평가방법은 행태지향적 평가방법을 활용할 수 있다. 이러한 점에서 행태지향적 평가방법과 목표지향적 평가방법은 상호 보완적이다. 목표지향 평가방법 중 목표에 의한 관리(MBO), 균형성과평가법(BSC), 성과표준평정법(Performance Standard Evaluation), 그리고 논리모형(Logic Model)을 살펴본다.

(1) 목표에 의한 관리(Management By Objectives, MBO)

목표에 의한 관리(혹은 목표관리법, MBO)는 소속 직원과 공동으로 목표를 설정하고 평가지표를 합의하여 그 평가기준을 가지고 평가하는 방법이다(Daley, 2010). 이는 일반적으로 결과적 측면의 성과평가 방법이라기보다는 과정적 측면의 조직관리 방법으로 소개된다. 하지만 개인별 성과평가는 조직목표와 밀접하게 연계되어 있고, 이러한 조직목표의 하위 요소를 토대로 직위별 또는 개인별 성과목표가 제시되기 때문에 평가방법으로 활용될 수 있다. 실제 많은 공공조직에서 목표에 의한 관리를 성과평가 방법의 하나로 활용하고 있다. 목표에 의한 관리는 1) 조직전체의 구체적인 달성 목표를 가지고, 2) 피평가자와 공동으로 하위목표를 설정한 후, 3) 평가자가 목표달성 과정에서 지속적으로 객관적인 피드백을 주고, 4) 마지막으로 평가자가 피평가자와의 의견교환을 거쳐 목표 달성여부를 평가하는 것이다.

이러한 평가방법은 피평가자와 합의해 목표를 설정하는 것이 매우 중요하다. 이는 조직목표와 개인목표를 일치시키는 과정이기도 하다. 설정하는 목표는 일반적으로 구체적인 내용으로 종료 시한을 명시할 필요가 있으며, 다수의 하위목표가 존재할 경우 우선순위를 명확히 해야 한다. 또한 목표달성 여부, 즉 성공과 실패를 명확히 확인할 수 있는 목표가 바람직하다. 이러한 평가방법은 피평가자의 수용성이 높고, 조직목표와 연계되어 있어 타당도도 높다. 뿐만 아니라 목표달성을 위한 피평가자의 활동과 노력에 대한 상시적인 피드백이 가능하다.

하지만 피평가자 상호간에 서로 목표가 다를 경우 비교하기 곤란하고, 평가에 대한 신뢰도나 일관성 문제가 제기될 수 있다. 특히 평가자와 피평가자 상호간의 대면 평가에 가깝기 때문에 관대화나 중심화 등의 경향이 강하게 나타날 수 있다. 달성하기 쉬운 목표를 설정할 경우 더욱 그러하다. 뿐만 아니라 목표에 의한 관리가 성공하기 위해서는 피평가자, 즉 하급자와의 긴밀한 협력이 필요하지만 실제 경직적이고 계층적인 구조와 문화에서는 목표설정 과정에서 상급자가 하급자와 협의 없이 목표를 일방적으로 제시할 우려가 있다(김경한, 2004). 또는 하위목표 협의 과정을 거치면서 조직 전체의 성과나 목표가 하위목표와 실질적으로 연계되지 않는 경우가 발생하기도 한다.

(2) 균형성과평정법(Balanced Score Card, BSC)

균형성과평정법(혹은 균형성과표, BSC)은 조직성과에 영향을 미치는 다양한 하위 요소를 균형 있게 평가하는 방법이다. 우선 1) 조직목표와 전략을 명확히 설정하고, 2) 이를 실행하는 세부 하위요소를 도출하여, 3) 이들 하위요소들의 성과를 측정하는 지표를 만들고, 4) 평가지표에 따라 조직성과를 평가하는 방법이다(Kaplan & Norton, 1996). 조직성과의 측정을 위하여 만들어진 모델이지만 실제 개인에 대한 성과평가에도 적용된다.

균형성과평정법은 조직의 재무적 성과만을 가지고 장기적 생존과 발전을 이룰 수 없다는 전제에서 출발한다. 이에 따라 조직성과를 평가하는 지표는 <그림 13-2>에서 보는 바와 같이 재무적 측면, 내부프로세스 측면, 고객 측면, 그리고 학습과 성장 측면 등 네 가지 관점에서 균형 있게 평가되어야 한다고 말한다(Kaplan & Norton, 1996).

균형성과평정법은 원래 영리기업에서 출발하였으나 비영리 공공조직에서 더욱 중요한 의의를 가진다. 무엇보다도 비영리 공공조직의 경우, 조직성과를 향상시키

그림 13-2 균형성과평정법의 4대 관점

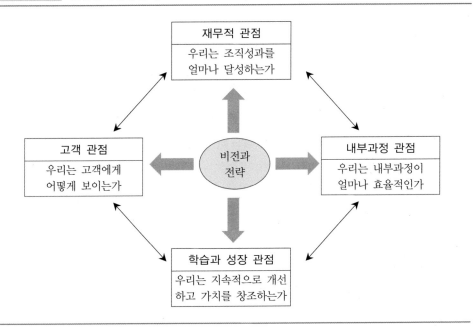

출처 : Kaplan & Norton, 1996.

기 위한 전략적이고 거시적인 목표설정이 중요하다. 사회의 다양한 요구를 어떻게 조직목표에 반영하느냐가 중요한 과제이기 때문이다. 둘째, 수익성보다는 공공성이 강조되는 비영리 공공기관에서는 비재무적 평가지표가 매우 중요하다. 셋째, 공공조직에서는 최종 결과물만이 아니라 결과를 도출하는 중간 단계로서 내부프로세스의 효율성이나 고객(시민)과의 관계도 중요하다. 넷째, 조직목표를 달성하기 위한 하위요소 간의 경쟁과 함께 협력적 요소도 중요한 평가요소이다(Lee & Moon, 2017).

이와 같이 균형성과평정법은 비영리 공공조직에 활용될 수 있는 유용한 평가 방법임에 틀림없지만, 실제 적용 과정에서 여러 가지 문제점이 발생할 수 있다(정순여·김재열, 2007). 주로 조직성과를 측정하고 평가하는 과정에서 나타나는 문제점이 많지만, 개인성과를 측정하고 평가하는 과정에서도 유사하게 적용될 수 있다. 무엇보다도 전략목표를 설정하고 하위지표를 작성하는 데 매우 복잡할 뿐만 아니라 시간이 많이 걸릴 수 있다(Heinrich, 2012). 그로 인해 설정된 전략목표와 연계되는 하위목표를 개발하는 과정에서 상당한 노력이 필요하다. 평가지표 구성 과정에서 조직 구성원들의 적극적인 참여는 필수적이다. 평가지표 상호간의 우선순위를 결정하는 과정에서 상당한 논의가 불가피하고, 이 과정에서 구성원 상호간의 공감대 형성이 매우 중요하기 때문이다. 뿐만 아니라 기존의 성과평가시스템이 존재할 경우 이를 연계하여 활용하기 곤란하고 전면적으로 새롭게 구성해야 하는 경우가 많다. 또한 평가지표에 따라 실제 평가하는 과정에서 평가지표와 관련된 자료와 근거를 수집하고 준비하는 데 시간과 비용이 많이 소요될 수 있다. 보다 근본적으로는 조직성과 향상을 위한 전략적 접근에 치중하고 있기 때문에 세부적인 평가지표 측정 과정에서 신뢰도와 타당도의 문제가 제기될 수 있고, 이에 따라 피평가자들의 수용성도 낮아질 우려가 있다.

따라서 균형성과평정법의 성공적 활용을 위해서는 철저한 사전준비는 물론 평가 실행과정에서도 세심하게 관리될 필요가 있다. 일회성에 그치지 않고 지속적으로 활용되고 정착되기 위해서는 평가결과 나타난 문제점들을 분석하여 전략이나 하위요소, 그리고 평가지표를 보완하는 환류과정이 필요하다.

(3) 성과표준평정법(Performance Standards Appraisals, PSA)

성과표준평정법은 구체적이고 측정가능한 성과수준을 명시하고 이에 따라 성과를 측정하는 평가방법이다. 성과수준은 추상적인 전략이나 목표보다는 측정 가능한 구체적인 실행목표이다.

예를 들면, 청결한 도로 유지업무를 담당하는 환경미화원의 성과표준으로 도로의 청결상태를 정의하는 것이다. '도로가 깨끗하다'고 하려면 "100m 거리에서 쓰레기가 세 개 이상 발견되지 않아야 하고, 발견된 쓰레기는 3일 이내에 처리되어야 한다"고 할 수 있다. 또는 민원담당 공무원의 예를 들면 "민원인들의 불평 건수가 분기당 최소한 3회 이하여야 하고, 만족도 설문조사 결과가 최소 85% 이상이어야 한다"고 규정할 수 있다. 또한 환경담당 공무원에게는 "수돗물의 수질이 0.001ppm 이하를 유지해야 한다"는 성과표준과 수준을 부여할 수 있다.

이러한 성과표준평정법은 조직 구성원들에게 성과방향과 측정방법을 명확하고 구체적으로 제시한다는 장점이 있다. 이를 통하여 조직 구성원의 동기를 유발하고, 명확하게 측정될 경우 측정의 신뢰도로 확보할 수 있다. 피평가자들의 수용성이나 평가결과가 개별적인 피평가자들에게 주는 특정성도 비교적 긍정적이다.

하지만 공공조직에서 계량적이고 구체적인 성과표준을 제시할 수 있는 분야가 얼마나 될 것인지, BSC와 마찬가지로 성과표준을 개발하는 데 시간과 비용이 많이 소요될 것인지, 이에 대한 직원들의 공감대가 형성되어 있는지가 중요하다. 특히

표 13-7	안내행정직원(receptionist)의 성과표준 예시

- 고객과의 만남
  - 오전 8시에 반드시 사무실에 출근한다.
  - 친절하고 유용하고 전문적인 태도를 지속적으로 유지한다.
  - 데스크를 비우는 시간에 대비하여 예비 직원을 확보한다.
- 전화 답변
  - 명확하고 분명하게 말한다.
  - 휴대전화의 모든 기능을 사용하라.
  - 정확하고 완벽하게 메시지를 받는다.
- 수신 편지 배포
  - 적시에 개별 사서함에 배포한다.
  - 소포를 정리하고 수령자에게 공지한다.
  - 우편을 가지러 가는 시간에 맞추어 발송하는 편지는 우편함에 넣는다.
- 파일 유지 관리
  - 자료를 쉽게 찾을 수 있도록 체계적으로 관리한다.
  - 자료 반환은 12시간 전에 미리 준비하여 보관한다.
  - 요청된 파일을 항상 점검한다.
- 자료 복사
  - 접수 또는 요청 네 시간 이내에 자료를 반드시 복사한다.
  - 자료를 모아서 철한다.
  - 전문적인 문서 형태를 유지한다.
  - 완료된 주문은 직원에게 알린다.

출처 : Indiana University Human Resource Services, 2005.

성과표준이 구체적으로 규정되기 때문에 피평가자가 담당하고 있는 업무성과의 일부만을 반영하기 쉽고, 피평가자가 다양한 업무를 담당할 경우에는 피평가자의 업무성과를 포괄적으로 측정하기가 더욱 어려워진다. 또한 직원 상호간의 긴밀한 협력보다는 불필요한 경쟁을 유발할 수 있는 문제점도 예상된다. 따라서 성과표준 평정법은 하위직을 중심으로 제한적, 그리고 보완적으로 활용하는 경우가 많다.

(4) 논리모형(Logic Model)

논리모형은 직무 활동이 설정된 성과목표를 이끌어내는 논리적 과정을 말한다. 의도된 결과를 규정하고 성취하기 위하여 계획하고 관리하는 것이다(Poister, 2003). 앞에서 설명한 목표지향평가법 중 목표에 의한 관리(MBO)나 성과표준평정법 (PSA)은 주로 달성하고자 하는 목표나 결과에 치중하는 반면, 논리모형은 목표를 달성하는 과정에서의 활동이나 중간산출물을 성과지표에 포함하는 방법이다(행정 안전부, 2012). 균형성과평가법의 경우, 재무적 성과와 함께 비재무적 성과를 조직 성과에 포함하자는 측면에서 유사하나 궁극적인 성과목표를 달성하는 과정을 논리적으로 설명하지 않는다. 논리모형은 최종 목표와 그 목표를 달성하는 논리적인 과정을 모두 조직성과에 포함시키는 것이다.

논리적 과정은 네 가지로 구성된다. 조직 목표 성취를 위한 첫 번째 과정은 자원(resources)을 확보하는 것이다. 이는 직무 활동을 위해 쓴 비용 또는 산출물과 성과를 위한 비용으로 처리될 수 있다. 둘째, 다양한 직무 활동(activities)을 한다. 앞서 확보한 자원을 활용하여 산출물을 생산하기 위한 활동이자 노력이다. 셋째, 산출물(outputs)을 도출한다. 직무 활동을 통하여 생산된 직접적인 산출물이다. 최초성과(initial outcomes), 중간성과(intermediate outcomes), 최종성과(long-term outcomes)가 나타난다.

논리모형은 개인의 성과평가에도 마찬가지로 적용될 수 있다. 일반적으로 조직 구성원들의 업무는 기능적으로 분담되어 있기 때문에 어떤 사람의 직무는 최종 성과목표 달성에 직접 기여하는 업무라기보다는 성과목표를 달성하는 과정에서 지원하거나 중간산출물을 생산하는 업무일 수 있다. 이러한 경우에도 해당 직원의 성과는 최종목표를 달성하는 데 반드시 필요한 과정이므로 이를 위한 직무 활동은 개인의 성과로 인정되어야 마땅하다. 특히 공공조직은 다소 모호한 다수 목표를 갖고 있는 경우가 많기 때문에 개인의 업무는 상호 연계되어 있고 서로 보완하거나 지원하는 업무가 많다. <표 13-8>은 논리모형에서 제시될 수 있는 평가지표에서 산출물과 성과물을 구분하여 제시한 예이다.

표 13-8 논리모형에 의한 산출물과 성과물 예시

프로그램	산출물(outputs)	성과물(outcomes)
범죄관리 활동	순찰 시간, 민원 전화, 수사 범죄, 체포 건수, 해결 범죄	범죄 감소, 범죄로 인한 사망 및 상해 감소, 범죄로 인한 재산 손실 감소
고속도로 건설	프로젝트 기획, 건설된 도로 길이, 재건설된 도로 길이	도로 역량 증가, 교통흐름 개선, 여행시간 단축
AIDS 예방	긴급전화 수, 세미나 횟수, AIDS 항체반응 테스트, 치료한 AIDS 환자 수, 상담 환자 수	AIDS 관련 지식과 치료 증가, 위험한 행동 감소, HIV 감염자 감소, AIDS 사고 감소, AIDS 사망자 수 감소, AIDS 양성 반응 유아 수 감소
청소년 교육캠프	신체훈련 과목 수, 교육과목 수, 직업훈련 과목 수, 활동발달 과목 수, 사후관리활동 시간	성적우수자 증가, 학교 출석률 증가, 청소년 취업 증가, 청소년 범죄 감소

4. 평가방법 종합

어떤 평가방법이 가장 좋은 방법일까? 이는 '어떤 지표가 가장 좋은 지표일까'라는 질문과 같다. 평가지표나 평가방법에 대한 평가는 앞에서 논의한 평가지표선정 기준에 따라 다르다. 앞에서 설명한 규범지향적・행태지향적・목표지향적평가방법은 각기 특성과 장단점이 있다. <표 13-9>에서 볼 수 있는 것처럼, 규범지향적 평정방법은 변별력과 실용성 측면에서, 행태지향적 평정방법은 신뢰도와특정성 측면에서, 목표지향적 평정방법은 타당도와 수용성, 그리고 특정성 측면에서 대체로 강점을 지닌 것으로 나타난다. 그런데 이들 평가방법은 이와 같은 기준에 따르면 강점이 있는 것으로 나타나지만 다른 기준에 따르면 여러 가지 문제점

표 13-9 개별 평가방법의 비교

구분		타당도	신뢰도	수용성	특정성	변별력	실용성
규범지향 평정방법	단순서열법 (Straight ranking)	낮음	낮음	낮음	낮음	높음	높음
	강제배분법 (Forced distribution)	낮음	낮음	낮음	낮음	높음	높음
	상호비교법 (Paired comparison)	낮음	낮음	낮음	낮음	높음	높음
행태지향 평정방법	도표식평정법 (Graphic rating)	보통	보통	보통	보통	보통	높음
	혼합척도법 (Mixed scale)	보통	높음	보통	높음	높음	낮음
	행태기준평정척도법 (BARS)	보통	높음	보통	높음	높음	낮음
	중요사건기록법 (Critical incidents)	보통	높음	보통	높음	높음	낮음
결과지향 평정방법	목표관리 (MBO)	높음	보통	높음	높음	보통	보통
	논리모형 (Logic Model)	높음	낮음	낮음	높음	보통	보통
	균형성과표 (BSC)	높음	보통	보통	보통	보통	보통
	성과표준평가법 (PSA)	높음	높음	보통	높음	보통	보통

이 제기될 수 있다. 특히 세 가지 평가방법의 유형 내의 개별적인 평가방법이 달라지면 평가 결과 또한 달라질 수 있다. 따라서 조직이 수행하는 업무적 특성과 조직적 특성을 감안하여 적절한 평가방법을 선택하는 것이 필요하다.

제 **4** 절 평가자 선정

성공적인 평가를 위해서는 정확한 정보를 가지고 있고, 이를 정확하고 객관적으로 측정해 낼 수 있는 사람이 평가해야 한다. 아무리 좋은 평정지표를 개발했다고 하더라도 평가자가 어떻게 활용하느냐에 따라 평정 결과는 얼마든지 달라질 수 있기 때문이다. 지금까지 논의되어 왔고 실제 조직에 활용되고 있는 평가방법에는 다음 네 가지가 있다. 자기평가, 상관평가, 다면평가, 그리고 고객평가 및 외부평가이다.

1. 자기평가

자기평가(self rating)는 피평가자 스스로 자신의 역량이나 성과를 평가하는 방법이다. 자기평가는 긍정적인 측면이 많은데, 자기 자신의 역량이나 성과는 스스로 가장 많이 그리고 정확하게 알고 있기 때문이다. 자기평가는 감독자가 모르고 있던 정보를 알려주거나 잊었던 정보를 상기시키기도 한다. 또한 스스로 평가했다는 점에서 평가에 대한 수용성도 당연히 높다. 이러한 자기평가는 개별 직원의 능력 발전을 돕기 위해서 활용하려는 경우, 특히 유용할 수 있다. 다만 평가 결과가 승진 등에 반영될 경우, 스스로의 단점을 지적하지 않는 경향이나 정보를 숨길 가능성이 존재하며, 무엇보다 객관성을 확보하기 힘들다는 단점이 있다.

2. 상관평가

가장 전통적인 평가방법은 역시 감독자인 상관이 하는 것이다. 피평가자의 직무와 관련된 역량이나 성과 정보는 상관이 가장 많이 가지고 있기 때문이다. 상관은 직무수행 과정에서 수시로 접촉하고 동료나 부하가 모르는 다양한 정보를 얻을 수 있다. 피평가자의 직무 활동 대부분이 상관에게 보고되기 때문이다. 이와 같이 상관은 직무와 관련하여 직접 접촉하는 사람으로, 단순히 높은 직급을 가진 직위자를 말하지 않는다. 피평가자와의 접촉이 빈번하지 않은 다른 상관들은 피평가자를 정확히 알지 못하기 때문이다.

이러한 상관평가는 평가기준이나 평가 오류 측면에서 다양한 문제가 제기되어 왔다. 상관이 피평가자에 대한 정확한 정보를 가지고 있지만, 과연 정확하게 측정할 것이냐의 의문이 제기될 수 있다. 평가과정에서 상관과 피평가자의 인간적인 관계를 경시할 수 없기 때문이다. 직무상의 관계보다는 평소의 인간관계가 평가에 영향을 줄 가능성이 크다. 그로 인해 평가의 타당도나 신뢰도를 확보하기가 힘들다. 평가과정에서 인간적 관계가 조직 목표 달성에 대한 기여도를 뛰어넘어 평가자의 객관적인 평가를 어렵게 할 수도 있기 때문이다.

그로 인해 절대평가의 경우, 대부분 관대화 오류가 나타나기 쉽다. 이는 부하직원인 피평가자와의 인간관계가 손상될 위험까지 감수하지 못하는 상관의 태도에 기인한다. 평가는 특정 기간에 이루어지는 데 반해 인간관계는 상시적으로 유지되기 때문이다. 이와 같이 상관의 주관적인 의도가 개입되어 평가 결과를 왜곡하는 측면이 있고, 상관이 아무리 객관적으로 평가하려 노력하더라도 정확한 정보를 측정해 내지 못할 수도 있다. 정보를 수집하고 이를 해석하는 평가자 능력의 한계 때문이다. 평가자에 따라서는 피평가자에 대한 다양한 정보를 기록하고 정리하기도 하지만, 일부 평가자는 정확한 정보와 근거를 축적하려는 노력이 부족한 경우도 많다.

이러한 문제를 해결하기 위해서는 평가지표나 평가방법을 치밀하게 구성하고 실행 과정에서 평가자 관리를 보다 철저하게 할 필요가 있다. 평가방법은 단순한 도표식평가방법만이 아닌 행태중심관찰법이나 행태기준평정법을 확대 적용하여 평가자의 주관을 배제하기 위한 노력이 필요하다. 이를 위해서는 평가자에 대한 사전교육과 안내가 반드시 필요하다. 객관적 평가의 중요성, 평가의 구체적인 방법, 그리고 평가 결과의 활용 등에 대한 교육을 통해 객관적인 평가를 유도하는 것이다. 또한 필요할 경우 절대평가를 축소하고 상대평가를 확대하여 평가자를 직접 통제하는 방법도 있다. 뿐만 아니라 평가자를 평가하기 위한 메타평가 방식을 도입하여 평가자의 엄정한 평가를 유도할 수도 있다.

3. 다면평가(360-degree evaluation)

(1) 다면평가의 의의와 배경

다면평가는 자기평가나 상관평가의 한계를 극복하기 위한 대안의 하나로, 보다 공정하고 객관적인 평가를 위하여 제시된 방법이다. 즉 평가자를 피평가자의 상관에 한정하지 않고 부하·동료·고객 등도 참여해 집단으로 평가하는 방법이다 (Daley, 2010). 피평가자에 대한 정보를 조금이라도 갖고 있는 모든 관계자를 평가자에 포함하는 방법이다. 따라서 이를 상관에 의한 일면적인 평가와 비교하여 다면평가 또는 360도 평가라고 한다(London & Beatty, 2006).

다면평가의 방법은 다양하다. 먼저 평가요소를 무엇으로 할 것인가에 따라 역량 중심으로 구성하는 경우와 실적 중심으로 구성하는 경우, 그리고 두 가지를 혼합하는 경우로 구분할 수 있다. 이때 역량요소는 3장에서 말한 직무역량, 관리역량, 그리고 도덕적 역량의 세부요소를 말하며, 실적요소는 직무량과 질적 수준, 직무성과, 파급효과, 조직기여 정도 등을 말한다. 하지만 다면평가는 일반적으로 성과평가보다는 역량평가 방법으로 활용된다. 성과에 대한 평가는 계량적 지표가 많이 적용될 수 있고, 구체적인 근거자료가 필요하기 때문이다.

(2) 평가자 구성 및 선정

다면평가의 평가자를 어떻게 구성할 것인가? 다면평가는 원칙적으로 평가자가 많고 다양할수록 평가의 공정성과 객관성을 높일 수 있다. 하지만 평가자가 많으면 많을수록 비용과 시간이 많이 소요되고 종합산정 방식도 복잡해진다. 평가자는 조직체계와 직무특성에 따라 다양하게 구성할 수 있다(London & Beatty, 2006). <표 13-10>에서와 같이 상사와 동료, 그리고 부하 상호간에 평가자 인원을 결정하고, 평가 결과를 반영하는 비중도 다양하게 구성할 수 있다. 피평가자의 직위 등급별로 평가자 구성을 달리할 수도 있다.

또 평가자를 구성할 때 평가자의 직접적 관계와 간접적 관계를 어떻게 배분할 것인지에 대한 논의도 필요하다. 즉 상관의 경우 직속상관은 당연히 포함해야겠지만, 다른 부서의 상위 직위자를 포함할 것인지, 몇 명을 포함할 것인지, 어느 부서를 포함할 것인지 검토가 필요하다. 부하나 동료의 경우에도 관련 부서의 하위 직위자 또는 동료를 어떻게 구성할 것인지, 몇 명을 포함할 것인지, 어느 부서를 포

| 표 13-10 | 다면평가의 직위별 평가자 구성과 평가비중 예시 |

평가자	합계	상사	동료	부하
국장급 이상	10명	2명	4명	4명
과장급	12명	3명	4명	5명
직원	12명	4명	8명	-

평가자	합계	상사	동료	부하
국장급 이상	100%	50%	30%	20%
과장급	100%	50%	30%	20%
직원	100%	60%	40%	-

함할 것인지에 대한 검토가 필요하다. 아울러 평가자의 직위별·부서별·개인별 평가 비중을 동일하게 할 것인지, 아니면 차등을 둘 것인지도 결정해야 한다. 이러한 과정에서 가장 중요한 판단 기준은 역시 누가 피평가자에 대하여 가장 많고 정확한 정보를 갖고 있는지, 그리고 피평가자 정보를 정확히 측정할 수 있는지에 있다.

평가자의 구성이 완료되면 다음에는 평가자를 선정해야 한다. 다면평가에서 평가자 선정은 매우 중요하다. 평가자를 누구로 선정하느냐에 따라 평가결과가 크게 달라질 수 있기 때문이다. 여기에는 인사담당부서에서 직접 선정하는 방법과 피평가자나 평가자가 선정하도록 하는 방법이 있다. 인사담당부서에서 임의로 선정하는 경우 나름의 기준에 따라 객관적으로 선정할 수 있는 반면, 피평가자의 직무활동과 관련된 협조 부서나 관련 부서를 일일이 파악하는 데 상당한 시간과 비용이 들며, 선정의 타당도에 관한 문제도 제기될 수 있다.

(3) 다면평가 결과의 환류 및 활용

다면평가에서 중요한 것은 평가 결과에 대한 통보와 활용이다. <그림 13-3>에서 보는 바와 같이 평과 결과는 평가요소별로 조직 전체의 평균치와 피평가자의 평균치를 동시에 그래프로 작성하여 통보하는 것이 일반적이다. 여기에 부서별 평균이나 동일 직급별 평균치를 포함하여 통보하는 경우도 있다. 피평가자 스스로 평가요소별로 자신의 위치를 바로 알고 자신의 강점과 약점을 파악하도록 하기 위해서이다. 아울러 평가 결과에는 평가요소별 등급을 부여할 수 있다. 다만, 이 경우 평가요소별 등급 기준을 제시하고 평가 결과 등급별로 피평가자에게 구체적인

그림 13-3 다면평가 결과의 확인

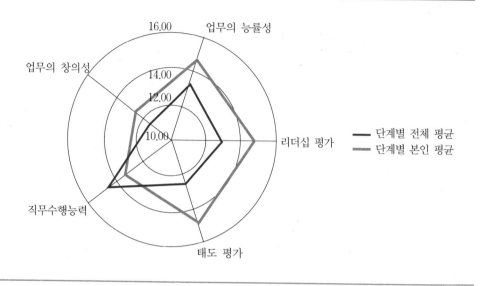

피드백을 주어야 한다. 평가요소별로 통보하는 것은 피평가자의 발전을 위해 바람직하다. 종합평가 결과와 순위를 통보하는 것은 피평가자 스스로 자신의 객관적인 역량 순위를 확인할 수 있다는 장점이 있으나, 평가의 공정성과 객관성에 대한 피평가자의 반발이 제기될 수 있으므로 신중할 필요가 있다.

다면평가 결과를 어느 정도 공개할 것인가는 일반적인 평가 결과 공개와 유사하다. 다면평가가 아무리 정밀하게 구성되었다 하더라도 완벽한 결과를 도출하는 것은 불가능하다. 다면평가 결과의 전면적 공개는 조직성과 향상이나 조직 구성원의 동기부여에 결코 도움이 되지 않을 것이다. 따라서 개별적으로 통보하되, 상위 5~10%만을 조직 전체에 공개하는 방안 등 매우 제한적으로 이루어져야 한다.

(4) 다면평가의 장점과 비판

다면평가는 상관평가의 한계를 극복하기 위해 시작되었지만(London & Beatty, 2006), 다양한 사회변화를 반영하고 있다. 먼저 조직 내 직무 활동에서 부하직원들의 참여가 강화되고 조직 내 분권화가 촉진되면서 상관의 일방적인 지시보다는 부하들의 적극적인 지원이 피평가자의 성공적인 직무 활동을 위한 요건이 되고 있다. 또한 직무 활동이 복잡하고 다양해지면서 단독처리 업무보다는 다른 부서와 협조하여 처리해야 할 업무가 많아졌다. 상관보다는 부하나 동료들이 피평가자를 더 정확히 알 수 있으며, 또한 상관이 갖고 있는 제한적 정보를 보완하여 다양한 시각에서 평가함으로써 피평가자의 역량과 성과를 좀 더 정확하게 평가할 수 있다. 이와 같은 다면평가는 피평가자에 대한 보다 공정하고 객관적인 평가가 가능할 뿐만 아니라, 조직 내 상하간·동료간의 의사소통을 원활히 하는 효과도 기대할 수 있다. 또한 평가요소를 다양하게 구성하므로 피평가자에게 구체적인 피드백을 해줄 수 있다는 장점이 있다(Oh & Berry, 2009).

그러나 이러한 많은 장점에도 불구하고 다면평가에 대한 비판 역시 많다. 첫째, 평가의 신뢰도 문제이다. 평가자를 어떻게 구성하고 선정하느냐에 따라 평가 결과가 달라지기 때문이다. 상관·부하·동료는 피평가자와의 관계에 따라 지나치게 높게 또는 낮게 평가할 수 있다. 평가 결과는 또한 평가 시기에 따라 달라질 수 있다. 즉 승진이 임박하거나 인력감축이 예정되어 있는 경우에는 보통때보다 엄격하게 또는 좀 더 차별적으로 평가점수를 부여할 수 있다. 둘째, 평가의 타당도 문제이다. 평가자가 일관성 있게 평가하더라도 피평가자의 조직 목표 달성도나 기여도보다는 인간적 관계에 의하여 평가할 수 있기 때문이다(조경호·박천오. 2004). 인간적 인기도에 따라 인기투표처럼 직무 활동과 상관없이 높은 평가를 받을 수 있다는 것이다. 셋째, 평가관리적 측면에서 비용과 시간이 많이 들 수 있다. 다면평가를 기획하고 준비하는 작업은 매우 중요하다. 평가요소의 결정, 평가자 구성과 선정, 평가 결과의 종합, 평가 결과 통보, 평가점수 조정 및 활용 등 준비 과정이 복잡하다. 넷째, 피평가자의 수용성이 매우 낮다는 점이다. 직무 활동과 간접적으로 연계되어 있는 동료나 부하가 피평가자의 직무역량이나 성과를 정확히 알기란 어렵다. 특히 평가요소와 평가자 구성 등 철저한 준비 작업을 걸쳐 공정하게 평가했다 하더라도 피평가자는 인간관계에 의한 평가로 이해할 가능성이 크다. 다섯째, 다면평가 자체가 조직 생활과 조직문화 전반에 부정적으로 작용할 우려가 있다(이수창·이환범, 2014). 직원 상호간에 협력보다는 경쟁을 부추기고 서로 위화감을 조성하여 조직의 생산성을 전반적으로 낮출 수 있기 때문이다. 직원 상호간의 의사소통을 방해하는 요인으로 작용할 수도 있다.

따라서 다면평가를 성공적으로 활용하기 위해서는 평가자 구성에서 평가 결과 통보에 이르기까지 철저한 사전준비 작업이 필요하고, 평가 과정에서 피평가자의 불만 등 다양하게 제기되는 문제점을 해결하기 위해 적극적으로 노력해야 한다(London & Beatty, 2006). 또한 평가 후 활용 과정에서도 평가 결과에 대한 과신보다는 피평가자의 인사관리에만 참고하는 등 제한적으로 활용할 필요가 있다.

4. 고객/외부평가

외부평가는 조직 외부에서 피평가자의 역량이나 성과를 평가하는 방법이다. 즉 평가자를 조직 내부 구성원이 아닌 조직 외부 인사로 구성하는 것이다. 최근 들어 직속상관이나 동료, 부하가 아닌 외부 인사가 직무성과를 평가하는 경우가 많아지고 있다. 다면평가의 경우 외부 고객을 평가자에 포함하더라도 평가자 구성이 조직 내부 구성원에 한정되는 경우가 많다.

앞에서 설명한 역량센터평가는 외부평가의 대표적인 방법이다. 또 특별한 평가방법에 의하지 않고 외부 인사가 직접 직무성과를 확인하고 평가하는 방법도 있다. 해당 분야 교수나 전문가들이 외부의 시각에서 평가하는 것이다.

이러한 외부평가는 내부평가의 한계에서 출발하였다. 상관평가의 한계로 인해 다면평가를 도입했지만, 다면평가 역시 신뢰도나 객관성의 문제가 제기되면서 결국 내부인사에 의한 평가는 한계가 있다는 반성에 따른 것이다. 따라서 피평가자와 직접적인 이해관계가 없고 전문지식과 경험을 가진 외부 인사가 보다 공정하고 객관적으로 평가하도록 한 것이다.

하지만 외부평가 역시 여러 가지 한계가 있다. 특히 역량센터평가와 같은 특정한 평가방법의 활용이 아닌 단순한 외부 인사의 평가는 더욱 그러하다. 첫째, 외부 인사가 조직 내부의 직무성과를 정확히 파악하기 어렵다는 문제가 있다. 역량이나 성과에 대한 다양한 정보를 활용하더라도 실제 직무 활동은 다양한 변수가 작용하고 복잡하게 얽혀 있는 경우가 많다. 따라서 전문성을 갖춘 외부 인사라 하더라도 피평가자의 직무 행태나 성과를 정확히 알 수 없다. 둘째, 여러 가지 인연으로 외부 평가자가 내부 평가자와 연계되어 객관적 평가가 어려울 수 있다. 셋째, 외부 전문가가 자기 전문 분야와의 관련성이 높을 경우 관대화 오류를 범하기 쉽다.

외부평가의 경우, 평가기관을 설립하여 평가하기도 한다. 앞에서 설명한 것처럼 평가기관 평가(assessment center)는 평가방법의 하나로 간주되지만, 평가자의 측면에서 보면 외부 평가기관의 평가인 셈이다(Povah &. Thornton, 2011). 이와 같은 평가기관의 평가는 전문성이 있는 만큼 평가의 객관성과 중립성을 확보할 수 있다는 장점이 있다, 다만, 평가 준비와 과정에 비용과 노력이 많이 소요되고, 내부 평가자와 비교하여 직무에 대한 지식과 경험이 부족할 수 있다. 그로 인해 직무와 관련한 평가의 타당도가 떨어질 우려가 있어 평가과정에서 직무와 직접 관련된 내용을 포함할 필요가 있다. 이를 위해서는 직무를 직접 담당하고 있는 현직자를 평가기관의 평가자에 포함하여 평가하는 것이 필요하다.

제 5 절 평가결과의 종합

앞에서 논의한 바와 같이 역량평가와 성과평가가 완료된 이후에는 평가 결과를 다양한 방법으로 종합하여 활용해야 한다. 역량평가와 성과평가에 대한 일반적인 활용 체계는 <그림 13-4>와 같다. 평가자별 평가 결과가 산출된 후에도 자기평가와 상관평가, 다면평가와 외부평가, 성과평가와 역량평가, 개인평가와 팀평가 등 다양한 평가 결과의 배합 비율에 따라 인적자원 개인에 대한 평가는 크게 달라질 수 있다. 따라서 평가 결과를 승진과 이동, 역량개발, 그리고 보상 체계 중 어디에 활용할 것이지, 개별적인 승진이나 보상을 할 때 어떤 평가 결과를 어떤 비율로 반영할 것이지, 그리고 직급별 또는 직위별로 어떻게 차등 반영할 것인지 등에 대한 구체적인 활용 계획을 마련해야 한다. 여기에서는 관리자 평가와 실무자 평가로 구분하여 살펴본다.

그림 13-4 역량평가와 성과평가의 종합적 활용 체계

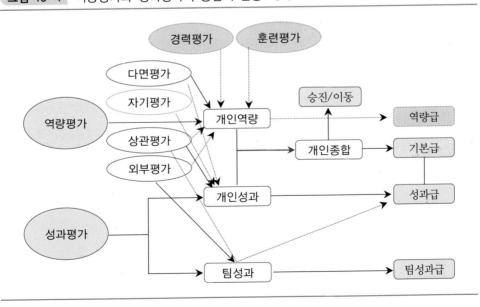

1. 관리자 평가

관리자 평가는 실장·국장·팀장 등 직책을 가지고 부하 직원을 두고 있는 경우이다. 이 경우 역량평가와 성과평가로 구분하여 하되 역량평가는 자기평가, 다면평가, 상관평가, 외부/고객평가 등을 포함하여 개인별로 측정한다. 다만, 성과평가의 경우 두 가지 활용 방법이 있다. 팀성과와 개인성과를 분리하여 측정하는 방법과 팀성과를 개인성과와 동일시하는 방법이다.

전자의 경우, 논리적으로 생각했을 때 팀성과가 반드시 팀장의 성과라고 할 수는 없다. 팀 전체의 성과는 팀원들의 성과기여도와 팀장의 성과기여도로 구분할 수 있는데, 팀장보다 팀원들의 성과기여도가 높은 경우도 있고 반대로 팀원들보다는 팀장의 성과기여도가 높은 경우가 있다. 하지만 이러한 경우 팀장과 팀원 사이의 팀성과 기여도를 어떻게 분리하여 측정하느냐는 문제가 발생한다.

따라서 일반적으로 팀성과와 개인성과를 따로 구분하지 않고 팀성과를 개인성과로 간주한다. 왜냐하면 평가지표 설정이나 팀장과 팀원들의 성과기여도 등에서 팀성과와 개인성과를 구분하기가 사실상 어렵기 때문이다. 다만, 이 경우 팀성과 측정 방법도 통합적인 팀성과를 별도로 측정 평가하는 방법과 팀원들의 개인성과를 합산하여 활용하는 방법이 있다. 결국 직무의 책임도가 높고 관리적 직무를 맡은 경우에는 대체로 팀성과를 개인성과로 간주한다. 이 방법이 팀성과 향상을 위한 동기를 팀장 스스로에게 부여할 수 있고, 또 팀장으로서 기울인 노력은 역량평가를 통하여 반영할 수 있기 때문이다.

성과평가와 역량평가의 비율은 승진과 보상 등 활용 분야별로 다르게 할 수 있다. 승진의 경우에는 성과평가 반영 비율보다 역량평가 반영 비율을 상대적으로 높게 책정하고, 성과급 등 보상의 경우에는 역량평가 반영 비율보다 성과평가 반영 비율을 상대적으로 높게 책정한다. 이는 기관의 목표와 사명, 직무의 성격, 인사책임자의 인사운영 방향, 직원들의 선호도 등에 따라 결정된다.

2. 실무자 평가

실무자 즉 팀원에 대한 평가 역시 성과평가와 역량평가로 구분할 수 있다. 다만, 실무자 평가는 관리자 평가와는 달리 팀성과 평가 결과를 어떻게, 그리고 얼마나 반영하느냐에 따라 달라진다. 관리자 평가와 마찬가지로 승진의 경우 역량평가 반영 비율을 높이고, 성과급 등 보상의 경우 성과평가 반영 비율을 높게 책정한다. 다만 승진의 경우 성과평가 반영 비율을 관리자와 비교하여 상대적으로 높게 책정하고, 보상의 경우에는 상대적으로 낮게 책정하는 경우가 많다. 원칙적으로 성과급 등 보상의 경우, 관리자나 실무자 모두 100%를 성과평가 결과에 따라 결정해야 한다. 하지만 성과평가제도에 대한 신뢰도와 타당도, 평가 오류 가능성, 그리고 조직 구성원들의 수용성 등을 종합적으로 검토하여 결정하지 않으면 안 된다.

<표 13-11>은 관리자와 실무자 간의 성과평가와 역량평가를 종합하는 방법을 비교한 것이다. 이는 하나의 예로 실제 인사책임자의 결정, 조직 구성원의 선호도, 평가제도의 정착 정도, 조직문화적 요인 등을 고려하여 탄력적으로 운영할 수 있다.

표 13-11 성과평가와 역량평가의 종합

평가 단위	성과평가	역량평가	평가 종합(예시)	
			승진	보상(성과급)
관리자 (국장·과장·팀장)	소관 국·과·팀 성과	고객평가, 상관평가, 다면평가, 경력평가 등 *별도 역량평가	성과평가 30% (팀성과 100%) + 다면평가 등 역량평가 70%	성과평가 80% (팀성과 100%) + 다면평가 등 역량평가 20%
실무자 (팀원)	팀성과 + 개인성과	고객평가, 상관평가, 다면평가, 경력평가 등 *별도 역량평가	성과평가 40% (팀성과 50%, 개인성과 50%) + 다면평가 등 역량평가 60%	성과평가 700% (팀성과 70%, 개인성과 30%) + 다면평가 등 역량평가 30%

학·습·포·인·트

- 인적자원평가의 목적
- 발전적 목적의 평가지표
- 후광효과, 역광효과
- 대조효과, 균형효과
- 역량평가
- 규범지향평가법
- 결과지향평가법
- 도표식평정법
- 혼합표준평정법(MSS)

- 평가적 목적의 평가지표
- 평가 오류
- 관대화·엄격화·중심화
- 최초효과, 최근효과
- 성과평가
- 행태지향평가법
- 강제배분법
- 중요사건기록법
- 행태중심평정법(BARS)

- 행태관찰평정법(BOS)
- 균형성과평정법(BSC)
- 논리모형(Logic Model)
- 목표에 의한 관리(MBO)
- 성과표준평정법(PSA)

연●습●문●제

1. 평가지표의 적정성을 판단하는 기준을 제시하시오.
2. 평가자 오류의 유형을 예를 들어 설명하시오.
3. 평가방법 중 도표식평정법을 평가지표의 판단 기준에 따라 단점 또는 오류 가능성을 설명하시오.
4. 혼합표준평정법(MSS)과 행태기준평정법(BARS)의 차이점이 무엇인지 예를 들어 설명하시오.
5. 다면평가와 고객평가가 필요한 이유는 무엇인가?
6. 논리모형과 BSC의 차이점은 무엇인가?
7. ○○구청 소방본부의 비전은 '화재 제로(0), 전국 최고 소방본부'이다. 이를 기준으로 소방본부에 대한 2006년도 목표와 이에 따른 평가지표(8~10개)를 BSC(Balanced Scorecard) 관점에서 설명하시오.
8. 직원 30명을 가진 인천공항 입국심사팀장이라면 개인별 성과평가를 어떻게 할 것인지 평가자, 평가지표, 평가법, 평가내용, 평가결과의 활용계획을 설명하시오.
9. 다음은 행태기준평가법(BARS)에 의한 평정방법(지표)이다. '좋은' 평가방법의 판단 기준을 토대로 장단점을 설명하시오.

평가요소/ 평가등급	A	B	C	D
기말보고서 (75%)	-B학점 기준 충족 -새로운 통찰력, 이론 또는 해결책을 제시함	-C학점 기준 충족 -강의와 토론, 참고도서에서 제시된 지식을 분석하고 비판적으로 평가함	-수업계획서에 명시된 일자에 제출 -강의와 참고도서에 의한 기존 지식의 반복학습 -문법·체계·참고문헌 등 적정한 보고서 양식의 준수	-수업계획서에 명시된 일자에 미제출 -C학점 기준 미달
수업 참여 (25%)	-B학점 기준 충족 -다른 학생 수업참여에 경청, 평가 -강의와 토론에서 제시된 자료를 분석하고 평가함	-C학점 기준 충족 -수업토론에 참여 -강의와 교과서에 나와 있는 개념과 이론을 적용함	-수업에 빠짐없이 참여하고 -결석시에는 교수에게 사전통지함	-C학점 기준에 미달함

출처 : Llorens, Klingner and Nalbandian, 2017.

10. 평가 오류의 유형을 보고 우리나라 공직사회에서 가장 두드러지게 나타나는 평가 오류가 무엇인지 제시하고, 이에 대한 해결방안을 말하시오.

토•의•사•례

한국관광공사 관광산업경쟁력본부의 전년도 팀별 기여도

A □ 관광자원컨설팅팀 (장○○ 팀장 외 9명)
B ■ 복합관광사업팀   (이○○ 팀장 외 9명)
C □ 관광서비스개선팀 (나○○ 팀장 외 10명)

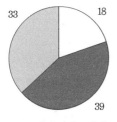

관광브랜드인지도

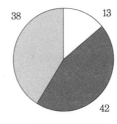

관광상품개발

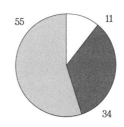

고객만족도

자기기술서-〈장○○ 팀장〉

소속 - 관광자원컨설팅팀	직급-팀장	성명-장○○
근무경력 - 1999년 한국관광공사 입사, 2007년도 관광자원컨설팅팀 팀장 진급		

근무실적 관련사항	
1. 업무유공 표창 실적	교육성과 우수자 표창(2015년)
2. 프로젝트 진행현황	현재 진행하는 프로젝트는 없음. 작년에 관광환경 나눔 및 보호 활동에 관한 3개의 프로젝트를 진행하였음.
3. 기획안 제안 및 채택 현황	2주 전 해외교류 지원 활동에 대한 기획안을 제출하였으나 보류 중이며, 작년에 2개의 프로젝트는 상부의 지시로 한 개는 기획안을 제안하여 채택됨.
4. 팀 단위 포상 실적	우수 부서 포상(2008년, 2010년, 2014년) 나눔왕 및 봉사활동왕 선발(2014년, 2014년)

능력개발 실적	
1. 포상실적 및 징계 여부	임직원들이 뽑은 모범직원상(2013년, 2015년) 봉사활동 및 다양한 나눔활동 우수상(2013년, 2014년)
2. 지각·조퇴·외출	2012년 지각 1회, 조퇴 및 외출 무 2014년 지각 및 조퇴 무, 외출 2회 2010년 지각 1회, 조퇴 및 외출 무

3. 사회봉사 실적	구석구석 나눔 여행(2014년), 재난지역 봉사활동(2014년) 사랑의 책 보내기(2011~2012년), 국제구호활동(2011~2012년)
4. 상급자로의 질책	항상 타의 모범이 되는 행동가짐과 대외활동을 통하여 상부에서도 좋은 평판이 있으나 업무와 관련해 눈에 띄는 실적이 없어 아쉬움
5. 외국어능력 및 기타	TOEIC - 880점 중급 이상의 회화 가능 일본어 기초적인 회화 가능. 중국어 및 기타 동남아권 언어 습득 필요

팀 내의 의사전달	
1. 부하직원과의 소통	부하직원들과 원활한 의사소통이 가능함. 부하직원들의 요구 및 요청에 관대하며 타협과 협상을 중요시 여긴다.
2. 경조사 및 회식 빈도	직원들의 경조사에 모든 팀원들과 항상 참석한다. 회식 자리도 월 4회 이상 갖고, 친목을 도모하기 위해 노력한다.
3. 부하직원 의견수렴	계획 및 프로젝트의 실행에 있어 부하들의 의견을 최대한 반영한 다. 이를 통해 창의적이고 합리적인 업무처리를 한다.

팀 내 부하직원들의 의견	
나는일(30세)	저희 팀장님은 성격이 낙천적이다 보니 업무를 보면서 여유부리는 경향이 있는 것 같아요. 부하직원들 입장에서야 재촉을 안 하니까 좋기는 하지만 본부장님께 몇 번 혼난 적도 있어요.
나는오(29세)	저희 팀장님은 부하직원들을 진심으로 챙겨주시는 것 같아요. 생각지도 못한 생일파티나 기념일 등을 챙겨주시는 것 보면 돌아가신 아버님이 생 각나서 뭉클하네요.
나는사(32세)	장 팀장님은 다른 사람들 의견을 정말 잘 들어 주세요. 그래서 부하직원들 이 편하게 자기 의견을 말하니까 회의 때 좋은 의견이 더 많이 나오는 것 같아요.

자기기술서 - 〈이○○ 팀장〉

소속 - 복합관광사업팀	직급 - 팀장	성명 - 이○○
근무경력 - 2013년 한국관광공사 입사, 2012년 복합관광사업팀 팀장 진급			

근무실적 관련사항	
1. 업무유공 표창 실적	창의적 상품개발 및 홍보마케팅 실적 우수상(2014년) 사회공헌활동 및 사회봉사단 계획 및 실적 우수상(2015년) 관광안내전시관 계획 및 설립 추진 공로상(2015년)
2. 프로젝트 진행현황	작년에 외부역점 사업방침의 프로젝트 7개를 진행하였음. 현재 네트워크 경영 프로젝트를 진행 중.
3. 기획안 제안 및 채택 현황	현재 진행하는 프로젝트는 기획안을 제출하고 채택되어 진 행 중. 작년에 5개의 기획안을 제출 채택되었으며 나머지는 상부의 지시로 진행하였음.
4. 팀 단위 포상 실적	소비자 대상 홍보이벤트 개최 공로상(2015년)

능력개발실적	
1. 포상 실적 및 징계 여부	봉사활동 및 다양한 나눔 활동 우수상(2014년) 상습적 지각으로 인한 경고조치(2014년)
2. 지각·조퇴·외출	2009년 지각 10회 조퇴 2회 외출 1회 2011년 지각 15회 조퇴 10회 외출 무 2012년 지각 14회 조퇴 11회 외출 무
3. 사회봉사 실적	국제구호활동(2011~2012년), 사회공헌활동 위한 제도 구상 및 추진(2012년~)
4. 상급자로의 질책	업무에 있어 신속하고 창의적인 의견을 제안하고, 이를 통해 회사에 참신한 아이디어를 제공한다. 부하직원들과의 사적 교류가 적어 팀 내 분위기가 서먹하다.
5. 외국어 능력 및 기타	TOEIC - 940점 원어민 수준의 회화 가능 일본어 및 중국어 중급 정도의 회화 구사 및 기타 동남어권 기초적인 대화 가능
팀 내의 의사전달	
1. 부하직원과의 소통	항상 여러 프로젝트 진행 및 추진 업무들로 인해 사적인 교류가 부족한 것 같음. 원활하지 않지만 그렇다고 나쁘지도 않은 것 같음.
2. 경조사 및 회식 빈도	오랜 미국 생활을 통해 부하직원 및 상급자의 경조사에 큰 의미를 두지 않음. 신입사원 입사나 실적 우수시 간간이 회식을 진행.
3. 부하직원 의견수렴	부하직원들의 의견이나 요청에 잘 응하지 않는 편이다. 그렇지만 독단적인 결정을 내리는 것은 아니며 부하들이 자신의 의견을 존중해준다고 생각한다.
팀 내 부하직원들의 의견	
너는일(31세)	저희 팀장님은 맺고 끊는 것이 확실해요. 그래서 다른 사람들이 볼 때 조금 차갑다고 느낄 수도 있는데, 업무처리에서는 애매하게 결정을 미루는 것보단 차라리 그편이 낫죠.
너는이(28세)	저희 팀장님은 지각이나 조퇴가 너무 많은 것 같아요. 중요한 회의가 있는 날에 지각하시면 오히려 저희가 눈치가 보이는 것 같아요.
너는삼(30세)	저는 다른 팀 직원들이 부러울 때가 많아요. 제 동기 얘기를 들어 보면 업무 이후에 회식도 자주 있고 팀장님이 많이 챙겨 주신다고 하는데 저희 팀장님은 그런 것이 너무 없으니 섭섭하죠. 그만큼 팀 내 분위기도 삭막한 것 같아요.

📖 **토의과제**

1. 위 관광경쟁력본부의 두 팀장(A, B)에 대한 '성과'평가를 하고자 한다. 승진과는 무관하게 성과급을 주기 위해서이다. 본문에서 학습한 이론적 틀을 활용하여 성과평가를 위한 평가지표를 제시하시오.
2. 1에서 만든 평가지표에 따라 평가를 실시하고, 성과평가 결과 점수가 높은 팀장은 누구

인가 결정하시오.

3. 자신이 결정한 팀장의 성과평가 결과에 대한 오류 가능성을 설명하시오.

참고문헌

강혜진, 2012, 「공공기관의 성과평가 및 보상에 관한 연구 : 한국자산관리공사(KAMCO) 성과평가 및 성과급 구축 사례를 중심으로」, 『한국인사행정학회보』 11(1), pp. 25-61.

김경한, 2004. 「목표관리제의 효과성에 대한 영향 요인 연구」, 『한국행정학보』 38(1), pp. 93-114.

김태은·임채홍·김나영, 2008. 「공공부문 성과관리의 적용가능성에 관한 실증적 고찰-성과와 성과보상 간 분석을 통한 증거의 제시」, 『한국정책학회보』 17(2), pp.149-361.

머서코리아 http://www.mercer.co.kr/

심재권, 2003. 「공기업 근무성적평정의 타당성 분석」, 『한국행정학보』 37(2), pp.131-153.

이수창·이환범, 2014. 「우리나라 다면평가제도 활용의 문제점 및 개선방안에 관한 연구」, 『한국인사행정학회보』 13, pp.63-87.

이예경·김세영·임유진·김보경, 2021. 「대학의 상대평가 및 절대평가 방식에 대한 학습자 인식 분석-A 대학 사례를 중심으로」. 『대학 교수-학습 연구, 14(2), 63-95.

이영식, 1998. 「영어작문채점에 대한 평가 신뢰도에 대한 분석」, 『영어교육』, 52(1), 221-242.

이창길·최성락, 2009. 「정부산하기관 경영평가에서의 후광효과(Halo Effect)에 관한 연구」, 『한국행정학보』 43(3), pp.151-172.

이창길·최성락, 2010. 「공공기관 경영평가에서 상대평가의 오류가능성 분석」, 『행정논총(Korean Journal of Public Administration)』, 48.

이창길, 2020. 『대한민국 인사혁명 : 휴머니즘 인사혁명을 위한 22가지 질문』. 나무와숲.

임도빈·유민봉, 2019. 『인사행정론』, 박영사.

정순여·김재열, 2007. 「BSC 구축 공공조직의 성과평가에 관한 연구」, 『회계연구』 12(1), 대한회계학회.

최관섭·박천오, 2014. 「중앙부처 공무원의 성과평가제도 수용성 : 성별, 직급별, 연령별 인식을 중심으로」, 『한국인사행정학회보』 13(3), pp.89-116.

피터 드러커 외(현대경제연구원 옮김), 1998. 『성과측정』, 21세기북스.

Armstrong, M. and Baron, A. 1998. *Performance management*. London.

Behn, Robert D, 2003. Why Measure Performance?-Different Purposes Require Different Measure, *Public Administration Review,* 63(5), pp.586-606.

Blanz, F. and E. E. Ghiselli, 1972. The Mixed Standard Scale : A New Rating System. *Personnel Psychology*, 25(2), pp.185-199.

Bouskila-Yam, Osnat and Avraham N. Kluger, 2011. Strength-Based Performance Appraisal and Goal Setting, *Human Resource Management,* 21(2), pp.137-147.

Budworth, Marie-Hélène and Sara L. Mann, 2011. Performance Management : Where Do We Go from Here?, *Human Resource Management,* 21(2), pp.81-84.

Cunningham, Barton J., Jim Kempling, 2011. Promoting Organizational Fit in Strategic HRM : Applying the HR Scorecard in Public Service Organizations, *Public Personnel Management,* 40(3), pp.193-213.

Daley, Dennis M., 2010. Designing Effective Performance Appraisal System, in the Book *Handbook of Human Resources Management in Government* edited by Stephen E. Condrey, 3rd edition, Jossey-Bass.

Dickinson, T. L. and P. M. Zellmger, (1980). A Comparison of the Behaviorally Anchored Rating and Mixed Standard Scale Formats. *Journal of Applied Psychology,* 65, pp.147-154.

Drucker, Peter F. 2007. *People and Performance,* Harvard Business School Press.

Fredericks, David G. H., George Frederickson, 2006. *Measuring the Performance of the Hollow State,* Georgetown University Press, Washington, D.C.

Gibbons, Robert, and Kevin J. Murphy. 1990. Relative performance evaluation for chief executive officers, *Industrial and Labor Relations Review,* 43(3), 30-51.

Heinrich, Carolyn. J. and Laurence E. Lynn, 2000. *Governance and Performance-New Perspectives,* Georgetown University Press, Washington, D.C.

Heinrich, C. J. 2002. Outcomes-based Performance Management in the Public Sector: Implications for Government Accountability and Effectiveness. *Public Administration Review,* 62(6), pp.712-725.

Indiana University Human Resource Services, 2005. Define Performance Standards for Each Duty, *Performance management* http://www.indiana.edu/-traininguhrs/trazning/performance-management/define-examples.htm.

Jenter, Dirk and Fadi Kanaan. 2006. CEO Turnover and Relative Performance Evaluation, *Working paper,* Stanford University.

Kaplan, David and Autor Norton, 1996. *The Balanced Scorecard.* Harvard Business Press.

Lee, Chang Kil, and M. Jae Moon. 2007. "Performance Management Reforms in South Korea 1." In Public administration in East Asia, pp. 427-450. Routledge.

Llorens, J. J., Klingner, D. & Nalbandian, J., 2017. *Public Personnel Management*. Routledge. 7th edition.

London, M. and R. W. Beatty, 2006. 360 Degree Feedback as a Competitive Advantage. *Human Resource Management*, 32(2-3), pp.353-372.

Moynihan, Donald P., 2008. *The Dynamics of Performance Management-Constructing Information and Reform*, Georgetown University Press Washington, D.C.

Mahler, W. R., 1947. Some Common Errors in Employee Merit Rating Practice, *Personnel Journal* 20(2).

Newman, J. M., Gerhart, B., & Milkovich, G. T., 2016. Compensation. McGraw-Hill Higher Education.

Nisbett, R. E. and T. D. Wilson, 1977. The Halo Effect : Evidence for Unconscious Alteration of Judgments. *Journal of Personality and Social Psychology*, 35(4), p.250.

Noe, R. A., J. R. Hollenbeck, B. Gerhart and P. M. Wright, 2020. *Human Resource Management : Gaining a Competitive Advantage*. Irwin.

Oh, I. S. and C. M. Berry, 2009. The Five-factor Model of Personality and Managerial Performance : Validity Gains through the Use of 360 degree Performance Ratings. *Journal of Applied Psychology*, 94(6), 1498.

Povah, Nigel and George C. Thornton, 2011. *Assessment Centres and Global Talent Management,* Gower.

Poister, Theodore H., 2014. *Managing and Measuring Performance in Public and Nonprofit Organizations*, Jossey-Bass.

Sally, Seiden and Jessica E. Sowa, 2011. Performance Management and Appraisal in Human Service Organizations : Management and Staff Perspectives, *Public Personnel Management*, 40(3), pp.251-264.

Shingler, John, Mollie E. Van Loon, Theodore R. Alter, Jeffrey C. Bridger, 2008. The Importance of Subjective Data for Public Agency Performance Evaluation, *Public Administration Review,* pp.1101-1111.

Swanson, Richard A., 2007. *Analysis for Improving Performance-Tools for Diagnosing Organizations and Documenting Workplace Expertise,* Berrett Koehler.

Van Dooren, W., Bouckaert, G., & Halligan, J., 2015. Performance management in the public sector. Routledge.

제14장

인적자원에 대한 보상

이 장에서는 인적자원의 근로에 대한 보상에 대해 살펴본다. 인적자원에 대한 보상은 금전적인 개념의 보수뿐만 아니라 비금전적 지급내용도 포함한다. 공공조직의 보수는 국민의 세금으로 지급되기 때문에 효과성·형평성·적정성·직무관련성 등의 기준에 따라 철저하게 관리되어야 한다. 공무원의 보수는 보수결정 기준에 따라 생활급·연공급·직무급·성과급·역량급 등으로 나누고, 지급방식에 따라 연봉제와 호봉제로 구분된다. 공무원 보수정책은 보수의 등급과 폭, 호봉, 등급 간 중첩 등에 따라 보수표가 결정된다. 공공조직에서 보수의 의미와 유형, 그리고 보수결정 기준과 내용에 대해 살펴보기로 한다.

열심히 일하다 보면 언젠가 보상을 받기도 한다.
하지만 게으름을 피우면 당장 확실한 보상을 받는다.

제1절 보상의 의의와 특성

1. 보상의 의의

보상(compensation)은 조직이 개인에게 주는 금전적·비금전적 가치를 말한다. 국어사전을 보면, 보상은 "행위를 촉진하거나 학습 분위기를 조성하기 위하여 사람이나 동물에게 주는 물질이나 칭찬"으로 정의된다. 이와 같은 보상은 보수(pay)보다는 넓은 개념이다. 보수는 조직이 개인에게 지급하는 금전적 가치에 국한된 경우가 많은 반면, 보상은 금전적 의미의 보수 말고도 명예·칭찬 등 내면적 만족감까지도 포함하는 개념이다(Milkovich, Newman & Gerhart. 2016). 특히 보상은 직무수행 결과에 대하여 지급하는 '반대급부적' 성격도 갖고 있다.

이와 같이 보상은 금전적 보상과 비금전적 보상으로 구분되며(임도빈·유민봉, 2019), 금전적 보상은 보수로서 기본급과 수당·상여금·성과급 등 화폐로 지급받는 직접보상과 연금·후생복지·사회보험·생활보조·서비스 시설·유급휴가 등 간접적으로 금전적 이득이 되는 간접보상이 있다. 이에 반해 비금전적 보상은 명예, 칭찬, 사회적 위치, 직업의 안정성, 무급휴가 또는 포상 등 개인에게 부여하는 비물질적이고 심리적인 보상을 말한다(Kopelman, Gardberg, Brandwein & Cohen, 2011). 다만, 여기에서 보상은 비금전적 보상을 포괄하는 개념으로 내용 설명에서 혼란을 야기할 우려가 있으므로 통상적인 개념인 보수를 사용하고자 한다.

특히 금전적 보상으로서 보수는 조직과 개인의 입장에서 중요한 의미가 있다. 근로자의 입장에서 보면, 보수는 근로의 대가이다. 개개인이 조직에서 얻을 수 있는 다양한 보상 중 가장 현실적이고 구체적인 수단이다. 아무리 우수한 인재를 확보하더라도 조직의 성과를 향상시키기 위한 가장 결정적인 관리수단은 보수이다. 보수는 개인의 입장에서 자신의 행동 방향과 내용을 결정하는 결정적인 요인이기 때문이다. 반대로 조직 입장에서 보면, 보수는 인적자원행정의 핵심적인 수단이다. 개인의 역량과 성과에 대한 조직의 보상인 셈이다. 인사행정의 목표 중 하나인 신상필벌의 핵심 요소라 할 수 있다.

이와 같이 조직 내 인적자원에 대한 보상은 다음 네 가지의 성격을 포함하고 있다(Milkovich, Newman & Gerhart. 2016). 첫째, 보수는 직무수행에 대한 반대급부적 성격을 가진다. 직무를 수행하지 않는 사람에게는 보상이 주어지지 않는다. 둘째, 인재를 확보하고 보유하기 위한 도구이다. 안정적인 보수의 제공은 인재를 확보할 수 있는 중요한 요인이다. 또한 적절한 보수를 제공함으로써 이직률을 낮추고 현재의 유능한 인재를 빼앗기지 않을 수 있다. 셋째, 조직 구성원에 대한 동기부여의 수단이다. 생활급 보장이나 성과급 제공 등은 구성원들이 자신의 직무에 긍지를 갖고 적극적으로 참여할 수 있는 동기를 부여한다. 넷째, 성과평가 결과에 대한 환류이다. 자기 직무에 대한 성과평가에 비례하여 보수를 줄 경우, 조직과 개별 직원 사이에 실적평가에 대한 정보를 제공하는 신호로서의 역할을 하게 된다.

2. 공무원 보수의 특성

공무원의 보수는 민간기업의 보수와는 차이가 있다. 공공부문의 인적자원행정을 위해서는 사기업의 보수와는 다른 공무원 보수만의 특징을 이해할 필요가 있다(임도빈·유민봉, 2019).

첫째, 직무 이외의 환경 요소가 강하게 작용한다. 조직의 생애주기나 정치적 환경 등이 이에 해당한다. 순환보직이나 연공서열은 직무와 보수의 직접적인 비례성을 낮춘다. 순환보직 과정에서 동일계급인 경우 같은 보수를 주면서도 쉬운 보직 다음에는 강도와 난이도가 높은 보직을 맡게 한다든가, 연공서열제와 근무평정의 형식화가 결합되어 직무내용과 상관없이 보수가 정해지는 경우가 이에 해당한다. 그리고 공직업무 외의 수입이 없어도 최소한의 삶을 영위할 수 있도록 표준생계비를 주는 생활보장적 성격을 갖는다.

둘째, 보수결정 방식이 다르다. 우선 공무원의 보수는 법률적 통제를 받는다. 따라서 보수의 결정에는 법적·정치적·사회적 합의가 요구된다. 정부 재정과 관련되기 때문에 경직성이 강하며, 예산 등의 영향을 받는다. 게다가 공직업무는 다양할 뿐만 아니라, 때로 지역이나 공공서비스에 고유한 경우도 많다. 이러한 경우 민간 보수원칙이 적용되기 힘들며, 호봉제 적용이나 연봉 산정 등이 개별 업무에 따라 달라진다.

셋째, 시장의 가치를 산정하기 어렵다. 공공서비스는 보통 시장가격에 의해 값이 정해지지 않는다. 또 직접 시장에 공급되지 않는 경우도 많다. 따라서 노동의 기여도나 공공서비스의 사회적 가치를 책정할 비교 기준이 없다. 그로 인해 보수를 산정할 때 시장 외의 다른 복잡한 요인들에 관한 논의가 이어지는 경향이 있다.

넷째, 비금전적 보상이 중요하다. 많은 연구들이 공공부문의 종사자들은 민간부문 종사자들과 달리 공공에 대한 봉사와 직업안정성에 상대적으로 높은 가치를 부여하는 반면, 금전적 보상에 대해서는 상대적으로 낮은 가치를 부여하면서 소위 공직서비스동기(public service motivation) 차원 등에서 비금전적 보상이 중요함을 밝히고 있다. 특히 우리나라 사람들은 체면을 중시해 신분과 지위를 얻는 것이 곧 인격과 능력에서 우위를 차지하는 것이라고 생각하는 경향이 강하다. 이처럼 우리나라 공무원들은 자신들의 신분에 큰 의미를 부여하고 그에 비례하여 체면에 아주 민감하게 반응한다(유민봉 · 심형인, 2011).

3. 공무원 보수수준

(1) 보수수준의 결정요인

민간기업은 조직 내부의 관점에서 매출과 성과에 따라 보수를 결정하는 데 반해, 공공조직의 경우에는 조직의 환경적 요인을 고려해야 한다(김상헌, 1998). 특히 보수 인상률은 주인인 국민은 물론 공무원들에게 아주 민감한 사항이다. 이처럼 공무원 보수가 갖고 있는 성격과 특성을 감안할 때 전체적인 보수수준은 다음과 같은 요인을 종합적으로 고려해 결정해야 한다.

첫째, 정부 인건비의 규모이다. 정부의 보수 지불능력이라 할 수 있는 예산의 제약과 국민의 담세능력 등을 종합적으로 고려해야 한다. 보수수준은 전년도 증가율과 예산규모 증가비율, 그리고 전체 예산 중 인건비가 차지하는 비율, 공무원 총인원수 등을 고려해 결정해야 한다. 정부 인건비를 높게 책정할 경우 국민의 비판이 거세지고, 낮게 책정할 경우 공무원들의 불만이 높아질 우려가 있다. 따라서 국민의 입장에서 예산규모를 고려한 정책적 판단이 필요하다.

둘째, 민간부문의 임금 수준과 임금인상률이다. 공공조직의 임금 수준은 민간기업의 임금수준과 균형을 유지하여야 한다. 공무원의 임금이 민간기업보다 현저하게 낮을 경우 사기저하가 우려된다. 그렇게 되면 유능한 인재들의 공직 선호도가 낮아지고, 재직 공무원들의 민간기업으로의 전직이 증가할 가능성이 있다. 따라서 민간기업의 보수수준에 상응하는 적정한 보수수준의 유지가 필요하다(김판석 · 김태일 · 김민용, 2000).

셋째, 전년도 보수수준과 인상률이다. 전년도의 평균적인 보수수준과 인상률은 현재의 보수수준과 인상률을 결정하는 척도가 될 수 있다. 전년도 인상률이 매우 높은 상황에서 보수 인상률을 높게 책정하면 정부에 대한 부정적 인식과 여론이 확산될 우려가 있다.

넷째, 공무원의 보수수준은 공무원 총인원 규모와도 관련 있다. 주어진 예산 범위 내에서 공무원 총인원수가 적으면 개인별 평균보수가 올라갈 수 있고, 반대로 인원수가 많으면 하락할 수 있다. 따라서 개인별 보수수준 및 인상률을 결정할 때는 전체 인력규모와의 관계를 면밀히 검토할 필요가 있다.

다섯째, 경제성장률과 물가수준이다. 국내외 경제상황이 좋을 경우에는 보수수준을 올려도 부담이 상대적으로 적은 반면, 경제상황이 어려울 때는 공무원의 보수를 올리기가 어렵다. 뿐만 아니라 물가상승률도 감안하지 않으면 안 된다. 물가상승률에 못 미치는 보수 인상은 공무원의 실질소득을 감소시키기 때문이다.

여섯째, 보수 이외의 복리후생 수준을 고려해야 한다. 앞에서 언급한 바와 같이, 공무원에 대한 보상은 금전적 요소와 비금전적 요소를 포함하고 있다. 복리후생 등 비금전적 보상이 많을 경우에는 금전적 보수수준이 낮아도 전체 보상수준은 높을 수 있다. 따라서 공무원의 보수수준은 금전적·비금전적 요소를 종합해 결정해야 한다.

(2) 보수수준의 적정성 판단

공무원의 보수수준이 적정한가 그렇지 않은가를 판단하는 방법 중 하나는 비교하는 것이다. 다만 누구와 어떻게 비교하느냐를 두고 논란이 많다. 가장 보편적인 비교 대상은 역시 민간부문이며, 민간부문과 비교하는 방법에는 두 가지가 있다. 하나는 개인 대 개인 비교법(person-to-person approach)이고, 다른 하나는 직무 대 직무 비교법(job-to-job approach)이다(Biggs & Richwine. 2012). 개인 대 개인 비교법은 동일한 교육수준, 동일한 경력, 그리고 동일한 인구통계학적 특성을 가진 민간부문 근로자와 비교하는 것이다. 미국의 경우 이런 방식으로 조사한 결과 연방정부 공무원은 민간부문보다 약간 높고, 주정부 공무원은 민간부문보다 낮은 것으로 나타났다(Condrey, Llorens & Facer II, 2012).

직무 대 직무 비교법은 동일한 직무의지와 직무역량이 필요한 유사한 직무를 비교하는 방법이다. 다만, 이 방법에 의한 조사결과는 해석상 유의할 필요가 있다. 만약 공무원의 보수수준이 민간의 보수수준보다 높게 나왔다면, 직급 인플레나 승진과다로 인한 결과로 해석될 수 있다. 이와 같이 공무원 보수수준의 적정성을 정확하게 판단하기 위해서는 민간부문의 유사한 사람이나 직무를 찾는 것이 중요하다. 또한 현재의 보수수준과 함께 후생복리 수준을 감안하여 비교할 필요가 있다 (김판석·김태일·김민용, 2000).

4. 보수제도의 관리기준

(1) 효과성

공무원에 대한 보상관리는 구성원의 직무 동기를 이끌어내 조직성과와 목표 향상에 기여해야 한다. 보상은 과거 근로의 대가이기도 하지만 미래의 성과 향상을 위한 수단이 되어야 한다. 조직성과에 기여한 사람들에게 더 많은 보상이 돌아가도록 편성해야 한다. 따라서 주어진 예산 범위 내에서 보수제도를 어떻게 운영하는 것이 조직효과성을 높일 수 있는지 충분히 고려해야 한다. 특히 공공조직의 경우 국민의 세금으로 인건비를 주는 만큼 국가와 국민에게 실질적인 효과가 돌아가도록 효율적으로 사용해야 한다. 행정 목표와 성과에 기여하는 방향으로 보수체계를 설계하고 운영하지 않으면 안 된다.

(2) 형평성

구성원 상호간의 보수기준이 동일해야 한다. 성별이나 종교, 출신 등에 따라 차별해서는 안 된다. 동일 직무, 동일 보수의 원칙 등은 이러한 형평성의 원칙을 반영한 것이다. 이를 위해서는 대표 직급 선정 등을 통해 직급 내용을 분명히 하는 작업이 선행될 필요가 있다. 이때 단순히 구성원 상호간의 형식적인 균형만이 아니라 실질적인 균형도 함께 맞추어야 할 필요가 있다. 즉 다른 것은 다르게 대해야 한다는 의미에서 높은 성과를 낸 사람을 독려하는 차원의 보수 차이는 필요하다. 역량이나 성과의 차이는 곧 보수로 반영되어야 한다는 것이다.

(3) 적정성

공무원의 보수는 시장과 환경의 변화를 고려해야 한다. 일반 국민의 기본적인 생활수준이나 민간기업의 임금수준을 고려하여 적정한 수준에서 관리되어야 한다. 그렇지 않을 경우 민간기업 대신 공직을 택할 유인이 줄어들어 인재채용이 힘들거나 공직자 가족의 생활이 어려워질 수 있다. 따라서 민간의 임금인상률이나 경제성장률, 물가상승률 등을 고려해서 보수를 책정해야 한다. 민간기업 임금과의 적정성은 대외적 형평성이라고 불리기도 한다(최항순, 2010).

(4) 직무관련성

보수는 직무수행의 결과이며 근로의 대가이기 때문에 개인이 수행하는 직무와의 관련성이 높아야 한다. 업무의 난이도, 책임도, 상대적 가치, 그리고 직무를 수행하는 데 필요한 역량과 성과 등 직무와 관련하여 보상이 이루어져야 한다. 일반적으로 직무와 관련성이 미흡할 경우 조직 구성원의 직무동기가 유발되기 어렵고, 다양한 보상을 통한 조직성과나 목표달성을 기대하기도 어렵다. 공공조직 종사자들이 대체로 갖고 있는 공직서비스동기가 있을지라도 스스로 수행하는 직무를 통해 유발된다는 것을 유념할 필요가 있다. 이처럼 직무관련성은 공무원의 보수를 결정하는 중요한 기준이다.

제 2 절 보수의 유형

1. 보수 결정기준에 따른 유형

보수의 유형은 보수 결정기준에 따른 분류가 일반적이다. 생활급, 연공급, 직무급, 성과급, 그리고 역량급이 그것이다. 생활급과 연공급은 직무와 관련성이 없는 보수로 직무 이외의 요인이 보수 결정기준인 반면, 직무급·성과급·역량급은 개인이 수행하는 직무적 요인을 보수 결정기준으로 활용한다(Siegel, 2010). 이러한 다섯 가지 보수 결정기준은 적정한 비율에 따라 혼합하여 활용할 수 있다. 보수를 결정할 때 기준별 혼합 비율을 어떻게 할 것인가는 인적자원행정의 전략과 방향, 계급제와 직위분류제 등 공직의 구성 방식, 인적자원 선발 방법, 보수체계에 대한 사회적 인식과 합의 등을 종합적으로 고려해 결정해야 한다(이근주·이혜윤, 2007).

그림 14-1   보수 결정기준에 따른 보수유형

(1) 생활급(living wage)

보수수준을 결정하는 기준이 조직 구성원의 생활유지 비용인 경우이다. 공무원은 신분보장을 해주는 대신 불편부당한 업무 집행을 요구하기 때문에 개인에게 지급되는 보수는 생활비용적 성격을 갖는다. 생활비용의 수준은 기초적인 생활수준에서 적정한 생활수준에 이르기까지 다양한 방안이 제시될 수 있다. 1960년대 이전 공무원의 보수를 최저생활임금 이상의 수준을 유지하고자 했던 것은 직무 외적 요인으로 공무원의 기초생활에 대한 보장과 배려가 내포되어 있다. 생활급에는 공무원의 나이, 자녀의 수, 교육비 지출 정도, 근무지역, 물가상승률 등이 고려된다.

이러한 보수체계는 공무원의 안정된 생활을 보장해 줌으로써 직무에 전념할 수 있도록 하고, 부패 가능성을 줄이는 데 기여한다. 하지만 공무원 개인의 능력이나 직무와는 무관하게 보수가 결정되기 때문에 직무의 효과성이 낮다. 보수가 조직의 목표달성이나 성과향상에 직접적으로 기여하기도 어렵다. 직무 노력과 성과가 높은 조직 구성원이 보수 지급기준의 형평성 문제를 제기하고, 직무 의욕을 떨어뜨리며 수용도가 낮다는 문제가 있다. 따라서 보수 총액 중 생활급은 최소한의 비중으로 반영하는 등 보완적으로 활용하는 경우가 많다.

(2) 연공급(seniority-based pay)

연공급은 근무경력이나 재직기간을 보수 결정 기준으로 활용하는 것이다. 호봉제가 대표적인 연공급 보수체계이다. 이러한 기준을 적용하는 배경에는 두 가지 인식이 자리하고 있다. 먼저 근무경력이 오래될수록 전문지식과 기술, 그리고 역

표 14-1   연공급의 장단점

장점	단점
• 직무나 성과측정이 곤란한 직무에 대한 명확하고 객관적인 보수 기준 • 전반적인 조직기여도에 대한 보상으로 조직충성도 강화 • 조직 내부의 위계질서 확립 • 재직기간별 안정적인 보수체계를 유지하여 직업공무원제 확립에 기여 • 인적자원행정의 탄력성 확보	• 동일 직무에 대한 동일 보상의 원칙과 상치됨 • 보수와 직무의 관련성이 낮아 조직 목표 달성이나 성과에 대한 기여 미흡 • 높은 수준의 역량을 가진 젊은 직원들의 사기 저하 • 매년 호봉 증가로 인한 조직 전체의 인건비 부담 가중 • 직무수행이나 성과와 무관한 보수 지급으로 직무 의욕 감소

량이 높아진다는 인식이다. 경험이 전문성을 대변하고 보상의 기준이 된다. 또한 경력과 재직기간이 길다는 것은 조직기여도가 높다는 의미로 인식한다. 조직에 근무하는 절대적인 기간이 중요하다는 것이다.

<표 14-1>에서 볼 수 있는 것처럼, 연공급 보수체계의 가장 큰 장점은 직무나 성과측정이 곤란한 직무에 대해 명확하고 객관적인 보수기준을 제공한다는 점이다. 조직 구성원들로서는 장기적인 보수예측이 가능해 안정적으로 직무에 전념할 수 있다. 또한 전반적인 조직기여도를 기준으로 보상이 이루어짐으로써 조직충성도를 높일 수 있고, 조직 내부의 위계질서 확립이 용이하다. 재직기간별 안정적인 보수체계를 유지하여 직업공무원제 확립에 기여한다.

하지만 연공급은 동일 직무에 대한 동일 보상의 원칙과 상치되어 높은 수준의 역량을 가진 젊은 직원들의 직무 의욕을 떨어뜨리고 사기를 저하시킬 수 있다. 그리고 조직의 입장에서는 보수와 직무의 관련성이 낮아 보수가 조직 목표달성이나 성과에 기여하지 못한다. 또한 전문행정가보다는 일반행정가 중심의 인력운영으로 경직되고 폐쇄적인 조직문화가 형성될 수 있다. 아울러 매년 호봉 증가로 조직 전체의 인건비 부담이 가중될 우려가 있다.

(3) 직무급(job-based pay)

직무분석과 직무평가 결과, 직위별 담당 직무의 난이도와 책임도, 즉 직무등급에 따라 보수를 차등화하는 방식이다. 계급이나 연공서열이 아닌 직무의 중요도에 따라 등급을 부여하고 이에 따라 보수표를 만드는 것이다. 이는 직무 관련성이 가장 높고, 직무와 보상이 가장 직접적으로 연결된 보수체계이다. 직무 외적 요인을 최소화한다는 점에서 가장 이상적인 보수 결정기준이라 할 수 있다. 동일한 부서에 근무하는 동일한 계급이라 하더라도 직무등급에 따라 A팀장과 B팀장의 보수를 차등화하는 것이다. 이러한 직무급은 수행 업무의 중요성과 난이도에 따라 규정된 임금을 개인별 요소까지 고려해 결정하기 때문에 임금 차등 분배의 정당성을 확보할 수 있다. 그러나 직무에 대한 가치평가가 상대적으로 명확히 이루어지기 힘들거나 평가에 지나치게 비용이 많이 드는 경우에는 적합하지 않다. 특히 직무 자체의 특성이나 가치가 보수에 반영되고 있으나 직무 실적이나 성과는 보수에 반영되지 않는다는 단점이 있다.

이러한 직무급을 적용할 때에는 여러 가지 유의하여 시행할 필요가 있다. 첫째, 직무등급 간 보수 격차를 산정하는 기준이 명확해야 한다. 직무분석과 평가를 통해 직무의 가치를 객관적이고 정확하게 평가할 필요가 있다. 특히 공공기관의 경우 직무분석과 평가의 한계로 직무등급을 결정할 때 주관적 판단이 작용할 우려가 많다. 둘째, 조직 내부의 공정성에 대한 인식이 필요하다. 직무별 차등 임금의 타당성을 구성원들이 이해하고 이를 인정하는 것이 중요하다. 셋째, 직무등급 간 직무 격차의 정도 등 전략적인 판단과 세부적인 사전준비가 필요하다. 즉 직급별 직무의 최고와 최저의 범위, 직무등급 간 격차 정도, 직무등급의 수, 총보수 중 직무급 비율 등 종합적인 검토가 필요하다.

(4) 성과급(performance-based pay)

성과를 보수 결정의 기준으로 하는 보수체계이다. 업무 실적이나 성과를 평가하여 이를 토대로 보수를 지급해 실적급이라고도 한다. 지난 분기나 작년의 성과를 평가하여 이번 기나 올해의 보수에 반영하는 형태로 이루어진다. 일한 만큼 보수를 지급한다는 원칙이다. 보수의 근본적 의미에 가장 충실한 보수 기준인 셈이다. 성과급은 직무관련성이 높다는 장점이 있다. 직무 외적 요인이나 아직 성과로 나타나지 않은 요인들은 배제한다. 개인 또는 집단의 직무성과에 따라 보수가 지급되기 때문에 보수체계를 조직 목표나 성과의 달성과 직접 연계할 수 있다. 따라서 효과성이 높은 보수체계로 실질적인 형평성을 달성할 수 있다. 이러한 의미에서 합리적이고 공정한 보수체계로 인식되며, 조직 구성원의 수용도도 높다.

하지만 성과급 보수체계는 한계도 있다. 먼저 성과측정의 한계이다. 특히 공공부문에서 개인별 또는 집단별로 정확한 성과를 측정할 수 있는지에 대한 의문이 많다. 또한 개인 간의 보수 격차가 심화될 수 있다. 성과 정도에 따라 보수 차이가 발생하기 때문에 높은 성과를 낸 사람과 그렇지 않은 사람 사이에 보수 격차가 커지면서 경쟁이 심화되고 위화감이 조성될 수 있다(한승주, 2010). 그 결과 보수의 효과성을 가장 높일 수 있는 데 반해 형식적인 형평성은 낮다는 문제가 있다.

최근 행정개혁 과정에서 성과급의 비중을 높이는 경향이 있는데, 이는 조직효과성과 보수효과성을 높이기 위한 것이다. 성과상여금제나 성과계약 등 평가제가 이에 해당한다(Kang and Yanadori, 2011). 성과급은 능력이 아니라 생산량과 같은 수행된 결과를 기준으로 한다는 점에서 역량급, 또는 직능급과는 구별된다. 다만 직무의 난이도에 따라 성과급이 조정되어야 하므로 직무급과 같이 적용하는 경우가 많다.

(5) 역량급/직능급(skill, knowledge, competency-based pay)

역량급 또는 직능급은 해당 직무를 수행하는 사람의 역량이나 능력에 따라 차별적으로 임금을 주는 방식을 말한다. 이는 역량 있는 사람이 직무를 성공적으로 수행할 것이라는 기대에 근거하고 있다. 모든 직원은 동일한 임금 수준에서 시작하지만 개인이 습득한 업무기술과 지식, 그리고 능력이 증대됨에 따라 임금 역시 이에 연동하여 올리는 것이다(Milkovich, Newman & Gerhart, 2010). 이러한 역량급 하에서는 직원들의 지식이나 기술 수준이 상이하므로 근속년수나 수행 직무가 동일하더라도 임금 수준에 차이가 있을 수 있다.

역량급은 기본적으로 개인의 업무능력에 기초해 임금을 산정하기 때문에 임금 수준을 결정할 때 업무기술의 깊이(depth), 업무기술의 수평적 범위(breadth), 그리고 업무기술의 수직적 범위(heights)를 고려한다(Siegel, 2010). 업무기술의 깊이는 직원들이 통역이나 변호사 · 의사와 같은 특정 기술을 깊이 있게 습득하거나 해당 분야의 전문가가 됨에 따라 임금 수준이 결정되는 것을 의미한다. 업무기술의 수평적 범위는 직무수행에 필요한 다양한 영역의 업무기술을 얼마나 습득했는지에 따라, 예컨대 영어도 컴퓨터도 인간관계도 모두 잘 할 수 있는 팔방미인인지 여부에 따라 임금이 정해지는 방식이다. 그런가 하면 업무기술의 수직적 범위는 업무기술을 스스로 관리함에 따라 임금 수준을 결정하는 방식으로, 장관이나 차관처럼 관리 능력이 필요한 경우에 해당한다. 여기서는 직원들 자신이 직무수행 일정을 짜고 교육훈련을 통해 업무수행에 필요한 역량들을 높이면서 업무를 성공적으로 수행하게 된다.

이러한 역량급 하에서는 직원들이 할당된 직무만 하는 것이 아니기 때문에 조직의 사기가 올라가고 끊임없이 학습하는 조직 분위기가 형성된다. 뿐만 아니라 직원들이 다양한 역량을 습득할 수 있기 때문에 근로 의욕이 고취되어 효과성과 업무의 탄력성이 높아져 결근과 이직률 감소에도 도움이 된다. 또한 직원들 스스로 다양한 역량을 개발하도록 유도할 수 있다. 반면 개별 직원들의 업무기술과 능력에 대한 구체적인 평가의 공정성을 확보하기 어려워 적정 수준의 보수 선정이 어렵고, 직원들에게 훈련과 개발 기회가 공정하게 주어지지 않을 경우 오히려 불만을 야기하기 쉽다는 단점이 있다. 뿐만 아니라 직원들의 역량개발에 필요한 교육훈련이나 지속적인 역량평가에 과도한 비용이 들 수 있으며, 직원들의 이직시 교육훈련 비용을 회수할 수 없다는 문제도 있다.

2. 보수 지급방식에 따른 유형

(1) 월급제 또는 호봉제

월급제(monthly pay or old pay)는 가장 전통적인 보수체계로, 다양한 보수항목을 감안하여 매달 지급하는 보수 지급방식이다. 한 달 급여의 기본 금액 기준이 호봉이 된다는 점에서 호봉제라고도 불린다. 호봉은 일반적으로 매년 정기적으로 증가하는 보수등급을 말한다. 즉 월급제에서는 기본급은 호봉에 의해 결정되고, 나머지 보수 항목은 호봉과 연동되거나 다른 요인에 의해 결정된다. 이 경우 보수는 기본급(basic pay), 호봉 승급(annual merit raise), 상여금(benefits), 각종 수당(a few perks), 그리고 특별보너스(occasional gratitude)로 구성된다(Tropman, 2001).

이러한 고전적 보수(old pay)는 다음과 같은 특성을 지닌다(Tropman, 2001). 1) 생활비 증가에 따라 매년 인상된다. 2) 보수 인상분은 매년 기본급에 포함된다. 3) 이러한 보수 인상분은 연공서열에 의한다. 4) 보수 인상을 위한 가장 좋은 방법은 승진, 즉 직급(또는 계급) 상승이다. 5) 통상 휴가철이나 퇴직일 등 특별한 날에는 과일 바구니나 기념 시계, 볼펜 세트 등 특별한 선물들이 주어진다. 6) 직무와 상관없이 정기적인 보너스가 주어진다.

이러한 보수 지급방식은 보수관리의 안정성과 적정성을 도모할 수 있는 반면, 조직 관리와 발전 측면에서 여러 가지 문제점을 내포하고 있다(Tropman, 2001). 첫째, 조직 구성원들이 보수를 직무수행 실적과 상관없이 당연히 받아야 할 수급권(entitlement)으로 이해하게 된다는 점이다. 둘째, 모든 직급은 보수 상한선이 있어 더 많은 보수를 지급하기 위해서는 계층을 계속 늘려 나가야 한다. 셋째, 동기부여 기능을 하지 못한다. 소위 기본급은 직무와 관련한 산출물이나 조직기여도와 상관없이 지급되는 봉급일 뿐이다. 넷째, 조직관리자 입장에서 매년 기본급을 인상해야 하기 때문에 생산성 증가와 상관없이 인건비가 증가하게 된다.

(2) 연봉제

연봉제(annual pay, total compensation or new pay)는 연간봉급제의 줄임말로 다양한 보수 항목을 연 단위로 통합해 개인별 총액을 결정하여 지급하는 보수체계이다(Milkovich, Newman & Gerhart, 2010). 연봉제는 지급 방식이나 형태보다 임금 체계의 변화를 의미한다(박상언, 2000). 이러한 의미에서 연봉제는 일반적으로 "개별 종업원의 능력, 실적 및 공헌도를 평가하여 계약에 의하여 연간 임금액이 결정되는 능력 중시형의 임금 지급 체계"로 정의된다(양병무, 1994).

호봉제에서는 상여금이나 각종 수당으로 인해 월지급액이 차이가 날 수 있으나, 연봉제 하에서 월지급액은 연봉액을 12개월로 균등하게 나눈 금액이 된다. 연봉제 도입은 단순히 기본급을 기준으로 한 당연한 보수 인상을 폐지하고 매년 역량과 실적을 심사하여 총액을 결정하는 것이다. 따라서 연봉제에서는 임금인상이 이루어지는 기준이 연공인가 아니면 능력 또는 성과인가가 중요하며, 핵심은 기본급이 아닌 임금인상에 있다(유규창·박우성, 2001). 즉 연봉제에서 보수는 줄어들 수 있음을 전제로 한다는 점에서 호봉제와 다르다.

<표 14-2>에서 보듯이, 연봉제는 운영방식에 따라 호봉제의 기반 위에 연봉을 책정하는 방식과 순수하게 역량과 실적에 따라 매년 연봉을 책정하는 방식으로 구분된다. 후자가 순수한 연봉제이고, 전자는 혼합형 연봉제라 할 수 있다(기획재정부, 2011). 순수한 연봉제의 경우, 직급별 상한 금액과 하한 금액을 설정하여 그 범위 내에서 개인별 성과에 따라 연봉을 책정한다. 즉 기본 연봉과 성과 연봉의 구분없이 전체 연봉은 비누진식이다. 따라서 매년 계약에 따라 연봉을 조정하는 협상이

표 14-2 연봉제의 유형 비교

연봉제 유형	기본연봉	성과연봉	비고
순수연봉제	비누진식	비누진식	기본 연봉과 성과 연봉 통합
혼합연봉제 1	호봉제	비누진식	* 성과연봉제
	호봉제	누진식	* 연봉 총액(성과 연봉 포함) 누진
혼합연봉제 2	누진식	비누진식	* 누진식은 개인의 성과에 따라 전년도 기본 연봉 또는 성과 연봉을 기준으로 인상률 결정
	누진식	누진식	

진행된다. 혼합형 연봉제는 크게 두 가지가 있다. 하나는 기본급은 호봉제로 매년 동일하게 인상하여 운영하되 성과급만 개인별 성과에 따라 누진식 또는 비누진식 성과연봉으로 책정하여 지급하는 방법이고, 다른 하나는 기본 연봉은 누진식으로 하고 성과연봉은 누진식 또는 비누진식으로 하는 방법이다(유규창·박우성, 2001).

연봉제의 긍정적 효과로는 다음 몇 가지를 들 수 있다(유규창·박우성, 1999). 첫째, 역량 있는 우수 인력의 확보와 유지가 가능하다. 능력 있는 개인에 대한 충분한 보상이 가능하기 때문이다. 둘째, 조직 구성원들에 대한 동기부여 효과이다. 직무성과에 따른 보상으로 직무의욕을 고취시키고 직무노력을 기대할 수 있다. 또한 결과적으로 조직 목표달성과 성과향상에 기여할 수 있다. 셋째, 실제 성과를 높이기 위한 적극적인 역량개발을 기대할 수 있다. 넷째, 개인 및 조직 성과에 의한 보수 인상으로 인건비 상승이 억제된다. 동시에 인력관리의 효율성이 높아질 수 있다. 마지막으로, 연봉제 정착 과정에서 개인의 권한 확대와 자율성 강화로 조직 구성원의 행태와 문화가 개선될 수 있다.

하지만 연봉제는 다음과 같은 부작용이 우려된다. 첫째, 직무성과를 객관적으로 명확하게 측정할 수 있느냐의 문제이다. 특히 공공조직의 경우 직무성과를 측정하기 곤란할 뿐만 아니라 성과의 의미와 내용을 둘러싸고 논란이 발생할 소지가 크다. 둘째, 개인들 간의 성과 경쟁이 심화될 수 있다. 이에 따라 조직 구성원 상호간에 위화감이 조성될 수 있으며, 협력이 필요한 업무성과를 떨어뜨릴 수 있다. 셋째, 개인별로 보수의 적정성이나 형평성의 문제가 제기될 수 있다. 넷째, 단기적 성과에 집착하느라 장기적인 정책과제를 경시할 우려가 있다. 마지막으로 도입 초기에 기존 보수체계에 적응해 온 조직 구성원의 저항과 반대가 있을 수 있다. 따라서 순수연봉제로의 급격한 변화보다는 혼합연봉제 등을 활용한 점진적인 변화가 필요하다(김성수, 2010).

3. 보수 지급대상에 따른 유형

(1) 개인단위 보상

개인단위 보상과 집단단위 보상은 일반적으로 성과급 지급방식 및 대상과 관련하여 논의된다. 성과급을 지급할 경우 개인단위로 할 것이지, 또는 집단단위로 할 것인지에 대한 것이다(Milkovich, Newman & Gerhart, 2016). 우선 개인단위 보상은 개인별 성과에 따라 보상이 이루어지는 것을 말한다. 직무성과에 따라 개인단위로 보상이 주어질 경우 개인별로 직무동기와 의욕이 높아질 수 있다(장은미,

2003). 또한 직무성과와 보수체계를 정확하게 직접 연계할 수 있다. 뿐만 아니라 조직성과를 높이기 위해 개인의 창의적인 아이디어를 최대한 활용할 수 있으며, 조직성과에 무임승차하는 직원을 최소화할 수 있다는 장점도 있다.

하지만 개인단위 보상은 다음과 같은 문제점이 있다(Siegel, 2010). 첫째, 조직응집력을 감소시키고 보수금액의 변화로 조직 구성원의 안정성이 약화될 수 있다. 둘째, 성과평가와 교육훈련의 연계가 부족하다. 셋째, 성과목표를 달성하지 못했을 경우 대책이 부족하다. 넷째, 성과목표만을 중시하고 다른 목표를 경시할 우려가 있다. 다섯째, 잘 작동되지 않는 보상을 위해 경쟁이 지나치게 과열되어 협동과 협조가 약화될 수 있다. 여섯째, 예산이 부족할 수 있다. 일곱째, 계획되지 않은 평가지표를 활용하게 된다. 여덟째, 성과급 배분에서 온정주의가 작용할 수 있다.

(2) 집단중심 보상

집단중심 보상은 팀이나 부서 등 집단을 중심으로 하는 보수체계 도입이 가능하다. 지금까지 보상 단위는 대부분 개인이었으나, 성과급 증가로 개인단위 보상체계의 문제점이 부각되면서 집단중심 보상체계가 보다 효과적이라는 주장과 연구가 많아졌다(Hollensbe & Guthrie, 2000). 집단중심의 보상은 다음과 같은 몇 가지 장점이 있다(Siegel, 2010). 첫째, 생산성·고객서비스·비용절감 등의 효과가 있다. 둘째, 개인 간의 경쟁보다는 구성원의 사기를 높이고 삶의 질을 높일 수 있다. 셋째, 업무 분위기가 좋아지고 개인들의 고충이 상대적으로 줄어들 수 있다. 넷째, 권한위임을 통하여 팀 단위의 자율적인 조직을 운영하기에 유리하다. 다섯째, 집단 내 응집력이 강화되고, 협조하고 협동하는 태도를 유발할 수 있다.

하지만 집단중심으로 보상할 경우에 개인단위의 보상보다도 생산성이 낮아질 수 있고, 열심히 일하는 개인들의 불만이 높아질 수 있다. 특히 집단의 생산물에 대한 품질 측정이 사실상 곤란할 뿐만 아니라, 개인단위의 노력이 반영되지 않기 때문에 성과와 보상의 연계가 약화될 우려가 있는 등의 문제점도 있다. 그리고 조직단위의 경쟁 없이 상대적으로 변화가 없는 조직, 신뢰 관계가 높은 조직, 노동조합이 없는 조직, 시간외 근무가 거의 없는 조직, 참여 관리 조직, 안정적인 생산구조를 가진 조직에는 굳이 집단중심의 보상 체계를 적용할 필요성이 적다.

<표 14-3>은 개인성과급과 집단성과급의 장단점을 비교한 표이다.

표 14-3	성과급별 장단점	
구분	개인 성과급	팀/집단 성과급
장점	개인별로 직무동기와 의욕 고취 직무성과와 보수체계 연계 개인의 창의적인 아이디어 활용 무임승차하는 직원 최소화	생산성·서비스·비용절감 효과 개인 간의 경쟁보다는 협력 증진 업무 분위기 개선, 개인 고충 감소 권한위임을 통한 팀조직 활성화 집단 내 응집력 강화
단점	조직응집력 및 개인 안정성 약화 성과평가와 교육훈련의 연계 미흡 성과목표만 중시, 다른 목표 경시 과도한 경쟁 유발, 협동·협조 약화 성과급 예산 증가 우려 성과급 배분의 온정주의 작용	개인 단위 보상보다 생산성 저하 우려 열심히 하는 개인들의 불만 증가 집단의 성과 측정 곤란 성과와 보상의 연계 약화 협력과 신뢰 조직에 적용 불필요 내부 집단 간 경쟁 심화

제 3 절 보수의 결정모형

1. 보수의 결정 : 보수표의 작성

공무원의 보수수준과 내용을 어떻게 결정할 것인가? 이는 한마디로 보수표를 작성하는 작업이다. 일반적으로 보수표는 계급제 하의 호봉제를 전제로 작성된다. 호봉제에서는 등급별·호봉별 기본급 보수표가 필요하기 때문이다.

하지만 직위분류제 하에서도 보수표는 작성되어야 한다. 공무원 보수표는 정부가 지향하는 보수정책을 반영하기 때문이다. 직무평가 결과 직무등급이 결정되면, 각 등급별로 보수를 어떻게 배분하여 지급할 것인지 결정하는 것이다. 사회구조가 복잡해지고 직종이 분화되면 보수표도 다원화된다(Siegel, 2006).

직무등급에 해당하는 보수등급을 어떻게 표시하고, 동일 등급 내 보수의 폭을 어떻게 책정해야 하며, 보수 폭 내의 등급을 어떻게 그리고 얼마나 나누어야 하는지, 마지막으로 보수등급 상호간의 중첩을 어느 정도 두는 것이 바람직한지 등을 결정해야 한다. 이러한 관점에서 보면 보수표는 직위분류제를 전제로 직무등급별로 보수체계가 결정된다고 할 수 있다. 계급제 하의 호봉제 보수표는 직무등급을 계급으로 인식하고, 여기에 보수등급의 보수 폭 내에 경력기간을 기준으로 호봉을 만들어 작성한 기준표라 할 수 있다.

(1) 보수의 등급

동일 업무에 대해서는 동일한 보상이 주어져야 한다는 관점에서 직무평가 결과를 보수등급과 일치시키는 것이 필요하다. 보수등급은 계급 또는 직급을 구분하는 기준인 셈이다. 따라서 보수등급이 많으면 업무의 책임도와 난이도를 구분하는 수직적 계층이 다양하다는 것을 의미하고, 보수등급이 적으면 수직적 계층이 적다는 것을 의미한다. 보수등급이 많을수록 직무의 책임도와 난이도를 좀 더 정확히 반영할 수 있다는 장점이 있다. 또한 보수등급이 많으면 전반적으로 등급 간의 차액은 줄어들지만 등급 내의 융통성이 줄어들어 승진의 중요성이 커진다. 반대로 보수등급이 적으면 승진의 중요성이 상대적으로 약해진다. 이는 조직 구성원에 대한 동기부여 수단의 선택과 관련이 있다.

(2) 보수의 폭

보수의 폭은 전체 보수 폭과 동일 등급 내 보수 폭으로 구분된다. 전자는 최하위 등급의 최하위 보수액과 최상위 등급의 최상위 보수액과의 차이를 말하며, 후자는 동일등급 내에서 최고와 최저 보수수준의 차이를 의미한다. 등급별 보수 폭과 함께 전체 보수 폭도 보수수준을 결정하는 중요한 요소이다.

완전한 의미의 직위분류제 하에서 보수의 폭은 영(0)이 되어야 한다. 보수의 폭을 결정하는 기준은 경력이나 역량 등이 되는 경우가 많다. 동일 등급 내 보수 폭이 크면 승진에 의한 동기부여가 상대적으로 약해진다. 일반적으로 보수 폭은 고위직으로 올라갈수록 넓고 하위직으로 내려갈수록 좁아진다. 보수등급 간 호봉의 수가 같고, 상위 등급의 보수액이 하위 등급보다 높기 때문에 이는 당연한 현상이다. 또한 보수 폭은 보수등급의 수와 반비례하는 경향이 있다. 보수등급의 수가 많으면 보수의 폭은 좁아지고, 보수등급의 수가 적으면 보수의 폭은 넓어지는 경향을 보인다.

(3) 호봉의 수

주어진 보수 폭을 토대로 동일한 보수등급 내에 설정하는 세부 단계이다. 단계를 구분하는 기준에는 근무년수와 자격 또는 실적까지도 포함된다. 즉 주어진 보수 폭 하에서 호봉의 수를 늘리면 호봉 간의 금액 차이는 작아지고, 호봉의 수를 줄이면 호봉 간 금액 차이는 커진다. 호봉 간 금액 차이를 설정하는 방법으로는 1) 균등금액(constant amount difference)으로 하는 방법, 2) 균등비율(constant percentage difference)로 하는 방법, 3) 차등비율(percentage difference)로 하는 방법이 있다. 또 차등비율로 할 경우, 하위 단계를 높은 비율로 하는 방법과 상위 단계를 높은 비율로 하는 방법이 있다.

현행 공무원의 보수체계상 호봉이 하위 단계에서 상위 단계로 이동하는 것을 승급이라고 한다. 즉 공무원의 호봉은 1년 단위의 경력으로 자동 승급한다. 현행 공무원의 호봉 부여 방식을 볼 때, 호봉 수가 많으면 장기근속자를 우대하는 보수체계가 된다. 대신 동일한 보수 폭 하에서 호봉 수를 줄이고 호봉 간의 금액 차이를 넓힐 경우 장기근속 효과는 유지하되 근속기간의 의미를 축소하여 운영할 수도 있다. 즉, 승급 기준을 1년 단위의 경력이 아니라 6개월 또는 2년, 3년 등으로 조정함으로써 근속기간 효과를 낮출 수 있고, 경력 기준이 아닌 실적이나 자격 또는 역량을 기준으로 특별승급을 부여함으로써 보다 탄력적인 운영이 가능하다.

(4) 등급 간 중첩

등급 간 보수액의 중첩은 보수등급의 보수액이 차상위 등급의 보수액과 겹치는 정도를 말한다. 등급 간 중첩이 많으면, 승진을 하지 않더라도 승진에 상응하는 보수를 받을 수 있음을 의미하기 때문에 승진의 중요성이 떨어진다. 반면 등급 간 중첩이 적으면 보수 인상에서 승진이 중요한 요인이 된다. 따라서 이 경우 개인들 상호간에 승진을 위한 경쟁이 보다 치열해질 수 있다. 승진 경쟁을 완화시키려면 보수등급의 중요성을 떨어뜨려야 하는데, 이를 위해서는 보수등급 간 중첩이 많게 보수표를 만들어야 한다.

2. 보수표의 유형

(1) 기본모형

보수표의 기본모형은 직무등급 또는 보수등급에 따라 보수 수준이 올라가는 일반적인 모형이다. <그림 14-2>는 보수등급이 6개로 되어 있고, 보수 폭과 등급 간 중첩이 일정하게 구성되어 있는 기본모형이다(임도빈·유민봉, 2019). 보수등급은 직무평가 결과에 의거하여 유사한 수준의 난이도와 책임도를 가진 점수를 그룹화하여 만든 것이다.

따라서 보수등급 내에서는 일부 직무의 상대적 차이가 존재할 수 있다. 기본모

그림 14-2 기본모형과 보수정책선/임금곡선

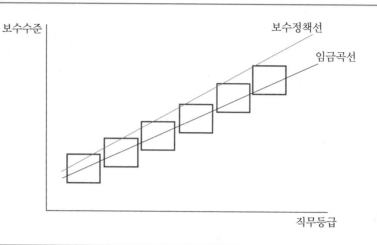

형에서는 일반적으로 보수등급이 올라감에 따라 보수 수준도 올라가는 경향을 보인다. 임금곡선은 보수등급별 보수 폭의 중간 지점을 연결하여 만든 선이다. 현재의 임금곡선을 개편하기 위하여 임금곡선을 상향조정한 선이 바로 보수정책선이다. 보수정책선의 방향·상향 정도·기울기 등은 보수정책에 따라 달라질 수 있다(Siegel, 2010).

(2) 오목곡선모형

오목곡선모형은 <그림 14-3>에서 보듯이 기본모형에서 보수등급별 보수 폭을 일정하게 유지한 상태에서 등급 간 중첩을 변경한 형태이다(Siegel, 2010). 오목곡선모형은 하위직의 경우 승진보다는 연공 중심의 보상 체계를 강조한 반면, 상위직은 연공보다는 승진의 비중을 강조하는 형태이다. 즉 상위직의 경우 업무의 책임도와 난이도를 기준으로 하는 보수등급의 변화 없이는 보수 수준을 올리기 어렵게 되어 있다.

따라서 보수등급 간의 보수 격차를 크게 하여 직위 간의 수직적 차별화를 강조한다. 연공이나 실적보다는 개인 역량을 중시하는 보수 형태이다. 다만, 보수등급 상호간에 보수 폭이 동일하기 때문에 하위 등급의 보수는 상대적으로 높고 상위 등급의 보수는 상대적으로 낮은 보수체계를 형성한다. 또한 조직관리자 입장에서 보면 하위직의 경우 동일한 보수를 갖고 다양한 보수등급의 인력을 충원할 수 있기 때문에 인력운영의 자율성을 높일 수 있다.

그림 14-3 오목곡선모형

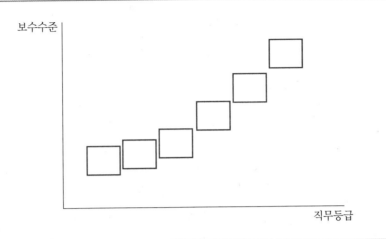

(3) 오목곡선강화모형

오목곡선강화모형은 <그림 14-4>에서 볼 수 있듯이, 오목곡선모형에서 보수 폭을 상위 등급으로 갈수록 증가시키는 형태이다. 상위직의 경우 하위직보다 절대적 보수 수준이 높을 뿐만 아니라 시간당 임금수준도 높기 때문에 보수등급이 높아짐에 따라 보수 폭이 올라가는 것이 일반적이다. 보수 중첩 비율이 어느 정도 낮아지면서 보수 폭이 높아지면, 보수 수준도 하위 등급은 상대적으로 낮고 상위 등급은 상대적으로 높은 보수체계를 형성하게 된다. 상위직에 대한 보수수준과

그림 14-4 오목곡선강화모형

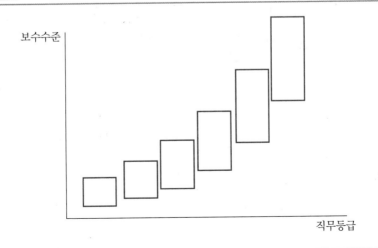

보수의 폭을 높게 하여 책임도를 강화하는 모형으로 연공보다는 역량 중심으로 보수를 구성하는 체계이다. 장·차관 등 고위공무원, 대기업 CEO, 스포츠 스타 등 상위의 보수등급을 우대하는 형태로, 공공부문의 경우 국민들의 비판 대상이 될 수 있다. 하지만 역량 간 격차를 보수등급 간 격차에 어떻게 반영할 것인지는 보수정책의 전략적 결정에 좌우된다.

(4) 볼록곡선모형

볼록곡선모형은 <그림 14-5>에서 볼 수 있듯이, 보수의 폭을 일정하게 유지한 상태에서 갈수록 등급 간 중첩을 늘리는 방향으로 변경시키는 것이다. 상위직으로 갈수록 중첩되는 부분이 커지는데, 이는 직무의 책임도나 난이도와 관련이 있다. 볼록곡선모형은 초반에 고급 기술을 요구하는 직종이나 직종 내의 스펙트럼이 넓은 경우의 보수체계이다. 가령 자동차 정비사나 기상청의 기술 업무, 전산직 공무원처럼 처음에 고도의 기술을 요하는 경우 그에 대한 보수의 격차가 필요하다. 또한 상위직에서 직종 내의 유사한 스펙트럼이 넓은 경우에도 이러한 보수체계가 가능하다. 이 경우 상위직에서 보수가 중첩되는 부분이 많아지면서 동기저하의 원인이 될 수 있지만, 이러한 문제는 성과급을 통해 보완할 수 있다.

그림 14-5 볼록곡선모형

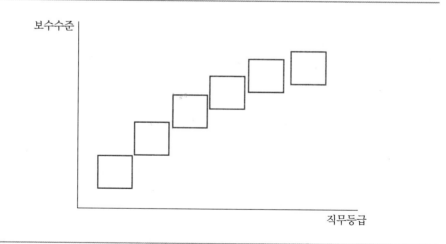

(5) 볼록곡선강화모형

볼록곡선강화모형은 <그림 14-6>에서 볼 수 있듯이, 볼록곡선모형에서 보수 폭을 상위 등급으로 갈수록 감소시키는 형태이다. 보수등급이 올라감에 따라 직무의 책임도와 난이도가 높아져 보수 폭이 급격하게 올라가는 것이 일반적이지만, 상위직으로 올라갈수록 중첩되는 부분이 많아지고, 절대적인 보수수준의 상승이 적은 경우이다. 이는 중하위직의 전문역량이 조직성과를 향상시키는 중요한 역량인 경우, 그리고 직무 경력에 따라 동일 직무등급 내 보수 폭이 많은 경우에 해당한다. 이는 전문기술자 중심의 조직을 운영할 때 적용 가능한 모형이다.

그림 14-6 볼록곡선강화모형

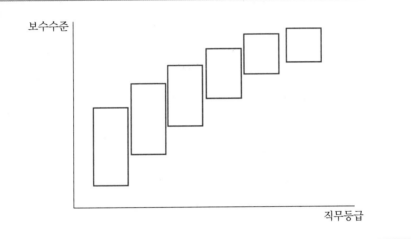

(6) 직선형

직선형은 <그림 14-7>에서 볼 수 있는 것처럼, 각각의 직급에 따라 별도의 보수를 지급하는 것을 말한다. 그래프에서 보듯이 중첩된 부분이 없는 것이 특징이다. 따라서 경영자의 입장에서는 보수 관리나 승진 관리에서 다소 유연성이 떨어지는 문제가 있다. 이는 각 등급별로 보안이나 업무의 기밀성, 중요도 등이 변화하는 경우에 적용된다. 직급 간의 보수율이 동등하게 변화하고 있으며, 이러한 경우 승급에 대한 의욕이 매우 강하다는 특성이 있다. 소방직·경찰·교정직이나 인공지능 및 로봇관리자 등의 경우 이러한 보수체계를 택한다.

그림 14-7 직선형

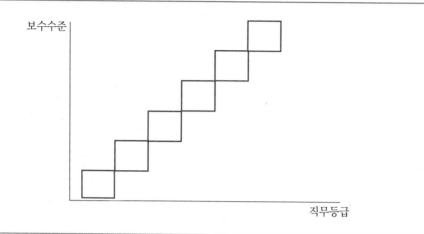

(7) Broadband 모형

Broadband 모형은 <그림 14-8>에서 볼 수 있듯이, 모든 등급에서 등급 내의 최저액과 최고액의 차이가 매우 큰 모형이다(Siegel, 2010). 그에 따라 등급 간 중첩 영역도 매우 많다는 특징이 있다. 이 모형은 보통 사무직이나 기술보조직, 단순경비직 등의 업무에 적용된다. 이 경우 호봉이 높다고 직무의 난이도가 높은 것은 아니어서 관리자의 자율선택권이 높다. 동일 등급 내에서 보수 증가가 많이 이루어지므로 승진 유인은 적다. 모형이 Broadband에 해당하는지의 측정 기준은 등급 내 최고액에서 최저액을 뺀 금액이 최저액보다 더 많은가이다.

그림 14-8 Broadband 모형

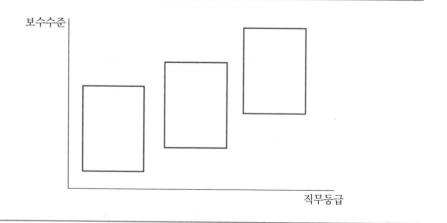

표 14-4 보수표 구성모형 비교

구분	보수등급	보수 폭	호봉	등급간 중첩
기본모형	6	보통, 일정	20	일정
오목곡선모형	6	보통, 일정	20	작아짐
오목곡선강화모형	6	작다가 커짐	20	작아짐
볼록곡선모형	6	보통, 일정	20	커짐
볼록곡선강화모형	6	크다가 작아짐	20	커짐
직선모형	6	보통, 일정	20	없음
Broadband형	3	큼, 변화	많음/없음	커짐

즉, (max-min)/min >100 %인 경우를 Broadband 모형으로 본다(Siegel, 2010). 승진 인센티브가 약한 대신 성과급으로 인적자원을 관리하며, 연봉제로 운영될 경우에는 호봉의 구분 없이 넓은 등급 내 범위 안에서 임의로 책정하는 것도 가능하다. 이와 같은 모형들은 이념형으로 실제에서는 현 보수체계의 문제점을 해결하기 위해 각 업무 분야별로 여러 형태를 적용할 수 있을 것이다.

<표 14-4>는 이상의 보수표구성모형을 비교한 표이다.

제 4 절 보상제도의 변화양상

1. 직무관련성의 증가 : 직무급/역량급/성과급

최근의 보상제도는 기존의 생활급과 연공급 위주의 고전적 보수에서 직무급, 역량급, 성과급을 강조하는 방향으로 변화하고 있다. 특히 생활급에서 연공급으로, 연공급에서 성과급 또는 직무급으로, 성과급과 직무급에서 역량급으로 변화하는 추세를 보이고 있다(Perry, Engbers & Jun, 2009 ; Gupta, Conroy & Delery, 2012). 이는 성과주의와 실적주의의 강조, 그리고 비전과 역량개발의 강조라는 관리 흐름의 변화에 따른 것이다(강혜진, 2012). 단, 이를 위해서는 철저한 직무분석이 선행되어야 한다. 앞서 제시한 것처럼 실적이나 능력과 무관한 연공급과 생활급의 비중은 점점 줄어드는 대신, 직무와 실적, 그리고 능력이 강조되고 있다(최순영·최유진, 2019). 연봉제 확산도 이러한 맥락에서 이해할 수 있을 것이다(김성수, 2010).

공공기관 직무급제 도입에 대한 찬반양론

〈찬성론〉

첫째, 오래 근무하면 무조건 봉급이 늘어나는 제도는 연공급은 개선돼야 한다. 근속기간이 긴 장년 세대들은 직무와 상관없이 높은 보수를 받고, 근속기간이 짧은 젊은 세대들은 입사 후 10~20년을 박봉에 시달려야 한다. 연공급은 적은 임금을 강요하고 승진과 미래보장을 위한 근로자들의 충성을 얻어내는 시스템이다.

둘째, 연공급은 저성장 시대에 적합하지 않다. 일자리 창출이나 임금격차 해소에도 바람직하지 않다. 직무가치와 상관없이 보수를 지급하기 때문이다. 연공급 하에서 정규직과 비정규직, 대기업과 중소기업 간의 임금격차가 커졌다. 왜냐하면 대기업이나 정규직만 연공급에 따라 보수가 인상되고 중소기업이나 비정규직에게는 해당되지 않는 사례가 많다.

셋째, 직무급이 동일 직무 동일 보수의 원칙에 맞다. 동일한 직무를 수행하면, 나이, 근속연구, 성별이나 고용형태 등과 상관없이 동일한 기본급을 주어야 한다(유규창, 2014). 즉 직무평가에 의해 직무의 상대적 가치, 즉 직무등급을 정하고 이에 따라 보수 수준을 책정하는 것이다. 연공급은 지나치게 평등만을 강조하고 공정한 시스템이 아니다.

넷째, 정년이 보장되거나 새로 도입된 경우에는 직무급 도입해야 한다. 정년제도는 장기간 근무할 수 있는 권리를 보장해주기 때문에 직무가치와 상관없이 보수가 증가하는 호봉제는 폐지되어야 한다. 정년 전후 기간 동안 직무가치에 상응하도록 보수를 지급하기 위한 임금피크제도 이와 유사한 취지에서 도입됐다.

〈반대론〉

첫째, 직무급을 도입하면 임금하락 가능성이 높다. 직무가치가 변하지 않으면 보수가 연공급처럼 매년 증가하지 않기 때문이다. 이는 임금 억제를 위한 수단이다. 연공급은 평균연령이 낮았던 시대에는 사용자에게 유리한 제도다. 노동자의 연령이 높아지면서 임금부담이 커지자 연공제 폐지를 주장한다.

둘째, 직무급제는 차별 해소보다 차별을 정당화한다. 특정 개인의 저임금은 직무가치가 낮기 때문이라고 합리화하는 것이다. 직무급이 '동일가치노동 동일임금'을 강조하지만, 상하간 임금차별의 비난을 회피하고, 임금불평등을 정당화하는 수단이다. 임금차이를 직무가치의 차이라고 공식적으로 고착화시킨다.

셋째, 직무분석과 직무평가가 객관적으로 이루지기 어렵다. 평가기준도 평가과정도 과학적으로만 이루어질 수 없고, 자의적 판단과 편견이 결과를 좌우할 수 있다. 조직 내 핵심업무나 주요 업무 외의 업무는 상대적으로 높은 직무가치를 인정받기 어렵다. 청소, 식당, 경비, 시설관리, 사무보조 등 노동자의 경우 가장 낮은 직무등급을 배정받을 것이다.

넷째, 연공급에도 이미 직무급 특성이 반영되어 있다. 연공급에서 근속연수 증가에 따라 상위 직급으로 승진하여 보수가 증가한 것은 단순히 근속연수 증가보다는 높은 수준의 직무를 수행하기 때문이다(박희준, 2017).

출처: 김하영, 2018. 직무급제는 공정한 임금체계인가? 2018.9.27. 노동자연대 260호. 저자한 발췌 요약함.

2. 통합보수체계의 확산 : 연봉제

일정한 기준에 따라 다양한 명목으로 보수를 지급하던 방식에서 개인들의 다양한 배경과 특성을 종합적으로 고려하여 단일한 보수를 지급하는 방식으로 변화하고 있다. 즉 조직 구성원을 유형화하고 각 유형의 특성을 고려하는 방식보다는 개인들의 조건과 특성을 모두 고려하는 통합보수체계가 확산되고 있는 것이다(기획재정부, 2011). 그 세부적인 변화양상을 보면, 첫째, 월급제나 호봉제에서 연봉제(annual salary)로의 변화가 확산되고 있다(김동배, 2010). 둘째, 다양한 수당을 폐지하고 기본급의 비중이 늘어나고 있다. 셋째, 상위직일수록 보수의 폭이 넓어지고 다양한 업무와 역량에 따라 연봉계약의 내용도 다양해지고 있다(Skorkjær, Binder-krantz & Christensen, 2012). 이러한 통합보수 체계의 확산은 보수 현실화를 위해 활용되었던 복잡한 수당체계를 단순화할 수 있을 뿐만 아니라, 매년 성과와 역량을 평가하여 계약하기 때문에 공직의 긴장감을 증대하고 성과향상을 위한 동기를 부여하는 등 긍정적인 효과를 가진다.

3. 성과급 지급방식의 변화 : 팀중심 성과 보상

개인단위 성과보상에서 팀단위 성과보상으로 변화하고 있다. 팀중심 성과보상은 성과의 측정 단위를 팀으로 하여 성과급을 지급하는 것이다. 개인별 성과보상은 연공서열과 집단주의 행정문화로 인하여 평가기준과 평가결과에 대한 공정성 문제가 지속적으로 제기되고 있다(하미승 외, 2004). 연공서열에 따라 성과급을 나눠먹기하거나 성과등급간 차액을 줄여서 집행되는 사례가 발생하기도 한다(한승주, 2010). 이에 따라 많은 조직들이 개인별 성과보상 보다는 팀중심의 성과보상 확대를 통해 그룹 간 경쟁을 유도하고 그룹 내 연대감을 높이는 한편, 궁극적으로 조직의 성과 향상을 기하고자 한다(최순영·최유진, 2019). 이와 같이 팀중심의 성과보상은 개인상호 간의 불필요한 성과경쟁을 완화시키고 팀웍을 증진할 수 있는 반면, 무임승차가 증가하고 책임의식이 약해져 오히려 조직성과가 낮아질 우려가 있다는 점에 유의할 필요가 있다.

학●습●포●인●트

- 보상과 보수의 차이
- 공무원 보수의 특징
- 생활급
- 직무급
- 역량/직능급
- 연봉제
- 보수표의 유형

- 보수의 성격
- 보수체계의 관리 기준
- 연공급
- 성과급
- 호봉제
- 보수 결정요소

연●습●문●제

1. 공무원 보수의 특징을 서술하시오.
2. 호봉제와 연봉제의 장단점을 서술하시오.
3. 보수 유형 중 연공급의 장단점을 서술하시오.
4. 역량급과 성과급의 차이가 무엇인지 설명하시오.
5. 공무원들에게 가장 호응이 좋은 보수체계 모형은 무엇인지 생각해 보고, 그 근거를 제시하시오.
6. 현재 우리나라 공무원의 보수가 적정한 수준인지 그렇지 않은지 생각해 보고, 그 근거를 제시하시오.
7. 자신이 직장인이라고 가정하고 자신이 가장 선호하는 보수 유형은 무엇인지 생각해 보고, 현재 사회는 어떠한 방식으로 보수를 지급하는지 비교해 보시오.
8. 인터넷에서 미국과 한국의 보수표를 찾아 비교해 보시오.
   (1) 두 보수표의 근본적인 차이를 먼저 설명하고, 보수표 구성의 네 가지 요소에 따라 그 특성 및 장단점을 비교하여 설명하시오.
   (2) 미국의 보수표에 비추어 향후 우리나라 보수표의 개선 방향을 제시해 보시오.

토●의●사●례

댓 글

포돌이

내가 딱 5년차 7급인데 솔까말 이렇게 받아서 생활이 안 된다.=_=^ 내가 집도 절도 없이 월세 사는데 지금 보증금 대출 받은 거 이자 내는 거랑 다달이 월세 나가는 거만 한 백만원 나간다.(서울 집값은 또 왤케 비싸 -_-^)

그래, 그거야 그렇다 치고 초과근무 중에 나가는 밥값이랑 교통비는 어쩔? 한 달 급식비 13만원, 교통보조비 13만원으로는 절반도 감당 안 된다. 또 그거 다 내 쌩돈 내면서 근무해야 하고… 그렇다고 숨만 쉬고 살 수도 없고. 진짜 한 달 아무리 열심히 일해도 저축할 게 안 남으니 앞날이 깜깜… 차라리 때려치우고 치킨집이나 차릴까 싶다. 이럴 거면 진심 경찰 기본급 더 올려줘야 함.

┗ **박양민**

윗님 말씀 찬성. 자꾸 성과급, 성과급 하는데 실적에만 경찰들 눈 뒤집어지면 얼마나 문제 많을지 아남? 적법 절차 다 무시하고, 가시적인 실적만 올리려고 피의자 강제 자백 강요하고… 기왕 경찰직 처우 개선할 요량이면 그냥 기본급 올려주는 게 나을 듯.

┗ **메뚜기동생사마귀**

겨우 기본급 7600원 차이 나는 거 가지고 되게 난리네

실수령액은 경찰이 일반직 공무원보다 훨씬 많구만…-_-

그리고 원래 공무원은 국민 봉사직인데 무얼 더 바라나

김순경

순경 4년차인 사람인데요…

그냥 급여보다는 수당 상한선이나 없애줬으면 좋겠네요. 기본 급여도 쥐꼬리만 해서 그나마 먹고살 게 수당인데… 그것도 휴일수당 며칠까지만 인정하는 상한선이 있어서, 그 위로 넘어가면 아무리 일하고 주말에 출근해도 무료봉사 됩니다. 그런 데다 야간초과근무수당과 주간근무수당이 같아서 야간에 초과근무하는데 의욕이 안 생기네요.

┗ **메뚜기동생사마귀**

초과수당 상한선 있는 이유가 예산문제 때문인데 니들 달라는 대로 못 주는 거 아닌가? 경찰 명예직, 봉사직인데 그 정도는 감수해야지.

이상득

아니, 그럼 짤리지도 않고 급여 밀릴 걱정도 없는 공무원들이 급여까지 많이 달라는 거임?

┗ **솔까말**

공무원이 인기가 있는 건 '짤릴 위험이 없고 정년이 보장되기 때문'인데 일반 직

장인이 가지지 못한 그런 특혜를 누리면서 급여까지 달라고 하면 뭐 공무원을 신으로 만들어 달라는 거야 뭐야. 어차피 니들 직업으로 공무원 선택할 때 안정성 보고 선택한 거지 급여 보고 선택한 거냐. ㅉㅉ

남들이 누릴 수 없는 권리는 누리면서 자신이 누리지 못하는 남의 권리에 또 욕심이 났나 보지?

가길훈

저는 국가의 치안을 유지하고, 국민에게 봉사하려는 마음으로 경찰이 되었습니다. 물론 경찰이 박봉이라는 사실 또한 알고 지원했습니다. 경찰이 되기 전에 경찰이 박봉이라는 사실도 당연히 알고 그래서 현재 기본급에는 딱히 불만이 없습니다. 하지만 시간외 수당에 대해서는 불만이 많습니다. 지금 시간외 근무수당이 10시간 정액분으로 지급돼서 그 이상 강제로 근무해도 돈도 안 나오고… 제발 제가 일한 시간만큼은 보상해줬으면 좋겠습니다.

ㄴ **신혜진**

저도 시간외 수당에 불만이 많습니다. 지금 고위직에 관리업무 수당이 지급되는데 이거 폐지하고, 그 돈을 차라리 하위 계급 경찰들 시간외 수당으로 챙겨줬으면 좋겠습니다. 솔직히 고위직보다 하위 계급이 더 고생 많이 하고, 야근이랑 현장출동도 더 많은데, 시간외 수당 꼬박꼬박 챙겨줘야 합니다.

김태경

기본급 올리면 전체 경찰들 기본급 다 올라가는 거 아닌가? 경찰마다 역량이 다 다를 텐데… 역량별로 차등해서 추가 수당을 더 주든가 해야지. 능력 없는 경찰까지 기본급 다 올리면 어차피 다 우리 세금으로 나가는 거잖아. 전체 기본급 올리는 건 난 반댈세!!!!!

ㄴ **최승우**

근데 역량을 어케 측정함? 그리고 올리려면 다 같이 올려주든가 해야지 차등적으로 올리면 나머지 사람들 동기부여가 떨어질 듯.

어차피 다들 국민을 위해 뛰는 사람인데 거참 쪼잔하게 구네.

ㄴ **조희준**

나는 김태경씨 의견에 동의한다. 나 같은 경우 태권도 4단, 유도 3단, 검도 3단 총 10단인데, 막상 경찰 되니까 쳐주지도 않더라. 군인은 기술수당인가 뭔가 준다더만… 어릴 때부터 경찰이 꿈이라 준비했는데… 기초체력만 겨우 통과해서 들어온 동기랑 같은 기본급 주는 건 좀 아닌 거 같다. 실제 상황 나가면 무술 배운 사람이랑 안 배운 사람이랑 확연히 차이난다. 아무리 봉사하는 마음이라지만 이렇게 대우 못 받을 줄 알았으면 내 15년의 시간과 돈 아깝다는 생각이 든다. 요즘 그것 때문에 일할 의욕이 없다. 휴…

조현오

전 지구대 근무하는데요.

아침 7시에 나와서 저녁 10시에 들어가는 걸 밥 먹듯이 합니다.

애기들이 이제 방언 터졌는데 절 못 알아봐요. 안으면 막 우네요.

집에 가면 개가 막 짖어요. 부인도 같이 짖어요.

조준희

그럼 하지 말든가…
지금 현직들 나가더라도 경찰, 소방관 되려고 하는 애들 수두룩함…
경찰 순경 3호봉 연봉 2천 이상에 나중에 연금 수령하면 됐지 뭘 더 바라는지…
그리고 니들 대기업만큼 받으면서 진짜 징징되네.

ㄴ **김광호**

오늘도 도서관에서 경찰시험을 준비하는 조준희씨는 열폭에 가득찬 댓글을 남기
네요.

문선옥

솔직히 말해서 성과를 평가해서 등급별로 나눠서 다르게 성과급을 지급해주는 건
좀 더 업무에 대한 성적을 내게 하고 의욕을 생기게 하려는 건 알겠는데, 성과급
지급률이 너무 차이 나는 거 아니야? 물론 상위 등급 받은 사람들은 그만큼 노력
하고 더 열심히 했을 수도 있지. 그런데 전체적으로 봤을 때는 등급 낮은 사람들
은 성과급 지급받았을 때 상위 등급이랑 차이 나는 걸 보고 더 잘하고 싶은 마음
이 먼저 들까? 솔직히 나 같으면 회의감 들고 더는 하고 싶지 않을 거야. 결론적
으로 내 생각에는 성과급 지급률 차이를 조금 줄여야 될 것 같은데?

조성민

저는 작년까지 해양경찰이었다가 이번에 강력계로 전근을 오게 되었습니다. 주변
동기들이 자기들 일하면서 많이 힘들다 그러는데 저는 솔직히 이해가 잘 안 됩니
다. 사무직이 아무리 어렵다 해도 앉아서 컴퓨터만 두들기고 쉬엄쉬엄 할 수도 있
겠지만 저 같은 경우에 불법 조업하는 중국 어선들 단속에 정말 힘들었습니다. 중
국 어부들은 도끼에 죽창에 칼까지 휴대하고 있는데, 단속하기도 겁나더라구요.
솔직히 단속 나가기도 싫었습니다. -0-…그렇다고 위험근무수당이 많은 것도 아
니고…5만원이 뭡니까 5만원이…죽을지도 모르는데… 같은 계급이라지만 하는
일이 엄연히 다른데 처우 좀 다르게 해줬으면 좋겠습니다.
(참고 : <한국경제> 2012년 3월 17일자 기사를 참고로 하여 재작성함.)

📖 **토의과제**

1. 게시판과 댓글을 보고 현재 경찰공무원들의 보수에 대한 가장 큰 불만이 무엇인지
   논의하세요.
2. 경찰공무원 보수 유형의 현재와 미래를 논의해 보시오.
3. 게시판에 올린 원문 글들에 대하여 각자 댓글을 달아 보세요. 그 내용을 쓴 이유를
   설명하고 옆사람과 의견을 나누어 보세요.

참고문헌

강혜진, 2012, 「공공기관의 성과평가 및 보상에 관한 연구 : 한국자산관리공사(KAMCO) 성과평가 및 성과급 구축 사례를 중심으로」, 『한국인사행정학회보』 11(1), pp. 25-61.

기획재정부, 2011. 공공기관 성과연봉제 도입 실태 조사 결과.

김동배, 2010. 「제도적 동형화와 상징적 동조 : 연봉제의 사례」, 『노동정책연구』, 한국노동연구원, 10(1) : 35-67.

김상헌, 1998. 「공무원의 적정보수」, 『한국행정학보』, pp.235-250.

김성수, 2010. 『한국 기업의 성과주의 인사시스템 변천』, 서울대학교 출판부.

김판석·김태일·김민용, 2000. 「공사 부문 보수 격차 비교 분석」, 『한국행정학보』, 34(4), pp.115-137.

김하영, 2018. 직무급제는 공정한 임금체계인가? 2018.9.27. 노동자연대 260호.

박상언, 2000. 「성과주의 임금제도와 인적자원관리 : 비판적 고찰과 대안적 관점」, 『산업노동연구』, 산업노동학회, 6(1) : 59-93.

박희준, 2017. 사무직군 연공급과 직무급 비교 : 직무급은 연공급의 대안인가?, 조직과 인사관리연구, 41, 95-116.

양병무, 1994. 「연봉제 도입실태와 문제점 및 개선방향」, 『임금연구』 2, 경총임금연구센터.

김성수·박찬희·김태호, 2007. 『한국 기업 성과급제도의 변천』, 서울대학교 출판부.

유규창, 2014. 한국기업의 임금체계: 직무급이 대안인가?, 한국노동연구원 등 공동주최 임금체계 개편 토론회 발표문.

유규창·박우성, 1999. 「연봉제의 도입과 효과에 관한 이론적 고찰」, 『인사·조직연구』(한국인사조직학회), 7(2) : 47-86.

유규창·박우성, 2001. 「21세기형 성과주의 임금제도」(편), 명경사.

이근주·이혜윤, 2007. 「보상 유형에 대한 차별적 기대가 공무원의 성과에 미치는 영향에 관한 연구」, 『한국행정학보』 제41권 제2호.

이수영, 2011. 「Mission Impossible? 공무원 성과급의 이상 조건과 현실 상황의 괴리 분석」, 『한국인사행정학회보』 10(3), pp.75-10.

임도빈·유민봉, 2019. 『인사행정론』, 박영사.

장은미, 2003. 「개인성과 위주의 보상제도가 직무수행 노력에 미치는 영향에 관한 연구 : 인적자원관리 번들의 조절효과를 중심으로」, 『인사·조직연구』, 한국인사조직학회, 11(1) : 133-158.

최순영·최유진, 2019. 「환경변화에 대응한 공무원 보수체계의 개편대안」, 『한국인사행정학회보』, 18(4), 199-236.

최종태·박준성·이준우, 2007. 『한국 기업의 임금관리』, 서울대학교 출판부.

최항순, 2010. 『현대인사행정』, 두남.

하미승 외 4명, 「공무원 성과상여금제도의 효과성 및 발전방안 연구」, 『한국사회와 행정연구』 제15권 제2호.

한승주, 2010. 「성과급제도에 대한 공무원의 대응 : 근거이론의 적용」, 『한국행정학보』, 44(4), 29-58.

Brock, Meagan E. ; Buckley, M. Ronald, 2012. The Role of Stress in Workers' Compensation : Past, Present and Future, *Public Personnel Management,* 41(1), pp.1-14.

Hollensbe, Elaine C. and James P. Guthrie, 2000. Group Pay-For-Performance Plans : The Role of Spontaneous Goal Setting, *Academy of Management Review*, 25(4), pp.864-872.

Heneman, R.L., 1992. *Merit Pay : Linking Pay Increases to Performance Ratings*, Addison-Wesley, New York, NY

Perry, James L., Trent A. Engbers, and Soyun Jun, 2009. Back to the Future? Performance-Related Pay, Empirical Research, and the Perils of Persistence, *Public Administration Review,* pp.39-51.

Tropman, John E. 2001. *The Compensation Solution-How to Develop an Employee-Driven Rewards System*, Jossey-Bass.

Kang and Yanadori, 2011. Adoption and Coverage of Performance-Related Pay during Institutional Change : An Integration of Institutional and Agency Theories, *Journal of Management Studies,* Vol. 48 Issue 8, pp.1837-1865.

Kopelman, Richard E., Gardberg, Naomi A., Brandwein, Ann Cohen, 2011. Using a Recognition and Reward Initiative to Improve Service Quality : A Quasi-Experimental Field Study in a Public Higher Education Institution, *Public Personnel Management,* 40(2), pp.133-149.

Milkovich, George, Jerry Newman and Barry Gerhart, 2016. *Compensation*, McGraw-Hill Education.

Gupta, Nina, Samantha A. Conroy, and John E. Delery, 2012. The Many Faces of Pay Variation, *Human Resource Management,* 22(2), pp.100-115.

Siegel, Gilbert B. 2010. Designing and Creating Effective Compensation Plan, in the Book *Handbook of Human Resources Management in Government* edited by Stephen E. Condrey, 3rd edition, Jossey-Bass.

Skorkjær, Anne, Binderkrantz and Jørgen Grønnegaard Christensen, 2012. Agency Performance and Executive Pay in Government : An Empirical Test, *Journal of Public Administration Research and Theory*, 22(1), pp.31-54.

제15장

인적자원의 퇴직관리

이 장에서는 인적자원의 퇴직관리에 대하여 살펴본다. 퇴직은 인적자원행정의 마지막 과정으로 조직 내 인적자원이 조직을 떠나는 과정이다. 인적자원의 퇴직은 인적자원의 확보만큼이나 어려운 관리과정이다. 퇴직은 인적자원관리의 또 다른 시작이기 때문이다. 퇴직의 의의와 중요성, 퇴직의 유형으로 자진퇴직과 강제퇴직, 그리고 조직의 입장에서 퇴직의 편익과 비용에 의거한 퇴직촉진전략과 퇴직억제전략에 대하여 살펴본다.

당신의 인생을 이모작하라.

－ 최재천

1. 퇴직의 의의

인적자원의 퇴직은 재직중인 인적자원이 조직을 떠나는 것이다. 인적자원의 퇴직은 인적자원의 확보만큼이나 어려운 관리과정이다. 사람이 만나는 것은 쉽지만 헤어지기는 더욱 어렵다는 말이 있다. 특별한 인연으로 이미 맺어진 인연을 끊는 과정은 조직이나 개인 모두에게 어려운 일이다. 특히 조직을 떠나는 개인에게는 더욱 그렇다. 이는 퇴직하는 개인의 행복을 위해서만이 아니라 남아 있는 개인은 물론 조직의 성과와 발전에도 상당한 영향을 주기 때문이다. 역량 있는 인적자원의 확보, 필요한 역량의 개발, 성과에 대한 보상은 인적자원을 모두 조직 안으로 끌어들여 활용하는 과정이지만, 퇴직은 이미 활용하고 있던 인적자원을 조직 밖으로 내보내는 것이다. 이러한 퇴직은 인적자원의 재직 당시의 노고에 대해 조직이 주는 감사 표시라는 의미가 있는 반면, 더 이상 조직 내 역할이 필요하지 않다는 배제의 표시이기도 하다.

퇴직은 공무원의 경우 특히 어려운 과제이다. 법령상 신분이 보장되어 있기 때문이다. 직업공무원제를 운영하고 있는 국가에서는 공무원을 함부로 퇴직시킬 수 없다. 만약 공무원의 퇴직을 자유롭게 할 경우, 직업공무원제의 근간이 무너져 직업으로서 공무원의 의미를 기대하기 어렵게 된다. 이과 관련된 정치적 중립성, 젊은 인재의 채용 등 인적자원행정 전반에 영향을 미치기 때문이다.

하지만 최근 성과주의가 강화되는 등 민간의 관리방식이 공공부문에도 확대 적용되면서 공공 직업으로서 공무원제 유지 자체에 회의적인 시각이 늘고 있는 것이 현실이다. 국가별로 차이가 있긴 하지만, 직업공무원제와 함께 공직사회의 근간이 되고 있는 계급제가 급격히 완화되고 직위분류제 방식이 크게 확대되고 있다. 이러한 변화는 곧 공공부문 인적자원 관리방식의 변화로 이어지고, 결국 공무원 퇴직 또는 퇴출 문제와 직결된다. 즉 공무원 퇴직과 신분보장 문제는 동전의 양면과 유사한 과제로, 공공부문 인적자원행정에서 중요한 과제가 아닐 수 없다 (양기근·김상규, 2006 ; 박천오, 2007).

2. 퇴직관리의 중요성

(1) 인적자원관리 차원

공무원의 퇴직은 단순히 관리의 종료라기보다는 관리의 시작이라 할 수 있다. 퇴직 후 공무원은 또 다른 측면에서 관리의 대상이 되기 때문이다. 따라서 퇴직을 재직의 연장으로 보기도 한다(김병섭·양재진, 2002). 공무원의 신분은 종료되지만, 공무원의 기본적인 의무와 책임, 그리고 연금 등 보상이 그대로 유지되기 때문이다. 또한 필요할 경우 이러한 퇴직자의 축적된 경험과 전문지식을 적극적으로 재활용하기도 한다.

만일 인력감축의 대상이 되는 등 강제로 퇴직하게 될 경우 이들에 대한 사전 및 사후 관리의 필요성이 크게 증가한다. 특히 직업공무원제를 채택하고 있는 국가에서는 평생 직업으로서 공무원에게 국가를 위해 일해야 한다는 책무를 부여하는 대신 퇴직 후에도 일정한 신분을 유지하고 보장한다. 즉 정년퇴직을 원칙으로 해 임의퇴직을 하지 못하도록 하고, 퇴직연금 등 퇴직 후에도 생활안정 장치를 마련해 주고 있다(김창호·최용신, 2010).

(2) 조직관리 차원

공무원 개인에 대한 관리뿐만 아니라 조직의 입장에서 인력 변화로 인한 관리 필요성이 제기된다. 자발적인 퇴직이든 강제퇴직이든 상관없이 조직은 퇴직으로 인한 업무공백을 최소화할 필요가 있다. 조직의 안정성과 연속성을 유지해야 하기 때문이다. 사실 조직의 입장에서 조직의 성과에 기여하지 못하는 인적자원의 감축 또는 조정 작업은 불가피하다. 퇴직 결정은 인력관리 차원보다는 조직관리 차원에서 보다 엄정하고 가혹한 결정이 되기 쉽다. 우리나라 신분보장제도 역시 인력관리 측면에서 법령에 명확히 보장된 제도임에도 불구하고 비공식적으로는 조직관리 차원에서 신분보장을 위협하는 요인이 매우 많은 것이 현실이다(박천오, 2007).

뿐만 아니라 조직 내부 환경에서도 인력운용의 탄력성과 유동성이 커지고 있다. 계약직이나 공모직이 증가하면서 공직에서의 퇴직이 상시화되고 있다. 성과주의 확산에 따른 강제퇴직 위험도 날로 증가하고 있다. 정년퇴직 이전에 퇴직하는 공무원이 크게 늘고 있는 것이다.

(3) 인적자원행정 환경

마지막으로 인적자원행정의 사회적 환경이 변화하고 있다. 먼저 평균수명이 늘어남에 따라 퇴직 후의 생활이 장기화하고 있다. 평생 직업공무원으로 근무한 정년퇴직자라도 퇴직 후 20~30년을 더 살아야 한다. 이에 따라 퇴직연금 등 퇴직 후 생활보장이 더 중요해지고 있다. 또한 공직생활 이후의 직장에 대한 관심도 커지고 있다. 한편 평균수명의 증가는 사회 내 공직 경험을 가진 사람들이 많아졌다는 뜻이기도 하다. 이러한 공직 경험자의 증가로 정부 차원의 새로운 관리 수요도 많아지고 있다고 하겠다.

우리나라 공무원의 퇴직 주기

공무원의 입직 직급과 시점에 따라 퇴직 직급과 퇴직 연령에 차이가 있다. 아래 그림은 입직과 퇴직의 일반적인 관계를 표시한 것으로, 동일한 시점에 공무원이 되었을지라도 입직 당시 직급에 따라 퇴직 연령이 다르게 나타남을 알 수 있다. 즉 25세에 5급으로 임용된 경우 고위직에 승진한 후 50대 초반에 퇴직하게 되는 데 비해, 25세에 7급으로 임용된 경우에는 중견관리직에 승진한 후 50대 후반에 퇴직하게 된다. 아울러 25세에 9급으로 임용된 경우에는 중간관리직에 승진한 후 60세에 정년퇴직하는 경우가 많다. 이와 같이 공무원의 경우도 정년 이전에 조기퇴직하는 사례가 증가하고 있다. 이는 일반적인 경향을 나타내는 그림이며, 실제 개인별·기관별로 차이가 있음에 유의할 필요가 있다.

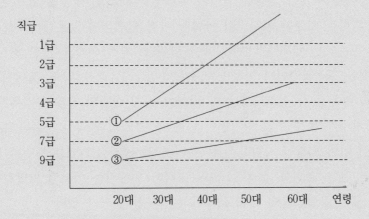

* ① 25~30세에 5급 합격자, 50대 초반 퇴직, ② 25~30세에 7급 합격자, 50대 후반 퇴직, ③ 25~30세에 9급 합격자, 60세 정년퇴직.

제2절 퇴직의 유형

1. 자진퇴직 : 자발적 퇴직

(1) 의원면직(voluntary retirement)

의원면직은 자발적 퇴직의 대표적인 형태이다. 자발적 퇴직의 원인은 스스로 충동적으로 퇴직을 결정한 경우, 다른 직종과 비교하여 공직이 싫은 경우, 그리고 사전에 치밀한 계획에 의하여 퇴직한 경우 등 다양하다. 이러한 자발적 퇴직은 흔히 개인의 목표와 조직의 목표가 다를 경우에 발생하며, 개인이 조직 생활에 적응하지 못하거나 조직문화가 자신과 맞지 않을 경우 등 조직이 개인의 요구를 충족시키지 못하는 경우가 대부분이다(박천오, 2007).

이에 반해 조직이 개인을 수용하지 못하여 암묵적으로 개인에게 자발적 퇴직을 강요하는 경우도 있다. 전자가 순수한 의미의 자발적 퇴직인 반면, 후자는 표면적 의미의 자발적 퇴직이다. 둘 중 어떤 경우에 해당하든 자발적 퇴직이 증가하는 것은 조직의 부담으로 작용하고 조직의 성과를 저하시키는 중요한 요인이 된다. 따라서 조직은 자발적 퇴직을 줄이기 위해 적극적으로 대응할 필요가 있다.

특히 퇴직은 실현된 퇴직만이 아니라 아직 실현되지 않은 퇴직, 즉 퇴직 의사만 갖고 있는 경우에도 관리 대상에 포함된다. 퇴직 의사를 가진 조직 구성원이 많은 조직은 조직몰입이나 직무만족도가 매우 낮고 조직성과도 떨어지는 것이 일반적이다. 비록 공직 선호도가 높아 퇴직이 실제 실현되지 않는 경우가 많을지라도 퇴직 의사가 높은 조직 구성원이 많은 조직의 성과 역시 저하될 수밖에 없다.

따라서 이미 퇴직한 사람들은 물론 퇴직 의사를 갖고 있는 재직자를 관리하지 않으면 안 된다. 조직을 효과적으로 운영하기 위해서는 이처럼 자발적 퇴직 의사를 갖고 있는 구성원들에 대해 조사하고 연구할 필요가 있다.

(2) 명예퇴직(honorary retirement)

명예퇴직은 장기간 조직에 기여한 공로를 인정하여 명예롭게 이루어지는 자발적 퇴직을 말한다(양기근·김상규, 2006). 이 경우 조직 차원에서 상당한 금전적 또는 비금전적 보상이 주어진다. 퇴직이 조직의 결정이라기보다 개인의 결정으로 이루어진다는 점에서 자발적 퇴직이다. 하지만 가끔 조직 차원에서 퇴직을 유도하는 수단으로 활용하기도 한다. 많은 금전적 보상을 주는 대신 스스로 퇴직하도록 암묵적으로 강요하는 것이다. 그러나 본인이 최종 퇴직 결정을 내린다는 점에서 자발적 퇴직의 하나로 볼 수 있다.

이와 달리 장기간 근무로 인한 공로를 인정하기 곤란할 때 퇴직하는 경우를 조기퇴직(early retirement)이라고 한다(Dam, Vorst, and Heijden, 2009). 조기퇴직제도 역시 조기퇴직에 상응하는 금전적 보상이 주어지는 경우가 보통이다. 이와 같은 자발적 퇴직제도가 개인 의사와 상관없이 비자발적으로 이루어질 경우 의도적인 인력감축 수단으로 이용되는 경우가 많다는 점에 유의할 필요가 있다(박천오, 2007).

2. 강제퇴직 : 비자발적 퇴직

(1) 정년퇴직

비자발적 퇴직은 강제퇴직의 대표적인 유형으로 개인의 의사보다는 조직의 결정에 의한 퇴직이다(이선우, 2008). 엄밀한 의미에서 개인의 의사에 반하여 조직이 강제로 단행하는 퇴직이다. 일정한 기간이 지나면 개인의 역량이나 성과와 상관없이 강제로 퇴직시키는 것이다.

정년퇴직은 크게 연령정년·근속정년·계급정년 세 가지로 구분된다. 첫째, 연령정년은 일정 연령에 도달하면 공무원 신분을 상실케 하는 제도이다. 직업공무원은 평생직장으로 공직을 수행하되 일정 연령까지만 보장하는 것이다. 예를 들면 6급 이하는 57세, 5급 이상은 60세, 그리고 교장은 62세, 교사는 60세 등 직종별로 차등을 두어 재직 종료 연령을 법으로 정하는 것이다. 둘째, 근속정년은 연령이라는 비직무적 요소보다는 근무기간이라는 직무적 요소를 정년 산정의 기준으로 하는 것이다. 장기간의 공직 근무는 공직 수행의 나태함이나 기득권의 유지 또는 부패의 온상이 될 수 있기 때문이다. 근속정년은 인적자원의 순환을 통한 조직 쇄신의 필요성에 기인한다. 셋째, 계급정년이다. 정년의 기준을 동일 계급 재직 기간으로 하는 방법이다. 일반적으로 일정 연한 이상 한 직급에 계속 머무르는 공무원을 무능하다고 추정하여 퇴직시키는 제도로 규정된다(박천오, 2007). 실질적인 의미를 보면, 동일 계급에 일정기간 이상 재직할 경우 조기 승진자와 후기 승진자 사이에 계급 역전 현상이 발생할 우려가 있기 때문이다. 한마디로 계급 내의 위계질서를 유지하기 위해 운영하는 제도라 할 수 있다.

이러한 정년제도는 조직 내 신진대사를 촉진함으로써 조직의 효율성을 향상시킬 수 있다는 장점이 있다(이선우, 2008). 조직의 나태함을 극복하고 조직의 역동성을 높여 줄 수도 있다. 아울러 조직 구성원들이 재직 기간에 안정적으로 재직하도록 함으로써 예측가능성도 높일 수 있다. 특히 재직 기간에 신분을 보장하는 것은 정치적 중립을 지키면서 공평무사하게 직무를 처리할 수 있게 한다.

하지만 역량과 성과가 뛰어난 개인을 퇴직시킴으로써 조직의 생산성을 떨어뜨릴 우려가 있으며, 재직 기간의 신분보장은 오히려 업무를 소극적으로 처리하는 무사안일 현상을 조장할 수 있다. 아울러 조직 입장에서 탄력적으로 퇴직을 촉진하거나 억제할 수 있는 계획이나 전략을 세우기 힘들게 제약하는 효과도 있다. 그런가 하면 아직 역량이 있음에도 실질적인 조직퇴직 효과를 가져와 공무원의 사기를 떨어뜨릴 수 있다. 특히 계급정년의 경우 승진 경쟁이 치열해질 가능성이 높다.

(2) 징계퇴직

징계퇴직은 위법한 활동이나 부정한 행동, 그리고 불충분한 성과를 보인 공무원을 공직에서 배제하는 조치이다(Arvey & Ivancevich, 1980). 이러한 징계퇴직은 공무원에 대한 징계 중 가장 강한 제재에 해당한다. 일반적으로 징계(disciplinary action)란 공무원의 부실한 업무수행이나 그릇된 행동에 대하여 해당 공무원에게 제재를 가하는 활동을 말한다(박천오, 2007 ; 오석홍, 2022). 징계퇴직은 공무원의 책임성을 강화하기 위해 공무원의 위법 및 일탈 행동을 사후적으로 제재하는 수단이다. 제재 방법에 따라 크게 배제징계와 교정징계로 나눈다. 배제징계는 파면 또는 해임 등 공무원 관계를 끊는 징계 조치이고, 교정징계는 정직·감봉·강등·대기발령 등 공무원 신분을 유지하면서 직무상 또는 보수상의 불이익을 주는 징계 조치이다.

이처럼 징계는 성격상 사후적 제재이지만 예방적 기능도 함께 내포하고 있다(박천오, 2007). 다수의 학자들은 징계의 주된 목적이 처벌보다는 문제의 행태를 교정하는 데 있다고 보아 소위 예방적이고 긍정적인 징계(preventive, positive discipline)를 강조한다(오석홍, 2022 ; Patton et al., 2002 : 356).

따라서 공무원의 직무수행 능력이 현저히 부족하거나 직제 변경으로 인해 조직이 강제퇴직을 명하는 직권면직은 신분분장의 예외적인 조치로서 엄격하게 제한되어야 한다.

징계퇴직은 공무원에게 치명적인 징벌이기 때문에 일정한 원칙과 절차를 따라야 한다. 징계를 결정할 때는 다음 세 가지 원칙을 지켜야 한다(Kearney & Whitaker, 1988 ; 박천오, 2007).

첫째, 예측성(predictability)의 원칙이다. 징계 원인과 대상은 예측 가능해야 한다. 잘못된 행위에 대해 신속하고 확실한 처벌이 가해진다는 인식이 필요하다. 어떤 행동이 잘못된 행동이고, 어떤 행동이 배제징계를 받게 되는지 해당 공무원은 물론 재직 공무원도 자기 행동에 대한 조직의 반응을 예측할 수 있어야 한다. 둘째, 징계 내용과 절차에 대한 일관성(consistency)의 원칙이다. 유사한 문제 행위에 대해서는 유사한 처벌이 적용되어야 하고, 징계 절차와 조치가 일관성 있게 반복적으로 적용되어야 한다. 셋째, 형평성(equity)의 원칙이다. 징계 대상이 되는 문제 행위의 일관성뿐만 아니라 징계 대상이 되는 사람들 간에도 차별이 있어서는 안 된다. 직급이나 직종, 또는 성별이나 지역 등에 따라 양형 기준을 달리해서는 안 된다. 다만, 징계 결정 과정에서 과거의 업무실적과 근무기간 등 다양한 참고자료를 적절히 활용할 수는 있을 것이다. 이 경우에도 예측가능성과 일관성의 원칙은 우선적으로 적용되어야 한다.

아울러 징계퇴직은 충분한 법적 절차에 따라 진행되어야 한다. 징계 결정 과정은 1) 문제와 사실의 정확한 확인, 2) 당사자에게 구두 확인 및 검증, 3) 당사자에 대한 서면통보 및 의견청취, 4) 징계 확정 통보 및 조치의 순서로 진행되어야 한다. 이와 같은 절차를 지키지 않을 경우 징계의 원칙이 무너질 우려가 있으며, 징계 대상자의 반발은 물론 법적 분쟁으로 확대될 수도 있다.

인사책임자는 직원들의 위법한 활동이나 부정한 행동, 그리고 불충분한 성과에 대해 일정한 처벌을 가할 책임이 있다(Hays, 2001). 징계 대상 공무원들을 징계하지 않을 경우, 성실하고 성과가 높은 재직 공무원들의 생산성을 저하시키고 동기부여를 억제하게 된다. 조직에서 문제를 일으키는 소수의 구성원들에 대해 징계를 적절히 활용하는 것은 정당할 뿐만 아니라 생산적인 집단 규범을 만드는 데 긍정적인 효과가 있다(Hays, 2001). 또한 징계 조치를 과감하게 취한 관리자가 이끄는 조직 단위가 그렇지 못한 관리자가 이끄는 조직 단위에 비해 업무실적이 상대적으로 높다는 연구도 있다(O'Reilly & Weitz, 1980). 이와 같이 인사책임자는 징계의 원칙과 절차에 따라 엄정한 조치를 집행해야 한다.

3. 유사퇴직

(1) 유사퇴직의 의의

유사퇴직은 자발적 퇴직이나 강제퇴직과는 달리 일정기간 직무에서 배제하는 조치이다. 일반적으로 유사퇴직은 배제징계를 제외한 정직, 휴직, 직위해제, 그리고 대기명령 등 직무에서 배제하는 조치를 모두 말한다. 다만, 정직과 휴직은 일정기간 직무를 부여하지 않는 법정 유사퇴직으로 볼 수 있는 반면, 직위해제나 대기명령은 인사책임자가 일정한 기준에 따라 직무에서 배제하는 임의 유사퇴직이라 할 수 있다(임도빈·유민봉, 2019). 따라서 일반적으로 유사퇴직은 후자를 말한다.

(2) 법정 유사퇴직 : 고용휴직과 민간휴직

법정휴직은 법률에 의거하여 공무원 신분을 유지하면서 일정기간 민간기업이나 교육기관에서 근무하는 것이다. 공무원의 직무를 수행하지 않음은 물론, 공무원의 보수도 받지 않는다. 대신 근무하는 민간기업이나 교육기관에서 보수를 지급한다. 언급한 유사퇴직 중에서 임의적인 유사휴직이 징계 수단으로 활용되는 반면, 민간휴직이나 고용휴직은 공무원의 역량개발을 위한 프로그램의 하나로 활용된다. 즉 민간의 경영기법과 우수사례를 학습하고 경험함으로써 행정의 전문성과 효율성을 높이기 위한 수단이다.

하지만 해당 민간기업이나 교육기관과의 유착이 심화되어 관련 정책이 왜곡될 우려가 있고, 민간기업이나 교육기관에서 공무원 보수를 뛰어넘는 급여를 지급하는 등 공직 내부의 위화감을 조성할 수도 있다(이재호, 2008). 특히 정책결정이나 집행과정에서 해당 기관을 직접 또는 간접적으로 옹호하거나 청탁 통로를 제공하는 등 부패의 원인이 될 수 있다. 또한 당초 취지와 달리 인사관리자 입장에서는 해당 공무원의 역량개발을 통하여 복귀 후 전문적으로 활용하기보다 인사운영의 수단이 되는가 하면, 민간 및 고용 휴직자들의 이직을 위한 준비 단계로 이용되기도 한다.

따라서 제도 운영 과정에서 직무 수요 파악, 개발 대상 역량에 대한 올바른 진단, 민간기업 선정, 민간기업 근무시 복무규정, 그리고 복귀 후 활용 방안 등 종합적인 준비와 집행이 필요하다.

(3) 임의 유사퇴직 : 직위해제 또는 대기명령

임의 유사퇴직은 문제가 있는 공무원에 대하여 신분은 보장하되 일시적으로 직무를 부여하지 않는 것으로, 인사책임자가 부여하는 불이익이다. 이러한 방식은 엄격한 신분보장과 계급제를 운영하고 있는 인사시스템에서 주로 활용되고 있다. 직무와 신분이 동일시되는 직위분류제 하에서 유사퇴직은 바로 퇴직을 의미한다고 할 것이다.

하지만 이러한 직위해제나 대기명령은 실제 인사책임자의 임의적인 징계 수단으로 악용될 우려가 있고, 해당 기간 직무를 대행할 직원이 필요하기 때문에 조직으로서는 부담이 발생한다.

특히 공무원의 경우, 사회적 이슈가 되는 정책 실패를 무마하기 위한 수단으로 직위해제나 대기발령을 활용하는 사례가 종종 있다. 일반 국민들은 직위해제를 배제징계로 오해하는 경우가 많으나, 일정기간이 지나면 다시 복귀하여 근무하기 때문에 책임을 회피하기 위한 일시적인 조치라는 비판을 받는다.

그러나 고위직 공무원의 경우 직위해제는 실질적으로 배제징계적 성격이 강하므로 그 효과가 크다고 할 수 있다. 또한 직위해제는 해당 기간 보수상의 불이익도 함께 줌으로써 좀 더 강력한 징계 수단으로 활용할 수 있다.

제 3 절 퇴직관리의 전략

1. 퇴직의 비용과 편익

(1) 퇴직의 비용

개인의 입장에서 퇴직이 조직을 떠나는 고통인 것과 같이, 조직의 입장에서도 퇴직은 인적자원의 손실이 아닐 수 없다. 이와 같이 조직에게 개인의 퇴직은 여러 가지 비용을 수반하게 한다(오석홍, 2022).

첫째, 퇴직자가 가지고 있는 경험과 역량의 손실이다. 퇴직자가 조직을 떠나게 되면 대체하기 곤란한 능력과 기술이 존재하게 마련이다. 이는 조직 전체의 역량을 떨어뜨려 조직성과에 영향을 준다. 둘째, 현재 담당하고 있는 직무 수행이 중단된다. 아무리 작은 책임이라 하더라도 조직 구성원은 조직의 목표를 달성하기 위해 일정한 역할과 기능을 수행한다. 그런데 이러한 책임과 역할을 수행하지 못함에 따라 조직성과가 낮아질 수 있다. 셋째, 지금까지 역량개발을 위해 투자했던 노력과 시간이다. 조직이 그동안 인적자원의 직무역량을 강화하기 위한 쏟아부었던 투자 비용이 매몰된다. 넷째, 퇴직자에게 지불해야 하는 직접 또는 간접 비용이다. 퇴직금과 연금은 물론 퇴직과 관련한 다양한 행사 비용도 포함된다. 다섯째, 재직자에 대한 비용 증가이다. 신규로 직무를 승계한 조직 구성원의 적응에 필요한 시간과 노력, 관련 역량의 개발, 초과근무수당 등이다. 마지막으로 사회적 비용이다. 조직의 대외적 신뢰가 떨어지고, 퇴직으로 인한 재직자의 동기저하, 그리고 퇴직자가 대외적으로 가진 네트워크의 정지 등 다양한 비용이 발생한다.

이러한 퇴직 비용은 젊고 유능한 사람의 퇴직, 정년 이전의 조기퇴직, 그리고 예측하지 못한 갑작스러운 퇴직의 경우 더 증가할 수 있다.

(2) 퇴직의 편익

앞에서 언급한 것처럼 개인의 입장에서 퇴직은 고통을 수반하는 경우가 많지만, 조직의 입장에서는 조직성과를 향상시키기 위한 중요한 수단이 된다. 개인에게 고통을 준 이유는 퇴직으로 인한 편익을 조직이 얻기 위해서이다(오석홍, 2022).

첫째, 인건비의 절감이다. 퇴직자에게 재직시 지급했던 모든 비용을 중단할 수 있기 때문에 비용을 절감할 수 있다. 따라서 동일한 성과를 달성할 수 있다면 가급적 많은 인원이 퇴직하는 것이 조직의 편익이 된다. 둘째, 퇴직은 조직성과에 기여하지 못한 사람들을 떠나게 하고 조직성과에 기여할 수 있는 사람을 선발할 기회를 준다. 특히 인건비 부담이 많은 장기근속자의 퇴직은 유능한 직원의 신규 선발을 가능하게 해준다. 셋째, 고위직이 퇴직할 경우 승진 적체를 해소하고 조직의 활력을 도모할 수 있다. 인력 순환이 활발해져 재직자의 사기가 높아질 뿐만 아니라 조직에 변화와 혁신의 계기를 준다. 넷째, 조직이 대외적 환경 변화에 신속하게 대응할 수 있게 해준다. 새로운 기술이나 장비 도입과 함께 새로운 정책의 변화나 문화 구축이 가능할 수 있다. 다섯째, 조직의 이미지 향상과 대외적 신뢰도 증진에 도움이 될 수 있다. 행정 변화에 대한 일반 국민의 요구에 부응하고, 사회적으로 구직자들의 취업 기회를 늘릴 수 있으며, 사회 전체의 생산성 향상에도 기여할 수 있다.

2. 퇴직관리전략

앞에서 살펴본 바와 같이 인적자원의 퇴직관리는 인적자원의 확보 관리만큼 중요한 과제이다. 조직으로서는 조직의 목표나 성과에 기여하지 못하는 조직 구성원에 대하여 소극적 또는 적극적으로 퇴직을 촉진하고 억제하는 전략적 접근이 필요하다. 퇴직관리전략에는 크게 퇴직억제전략과 퇴직촉진전략이 있다(오석홍, 2022). <그림 15-1>에서 볼 수 있는 것처럼 조직적 차원에서 퇴직 비용과 퇴직 편익에 대한 면밀한 비교분석이 필요하다.

(1) 퇴직억제전략

퇴직억제전략은 퇴직 비용이 퇴직 편익보다 큰 경우에 사용하는 전략이다. 다시 말하면, 현재 재직하고 있는 인력의 유지 비용보다 유지 편익이 더 클 경우 퇴직을 억제하는 것이다(오석홍, 2022). <그림 15-1>에서 왼쪽 위에 해당한다. 재직자의 경험과 지식이 매우 중요하고, 퇴직에 따른 직무 중단이 우려될 뿐만 아니라 신규 선발이 곤란하고, 퇴직금 비용이 지나치게 많이 드는 등 퇴직 비용이 퇴직 편익보다 큰 경우이다. 조직의 입장에서 퇴직을 억제하기 위한 다양한 노력이 필요하다.

퇴직을 억제하기 위해서는 퇴직 전 재직자에 대한 지원을 확대하고 장기간 근무 후 퇴직할 경우 퇴직 후 생활보장을 강화하는 방향의 정책 추진이 필요하다(Boshoff & Mels, 2000).

먼저 퇴직 전 관리로는 재직자의 성공적인 직무 생활에 대한 지원을 강화하는 것이다. 근무기간 중 경력계획의 수립이나 인사상담 및 훈련 등을 실시하고, 퇴직 전 일정기간 근무를 줄여 주며, 단계적으로 퇴직할 수 있도록 퇴직 일정을 조정한다. 필요한 경우 정년을 연장하는 방안도 검토할 수 있다. 대체로 퇴직 준비 기간이 짧기 때문에 장기간에 걸친 퇴직 일정 기획을 마련하는 것이 필요하다.

퇴직 후 관리로는 퇴직 후 연금을 인상하거나 직업 알선, 파트타임 직무 제공, 자원봉사나 취미생활 기회 제공, 그 밖의 후생복지 제공 등이 있다. 다만 이러한 퇴직 후 지원 강화는 재직자의 부담으로 돌아올 수 있기 때문에 유의할 필요가 있다. 또한 재산등록, 취업제한, 비밀엄수 등 퇴직 후 의무조항을 완화시키는 것도 있다.

그림 15-1 퇴직억제전략과 퇴직촉진전략의 선택기준

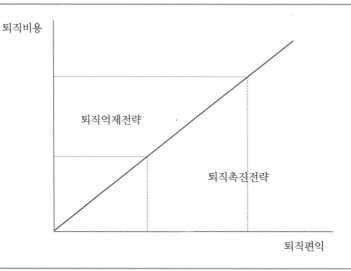

이러한 퇴직 전과 퇴직 후 관리가 실질적인 퇴직 억제 효과를 발휘하기 위해서는 재직자 모두에게 일반적으로 적용하기보다는 재직 기간, 퇴직 시기, 그리고 유능한 역량 보유자 등에 대한 개별적인 접근이 필요하다.

(2) 퇴직촉진전략

퇴직촉진전략은 퇴직비용보다 퇴직편익이 큰 경우이다. 다시 말하면, 현재 재직하고 있는 인력의 유지 편익보다 유지비용이 더 클 경우 퇴직을 촉진하는 것이다(오석홍, 2022). <그림 15-1>에서 오른쪽 아래에 해당한다. 재직자 중 저성과자가 많아 인력활용의 효율성이 낮고, 승진 적체가 심해 조직의 신진대사가 필요한 경우 또는 인건비 부담을 줄일 필요가 있을 때 활용한다. 특히 고령화 사회가 되면서 퇴직 기피 현상이 심해지고 있고, 공직 선호도가 높은 상황에서는 퇴직 후 생활이 보장되어 있어 퇴직억제전략보다 퇴직촉진전략이 필요한 경우가 많다.

퇴직촉진전략의 구체적인 수단으로는 재직자들의 퇴직 장려금 등 조기퇴직 혜택을 확대하는 한편, 재직자에 대한 복지혜택이나 퇴직금·연금 등을 축소할 수 있다(Doerpinghaus & Feldman, 2001). 퇴직을 권장하기 위하여 일정기간 의료보험을 연장하거나 퇴직 후 정착을 보조하고, 퇴직 후 생활을 위하여 현금을 지원하거나 융자를 알선하는 것, 혹은 취업을 알선하거나 창업교육·직업재훈련을 제공하는 것 등도 퇴직촉진전략에 해당한다(김창호·최용신, 2010). 아울러 성과와 역량 중

심의 인적자원행정을 적극적으로 도입 운영함으로써 저성과자들이 스스로 퇴직할 수 있는 유인을 제공하거나, 정년을 단축하는 등 보다 강제적인 방법도 사용할 수 있다. 이러한 퇴직촉진전략은 노동조합이나 재직자들이 강하게 반발할 수 있기 때문에 간접적인 유인책을 개발하고, 조기경보제·직급정년제·인력재배치·사전적 퇴직준비 프로그램 등 상시적인 퇴직관리가 필요하다(김병섭·양재진, 2002).

퇴직촉진전략의 하나로 인력감축 프로그램을 마련하여 시행하기도 한다. 인력감축(downsizing)은 현재 근무하는 재직자를 일정한 기준에 따라 강제 퇴직시키는 제도이다(Morris, Wayne & Young, 1999). 인력감축 프로그램은 일반적으로 급진적이고 정치적이며 강제적인 성격을 가진다. 따라서 그 목적도 두 가지로 구분될 수 있다. 인력감축의 명시적인 목적은 조직의 효율성 증진이다(Klaas & Dell'omo, 1997). 정부 규모를 축소해 인건비를 절감하고 적은 비용으로 성과를 극대화하려는 시도이다. 또한 공공부문 인력감축은 어려움을 함께하는 정부의 이미지를 통해 국민의 지지와 수용성을 확보하고, 정부 혁신을 위하여 인력감축 추진 사실을 보여줌으로써 정부 개혁의 상징적 효과를 도모하기도 한다(이창길, 2006).

따라서 인력감축은 당초의 취지나 목적과 다른 방향으로 운영될 수 있다. 즉 우수한 인재를 잃을 가능성이 있고, 실질적인 예산 절감 효과 없이 인력감축 목표에만 치중할 우려가 있다. 또 감축 작업 과정에서 의사결정이 자의적이고 정치적으로 이루어질 가능성이 있다. 이에 따라 감축 대상자는 물론 재직자나 노동조합 등이 강하게 반발할 수 있다(Weakland, 2001). 그런 만큼 인력감축은 목적과 기준을 명확히 제시하고, 인력감축계획의 수립과 집행 과정에서 이해관계자 상호간의 적극적인 의사소통과 참여가 필요하다(안양호, 2009).

제 4 절 퇴직연금의 설계 및 변화추이

1. 의의 및 필요성

공무원의 퇴직연금은 현직공무원들의 미래 자산이자 퇴직공무원의 생활보장적 급여이다. 따라서 연금급여는 누구에게나 퇴직 후 안정적인 미래의 삶을 보장하는 재정적 원천이다. 공무원들의 경우 더욱 그렇다. 공무원 퇴직연금의 목적은 퇴직

후 생활보장과 함께 재직 시 깨끗하고 성실한 직무수행을 도모하기 위함이다(이창길, 2017). 즉 국민에 대한 봉사자로서 장기간의 공직 봉사에 대한 보상적 성격과 함께 재직기간 부패하지 않고 공정하게 업무를 수행해야 할 책임과 의무를 담보하는 직무적 성격을 동시에 가진다. 그래서 재직 시 신분 보장과 퇴직 후 연금 보장은 직업공무원을 위한 기본요건이다. 우리나라는 해방 후에 1949년 공무원제도를 구축하는 과정에서 직업공무원제의 필수적인 요건으로 공무원연금제도의 법적 근거를 마련하였고, 1960년 1월 1일 공무원연금법을 제정·공포하였다.

2. 퇴직연금의 유형

퇴직연금에는 연금운영 주체에 따라 확정급여형과 확정기여형 연금제도가 있다(Hyde & Richards, 2017). 확정급여형 연금제도(defined benefit pension)는 공무원연금운영 주체가 고용주인 정부가 가진 경우다. 퇴직 공무원은 근무기간 및 평균임금에 비례하는 액수의 퇴직급여를 받는 제도이다. 정부는 공무원들의 연금기여금과 정부재정 부담금을 통하여 연금기금을 조성하여 운영한다. 정부의 책임으로 안정적인 퇴직연금을 확보할 수 있는 반면, 정부 재정 부담이 높아질 우려가 있다. 둘째, 확정기여형 퇴직연금제도(defined contribution pension)는 공무원연금기금을 정부가 직접 통합적으로 관리 운영하기보다는 공무원 개인이 개별적으로 직접 관리 운영하는 방식이다. 공무원가 운용상품의 선택하고 그 실적에 따라 퇴직 시에 지급받는 금액이다. 이는 연금기금의 운영주체가 공무원 개인이기 때문에 다소 불안정한 측면이 있지만, 공무원 개인의 기금운영상 자율적인 선택권을 부여하고 연금 책임을 강화하는 방식이다. 우리의 경우 확정급여형을 채택하고 있다.

아울러 퇴직금 지급방식에 따라 퇴직일시금과 퇴직연금이 있다. 퇴직일시금은 퇴직당시 연금총액을 모두 지급받는 방식인 반면, 퇴직연금은 퇴직 후 또는 퇴직후 일정기간이 경과한 후 사망 시까지 매월 일정 금액을 지급하는 방식이다. 매월 연금수령액은 퇴직당시 직급, 근무기간, 평균연봉 등에 따라 달라진다. 최근 대부분 퇴직자들은 인구의 고령화와 함께 기대수명 연장 및 이자율 하락 등에 따라 퇴직일시금보다는 퇴직연금을 선호한다.

3. 퇴직연금의 설계

공무원 퇴직연금은 연금기여금, 연금개시조건, 기준소득월액 등 다양한 요소의 결정내용에 따라 설계될 수 있다. 이에 따라 전체 연금재정 규모와 함께 개인별 연금수령액이 결정된다. 일반적으로 다음 다섯 가지 요소로 결정된다.

첫째, 공무원연금의 기여금 또는 부담금 비율이다. 연금재정과 수령연금액이 결정되는 가장 기본적인 요소이다. 기여금 비율은 기본봉급의 5%에서 15%까지 국가별로 다양하다. 둘째, 연금지급 개시연도이다. 일반적으로 재직기간이 20년이 경과하거나 정년퇴직 직후 또는 일정한 기간이 경과한 이후에 연금지급이 시작된다. 셋째, 연금지급률이다. 이는 연금수령액을 산정하기 위하여 경력기간 1년을 계산하는 소득월액의 기준비율이다. 일반적으로 연금지급률은 1% 내지 3%로 책정된다. 예를 들면, 연금지급율이 2%인 경우 개인별로 적용되는 연금산식은 [2.5%* 경력기간*보수월액]이다. 넷째, 기준소득월액이다. 이의 산정기준은 퇴직당시 보수월액, 퇴직 전 3년 평균 보수월액, 전체 재직기간 평균소득월액 등 다양하게 결정된다. 다섯째, 소득대체율이다. 이는 퇴직자가 수령하는 연금월액이 퇴직 전 소득월액의 얼마 정도에 해당한지를 의미하는 지표이다. 소득대체율이 높으면 연금수준이 높고, 소득대체율이 낮다고 할 수 있다.

4. 퇴직연금의 변화추이

최근 공무원 퇴직연금은 급격하게 그 환경이 변화하고 있다. 첫째는 연금재정의 악화이다. 고령화 추세에 따라 평균수명이 증가하면서 퇴직 후 연금수급기간이 증가하고 있다. 이에 따라 퇴직자를 위한 연금지급 총액이 증가하면서 연금재정은 악화되고 있는 상황이다. 특히 이자율이 하락하고 기금수익이 감소하면서 연금재정에 대한 정부재정 지원은 증가하고 있다. 퇴직공무원의 연금수령액은 축소하고 현직공무원의 연금기여금을 확대하는 방향으로 연금제도의 개혁이 계속되고 있다.

둘째, 공무원연금제도의 특수성이 약화되고 있다. 공무원연금제도를 국민연금제도와 별도로 분리하여 운영할 필요가 있는지에 대한 논의가 많다(조원용, 2018). 공무원연금을 국민연금과 분리 운영해야 한다는 입장은 공무원의 특수성을 강조한다. 즉 재직 중인 공무원은 국민에 대한 봉사자로서 특별한 의무와 책임을 가진다. 이에 대응하여 퇴직 후 생활을 보장해 주는 것이다. 따라서 공무원연금은 깨끗하고 성실한 공직수행을 위한 선결요건이라는 주장이다. 반대 입장에서는 공무원연금을 국민연금과 통합해야 한다는 입장이다. 공무원연금을 별도 운영하는 것은 공무원에 대한 특혜라고 비판한다. 이는 퇴직공무원에 대해 특별한 대우를 해줄 만큼 공무원의 역할과 노력이 크지 않았다는 부정적 인식과 불신도 작용하고 있다. 이러한 논란에 따라 공무원연금 수준은 낮아지고 국민연금 수준은 높아져 그 차이가 감소하는 추세다.

학●습●포●인●트

- 다양한 차원에서의 퇴직의 중요성
- 퇴직억제전략
- 퇴직의 편익
- 의원면직
- 강제퇴직
- 징계퇴직
- 법정 유사퇴직(고용휴직 · 민간휴직)
- 인력감축 전략

- 퇴직촉진전략
- 퇴직비용
- 자진퇴직
- 명예퇴직
- 정년퇴직
- 유사퇴직
- 임의 유사퇴직(직위해제 · 대기명령)

연●습●문●제

1 퇴직 비용과 편익에 의거한 퇴직관리전략을 기술하시오
2. 퇴직의 중요성에 대해서 서술하시오.
3. 퇴직의 유형 중 자진퇴직에 관하여 설명하시오.
4. 조직의 성과 향상을 위해서 어떠한 퇴직 유형이 가장 효과적인지 의견을 쓰시오.
5. 자신의 주위사람들이 겪었던 퇴직 사례를 찾아보고, 그 유형을 분류하시오.
6. 퇴직의 유형 중 강제퇴직에 관하여 설명하시오.
7. 국민연금과 공무원연금의 통합에 대한 의견을 제시하시오.

토●의●사●례

〈징계대상자 정보〉

	안○○(52세)	강○○(45세)	고○○(33세)
소속부서	사회복지과	가정복지과	청소과
근속년수	28년	15년	5년
계급 및 직위	5급 사무관 사회복지과장	6급 주사 구 청소년 여성상담팀장	7급 주사보 기재관리계장
성격 및 대인관계	- 9급부터 임용된 베테랑 - 타인의 업무보조 능력이 뛰어나고 동료 및 상사와의 대인관계도 원만하나 평소 이타적인 성격 탓으로 주로 성과급은 동료들이 받음.	- 절친한 동료들의 어려움이 있으면 평소 발벗고 자신의 일처럼 나서는 성격임. - 남의 의사와 관계없이 남을 도와주다가 오히려 실수로 일을 그르치는 경우도 있어 직원들 사이에서도 상사와 부하직원 관계없이 호불호가 명확히 갈림.	- 7급 임용 성적 1등으로 발령받아 상사들에게 호감도가 높음. - 평소 저돌적인 성격으로 자발적으로 일을 하나 너무 성과에 집착해 나이 많은 부하 직원과 사이가 소원함.
공직윤리 위반행위	- 해당 부서의 복지기금 통장에서 4차례에 걸친 공금횡령 - 적극적 부패에 해당하나 정당한 보수만으로 생활을 영위할 수 없는 중대한 상황이 발생하였기에 생계형 부패로 볼 수 있음.	- 성폭행 피해 여성의 비밀누설. - 소극적 부패에 해당하나 책임 있는 공무원으로서 국민의 기대 가능성을 저버리고 사회문화적 규범을 일탈한 행위로 볼 수 있음.	- 청소물품 판매업을 하는 지인 K씨로부터 청소물품을 시중가보다 싼 가격에 구입. - 조작 영수증을 이용해 예산을 맞춰 부서 내 자체 잉여금 창출.
상황	- 지병이 있는 부인과 장애인 아들을 돌보느라 이미 많은 빚을 진 것으로 알려짐. - 다른 직원의 감시 없이 혼자서 복지기금을 관리할 수 있는 권한을 가지고 있었음.	- 성폭행 피해 여성 상담 후, 지인과 사건에 대해 대화하던 중 피해 여성의 신상을 발설함. - 이전에도 상담 내용을 외부에 발설해 문제가 생겼던 적이 많았으나 조직 내부에서 묵인하고 간단한 제재로만 끝난 경우가 많았음.	- 기자재 구입 비용을 절약하여 부서 내부의 열악한 예산 상황에 도움이 되고자 함. - 규정에 예산의 잉여금을 자의적으로 사용해서는 안 된다고 명시되어 있지만 평소에는 문제삼지 않았음.

토의과제

1. 징계는 경징계와 중징계로 구분된다. 세 명의 징계대상자에 대한 적정한 징계 결정을 하시오.

<징계의 종류>
중징계
- 파면 : 공무원 신분을 완전히 잃는 것으로 5년간 공무원 임용 결격사유
- 해임 : 파면과 같으나 3년간 공무원 임용 결격사유
- 강등 : 1계급 직급을 내리고 3개월간 직무에 종사하지 못함
- 정직 : 1~3개월의 기간 동안 직무에 종사하지 못함
경징계
- 감봉 : 감봉기간 동안 보수액의 1/3을 감함
- 견책 : 잘못된 행동에 대한 훈계. 6월간 승진과 승급제한

참고문헌

김병섭·양재진, 2002. 「공무원의 퇴직관리 : 실태와 정책적 이슈」, 『행정논총』 40(1).

김창호·최용신, 2010. 「공기업 전직지원제도가 조직신뢰 및 몰입과 기업성과에 미치는 영향」, 『한국인사행정학회보』 9(3).

박천오, 2007. 「우리나라의 공무원 징계와 퇴출 : 실태와 대안」, 『한국행정학보』 41(3), pp.221-241.

안양호, 2009. 「정부 인력관리계획의 성공적 정착 방안」, 『한국인사행정학회보』 제8권 제1호.

양기근·김상규, 2006. 「공무원 퇴직관리체계의 구축방안에 관한 연구」, 『한국콘텐츠학회 추계종합학술대회 논문집』 4(2).

오석홍, 2022. 『인사행정론』 제9판, 박영사.

이선우, 2008. 「공무원 정년제도 유연화 모형의 실효성에 관한 연구」, 『한국인사행정학회보』 7(1), pp.203-228.

이재호, 2008. 「민간근무휴직제도의 성과에 관한 연구」, 『한국인사행정학회보』, 7(2), pp.59-86.

이창길, 2008. 「세계화 과정에서 정책의 동형화(Isomorphism) 메커니즘 분석 : 인력감축, 정보공개 및 민영화 사례를 중심으로」, 『행정논총』 46(4).

이창길, 2017. 공무원 연금개혁, 인도네시아에 전하다. 2017 GEPS연금포럼, vol. 7, pp. 36-45.

임도빈·유민봉, 2019. 『인사행정론』, 박영사.

전광희, 2003. 「미국인의 조기퇴직 역전 현상과 고령자 사회정책의 미래」, 『한국인구학』 26(1).

조원용, 2018. 직업공무원제도와 사회정의 : 임금과 연금을 중심으로. 법학논총, 35(1), 29-52.

Arvey, Richard D. and J. M. Ivancevich, 1980. Punishment in Organizations : A Review, Propositions, and Research Suggestions, *Academy of Manage-*

ment Review. 5, pp.123-132.

Biggs, Andrew G. and Jason Richwine, 2012. Finding Answers to the Public Compensation Question, *Public Administration Review,* 72(6), pp.780-781.

Boshoff, Christo and Gerhard Mels, 2000. The Impact of Multiple Commitments on Intentions to Resign : an Empirical Assessment, *British Journal of Management,* 11, pp.255-272.

Heinrich, Carolyn J. 2012. How Credible Is the Evidence, and Does It Matter? An Analysis of the Program Assessment Rating Tool, *Public Adminstration Review,* 72(1), pp.123-134.

Condrey, Stephen E., Jared J. Llorens and Rex L. Facer II, 2012. Getting It Right : How and Why We Should Compare Federal and Private Sector Compensation, *Public Administration Review,* 72(6), pp.784-785.

Dam, Karen Van, Janine D.M Van Der Vorst, Beatrice I.J.M Van Der Heijden, 2009. Employees' Intentions to Retire Early : A Case of Planned Behavior and Anticipated Work Conditions, *Journal of Career Development,* 35(3), pp.265-289.

Doerpinghaus, Helen I. and Daniel C. Feldman, 2001. Early retirement penalties In defined benefit pension plans, *Journal of Managerial Issues,* 13(3), p.273.

Hays, Steven W., 2001. Discipline and Dismissal. in Jack Rabin ed. *Encyclopedia of Public Administration and Public Policy,* New York : Marcel Dekker, Inc., pp.344-346.

Hyde, A. C., & Richards, C. 2017. Public Sector Pensions and Benefits: Reform Challenges in a New Environment. In Public Personnel Management (pp. 127-149). Routledge.

Kearney and Whitaker, 1988. Behaviorally Anchored Disciplinary Scales (BADS) : A New Approach to Discipline, *Public Personnel Management ;* Fall 88, 17(3), p.343.

Klaas, Brain S. and Gregory G. Dell'omo, 1997. Managerial Use of Dismissal : Organizational-Level Determinants, *Personal Psychology,* 50(5), pp.927-954.

Morris, J.R., Wayne F. C., and C. E. Young, 1999. Downsizing after all these years : Questions and answers about who did it, how many did it, and who benefited from it. *Organizational Dynamics.* 78.

O'Reilly and Barton A. Weitz, 1980. Managing Marginal Employees : The Use of Warnings and Dismissals, *Administrative Science Quarterly,* 25, pp. 467-484.

Patton D., and Pratt, C., 2002. Assessing the training needs of high-potential managers, *Public Personnel Management,* 31(4), p.356.

Weakland, Janet, 2001. Human resources hollistic approach to healing downsizing survivors, *Organization Development Journal,* 19(2).

제 6 편

권리와 책임

제16장

공무원의 권리와 의무

제6편에서는 인적자원관리 과정의 기본요건으로 공무원의 권리와 의무, 그리고 부패와 윤리에 관하여 논의한다. 제16장에서는 공무원의 권리와 의무에 대하여 살펴본다. 원칙적으로 공무원도 일반 국민의 한 사람으로서 헌법이 보장하는 기본권을 가진다. 다만 공적 업무를 수행한다는 직무상의 특수성으로 인하여 기본적인 권리를 일부 제한하고 의무를 부과함으로써 책임성을 높이고자 한다. 조직 차원의 권리제한이나 의무부과에도 불구하고 직무수행 과정에서 많은 공무원들은 공익과 사익 간의 이해충돌 상황에 직면한다. 이러한 이해충돌 상황에서 사익을 추구하면 부패가 되고, 공익을 선택하면 책임감 있는 공무원이 된다. 따라서 이 장에서는 공무원이 가지는 기본권 제한과 의무부과의 범위와 내용에 대하여 살펴보고, 이해충돌 상황에서 공익을 선택하지 않고 사익을 선택하는 원인과 방지 대책에 대하여 학습한다.

조국이 여러분을 위해 무엇을 할 수 있을 것인지 묻지 말고,
여러분이 조국을 위해 무엇을 할 수 있을 것인지 물어 보라.
— 존 에프 케네디

제1절 권리와 의무의 의의

1. 권리와 의무의 경계

지금까지 논의한 인적자원행정의 전반적인 과정이 성공적으로 이루어지려면 무엇보다고 공무원의 권리가 보장되고 책임이 확보되어야 한다. 권리는 일정한 이익을 주장하고 누릴 수 있는 힘인 반면, 책임은 일정한 사람에게 부여되어 실행해야 하는 일이다. 공무원에게는 개인적으로 누릴 수 있는 권리가 있는 동시에 조직에 요구하는 일을 실행하여야 하는 책임과 의무가 부과된다. 따라서 권리와 의무는 불가피하게 그 범위가 상충되게 마련이다. 일반적으로 권리가 강화되면 의무는 보다 줄어들고, 의무가 커지면 권리도 제한된다. 인적자원관리과정의 성공적인 운영을 위해서는 공무원의 기본적 권리가 보장되어야 하는 것은 물론, 책임과 의무 또한 이행되어야 한다. 먼저 다음 몇 가지 사례를 생각해 보자.

공직감찰반이 직무상 범죄 혐의가 있다는 이유로 공무원 개인의 스마트폰을 압수할 수 있는가? 이를 압수한 후 디지털 포렌식을 통해 핸드폰 속에 있는 자료를 수집하고 분류하여 보관하여 혐의 입증의 자료로 활용할 수 있는가? 감찰관이 공무원 개인의 핸드폰 제출을 요구할 경우 이를 거부할 수 있을까?

고위공무원의 배우자와 자녀들의 재산을 등록하고 공개하는 것은 사생활을 침해하는 것은 아닌가? 만약 배우자가 자기 재산에 대한 내역의 등록 및 공개를 원하지 않는 경우는 어떻게 하는가? 친부모님 또는 시부모님의 재산등록을 원하지 않는 경우는 어떻게 하는가?

공무원이 퇴근 후에 도심광장에서 야간시위나 촛불집회에 참가할 수 있는가? 이 집회는 정치인은 물론, 시민단체, 노동자단체, 일반국민들이 다 같이 참가하는 정치 집회라도 허용 가능한가? 더 나아가 무대 연사로 나가 자신의 의견을 발언할 수 있는가?

공무원이 야당 국회의원을 페이스북 친구로 삼을 수 있는가? 국회의원의 페이스북 게시물을 공유할 수 있는가? 그리고 그가 올린 게시물을 '좋아요'할 수 있는가? 국회의원 선거를 앞두고 있을 경우 특정 정당이나 선거후보자의 게시물을 공유하거나 '좋아요'할 수 있는가?

교통경찰관이 제복을 입지 않고 청바지를 입고 근무할 수 있는가? 중앙부처 공무원이 부스스한 파마머리를 하고 근무할 수 있는가? 그리고 빨간색이나 노란색의 머리 염색을 하고 사무실에 출근한다면, 이를 허용해야 하는가?

위와 같이 공무원의 권리와 의무의 범위 간의 충돌 사례는 많다. 모든 국민은 헌법에서 보장하는 권리와 책임이 있다. 원칙적으로 공무원들도 일반 국민이 갖는 권리와 책임을 동일하게 갖는다. 다만, 공익을 위하여 공무원의 권리와 책임을 어느 정도 인정할 것인가에 대한 논의가 필요하다. 즉 공무원은 일반 국민과 다른 특수한 신분으로 볼 것인가? 아니면, 공무원도 일반 국민의 한 사람으로 볼 것인가? 이러한 질문은 공무원의 사적 생활과 공적 생활의 경계를 구분하는 기준이 된다. 다만 이러한 기준의 설정은 공무원을 바라보는 시각과 접근 방법에 따라 공무원의 공적 영역과 및 사적 영역의 범위와 기준도 달라진다.

<그림 16-1>에서 볼 수 있듯이 모든 공무원에게는 공적 영역과 사적 영역이 있다. 공적 영역은 직장 내에서 직무수행과 관련된 영역이고, 사적 영역은 직장이 아닌 개인적인 영역이다. 그 경계를 엄밀하게 구분하기란 현실적으로 어렵지만, 공적 영역과 사적 영역 각각이 갖고 있는 가치를 보다 성공적으로 실현하기 위해서는 영역을 명확히 구분하는 것이 필요하다. 공무원에게는 공적 영역이 갖는 공공의 가치를 보전하기 위하여 공적 영역은 물론 사적 영역에서도 책임과 의무를 다할 것을 강조한다. 이러한 책임과 의무를 다하기 위하여 공적 영역에서는 이해충돌 상황을 전제로 한 직무상의 통제가 많고, 사적 영역에서는 공무원의 권리와

그림 16-1 공무원의 공적 영역과 사적 영역

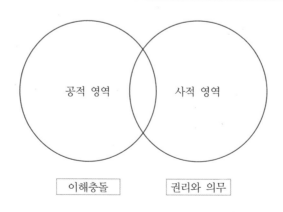

의무를 전제로 한 생활상의 통제가 많다. 이 장에서는 우선 공무원의 권리와 책임 범위, 그리고 한계에 관하여 논의하고, 다음 장에서는 이해충돌 과정에서 발생하는 부패와 윤리 문제를 다루고자 한다.

2. 권리제한의 이론적 접근

그렇다면 공공성을 보장하기 위하여 공무원 개인에게 어느 정도 권리를 제한하고 의무를 부과하는 것이 적절한가? 물론 구체적인 사례나 상황에 따라 다르지만, 일반적으로 공무원의 권리제한과 의무부과의 범위를 설명하는 이론이 두 가지 있다. 하나는 직무적 차원에서 접근하는 방법이고, 다른 하나는 신분적 차원에서 접근하는 방법이다. 전자보다는 후자가 권리제한과 의무부과의 범위를 확대해석하는 경향이 있다.

(1) 직무적 차원 : 공익추구이론

직무적 차원의 공익추구이론은 일반 국민과는 달리 공무원의 권리제한이나 의무부과의 이론적 근거와 기준을 공익을 추구하는 공무원의 직무상 특성에서 찾는다. 국가는 국민에 대한 봉사자로서 공무원이 가지는 직무상의 특성을 기준으로 권리를 제한하고 의무를 부과한다는 것이다(민경식, 2000). 이러한 직무상의 특성은 공적 업무를 수행하는 공무원의 공익적 위치에서 온다. 공무원의 기본적인 권리를 제한하고 의무를 부과함으로써 사익 추구 가능성을 배제하려는 것이다.

따라서 이러한 주장에 따르면, 직무상의 특별한 이유 없이 공무원 개인의 권리를 제한하거나 의무를 부과하는 것은 정당하지 않다. 즉 기본적인 권리를 제한하거나 추가 의무를 부과하고자 할 경우에는 공익 추구를 담당하는 공무원의 직무상 특성과의 관련성을 설명해야 한다. 이때 기본권의 제한과 의무 부과를 판단하는 기준은 해당 권리제한이나 의무부과의 내용이 직무수행 과정에서 공익을 추구하는 데 적극적 또는 소극적으로 방해가 되는지 여부이다.

우리나라는 헌법 제33조 2항에 "근로자인 공무원은"이라고 되어 있듯이, 공무원을 일반 근로자로 상정하고 있다(조성혜, 2012). 이 경우 정부와 국민 간에 발생하는 일반권력관계는 헌법 제35조에서 규정한 바와 같이 국가안전보장, 질서유지, 그리고 공공복리를 위하여 특별한 경우에 한해 구체적으로 제한할 수 있다. 즉 공무원의 직무 중에 특히 공공성이 강하여 만약 그것을 중단할 경우 국민 생활 전체

의 이익을 해하거나 국가적 질서에 중대한 영향을 미칠 수 있기 때문에 제한하는
것이다(민경식, 2000).

(2) 신분적 차원 : 특별권력관계이론

직무적 차원과는 별개로 신분적 차원의 접근이 있다. 이 이론은 공무원은 사회
적으로 특별한 신분을 가진 사람이기 때문에 포괄적인 권리제한이나 의무부과가
가능하다는 논리이다. 이러한 논거는 행정법상의 특별권력관계에 근거한다(민경식,
2000 ; 김광수, 2008). 일반 국민에 대하여 기본권을 제한하는 경우는 개별적으로 이
루어지는 반면, 공무원의 경우는 공무원 신분에 대하여 포괄적으로 기본권을 제한
하고 추가적인 의무를 부과할 수 있다. 우리나라 헌법 제7조 제1항은 "공무원은
국민 전체의 봉사자로서 국민에 대하여 책임을 진다"고 규정하고 있다. 공무원의
지위와 책임에 관한 포괄적인 규정으로 공무원은 일반 국민과는 다른 특별한 지위
와 책임을 갖는다는 뜻으로 해석할 수 있다.

예를 들면 일반 국민이 경찰권에 복종하거나 납세 의무를 지거나 범죄로 인해
재판을 받아 형벌을 받는 등의 관계는 일반권력관계이지만, 공무원으로 근무하거
나 징집되어 군복무를 하거나 국립대학에 입학하여 수학하는 등의 관계는 특별권
력관계이다. 일반권력관계는 국가의 국민 또는 공공단체의 일원이라는 일반적 지
위에서 복종하는 관계이며, 통치권에 복종하는 모든 사람에게 당연히 성립하는 관
계이다. 이에 대하여 특별권력관계는 특수한 지위에서 복종하는 관계이며, 특별한
법률 원인에 의하여 특별권력의 지배 범위 안에 들어온 자에 한해서만 성립하는
관계이다. 즉 공무원은 포괄적으로 권력에 복종해야 하며, 이를 위반할 때에도 사
법심사 대상에서 제외된다는 이론이다.

다만, 이러한 특별권력관계이론은 현재와 같은 민주주의 법치국가가 되면서 특
별행정법관계론으로 대체되고 있다. 특별행정법관계는 공무원의 기본권에 대한
제한 역시 일반 국민과 마찬가지로 법률적 근거가 있어야 가능하다고 본다. 헌법
이나 법률의 명확한 근거 없이 공무원들에게도 일반 국민이 가지는 기본적인 권리
를 제한할 수 없다는 것이다(정하중, 2009 : 99-100).

그러나 아직도 재량행위를 인정하고, 재량행위를 일탈하지 않은 이상 사법심사
의 대상이 되지 않는다는 견해가 많다. 즉 공무원 조직에서는 특별한 명령이나 징
계가 가능하고, 공무원 신분을 유지하고 있는 이상 복종 의무가 있다는 것으로 특
별권력관계를 일부 인정하고 있다. 최근의 변화에도 불구하고 특별권력관계의 시

각에서 보면, 권리제한이나 의무부과의 범위를 판단하는 기준은 공익이나 직무상의 요인보다는 신분상의 요인을 더 강조하고 있다. 즉 공무원 신분을 유지하고 있는 한, 권리제한이나 의무부과는 포괄적으로 이루어질 수 있다는 시각이다.

제 2 절 권리제한과 의무부과의 내용

일반적으로 공무원에 대한 권리제한과 의무부과는 동전의 양면과 같다. 공무원 개인의 입장에서는 권리의 제한이 곧 의무의 부과가 되기 때문이다. 하지만 공무원에게만 보장된 특별한 권리, 그리고 공무원에게 부과된 특별한 의무가 있기 때문에 권리제한과 의무부과는 분리해서 생각해 볼 수 있다. 일반적인 기본권 보장과 함께 공무원으로서 특별한 권리의 보장, 그리고 이 두 가지 권리에 대한 제한이 있는 반면, 공무원에게 부과된 특별한 의무와 이의 해제 또는 제거도 있다.

<표 16-1>에서 볼 수 있듯이, 권리와 의무를 긍정적 조치와 부정적 조치로 구분하여 권리보장과 권리제한, 그리고 의무부과와 의무해제 등 네 가지로 유형화할 수 있다.

표 16-1 공무원의 권리와 의무 구분

구분	긍정적 조치(주는 것)	부정적 조치(뺏는 것)
권리	권리보장 (+) * 노동단결/협상권(일반 노동자의 권리, 공무원의 경우에만 제한되었다가 제한이 풀린 경우임), 신분보장, 휴가, 보수, 직무 권한 등 기본권의 보장 * 할 수 있는 것을 하게 하는 것	권리제한 (−) * 정치의 자유 제한, 표현의 자유 제한, 사생활 제한, 취업 제한 등 보장된 권리의 한정 * 할 수 있는 것을 하지 못하게 하는 것
의무	의무부과 (+) * 직장이탈 금지, 비밀누설 금지, 성실·친절 의무, 품위유지, 공정 업무 처리, 재산등록, 정치적 중립 의무 부과 * 해야 하는 것을 하게 하는 것, 또는 해서는 안 되는 것을 하지 못하게 하는 것	의무해제 (−) * 재산등록 해제, 의무복무기간 경과, 민간 휴직 및 의무부과의 예외 * 해야 하는 것을 하지 않아도 되는 것, 또는 해서는 안 되는 것을 할 수 있게 하는 것

1. 권리의 보장과 제한

공무원에 대한 권리보장은 헌법상 일반 국민들이 '할 수 있는 것'을 '할 수 있게 하는 것'이고, 권리제한은 '할 수 있는 것'을 '하지 못하게 하는 것'이다. '할 수 있는 것'이란 일반 국민에게 보장된 기본권이다. 일반 국민이 가지는 기본적 권리를 공무원에게도 보장할 것인가, 아니면 제한할 것인가? 제한한다면 그 내용은 무엇인가? 공무원이 할 수 있는 것은 일반 국민이 할 수 있는 것과 유사하다. 기본권은 일반 국민만이 아니고 공무원에게도 보장된 헌법상의 권리이기 때문이다. 특히 근로자로서의 권리는 일반 국민과 마찬가지로 공무원에게도 보장된 권리이다. 더 나아가 공무원은 일반 국민이 갖고 있는 기본권을 더 강하게 보장하거나 추가한 특별한 권리가 있을 수 있다.

(1) 권리보장

먼저 공무원도 원칙적으로 일반 국민과 동일하게 헌법상 보장된 기본권이 있다. 헌법상 일반 국민이 '할 수 있는 것'을 공무원에게도 '할 수 있게 하는 것'이다. 헌법 제10조에 따르면, 모든 국민은 인간으로서 존엄과 가치를 가지며 행복을 추구할 권리를 가진다. 그리고 국가는 개인이 가지는 불가침의 기본적 인권을 확인하고 이를 보장할 의무를 가진다. 기본권은 통상 자유권·평등권·참정권으로 구분되는데, 이러한 헌법상의 규정이 공무원에게도 동일하게 적용된다.

첫째, 공무원에게도 자유권이 보장된다. 헌법상 일반 국민이 가지는 신체의 자유, 거주이전의 자유, 종교의 자유, 직업선택의 자유, 주거의 자유, 양심의 자유, 종교의 자유, 표현의 자유, 언론출판 및 집회결사의 자유, 학문과 예술의 자유, 사유재산권의 보장, 사생활 비밀 보장의 권리, 근로의 권리, 인간다운 생활을 할 권리, 건강하고 쾌적한 환경에서 생활할 권리 등이다. 또한 법률이 정하는 자에 한하여 공무원도 일반 근로자와 동일하게 단결권·단체교섭권·단체행동권을 갖는다.

둘째, 공무원에게도 평등권이 보장된다. 헌법 제11조에 따라 모든 국민은 법 앞에 평등하다. 누구든지 성별, 종교 또는 사회적 신분에 의하여 정치적·경제적·사회적·문화적 생활의 모든 영역에서 차별을 받지 아니한다. 이에 따라 공무원의 경우에도 성별이나 종교는 물론, 직업과 나이, 출신, 학력 등에 의하여 차별받지 않을 권리가 있다. 기독교·불교·통일교·회교 등 특정 종교를 믿는 사람에게 인사상의 불이익을 줄 수 없으며, 능력에 따라 균등하게 교육을 받을 권리도 보장된다.

셋째, 공무원의 경우에도 헌법상 참정권과 청원권, 그리고 재판권 등이 보장된다. 헌법 제24조에 따라 법률이 정하는 바에 의하여 선거권과 공무담임권, 청원권을 가진다. 그리고 헌법과 법률이 정한 법관에 의해 재판을 받을 권리를 가진다. 특히 헌법은 이러한 자유와 권리가 헌법에 열거하지 아니한 이유로 경시되지 아니한다고 규정하고 있다.

넷째, 일반 국민에게 보장되는 자유권·평등권·참정권 이외에 공무원에게 주어진 특별한 권리가 추가적으로 보장된다. 즉 헌법 제7조 제2항에 의하여 공무원의 신분과 정치적 중립성이 법률이 정하는 바에 의하여 보장된다. 일반 공무원은 일반 근로자보다 강하게 신분이 보장되고, 정치적 중립(Kernaghan, 1986)도 권리로서 보장받는다. 국가공무원법 규정에 따르면, 공무원은 원칙적으로 형의 선고, 징계 처분, 그리고 법에 정한 사유에 따르지 아니하고는 본인의 의사에 반하여 휴직, 강임, 또는 면직을 당하지 아니하도록 되어 있다. 또한 대통령과 국무총리, 그리고 국무위원 등 헌법상 규정된 공무원들도 특별한 권리가 보장된다. 예를 들면 국무총리와 국무위원은 소관 사무에 대하여 총리령 또는 부령을 발할 수 있는 권리가 있다.

(2) 권리제한

앞에서 논의한 바와 같이 공무원은 직무 또는 신분의 특성상 헌법에 보장된 기본권이 제한될 수 있다. 즉 일반 국민들이 '할 수 있는 것'을 공무원에게 '하지 못하게 하는 것'이다. 공무원은 국가에 소속된 공직 종사자로서 책임을 가지고 있기 때문이다. 이와 같이 공무원은 국민 전체에 봉사하는 사람이기 때문에 직무 또는 신분상의 특성을 반영하여 일반 시민으로서 그리고 근로자로서 가지는 기본적 권리를 제한받는다. 권리제한 내용은 앞에서 언급한 헌법에 보장된 기본권, 즉 자유권·평등권·참정권이다.

첫째, 자유권의 제한이다. 일반 국민이 가지는 신체의 자유, 거주이전의 자유, 종교의 자유, 직업선택의 자유, 주거의 자유, 양심의 자유, 종교의 자유, 표현의 자유, 언론출판 및 집회결사의 자유, 학문과 예술의 자유, 사유재산권의 보장, 사생활 비밀 보장의 권리, 근로의 권리, 인간다운 생활을 할 권리, 건강하고 쾌적한 환경에서 생활할 권리 등이 제한될 수 있다.

둘째, 평등권과 참정권의 제한이다. 앞에서 언급한 바와 같이, 공무원들도 헌법 제11조에 따라 법 앞에 평등하다. 누구든지 성별, 종교 또는 사회적 신분에 의하여 정치적 · 경제적 · 사회적 · 문화적 생활의 모든 영역에서 차별을 받지 아니한다. 하지만 공무원의 직무 또는 신분상의 책임성으로 인해 일부 평등권과 참정권이 제한될 수 있다.

다만, 국민에 대한 봉사자로서의 책임에 의거한 자유권, 평등권 또는 참정권 제한은 헌법에 보장된 기본적인 권리 사이에서 적절한 균형이 요구된다. 지나치게 책임만을 강조하여 공무원의 기본권을 침해해서는 안 될 것이며, 지나치게 기본권 보장만을 강조하여 공무원의 책임성을 손상시켜서도 안 될 것이다. 이는 일반 국민의 기본권에 대한 인식 변화와 공무원의 책임성을 요구하는 수준에 따라 달라질 수 있다. 제한 내용은 사회적 인식이나 이슈와 같은 시대적 흐름에 영향을 받는 것이다. 최근 들어 기본권 보장에 대한 일반 국민의 인식이 강화되면서 공무원의 기본권도 회복되고 존중될 필요가 있으며, 반면 국민이 요구하는 공무원의 책임도 커지면서 기본권 제한의 당위성도 높아지고 있다. 따라서 이 문제는 법령 규정이나 판례에 따라 각 사안별로 평가되고 결정될 것이다. 구체적인 상황에 따라 공무원의 책임성과 기본권의 적절한 균형과 조화가 필요하다. 이처럼 공무원의 기본권 제한은 구체적인 상황을 감안하여 법률적으로 판단되어야 할 것이다(판례 참조). 다만, 공무원의 책임성을 확보하되 헌법에 규정된 기본권은 최대한 보장되어야 할 것이다.

2. 의무의 부과와 해제

(1) 의무부과

공무원에게는 국민 전체에 대한 봉사자로서 생활과 직무에서 특별한 의무가 주어진다. 공무원의 의무는 곧 공무원이 지켜야 할 윤리규범이다. 공무원의 의무는 크게 두 가지로 나눌 수 있다. 즉 '해야 하는 것'을 '하게 하는 것'과 '해서는 안 되는 것'을 '하지 못하게 하는 것'이다. 전자는 긍정적 행동에 대한 의무이고, 후자는 부정적 행동에 대한 금지이다.

긍정적 행동에 대한 의무로는 국가공무원법상의 1) 성실의 의무, 2)친절 · 공정의 의무, 3) 복종의 의무, 4) 청렴의 의무, 5) 품위유지의 의무, 6) 취임선서의 의무, 7) 법령 준수의 의무 등이 있고, 부정적 행동에 대한 금지로는 1) 비밀누설의 금

한국과 독일의 공무원 복종의무 비교

〈한국〉 헌법 제7조에 공무원은 국민 전체에 대한 봉사자로 규정하고, 국가공무원법 제57조는 "공무원은 직무를 수행할 때 소속 상관의 직무상 명령에 복종하여야 한다."고 규정하고 있다. 아울러 공무원복무규정 제3조는 "공무원은 법령과 직무상 명령을 준수하여 근무기강을 확립하고 질서를 존중하여야 한다"고 규정하고, 공무원행동강령 제4조는 "공무원은 상급자가 자기 또는 타인의 부당한 이익을 위하여 공정한 직무수행을 현저하게 해치는 지시를 하였을 때에는 그 사유를 그 상급자에게 소명하고 지시에 따르지 아니하거나" 또는 "행동강령책임관과 상담할 수 있다"고 규정하고 있다. (2018.3.23. 단서규정으로 '다만, 상관의 명령이 명백히 위법한 경우 이의를 제기하거나 따르지 아니할 수 있으며, 이로 인하여 어떠한 인사상 불이익도 받지 아니 한다'는 조항을 포함하는 법개정안 국회제출 중)

〈독일〉 독일공무원법은 공무원은 전체 국민에 대한 봉사자로서 상관의 직무상 명령에 복종하되 "의견제시 의무"와 상관 명령의 합법성에 대한 "이의제기 의무"를 규정하고 있다. 의견제시 의무는 수명공무원이 상관이 내린 조치가 과연 합목적적인지 또는 합법적인지 여부를 판단하고 상관에게 그 근거를 제시할 의무이고, 이의제기 의무는 수명공무원이 최소한 상관의 직무상 명령의 위법성에 대해서는 심사할 권한과 의무를 말한다.

> 법 제60조 ① 공무원은 일부가 아닌 전체 국민에 대해 봉사한다. 공무원은 그들의 임무를 불편부당하게 수행해야 하며 직무를 수행함에 있어 공익을 고려해야 한다. 공무원은 모든 행동에 있어 기본법상의 자유민주적 기본질서를 수호하고 그 유지를 보장해야 한다.
>
> 제62조(복종의무) ① 공무원은 상관에게 의견을 제시하고 상관을 보좌해야 한다. 공무원은 직무상 명령을 수행하고 일반적 기준을 따라야 한다. 다만, 공무원이 특정 법조항에 근거하여 지시에 구속되지 않고 단지 법만을 따라야 하는 경우에는 이와 같은 복종의 의무가 적용되지 않는다.
>
> 제63조(합법성에 대한 책임) ① 공무원은 직무상 행위의 합법성과 관련하여 완전한 개인책임을 진다. ② 직무상 명령의 합법성이 의심되면 공무원은 즉각 직속상관에게 그 점에 대해 주장해야 한다. 그럼에도 불구하고 명령이 유지되고 그 명령의 합법성에 대한 의심을 떨칠수 없다면, 공무원은 직속상관의 상관 혹은 그 위의 상관에게 의견을 개진해야 한다. 그래도 여전히 직무명령이 유지되면 공무원은 이를 집행해야 하지만, 당해 명령의 집행에 대한 개인책임은 면책된다. 이는 명령된 행위가 인간의 존엄에 반하거나 형벌 혹은 질서벌의 대상이 되고, 공무원의 가벌 혹은 질서벌 대상 가능성을 인식한 경우에는 해당이 없다. 명령에 대한 (이의제기의) 확인은 신청이 있는 경우 문서로 해야 한다. ③ (임무를) 지체할 경우 위험이 존재하고 직속상관의 상관의 결정이 적시에 이루어질 수 없다는 이유로 직속상관이 명령의 즉시 수행을 요구할 경우, 제2항의 제3문과 제4문이 준용된다.

* 출처: 우미형, 2017. "공무원의 복종의무와 그 한계-헌법 제7조와의 관계를 중심으로." 일감법학 38 : 358-360.

지, 2) 직장이탈의 금지, 3) 금품수수의 금지, 4) 겸직/영리행위의 금지, 5) 집단행위의 금지, 6) 대통령의 허가 없이 외국 정부로부터의 영예 또는 증여 금지 등이 있다. 전자는 주로 공무원의 일상생활과 관련된 신분상의 의무가 많고, 후자는 직무수행 과정에서 지켜야 할 직무상의 의무가 많다. 공무원에 대한 이러한 의무부과 내용은 국가공무원법 등 공무원을 규정하는 일반법에는 물론 개별법에도 다양한 형태로 규정되어 있다. 일반적인 공직자윤리법의 재산등록이나 부패방지법상의 부패행위 신고 의무, 그 밖에 공무원윤리헌장, 공무원의 신조와 취임선서, 공무원 행동강령이나 준수사항 등이 그것이다. 특히 직종별 또는 기관별 공무원 복무규정은 구체적인 의무사항과 금지사항을 명시하고 있다.

(2) 의무해제

의무해제는 공무원에게 부과된 의무를 해제하는 것이다. 이는 일정한 기간 성실한 의무 이행에 대한 보상적 성격으로 일종의 인센티브로 활용되기도 한다. 즉 공무원에게 '해야 하는 것'을 '하지 않아도 되는 것' 또는 '해서는 안 되는 것'을 '할 수 있게 하는 것'이다. 여기에는 1) 재산등록이나 공개를 면제하는 경우, 2) 의무복무 기간이 종료되어 해제하는 경우, 3) 퇴직 공무원에 대하여 취업제한을 해제하는 경우 등이 포함된다. 이상의 권리의무 관계에서 대상 집단, 공무원 신분 여부 및 직무의 종류, 집단성 유무, 직급 등에 따라 의무와 권리가 달라지는 맥락을 고려해야 한다(임도빈·유민봉, 2019).

제3절 권리제한의 기준 및 구제

1. 권리제한의 의의와 기준

앞에서 언급한 것처럼 공무원의 기본권 제한 여부는 원칙적으로 헌법 규정에 따른다. 헌법 제7조 제1항은 "공무원은 국민 전체에 대한 봉사자이며, 국민에 대하여 책임을 진다"고 되어 있고, 제2항은 "공무원의 신분과 정치적 중립성은 법률이 정하는 바에 의하여 보장된다"고 규정하고 있다. 이러한 헌법 규정은 공무원의 의무를 강조하기보다는 권리를 보장하려는 취지가 반영된 것으로 해석된다(민경욱,

2000 ; 장영수, 2012). 즉 대통령이나 정치인에 대한 책임보다는 국민에 대한 책임성을 강조하고, 공무원의 신분과 정치적 중립성은 '보장되어야' 할 권리로 규정하고 있는 것이다. 또한 헌법 제33조 제2항에서는 "공무원인 근로자"로 인정하되, 공무원은 일반 근로자들이 가지고 있는 노동기본권을 법률에 따라 제한할 수 있다는 근거 규정을 두고 있다. 일반 국민과 같이 기본적인 권리를 보장하되 제7조에 의한 국민 전체에 대한 봉사자로서 국민에 대하여 책임을 져야 하기 때문에 제33조 제2항의 규정에 따라 공무원의 기본권을 제한할 수 있다는 의미이다.

이러한 헌법적 취지를 고려할 때 공무원의 기본적 권리를 제한하는 기준으로 직무관련성, 효과성 및 공익성, 적정성, 그리고 효율성을 들 수 있다. 첫째, 권리제한의 목적이 현재 직무와 관련성이 있거나 관련성을 예측할 수 있어야 한다. 직무와 무관하게 기본권을 제한해서는 안 되며, 공무원의 자유권과 평등권, 그리고 참정권을 제한하는 것은 '직무수행에 있어서' 적용된다(장영수, 2011). 둘째, 권리제한의 내용이 공익성을 가지고 있어야 한다(민경욱, 2000). 기본권의 제한 또는 의무부과를 통하여 공무원이 직무수행 과정에서 공익을 추구하는 데 도움이 되는지를 검토하여 공익 추구의 실질적인 효과를 가져올 수 있어야 한다. 셋째, 포괄적인 권리제한보다는 개별적인 권리제한이 되어야 한다. 공무원의 권리제한은 직무적 차원에서 최소한에 그쳐야 한다는 논리이다. 직무수행 과정에서 공익 침해 위험성이 클 경우 기본권 제한이나 의무부과는 강하게 할 수 있는 반면, 공익 침해 위험성이 작을 경우에는 지나친 기본권 제한이나 의무부과는 허용되지 않는다는 것이다. 넷째, 적정성이다. 기본권 제한이나 의무부과의 정도와 이를 통한 공익 목적 달성 정도가 비교하여 어느 정도 합치되는지 판단해야 한다는 것이다. 의무의 과도한 부과나 권리의 과도한 제한에도 불구하고 공무원이 공익을 추구하는 데 별다른 효과가 없다면 적정하다고 할 수 없다. 또한 기본권을 제한하거나 의무를 부과하는 데 지나치게 행정 비용과 시간이 많이 소요될 경우, 아무리 공익에 미치는 영향이 크다 하더라도 권리를 제한하는 제도를 도입하는 것은 곤란하다고 본다.

2. 위반에 대한 제재와 침해에 대한 대응

(1) 위반에 대한 제재

공무원이 권리제한이나 부과된 의무를 위반할 경우에는 내부적인 징벌이 가능하다. 권리제한과 의무부과는 법률이나 대통령령 또는 기관 예규로 규정되어 있기 때문에 이를 근거로 하여 해당 공무원에 대한 징계가 이루어진다.

이러한 제재를 하는 목적은 두 가지이다. 첫째, 공무원의 직무수행에서 공익성과 공정성을 확보하기 위해서이다. 권리제한이나 의무부과를 이행하지 않게 되면 직무수행의 공정성을 담보할 수 없기 때문이다. 헌법에 규정된 국민에 대한 봉사자로서 책임을 위반할 경우 직무수행에서 배제되고 공무원 신분을 박탈당한다. 이는 단순히 법률적 책임뿐만 아니라 정치적·행정적 책임까지 포함한다. 따라서 고위직 공무원이 이를 위반했을 경우, 대통령은 임명을 취소하거나 다른 사람으로 교체하는 것이 헌법 취지에 부합한다.

둘째, 조직 내부의 제재 조치는 내부 규율과 질서를 유지하기 위해서이다. 공익추구이론이나 특별관계이론에 근거하여 기관장은 소속 공무원에 대한 권리제한 및 의무부과 규정을 제정하고, 이를 위반하는 공무원에게는 제재를 가한다. 앞에서 지적한 것처럼, 이러한 경우에도 일반적으로 직무수행과 관련성이 있어야 한다. 따라서 권리제한 범위와 의무위반 내용을 명확히 확인할 필요가 있다. 실제 적용 과정에서 직무수행과 무관한 규정을 제정하거나 이를 무리하게 적용할 수 있기때문이다. 규정 내용과 적용에 대한 조직 구성원의 신뢰와 합의가 필요하다.

(2) 침해에 대한 대응

기본권을 부당하게 침해받은 공무원은 조직을 상대로 개별적 또는 집단적으로 구제를 요청하는 절차를 밟을 수 있다. 개인적인 대응 방법으로는 첫째, 1차적으로 인사담당부서와의 상담과 고충처리를 통해 해결하는 것이다. 동료와의 상담도 문제를 해결하는 중요한 수단이 될 수 있다. 인사상담이나 고충처리의 경우, 개인에 대한 부당한 권리침해 사항임을 감안하여 인사상담자는 성실하게 상담을 진행해야 하며, 신속하고 정확하게 실태를 확인하고 자료를 수집해야 한다. 이는 법률적인 문제로 확대될 가능성이 크기 때문이다. 이와 같이 조직 내부의 구제 방법을 활용하는 것이 바람직하지만, 실제 개인의 권리침해에 대한 대응은 조직에 대항하는 경우가 많기 때문에 권리구제 수단으로는 한계가 있다.

둘째, 소청 등 행정심판을 요청하거나 법원에 직접 소송을 제기하는 등 법률적 쟁송을 하는 방법이다. 권리침해를 당한 개인이 직접 법적 구제를 요청하는 것이다. 이는 조직의 공식적인 조치에 대한 법률적 구제 수단이다. 먼저 조직 내부의 소청 심사 과정을 활용할 수 있다. 소청심사위원회는 단순한 고충처리를 넘어 법원에 소송을 제기하기 전에 조직 내부에서 독립적이고 객관적인 판단을 하기 위한 사전 절차로 활용된다. 이러한 법적 쟁송은 공무원의 권리제한 범위와 한계에 대한 법적 논란으로 확대될 가능성이 크다. 권리제한의 범위는 개별적인 상황에 따라 판단해야 하기 때문에 최종적으로는 법원의 판단에 맡기게 된다.

셋째, 조직 외부의 제3기관에 요청하는 경우이다. 시민단체나 언론을 통하여 공개적으로 권리제한의 부당함을 알리고 구제를 요청하는 것이다. 이러한 방법은 기본적으로 개인적 차원에서 권리를 회복하고 구제하기 위한 수단이 될 뿐만 아니라 권리침해가 조직 전체에 광범위하게 이루어지고 있거나 앞으로 그럴 가능성이 큰 경우, 또는 사회적 관심이 필요하고 파급효과가 큰 경우 공익적 차원에서 활용되기도 한다. 일종의 내부자고발(whistle blower)과 그 방법과 성격이 유사하다. 다만, 내부자고발은 개인에 대한 단순한 권리침해뿐만 아니라 공익적 차원에서 조직 내부의 공익에 반하는 불법 또는 부당한 행태나 정보, 그리고 제도를 조직 외부에 알리는 행위이다(Brewer and Selden, 1998).

3. 공무원의 권리보장 강화 추이

일반적으로 공무원의 기본권을 보장하는 방향으로 변화하고 있다. 이론적으로는 신분적 차원의 특별권력관계가 약화되고, 공공의 민간화로 인해 민간과의 차별성이 줄어들고 있으며, 사회가 복잡화되고 전문화됨에 따라 공무원의 특권과 명예도 감소하고 있기 때문이다. 이러한 추세는 공무원에 대한 기본권 제한이나 의무부과가 포괄적으로 이루어지기보다는 직무상 필요한 경우에 한하여 개별적으로 이루어지고, 권리제한이나 의무부과의 범위도 제한적으로 이루어지는 경향을 반영한다.

(1) 특별권력관계의 약화

공무원도 일반 국민의 한 사람인 만큼 기본권을 제한하려면 법적 근거가 있어야 한다. 오늘날에는 기본권 보장의 원리에 따라 법치주의가 전면적으로 적용되어 헌법 또는 법률적 근거가 있어야 공무원의 기본권을 제한할 수 있다. 이에 따라 최근에는 특별권력관계이론이 약화되고 있을 뿐만 아니라 특별권력관계를 대체하여 사용하는 특별행정법관계라는 용어 역시 자주 쓰이지 않는 경향이 있다. 공무원의 권리제한은 공익추구이론에 따라 직무수행과 관련해 공익성을 확보하기 위한 최소한의 조치로, 특별권력관계에 의한 권리제한과 의무부과가 갈수록 줄어들고 있다. 특별권력관계의 약화는 공무원 기본권 보장 차원에서 중요한 변화로 볼 수 있다.

(2) 공공의 시장화

지금까지 공공부문과 민간부문은 그 특성과 행태가 근본적으로 다르다고 인식되어 왔다. 공무원과 비공무원, 공무원과 민간인, 그리고 공무원과 일반 국민 등으로 구분하여 공무원의 특별한 지위와 책임을 인정하려는 경향이 강했다. 하지만 최근 공공부문의 시장화 경향과 민간부문의 공공화 경향에 따라 민관 영역의 경계가 모호해지면서 공무원의 책임성을 강화하면서도 일반 국민과 동일한 자유와 권리를 보장하려는 방향으로 변화하고 있다. 공무원도 일반 국민의 한 사람이고 근로자로서 헌법에 보장된 기본권을 가지고 있기 때문이다. 따라서 공무원에 대한 기본권 제한을 최소화함으로써 공무원의 자유와 창의를 통해 조직성과를 높이기 위한 노력이 필요하다.

(3) 특권과 명예의 축소

이러한 흐름에 따라 공무원에게 부여되는 특혜나 제한이 줄어들고 있다. 공무원의 신분보장과 직업공무원제도 완화되고 있다. 성과경쟁시스템 도입, 노동조합 설립, 정치참여 확대 등 공무원의 우월적 권한이 축소되고 기본권을 회복하는 방향으로 변화하고 있는 것이다. 일반 국민이 공무원에 대하여 요구하는 책임 수준도 높아지고 있고, 국민에 대한 봉사자로서 높은 수준의 도덕적 역량을 요구한다. 공직윤리를 확보하기 위해 재산등록 강화, 병역 공개, 취업제한, 복무규정 강화 등 공직에 대한 감시나 권리제한이 오히려 강화되고 있다.

<그림 16-2>는 공무원의 특권·명예와 기본권 제한 정도가 변화해 가고 있는 경향을 나타낸 것이다. 일반적으로 공무원의 특권과 기본권 제한 정도는 긍정적인 관계가 있다. 즉 공무원의 특권이나 명예가 감소하면 기본권 제한도 줄어드는 것이 일반적인 추세이다. 하지만 최근에는 직업공무원제 약화 등 공무원의 특권이나 사회적 지위가 낮아짐에도 불구하고 기본권 제한 정도는 오히려 심화되는 경향을 보이고 있다. 공무원의 기존 혜택이나 명예가 줄어듦에 따라 권리제한이나 의무범위를 축소하는 방향으로 인적자원행정을 전환하는 것이 필요하다.

그림 16-2 공무원의 특권·명예와 기본권 제한정도

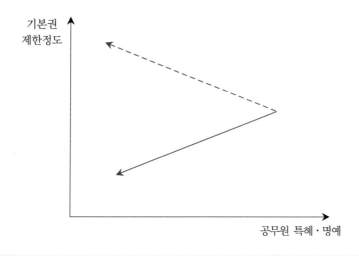

제 4 절 정치적 중립과 노동기본권

공무원의 권리와 관련하여 우리나라 헌법에 명시적인 규정이 있는 것은 공무원의 정치적 중립과 근로자로서 노동3권에 관한 내용이다. 정치적 중립에 관한 규정은 헌법상 '보장된다'고 규정하고 있기 때문에 정치적 영향력으로부터 공무원을 보호하기 위한 권리보장 규정의 의미를 갖는다(장영수, 2011 ; 한견우, 2011). 이와 비교하여 공무원 단체에 관한 규정은 헌법상의 권리를 제한하는 규정이다. 전자가 공무원의 정치 기본권을 보장하는 것인 반면, 후자는 노동기본권을 제한하는 것이다. 따라서 이 절에서는 공무원에 대한 권리보장으로서 정치적 중립과 권리제한으로서 공무원 단체에 관하여 살펴보기로 한다.

1. 공무원의 정치적 중립

(1) 배경과 의의

공무원의 정치적 중립성에 관한 논의는 정치와 행정의 이원론에서 출발한다. 미국에서 정당정치에 의한 공무원 인사의 폐해를 막기 위해 제정한 1883년의 펜들턴법이나 공무원의 정치활동을 제한하는 1940년의 해치(Hatch)법 등은 이러한 정치적 중립성 원칙의 시초가 되었다. 이들 법안은 공무원의 입후보 금지, 선거운동 금지, 공무원조합의 정치활동 금지 등의 내용을 담고 있다(Nigro, Lloyd & Felix A. Nigro, 1984 ; West, 2005). 공무원의 정치적 중립성이란 "공무원이 정당적 목적에 이용되는 것을 방지하고 불편부당한 입장에서 국민에 대한 봉사자로서 자기의 직무를 성실히 수행하는 것"으로 정의된다(한견우, 2012). 이는 어느 정당이나 정파가 집권하든 공평하게 국민을 위해서 봉사한다는 의미를 내포하고 있다.

그런데 공무원의 정치적 중립이 '권리'라는 주장과 '의무'라는 주장이 있다. 권리라는 주장은 헌법에 근거한다. 헌법에 "보장된다"고 표현했기 때문에 형식적인 해석으로는 공무원이 지켜야 할 의무 규정이라기보다는 권리보장의 성격을 지닌다고 해석한다(장영수, 2011 ; 한견우, 2011 ; 윤견수·한승주, 2012). 다만, 국가공무원법의 경우 헌법상의 규정과 달리 "정치활동을 하여서는 아니된다", "가입할 수 없다" 등으로 표현하고 있기 때문에 의무로 해석할 수 있는 여지가 있다. 이러한 논란에 대하여 윤견수·한승주(2012)는 계층제 구조 하에서 상관과 부하의 입장에서 보면 다층적인 해석이 가능하다고 주장한다. 즉 상급자는 자신의 정치적 활동으로 인해 부당하게 하급자의 권리를 침해해서는 안 될 의무가 있고, 하급자는 상관의 정치적 간섭으로 인해 자신의 권리를 침해당하지 않을 권리가 있다는 것이다. 이러한 의미에서 보면 공무원의 정치적 중립은 권리적 성격과 의무적 성격을 동시에 갖는다고 할 수 있다.

(2) 구체적 내용

일반적으로 정치적 중립이란 개념에는 복합적이면서 상충되는 다양한 의미가 담겨 있다. 박천오(2011)는 공무원의 정치적 중립의 의미를 다음과 같이 다섯 가지로 요약하고 있다. 첫째, 전통적 정치행정 이원론에 근거하여 특정인이나 특정 정당보다는 전문적인 기준에 따라 정책을 집행해야 한다, 둘째, 공무원은 정당에 대한 공헌과 무관하게 실적을 토대로 선발되고 관리되어야 한다. 셋째, 파당적 정치활동(partisan political activities)을 하지 않아야 한다. 정당과 관련한 사안에 직접 개입하지 않아야 한다는 뜻이다. 넷째, 전문적인 공익 수호자로서 정치적 고려를 떠나 독립적이고 객관적으로 직무를 수행해야 한다. 다섯째, 공무원은 자신의 정치철학이나 의견과 별개로 집권 정부의 정책 실현에 충실해야 한다.

이러한 복합적이고 상충되는 의미와 관련하여 공무원들의 정치적 중립이 훼손되는 실제 사례를 보면 다음 몇 가지로 요약된다(윤견수·한승주, 2012). 즉 1) 선거에 개입하거나 동원되는 경우, 2) 고위공무원이 재량권 행사 과정에서 정치적 요소를 고려할 경우, 3) 공무원노동조합을 통하여 집단적 정치활동을 할 경우, 4) 각종 매체를 통해 정치적 의사를 표명하는 경우, 5) 적극적으로 인맥을 동원하고 활용하여 정치활동을 하는 경우, 그리고 6) 정치적 판단에 입각한 불합리한 명령에 복종하는 경우 등이다.

공무원의 정치적 중립에 관한 법령 규정

- 헌법 제7조 제2항 "공무원의 신분과 정치적 중립성은 법률이 정하는 바에 의하여 보장된다."
- 공무원의 노동조합 설립 및 운영 등에 관한 법률 제4조 "노동조합과 그 조합원은 정치활동을 하여서는 아니된다."
- 국가공무원법 제65조 ① 공무원은 정당이나 그 밖의 정치단체의 결성에 관여하거나 이에 가입할 수 없다. ② 공무원은 선거에서 특정 정당 또는 특정인을 지지 또는 반대하기 위한 다음의 행위를 하여서는 아니된다. 1. 투표를 하거나 하지 아니하도록 권유 운동을 하는 것, 2. 서명 운동을 기도·주재하거나 권유하는 것, 3. 문서나 도서를 공공시설 등에 게시하거나 게시하게 하는 것, 4. 기부금을 모집 또는 모집하게 하거나, 공공자금을 이용 또는 이용하게 하는 것, 5. 타인에게 정당이나 그 밖의 정치단체에 가입하게 하거나 가입하지 아니하도록 권유 운동을 하는 것, ③ 공무원은 다른 공무원에게 제1항과 제2항에 위배되는 행위를 하도록 요구하거나, 정치적 행위에 대한 보상 또는 보복으로서 이익 또는 불이익을 약속하여서는 아니된다.
- 교원의 노동조합 설립 및 운영 등에 관한 법률 제3조 "교원의 노동조합은 일체의 정치활동을 하여서는 아니된다."
- 교육기본법 제6조(교육의 중립성) ① 교육은 교육 본래의 목적에 따라 그 기능을 다하도록 운영되어야 하며, 정치적·파당적 또는 개인적 편견을 전파하기 위한 방편으로 이용되어서는 아니된다.

---

(3) 필요성을 둘러싼 논쟁

공무원의 정치적 중립에 대한 헌법과 법률 규정에도 불구하고 공무원의 정치적 행위와 활동을 어디까지 허용하는 것이 바람직한가에 대한 논쟁이 끊임없이 있어 왔다. 이러한 논쟁은 앞에서 지적한 정치적 중립이라는 개념이 가지는 복합적 의미와 충돌할 뿐만 아니라, 공무원들의 규범적 판단과는 달리 실제 경험적 활동에서 발생하는 갈등이 많기 때문이다. 찬반 논쟁의 일반적인 논거를 살펴보면 다음과 같다(한견우, 2011).

우선 공무원들이 정치적 중립을 엄격히 지켜야 한다는 논거는 다음과 같다. 첫째, 공무원은 국민 전체에 대한 봉사자로서 불편부당한 직무 활동을 통하여 공익성과 객관성을 확보할 수 있다. 둘째, 정치적 중립을 통하여 정치권력의 변화에도 행정의 안정성과 지속성을 유지할 수 있다. 셋째, 직무수행에서 부당한 정치적 압력이나 불합리한 정치적 요인에 좌우되지 않고 행정의 전문성과 능률성을 도모할 수 있다. 넷째, 정치적 중립을 견지함으로써 행정의 부패를 방지하고 신뢰성을 확보할 수 있다. 다섯째, 공무원의 중립적인 직무수행은 민주적 정치과정을 보장하는 데 기여한다. 여섯째, 직업공무원제도와 신분보장을 통하여 공직사회의 안정성을 높일 수 있다. 이러한 점에서 정치적 중립은 공무원이 지켜야 할 의무이다.

반대로 공무원의 정치적 중립을 어느 정도 완화할 필요가 있다는 논거는 다음과 같다. 첫째, 정치와 행정은 현실적으로 분리하기 어렵고 유기적으로 협력해야 한다. 둘째, 공무원에게 헌법상 보장하고 있는 정치적 기본권을 제약하는 것이다. 셋째, 공무원들에게만 일방적인 불이익을 강요하는 것은 차별금지 원칙에 위배된다. 넷째, 정치적 민주주의의 확립으로 실적주의가 정착되고 있는 시대적 상황에 맞지 않으므로 적극적인 개념으로 변화해야 한다. 다섯째, 지나친 정치적 중립성의 강조는 공무원 집단을 오히려 폐쇄적으로 만들 수 있다. 진취적 정신과 국민의 요구에 대한 대응성이 없다면 공익 실현이나 사회적 약자 보호와 같은 가치에 둔감해질 수 있다. 마지막으로 선진국의 입법례를 보더라도 개선될 필요가 있다.

이러한 양측의 논쟁은 민주정치의 성숙도, 실적주의 공무원제도의 정착 정도, 구체적인 정치활동 정도, 수행 직무의 특성과 유형 등을 종합적으로 고려하여 판단할 수밖에 없다. 그러나 이는 개인의 기본권을 제약하는 문제이기 때문에 법적 다툼으로 이어질 수 있다. 다만 공무원의 정치적 중립에 관한 법원의 판단 역시 일관성을 유지하지 못하고 있다. 따라서 공무원의 정치적 중립을 허용하는 범위는 직무의 성격과 문제가 되는 기본권의 성격에 따라 개별적으로 검토되어야 한다.

(4) 정치적 활동의 허용 범위

이러한 논거에 따라 공무원의 정치적 중립을 어디까지 허용할 것인가에 관해 논의할 필요가 있다. 장영수(2011)는 공무원의 정치적 활동 범위를 단계별로 구분하여 설명한다. 첫 번째 단계는 개인적 판단에 따라 선거권과 국민투표권 등을 행사하는 것이다. 국민의 한 사람으로서 최소한의 정치행위에 참가하는 것이다. 두 번째 단계는 직업공무원이 근무시간 외 또는 근무장소 밖에서 사적 대화를 통하여 개인의 정치적 의사를 표현하는 것이다. 세 번째 단계는 정당에 가입하는 것이다. 정당에 가입하는 것과 정당 활동을 하는 것과는 구별된다. 당비 납부 등 가장 기본적인 활동도 있기 때문이다. 네 번째 단계는 정당 및 정치인에 대한 후원 등의 활동이다. 세 번째 단계보다 적극적인 정당 활동을 말한다. 마지막 다섯 번째 단계는 선거운동에 직접 참여하고 선호하는 정치인의 당선을 지원하는 것이다.

일반적으로 첫 번째와 두 번째 단계를 인정하고, 네 번째와 다섯 번째 단계를 제한하는 데 대체로 동의한다. 다만, 정당 가입이나 정당에 후원금을 내는 것을 허용할 것인가에 대한 논란이 있다. 선진국의 경우 당파적인 정치 활동이 금지된 공무원을 열거하고, 나머지 대부분의 일반직 공무원은 정치적 활동을 보장하고 있다. 공무원의 정당 가입을 일정 부분 허용함은 물론, 선거에 간섭하기 위해 공직을 이용하거나 영향을 미치는 행위 등을 제외하고 정치적 후원이나 선거 연설, 정치적 의사 표현, 그리고 선거 유인물 배부에 대하여 긍정적 입장을 취하는 경우가 많다(김일재, 2003 ; 장영수, 2011). 향후 점진적으로 공무원의 정치적 중립을 완화하는 방향으로 검토가 필요하다.

(5) 정치적 중립의 확보

공무원의 적극적인 정치활동을 억제하고 정치적 중립을 확보하기 위해서는 다양한 노력이 필요하다. 이는 단순히 공무원 개인의 의지만으로는 곤란하며 제도적 개선과 함께 정치인이나 정무직 상관들의 노력이 필요하다. 공무원의 정치적 중립이 훼손되는 여러 가지 상황을 전제로 하여 윤견수·한승주(2012)는 다음 몇 가지 처방을 제시한다. 즉 정치적 중립을 위하여 침묵하거나 적극적으로 입장을 표명하는 방법, 공무원 노조에 적극적으로 가입하여 활동하는 방법, 기관의 입장에서 공무원법과 공무원 복무규정을 엄격하게 적용하는 방법, 교육과 성찰을 통해 공무원들의 불필요한 승진욕망을 억제하는 방법 등이다. 또한 제도적 차원에서 지방자치단체장에 대한 정당공천제도를 폐지하거나 선출직 공무원의 인사권한 범위를 명확하게 규정하는 방법 등도 있다.

특히 공무원의 직무활동에서 정무직 상관의 경우 행정의 중립성을 존중할 필요가 있다(박천오, 2011). 먼저, 공무원들에게 전문지식과 함께 판단을 내릴 수 있는 기회를 주지 않은 채 특정정책을 일방적으로 강요해서는 안 된다. 그리고 자신이 선호하는 정책결과를 옹호할 목적으로 부하직원이 제공하는 정보와 자료를 선별

미국의 공무원 정치활동과 관련한 소셜미디어 가이드라인

미국 공무원의 정치활동를 규정하는 법률인 해치법(The Hatch Act)의 주요내용을 보면, 첫째, 공무원은 근무 중 또는 근무 장소에서 정치활동을 해서는 안된다. 이 경우 정치활동은 특정정당, 선거후보자 또는 특정정치집단의 성공 또는 실패에 가져오는 활동을 말한다. 둘째, 공무원은 고의로 특정정당, 선거후보자 또는 특정정치집단을 위해 정치적 헌금을 요청하거나 수용하거나 수령해서는 안된다. 셋째, 공무원은 선거결과에 영향을 미치기 위해 공식적인 권한이나 영향력을 사용해서는 안된다. 넷째, 특정한 공무원들의 경우, 적극적으로 정치운영이나 선거운동에 참여해서는 안된다. 이러한 법률규정을 구체화하기 위해 미연방특별조사국(Office of Special Counsel, OSC)은 2018년 공무원의 정치활동과 관련한 "소셜미디어 가이드라인"을 발표했다.

(1) 공무원은 근무 중 또는 근무 장소에서는 특정정당을 지지 또는 반대하기 위해 메시지나 코멘트를 게시하거나 '좋아요'하거나 공유하거나 리트윗해서는 안된다. 예를 들면, 당신이 퇴근 후 집에 있다. 당신은 선거과정에서 당신이 선호하는 후보자를 다른 사람들이 투표하도록 메시지를 좋아거나 트윗할 수 있다. 당신이 개인휴대폰에서 페이스북을 근무 중에 볼 수 있다. 당신은 한 페북 친구가 다른 사람들을 특정 정당원을 투표하도록 응원하는 메시지를 포스트한 내용을 볼 수 있다. 다만 근무 중에 그 메시지를 '좋아요'하거나 공유할 수는 없다. 근무 시간 내 점심시간에 스마트폰으로 페이스북을 볼 수 있다. 페북 친구가 선거에서 한 후보자를 지지하는 이벤트를 게시할 경우, 점심시간이 임금 지급시간에 해당되지 않을 지라도 근무 장소에 있는 동안은 '좋아요'하거나 공유해서는 안된다.

(2) 공무원은 근무 중 또는 근무 장소에서는 특정정당, 선거후보자, 특정정치단체의 소셜미디어 를 '좋아요'하거나 '팔로윙'하거나 '친구하기'를 해서는 안된다. 예를 들면, 공무원이 퇴근 후 집에서 특정 정치집단의 인스타그램을 찾아볼 수 있다. 그리고 그들의 인스타그램을 '팔로윙'하거나 그들의 포스트내용에 '좋아요'할 수 있다. 공무원은 근무 중에 개인용 아이패드에서 자기의 페이스북을 볼 수 있다. 페북 친구가 선거후보자의 포스트내용을 지지하도록 공유한 경우, 근무 중이거나 근무 장소에서는 그 선거후보자의 페북 페이지를 '좋아요'하거나 '팔로윙'하거나 '친구하기'를 해서는 안된다.

(3) 공무원은 현직 공직자가 재선거 출마를 발표한 이후에는 그의 공식적인 소셜미디어 계좌를 '좋아요'하거나 '팔로윙'하거나 '친구하기'를 해서는 안된다.

(4) 공무원은 근무 중 또는 근무 장소에서는 정당, 선거후보자, 특정정치단체의 성공 또는 실패를 지원하는 어떤 활동에서도 소셜미디어에 가명을 사용해서는 안된다. 예를 들면, 공무원 이름이 John Smith이지만, John Jones로 페이스북 계좌를 만들 수 있다. 퇴근 후 집에서, 페북 친구가 특정정당에 대한 부정적 메시지를 포스트했을 경우, 이를 공유하거나 '좋아요'할 수 있다.

(5) 공무원들은 개인적인 페이스북이나 트위터에 한 선거후보자를 보여줄 수 있다. 하지만, 근무 중 또는 근무장소에서는 게시하거나 공유하거나 트윗하거나 리트윗해서는 안된다.

(6) 공무원들은 개인적인 페이스북이나 트위터에 한 선거후보자의 정당 또는 선거유세의 로고 또는 그의 사진을 사용할 수 있다. 예를 들면, 개인적 페이스북에 커버사진으로 최근 지방선거 후보자와 찍은 사진을 사용할 수 있다.

* 출처 : 미연방특별조사국(Office of Special Counsel, OSC), 2018. Hatch Act Guidance on Social Media. 2019.1.10. https://osc.gov/Resources/HA%20Social%20Media%20FINAL%20r.pdf

적으로 활용해서도 안 된다. 아울러 특정세력이나 이해관계자들에게 유리하도록 행정기준을 왜곡하지 않아야 한다.

(6) 정치적 중립 개념의 변화 추이

공무원의 정치적 중립성은 규범적 당위성에도 불구하고 개념과 범위, 적용대상, 실현가능성에 대한 논의가 활발하다(Lee, 2018; 김순양, 2022). 정치-행정의 이원론적 관점에서 행정의 정치적 중립성을 강조하는 전통적인 시각에 대한 새로운 접근이 증가하고 있다. 전반적인 정책 과정에서 정치를 원천적으로 배제할 수 없고(Overeem, 2005), 정치와 행정의 분리(dichotomy)보다는 관계(relationship)으로 해석해야 한다는 것이다(Svara, 2008). 아울러 정치적 중립은 민주적 정당성을 가진 정치권력에 대한 불편부당한 봉사라고 재규정하고(김두래, 2020), 민주주의와 공화주의 관점에서 헌법적 가치를 존중하고 준수하는 정치적 중립을 강조하기도 한다(권혁주, 2020). 특히 정치적 중립성의 준수보다 정치적 대응성과 책임성의 확보를 강조하고(이창길, 2020a). 정책결정과정에서 형식적이고 규범적인 가치중립보다는 정책내용에 대한 실질적인 가치소신이 필요하다는 견해도 있다(이창길, 2020b). 국민에 대한 봉사자로서 소극적 정치적 중립성의 준수와 함께 민주적 책임성을 위한 적극적인 업무수행의 중요성이 높아가고 있다.

2. 노동기본권과 노동조합

(1) 노동기본권의 의미와 특성

공무원에 대한 노동기본권의 제한은 공무원을 바라보는 시각에 따라 달라진다. 즉 공무원을 일반 근로자의 한 유형으로 보는지, 아니면 일반 근로자와 다른 특별한 신분으로 볼 것인지에 따라 노동기본권의 인정 여부가 결정된다. 공무원을 공익을 추구하는 일반 근로자의 한 유형으로 볼 경우에는 일반 근로자와 마찬가지로 노동기본권을 갖는다. 하지만 공무원을 국가와의 특별권력관계에 의하여 포괄적 지배를 받는 지위로 볼 경우에는 노동기본권을 인정하지 않는다.

그러나 앞에서 논의한 바와 같이, 이러한 논란은 현재의 헌법 체계에서는 의미가 없다. 왜냐하면 헌법 제33조 제2항은 "공무원인 근로자는"이라는 표현을 사용하여 공무원이 근로자임을 명시하고 있기 때문이다. 공무원도 노무의 대가로 얻는 수입에 의존하여 생활하는 근로자로 헌법 제33조 제1항에 의하여 근로3권을 가진다는 점을 인정하고 있는 것이다(조성혜, 2012).

공무원노동조합은 헌법과 법률의 규정에 따라 노동기본권을 보장하기 위해 조직된 단체이다(French, 2009). 즉 근로자의 노동조합과 같이 공무원 자신들의 권익 향상을 위하여 결성한 조직체이다. 이러한 공무원노동조합은 일반 근로자의 노동조합과 같이 근로조건의 유지·개선과 근로자의 경제적·사회적 지위의 향상을 도모하는 데 그 기본적인 목적이 있다. 하지만 이러한 헌법과 법령이 일반적인 노동조합과는 별도로 규정되어 있는 점을 감안할 때, 공무원노동조합은 민간부문과 비교하여 일반적으로 다음과 같은 특성이 있다.

첫째, 공공부문의 단체교섭은 당사자의 이익만이 아니라 공익을 더 우선한다. 공무원노동조합의 이익은 납세자나 다른 집단의 희생을 요구하는 정치적 이슈의 성격을 띠기 때문이다. 둘째, 공공부문 노동조합은 다른 대체서비스가 힘들기 때문에 단체행동이 매우 강력한 파급력을 가질 수 있다. 따라서 공무원의 경우 단체교섭까지만 허용하는 국가가 많다. 셋째, 단체교섭 과정에서 국회나 상급기관, 국민 등 다양한 이해관계자의 개입으로 한정된 재량권만을 가지고 참여한다. 즉, 의사결정권의 분산으로 교섭 상대가 애매하며(Stahl, O. Glenn, 1976), 협상 과정에서 외부 압력이 강하게 작용할 수 있다. 넷째, 공공부문 노사관계는 민간처럼 대등하지 않다. 법 앞에서 정부는 국민을 대표하며 공익과의 관련성 때문에 협상 영역은 제한된다. 또한 공공부문의 협약서는 법률에 우선할 수 없으므로 효력이 민간부문에 비해 미약하다(전영상·백형배, 2012).

(2) 노동조합의 필요성과 비판

일반적으로 공무원노동조합은 공무원의 권익을 보호하고 근로조건 개선을 통한 복지 증진과 사기 제고 등을 가져오는 효과가 있지만 공공부문의 특수성을 감안할 때 공무원노동조합의 긍정적 역할에 관한 논란이 제기된다(유각근, 2008).

우선 공무원노동조합의 긍정적 역할을 강조하는 입장의 근거는 다음과 같다. 1) 공무원의 집단적 의사표시 수단으로 근로조건 향상이나 인사행정 정책결정에 자신들의 의견을 전달할 수 있다. 2) 참여의식, 귀속감, 연대의식, 가치인정 등을 통한 동기부여와 사기 앙양 효과가 있다. 3) 상·하간 쌍방향 의사소통으로 상호 이해와 행정 민주화에 기여하고 권위주의 풍토를 개선하는 통로 혹은 창구로서 활용할 수 있다. 4) 단체 소속자들의 직업적 행동 규범을 통해 직업윤리를 확립하고 부패 방지가 가능하다.

우리나라 공무원노동조합의 발전

우리나라 공무원노동조합의 발전과정에서 가장 중요한 전환점은 1991년 국제노동기구 (ILO)에의 가입이다. 그 이후 공무원노동조합 결성에 대한 논의가 중요한 이슈가 되었고 첫 단계로 1999년 공무원 단체가 처음으로 인정 되었다. 이를 바탕으로 2005년에는 공무원 노동조합이 법률로서 제도화 되었다.

첫 번째 발전 단계는 공무원 단체인 공무원직장협의회의 시행이다. 1998년 공무원직장 협의회의설립운영에관한특별법이 제정되어 1999년 1월 1일부터 시행되고 있다. 공무원직장 협의회란 근무환경 개선과 업무능률 향상, 고충처리 등을 위한 직장 내 협의체를 의미한다. 가입대상은 6급 이하의 공무원이나 기능직·고용직 공무원으로 제한된다.

두 번째 발전 단계로 2005년에는 공무원노동조합으로 합법화되었다. 공무원의노동조합 설립및운영에관한법률이 2005년 1월에 제정되어 2006년 1월 시행되었으며, 전체노조법에 대한 특별법적 성격을 띠고 있어 노동관계의 보편성과 공무원의 특수성의 조화를 위한 규정으로 구성되었다. 보수나 복지 등 근무조건이나 노동조합에 대한 사항의 교섭을 가능하게 하는 등 단결권과 단체교섭권은 인정되나 공무원노동조합 파업이 가져오는 다양한 파급효과를 감안하여 단체행동권을 금지하고 있다. 정치활동 역시 금지하는 규정을 포함하였다.

공무원노동조합은 6급 이하의 일반직 공무원 및 이에 상당하는 별정직, 계약직 공무원, 기능직, 고용직 공무원 등에 가입 자격을 부여하고 있다. 현재 복수노조를 인정하는 문제로 인해 교섭창구 단일화의 문제 등이 거론되고 있는 실정이다(출처 : 송건섭·김재기, 2009).

2022년 1월, 공공기관 운영에 관한 법률이 개정되어 공공기관 노동이사제가 도입됐다. 노동이사제는 근로자 대표가 기업 이사회에 참석해 의결권과 발언권을 갖는 것을 말한다. 정부조직은 물론 민간기업에도 이와 유사한 제도의 도입 가능성이 높아졌다.

반대로 비판하는 입장에서는 다음과 같은 주장을 펼친다. 1) 국민 다수에게 영향을 미치는 공직의 특수성상 정부 활동의 계속성을 침해할 우려가 있는 단체 활동은 허용할 수 없다. 2) 공무원들의 부분적 이익 추구는 공익을 훼손한다. 공무원 노조 등의 단체교섭을 통한 부가적 이익은 납세자와 다른 집단의 부담을 전제하고 있다. 3) 공무원 단체가 주장하는 신분보장에 대한 강조는 실적주의와 능률성에 반한다. 최근의 개혁 방향과 어긋나게 재량과 신축성을 저해하고 업무시간을 단축시킬 우려가 있다. 이러한 필요성과 비판을 둘러싼 논의는 단순히 공무원 단체를 인정하느냐 하지 않느냐만이 아니라 공무원 단체의 활동 범위에 대한 제한과도 밀접한 연관이 있다. 아래에서 볼 단체행동권의 인정 문제 역시 이러한 맥락에서 이해할 수 있다.

(3) 노동기본권의 내용 및 인정범위

일반적으로 노동기본권은 단결권과 단체교섭권, 그리고 단체행동권으로 이루어진다. 그러나 공무원단체의 경우 단결권과 단체교섭권까지만 인정하는 국가가 많다. 일반직 공무원의 단체행동권은 대부분의 나라에서 금지되어 있다. 우리나라의 경우, 헌법 제33조 제2항에서 "공무원인 근로자는 법률이 정하는 자에 한하여 단결권·단체교섭권 및 단체행동권을 가진다"고 규정하여 법률에 이를 위임하고 있다.

첫째, 단결권은 단체를 구성할 수 있는 권리를 말한다. 국제노동기구(ILO) 헌장에 따라 체결된 조약 제87조에서 "군대와 경찰을 제외하고는 누구나 단결권의 제한을 받지 않는다"고 규정함에 따라 대부분의 국가는 단결권을 인정하고 있다. 그러나 노조 결성을 허용할 경우에도 일반노동법규와 따로 단체 활동에 관한 법규를 규정하고 단체에 가입할 수 있는 공무원의 범위를 한정하는 경우가 많다.

둘째, 단체교섭권은 공무원 단체가 근로조건 향상이나 개선 등에 관하여 관리층과 협의하는 것을 말한다. 단체교섭(collective bargaining)의 범위는 공무원의 경우 근무조건이나 고충처리에 한정되는 것이 일반적이며, 보통 신규공무원 채용 기준이나 기관 임무 등은 포함되지 않는다. 단체교섭권 없는 단결권만으로는 공무원 단체의 기능을 제대로 발휘할 수 없으므로 단결권을 인정하는 국가들은 대개 단체교섭권도 인정하고 있다.

셋째, 단체행동권은 요구조건의 관철을 위해 파업이나 태업 등의 실력행사를 하는 것을 말한다. 민간의 경우에도 단체행동은 큰 손실을 초래하지만 공공부문의 경우는 특히 국가기능 유지와 정부신뢰 및 국민의 생활에 심각한 손실을 끼칠 수 있다. 이에 따라 많은 국가들이 파업금지 혹은 제한을 가하고 있다.

3. 공익신고제도

(1) 공익신고의 정의

공익신고(whistle blowing)은 "조직의 전·현직 근로자들이 고용주의 관리 하에 일어난 불법, 부도덕 또는 부당한 행위를 그에 대하여 어떤 조치를 취할 수 있는 개인이나 조직에게 알리는 행위"이다(Near and Miceli, 1985 : 4). "조직의 정보에 대한 접근권한을 가지고 있거나 있었던 사람이 불법행위 또는 기타 비행을 바로 잡을 수 있는 잠재적 능력을 가진 외부기관에게 의도적, 비강제적으로 공개하는 행위"이다(Jubb, 1999 : 83). 우리나라의 공익신고자보호법 제7조에 의하면, 공직자는 그 직무를 하면서 공익침해행위를 알게 된 때에는 이를 조사기관, 수사기관 또는 위원회에 신고하여야 한다고 공직자의 공익신고의무를 규정하고 있다. 공익신고(public interest disclosure)는 내부공익신고 또는 내부고발과 동일한 개념으로 혼용하고 있다.

(2) 공익신고의 목적

일반적으로 공익신고, 즉 정보 제공의 목적은 공익적이다. 사적 이익을 위한 악의적 정보제공도 공익신고로 다루기도 한다(Watts and Buckley, 2017). 이기적인 동기나 개인적인 감정에서 출발하더라도 공익이 실현될 수 있다면 공익신고로서 보호가치가 있다는 것이다. 다만, 우리의 경우 공익신고와 관련하여 금품이나 근로관계상의 특혜를 요구하거나 그 밖에 부정한 목적으로 공익신고를 한 경우와 고의적인 허위신고는 보호받지 않도록 규정하고 있다.

(3) 공익신고자의 범위

공익신고를 전·현직 직원에 의한 것으로 한정한 것이 일반적이다. 이들이 제공하는 정보가 증거 가치가 크고 보복의 가능성 또한 외부자의 그것보다 크기 때문이다. 하지만, 공익신고자를 '호루라기를 부는 사람'이나 '조직의 부정을 밝히는 행위나 사람'으로 매우 넓게 규정하고, 공익신고자의 범위에 내부자들뿐만 아니라 외부자들도 포함하기도 한다(Miceli, Dreyfus, & Near, 2014).

(4) 공익신고의 대상

공익신고자가 제공하는 정보의 내용은 관리부실(mismanagement), 부진한 성과의 은폐나 거짓 추정, 성희롱, 절도, 지위를 이용한 사적 이익 취득, 뇌물, 특혜, 공직 남용, 낭비, 안전문제, 부당한 차별, 기타 법규 위반 등을 포함한다(Near et al., 2004). 우리의 경우, 고발의 대상을 부패행위로 한정하여 공직자의 지위나 권한의 남용, 법령의 위반, 행정실패나 예산의 낭비 등을 보호받는 공익신고의 대상에서 제외되는 등 제한적이다(박흥식, 2018). 공익신고자보호법에 의하면, 공익신고의 대상을 건강과 안전, 환경, 소비자 이익, 공정한 경쟁 및 이에 준하는 공익침해행위로 규정하고 이 법이 규정하는 법률의 벌칙, 인허가 취소 등 행정처분의 대상행위로 한정하고 있다.

(5) 공익신고의 방법

기명형과 익명형이 있다. 기명형 공익신고은 철저한 조사를 이끌어낼 수 있고, 법적 보호도 받을 수 있지만 소속 조직의 보복에 직접 노출되어 가혹한 불이익을 피하기 어렵다. 반면 익명형은 소속 조직의 부정에 관한 정보를 제공하더라도 자신의 신분을 밝히지 않아 불이익을 피할 수는 있으나 법적 보호를 받기 어렵고, 신고를 접수한 기관 역시 철저하고 효과적인 조사를 하는데 한계가 있다(박흥식, 2018). 공익신고은 권력에 진실을 말하는 과정(speak truth to power)으로서 익명형을 통해 고발자에 대한 비방과 보복을 방지할 수 있다. 다만, 익명형이 지나치게 확산될 경우 무고죄가 증가하는 등 부작용이 우려되기도 하다. 사회와 조직의 투명성과 건전성을 높이는 제도적 장치로서 공익신고의 역할이 강화될 필요가 있다(Vandekerckhove, 2016).

학●습●포●인●트

- 공무원의 공적 영역과 사적 영역
- 공익추구이론
- 권리제한
- 의무부과
- 직무관련성
- 적정성
- 공무원의 정치적 중립

- 정부의 시장성 강화
- 특별권력관계이론
- 권리보장
- 의무해제
- 효과성/공익성
- 효율성
- 공무원노동조합

연●습●문●제

1. 공무원으로서 주어지는 권리와 의무를 예를 들어 설명하시오.
2. 공무원의 기본권 제한의 판단 기준과 범위에 관하여 설명하시오.
3. 공무원에 대한 정치적 중립의 의미와 배경을 설명하고, 인정 범위와 한계를 설명하시오.
4. 매년 5월 1일은 '근로자의 날'이다. 그러나 공무원은 '근로자의 날'에 쉬지 않는다. 관공서 공휴일이 아니기 때문이다. 공무원에게 '근로자의 날'을 공휴일로 하는 것이 바람직

한지 논술하시오.

5. 공무원의 기본권 제한과 관련하여 '공무원으로서 수용할 수 있다고 생각하는 제한 사례'와 '공무원으로서 수용할 수 없다고 생각하는 제한 사례'를 들어 설명하시오.

6. 국세청 직원 ○○○씨는 국세청장 ○○○씨를 공개적으로 비판하는 내용의 글을 내부 게시판에 올렸다. 그는 ○○○청장이 잘못된 행정으로 국세청 조직을 위기에 빠뜨렸으며, 전직 대통령 수사 과정에서 국세청이 잘못된 단서를 제공했다고 주장하였다. 이에 국세청은 즉각 징계위원회를 열어 김씨를 품위유지 의무규정 위반을 이유로 해임 처분을 내렸고, 국세청 조직원에 대한 '명예훼손' 혐의로 고발하였다. 이 사례를 들어 공무원의 표현의 자유와 품위유지 의무와의 관계를 논의하고 바람직한 방향을 설명하시오.

토 ● 의 ● 사 ● 례

문화체육관광부 A국장과 C과장은 문화체육비서관실로부터 특정 문화예술인·단체를 지원배제하라는 부당한 지시를 받아 문예위 등 산하기관에 지원배제하도록 지시하고 있다는 사실을 부하 직원으로부터 보고받아 알면서도 부하 직원에게 부당한 지시를 거부하도록 하지 않아 지원배제 지시가 이행되고 있는 상황에서 문화체육비서관실과 문체부 간 지원배제에 대한 전담 연락 창구역할을 하는 A국 C과 ○○○이 2015년 9월경 문화체육비서관실 선임행정관 U에게 문예위 공모사업 등 신청자 명단을 송부한 후 U로부터 문예기금 지원배제 명단을 통보받았다. 그리고 나서 문체부 C과는 문화체육비서관실의 지원배제 지시를 이행하기 위하여 2015년 9월경 문예위의 "공연예술발표공간 지원사업"에 지원을 신청한 96개 단체 중 M사단법인 등 22개의 특정 문화예술단체명을 문예위(사무처)에 유선으로 알려주면서 지원배제하라고 지시하였다. 이에 따라 문예위(사무처)는 위원장이 문체부 A국으로부터 특정 문화예술인·단체를 지원배제하라는 부당한 지시를 받아 실제 지원배제를 하고 있다는 사실을 부하 직원으로부터 보고받아 알면서도 부하 직원에게 부당한 지시를 거부하도록 하지 않아 지원배제 지시가 이행되고 있는 상황에서 2015. 10. 27. 심의를 주도할 수 있는 친정부 성향의 심의위원을 사전 접촉하고 지원배제 명단을 공유한 후 심의과정에서 배제대상자가 지원후보로 거론될 경우 해당 심의위원이 사업계획서 부실 등 부적격 의견을 제시하는 방법 등으로 "공연예술 발표공간 지원사업"의 신청자인 M사단법인 등 22개 단체가 지원 배제되도록 하였다.

문체부 M실 A국장은 2014. 11. 11.부터 2015. 7. 30.까지 A국장 직위에서 예술진흥 정책의 수립, 문예위 등 산하기관에 대한 지도·감독 업무 등 A국 소관 부서의 업무를 총괄하였다. 그런데 A국장은 2014년 11월경 U로부터 문예위가 시행하는 공모사업의 신청자현황 및 세부 명단을 제출하고 신청자 중 지원배제 대상에 해당하는지 여부를 확인받으라는 지시를 받고 이를 문예위를 담당하는 K과장에게 전달하면서 U에게 공모사업 관련 자료를 송부하도록 하였다. 이후 A국장은 2015년 1월 U로부터 "민간국제예술 교류지원사업"에 지원을 신청한 12명의 성명(또는 단체명)을 유선을 통해 전달받으면서 "지원대상에서 빼라"는 지시를 직접 받았다. 그리고 A국장은 지원배제 지시가 위법·부당하다고 생각했는데도 '이건 좀 아닌 것 같지만, 시키는 일이니 어쩔 수 없다'라고 판단하여 위 사업 신청자 12명의 성명(또는 단체명)을 별도의 메모지에 적어 K과장에게 전달하면서 U가 불러준 명단이라고 하면서 지원배제 지시를 이행하도록 지시하였다. 또한 A국장은 K과장 등 A국 소관 부서 부하직원으로부터 문화체육비서관실이 지원사업 신청자 중 특정 문화예술인·단체를 지원대상에서 배제하라는 지시를 하였다는 보고를 받고도 그 지시의 부당성을 지적하고 이행을 거부하는 등의 적절한 조치를 하지 않았다. 이와 같이 A국장은 본인이 문화체육비서관실로부터 특정 문화예술인·단체를 지원 배제하라는 부당한 지시를 받아 K과장에게 지원배제하도록 직접 지시하거나, K과장이 문화체육비서관실로부터 특정 문화예술인·단체를 지원배제하라는 부당한 지시를 받고 문예위 등 산하기관에 지원배제하도록 지시하고 있다는 사실을 보고받아 알면서도 부당한 지시를 거부하도록 하지 않는 등 10~20차례에 걸쳐 부하직원으로 하여금 문화체육비서관실의 지원배제 지시를 이행하도록 하였다. 이에 따라 문체부 문화체육비서관실의 지원배제 지시를 이행하기 위하여 문예위의 "무대예술전문인력 지원사업"과 "공연예술분야 기획 및 경영 전문인력 지원사업"에 지원을 신청한 321개 단체 중 Z극단 등 31개 단체명을 문예위 전문위원에게 유선으로 알려주면서 지원 대상에서 배제하라고 지시하였다. 이후 문예위 (무대예술 전문인력 지원사업) 및 2015. 6. 11.(공연예술분야 기획 및 경영 전문인력 지원사업) 지원배제 지시를 이행하기 위해 지원대상자 선정을 위한 심의과정에 간사로 참석하여 지원배제 대상 단체에 대해 "해당 단체는 정부 방침으로 지원대상에서 배제되어야 하는 단체입니다. 지원배제가 되지 않으면 사업 전부가 폐지되어 모든 단체를 지원할 수 없습니다"라고 하는 등 정부의 지원배제 방침을 심의위원들에게 설명하는 방식으로 Z극단 등 31개 단체가 지원대상에서 배제되도록 하였다.

그 결과 A국장이 근무한 기간(2014. 11. 11.~2015. 7. 30.) 동안 문예위 등 산하기관이 심의과정 등에서 지원배제를 이행하는 등 총 187개12)의 특정 문화예술인·단체를 지원배제함으로써 특정 문화예술인·단체 등이 문화적 표현과 문화예술활동의 지원이나 참여에 있어 차별받는 한편, 문예위의 직무상 독립성이 훼손되었고 심사의 공정성과 투명성이 저해되었다. (출처 : 2017.6.13. 감사원의 문화체육관광부 감사결과자료, 감사원 홈페이지)

📖 **토의과제**

1. 위 사례를 읽고, A국장을 처벌해야 하는지 논의하시오.
2. 공무원의 기본권 제한에 관한 이론적 근거를 두 가지로 구분하여 제시하고, 위 사례의 판단 근거로 활용하시오.

참고문헌

김광수, 2008. 「공무원과 기본권」, 『서강법학』 10(1), 서강대학교 법학연구소.

김두래, 2020. 한국 행정관료의 정치적 중립성은 가능한가? 정치적 중립성의 비판적 이해와 정치적 통제의 병립가능성. 한국행정학보, 54(2), pp.3-31.

김순양, 2022. 행정윤리규범으로서의 불편부당성(Impartiality): 공무원의 정치적 중립과 관련한 쟁점사항분석, 『한국인사행정학회보』, 20(4), 237-251.

박천오, 2011. 「공무원의 정치적 중립 : 의미와 인식」, 『행정논총』 49(4), pp.2-4.

박흥식, 2008. 「공직자 이해충돌 행위의 개선을 위한 연구 : 법적·윤리적 시각을 중심으로」, 『한국행정학보』 42(3), pp.239-260.

박흥식, 2018. 내부고발의 범위. 한국부패학회보, 23, 5-28.

송건섭·김재기, 2009. 「공무원노동조합의 활동에 관한 연구」, 『행정논총』 47.

유각근, 2008. 「공무원노조법의 주요 쟁점에 대한 검토」, 『노동법학』 26, pp.97-135.

이창길, 2020a. 한국 관료제의 위기: '정치화'의 역설. 정부학연구, 26(1), pp.104-130.

이창길, 2020b. 대한민국 인사혁명: 휴머니즘 인사혁명을 위한 22가지 질문. 나무와숲.

임도빈·유민봉, 2019. 『인사행정론』, 박영사.

윤견수·한승주, 2012. 「정치적 중립의 경험적 범주에 대한 연구 : 지방자치단체 중·하위 직을 중심으로」, 『행정논총』 50(3), pp.237-261.

장영수, 2012. 「공무원의 정치적 기본권 : 보장 범위의 확대화 그 전제조건」, 『안암법학』 1-25.

전영상·백형배, 2012. 「거버넌스 체제에서 공무원노동조합의 역할 가능성 탐색 : 중앙·지방 공무원의 거버넌스 인식구조 분석을 중심으로」, 『지방행정연구』 26(2), pp.183-216.

정하중, 2009. 『행정법개론』, 법문사.

조성혜, 2012. 「공무원의 노동기본권 제한의 연혁과 헌법재판소의 태도」, 『노동법학』 43, 한국노동법학회.

한견우, 2011. 「공무원의 정치적 중립과 정치활동의 제한」, 『연세 공공거버넌스와 법』 2(1), pp.55-118.

Brewer, Gene A., and Sally Coleman Selden, 1998. Whistle Blowers in the Federal Civil Service : New Evidence of the Public Service Ethic, *Journal of Public Administration Research and Theory,* 8(3), pp.413-439.

French, P. Edward, 2009. Employment Laws and the Public Sector Employer : Lessons to be Learned from a Review of Lawsuits Filed against Local Government, *Public Administration Review,* Quarterly, 69(1), pp.92-103, 27(3).

Jubb, P. B., 1999. Whistleblowing : A restrictive definition and interpretation.

Journal of Business Ethics, 21(1), 77-94.

Kernaghan, K., 1986. Political Rights and Political Neutrality : Finding the Balance Point, *Canadian Public Administration,* 29(4).

Lee, Chang Kil, 2018. The Politicization of Senior Civil Service in Korea : a Human Resource Management Perspective. *Asian Education and Development Studies,* 7(4) : 412-425

Miceli, M. P., Dreyfus, S., & Near, J. P., 2014. Outsider whistleblowers : Conceptualizing and distinguishing "bell-ringing" behavior. International handbook on whistleblowing research, 71-94.

Near, J. P., & Miceli, M. P., 1985. Organizational dissidence : The case of whistle-blowing. Journal of business ethics, 4(1), 1-16.

Nigro, Lloyd & Felix A. Nigro, 1984. *The New Public Personnel Administration,* Itasca, F. E. Peacock Publishers.

Stahl, O. Glenn, 1976. *Public Personal Administration,* New York : Harper & Row, pp.333-337.

Vandekerckhove, W., 2016. Whistleblowing and organizational social responsibility : A global assessment. Routledge.

Watts, L. L., & Buckley, M. R., 2017. A dual-processing model of moral whistle-blowing in organizations. Journal of Business Ethics, 146(3), 669-683.

West, W. E., 2005. Neutral Competence and Political Responsiveness : An Uneasy Relationship, *The Policy Studies Journal,* 33(2).

제17장

공무원의 부패와 윤리

이 장에서는 공무원의 직무수행 과정에서 발생하는 이해충돌 상황에서 공익을 확보할 수 있는 방안을 살펴본다. 즉 공익과 사익 간의 이해충돌 상황에서 공익을 선택하는 것은 청렴한 공무원임을 입증하는 것인 반면, 사익을 선택하는 것은 부정과 부패가된다. 이해충돌 상황에서 발생하는 부패, 청렴, 그리고 윤리의 개념과 유형을 살펴보고, 부패의 이론적·제도적 원인을 제시한다. 이에 따라 부패방지 및 윤리 확보 방안을 살펴보고, 이해충돌 상황을 극복하기 위한 제도로 재산등록·공개와 퇴직자 취업제한에 대하여 알아본다.

연포신치설양선(棉布新治雪樣鮮) 새로 짜낸 무명이 눈결같이 고왔는데
황두래박이방전(黃頭來博吏房錢) 이방 줄 돈이라고 황두가 뺏어 가네
누전독세여성화(漏田督稅如星火) 누전 세금 독촉이 성화같이 급하구나
삼월중순도발선(三月中旬道發船) 삼월 중순 세곡선이 서울로 떠난다고
                        - 정약용, 「탐진촌요(耽津村謠)」

제1절 도덕적 역량과 이해충돌

1. 도덕적 역량의 의의

(1) 공무원 윤리의 중요성

도덕적 역량은 공무원이 갖추어야 할 가장 기본적인 역량이자 윤리적 덕목이다. 직무역량과 관리역량이 아무리 우수하다 하더라도 도덕적 역량을 갖추지 못했다면 무용지물이다. 이와 같이 도덕적 역량은 인적자원행정의 전 과정에서 요구되는 가장 기초적이고 필수적인 요건이다(Lewis, Gilman, & Stuart, 2005). 전략과 목표 시스템이 아무리 좋아도 이를 지탱하고 유지하는 것은 공무원들이 갖고 있는 공익의식이기 때문이다. 어렵게 확보한 유능하고 역량이 있는 인재가 자신의 개인적 이익만을 위해 일한다면 인적자원행정은 조직성과나 목표와는 어긋나는 무모한 노력일 뿐이다. 또한 아무리 좋은 성과와 보상 시스템이 구축되어 있더라도 부패 공무원에게는 허울 좋은 제도에 지나지 않는다.

공무원이 국민에 대한 봉사자로서 책임을 다하기 위해서는 무엇보다도 이러한 윤리와 도덕적 의무를 먼저 갖추어야 한다(Bowman & Knox, 2008). 이처럼 공무원의 도덕적 역량은 인적자원행정에서 가장 중요하고 기본적인 요건인 만큼 첫 번째 장에서 공직윤리의 개념적 이해, 부패의 이론적·상황적 원인, 그리고 부패를 방지하고 공직윤리를 확보하는 방안 등에 대하여 살펴본다.

(2) 도덕적 역량과 이해충돌

공무원의 도덕적 역량은 공익과 사익의 이해충돌(conflict of interest) 과정에서 사익을 배제하고 공익을 추구하고자 하는 행동과 태도이다(Stark, 1993). 개념상으로 보면, 공무원의 이해충돌은 "공직자가 자신의 업무와 관련하여 공익보다 사익을 우선시하는 갈등 상황"(박흥식, 2008)을 말한다. OECD(2003 : 15) 역시 "이해충돌이란 공무원의 공적 의무와 사익 간의 갈등"으로 정의한다. 즉 공무원은 자신의 사익과 공무원의 의무인 공익 사이에서 역할 갈등(role conflict)을 겪는 과정에서 사익을 선택할 경우 개인 부패가 발생하게 된다.

표 17-1   개인과 조직의 공익 지향과 사익 지향

구분		개인	
		공공 이익 지향	개인 이익 지향
조직	공공 이익 지향	공직윤리	이해충돌 (부패/청렴)
	조직 이익 지향	공익제보/ 내부자고발	조직적 부패

출처 : 박흥식(2008)을 일부 수정.

따라서 이해충돌 상황은 개인 부패가 이루어지기 이전 단계의 갈등 상황이라 할 수 있다(박흥식, 2008). 이해충돌은 행위의 적절성 여부를 법규에 명확히 규정하여 객관적으로 책임을 묻기도 하지만, 일정한 기준에 따라 규범적으로 판단하기 때문에 경계가 매우 모호하고 복잡한 특성을 가지고 있다(박흥식, 2008).

<표 17-1>에서 볼 수 있는 것처럼, 이해충돌은 공익을 지향하는 조직과 사익을 지향하는 개인이 서로 충돌하는 상황이다. 이 경우 공익을 선택하느냐 사익을 선택하느냐에 따라 '부패'와 '청렴'으로 갈린다. 조직과 개인이 모두 개인의 이익보다 공공의 이익을 선택하는 상황은 '윤리적 행위'로서 가장 바람직한 상황이다. 또한 조직이 조직의 이익을 지향하고 개인이 공익을 지향하는 상황은 '공익제보' 또는 '내부자고발'로 나타난다(Lee & Kleiner, 2011). 조직과 개인이 동시에 공공의 이익보다는 자기 자신들의 이익을 지향하는 경우는 '조직적인 부패'로 규정할 수 있다.

2. 부패 · 청렴 및 윤리의 개념

부패(corruption)와 청렴(integrity), 그리고 윤리(ethic)의 개념을 좀 더 명확히 이해할 필요가 있다. 먼저 부패란 "사적 이익을 위해 위임받은 권한의 남용이다(the abuse of entrusted power for private gain)"라고 정의된다(TI, 2008). 이해충돌 상황에서 권한을 위임받은 사람이 공익보다 사익을 추구하는 행위이다. 부패는 공공부문만이 아니라 민간부문에서도 발생할 수 있다. 다만, 일반적으로 공공부문이 수임한 권한이 좀 더 강하기 때문에 부패 위험이 더 높다고 하겠다.

부패의 개념과 구분하여 '부정'을 사용하는 경우가 많다. 이는 주로 하위층이나 일선관리 수준에서 공적 권한이나 행정수단, 그리고 관리자원을 사적으로 이용하는 것으로, 동기나 영향보다는 행위 자체에 중점을 둔다는 점에서 부패와 차이가

그림 17-1 이해충돌 및 부패·윤리·청렴의 개념도

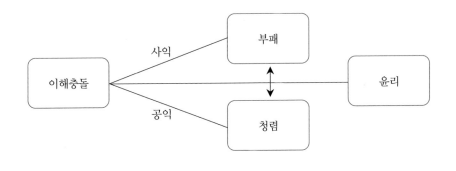

있다(김영종, 2017).

부패는 이해충돌과는 개념에서 몇 가지 차이가 있다(Moore, Cain, Loewenstein, & Bazerman, 2005 ; 박흥식, 2008). 첫째, 부패는 공무원의 사익 추구 행위로 공익이 이미 사실적으로 손상된 상황인 데 반해, 이해충돌은 공무원이 자신의 사적 이익을 위하여 공직을 이용할 기회를 갖게 되는 잠재적 갈등 상황을 나타낸다. 이해충돌은 그 자체로는 부패가 아니다(OECD, 2003 : 22). 따라서 이해충돌은 과정상 부패로 전환되기 전단계로 이해할 수 있다(박흥식, 2008). 둘째, 부패는 의도적 행위의 결과로 드물게 나타나는 현상인 반면 이해충돌은 의도하지 않은 무의식적 상태에서 일상적으로 발생하는 현상이다. 셋째, 기능적인 면에서 부패는 사후 처벌적 특성이 강한 반면 이해충돌은 사전 예방적 측면에 초점을 두고 있다. 넷째, 방법론적 측면에서 부패는 처벌을 위하여 범죄 사실과 실정법의 관계를 중시하는 법실증주의에 의한 접근을 하고 있다.

청렴은 "권력을 공식적인 권한으로 부여받아 공개적으로 정당한 목적을 위하여 사용하는 것(using power for officially authorized and publicly justified purposes)"을 말한다(Stampford, 2009). 기본적으로 부패의 반대 개념으로 이해충돌 상황에서 공익을 적극적으로 선택하는 것이다. 부패는 권력을 잘못 사용(abuse)하는 것인 반면, 청렴은 권력을 잘(correctly) 사용하는 것이다. 그리고 청렴은 공무원 개인의 윤리성을 강조한다. 청렴성은 반부패라는 소극적 의미와 달리 적극적 실천의 의미가 내포된 개념이다(Blijswijk, Breukelen, Franklin, Raadschelders & Slump, 2004). 즉 공무원으로서의 청렴성은 "허위, 비난, 또는 책임회피 등에 빠지는 것에 대한 거절(a refusal to engage in lying, blaming or other behavior generally seeming to evade accountability)"임(Wikipedia, 2008)과 동시에 "엄격한 도덕적·윤리적 강령의 지속적인 준수(steadfast adherence to a moral or ethical code)"이다(American Heritage, 2022). 전자는 사익에 대한 거절이며, 후자는 공익의 적극적인 추구이다.

따라서 청렴성은 다음 세 가지 요건을 갖추어야 한다(박흥식, 2008). 첫째, 옳은 것과 옳지 않은 것을 구별하고, 둘째 개인적인 희생이 있더라도 옳은 것과 옳지 않은 것을 구별한 대로 행동하며, 셋째 옳다고 이해한 대로 행동하는 것을 공개적으로 말하는 것이다. 이와 같이 청렴은 실천적 의미를 담고 있다.

청렴의 의미와 등급

청렴에는 세 등급이 있다. 최상의 등급은 나라에서 주는 봉급 외에는 아무것도 먹지 않고, 설령 먹고 남는 것이 있어도 집으로 가져가지 않으며, 임기를 마치고 돌아갈 때에는 한 필의 말을 타고 아무것도 지닌 것 없이 숙연히 떠나는 것이다. 이것이 이른바 옛날의 '염리(廉吏)'이다.

그 다음은 봉급 외에 명분이 바른 것은 먹고 바르지 않은 것은 먹지 않으며, 먹고 남은 것을 집으로 보내는 것이다. 이것은 이른바 중고 시대의 '염리'이다.

그리고 최하의 등급으로는 무릇 이미 규례(規例)가 된 것은 명분이 바르지 않더라도 먹되 아직 규례가 되지 않은 것은 자신이 먼저 전례를 만들지 않으며, 관직을 팔아먹지 않고, 재감(災減)을 훔쳐 먹거나 곡식을 농간하지도 않고, 송사와 옥사를 팔아먹지 않으며, 세를 더 부과하여 남는 것을 중간에서 착복하지 않는 것이다. 이것이 이른바 오늘날의 '염리'라는 것이다.

– 다산 정약용, 『상산록(象山錄)』

공무원 윤리는 조직이나 개인 모두 공공의 이익을 지향하는 상황에서 공무원이 갖는 윤리규범이다(Bowman, 2001). 즉 이해충돌 상황에서 사익을 선택하지 않고 공익을 선택하는 개인과 조직의 행동이나 태도를 말한다. 공무원의 윤리는 공무원이 지켜야 할 도덕적 규범으로서 "다수의 타인을 배려하기 위한 공무원의 지배적인 정서와 문화"라고도 정의된다(윤태범, 2004). 공직윤리의 개념은 부패에 대한 적극적인 대응보다는 공익을 지향하는 일반적인 규범으로 활용된다. 따라서 이해충돌 상황에서 공익을 적극적으로 선택하는 실천적 의미의 청렴 개념과는 다소 차이가 있다.

3. 이해충돌과 부패의 유형

(1) 이해충돌의 유형

이해충돌은 공직 부패 방지와 윤리 확보를 위해서 가장 먼저 이해해야 할 중요한 개념이다. 공무원이 공익과 사익이 충돌하는 상황에서 사익을 버리고 공익을 선택하도록 하기 위해서는 이해충돌 상황을 정확히 이해할 필요가 있다.

일반적으로 이해충돌은 실질적 이해충돌, 외견상 이해충돌, 그리고 잠재적 이해충돌로 구분할 수 있다(Davis, 1999 : 24 ; 윤태범, 2004).

첫째, 실질적 이해충돌(actual conflict of interest)은 현재 발생하고 있고, 과거에도 발생한 이익 충돌의 경우를 말한다. 둘째, 외견상 이해충돌(apparent conflict of interest)은 공무원의 사익이 부적절하게 공적 의무를 수행하는 데 영향을 미칠 가능성이 있는 이익 충돌 상태로, 부정적 영향이 현재화한 것은 아닌 상태를 의미한다. 셋째, 잠재적 이해충돌(potential conflict of interest)은 공무원이 미래에 공적 책임에 관련되는 일에 연루되는 경우를 의미한다.

지금까지 부패에 대한 논의는 대부분 실질적 이해충돌 상황을 전제로 했으나, 최근에는 외견상 이해충돌이나 잠재적 이해충돌도 부패의 사전예방 차원에서 논의할 필요가 있게 되었다. 즉 외견상 이해충돌과 같이 공무원이 사익을 추구할 수 있는 갈등 상황에 직면하지 않도록 사전에 예방해야 하기 때문이다. 또한 잠재적 이해충돌과 같이 현재 업무에서는 발생하지 않을지라도 미래에 공익과 사익이 충돌하는 직위를 담당할 경우, 공익을 추구할 수 있도록 사전에 예방하기 위한 노력이 필요하다.

(2) 부패의 유형

부패는 실질적인 이해충돌 과정에서 공익보다 사익을 추구하는 행위를 말한다. 이러한 사익 추구 행위의 범위를 어떻게 볼 것인가에 따라 광의의 부패와 협의의 부패로 나눌 수 있다. 부패의 유형을 구분하는 기준은 부패 범위, 부패 대상, 부패 내용, 부패 분야 등 다양하나 여기에서는 부패의 범위를 기준으로 유형화한다 (Heidenheimer, Johnson & Levine, 1990 ; 임옥기, 2008 ; 박중훈·최유성, 2009). 다만 광의의 부패와 협의의 부패는 단순히 부패 범위 이상의 부패 정도와 내용도 일부 포함하는 구분이라 할 수 있다.

(가) 협의의 부패

협의의 부패는 법령을 위반하여 사익을 추구하는 행위이다. 여기에는 공무원의 직무에 대한 범죄 행위나 직무의무 위반 행위가 포함된다. 우리나라에서는 부패방지법을 두어 부패를 세 가지로 구분하고 있다. 첫째, "공직자가 직무와 관련하여 그 지위 또는 그 권한을 남용하거나 법령을 위반하여 자기 또는 제3자의 이익을 도모하는 행위", 둘째 "공공기관의 예산 사용, 공공기관의 재산의 취득·관리·처분 또는 당사자로 하는 계약의 체결 및 그 이행에 있어서 법령에 위반하여 공공기관에 대하여 재산상 손해를 가하는 행위", 셋째 "이상에 규정된 행위나 그 은폐를 강요·권고·제의·유인하는 행위"이다(부패방지법 제2조 제4항).

이를 참고하면 협의의 부패에는 소위 급행료나 상납금 또는 공공재산의 사적 이용 등 공무원의 직무상 범죄 행위에 해당하는 뇌물수수·공금횡령·예산 유용 등이 포함된다. 예컨대 지방자치단체장들이 인사청탁 뇌물을 받거나 예산을 유용하는 것, 교육공무원인 교사가 학부모로부터 촌지를 받는 것, 조달청 입찰시 뇌물을 주는 것, 인허가시 특혜사례비를 주는 것 등이 이에 해당한다(장지원, 2010).

(나) 광의의 부패

광의의 부패 행위는 협의의 부패 행위에 더하여 법령에 위반되지는 않고 적법한 행위라 하더라도 공무원으로서 사익을 추구하는 행위를 말한다. 공무원의 사익

그림 17-2 협의의 부패와 광의의 부패

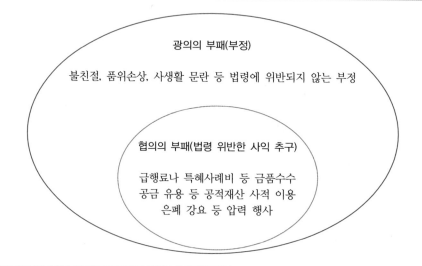

추구 행위는 법령에는 저촉되지 않더라도 사회적 비난이나 비판의 대상이 될 수 있다. 공무원에게는 일반인보다 더 높은 도덕적 수준을 요구하기 때문이다. 따라서 이를 부패라기보다는 부정이라고 부르는 경우가 많다. 이러한 공무원의 부정행위는 부동산 투기, 사생활 문란, 무리한 인사청탁, 공무원으로서 최소한의 품위손상 등 다양하게 나타날 수 있다. 하지만 이러한 부정행위가 위법사항에 해당되지 않을 경우 어느 정도의 범위에서 용인될 수 있는지 논란이 될 수 있다. 일반인과 공무원에게 요구되는 도덕적 기준이 다르지만 법령으로 통제하기 곤란한 경우에 해당한다.

다만, 이 경우 공무원의 정상적인 사생활이 지나치게 통제받지 않도록 유의할 필요가 있다. 참고로, 광의의 부패를 공무원을 포함한 일반인들이 자기 또는 제3자의 이익을 위해 자신에게 주어진 권한을 남용하는 행위로 규정하기도 한다(오석홍, 2011). 즉 부패의 범위를 기준으로 공공기관만이 아니라 민간기업에서도 이루어지는, 공익에 반하여 사익을 추구하는 행위를 일컫는다. 예를 들면 하청업체와의 관계, 사학 비리, 배임죄에 해당하는 행위 등 권한을 남용하여 사익을 추구하는 행위를 모두 포함한다.

제 2 절 부패발생의 원인

부패에 대해 학습하는 것은 근본적으로 부패를 예방하기 위해서이다. 이를 위해서는 부패의 원인을 규명하는 것이 무엇보다 중요하다. 부패 발생의 원인과 대책은 동전의 양면과 같기 때문이다. 부패의 근본 원인은 개인의 이익(사익)과 공익의 충돌이다. 공공조직에서 이해충돌 상황이 발생했을 때 근본적으로 왜 사익을 추구하게 되는가에 관하여 이론적 측면과 상황적 측면으로 나눠 살펴본다. 이론적 논의를 통하여 부패의 근본 원인을 이해하고, 상황적 논의를 통하여 보다 구체적인 처방을 이끌어낼 수 있을 것이다.

1. 부패발생의 이론적 요인

먼저 공익과 사익이 충돌했을 때 공무원이 왜 사적 이익을 추구하는지에 대한 이론적 검토가 필요하다(McMullan, 1961). 이에 대해서는 다양한 이론이 적용될 수 있겠지만, 여기에서는 다음 세 가지 이론적 근거를 제시하기로 한다. 첫째는 죄수의 딜레마 이론(prisoner's dilemma)이고, 둘째는 도덕적 해이(moral hazard), 그리고 셋째는 부패 기대비용이론이다.

(1) 죄수의 딜레마

부패가 발생하는 근본적 원인은 다소 역설적이기는 하지만 죄수의 딜레마 이론으로 설명할 수 있다. 죄수 A와 죄수 B가 공동으로 저지른 범죄 혐의에 대하여 서로 담합하지 못하도록 별도의 조사실에서 조사를 받는 경우, <표 17-2>에서 보는 것과 같은 조건이 주어졌다고 가정하자. 즉 A와 B가 둘 다 혐의를 인정하고 고백할 경우 각각 10년의 징역에 처하고, A와 B가 둘 다 끝까지 혐의를 인정하지 않고 함구할 경우 각각 3년의 징역에 처한다. 그리고 상대방(B)은 함구했으나 자신(A)이 고백했을 경우에는 함구한 상대방(B)은 20년 징역에 처해지고 고백한 자신(A)은 석방되고, 반대로 상대방(B)이 고백했으나 자기(A)가 끝까지 함구한 경우에도 마찬가지로 고백한 상대방(B)은 석방되는 대신 함구한 자기(A)는 20년에 처해진다고 가정한다. 이러한 상황에서 각각의 조사실에서 조사를 받게 된 죄수들은 상대방을 배반하여 개인의 이익을 취하는 선택을 할 가능성이 많다는 것이다. 즉 합리적 개인이란 가정 아래 각각의 개인들은 고백을 선택하게 된다는 것이다.

만약 A 입장에서 보면, B가 고백할 경우 자신도 고백하면 10년 징역, 자신이 함구하면 20년 징역에 처해지기 때문에 A는 형량을 줄이기 위하여 고백을 선택하게 될 것이다. 만약 B가 함구할 경우 자신이 고백하면 석방되고, 함구하면 징역 10년에 처해지기 때문에 A는 당연히 고백을 선택할 것이다. 결국 A는 B가 고백하든 함구하든 자신은 고백하는 것이 유리하다. 이러한 상황과 선택은 B의 경우에도 동일하다. 상대방이 고백하면 자신도 고백해야 할 것이고, 상대방이 함구할 경우에도 자신은 고백하는 것이 유리한 선택이다. 고백이 A와 B 모두에게 우월한 전략이 되므로 균형은 둘 다 고백하는 선택에서 형성된다.

표 17-2 죄수의 딜레마와 부패 원인

구분(A, B)	고백(B)	함구(B)
고백(A)	(10, 10)	(0, 20)
함구(A)	(20, 0)	(3, 3)

이와 같이 둘 다 함구하면 각각 징역 3년이라는 공동의 이익을 가져올 수 있음에도 불구하고 각자 개인의 이익을 위하여 고백함으로써 각각 징역 10년에 처해지는 결과를 초래하게 된다. 여기에서도 볼 수 있듯이, 개인들은 공익과 사익이 충돌할 경우 사익을 선택할 가능성이 높다.

이러한 결과가 나타나게 된 원인은 어디 있을까? 두 가지 측면에서 접근할 수 있다. 먼저 두 사람이 별도의 방에서 조사를 받았기 때문이다. 즉 그들이 서로 담합하거나 협력할 수 있는 장치가 없었던 것이다. 사회적 합의나 규범 없이 개인의 판단에 맡길 경우 개인은 공익보다는 사익을 추구하게 되어 공익이 손상받는 부패를 낳게 된다. 공무원의 경우에도 개인들이 자율적으로 지키고자 하는 공직윤리나 규범이 없으면 부패를 선택할 가능성이 크다.

두 번째는 개인의 이익만을 추구할 수 있는 애초의 조건에서 찾을 수 있다. 상대방의 고백과 자신의 함구, 또는 상대방의 함구와 자신의 고백 사이에 징역 기간의 차이가 지나치게 크기 때문이다. 만약 자신이 고백한 경우라도 석방되지 않고 최소 5년 징역을 살게 한다면 개인들의 선택은 달라질 것이다. 그들은 모두 고백하지 않고 함구하는 선택을 하게 될 것이다.

이와 같이 부패가 발생하는 원인은 개인에 대한 인센티브 시스템의 구성 방식에서 찾을 수 있다. 즉, 사회적으로 없어지지 않고 확산되는 부패의 원인을 죄수의 딜레마이론에 의한 역설적인 설명을 통해 찾을 수 있다. 공무원의 부패도 결국 죄수의 딜레마 이론에 빠진 상황에서 그 원인을 찾을 수 있다. 예를 들면 공무원이 뇌물을 받는 이유는 다른 공무원이 받거나 받지 않거나 상관없이 자신의 입장에서 보면 뇌물, 즉 사적인 이익을 추구하는 것이 가장 바람직한 선택이 될 수 있기 때문이다. 국회의원 후보자들이 선거 기간에 금품을 살포하는 것도 마찬가지이다. 상대 후보가 돈을 쓸 경우는 물론 돈을 쓰지 않을 경우에도 자신이 선거에 승리하기 위해서는 돈을 써야 하는 것이다. 중·고등학교에서 상위권 학생들 사이에서 내신 부풀리기가 성행한 적이 있다. 이 역시 학교 간의 입시경쟁이 치열한 상황에서 다른 학교가 내신 부풀리기를 할 경우 자신의 학교도 내신 부풀리기를 해야 해당 학생이 손해를 보지 않을 것이고, 다른 학교가 내신 부풀리기를 하지 않더라도 자신의 학교 입장에서는 내신 부풀리기를 하는 것이 유리하기 때문이다. 한마디로 죄수의 딜레마 상황에 빠진 것이다.

(2) 도덕적 해이와 역선택

부패의 근본 원인을 파악하기 위한 또 다른 이론으로 대리인이론(agency theory)이 있다. 대리인이론에 따르면, 주인과 대리인 사이에 발생하는 정보의 비대칭성(information asymmetry)으로 인해 대리인이 주인의 이익에 반하여 자신의 이익을 위해 행동하는 것이다. 정보의 비대칭 하에서는 숨겨진 특성으로 인해 질 나쁜 대리인을 선택(adverse selection)하거나, 대리인의 숨겨진 행동으로 인한 도덕적 해이와 같은 문제가 발생하기 쉽다. 대리인은 직접 직무를 수행하는 위치에 있기 때문에 주인보다 많은 정보를 갖고 있는 만큼 이러한 정보를 사익을 위해 활용할 가능성이 크다. 특히 계약이 완료된 뒤에는 주인이 대리인의 실제 행동을 모두 관찰하기란 불가능하다. 대리인은 이러한 점을 이용하여 자신의 이익을 위해 기회주의적으로 행동할 가능성이 높다. 이를 도덕적 해이(moral hazard)라고 부른다. 즉 도덕적 해이란 주인의 위임을 받은 대리인이 주인이 자신의 행동을 모두 관찰할 수 없다는 점을 알고(unobservability of actual behavior in the ex-post situation of contracts), 주인이 갖지 못하는 정보를 이용하여 사익을 추구함으로써 결과적으로 주인에게 손해를 입히는 행위를 말한다. 대리인과 주인은 추구하는 목표도 다르고 선호도 다를 수 있기 때문이다.

이러한 주인과 대리인 간의 관계는 변호사와 의뢰인, 의사와 환자, 중개자와 투자자, 정치인과 시민, 공급자와 구매자, 고용주와 고용인의 관계 등에서 나타날 수 있다. 특히 공무원과 국민과의 관계에서는 국민-선출직 공무원-고위관리직 공무원-하위관리직 공무원-일선 공무원의 형태로 다단계의 복수 대리가 이어지며 국가만 정보를 가지고 있을 가능성이 크다. 따라서 주인인 국민의 이익에 반하여 공무원이 직무상 알게 된 정보를 활용하여 개인의 이익을 추구할 우려가 있다. 이러한 기회주의적 행동은 대리인 개인을 위한 합리적 선택이라 하더라도 주인의 이익, 즉 공익을 손상시키는 부패 행위가 된다.

공공기업이 설립된 이후에는 폐쇄하기 곤란하다는 점을 잘 알고서 직원들의 봉급이나 성과급을 과다하게 지급하는 행위 또한 도덕적 해이의 대표적인 예라 할수 있다. 주인인 정부, 더 나아가 궁극적인 주인인 국민이 공기업의 직무를 모두 그리고 정확히 파악하기 곤란하다는 점을 악용하여 자신들의 이익을 추구하는 것이다. 공무원의 경우 법과 제도의 허점을 이용하여 사익을 추구함으로써 이해당사자나 국민에게 손실을 주는 행위는 물론, 권한과 지위에 상응하는 책임을 지지 않는 경우도 도덕적 해이에 해당한다. 이것은 민간기업에도 마찬가지로 적용될 수 있다. 정부가 국민경제를 생각해서 대기업을 망하도록 놔두지 않는다는 것을 이용해 금융 및 세제 지원을 과다하게 요청하는 행위, 정부의 공적자금을 일부라도 지원받은 민간기업이 방만하게 기업을 운영하거나 사적 용도로 사용하는 경우 등도 이에 해당한다. 정부나 국민은 민간기업의 영업 활동에 대하여 상세하게 관찰할 수도 파악할 수도 없기 때문이다.

(3) 부패의 비용편익이론

부패가 발생하는 근본 원인은 제한된 합리성에 기초하여 개인들이 기대비용이나 기대편익을 계산하여 결정된다는 경제이론이다. 부패의 합리적 선택이론 또는 공공선택이론이라고 한다(De Graaf, 2007). 이는 부패비용편익이론과 부패기대비용이론이 있다. 첫째, 부패비용편익이론이다. 부패는 한 개인이 부패로 인한 잠재편익과 잠재비용을 합리적으로 계산하여 결정된다는 이론이다. 즉 한 사람의 총 부패 총량은 부패를 통한 수수한 편익금액에서 부패가 적발되어 처벌될 경우에 발생하는 처벌비용과 도덕적 규범의 위반에 따른 도덕적 손상비용을 제외한 금액에 의해 결정된다는 것이다(Rose-Ackman, 1975). 이러한 비용들은 실제 금액이라기보다는 다양한 요소를 고려하여 스스로 생각하는 주관적 금액이다. 만약 부패로 인한 편익금액이 처벌비용을 초과할 경우 부패가 발생하고, 그 반대의 경우에는 발생하지 않는다. 부패편익과 부패비용에 대한 개인의 합리적 계산의 결과라는 것이다.

$$부패\ 총량\ G(X) = 편익금액(X) - 처벌비용\ J(X) - 도덕적\ 손상비용\ R(X)$$

둘째는, 부패의 기대비용이론이다. 부패비용편익이론 중에 부패 비용만을 별도 계산하여 부패가 결정된다는 이론이다. 부패의 기대비용은 부패가 적발될 확률, 처벌될 확률, 그리고 처벌 크기에 따라 결정된다(Klitgaard, 1988) 즉 적발확률이 높아지거나 처벌확률이 높아지거나 처벌의 크기가 높아지면 부패의 기대비용이 높아진다. 따라서 부배의 기대비용이 높아지면 부패는 낮아지고, 그 반대이면 부패는 감소한다는 것이다. 즉 처벌될 가능성이 매우 높고 처벌 정도도 매우 강하더라도 적발될 확률이 거의 없으면 부패를 저지를 가능성이 높다는 것이다. 처벌 확률이 거의 없거나 처벌의 크기가 매우 낮은 경우도 마찬가지이다.

$$부패의\ 기대비용(C) = 적발확률\ (R) \times 처벌확률\ (P) \times 처벌의\ 크기(S)$$

이러한 산식에서 중요한 점은 부패의 기대비용은 각 요소들의 합이 아니고 곱에 의하여 결정된다는 것이다. 즉 세 가지 요소 중 한 가지라도 0이 되면 부패 기대비용은 제로가 되기 때문에 부패가 일어날 가능성이 높다.

2. 제도적 상황요인

부패가 발생하는 제도적 상황은 다양하다. 즉 부패가 발생할 위험이 높은 제도를 유지하고 있는 상황에서는 공익과 사익이 충돌할 경우 사익을 선택할 위험이 더욱 높아지게 된다. 부패 위험이 높은 제도적 상황은 다음과 같다.

첫째, 분권화되어 재량권이 많은 경우이다. 집권적인 조직은 조직 구성원에 대한 직접적인 통제가 많은 반면, 분권적인 조직은 권한이 많이 위임되고 하위부서의 재량범위가 넓기 때문에 부패할 위험이 더 크다고 할 수 있다. 하지만 집권적 시스템이라 하더라도 상관이 부하직원의 업무를 모두 알 수는 없기 때문에 의사결정 과정에서 부하직원이 부패를 저지를 가능성은 항상 존재한다. 실제로 집권적 구조보다 분권적 구조에서 부패행위가 더 많이 일어난다고 말할 수는 없다. 재량권이 많고 권한이 위임되어 있는 경우 부패가 많다는 것은 일반론적인 설명이다 (Vito Tanzi, 1998). 지방자치단체장의 뇌물수수, 인사청탁 비리, 인허가 비리 등은 해당 공무원에게 재량권이 주어져 있기 때문에 부패가 발생한 것으로 해석할 수 있다.

둘째, 정보의 공개정도에 따라 부패수준이 달라질 수 있다. 정보공개 또는 정보공유 등 투명성을 확보하기 위한 제도적 장치가 많이 마련되어 있는 경우, 부패 가능성이 상대적으로 적다. 공무원의 직무활동에 대한 국민들의 이해정도가 높기 때문이다. 반면에 행정정보가 비공개되어 공무원이 이를 독점하고 있을 경우, 부패 위험성이 높게 나타난다. 도시개발계획, 공개입찰 내용, 인허가 신청 민원 등 행정과정에서 비공개 정보가 많다면 그만큼 부패 개연성이 높다 하겠다.

셋째, 공무원의 개인적 상황이나 사회적 상황에 따라 부패의 위험 정도가 달라질 수 있다. 공무원들은 급여나 소득, 그리고 공직규범이나 윤리의식 수준에서 차이가 있다. 따라서 공익과 사익의 충돌과정에서 사익을 억제하고 공익을 추구하고자 하는 자기통제 수준이 모두 달리 나타날 수 있다. 특히 개인적으로 부채가 많거나 자금압박을 받을 경우 공금횡령 등 부패 위험성이 높게 나타날 수 있다.

제3절 부패방지와 공직윤리 확보

부패를 방지하고 예방하기 위해서는 부패가 발생하는 원인을 제거해야 한다. 이를 위한 첫 번째 방안은 부패 위험을 높이는 이해충돌 상황을 사전에 제거하는 것이다. 두 번째는 이해충돌 상황이 발생했을 때 앞에서 설명한 부패 발생에 대한 이론을 토대로 공익을 선택하도록 하는 것이다. 궁극적으로 사익에 대한 유혹을 뿌리칠 수 있는 공무원의 도덕적 역량을 향상시키는 것이 필요하다. 우선 부패가 사회적으로 어떤 부정적 효과가 있는지 살펴본다.

1. 부패의 역기능

부패도 긍정적인 기능을 할 때가 있다는 주장이 있다. 즉 백색거짓말(white lie) 처럼 백색부패(white corruption)가 있을 수 있다는 것이다(Heidenheimer, Johnson & Levine, 1990). 이 주장은 뇌물도 하나의 경쟁시스템으로 본다. 예를 들어 시장진입을 제한하는 규제로 인해 특정인에게만 독점 혜택이 돌아가는 경우를 상정할 때, 로비(lobby)는 다른 경쟁자들이 시장에 진입할 수 있게 하는 긍정적인 기능을 한다는 것이다. 특히 개발도상국의 경우 부패는 기업가 정신이 강한 사람들에게 자본형성과 자원공급을 가능케 하여 경제성장에 기여하는 윤활유 역할을 할 수도 있다고 보는 견해이다. 또한 일을 빨리 처리해 달라고 금전 등을 수수하는 관료적 부패는 시간이 오래 걸리는 복잡한 행정절차를 피할 수 있게 함으로써 신속하고 탄력적인 행정을 가능케 한다는 것이다(Leff, 1964).

하지만 이런 주장은 부패가 조직적으로 만연된 특수한 상황만을 고려하고 있다. 즉 사회 전반에 만연한 부패현상에서 일부 예외적으로 나타나는 긍정적 효과를 지적한 것에 불과하다(Gould & Amaro-Reyes, 1983). 부패는 사적 이익을 위하여 공적 영역을 침해하는 악의 씨앗임에 틀림없다. 따라서 부패가 가지는 역기능을 명확히 인식할 필요가 있다.

첫째, 부패는 자원배분을 왜곡한다. 예를 들어 정부공사를 낙찰받은 입찰자가 계약조건을 속이고 공사를 할 수 있다면 정직한 입찰자보다 낮은 가격으로 응찰할 수 있을 것이다. 부패가 존재하는 경우 공공자원을 부적격자가 사용하게 되고, 그 과정에서 추가로 자원이 상실되어 사회 전반적으로 효율성이 떨어진다(Alam 1989). 국민을 위해 봉사해야 할 공무원 채용이나 국가대표선수 선발에서 금품이 오갈 경우 국민에 대한 봉사나 경기 승리를 기대할 수 없다.

둘째, 부패는 사회적 불신과 불평등을 심화시킨다. 부패는 뇌물을 줄 수 없거나 부패 과정에서 소외된 사람들을 양산한다. 정부를 신뢰하고 정상적인 거래에 의존하는 대다수 국민은 선택 기회를 박탈당하는 것이다. 이에 따라 심각한 냉소주의가 만연하여 사회적 일체감을 해칠 수 있다. 봉사와 희생과 기부는 줄어들고 불신이 팽배하게 된다. 뇌물을 주고 승진하거나 인허가를 취득할 경우, 규칙을 지키는 많은 사람들에게 공권력에 대한 불신을 안겨주기 때문이다. 국가발전에 필수적인 요소인 애국심이나 공공서비스에 대한 헌신 등은 존재하지 않는다(Mkabu, 1996).

셋째, 부패는 국가경제 발전에 악영향을 준다. 부패는 민간부문의 투자를 억제하여 경제성장률을 낮춘다는 연구 결과도 있다. 행정의 비능률은 투자율을 낮춤으로써 경제성장에 간접적으로 영향을 주거나, 각 부문에 대한 투자를 부적절하게 배분함으로써 부정적인 영향을 미친다는 것이다(Mauro, 1995). 또한 각종 개발계획을 둘러싼 부패는 그 프로젝트로부터 부정하게 자금이 유출되는 결과를 가져오기 때문에 프로젝트 자체가 부실해지거나 원가의 부당한 상승을 가져오게 된다(Gould, 1989). 건설 관련 부패는 분양가 상승으로 이어지고, 물가나 수출에도 장기적으로 악영향을 끼치게 된다.

2. 부패방지와 윤리 확보

(1) 이해충돌 상황의 사전방지

이해충돌 상황이 발생하지 않도록 사전에 막기 위한 방법으로는 다음 몇 가지가 있다(임옥기, 2008). 첫째는 이해충돌 소지의 제거(removal)이다. 이해충돌의 소지가 있을 때 이를 해결하는 방법은 회피하는 것이다. 예를 들어 주식을 갖고 있는 사람이 공직에 들어갈 때, 공직 취임 전에 주식을 모두 팔아치우고 이해 관련 기업의 직위도 모두 사직하는 것이다. 신탁을 받은 사람이 소유자에게 알리지 않고 구입, 매각할 수 있는 공무원의 주식 백지신탁(blind trust) 제도도 여기에 해당한다. 공무원에 임용된 이후 발생할지 모르는 이해충돌 상황에서 자신의 사적 이익을 추구할 유혹을 사전에 제거하는 것이다. 퇴직자 취업제한 역시 퇴직 전에 사익을 위해 공직을 이용할 여지를 제거하는 것으로 이해할 수 있다.

둘째는 공개(disclosure)이다. 이는 공무원의 이해충돌 상황을 대외적으로 공개함으로써 공무원의 사적 이익을 위한 선택을 미연에 방지하는 것이다. 공개된 상황이나 정보를 통하여 이해충돌 상황에 대한 외부적인 통제가 가능하고, 공개하는 사실 자체가 공무원이 사적 이익을 선택하지 못하도록 하는 억제효과를 가진다. 공무원의 재산등록 및 공개, 행정정보 공개, 공개경쟁 입찰, 정책결정 과정의 공개 등이 여기에 해당한다.

셋째는 기피 또는 회피(recusal)이다. 이해충돌을 일으킬 조건을 가진 사람은 이해충돌의 여지가 있는 경우, 그것을 못하도록 하는 것이다. 이것은 상황이나 직업에 따른 법적 요구일 수도 있고, 행동강령에 따른 요구일 수도 있다. 정부 정책결정권자나 판사가 자신의 친척이나 자신과 직접적인 이해관계가 있는 문제에 관한 결정을 할 때, 스스로 그러한 권한이나 기회를 포기하는 것과 같다. 이것은 이해충돌의 여지를 최소화하기 위한 것이다. 이해충돌 상황이 발생할 위험이 높은 직무의 기피, 사직(resignation), 전보(transfer)나 재배치(reassignment), 그리고 순환보직제도 등이 여기에 해당한다.

넷째는 제3자 평가(third-party evaluations)이다. 이해충돌 상황에서 개인의 윤리적 의사결정에 내재하는 한계를 극복해야 하는 현실에서 제3의 사람이 평가하도록 하는 것이다. 이해충돌로 인하여 불공정한 결정을 내릴 가능성이 있는 경우, 제3자가 중간에 나서서 문제의 행동을 평가하는 것이다. 그러나 제3자 평가 방식은 부패 위험성을 감소시킬 수는 있어도 이해충돌 관계가 사라지는 것은 아니라는 점을 유의할 필요가 있다. 부패 방지를 위한 조직의 노력에 대한 평가, 고위공무원의 청렴도 평가, 그리고 조직 구성원의 윤리수준평가, 윤리경영평가, 투명성 평가(TI) 등이 제3자 평가에 해당한다.

다섯째, 윤리규정(codes of ethics)이다. 윤리규정에는 공무원윤리헌장, 공무원선서, 윤리서약, 그리고 윤리적 행동규정 등 여러 가지가 있다. 윤리규정은 구체적으로 어떤 행위는 회피해야 하고, 어떤 행위는 사익에 해당한다는 구체적이고 명시적인 행동과 선택의 기준을 제시하는 것이다. 다만 윤리규정은 일반적으로 포괄적이고 선언적인 경우가 많고, 모든 상황을 예측하고 규정할 수 없다는 한계가 있다. 따라서 윤리규정의 실효성을 높이기 위한 제도적 장치가 필요하다고 하겠다.

공무원 청탁대응 매뉴얼

☎ 후배님! 내가 처리하는 업무는 특성상 직근 상급자 및 관련 부서와의 충분한 협의를 통하여 결정되는 업무 프로세스 때문에 청탁내용대로 내가 혼자 조용하게 처리할 수가 없다는 점을 이해해 주게.

　　→ 청탁의 핵심은 특정 소수에 의해 비밀스럽게 진행되는 것인데, 비밀스런 진행 자체가 불가능함을 설명하면서, 청탁 자체가 이루어질 수 없음을 설명함.

☎ 상무님! 부탁하신 사항을 처리하려면 부하직원에게 부당한 지시를 해야 하는데, 이럴 경우 부하직원이 청탁등록시스템에 청탁내용을 등록하게 되어, 내가 곤란한 입장에 처하게 됩니다. 이해해 주세요.

　　→ 청탁내용은 청탁등록시스템에 등록하도록 되어 있으며, 결국에는 청탁내용이 드러날 수밖에 없다는 점을 설명하여 청탁을 철회하도록 함.

☎ 선배님! 저는 인사업무 실무자입니다. 계약직 채용 관련 건은 실무자 혼자 처리하지는 않구요. 상급자의 검토, 채용심사위원회의 심의 등을 거쳐 결정되기 때문에 제가 어떻게 재량을 발휘할 수 없습니다.

　　→ 청탁내용은 본인이 결정하는 것이 아니라 상급자 검토, 심사위원회의 심의를 거쳐 결정되는 것으로서 본인이 수용할 수 없다고 설명하면서 청탁을 거절.

☎ 요즘 공직사회는 청탁내용을 등록하도록 되어 있어요. 만일 등록하지 않았다가 추후 발견되면 제가 강력한 처벌을 받게 됩니다. 저의 입장을 이해해 주세요.

　　→ 청탁내용은 모두 등록하도록 시스템화되어 있으며, 이를 등록하지 않은 것이 추후 발견될 경우 청탁내용이 무효화될 수 있으며, 강력한 처벌도 받게 됨을 설명.

☎ 작년에 우리 기관에서 인사청탁 사실이 발각되어 청탁을 한 직원과 청탁을 받은 직원이 전보 및 승진 인사에서 큰 손해를 보았어요. 요즘 공직 사회에서 청탁은 엄청 큰 파장을 일으키니 조심하는 것이 좋습니다.

　　→ 청탁을 수용함으로써 청탁자와 수탁자가 모두 불이익을 보았던 사례를 거론하면서 청탁을 철회하도록 함.

－ 출처 : 국민권익위원회, 『청탁대응 매뉴얼』, 2012.

(2) 이해충돌 상황에 대한 사회적 통제

공익과 사익이 충돌하는 상황에서 공익을 선택하는 방향으로 유도하기 위해서는 공무원에 대한 사회적 통제가 필요하다. 앞에서 살펴본 부패 발생의 이론적 근거를 보더라도 사회적 통제가 필요함을 알 수 있다(Harris, 2007).

먼저 죄수의 딜레마 이론에 따르면, 공익과 사익이 충돌하는 상황에서 사익을 추구하게 되는 이유는 사회적 통제나 협력 시스템이 없기 때문이다. 공무원 개인의 단독 결정에 맡겨두면 부패 위험은 더 커진다. 따라서 부패 방지를 위한 사회적 협약을 마련하고, 이를 실천하기 위한 사회적 노력을 기울여야 한다. 이는 긍정

적인 접근방법으로 공무원 상호간에 부패 방지를 약속하고 합의해 실천하도록 함
으로써 협력적 활동을 장려하는 방법이다. 또한 개인에 대한 법률적 또는 강압적
통제보다는 사회심리적 통제와 압력에 의존하는 방법이다. 공익적 사회공헌 활동
을 확산시키고 윤리와 규범을 실천하는 캠페인 활동, 그리고 자율적 실천 서약을
강조한다. 예를 들면 교사들이 집단적으로 '촌지 안 받기 운동'을 전개하고, 정부와
기업, 그리고 NGO가 합동으로 부패방지협약을 맺는 것이다. 또한 과거 투명사회
협약실천협의회 사례, 국회의원들이 돈 안 드는 선거문화 확산에 서명하는 것 등
이 그것이다.

부패 발생 원인에 관한 두 번째 이론은 도덕적 해이이다. 도덕적 해이는 사익
을 추구하기 위한 대리인의 기회주의적 행동에서 비롯된다. 따라서 이에 대한 대
응책 역시 법률적으로, 그리고 강압적 또는 규범적으로 엄격히 통제할 필요가 있
다. 도덕적 해이는 죄수의 딜레마 이론과는 달리 부패 방지를 위한 다소 부정적인
접근방법을 활용한다. 국가공무원법·부패방지법·공직자윤리법 등 법률에 의거
하여 부패 행위에 대한 처벌을 강화하는 것이다. 또는 이해충돌 상황에 처한 개인
들을 강력히 감시하고 통제한다. 부패 행위에 대해 상시적인 감사 활동을 하고, 직
무 생활을 엄격하게 감시하는 것이다.

세 번째의 부패의 비용편익이론에서 말하는 적발 확률과 처벌 확률 및 처벌의
크기를 키우는 것도 여기에 해당한다. 도덕적인 손상비용을 높이기 위해 대리인으
로서 공무원에게 윤리적·규범적인 호소도 할 수 있다. 개인이 사익을 추구하지
못하도록 신뢰 사회를 구축하고 규범적 통제를 강화하는 방법이다(De Graaf, 2007).
윤리의식 고취를 위한 부패 방지 교육 프로그램을 마련할 수도 있다.

(3) 이해충돌 상황의 개선

(가) 직접적 제도개선

부패 상황에 처하지 않도록 하기 위한 가장 직접적인 방법은 부패 기대비용을
최대화하는 것이다. 이를 위해 적발 확률, 처벌 확률, 그리고 처벌의 크기를 강화
한다. 적발 확률을 높이기 위해서는 부패 위험 요인을 상시적으로 모니터링해야
한다. 공무원의 직무수행 과정을 철저히 확인하고 점검함으로써 부패 행위를 즉시
적발할 수 있도록 하는 것이다. 처벌 확률을 높이기 위해서는 법령에 적발될 경우
반드시 처벌하도록 규정을 강화하고, 내부 징계 절차에 외부인사를 참여시키고,
소청심사제도를 엄격하게 운영하는 등의 방안이 있다. 이를 위해서는 '핫 스토브

의 규칙(hot stove rule)'을 적용하는 것이 바람직하다. 즉 즉각적이고, 강하며, 해당 죄목에 한정하여, 보편적으로 처벌하는 것이다. 다양한 형태의 안내와 감독 및 통제, 내부감사, 외부감사 등도 병행할 필요가 있다.

(나) 간접적 제도개선

부패 방지를 위한 간접적인 제도개선은 이해충돌 상황을 야기하는 제도적인 상황을 개선하는 것이다. 다음과 같은 몇 가지 개선 방안이 필요하다.

첫째, 지나치게 많은 부분을 분권화하거나 재량 범위를 확대하기보다는 일정한 정도의 집권적 통제가 필요하다. 부패 방지를 위해서는 공무원의 독점 권한을 축소하는 것이 바람직하다. 하지만 직종과 상관없이 공통적으로 그리고 빈번하게 발생하는 부패나 특수 직종에 국한하여 발생하는 부패 등에 대해서는 별도의 안내와 교육이 필요하다. 부패 위험 업무의 전산화 또는 정보화, 정보공개와 투명성 제고 등을 통해 부패를 방지하기 위한 종합계획과 통제가 필요하다. 아울러 부패예측제도를 도입하는 것도 필요하다. 부패 위험 요인을 사전에 알아내 차단함으로써 부패를 줄일 수 있다.

둘째, 투명성 확보가 필요하다. 한마디로 정보를 공개하는 것이다. 앞에서 설명한 것처럼 주인과 대리인 사이의 정보 비대칭성을 축소하는 방안이다. G2B 시스템인 나라장터의 성과에서 볼 수 있듯이, 오늘날 전자정부의 발전은 투명성을 높이고 부패를 방지하는 긍정적인 효과가 있다(Bertot, Jaeger & Grimes, 2010). 정보공개제도·전자입찰 업무·전자민원처리 등 정보화를 통한 정보의 공유가 부패 상황에 빠지지 않도록 하는 방안이 될 수 있다. 다만, 투명성과 관련하여 사생활 보호와 효율성의 제한을 받는다. 공공조직은 원칙적으로 투명성을 최대한 보장하되 사생활 보호에 위반되거나 투명하게 공개하는 것이 오히려 비효율성을 초래한다면 신중하게 판단할 필요가 있다.

셋째, 자율적 통제를 위한 노력이 필요하다. 외부적이고 집권적인 통제는 겉으로 보기에는 순응하는 것처럼 보이지만 실질적으로는 부패의 수준이 변하지 않는 경우가 많다. 공직윤리를 확보하기 위한 지나친 집권적 통제와 감시는 공직에 대한 동기부여가 안 될 뿐만 아니라 조직성과 향상에도 부정적인 영향을 미칠 수 있다. 공무원의 기본 권리를 최대한 보장하고 직무 외적 의무는 되도록 해제하여 스스로 부패를 통제할 수 있는 역량을 키우도록 해야 한다.

넷째, 공무원 급여의 현실화와 다양한 복리후생 제공이 필요하다. 공무원들이 기본 생활을 영위할 수 있는 수준의 급여와 복리후생이 주어질 경우 부패는 줄어들 수 있다. 이른바 '생계형 부패'가 과거에 비해 크게 줄어들었지만, 지금과 같은 생활급 형태의 보수체계가 약해지고 직무급이나 성과급이 확대되면 과거에 비해 절대적인 급여 수준이 높더라도 상대적으로 보수 수준이 낮으면 부패 가능성은 높아질 것이다. 특히 하위직의 경우 상위직보다 급여 수준과 부패 정도의 관계가 높을 것이다. 내부적으로 급여 수준의 차이가 심해지는 상황에서 부패를 막으려면 면밀한 조사가 필요하다.

공직자의 이해충돌방지법
(22.5.19 시행)

〈제정이유〉: 공직자가 직무를 수행할 때 자신의 사적 이해관계가 관련되어 공정하고 청렴한 직무수행이 저해되거나 저해될 우려가 있는 상황인 이해충돌을 사전에 예방·관리하고, 부당한 사적 이익 추구를 금지하기 위함.

〈주요내용〉:

(1) 공직자가 자신의 직무관련자가 사적이해관계자임을 안 경우 그 사실을 소속기관장에게 신고하고 회피를 신청하여야 하고, 직무관련자 또는 이해관계자는 그 공직자의 소속기관장에게 기피를 신청할 수 있음(제5조).

(2) 부동산을 직접 취급하는 공공기관의 공직자는 업무와 관련된 부동산을 보유하고 있거나 매수하면 이를 신고해야 하고, 그 외 공공기관의 공직자는 공공기관이 택지개발·지구지정 등 부동산 개발 업무를 하는 경우에 그 부동산을 보유하고 있거나 매수하면 이를 신고해야 함(제6조).

(3) 고위공직자가 임용 전 3년 이내에 민간 부문에서 업무활동을 한 경우 해당 내역을 소속기관장에게 제출하고, 소속기관장은 다른 법령이 금지하지 아니하는 범위에서 그 내용을 공개할 수 있음(제8조).

(4) 공직자는 자신, 배우자, 직계존속·비속 또는 생계를 같이하는 배우자의 직계존속·비속이 공직자의 직무관련자와 금전을 빌리거나 빌려주는 행위, 유가증권을 거래하는 행위, 부동산을 거래하는 행위, 물품·용역·공사 등의 계약을 체결하는 행위를 한다는 것을 알게 된 경우 그 사실을 소속기관장에게 신고하여야 한다(제9조).

(5) 공공기관 등은 「국가공무원법」 등에서 정하는 공개경쟁채용시험 등에 합격한 경우 등 예외를 제외하고는 소속 고위공직자 및 채용업무를 담당하는 공직자의 가족을 채용할 수 없고, 고위공직자 등은 소속된 공공기관에 가족이 채용되도록 지시·유도 또는 묵인을 하여서는 아니됨(제11조) 등.

〈적용대상〉: 부정청탁 및 금품등 수수의 금지에 관한 법률과 동일. 다만, 언론사의 대표자와 그 임직원은 제외.

* 참고: 국민권익위원회, 2021.

부정청탁 및 금품등 수수의 금지에 관한 법률
(약칭 청탁금지법, 2015. 3. 27 제정)

〈부정청탁 금지〉: 누구든지 직접 또는 제3자를 통하여 직무를 수행하는 공직자등에게 다음 각 호의 어느 하나에 해당하는 부정청탁을 해서는 아니 된다.

(1) 인가·허가·면허·특허·승인·검사·검정·시험·인증·확인 등 법령에서 일정한 요건을 정하여 놓고 직무관련자로부터 신청을 받아 처리하는 직무에 대해 법령을 위반하여 처리하도록 하는 행위,

(2) 인가 또는 허가의 취소·조세·부담금·과태료·과징금·이행강제금·범칙금·징계 등 각종행정처분 또는 형벌부과에 관하여 법령을 위반하여 감경·면제하도록 하는 행위,

(3) 채용·승진·전보 등 공직자등의 인사에 관하여 법령을 위반하여 개입하거나 영향을 미치도록 하는 행위,

(4) 법령을 위반하여 각종 심의·의결·조정 위원회의 위원, 공공기관이 주관하는 시험·선발 위원등 공공기관의 의사결정에 관여하는 직위에 선정 또는 탈락되도록 하는 행위,

(5) 공공기관이 주관하는 각종 수상·포상·우수기관 선정 또는 우수자 선발에 관하여 법령을 위반하여 특정 개인·단체·법인이 선정 또는 탈락되도록 하는 행위

〈금품 등 수수금지〉:

공직자등이 동일인으로부터 직무 관련 여부 및 명목에 관계 없이 1회 100만원 매 회계연도 300만원을 초과하는 금품을 수수하는 경우 형사 처벌할 수 있다. 100만원 이하 금품수수에 대해서는 직무와 관련한 금품수수시 과태료가 부과할 수 있다. 원활한 직무수행이나 사회상규에 반하지 아니하는 금품 등은 예외로 인정한다.

〈적용대상과 범위〉:

부정청탁과 공직자등 금품수수 금지 규정의 적용대상자는 첫째, 국가·지방공무원, 공직유관단체·공공기관의 장과 임직원, 각급 학교의 장과 교직원 및 학교법인의 임직원, 언론사의 대표자와 그 임직원("공직자등"), 둘째, "공직자등"의 배우자이다. 셋째, 공무수행사인으로 공공기관의 의사결정 등에 참여하는 민간인이다. 넷째, 공직자등에게 부정청탁을 하거나 수수 금지 금품등을 제공한 민간인을 포함한다. 배우자가 수수가 금지된 금품등을 받은 경우, 공직자등이 이를 알았음에도 신고하지 않은 경우에는 공직자등을 제재할 수 있다.

제4절 재산등록·공개 및 퇴직자 취업제한

공익과 사익 간의 이해충돌 상황에서 공무원의 윤리를 확보하고 부패를 방지하기 위한 방안 중 하나가 공무원 재산등록제도와 퇴직자 취업제한제도이다. 공무

원 재산등록제도는 현직 공무원에 대한 윤리적 통제인 데 반해, 퇴직자 취업제한 제도는 퇴직 공무원에 대한 윤리적 통제이다.

1. 공무원 재산등록·공개제도

(1) 의의

공무원 재산등록·공개(financial registration and disclosure)는 고위 공무원을 대상으로 재산 정보를 등록하게 하고 공개하는 제도이다(OGE, 2012a). 공무원이 법적 기준과 절차에 따라 재산을 신고하는 제도로, 재산 신고 후 기준과 절차를 확인하여 이를 공개하는 제도이다(박흥식·이선우·이창길·이상수, 2010). 재산등록제도는 공무원이 재산 축적 과정에서 공익을 해하거나 직권을 남용할 가능성이 있는지 확인하는 예방적 수단이다. 공무원의 재산등록은 공무원 개인의 재산을 공익의 영역에서 관리·감독하는 데 의의가 있다. 또한 재산공개제도는 공무원의 재산 증식에 대해 국민감시(public inspection) 방법으로 공무원의 부정을 통제하는 방법이다(박흥식·이선우·이창길·이상수, 2010).

(2) 목적과 취지

공무원의 재산등록·공개는 크게 징벌적 목적과 예방적 목적, 두 가지로 나눌 수 있다. 전자는 공직 기간에 재산의 부정한 증식을 방지하기 위해서이고, 후자는 공무원의 이해충돌을 확인하고 예방하기 위해서이다(Burdescu, Reid, Gilman, & Trapnell, 2009). 전자는 공무원의 재산을 감시하고 재산의 횡령 또는 은닉을 조사해 형사적·행정적 제재를 가하는 것이고, 후자는 공무원의 직무수행 과정에서 사적 이익과 공익 간의 충돌을 방지하기 위한 것이다(Cattabiani & Mario, 2009 ; Pieters, 2010).

일반적으로 전자보다는 후자의 입장이 강조되고 있다. 즉 재산등록제도는 재산 축적 과정의 비리와 불법을 사후에 점검하는 제도가 아니라 재산권 행사와 공직 업무가 이해충돌을 일으킬 가능성이 있는지를 사전에 점검하여 공무원의 부패를 막기 위한 예방적 수단이다(Rohr, 1981). 즉 공무원의 프라이버시를 희생함으로써 공무원의 재산권 행사와 관련된 이해충돌을 사전에 막고, 공무원 개인의 청렴성을 높이기 위한 수단이다(박흥식·이선우·이창길·이상수, 2010).

일반적으로 아프리카 등 개발도상국이나 재산등록제도를 새로 도입한 나라들은 재산등록 및 공개제도의 목적을 부의 부정한 축적 방지에 두는 반면(Bayley, 1970 ; Goulder & Mukendi, 1989), EU·미국 등 선진국들은 이해충돌의 확인과 예방에 두고 있다(Burdescu, Reid Gilman, & Trapnell, 2009). 우리의 경우 공직자윤리법 제1조를 보면 "공직자의 부정한 재산 증식을 방지하고, 공무집행의 공정성을 확보하여 국민에 대한 봉사자로서 가져야 할 공직자의 윤리를 확립함"을 목적으로 한다. 동시에 제2조에는 "공직자가 수행하는 직무가 공직자의 재산상 이해와 관련되어 공정한 직무수행이 어려운 상황이 일어나지 아니하도록 노력"해야 한다고 규정하고 있다.

(3) 비판적 의견

공무원 재산등록·공개의 목적과 취지는 긍정적으로 평가된다. 하지만 그 과정에서 발생하는 다양한 문제와 실질적인 효과에 대해서는 여러 가지 비판이 제기되고 있다. 이러한 비판은 등록 대상, 적용 범위, 공개 방법 등 제도 집행 과정에 많은 시사를 한다.

첫째, 공무원의 재산등록 및 공개는 가장 기본적인 프라이버시인 사적 재산권을 제한할 수 있다는 우려가 많다. 공무원의 일종의 사생활을 공개하도록 하기 때문이다. 이 제도는 특히 영미권에서 많은 소송과 논의를 거쳐 제도화되었다. 미국에서는 뇌물 및 이해충돌에 관한 법률(Bribery and Conflict of Interest Act of 1962)과 미국 정부윤리법(Ethics in Government Act of 1978)을 통해 공무원 재산등록·공개제도의 법제적 원형이 만들어졌다.

둘째, 재산등록 및 공개 과정에서 정치화될 우려가 크다는 것이다. Rohr(1981 : 32)는 공무원 재산공개제도의 '정치 의식(儀式)'(ritualistic politics)적 성격을 지적한다. 재산공개제도를 도입하게 되면 제도가 운영되는 과정에서 공무원의 청렴성을 검증하는 하나의 의식처럼 작동하게 되고, 누가 얼마나 더 청렴한지를 서로 증명해야 하는 정치적 게임 상황을 만들어낸다는 것이다.

셋째, 부패 방지나 청렴성 확보라는 실질적인 효과가 나타나기 어렵다는 것이다(Gokcekus & Mukherjee, 2006). 재산등록 및 공개의 부패방지에 미치는 긍정적 효과(Vargas and Schlutz, 2016)에도 불구하고, Roberts & Doss(1992)는 재산공개제도로 공무원의 재산권 행사를 규제하는 것은 개인의 기본권 제한을 전제로 한 것인데, 이를 통해 얻어지는 공직윤리 개선 효과는 미미하다고 주장한다. 오히려 고위공무원에 대한 지나친 재산 공개 요구가 유능한 인재를 공직에 끌어들이는 것을 부당하게 방해하는 등의 역효과가 발생한다는 것이다(Roberts, 2007).

넷째, 제도 집행 과정에서 지나치게 비용과 노력이 많이 든다는 것이다. 재산 등록 및 공개, 그리고 매년 증감 보고 과정에서 공무원 개인은 물론 이를 주관하는 기관의 행정 비용이 지나치게 많이 든다는 것이다. 이에 따라 최근 재산 등록 방법의 자동화가 확산되고 있을 뿐만 아니라 등록재산의 심사과정에서 부패가능성 분석방법도 고도화되고 있다(Kotlyar and Pop, 2021).

(4) 재산등록 및 공개의 내용과 방법

공무원 재산등록 및 공개제도가 도입된다 하더라도 실제 그 방법과 내용에 따라 큰 차이가 있다. 공개 또는 등록 심사받아야 하는 재산은 무엇이며, 대상 공무원은 누구인가? 등록 및 공개 주체는 누구이고, 공개 대상과 방법은 어떻게 결정하며, 재산 누락 등 위반자에 대한 처리는 어떻게 할 것인가?

Rohr(1981)는 공개 범주 결정의 지표로 업무 내용, 관할 범위, 예산 규모, 직급, 부하의 수, 계약, 조달 등 특정 업무의 민감성 등을 제시하고 있다.

첫째, 공개 대상 공무원의 범위이다. 기본적으로 고위공무원일수록 재산공개 의무를 강하게 부과해야 한다. 선출직 공무원만으로 할 수도 있고, 임명직뿐만 아니라 경력직까지 확대할 수도 있다. 경력직 공무원을 대상으로 하더라도 보수를 기준으로 할 것인가, 아니면 등급을 기준으로 할 것인가를 결정해야 한다. 공무원이 증여나 명의변경 등을 통해 재산공개법을 고의로 우회하는 것을 막기 위해 배우자·자녀 등 직계가족과 친인척에 공개 의무를 부과하기도 한다. 일반적으로 배우자는 같이 재산을 공개할 의무가 있지만, 일부 제한을 두기도 한다. 배우자의 재산 동반 공개가 공무원이 아닌 시민의 기본권을 제한하는 것일 수 있으므로 자신이 소유 또는 통제하지 않는 배우자의 재산공개를 면제하는 것이다. 남편이나 배우자의 직업을 그만두도록 요구할 수 없는 이상, 재산공개가 직업상 전문성을 약화시키거나 결혼 생활에 영향을 미칠 수도 있기 때문이다(박흥식·이선우·이창길·이상수, 2010).

둘째, 공개되는 재산의 범위는 주로 소득과 부동산이다. 공무원 재산공개 결정의 기준은 공무원의 직무 관련 활동이나 직무상 책임과 의무가 재산 관련 활동과 연관이 있는 경우이지만(박흥식·이선우·이창길·이상수, 2010), 객관적으로 이를 판단하기란 쉽지 않다. 미국의 경우 재산공개제도를 도입할 당시 정부의 피고용인은 모든 재산을 공개해야 한다는 논의가 우세했으며, 실제 이후의 논쟁에서도 일정

금액 이상의 보수를 받는 모든 공무원의 수입과 자산, 순가치를 공개하도록 한 행정명령이 합헌 판결을 받은 사례가 있다(Rohr, 1981).

셋째, 공개 대상과 방법이다. 등록된 재산을 모두 공개할 것인지, 일부만 공개할 것인지를 결정해야 한다. 공개 재산과 관련해서는 보수·재산소득·부동산 등을 포함시킬 것인가, 공개는 실제 가격으로 할 것인가, 아니면 범주형으로 제시한 후 공무원으로 하여금 선택하도록 할 것인가, 누구나 확인할 수 있는 방법으로 공개하는가, 아니면 조회·확인을 원하는 사람에 대해서만 자신의 신분·조회 이유를 먼저 밝히는 조건으로 공개할 것인가 등 다양한 방안이 있다. 다만, 지나치게 제한적으로 공개할 경우 국민감시를 약화시키는 문제가 있으므로 신중하게 판단할 필요가 있다.

표 17-3　우리나라 재산등록 및 공개제도 개요

분야	주요 내용
등록 대상 공무원	국가 및 지자체 정무직, 4급 이상 공무원(경찰·소방·국세·관세 등 특정분야는 7급 이상), 법관·검사, 헌법재판소 헌법연구관, 대학의 총·학장, 대령 이상 장교, 공기업의 장·부기관장, 공직유관단체 임원 등
등록 대상 재산	등록의무자 본인·배우자 직계존비속의 재산(단, 등록의무자의 부양을 받지 아니하는 직계존비속은 허가를 받아 고지거부 가능) 부동산에 관한 소유권·지상권 및 전세권 광업권·어업권, 자동차 선박 등 부동산에 관한 규정이 준용되는 권리 소유자별 합계액이 1천만원 이상의 현금, 예금, 증권, 채권, 채무 소유자별 합계액이 500만원 이상의 금 및 백금 품목당 500만원 이상의 보석류, 골동품 및 예술품 회원권 소유자별 연간 1천만원 이상의 소득이 있는 지식재산권 자동차·건설기계·선박 및 항공기 합명회사·합자회사 및 유한회사의 출자지분 주식매수 선택권
등록 사항 심사	등록재산의 거짓 기재, 잘못 기재한 내역 등 재산 성실등록 여부 심사 재산취득경위, 소득원 등 재산형성과정 심사
심사 결과 처리	경고 및 시정조치, 과태료 부과, 일간신문 광고란을 통한 허위등록사실의 공표, 해임 또는 징계의결요청 다른 법령 위반이나 부정한 방법으로 재산상 이득을 취한 경우 관계기관에 위반사항 통보, 법무부장관에 조사 의뢰 등 조치
등록 재산 공개	국가 및 지자체 정무직, 1급 이상 공무원 또는 고위공무원단 '가'등급, 고등법원 부장판사·대검찰청 검사급 이상, 중장 이상 장교, 교육공무원 중 총·학장, 공기업 및 공직유관단체의 장 등 (공개시기)등록(신고)기간 만료 후 1개월 이내 (공개방법)각 공직자윤리위원회별로 관할 공개자의 재산*을 관보 또는 공보에 계재하여 공개

출처 : 인사혁신처, 2022.

넷째, 등록 및 공개 재산의 심사 및 처리에 관한 사항이다. Rohr(1981 : 37)는 제도가 목표를 달성하기 위해서는 공무원의 성실한 재산등록, 철저한 심사가 이루어져야 한다고 강조한다. 외부감시제도의 실효성을 높이기 위한 방법의 하나로 시민사회 참여 방법이 있으나, 전문성 부족이나 공무원 사생활 보호 측면에서 검토되어야 할 것이다.

마지막으로 재산등록 및 공개에 대한 위반자 처리이다. 공무원이 재산등록 및 공개 절차와 방법을 실질적이고 명백하게 위반했을 때, 처벌 대상과 방법을 결정하는 것이다. 직무수행 과정에서 이해충돌을 방지하기 위한 방법임에도 등록이나 공개 자체를 안 했다고 처벌할 수 없다고 볼 수도 있다. 처리 방법으로 경고·과태료 등 행정적 조치와 함께 형사적 조치가 가능한지에 대한 논란도 제기될 수 있다.

2. 퇴직자 취업제한과 행위제한

(1) 의의와 목적

퇴직자 취업제한제도는 공무원이 퇴직 이후 일정기간 관련 분야에 취업할 수 없도록 하는 제도이다(OGE, 2012b). 이 제도는 공무원이 업무와 관련 있는 민간부문에 취업하여 공직 시절에 취득한 지식이나 인간관계를 활용하여 다양한 이해관계의 충돌을 야기할 가능성을 고려한 예방적 조치이다(박영원, 2009).

퇴직자 취업제한제도는 두 가지 목적에서 출발하였다(Hawley, 2008). 첫째는 퇴직 후 취업으로 인해 발생하는 이해충돌의 위험 상황을 미연에 방지하기 위해서이다. 재직 당시 담당했던 업무로부터 취득한 정보를 직접 또는 간접적으로 사익을 위해 활용하는 것을 방지하는 것이다. 둘째는 재직 당시의 이해충돌 상황을 방지하기 위해서이다. 재직 공무원이 직무 활동 과정에서 퇴직 후 직업을 약속하고 공익을 위해 공정하고 객관적인 업무를 하지 않을 가능성에 대비한 것이다.

공무원의 퇴직 후 취업제한제도는 1970년대 미국에서 시작되었다(OGE, 2012). 1960년대 민주주의가 정착하고 정부가 민간부문으로부터 전문인력을 받아들이게 되면서, 민간에서 충원한 전문인력이 공직사회에서 획득한 지식과 인적 네트워크를 가지고 다시 민간기업으로 돌아가는 소위 회전문(revolving door) 효과를 낳게 되었다(Maskell, 2007). 회전문은 고위직 공무원들이 퇴직 이후의 취업을 고려하여 재직 중 공직 권한을 사적 자원의 확보를 위해 사용할 유인을 만들어내기 때문에, 공익과 사익의 충돌을 막고 부패의 유인을 제거하기 위하여 퇴직자 취업제한제도를 행정부문에 도입한 것이다.

(2) 취업제한과 행위제한의 내용

퇴직 공무원을 대상으로 하는 공직윤리제도는 두 가지가 있다. 하나는 취업을 인정하되 행위를 제한하는 방식이고, 다른 하나는 취업 자체를 제한하는 방식이다. 미국의 사례가 대표적인 전자의 경우이고, 일본·프랑스·싱가포르 등의 사례가 후자에 해당한다(이상수·이선우·박흥식·이창길, 2010). 전자는 공직자에게 퇴직 후 일정업무의 취급을 제한하고, 부정청탁 행위를 금지하여 부당한 영향력 행사를 사전에 방지하고자 한 것이며, 후자는 퇴직공직자와 업체간의 유착관계 차단, 퇴직 전 근무했던 기관에 영향력 행사 방지를 통해 공무집행의 공정성과 공직윤리 확립하는데 그 목적이 있다(인사혁신처, 2022)

먼저 행위제한 방식은 공무원이라 하더라도 퇴직 후 직업을 스스로 선택할 수 있는 자유를 인정한다. 다만, 퇴직 후 직업생활 과정에서 이해충돌이 발생할 위험이 있는 행위를 제한하는 것이다. 직업선택의 자유를 존중하는 방식은 첫째, 공무원도 퇴직 후 일반 시민으로서 갖는 기본적 권리의 회복 차원에서 인정되며, 둘째 실제 취업제한보다 행위제한이 실효성이 크다고 보기 때문이다. 공무원이 퇴직한 경우 직업선택 자체를 제한하는 것은 헌법상 직업선택의 자유를 제한하는 것이기 때문에 신중한 접근이 필요하다는 관점이다. 미국의 경우, 근무사항과 관련되는 특별사항에 대하여 영구적 제한 또는 1년간 제한 등 기간을 정하여 영향력 행사 또는 정보 활용, 특정 기관의 대표나 자문 등의 행위를 하는 것을 제한하고 있다(이상수·이선우·박흥식·이창길, 2010). 또한 기존 근무기관의 공무원과 접근하는 것 자체를 제한한다. 그뿐만 아니라 특정 사항을 대리하는 행위나 공무수행과 관련 있는 특정 사항에 개입·지원·조언하는 행위, 그리고 특정인을 대신하여 영향력을 행사하는 것과 같은 행위를 실질적으로 제한하고 있다(Hawley, 2008).

이러한 방법은 공무원 퇴직 후 직업선택의 자유를 존중하고, 이해충돌을 방지하는 원래의 취지에 따라 실질적인 효과를 거둘 수 있다는 장점이 있다. 반면 행위제한 역시 기본권 제한에 해당할 뿐만 아니라 위반시 확인하여 제재하기가 쉽지 않다는 단점이 있다.

둘째는 취업 자체를 제한하는 방식이다. 취업 자체를 제한하고, 제한 기간과 대상 민간기업을 법령으로 명시하는 것이다. 취업제한제도는 퇴직 후의 행위제한만이 아니고 실제 재직시 직무 활동 과정에서 퇴직 후 취업 약속 하는 것을 방지하기 위한 목적이 있다. 행위제한만으로는 현실적으로 이해충돌 상황을 확인하여 점검하고 이를 제재하기가 어렵기 때문이다. 만약 그렇게 할 수 있더라도 비용과 노력이 많이 들기 때문에 취업 자체를 제한하는 것이 현실적인 방법이다.

하지만 이러한 방법은 실제 퇴직 공무원이 재직시 담당했던 직무와의 관련성이나 취업 불가 또는 취업이 허용되는 민간기업을 선정하기 곤란하다는 문제점이 있다. 특히 퇴직자의 취업 자체를 제한함으로써 직업선택의 자유를 침해하고 퇴직후 생계유지 수단을 차단한다는 비판을 받는다. 또 예외적으로 취업 승인을 할 경우 취업 승인 신청과 심사, 그리고 그 결과에 대한 논란이 확대될 수 있다.

(3) 취업제한의 기준과 범위

퇴직자 취업제한제도는 이해충돌 상황이 생기지 않도록 부패 가능성을 사전에 예방하기 위하여 공무원의 퇴직 후 직업선택 또는 직업활동의 자유를 제한하는 제도이다. 공무원에 대한 국민의 신뢰를 높이고 공무원의 부패를 방지하기 위해 필요한 제도라는 점은 인정되지만, 광범위한 집단의 개인 기본권을 제한하는 제도이기 때문에 취업제한 기준이 명확하고 범위를 최소한으로 하지 않으면 안 된다. 행위제한의 경우에도 직무관련성의 기준은 동일하게 적용될 수 있다. 재직 당시 직무와의 관련성이 가장 중요한 취업제한 기준이 된다. 직무관련성의 범위를 지나치게 확대하면 이해충돌의 방지라는 당초 목적을 달성하기 어려운 반면, 지나치게 축소할 경우에는 퇴직 공무원 개인의 기본권을 제한하는 효과를 가져오게 된다. 일반적으로 직무관련성은 다음 몇 가지 기준에 따라 판단할 수 있다. 즉 재직 중 감독책임을 맡았던 업무인지 여부, 재직시 필요한 행정적·재정적 지원을 했는지 여부, 평가·분석·감사 활동에 참여했는지 여부, 재직시 소속 기관을 대표해 계약서에 서명을 했는지 여부, 관련 회의 참석 여부, 취업 대상 업체에 이득을 줄 수 있는 제안서 또는 신청서를 승인했는지 여부, 비밀 정보에 대한 접근권을 가지고 있었는지 여부, 의사결정에 직접 관여했는지 여부 등이다(이상수·이선우·박흥식·이창길, 2010).

(4) 행위제한의 확산 및 변화

취업제한과 행위제한 중 어떤 것을 선택할 것인가는 직업공무원의 역사, 사회 내 노동이동성, 취업 상황이나 전문인력의 충원 정도 등 국가별 사회경제적 상황에 따라 다르다. 하지만 최근 직업공무원제의 약화 및 공공부문의 노동이동성이 증가하면서 퇴직자 취업을 전면 제한하기에는 한계가 있어 행위를 제한하는 방식으로 변화되고 있다. 헌법상의 직업선택의 자유를 보장하면서도 실질적인 퇴직자 윤리 확보를 위하여 퇴직자의 취업 자체를 포괄적으로 제한하기보다는 개별적인 행위를 제한하는 것이 바람직하다는 취지이다. 개별적인 행위제한 내용으로는 기존 인허가 업무 담당자의 경우 기존에 담당했던 기업과의 직접 거래 금지, 보조금이나 조세부과 담당자의 경우 역시 접촉했던 상대방 또는 담당 기업과의 거래 금지 등 취업 전후로 직무와 관련해 영향력을 행사할 수 없도록 하는 것이다. 퇴직 공무원 개인의 기본권 제한과 부패 방지라는 목적이 동시에 달성될 수 있는 균형점을 찾을 필요가 있다. 앞으로 직무 및 직급의 특성을 바탕으로 행위제한의 차별화가 필요하고, 구체적인 접촉 금지 등 다양한 행위제한 방안이 필요하다(조태준·류은영, 2021).

미국과 한국의 퇴직자 취업제한 내용

1. 한국

공직자윤리법은 공직 재직시와 관련된 사기업체 취업을 제한하는 제도를 명시하고 있다. 퇴직공직자의 취업제한 및 행위제한 등을 규정함으로써 공직자의 부정한 재산 증식을 방지하고, 공무집행의 공정성을 확보하기 위함이다.

〈퇴직자 취업제한〉: 공무원과 공직 유관단체의 임직원은 퇴직일로부터 3년간 퇴직 전 5년 동안 소속하였던 부서 또는 기관의 업무와 밀접한 관련이 있는 일정 규모 이상의 영리 기업체 및 연관 법인·단체에 취업할 수 없도록 하고 있다. 다만, 관할 공직자윤리위원회의 승인을 얻은 경우에 한해서 취업이 가능하다. 승인 여부를 결정하는 기준은 취업심사대상자가 퇴직 전 5년동안 소속하였던 부서의 직무와의 관련성 여부로서 그 내용은 ① 직·간접으로 보조금·장려금·조성금 등을 배정·지급하는 등 재정보조를 제공하는 업무. ② 인가·허가·면허·특허·승인 등에 직접 관계되는 업무, ③ 생산방식·규격·경리 등에 대한 검사·감사에 직접 관계되는 업무, 조세의 조사·부과·징수에 직접 관계되는 업무, ⑤ 공사, 용역 또는 물품구입의 계약·검사·검수에 직접 관계되는 업무, ⑥ 법령에 근거하여 직접 감독하는 업무, ⑦ 취업제한기관의 당사자이거나 직접적인 이해관계를 가지는 사건의 수사 및 심죄·심판과 관계되는 업무 등이다.

〈퇴직자 행위제한〉: 퇴직공직자는 본인 또는 제3자의 이익을 위하여 퇴직 전 소속 기관의 재직자에게 법령을 위반하게 하거나 지위 또는 권한을 남용하게 하는 등 공정한 직무수행을 저해하는 부정한 청탁 또는 알선을 해서는 아니 된다. 재직자는 퇴직공직자로부터 직무와 관련한 청탁 또는 알선을 받은 경우 이를 소속 기관의 장에게 신고하여야 한다. 아울러 업무취급제한 제도로서 모든 공무원 또는 공직유관단체 임직원은 퇴직 전 2년간 근무한 기관이 취업제한기관에 대하여 처리하는 업무상 관련성이 높은 업무를 2년간 취급할 수 없다.

2. 미국

2007년 미국에서 도입된 이해충돌금지법(18 U.S.C. §207. Honest Leadership and Open Government Act of 2007. HLOPA)은 공직 퇴직자의 취업 및 행위를 제한하고 있다(Maskell, 2007 ; 이상수·이선우·박흥식·이창길, 2010).

〈퇴직자 취업제한〉: ① 민간부문으로 소속 변경 평생 금지: '특정한 일(particular matter)'을 정한 후, 연방정부 공직자가 퇴직 후 민간부문으로 소속을 바꾸어(switching sides) 정부를 상대로 동일한 일을 하는 것의 평생 금지(lifetime ban)이다. 과거 정부를 위해 '특정한 일'을 '개인적 그리고 실질적으로(personally and substantially)' 했던 공직자가 민간부문의 상대편에 가서 똑같이 정부를 상대로 이 일을 하는 것의 평생 금지이다. ② 민간부문으로 소속 변경 2년 금지: '다소 광범위한 일(somewhat broader range of matters)'을 정한 후, 이에 대하여 소속을 바꾸어 일하는 것에 대한 2년간의 금지이다.

〈퇴직자 행위제한〉: ① 고위직 공직자 1년의 '냉각기간(cooling off)': 정부 고위직 공직자(senior officials), 미국 연방정부의 경우, 대체로 차관보 이상이 이전에 근무했던 정부부처나 기관에 있는 사람들에게 영향을 주거나 주려고 시도하는 커뮤니케이션에 대한 금지이다. ② 최고위 공직자 2년의 '냉각기간': 2년의 냉각기간은 '최고위(very senior)' 공직자가 전체 행정부 어떤 다른 고위직 공직자에게 영향을 주거나 주려고 시도하는 커뮤니케이션(representationalcommunications)에 대한 금지이다. ③ 무역·조약 협상 대표의 1년 제한: 정부를 대표해 무역 또는 조약 협상(trade or treaty negotiations) 일을 했던 공직자가 퇴직 후 동일한 일에 관하여 상대편 쪽 사람들을 돕는 행위의 1년 금지이다. ④ 외국 정부 대표 1년 금지: 정부의 전직 고위공직자가 외국 정부나 정당을 위해 어떤 대리 또는 자문 활동을 하는 것에 대한 금지이다. HLOPA에 따라 1년 냉각기간 동안 금지한다. 이것은 무역협상에 있어 조력하거나 입법부 하원의원, 그리고 고위 입법부 간부들에게도 적용된다. 반면 2년 냉각기간은 의회를 대상으로 로비하는 전직 미국 상원의원에게 적용된다.

 학●습●포●인●트

- 이해충돌
- 부패의 유형
- 도덕적 해이와 역선택
- 부패 발생의 제도적 상황 요인
- 부패의 역기능
- 부패 방지를 위한 사회적 통제
- 공무원 재산등록·공개

- 부패·청렴·윤리
- 죄수의 딜레마
- 부패의 비용편익이론
- 부패의 순기능
- 부패 방지를 위한 사전방지
- 부패 방지를 위한 상황 개선
- 퇴직자 취업제한제도

연 ● 습 ● 문 ● 제

1. 일부 공무원들이 추가 근무를 하지 않고도 시간외 수당을 허위로 등록해 수당을 받는 사례가 이러한 행위가 발생하는 근본적인 이유와 대책을 기술하시오.
2. 죄수의 딜레마 이론에 따라 부패의 원인을 설명하고, 이러한 이론에 근거한 부패 방지 대책을 간단히 기술하시오.
3. 부패, 윤리, 그리고 청렴을 비교하여 서술하시오.
4. 부패의 역기능에 대해 설명하시오.
5. 공직사회의 부패 사례 하나를 선정하여, 그에 대한 해결책을 부패의 기대비용이론과 관련지어 설명하시오.
6. 공무원 재산등록제도와 퇴직자 취업제한제도를 비교하시오.

토 ● 의 ● 사 ● 례

A공사 직원들의 광명 · 시흥 신도시 사전투기 의혹

국토교통부는 정부의 주택공급 대책에 따라 수도권 3기 신도시 중 6번째로 광명시흥지구를 지정한다고 발표함. 해당 지구는 광명시 광명동 · 옥길동 · 노은사동 · 가학동, 시흥시 과림동 · 무지내동 · 금이동 일원 1,271만㎡(약 384만평)에 총 7만 세대를 공급하는 계획으로 3기 신도시 중 최대규모임. 해당 지구에 대한 신도시 지정 발표 전후 민변 민생경제위원회와 참여연대가 해당 지역에서 A공사 직원들이 투기 목적으로 토지를 구입했다는 제보를 접수받아 해당 필지의 등기부등본, 토지대장, A공사 직원 명단을 대조한 결과, 2018년 4월부터 2020년 6월까지의 기간동안 A공사 임직원과 배우자 등 10여명이 시흥시 과림동, 무지내동 일원 10개 필지의 토지(23,028㎡, 약 7천평) 지분을 나누어 매입한 정황을 확인했음. 해당 토지들의 매입가격만 약 100억원대에 이르며 금융기관을 통해 대출액만 약 58억원에 이를 것으로 추정됨. 특히 이들은 해당 토지들을 개별적으로 소유권을 취득하기보다는 공동으로 소유권 지분을 취득하는 방식으로 매입한 것으로 드러남. A공사는 법에 따라 토지의 취득 · 개발 · 비축 · 공급, 도시의 개발 · 정비, 주택의 건설 · 공급 · 관리 업무를 수행함으로써 국민 주거 생활의 향상과 국토의 효율적인 이용을 도모하여 국민경제의 발전에 이바지함을 목적으로 설립되었으나, 그동안 국정감사에서 투자 관련 조언 명목의 뇌물수수, 수의계약을 통한 A공사 아파트 보유, A공사 임직원들의 판교 등 분양전환 공공임대 계약 문제 등으로 지적을 받아왔을 뿐 아니라 최근에도 3기 신도시 유력 후보지 개발도면 유출로 직원들이 징계를 받는 등 사건이 이어지고 있음.

10개 필지 소유주 20인(중복제외) 중 A공사 직원은 14인, A공사 직원의 배우자는 2인(김mm, 안○○), 1인(장××)은 가족으로 추정되며, 2인(이○○, 전○○)은 현직 A공사 직원은 아니나 A공사 직원들과 공동으로 2필지 이상의 토지를 매입함. 김○○과 이○○,

소○○, 백○○, 정○○, 박○○은 동일한 전소유자로부터 같은 시기에 함께 취득했으며, 이○○을 제외한 5명이 A공사 직원으로 추정됨. 이○○의 경우 A공사 직원 명단에서 확인되지는 않으나 인접 필지인 순번3도 공동소유한 것으로 드러남. 장○○, 강○○의 경우 A공사 직원으로 추정되며 순번5-8도 공동 소유함. 장○○의 경우 지분 3분의 2를 취득하고 있으며 7억 8천만원의 구입대금 중 5억 2천만원을 납부하는 등 매입을 주도함. 순번4에서 A공사 직원명단에서 확인되지 않는 장××는 장○○의 가족일 것으로 추정됨. 과림동 관련자 7명 중 A공사 직원은 5명으로 파악되나 A공사 직원이 아닌 2인 중 김○○은 소유주 7명 중 1인이자 A공사 직원인 강○○의 배우자이고 또 다른 1명인 전○○은 다른 시기에 순번9를 A공사 직원들과 함께 매입함. 무지내동 관련 4명은 A공사 직원인 박○○과 강○○, 박○○의 배우자 안○○, 과림동을 매입한 전○○임. A공사 직원인 강○○의 경우 과림동 매입에도 참여함(출처: 참여연대 홈페이지).

📖 토의과제

1. 위 사례는 참여연대가 발표한 A공사의 직원들에 대한 사전투기 의혹이다. 이러한 상황이 발생하게 된 원인을 이론적으로 설명하시오.
2. 제시한 이론에 입각하여 이를 개선하기 위한 방안을 구체적으로 제시하시오.

💡 참고문헌

국민권익위원회, 2021. 『공직자의 이해충돌 방지법』 설명자료.

김영종, 2017. 『신부패학』, 대경.

김일재, 2003. 『인터넷시대의 미국 인사행정론』, 집문당.

다산 정약용, 『탐진촌요』. 강진일보. 2009. 3. 25.

민경식, 2000. 「공무원의 근로기본권」, 『중앙대학교 법학논문집』 24(1), pp.25-49.

박재창, 1993. 「공직자 재산등록 공개제도 : 통제론적 접근」, 『한국행정연구』 2(1), pp.47-66.

박중훈·최유성, 2009, 「부패방지 정책 및 활동의 효과성 평가-예방적 차원을 중심으로」, 한국행정연구원.

박영원, 2009. 「공직윤리의 강화방안 : 퇴직공직자의 취업제한제도를 중심으로」, 『한국공공관리학보』 23(4), pp.65-93.

박흥식, 2008. 「공직자 이해충돌 행위의 개선을 위한 연구 : 법적·윤리적 시각을 중심으로」, 『한국행정학보』 42(3).

박흥식·이선우·이창길·이상수, 2010. 「공직자 재산등록 및 공개제도에 대한 공직사회 이해관계 집단간 인식의 차이」, 『한국부패학회보』 15(2), pp.51-72.

엄석진, 2009. 「행정의 책임성 : 행정이론 간 충돌과 논쟁」, 『한국행정학보』 43(4), pp.19-45.

오석홍, 2022. 『인사행정론』 제9판, 박영사.

윤태범, 2004. 「공직윤리 확보를 위한 이해충돌 회피의 제도화 방안」, 『한국행정학회』 3, pp.635-669.

이상수 · 이선우 · 박흥식 · 이창길, 2010. 「퇴직공직자 취업제한제도의 한계와 개선방안 연구」, 『한국부패학회보』 15(3), pp.83-114.

인사혁신처, 2022. 홈페이지. https://www.mpm.go.kr/

임옥기, 2008. 「공무원 부패의 영향 요인 : 공무원 인식도 조사를 중심으로」, 서울시립대학교 행정학과 박사학위 논문.

장지원, 2010. 「한국 공공부문의 부패 실태 추이 분석」, 한국행정연구원.

조태준 · 류은영, 2021. 「퇴직공무원 행위제한제도의 개선방안에 관한 연구」. 『한국인사행정학회보』, 20(3), 211-238.

한국인사행정학회, 2009. 「재산등록 및 취업제한제도 개선방안」, 행정안전부 연구용역 과제 결과보고서.

Alam, S.M., 1989. Anatomy of Corruption, *American Journal of Economics and Sociology,* 48, pp.441-456.

American Heritage® 2022. *Dictionary of the English Language : Fourth Edition.*

Bayley, David H., 1970. The Effect of Corruption in a Developing Nation, In A. Braithwaite, J. 1985. White-Collar Crime. Annual *Review of Sociology.*

Bertot, J.C., Jaeger, P.T., & Grimes, J.M., 2010. Using ICTs to Create a Culture of Transparency : E-government and Social Media as Openness and Anti-Corruption Tools for Societies, *Government Information Quarterly*, 27(3).

Blijswijk, Jacques A.M. van, Richard C.J, van Breukelen, Aimee L.Franklin, Jos C.N. Raadschelders, Pier Slump, 2004. Beyond Ethical Codes : The Management of Integrity in the Netherlands Tax and Customs Administration, *Public Administration Review,* 64(6).

Bowman, James S., 2001. From Code of Conduct to Code of Ethics, in Terry L. Cooper, 2001, *Handbook of Administrative Ethics,* Marcel.

Bowman, James S and Claire Connolly Knox, 2008. Ethics in Government : No Matter How Long and Dark the Night, *Public Administration Review,* 68(4).

Burdescu, Ruxandra, Gary J. Reid, Stuart Gilman, and Stephanie Trapnell, 2009. *Stolen Asset Recovery : Income and Asset Declarations : Tools and Trade-offs.* UNCAC Conference Edition.

Cattabiani, J.S., & Mario, F., 2009. An Ethical Question for Leading Pa, Democrat, *Philadelphia Inquirer*, p.3.

De Graaf, G., 2007. Causes of corruption : Towards a Contextual Theory of

Corruption. *Public Administration Quarterly*, pp.39–86.

Goodsell, C. T. 1983. The Case for Bureaucracy : A Public Administration Polemic. Chatham, New Jersey : Chatham House Publishers.

Gould, David J. & Mukendi T.B., 1989. Bureaucratic Corruption in Africa : Causes, Consequences and Remedies, *International Journal of Public Administration,* 12, pp.427–457.

Harris, D., 2007. Bonding Social Capital and Corruption : A Cross-National Empirical Analysis, *Environmental, Economy and Policy Research*, Univ. of Cambridge.

Hawley, W.G., 2008. *Post-Employment Restrictions.* Conflicts of Interest Board, City of New York.

Heidenheimer, Arnold J., M. Johnson & Victer T. Levine, eds, 1990. *Political Corruption,* New Brunswick : Transaction.

Klitgaard, R. 1988. *Controlling Corruption.* Berkeley: University of California Press.

Kotlyar, D. and Pop, L., 2021. *Automated Risk Analysis of Asset and Interest Declarations of Public Officials.* World Bank.

Lee Katie, Kleiner, Brian, 2011. Whistleblower Retaliation in the Public Sector, *Public Personnel Management*, 40(4), pp.341–348.

Lewis, E. Ferri Carol W. & Gilman, Stuart C., 2005. *The Ethics Challenge in Public Service*, San Francisco : Jossey-Bass Publishers.

Maskell, J. 2007. *Revolving Door, Post-Employment Laws for Federal Personnel. Congressional Research Service.* CRS Report for Congress. Oder code 97–875 A.

Mauro, 1995. Corruption and Growth, *Quarterly Journal of Economics*, pp.681–712.

McMullan, M. 1961. A Theory of Corruption, *Sociological Review,* 9, pp.181–200. In *Political Corruption : Reading in Comparative Analysis,* NewYork : Holt, Rinehart and Winston.

Mkabu J.M., 1996. Bureaucratic Corruption in Africa : The Futility of Cleanups, *cato Journal,* 16.

Moore, Don A, Cain, Daylian M., Loewenstein, George, & Bazerman, Max H.(eds.), 2005. *Conflict of Interest.*

Nathaniel H. Leff, 1964. Economic Development through Bureaucratic Corruption, *The American Behavioral Scientist*, pp.8–14.

Office of Government Ethics(OGE), U.S.A., 2012a. *Financial Disclosure.* In http://www.usoge.gov/.

Office of Government Ethics(OGE), U.S.A., 2012b. *Post-Employment Restrictions.* In http://www.usoge.gov/

Organizations for Economic Cooperation and Development (OECD), 2003. *Managing Conflict of Interest in the Public Service : OECD Guidelines and Overview,* Paris : OECD.

Pieters, J., 2010. Resident Asks Hanson to Resign Council because of New Job, *McClatchy-Tribune Business News (*2010. April 20), p.5.

Roberts, R.N., & Doss, M.T., Jr., 1992. Public Service and Private Hospitality : A Case Study in Federal Conflict-of-Interest Reform. *Public Administration Review*, 52, pp.260-270.

Roberts, Robert, 2007. Developments in the Law : Garcetti v. Ceballos and the Workplace Freedom of Speech Rights of Public Employees, *Public Administration Review,* pp.662-672.

Rohr, J. A., 1981. Financial Disclosure: Power in Search of Policy, *Public Personnel Management Journal*, 10(1), pp.29-40.

Rose-Ackerman, S., 1975. The Economics of Corruption. Journal of public economics, 4(2), pp.187-203.

Sampford, Charles. 2009. Understanding the Relationship between Integrity, Corruption, Transparency and Accountability, Presented at the Symposium on "*Strengthening Governance for Infrastructure Service Delivery : The Role of Public Private Partnerships*", held in Manila, Philippines from 9-11 March 2009.

Stark, A. 1993. Public-Sector Conflict of Interest and Federal Level in Canada and the U.S. : Differences in Understanding and Approach, In H.G. Frederickson (Ed.), *Ethics and Public Administration,* pp.52-75, New York : M.E. Sharpe.

Transparency International, 2009. Global Corruption Report. *2009. Corruption and the Private Sector*, United Kingdom at the University.

Vargas, G.A. and Schlutz, D., 2016. Opening public officials' coffers: A quantitative analysis of the impact of financial disclosure regulation on national corruption levels. European Journal on Criminal Policy and Research, 22(3), pp.439-475.

Vito Tanzi, 1998. *Corruption Around the World-Causes, Consequences, Scope, and Cures (EPub)*, International Monetary Fund.

제 7 편

인적자원행정의 미래

제18장

정무직 공무원의 인사

제7편에서는 인적자원행정의 미래로서 정무직 공무원과 직업공무원으로 구분하여 논의한다. 제18장에서는 정무직 공무원 인사에 관해 살펴본다. 정무직 공무원은 대부분 정부 내의 고위직에서 핵심적인 역할을 수행하기 때문에 국가정책의 성패를 좌우하는 중요한 요소라고 할 수 있다. 특히 정무직 고위공무원들은 직업공무원에 대한 인사책임자로 인적자원행정의 목표와 가치를 실현하는 것은 물론, 인적자원을 전반적으로 관리한다. 따라서 정무직 공무원의 의의와 특성, 범위와 경계, 임용과정, 이동 및 역량개발, 역량 및 성과평가 등 전반적인 관리과정을 살펴보고, 마지막으로 정무직 공무원과 직업공무원의 관계를 살펴본다.

백성이 가장 귀하고, 국가가 그 다음이며, 군주는 가볍다.

— 맹자

제1절 정무직 공무원 인사의 의의

1. 정무직 공무원 인사의 의미와 특성

(1) 정무직 공무원 인사의 의미

정무직 공무원에 대한 인사관리는 국가정책의 성패를 좌우하는 중요한 요인이다. 일반직 직업공무원에 대한 인적자원행정이 조직의 성과를 결정하는 핵심요소인 것과 마찬가지이다. 그것은 정무직 공무원들이 대부분 고위직에 임용되어 직위의 책임도가 높기 때문이다. 정부의 중요 정책을 결정하고 책임을 져야 하는 직위가 많다는 것이다. 뿐만 아니라 정무직 공무원의 인사는 직업공무원의 인적자원행정에 직접적으로 영향을 준다. 지금까지 논의했던 인적자원행정의 전반적인 과정이 정무직 공무원의 인사에 달려 있다고 해도 과언이 아니다.

이러한 정무직 공무원에 대한 인사관리는 정치와 행정 관계의 역사적 발전 단계와 연관되어 있다. 정치와 행정이 분리되지 않았던 시기에는 대부분의 직위가 정치적으로 임용되어 전문적인 직업공무원의 역할은 그리 크지 않았다. 엽관주의에 입각한 정치적 임용으로 인해 정무직 공무원에 대한 인사는 대통령 개인에게 주어진 특별한 자유로 인식되기까지 했다. 하지만 정치적 임용은 많은 경우 선거공약을 실천하기 위한 민주적 인사라기보다는 대통령 개인의 정실인사 또는 과다한 엽관인사로 행정의 효율성을 떨어뜨리는 결과를 낳았다(Kim, 2009).

이에 따라 우드로 윌슨 이후 정치와 행정의 분리를 강조하면서 정무직 공무원과 직업공무원이 분화되는 현상이 나타났다. 처음엔 정무직 공무원은 선출직이고 직업공무원은 임명직으로 인식되었으나, 정부 내에 근무하는 임명직 정무직 공무원이 생겨나면서 직업공무원과의 관계 설정이 중요한 과제로 대두되었다. 따라서 행정부에 근무하는 정무직 공무원은 정치와 행정의 접점으로, 성공적인 정부 운영과 직업공무원의 효과적인 관리에 핵심적인 위치를 차지하고 있다.

(2) 정무직 공무원 인사의 특성

정무직 공무원에 대한 인사행정은 직업공무원에 대한 인적자원행정과는 다른 특성을 갖는다.

첫째, 정치적 환경의 영향을 강하게 받는다. 정무직에 대한 인사행정은 정치와 행정의 접점에서 이루어지기 때문에 정치적 요인을 배제할 수 없다. 즉 행정의 효율성이나 전문성만이 아니고 정치적 효과성도 인사결정의 중요한 요인이다. 따라서 정무직 공무원이 소통하고 협력해야 하는 조직 외부그룹으로는 대통령을 비롯해 국회, 정당, 국무총리, 다른 부처 장관, 언론, 정책 전문가, 학계와 연구자, 지방 정부와 지방의회, 시민단체, 기업 협회, 가족과 친지까지 광범위하다(Kim, 2009).

둘째, 정무직 공무원 인사는 보다 높은 책임과 역량 수준을 요구한다. 특정 정책에 대한 정부의 입장을 결정하는 데 주도적인 역할을 하기 때문이다. 정치적으로 임용된 부처의 장관은 정책입안이나 프로그램화 과정뿐만 아니라 집행과정에도 적잖은 영향을 미친다(박동서, 2003 ; 박영원, 2011). 그런 의미에서 각 부처 장관은 소관 업무에 대한 최고 정책결정자인 동시에 정책관리자이다. 따라서 모든 정책에는 많든 적든 그의 이념적 지향이나 인간적 특성이 반영되기 때문에 장관이 바뀌면 많은 정책이 상당기간 영향을 받는다(안병영, 2001). 따라서 정무직 인사는 정부의 전반적인 운영 방향은 물론 구체적인 정책 방향도 가늠할 수 있어 국민들의 관심이 매우 높다.

셋째, 정무직 공무원 인사는 직업공무원 인사에 직접적인 영향을 준다. 하태권(1995 : 1446)이 지적하듯이, 정무직 공무원 인사는 "어떠한 특성과 배경을 지닌 사람이 어떠한 직위에서 어느 정도의 영향력을 행사하는가?"라는 권력배분 문제와 관련된다. 즉 직업공무원의 인적자원행정에 강력한 영향력을 행사함으로써 정부 관료제의 성격을 규정한다. 따라서 정무직 공무원의 인사는 내부 구성원들의 지대한 관심사항이 아닐 수 없다. 인적자원관리의 방향이나 미래를 가늠할 수 있는 중요한 인사인 데다 실제 조직 구성원 개인의 인사에도 직접 영향을 미치기 때문이다.

2. 정무직 공무원 인사의 요건

제2편에서 직업공무원을 중심으로 하는 인적자원행정의 요건으로 효과성·효율성, 민주성, 공정·투명성, 형평성, 권익성 등을 제시했다. 정무직 인사의 경우도 마찬가지로 이러한 가치는 여전히 유효하다. 다만, 가치의 상대적 중요성에서 다소 차이가 있을 뿐이다. 정무직 인사에서는 효율성이나 권익성보다는 민주성과 형

평성, 그리고 투명성을 좀 더 중요한 가치로 여긴다. 즉 정무직 인사에서 중요한 것은 누가 임명되느냐와 함께 어떻게 임명되어야 하는가이다. 따라서 정무직 인사에서는 어떤 사람이 어떻게 임명되어야 하는지 특별한 요건이 필요하다. 이러한 요건으로는 민주성, 투명성, 형평성, 일관성 등이 제시될 수 있다.

(1) 민주성

정무직 인사는 민주적 인사가 되어야 한다. 즉 국민의 의사가 반영되어야 한다. 임명권자가 단독으로 권한을 행사하기보다는 정무직 임용 자체가 민주적인 결정 과정을 따르도록 설계하고 운용할 필요가 있다. 직업공무원 인사는 효율성과 전문성이 상대적으로 중요한 요건인 반면, 정무직 인사는 민주성과 대응성이 더 중요하기 때문이다. 그런데 우리나라는 그동안 정무직 공무원의 인사를 정치적 책임이나 사회적 국면 전환을 위해 이용하는 경우가 많았다. 즉, 정무직 공무원의 교체 사유가 개인의 능력이나 성과에 대해 책임을 묻는 것이기보다는 정치적 책임이나 여론을 수습하기 위한 도구로 활용되었다(박영원, 2011).

(2) 투명성

정무직 인사는 임명 절차가 객관적이고 투명해야 한다. 정무직 인사는 누가 임명되었는가와 함께 어떤 과정을 거쳐 임명되었는가가 중요하다. 현실에서는 대통령 등 인사권자의 의중에 따라 임명됨으로써 인사절차의 객관성과 투명성이 무시되는 경우가 빈번하다(이성인, 2006). 인사권한은 임명권자의 중요한 자율 결정 사항이지만, 임명 절차만큼은 투명해야 한다. 정무직 인사의 임명권자는 대부분 국민이 직접 뽑은 선출직인 만큼, 국민의 의사를 정책의 전 과정에 반영할 수 있는 적절한 인사를 임명했는지 감시할 필요가 있다.

(3) 형평성

정무직 인사는 형평성과 대표성을 갖추어야 한다. 오늘날 정무직 인사는 단순히 정권적 차원에서 임의로 인력을 배분하는 것이 아니다. 과거 엽관제를 운영하던 시대와는 정치적·사회적 환경이 많이 달라졌다. 따라서 어떤 정치권력이 집권하더라도 형평성과 대표성을 갖추지 않으면 안 된다. 과거 형평성과 대표성을 갖추지 못하고, 인사에 활용하는 인재풀 역시 소수에 불과해 다양한 인재를 폭넓게 쓰지 못했다는 지적이 있다(이성인, 2006 : 1).

국내에서 강조되는 형평성 또는 대표성은 크게 세 가지로 구분할 수 있다. 첫째는 출신 지역에 대한 형평성이다. 영남·호남·충청·강원·서울·경기 등 지역별 정무직 공무원의 비율을 산정하여 특정 지역의 비율이 다른 지역의 비율보다 높을 경우, 지역적 형평성의 문제를 거론한다. 둘째, 출신 학교에 대한 형평성이다. 소위 고교 또는 대학 간의 비율이 전체 정무직 공무원에서 어느 정도 차지하는가에 따라 형평성을 논할 수 있다. 셋째는 출신 성향에 대한 형평성이다. 임명권자의 경력이나 종교, 개인적 친분 등과 관련해 특정 경력이나 특정 종교를 가진 인사가 정무직 공무원에 임명되었을 때 야기되는 형평성의 문제이다(박영원, 2011). 정무직 공무원 인사를 단행할 때마다 소위 '코드인사', '정실인사', '보은인사' 등을 둘러싼 논란이 발생하는 것은 이러한 형평성이 얼마나 중요한지 말해준다(박영원, 2011).

(4) 일관성

정무직 인사는 일관성과 지속성이 있어야 한다. 정치권력의 이념이나 가치, 그리고 정책 지향이 집권 도중 쉽게 변하지 않으므로 정치적 임용이 이루어진 경우, 이를 수시로 교체하거나 이동하는 것은 바람직하지 않다. 장관의 교체가 사회적 이슈에 대한 책임성을 확보하고 정책 쇄신의 계기가 되는 반면, 장관의 임기가 너무 짧으면 교체에 따른 부수비용이 증가하고, 정책의 일관성과 연속성이 떨어질 뿐만 아니라 정치권력에 대한 신뢰도 낮아진다. 정부정책에 대한 책임장관으로서의 역할을 다하기 위해서는 일정기간 직위가 유지되는 것은 물론, 정책의 안정성과 연속성을 확보할 수 있는 제도적·행태적 측면의 보완책이 필요하다(안병영, 2001).

제 2 절   정무직 공무원 인사의 범위

1. 정무직 공무원의 의의와 역할

(1) 정무직 공무원의 의미와 범위

일반적으로 넓은 의미의 정무직 공무원은 정치적 성격을 가진 모든 공무원을 말한다. 누구에 의해 임명되었는지, 어떻게 임명되었는지, 어디에서 근무하는지와 상관없이 정치적 성격을 가진 공무원이다. 국회의원이나 지방자치단체의 장 등 선출직과 정부 내부의 고위공무원이나 공공기관의 장 등이 모두 해당된다. 좁은 의미의 정무직 공무원은 행정부에 근무하고 있는, 정치적으로 임명된 공무원을 말한다. 따라서 선출직은 제외되며, 소속기관도 행정부에 국한된다. 다만 임명직이기 때문에 행정부 산하에 근무하는 공공기관의 장도 정무직 공무원으로 보아야 한다. 그러나 여기에서 말하는 공무원은 선출직을 제외한 좁은 의미의 정무직 공무원이다. 가장 좁은 의미의 정무직 공무원은 의회의 동의나 승인이 필요한 공무원으로 규정되기도 한다.

우리나라의 경우, 법령상 정무직 공무원은 크게 두 가지 개념으로 정의되어 있다. 첫째가 선거로 취임하거나 임명할 때 국회의 동의가 필요한 공무원이고, 둘째가 고도의 정책결정 업무를 담당하거나 이러한 업무를 보조하는 공무원으로 법률이나 대통령령에서 정무직으로 지정하는 공무원이다. 좀 더 구체적으로 말하면 국무총리, 각 부처의 장관과 차관, 중앙행정기관인 처와 청의 장, 감사원장, 국가정보원장, 대통령 비서실장, 국무조정실장 등 일반 국민이 정무직 공무원으로 인식하는 장관급 기관장, 그리고 중앙행정기관으로서의 성격을 갖는 위원회의 장이 여기에 속한다(박영원, 2011).

(2) 정무직 공무원의 역할

장관과 차관은 가장 대표적인 정무직 공무원으로, 각 부처 내 최고의 위치에서 국정운영을 위한 정책 수립 및 해당 부처의 공무원들을 관리·감독하는 역할을 수행한다. 즉 대통령과 함께 원활한 국정운영을 위해 직무를 수행하는 부처의 최고 의사결정권자로서 각 부처를 대표하며, 회의를 주관하고 사무를 총괄한다(박영원, 2011 ; 박동서, 2003). 아울러 정무직 공무원은 이러한 행정적 역할뿐만 아니라 정치적 역할도 수행하므로 대통령의 정책 의지를 따르기 위한 정치 반응성과 소속 부처의 행정 전문성을 모두 고려해야 하는 책무를 가진다(박영원, 2011). 이러한 정무직 공무원은 국무회의의 국무위원으로서의 역할도 수행한다. 헌법 제88조 제2항에는 대통령, 국무총리, 15인 이상 30인 이내의 국무위원으로 구성된 국무회의에서 정부의 권한에 속하는 중요한 정책을 심의하도록 되어 있다. 국무회의는 정부의 주요 정책을 심의하고 의결하는 최고기관이며, 정무직 공무원 중 각 부처의 장관은 국무위원으로서 국무회의에 참석한다.

참고로 미국의 경우 정치적 임명 공무원(political appointees)은 다음 세 가지 유형이 있다. 첫째는 대통령이 의회 상원의 인준을 거쳐 임명하는 직위(Presidential

Appointees requiring Senate confirmation, PAS)이고, 둘째는 상원의 인준 없이 임명하는 직위(Presidential Appointees not requiring Senate confirmation, PA)이며, 셋째는 고위공무원단(Senior Executive Service, SES) 중 비경력 직위, 별정직 중 스케줄 C 공무원이다. 이들 정치적 임명 직위가 공직 등급별 직위와 반드시 일치하는 것은 아니다. 일반적으로 직위별 등급은 1등급 장관(Secretary) 또는 장관급, 2등급 부장관(Deputy Secretary), 3등급 차관(Under Secretary), 4등급 차관보(Assistant Secretary), 5등급 부차관보 또는 국장급(Deputy Assistant Secretary) 등으로 차별화되어 있다. 그러나 이들 직위가 반드시 정치적 임명직인 것은 아니다(전충렬, 2009).

2. 정무직 공무원과 직업공무원의 경계

(1) 정무직과 직업공무원의 임용 범위

정무직 공무원의 대상과 범위를 어떻게 할 것인가의 문제는 정무직 공무원을 임용하는 범위는 물론 직업공무원의 임용 범위를 결정하는 문제와도 연계되어 있다. 몇 가지 예를 들어 보자. 1) 장관으로 정치인을 임명할 것인지, 아니면 관료 출신을 임명할 것인지, 2) 정무직 공무원인 차관에 고위직 공무원 중에서 임명할 것이지, 아니면 정치인 중에서 임명할 것이지, 3) 새 정부 출범과 함께 정부 부처 고위급 직업공무원을 교체할 것인지, 아니면 그대로 둘 것인지 등에 관한 문제가 제기될 수 있다. 이러한 시각은 정무직에 직업공무원을 얼마나 임용할 것이며, 행정직에 정무직 공무원을 얼마나 임용할 것인가의 문제이다(Krause, Lewis & Douglas, 2006).

만약 정부 내에서 정무직 공무원의 범위를 확대하면 직업공무원의 범위는 축소될 것이다. 이와 반대로 정무직 공무원을 최소화하고 직업공무원으로 대부분을 충원하는 방법도 있다. 정무직 공무원의 확대는 인사행정의 가치를 전문성보다는 민주성에 두는 것이고, 직업공무원의 확대는 인사행정의 가치를 민주성보다는 전문성에 둔 것이라 할 수 있다(Pfiffner, 1987). 즉 정부 내 직업공무원을 확대하고 정무직 임용을 축소하는 것은 효율성과 전문성의 가치를 실현할 수 있다는 긍정적인 의미가 있다. 제4장 인적자원행정의 구성에서 엽관제에 관한 논의에서 살펴본 것처럼 관료들의 정치화를 방지하고 정책을 전문적으로 수행할 수 있다는 장점이 있다. 특히 정치적 중립을 유지하면서 정책을 객관적으로 공평하게 집행할 수 있다. 하지만 관료들이 전문성을 무기로 내부집단(inner circle)을 형성한다면 정치적 민주주의를 실현하기 어렵다는 우려가 있다.

반대로 직업공무원을 축소하고 정무직 임용을 확대하는 것은 민주성과 대응성을 존중하는 조치이다(Pfiffner, 1987). 국민과의 약속인 공약을 실천하기 쉽고, 정치권력 차원에서 핵심적인 국책사업을 일관성 있게 추진할 수 있기 때문이다. 또한 선거로 선출된 인사권자의 정책지향성을 잘 이해하고 있어 정책 집행 과정에서 의사소통이 원활하게 이루어질 수 있다. 특히 국민들의 정책 만족도나 선호도에 민감하게 반응하므로 정책적 대응성이 강하다.

하지만 대부분의 경우 정무직은 정치권 성향에 따라 형성된 후보자들이 많아서 정부 내의 전문화된 영역에 대한 이해가 부족하고, 정책결정 및 집행 과정을 이해하고 적응하는 데 시간이 많이 걸린다. 또한 정치적 편향성으로 인해 정책 손해 계층의 불만을 증폭시키는 부작용을 낳을 수 있다. 특정 분야에 대한 전문지식과 경험이 부족해 관료들의 역할이 실질적으로 커지기도 한다. 이와 같이 정무직 임용의 확대는 관료들의 전문성을 희생하여 정치적 민주성을 확보하려는 조치이므로 그 경계를 잘 판단할 필요가 있다(Krause, Lewis & Douglas, 2006 ; Lee, 2018).

(2) 정무직 공무원의 임용 확대시 고려사항

정무직 공무원의 확대는 비전문가인 정치인을 공직에 임용하는 것이므로 전문성보다는 민주성을 강조한다. 정치인을 임용하는 명분은 선거에서 승리한 정권이 국민과 약속한 공약을 실천하기 위해서이다. 하지만 이러한 정치적 임용이 민주성을 확보하기 위해서는 다음과 같은 몇 가지 요건이 필요하다.

첫째, 국민이 신뢰하는 인사여야 한다. 동일한 정치적 배경을 가진 인사를 선정하더라도 국민이 신뢰하고 요구하는 인사가 되어야 한다. 둘째, 국민과 약속한 공약을 실천하기 위한 인사여야 한다. 공약으로 선정된 특정 정책을 집행하고 실현하는 데 기여할 수 있는 인물이어야 한다. 셋째, 개인적 친분은 배제되어야 한다. 정치적 임용이 곧 사적 임용은 아니다. 임명권자의 개인적 친소 관계에 따라 공직을 임용하는 것은 공직의 사유화에 다름 아니다. 다만 친소 관계에 있더라도 최소한 앞의 두 가지 요건을 갖추고 있다면 임용을 고려해 볼 수도 있다.

이와 같이 정치적 임용은 인적자원행정에서 민주성의 가치를 실현하는 것을 전제로 한다. 민주성이 전제되지 않은 정치적 임용은 인사권의 남용이 되어 정부나 국민에게 도움이 되지 않는다. 즉, 아무리 선거로 뽑힌 선출직이 임명한다고 해도 앞서 말한 민주성의 요건을 충족시키지 못한다면 선거구민의 의사에 반하는 인사가 될 수밖에 없다.

> ### 직업공무원의 정무직 임명 : 일본의 사례
>
> 의원내각제를 채택하고 있는 일본에서 일반 공무원을 정무 공무원인 장관급 대신에 임명하는 일은 매우 제한적이다. 이는 정치와 행정의 관계에서 행정의 중립성이 강조된 결과이다. 모리타 교수(森田朗, 2000 : 15)는 다음과 같이 설명한다. "지금까지 일본에서는 행정의 중립성이 매우 강조되어 왔다. 행정공무원이 외국과 비교해 정치적 임명직이 되는 경우가 적다. 이러한 사고방식의 배경에는, 전쟁 전에 형성되고 전후에도 계승되어 온 '공무'의 이미지가 강하게 존재하고 있다. 즉 행정은 공공의 이익을 실현하는 것이고, 공무원은 전쟁 전에는 '천황의 관료'이며, 전쟁 후에는 '전체의 봉사자'여서 항상 국가 전체의 이익을 생각하고, 엄격한 자기규율 아래 행동하지 않으면 안 되며, 당파적인 일부의 이익을 위해 봉사해서는 안 된다는 것이다. (…중략…) 정치가 행정에 개입하고 행정을 컨트롤한다면, 공공의 이익이 피해를 입을 위험성이 있기 때문이다. 따라서 공공의 이익을 실현하고 옹호해 가기 위해서는 정치와 행정의 역할분담이 명확해야 하고, 행정의 자율성이 확보됨과 동시에 행정 영역에 대한 정치개입은 억제되어야 한다는 것이다. 이런 사고방식의 기저에는 의회에서의 정치에 따른 결정과는 별개로 실체로서의 공공성이 존재하고, 그것은 행정에 속한 공무원이기 때문에 인식할 수 있는 발상이 있다는 것이다." 일본에서 정치적으로 임명되는 사람들은 대부분 정치권에서 온다. 관료나 민간에서 발탁되는 예는 적으며, 특히 관료에서 발탁되는 경우는 특별한 정치적 목적이 있지 않으면 거의 일어나지 않는다. 다만, 관료의 경우 특별직에 임명되었다가 일정한 기간이 지나면 다시 자신의 본래 직위로 돌아가는 경우는 있다. 이와 같이 일본에서의 정치적 임명 직위는 주로 정치인들로 충원된다(오성호, 2008, 일부 수정).

제3절 정무직 공무원의 임용

1. 정무직 공무원 임용의 의의와 특성

정무직 공무원을 임용하는 과정은 국가의 제도나 상황에 따라 다르다. 정치적 시스템뿐만 아니라 정치체제의 역사, 헌법과 법령의 규정, 그리고 사회문화적 특성에 따라 임용방식과 내용은 물론 임용과정도 달라진다(Kim, 2009).

대통령중심제를 채택하고 있는 국가에서는 대부분 정무직 공무원의 임명과정과 절차를 엄격하게 규정하고 있다. 이는 대통령이 임명하는 정무직 공무원에 대해 의회의 통제가 필요하다는 인식이 자리하고 있기 때문이다. 따라서 청문회와 같은 검증 절차가 법령으로 마련되어 있다. 대부분 대통령의 인사권한을 존중하긴 하지만 실제 의회의 청문 절차나 동의 절차는 대단히 엄격하고 까다롭다. 이러한 의회의 활동은 국민에게 직접 전달되어 국민의 정치적 동의를 받기 위한 노력이 된다. 따라서 대통령은 정치적 임용 대상자를 선발할 수 있는 자율성을 가지고 있지만, 정무직 공무원 임명과정에서 의회의 참여를 통해 민주성을 확보하는 과정을 결코 경시할 수는 없다.

이에 반해 내각책임제 하에서 정무직 인사에 대한 의회의 통제는 크지 않다. 장·차관 등 정무직 인사를 임명하는 절차와 과정은 대통령제와 비교하면 매우 단순하다. 미국과 같은 대통령제 하에서 행해지는 인준이나 한국과 같은 청문회 절차가 영국에는 없다. 그것은 기본적으로 이들의 임명은 전적으로 총리의 권한에 속하기 때문이다(이종수, 2008). 총리는 이념과 정책성향, 능력, 소속 정당 내에서의 안배, 지역적 배분 등을 종합적으로 고려하여 정무직을 임명한다. 가장 중요한 장·차관의 경우, 대부분 선거를 통해 의회의 의원으로 선출된 사람들이기 때문에 선거 절차를 통해 검증이 이루어진 것으로 본다. 또 정권교체가 이루어져 새로운 정당이 집권하는 경우에도 예비내각(shadow cabinet)이 구성되어 있다가 그 구성원들이 내각의 각료로 임명되기 때문에 새로운 인물에 대한 불확실성과 견제 심리가

표 18-1   한·미 양국의 고위공무원 임용제도 비교

구분	미국	한국
임용제도의 배경	• 잘못된 임용 방지가 주된 목적 • 제도 비전과 현실의 괴리 및 정부 효율성 문제 야기	• 인력충원 논의 없이 정부 기구 구성 차원에서 도입 • 제도 변천, 확대 방향의 파행성
인사권 귀속체계	• 공무원 임용권의 대통령 및 입법부(상원) 분담 체계 • 대통령의 공무원 면직권이 판례를 통해 확인됨	• 공무원 임용권의 원칙적인 대통령 귀속 체계 • 대통령의 공무원 면직권이 헌법 규정에 명시됨
입법부 인준대상	• 상원 인준 대상 설정의 광범위한 포괄성 체계 • 입법부 직위 및 제복 공무원까지 포함	• 국회 동의 또는 인사청문 대상의 소수 열거성 체계 • 입법부 직위 및 제복 공무원(경찰청장 예외) 제외
제도운영 중점	• 법관 중심의 운영체제 • 행정부 고위직 인준에 관대	• 행정부 정무직 중심 운영체제 • 행정부 고위직 인준에 엄격

출처 : 전충렬, 2009에서 발췌 요약함.

별로 강하지 않다(이종수, 2008).

대통령중심제 하에서도 정무직 공무원에 대한 인사는 헌법 규정의 내용과 취지, 권력의 배분 및 분산정도, 직업공무원제도의 특성, 사회문화적 요인 등에 따라 정무직 공무원의 운영과 대상, 범위와 임용방법, 대통령 인사권의 범위, 의회인준 대상, 제도운영의 중점 등에서 차이가 있다. <표 18-1>은 미국과 한국의 임용제도의 배경, 인사권의 귀속체계, 입법부의 인준대상, 제도운영 중점사항 등을 비교한 것이다(전충렬, 2009).

2. 임용기준

정무직 인사에서는 누구를 선발하여 임용할 것인가가 가장 중요한 과제이다. 일반적으로 민주주의의 성숙도가 낮고 대통령의 권한이 막강한 경우에는 장관 임명 관행이 대통령 주변의 소수 측근 중심의 정실인사, 정치적 충성심에 지나치게 의존한 인사, 특정 지역이나 출신 편향의 인사로 흐를 우려가 크다(박천오, 1995).

따라서 앞에서 언급한 정무직 인사의 요건을 갖추는 것만으로는 바람직한 인사가 되지 못한다. 정무직 공무원을 임명하는 데 어떠한 기준이 적용되어야 하는지에 대한 규범적 요건을 정리하면 다음과 같다(박동서, 2003). 이는 정무직 공무원이 될 수 있는 개인적 요건을 말한다.

첫째, 정치적 판단력과 직관력이다. 행정 각 부처의 장은 소관 부처의 정책을 최종 결정하고, 자신의 결정에 책임을 지는 위치에 있다. 따라서 관료제의 고위직 공무원에 비해 전문성은 떨어지지만 고도의 정치적 판단력으로 정책 현안을 보다 정확히 인식할 수 있어야 한다. 정무직 공무원이 가져야 할 능력으로는 사회의 복잡한 상황을 정리하고 이를 개념화·체계화할 수 있는 능력, 불확실한 미래를 다루고 예측할 수 있는 능력, 가능성에 대한 직관력과 통찰력, 타인의 말을 경청하는 태도, 창의성 그리고 성실성을 들 수 있다.

둘째, 정치적 대응성과 책임의식이다. 정무직 공무원은 국민의 공복 입장에서 법적으로 자신에게 부여된 업무와 역할을 책임 있게 이행하는 책임성과 민의에 민감하게 반응하는 대응성을 지녀야 한다. 이러한 대응성은 책임의식을 전제로 하며, 국민의 뜻을 존중하고 정책 결정과 집행에 보다 개방적이고 포용적인 자세를 가질 수 있도록 노력해야 한다.

셋째, 전문성과 도덕성이다. 우선 정무직 공무원은 자신의 직책과 역할에 부합하는 식견과 전문성을 갖추어야 한다. 전문성은 임명된 정무직을 수행하는 데 요구되는 경력에 부합하지 않는 경우 문제가 야기된다. 도덕성은 본인 및 자녀의 병역 문제, 이성 문제를 포함한 사생활 문제, 부동산 투기 등을 포함한 재산 형성 과정, 학자의 경우 논문 표절 및 중복게재 등의 문제이다. 그 밖에 정무직 공무원은 청렴성과 올바른 가치관, 그리고 소명의식과 역사의식을 갖고 있어야 한다.

정무직 임용은 후보자 개인의 전문적·도덕적 역량의 반영 정도는 조직적·정치적·상징적 요인에 의해 달라질 수 있다. 첫째, 앞에서 논의한 바와 같이, 사회적 대표성이나 사회적 형평성이 중요한 기준으로 작용한다. 즉 성별, 지역, 출신, 세대 등 다양한 인물의 균형적 배치가 국민들의 신뢰를 획득할 수 있고, 영역별 이해관계자들의 상징성이나 수용성도 높일 수 있기 때문이다(강혜진·김병섭, 2018). 둘째, 정치적 요인이다. 정치적 가치 지향이나 공약에 대한 이해정도 등이 강조되기도 하고, 국회의 여야 의석 구조에 따라 그 임명 기준은 달라질 수 있다. 특히 국회의 동의를 받아야 하는 정무직 공무원의 임용은 정치적 요인이 강하게 작용할 수 있다. 셋째, 상황적 요인이다. 경제적 상황이 악화되어 있을 경우, 사회적 혼란이 가중되고 있을 경우, 다양한 집단 상호간의 갈등이 심화될 경우 등에 따라 임용기준이 달라질 수 있다. 정무직의 임명은 다양한 요인들이 복잡하게 얽혀 결정되는 고도의 정치행위라고 할 수 있다.

참고로 미국에서는 정무직 인선기준(Patterson & Pfiffner, 2001 : 421)으로 1) 충성도(loyalty), 2) 전문능력(competence), 3) 정치적 기여(political benefit), 4) 다양성(diversity), 5) 기관관리능력(ability to manage large organization), 6) 중앙정부에의 익숙성(familiarity with the process of government in the nation's capital), 7) 의회 수용성(acceptability to the Senate), 8) 안전성(security) 등을 들고 있다(박흥엽, 2005).

3. 정무직 공무원의 임용과정

일반적으로 정무직 공무원의 충원과 관리 방식을 명시하고 있는 법령은 없다. 이는 정무직 공무원의 인사권자인 대통령의 인사권을 최대한 존중하고 폭넓게 적용하기 위해서라고 할 수 있다. 정무직 공무원에 대한 인사권은 사실상 대통령이 모두 가지고 있는 것이 현실이기 때문이다.

이처럼 정무직 공무원의 충원과 관리 방식이 명확히 제도화되어 있지 않은 상황에서 거의 대통령이 임명하고 국무총리는 형식적인 제청 절차만 밟아 왔으므로 정무직 공무원 임용은 대통령에 의해 이루어졌다고 볼 수 있다(박영원, 2011).

흔히 정치적으로 임명될 수 있는 조건으로 생각할 수 있는 것이 정치적 충성도와 임명권자와의 친분, 그리고 능력이지만 이러한 조건들에 관해 규정 또는 명문으로 제시된 것은 거의 없다. 그것은 정치적 임명 자체가 어떤 공식적인 기준에 따라 이루어지는 것이 아니기 때문이다(오성호, 2008).

정무직 공무원의 임명 절차는 일반적으로 헌법 제94조에 의해 국무총리의 제청으로 대통령이 임명하도록 되어 있다. 그러나 2005년 7월 28일 국회법을 개정하면서 관련 법률을 개정한 뒤로는 대통령이 국무위원을 임명하고자 할 경우 미리 국회의 인사청문회를 거치도록 규정이 바뀌었다. 인사청문회 대상은 초기에는 국무총리뿐이었으나, 현재는 모든 국무위원으로 확대해 적용하고 있다. 그 밖의 정부 위원회 위원장 등 장관급 인사에 대한 임명 절차는 개별 설치법을 준용하고 있다(박영원, 2011 ; 유민희·홍준형, 2011).

대통령중심제를 채택하고 있는 우리나라와 미국의 제도를 중심으로 몇 가지 공통되는 특성을 살펴본 후 국가별 차이점을 보기로 하자(전충렬, 2009). 미 연방정부의 정무직 공무원 임용 절차는 대통령과 상원 간 헌법상 역할 분담에 따라 지명(nomination)과 인준(confirmation)으로 크게 나뉜다. 우리나라의 경우를 감안하여 후보자 탐색 및 지명과 국회의 동의 또는 인준, 두 단계로 나눠 살펴본다.

(1) 후보자 탐색과 지명

(가) 장·차관 등 정부기관 고위공직자

일반적으로 정무직 공무원 후보자 탐색 및 지명은 대통령비서실에서 담당한다. 대통령 인사담당 비서실에서 후보자 물색 및 추천을 담당하고, 대통령 법률담당 비서실에서 검증을 맡으며, 대통령의 최종 재가를 거쳐 임명한다(김판석, 2004).

임용 후보자 선택의 의사결정이 이루어지는 단계를 기준으로 후보자 선정과 후보자 검증 단계로 나눌 수 있다. 첫 번째 단계인 후보자 선정은 엄밀한 의미에서 지명 예정자 또는 예비 후보자를 고르는 것이다. 기존의 인사 자료, 외부 추천 자료, 국가인재데이터뱅크, 신문 보도자료 등을 통해 광범위하게 후보자 풀을 수집한다. 자료수집 과정에서 1차 검증 작업도 동시에 진행한다. 이 같은 절차는 대통령 인사담당 비서실이 주관하되 대통령 본인과 비서실장, 그리고 관계 비서관, 행정관, 관련 국회의원, 관련 협회 및 로비 조직 등이 직접 또는 간접적으로 관여한다. 두 번째 단계인 후보자 검증(vetting process)에서는 선정된 지명 예정자에 대해 본격적인 도덕성·준법성 등의 검증이 실시된다. 이는 대통령 법률담당 비서실이 총괄하고 경찰청·국세청·공직윤리관·국가정보원 등 국가기관들이 분야별로 검증에 참여한다(김판석, 2004).

후보자에 대한 인사검증내용은 다양하다. 정치적·경제적 상황과 국민 여론 등을 감안하되 공통으로 검증하는 내용은 일반적인 인선 기준과 대체로 동일하다. 다만 검증의 경우에는 법령 위반 사항이나 비공식적인 평판 등까지 광범위하게 이루어지고, 필요하면 그 가족과 친지에 대해서도 간접적으로 검증이 이루어진다. 미국에서 후보자 검증은 부동산과 개인 생활, 정치성향 등을 중심으로 이루어진다(전충렬, 2009). 대통령 인사담당 비서실에 의해 공직후보자로 내정되기 이전 단계에 인사담당 행정관 등 대통령비서실 내 인사위원회가 1차 검증을 하고, 대통령의 승인신호가 떨어지면 본인의 참여 하에 본격적인 2차 검증 절차를 밟게 된다. 미국의 경우 대통령의 승인이 있고 난 후에 본격적인 검증이 실시된다는 점이 우리와 다르다. 우리나라에서는 대통령이 최종 결정을 내리기 전에 유력 공직후보자들에 대한 검증작업이 끝나야 하기 때문에 공직후보자 본인이 참여하기 어렵고 부실검증으로 이어질 가능성이 상존한다는 문제점이 지적되고 있다(박홍엽, 2005).

이러한 정무직 공무원의 지명과정을 보면 1) 국가인재데이터뱅크 및 자·타천 자료, 2) 공직후보자 물색, 3) 공직후보자 기초평가, 4) 공직후보자 소수 압축 및 추천, 5) 공직후보자 배경 검증, 6) 비서실 인사추천회의, 7) 대통령 재가, 8) 인선내용 발표 순서로 이루어진다(김판석, 2004 ; 박홍엽, 2005). 이는 명문의 법령 규정이

그림 18-1 참여정부의 정무 고위직 선정절차

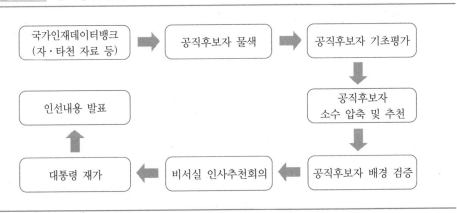

출처 : 김판석, 2004. p. 394.

없이 이루어지는 정치적 임용이기 때문에 대통령의 성향이나 정치적 상황에 따라 차이가 있을 수 있다.

(나) 정부산하 공공기관 장

정부산하 공공기관의 장들도 정치적으로 임명되는 경우가 많다. 대부분의 공공기관장은 대통령이 임명권자로 되어 있으나 그렇지 않은 경우라도 대통령의 인사권한 범위 내에 있기 때문이다. 특히 대통령중심제 하에서 정부기관 공직자에 대한 정치적 임명에 대해서는 국회의 동의나 인사청문회 등을 통해 다양한 통제가 이루어지지만, 준정부기관은 국민의 통제범위 밖에 있다. 따라서 임명권자의 자의적 또는 정치적 선택 가능성이 높아 이에 대한 비판이 많이 제기되고 있다.

일반적으로 정부산하 공공기관의 장에 대한 임명절차를 보면, 기관별 임원 추천위원회를 통하여 후보자를 물색한 후 일정 인원을 주무부처의 장관에게 추천하면 대통령 또는 주무부처의 장관이 임명한다(배용수, 2008). 하지만 이러한 공식적인 절차에도 불구하고 비공식적인 경로를 통하는 경우가 많아 정치적 요소가 작용하기 쉽다. 특히 주무부처 장관에게 임명권한이 주어진 경우에도 대통령이 실질적인 인사권을 갖고 있는 사례가 많기 때문에 임명절차 및 제도의 개선과 함께 합리적인 운영이 필요하다(김병섭·박상희, 2010)

(2) 국회의 동의 또는 인준

대통령이 지명 발표한 후 국회의 동의나 인준이 필요한 경우, 후보자에 대한 국회의 동의를 요청하게 된다. 이는 임명 후보자에 대한 의회 차원의 종합심사 과정으로, 상임위원회 인준 심의와 전체회의 표결 과정으로 이루어진다. 인준 심의는 소관 상임위원회가 주관하나 대통령비서실의 법률담당 비서와 백악관 입법보좌관실(Office of Legislative Affairs), 정부 각 부처 및 위원회(cabinet, agency, board or commission), 상원의원, 상임위원회 직원, 후보자 본인이 관여한다. 인준 청문회 (confirmation hearings)도 대부분 이 단계에서 이루어지는데, 이때 관련 이익단체도 관여한다. 표결은 상원 전체회의에서 출석의원의 다수결(a majority of Senators present)로 결정된다. 여기서는 실제 구두투표(voice vote)를 통해 만장일치로 통과시키거나 호명기록 투표(roll call vote)를 통해 찬반 의원의 수를 세기도 한다. 갈등이 심화되면 표결 진행을 방해하려는 야당과 토론을 끝내려는 여당의 각축장이 될 수도 있다(전충렬, 2009; 이선우, 2013).

영국의 준정부기관의 장 임명절차

공공기관의 장과 이사진에 대한 임명은 각각의 독립적인 선발위원회에서 담당한다. 인사를 위한 제도적 장치로는 공공인사감독관실(Office of the Commissioner for Public Appointments, OCPA)이 존재한다. 공공인사감독관은 모든 비부처형 공공기관 직위 인선에 절차를 제정하고, 행동준칙(code of practice)을 제정하며, 독립적 평가자를 인선위원회에 파견하여 감시한다. 비부처형 공공기관의 장(長), 이사진, 경영진의 인선을 위해서는 각각의 경우에 부합하도록 공공기관별로 독립적인 선발위원회가 구성되어 있다. 해당 공공기관에 공석이 발생했을 경우 충원계획이 공개되고, 홍보되며, 공정한 심사과정을 거쳐 적합한 인사가 추천되게 된다. 그 과정을 단계별로 나누어 약술하면 아래와 같다. 인선과정은 다섯 개의 단계로 이루어지게 된다.

1) 공개적 홍보 : 가능한 한 많은 사람이 공공기관의 직위에 임용될 기회를 갖도록 공개적으로 충원 내용과 계획이 공고된다. 언론, 우편, 기타 네트워크를 통해 충원계획이 공고된다.

2) 지원서 작성 : 관심과 능력이 있는 사람이 지원서를 작성하여 제출한다. 해당 비부처형 공공기관별로 구성된 인선위원회에 지원서를 제출하게 된다.

3) 전문가 패널로 구성된 인선위원회의 심사·면접 : 인선위원회는 공공인사감독관(OCPA)에 의해 임명된 '독립적 평가자' 1인을 포함한 전문가 패널로 구성된다. 이들이 제출된 지원서를 바탕으로 지원자의 경력·능력·의지·관심·계획을 평가하고 직접 면접을 수행하게 된다. 여기서 '독립적 평가자'의 역할이 대단히 중요한데, 독립적 평가자란 공공인사감독관에 의해 임명된 인사이다. 공공인사감독관실은 주기적으로 독립적 평가자를 모집하는데, 이는 공공기관의 인선위원회에 파견하여 참가함으로써 공정성과 투명성·객관성 등을 감시하고 보고하게 하는 역할을 수행한다. 특정한 공공기관, 특정한 부처 업무에 관심과 전문성을 가진 사람이 독립적 평가자가 되기를 희망하는 경우 공공인사감독관실에 지원서를 제출할 수 있다. 지원서를 제출할 수 없는 사람은 a) 지난 12개월간 해당 공공기관이나 관련 조직에서 공식적으로 근무한 경험이 있는 사람, b) 해당 선임위원회 관련 직위에 지난 12개월간 근무한 경험이 있는 사람이다. 이들은 공정성과 신뢰성에 문제를 야기할 수 있기 때문에 지원 자격을 부여하지 않고 있다. 지원서를 제출하게 되면, 공공인사감독관실이 심사를 하고 공공인사감독관이 임명을 하면, 필요한 교육훈련을 거쳐 모든 공공기관 임원 인선위원회의 회의에 한 명씩 파견된다. 독립적 평가자들은 스스로 강력한 동기와 지식, 의지를 보유한 사람들인 데다 공공인사감독관실에 의해 인선 과정과 관련된 교육훈련을 받았기 때문에 매우 효과적이고 충실하게 인선과정을 감독한다. 공공인사감독관실은 약 70명의 투입 가능한 '독립적 평가자' 집단을 보유하고 있는데, 이들의 면면은 주로 인력자원관리(HR) 전문가나 인사업무에 전반적 지식을 보유한 사람들이 대부분이다. 선발절차 전반에 관하여 정통하도록 교육훈련을 받은 후 감독 업무를 수행하게 되며, 1일 수당은 168파운드(약 30만 원)이다. 인사감독-공공인사감독관실은 1995년 놀란 보고서(Nolan Report)의 영향으로 설립되었다. 이 기관은 1,123개의 공공기관의 기관장과 이사회 이사의 임명을 감시, 모든 공공기관의 관리팀에 대한 임명을 공정하고 경쟁적으로 이루어지도록 감시하는 역할을 수행한다(이종수, 2008. pp.41-62).

고위 공직후보자에 대한 입법부 차원의 검증절차가 인사청문회이다. 정치적 요인이 크게 작용할 수 있다는 점이 입법부 차원의 공직후보자 검증이 갖는 큰 특징이다. 인사청문회는 크게 정책검증과 개인검증으로 구분된다. 정책검증은 전문성과 능력에 초점을 맞추고, 개인검증은 공직후보자 개인의 과거경력, 재산형성 과정, 납세 관계, 범법 여부 등 도덕성과 윤리성에 초점을 맞춘다(유명희·홍준형, 2011). 국무위원에 대해 국회 인사청문회를 실시하기로 한 것은 행정부의 단독 검증만으로는 충분치 않아 국회 차원에서도 검증할 필요성이 커졌기 때문이다. 이 과정에서 과도한 정치공세와 인신공격을 피하고 전문성과 윤리성을 중점적으로 조사하는 방향으로 국회 인사청문회 운영절차를 개선할 필요성이 제기되고 있다(박천

그림 18-2 한국과 미국의 정무직 공무원 인사검증 절차 비교도

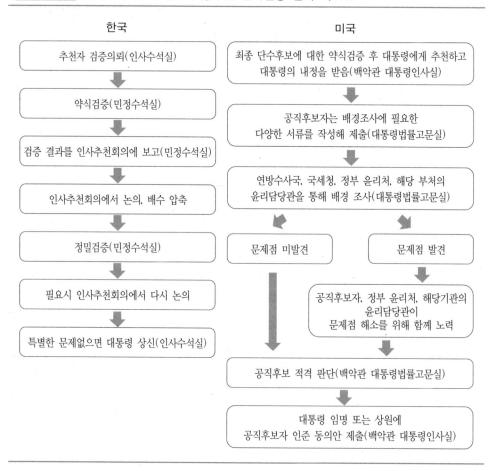

출처 : 미국의 경우 *The Council for Excellence in Government, 2000.* p.32 ; 김일재, 2003 : 151을 참조하여 재구성. 전충렬, 2009 재인용.

오·박홍엽, 2006).

인사청문회는 대통령에 대한 강력한 통제수단이 될 수 있다. 대통령 자신이 결정한 공직후보자에 국회가 동의하지 않으면 대통령 결정의 권위가 떨어질 우려가 있기 때문이다. 특히 공직후보자에 대한 검증 작업이 국회 차원에서 심도 있게 진행될 경우 대통령을 정치적 곤경에 처하게 하는 효과도 있다. 공직후보자의 불법 부당한 행위, 부정한 행위, 또는 부도덕한 행위가 구체적으로 드러날 경우 대통령의 정치적 부담은 매우 커지게 된다. 이 경우 공직후보자 스스로 후보직을 사퇴하기도 한다. 이러한 국회의 검증과정은 법률적 판단보다는 정치적 의미가 강하며, 국민의 요구와 기대를 충족시키기 위해 국회의원들은 적극적으로 검증에 나선다 (유명희·홍준형, 2011).

이와 같이 국회의 동의 절차는 법률적 성격보다는 정치적 성격이 강하다. 국회가 동의할 경우에도 대통령은 후보자를 교체하고 다시 국회 동의를 요청할 수 있고, 반대로 국회 동의안이 부결되었다고 하더라도 대통령의 불임명을 강제할 수단이 없기 때문이다. 하지만 일반적으로 국회가 동의하지 않은 공직후보자를 대통령이 임명하는 것은 대통령과 의회 간에 상당한 충돌이 예상되는 등 정치적 부담을 감수해야 한다. 우리나라는 대통령이 지명하게 된 배경을 설명하지 않고 있는데, 미국처럼 지명한 후보자를 대통령이 직접 국민 앞에 나서서 설명하고 의견을 구하는 과정이 필요하다. 만약 국회 동의 과정에서 대상이 되는 직책을 수행하기 어렵거나 국민의 신뢰를 저버릴 정도의 불법이나 부정을 저질렀을 경우에는 이에 대하여 국민 앞에 설명하고 다시 지명하는 과정을 거치는 것을 당연하게 생각할 필요가 있다. 국회 동의과정은 결국 국민에게 동의를 구하는 과정이므로 부결된 경우에는 국민에게 솔직하게 설명하는 것이 바람직한 인사과정이라 할 것이다.

국회 동의나 인준이 완료되어 채택된 인사청문회 보고서가 정부에 전달되면 대통령은 바로 임명 절차에 들어간다. 통상적으로 문서가 도착하면 대통령은 서명하고 곧바로 임명장을 수여한다. 다만, 미국의 경우 고위공직자들은 국민과 의회 앞에 취임선서를 한다. 이러한 정무직 공무원은 대통령을 보좌하는 기능과 역할을 담당할 뿐만 아니라 국민의 재산과 생명을 보호하고, 경제사회적 국가 발전을 책임지는 중요한 직무를 수행한다. 따라서 대국민 취임선서는 필수적인 과정이라 할 수 있다.

제4절 정무직 공무원의 관리과정

1. 정무직 공무원의 역량개발

정무직 고위공직자는 기본적으로 주어진 직책을 수행할 수 있는 역량과 경험을 갖고 있는 경우가 대부분이다. 실제 충원 과정에서 그러한 역량과 경험을 충분히 검토하여 결정하기 때문이다. 그럼에도 불구하고 정무직 공무원 대부분은 공직 경험이 없어 정부 조직의 기본 운영 방식이나 절차에 대한 이해가 부족한 경우가 많다. 이에 따라 실제 임용이나 직무수행 과정에서 발생하는 다양한 정책적·조직적 갈등 상황에 대한 사전 이해가 부족하여 적응하는 데 상당한 시간이 걸린다. 특히 장관의 재임기간이 짧을 때에는 더욱 그렇다. 따라서 정무직 고위공직자들이 조직을 이해하고 적응할 수 있는 다양한 프로그램이 필요하며, 리더십 개발 등 역량 프로그램도 필요하다.

다만 정무직 고위공직자의 경우 직접적인 역량개발을 목표로 하기보다는 공직 사회에 잘 적응할 수 있도록 훈련시키고, 조직관리 경험과 기술을 안내하는 것이 중요하다. 이러한 정무직 고위공직자에 대한 역량교육은 신규 임명자와 기존 임명자에 대한 교육으로 나눌 수 있다. 먼저 새로 임명된 고위공직자들을 위해서는 기본적으로 정부조직에 대한 이해를 도울 수 있도록 정부 조직 운영 기술 등에 관한 매뉴얼을 마련할 필요가 있다. 하지만 실제 신규 임명자는 물론 기존 임명자도 해당 직위는 정무직이면서 고위직이기 때문에 정책적·전문적 판단보다는 정무적 판단이 중요하고 필요하다는 인식 아래 아무런 사전지식 없이 곧바로 직무를 수행하는 것이 보통이다(박천오·박홍엽, 2006). 자신이 맡게 될 직위의 책임과 의무, 정책 방향, 그리고 조직 현황을 이해할 수 있는 기회는 국회 인사청문회 준비 과정일 뿐이다. 따라서 직업공무원들을 대상으로 하는 역량향상 프로그램과 별개로, 장관 등 정무직 고위공직자들의 역량개발을 위한 다양한 프로그램을 마련할 필요가 있다. 정무직 고위공직자의 역량개발 또는 조직적응 프로그램은 운영 내용이나 방식에서 새로운 접근이 필요하다.

일반적으로 프로그램은 국정철학과 가치, 국정과제의 추진 방향, 예산편성 방향 및 조정 등의 내용을 담고 있다. 역대 정부 대부분이 정권 초기에 오리엔테이션 형식으로 대통령의 국정철학을 설명하고 국정운영의 방향을 이해시키는 데 중점을 두어 왔다. 그러나 국정가치와 철학을 전달하는 차원에서 이루어지는 이러한 프로그램뿐만 아니라 리더십·조직운영·인사관리 등 조직적응 프로그램의 운영도 필요하다.

이러한 프로그램의 내용은 대통령의 선호나 정치적 상황에 따라 달라질 수 있다. 참여정부의 경우 정무직 장·차관 연찬 프로그램은 국정철학, 대화와 타협의 국정운영, 공정하고 투명한 정부, 분권과 자율의 균형사회, 국정운영 실패 사례와 성공 사례, 인사 실패 사례, 부정부패 척결 사례, 국정운영 평가, 국정과제의 효과적 추진을 위한 실천 전략, 업무혁신 사례 및 장관 업무 프로세스 개선방안, 행정개혁 로드맵, 건전한 언론관계 정립, 인사운영 평가 및 발전방안, 변화와 혁신 등 비교적 다양한 주제가 포함되어 있었다(박홍엽, 2005). 이와 달리 미국은 업무수행과정에서 반드시 알아야 할 내용을 중심으로 프로그램을 편성한다. 예를 들어 포드 대통령 시기에 실시했던 프로그램을 살펴보면 상당히 실무적인 내용으로 편성되었음을 알 수 있다. 즉, 대통령 및 정부의 이념과 비전, 예산과 정책, 국가 인사정책, 대의회 관계, 대언론 관계, 윤리 교육, 관료 관리, On-the-job training 등이다(박홍엽, 2005).

프로그램 운영방식도 일반적인 직업공무원 역량개발 프로그램과는 달라야 한다. 일방적으로 국정철학을 전달하거나 대통령의 관심사항을 통보하는 방식으로 이루어져서는 안 된다. 오리엔테이션이나 연찬회 같은 방식으로 의견을 수평적으로 교환하거나 경험을 공유할 수 있는 기회를 주어야 한다. 뿐만 아니라 현재 직무를 수행하는 정무직 고위공직자들은 국정 전반에 걸친 현안과 정책 방향을 이해할 필요가 있다. 특히 현재 수행하고 있는 담당 부처의 주요 직무에 대한 거시적인 시각과 전문적인 이해가 필요하다. 이러한 이해를 바탕으로 다음 연도별 예산규모와 정책방향을 논의하는 등 부처별 고위공직자 상호간의 의견교환이나 정보공유의 장도 필요하다.

하지만 지금까지는 대부분 일방적으로 전달하고 교육했기 때문에 연찬 프로그램 자체가 다분히 형식적이었고 적극적인 참여를 유도하지도 못했다(박홍엽, 2005). 다만 참여정부에서 참석자들의 적극적인 참여를 전제로 프로그램을 편성하여 운영한 사례가 있다. 즉, 토론회 형식으로 진행해 정무직 공무원들의 분임토의와 상호간의 대화를 유도하고 국정운영 경험을 공유하도록 한 것이다. 이와 같이 정무직 고위공직자의 경우 역량개발 또는 조직적응 프로그램 운영과정은 물론, 내용과 방식에서도 특별한 주의가 필요하다.

2. 정무직 공무원의 이동과 직무기간

(1) 장관의 직무기간

정무직 공무원의 경우, 정해진 직무기간은 따로 없다. 정무직 공무원의 직무기간은 대체로 임명권자인 대통령의 정치적 판단에 의존한다. 일반적으로 정치권력이 교체되면 정무직 공무원의 임기도 끝나는 것으로 인식된다. 정무직 공무원은 정치적으로 임명된 만큼 정치권력의 임기와 책임을 같이하는 것이다. 하지만 대통령의 인사권한에 따라 대통령 임기 중에도 교체될 수 있다. 이에 따라 정무직 공무원의 직무기간은 직위 유형별로 차이가 크다. 특히 대통령의 인사권한이 막강한 경우, 대통령의 개인적 또는 정치적 판단에 따라 직위별 직무기간이 크게 달라진다(Ban & Ingraham, 1990).

앞에서도 지적한 것처럼 장관의 빈번하고 신속한 교체가 사회적 이슈에 대한 책임성을 확보하고 정책 쇄신의 계기가 되기도 하지만 장관의 임기가 짧으면 대체로 정책의 일관성을 유지하기 어렵고, 임용 후 적응하는 데 오래 걸리고, 비용이 많이 들며, 직업공무원의 충성도가 떨어질 우려가 있다. 반면 장관의 직무기간이 길 경우에는 대통령과 임기와 책임을 같이하면서 정책의 일관성을 유지할 수 있고, 직업공무원을 안정적으로 관리할 수 있으며, 장관의 전문적인 역량을 강화할 수 있다는 장점이 있다. 하지만 사회문제에 대한 책임성을 신속하게 확보하기 어렵고, 민주적 대응성이 약하며, 부정과 부패가 증가할 우려가 있다.

미국의 경우 최근 10년간 대통령의 추천으로 의회의 승인을 받은 정무직 공무원의 평균 재임기간은 2.8년이며, 최소 1년 최대 4.5년까지 편차가 심한 것으로 나타났다(Dull, Roberts, Keeney & Choi, 2012). 조사 대상자의 4분의 1은 평균 3.6년으로 대통령의 임기와 거의 유사한 것으로 나타났다(Dull & Roberta, 2009). 장관급이 아닌 소속 기관장과 감사관들의 경우에는 평균 3.8년으로 상당히 장기간 근무한 반면, 차관이나 차관보 등은 1.5년 이하인 것으로 조사되었다(Dull, Roberts, Keeney & Choi, 2012). 정무직 공무원, 특히 장관의 재직기간은 정책의 일관성과 책임성, 민주성 확보를 감안하여 결정될 필요가 있다.

(2) 장관의 이동

정무직 공무원이 다른 직책으로 이동하는 것이 과연 바람직한가? 제2장에서 살펴본 것처럼 직업공무원들은 평생직장으로 조직 내 직무를 수행하는 과정에서 수평적 또는 수직적 이동이 불가피하다. 인사이동과 승진에 의해 역량과 경력을 발전시킴으로써 향후 조직 내 주어진 다양한 직무를 수행하기 위해서이다. 하지만 정무직 공무원의 경우는 다르다. 예를 들면, 현직 또는 전직 A부처 장관이 B부처의 장관으로 이동한다거나 A부처의 차관이 A부처 또는 B부처 장관으로 이동하는 경우가 이에 해당한다. 특히 대통령비서실에서 부처 장관이나 차관으로 이동하는 경우도 빈번하다. 또는 부처의 정무직 차관이 정부 산하단체의 장으로 이동하기도 한다. 모두 임명권자는 대통령임에도 불구하고 다른 직책을 맡는 경우가 많다. 이러한 인사이동은 향후 조직성과에 기여하기 위한 미래적 관점에서라기보다는 현재의 정치적 상황에서 임명권자가 임의로 결정하는 경우가 대부분이다.

특히 대통령의 임기가 5년인 상황에서 정무직 고위공직자를 이동시키는 목적은 크게 두 가지이다. 하나는 전문적인 정책 경험을 존중하는 차원에서 이동시키는 것이고, 다른 하나는 정치적 고려에 따라 이동시키는 것이다. 전자는 국책 과제나 사업의 적극적인 추진을 위하여 대통령 참모가 부처 장관으로 이동하거나, 국세청 등 집행기관의 장이 정책 부처의 장관으로 이동하는 경우이다. 그리고 후자는 대통령과 정치적으로 강한 연대가 있는 인물을 정치적 차원에서 핵심 부처에 임명하는 경우이다. 그 밖에 다른 직위자를 교체하는 과정에서 특별한 고려 없이 임의로 이동하는 극단적인 사례도 있다.

이와 같이 정무직 공무원의 수평적·수직적 이동은 정책의 전문적이고 적극적인 수행이나 임명권자의 정치적 난관을 극복한다는 측면에서 장점이 있다. 특히 정책 지향이 비슷한 사람들이라는 제한된 인재풀에서 가장 효과적인 배치 방안을 강구한다는 긍정적 측면이 있다. 하지만 이러한 수평적 이동이나 수직적 이동은 정무직 공무원에 대한 당초 임명이 잘못되었음을 임명권자 스스로 인정한다는 의미가 있을 수 있으며, 스스로 인재풀의 협소함을 나타냄으로써 정치적 부담이 될 수 있다. 특히 정부 조직 내 정무직 고위공직이 소수임을 감안할 때 내부의 소수집단을 형성할 수 있고, 투명성이 약한 회전문 인사라는 비판을 국민으로부터 받을 수 있다. 따라서 직업공무원에 대한 인사와 달리 정무직 고위공직자에 대한 인사는 그 파급효과를 고려하여 보다 신중하게 단행할 필요가 있으며, 정치적 민주성과 정책적 전문성을 잘 조화시킬 필요가 있다.

3. 정무직 공무원에 대한 평가

대통령중심제에서 정무직 공무원은 대부분 일반직 공무원과 유사하게 대통령 등 인사책임자가 임명한다. 따라서 정치적 임용이 아니라 하더라도 선출직이 아니기 때문에 책임성을 확보하기 위해서는 반드시 평가가 필요하다.

평가는 일반적으로 역량평가와 성과평가로 구분된다. 역량평가는 대부분 임명 이전의 평가이고, 성과평가는 임명 이후의 평가이다. 우선 역량평가의 결과는 임명 여부를 결정하기 위한 사전 자료로 활용되는 경우가 많다. 임명된 직책을 수행하는 과정에서 가능한 정책 실패를 방지하고 성공적인 직무수행 가능성을 높이기 위해서이다. 반면 성과평가는 임명 후 직무수행 과정 중에 향후 교체 여부를 결정하는 자료로 활용하기 위한 것이다. 제5편에서 일반직 공무원에 대한 인사평가에서 논의한 것처럼 전자는 발전적 목적에 해당하고, 후자는 평가적 목적에 해당한다. 다만, 역량평가는 평가적 목적, 즉 임명된 직위를 성공적으로 수행하고 있는지를 확인하기 위하여 시행하기도 한다.

장관을 포함한 정무직 고위공무원의 성과를 평가하는 방법에는 두 가지가 있다. 성과관리방법(performance management)과 성과계약방법(performance agreement)이다(Kim, 2009). 성과관리방법은 평가 주체가 평가할 내용과 지표를 사전에 설정하고 이를 개인별로 평가하는 방법인 반면, 성과계약방법은 평가 대상 정무직 공무원이 재임기간에 달성하고자 하는 자신의 목표를 제시하고 대통령 등 인사책임자와 협의하여 계약하고 이에 따라 평가하는 방법이다. 하지만 후자는 성과평가 기준이

표 18-2 장관의 역량 및 성과평가 기준

구분	세부항목	세부평가기준
역량평가	직무적 역량	대통령의 철학과 비전 실현, 핵심적인 국가 어젠더 발굴, 주요 정책들의 집행 의지, 현안 과제의 해결 능력, 전문성
	관리적 역량	조직관리 및 장악 능력, 비전 제시, 변혁적 리더십, 직원 동기부여
	도덕적 역량	개인적 청렴성, 조직적 청렴성, 책임성, 투명성
	정치적 역량	의회와의 관계, 언론과의 관계, 이해집단과의 관계, 직원과의 관계
성과평가	성과관리평가	정책결정, 정책집행, 정책효과 * 긍정적인 사례와 부정적인 사례
	성과계약평가	계약된 정책 목표 달성 여부

출처 : Kim, 2009, 내용을 수정·보완.

직무성과를 중심으로 이루어지지 않는 경우가 많기 때문에 형식화될 우려가 많아 대부분 전자, 즉 성과관리방법에 따라 임명권자가 평가기준을 만들어 활용한다.

정무직 공무원을 평가하는 기준은 크게 두 가지이다. 개인적 차원에서 지위와 관련된 책임으로 들 수 있는 것이 중립성·청렴성·공정성·근면성·윤리성 등이고, 조직적 차원에서 직무와 관련된 책임으로 들 수 있는 것이 정책개발 및 집행 능력이다(Kim, 2009). <표 18-2>는 대표적인 정무직 공무원인 장관의 역량과 성과 평가기준을 제시한 것이다. 역량평가는 직무적 역량, 관리적 역량, 도적적 역량, 그리고 정치적 역량으로 구분하고 각각의 세부평가기준을 마련했다. 예를 들면 직무적 역량은 대통령의 철학과 비전의 실현, 핵심 국정과제의 발굴, 주요 정책들의 집행 의지, 현안 과제의 해결 능력, 그리고 전문성 등이다. 성과평가는 성과관리평가와 성과계약평가로 구분하여 정책성과나 계약된 정책목표 달성 여부를 평가한다.

참고로 미국에서 실시된 장관 평가에서 사용된 평가지표는 <표 18-3>과 같다(Barnes, Baumann, Cannon & Cohen, 2003 : 232-235 ; 박홍엽, 2005). 다만, 이러한 여러 가지 평가기준 상호간의 우선순위와 가중치 부여를 고려해야 한다. 우리나라의 경우 학계와 공무원들에게 설문조사한 김판석·박홍엽(2004)의 연구 결과, 다른 부

표 18-3 미국의 장관 평가기준 및 평가세부항목

평가내용	평가세부항목
전반적인 평가	백악관의 기대 부응 여부 당면 문제에 대한 대응 권한과 책임 범위를 명확히 숙지하는지 여부
백악관에 대한 영향력 또는 행정부 내에서의 영향력	백악관에 대한 영향력 정책갈등 대응능력과 예산확보 능력 대통령 또는 백악관 참모들과의 친분
대의회 설득력	의원들과의 관계 의회 연설능력 법안 통과과정에 대한 기여도 의회 쪽에서의 평가
대통령의 정치철학을 실현하는 능력	대통령의 정치적 입장 지원능력 지지기반 강화 및 부동표 흡수능력 대통령 지지 세력과의 관계 대통령을 위한 선거지원 자금모금 기여도
부처 운영능력	부처 직원들의 일반적인 평가 부처 직원들의 장관 지도력에 대한 평가 부처 직원들의 의견 반영도

출처 : Barnes, Baumann, Cannon & Cohen, 2003 : 232-235 ; 박홍엽, 2005.

처와의 정책협력, 새로운 정책개발 능력, 조직장악력 등이 높게 나왔다. 그러나 실제 대통령이나 언론, 국민들의 우선순위는 다르게 나타날 수 있을 것이다.

이와 같이 장관에 대한 평가는 평가 자체가 정치적 성격을 가지고 있기 때문에 평가자 그룹에 따라 다르게 나타날 수 있다. 따라서 장관에 대한 인사평가기준을 마련할 때에는 임명권자의 우선순위와 함께 다양한 그룹의 의견을 청취하여 결정할 필요가 있다.

제 5 절 정무직 공무원과 직업공무원의 관계

1. 정무직 공무원과 직업공무원의 차이

정무직 공무원은 고위직 직업공무원과는 구별된다. 즉 전자는 정치인이고 후자는 행정인이다. <표 18-4>에서 볼 수 있는 것처럼, 정치인과 행정인 간에는 가치 중점이나 활동 경력, 사고와 태도, 그리고 행동방식에서 차이가 있다. 정치인은 가치의 중점을 외부 지향의 민주적 대응성에 두는 반면, 행정인은 내부 중심의 관리적 효율성에 둔다(이창길, 2017b). 정치인은 모든 활동을 승패를 결정하는 게임으로 인식하는 반면, 행정인은 현재 나타난 문제를 해결하는 방식에 집중한다. 정치인이 목표와 비전, 가치와 상징을 강조하는 반면, 행정인은 정보와 예산, 인력과 물

표 18-4 정치인과 행정인의 비교

구분	정치인	행정인
가치	민주적 대응성	관리적 효율성
중점	외부지향	내부지향
활동	게임 성격	문제해결
역할	대표자	전문가
대화방식	무엇을/왜?	어떻게/언제?
의사소통 수단	목표 · 비전 · 가치 · 상징	정보 · 예산 · 인력 · 물자
자원	권력	지식
동력	갈등 · 타협 · 변화 · 단기	조화 · 협력 · 지속 · 장기

출처 : Llorens, Klinger & Nalbandian, 2017. p.215 번역 및 일부 수정함.

자를 강조한다. 정치인에게 핵심적인 자원은 권력이고, 행정인은 지식이다. 정치인은 갈등을 조정하고 타협하여 단기적인 승부에 의존하는 반면, 행정인은 조화와 협력을 통해 장기적으로 철저하게 준비하여 해결하려는 성향을 보인다.

2. 공직임용 및 공직수행의 정치화

이러한 정치인과 행정인의 명확한 차이에도 불구하고 실제 정부 내 직무수행과정에서는 구별하기 어려운 경우가 많다. 실제 행정인이 정치적 역할과 기능을 담당하거나 정치인이 행정인적 시각과 행동을 보이는 경우가 많기 때문이다. 정치인인 정무직 공무원과 행정인인 직업공무원의 이 같은 관계는 불가피하게 발생하는 공직의 정치화 결과로 나타난 것이라 할 수 있다(Lee, 2018). 공직의 정치화는 공무원의 선발·승진·보상·교육에서 정치적 기준이 실적주의를 대체하고 있음을 의미한다. 즉, 엽관제와 달리 정책결정과 집행 과정에서 공직을 통제하려는 성향을 말한다. 이처럼 공직임용이나 공직수행 과정에서 정치화(politicization)는 불가피하다(이창길, 2020). 그 이유와 영향 요소를 살펴보면 다음과 같다(Peters & Pierre, 2004).

첫째, 공무원 시스템에서 모든 직위의 임명에는 어느 정도 정치적 고려가 있다. 임명직 중 상당수가 대통령이나 장관이 임명하기 때문에 정치적이다. 임명직인 정무직 공무원 또한 마찬가지이다.

둘째, 정치적 임명과정에서 공직자들의 정책적 취향이나 다양한 행태들이 고려된다. 개혁을 하는 과정에서는 더욱 그렇다. 정치권력을 잡은 정당이 오래 집권할 경우, 공직의 정치화가 증가하는 경향을 보인다.

셋째, 이러한 정치적 임명기준은 행정시스템의 성과에도 영향을 미친다. 일반공무원들은 실적에 따라 선발하거나 승진시키고, 고위공직자들은 정치적 기준에 따라 임명하거나 교체할 경우 실적주의 원칙이 덜 무너진다.

넷째, 공직의 정치화는 공무원들이 과거에 정치적이라고 하지 않았던 일에 손대기 시작했다는 점과도 관련이 있다. 이를테면 장관 업무를 수행할 때 정치와 행정을 구분하기 어려워 능력 있는 공무원들을 정치적인 일에 활용하지 않을 수 없다.

다섯째, 이러한 정치화가 사회경제적 이익단체와 연계될 경우 실제로는 오히려 비정치화될 수도 있다. 이 경우 장관들은 이익단체의 가치나 이익에 정책을 결부시키는 임명직 공무원들 때문에 조직관리에 어려움을 겪을 수 있다.

마지막으로, 어떤 의미에서는 정치적 고려가 전통적 의미의 실적주의 원칙보다

통치상의 민주적 가치를 확보하는 데 더 중요한 요소가 될 수도 있다. 일반적으로 경력직 정부 관료들은 정치적 변화에 대한 대응성이 부족하기 때문이다.

3. 정무직 공무원과 직업공무원의 관계

이처럼 공직이 불가피하게 정치화되면서 정무직 공무원과 직업공무원 사이에 다양한 형태의 협상이 이루어지고 있다. 이를 정치인과 행정인 간의 공직협상(public service bargaining)이라고 한다(Hood & Lodge, 2006). 공직협상은 정치인과 행정인이 서로 자신의 권리를 포기하고 이익을 확보하는 것을 말한다.

표 18-5 정치인과 행정인 간의 공직협상

공직협상	정치인	행정인
권리 포기	임의로 공무원을 채용·퇴직·보상·지도할 수 있는 권리	집권한 정권에 대해 의견을 제시하고, 반대하고, 비판할 수 있는 권리
이익 확보	정치적 충성 및 일정한 정책능력·행정능력·관리능력 활용	정부 조직 내 확실한 지위 보장, 책임 영역 부여, 가시적·비가시적 보상

출처 : Hood & Lodge, 2006. p.8.

<표 18-5>에서 볼 수 있는 것처럼, 일반적으로 정치인은 임의로 공무원을 채용·퇴직·보상·지도할 수 있는 권리를 포기하는 대신, 정치적 충성 및 일정한 정책능력·행정능력·관리능력을 활용할 수 있는 이익을 확보한다. 반면 행정인은 집권한 정권에 대해 의견을 제시하고 반대하고 비판할 수 있는 권리를 포기하는 대신, 정부 조직 내 확실한 지위 보장, 책임영역 부여, 가시적·비가시적 보상 등의 이익을 확보한다(Hood & Lodge, 2006). 다만, 이러한 권리 포기와 이익 확보 정도는 상대적이며, 상황에 따라 그 비중이 변하기 때문에 협상은 항상 가변적이다. 고위공무원의 승진과 이동은 이러한 동태적 과정에 의해 영향을 받는 중요한 도구이자 전략으로 작용한다(이창길, 2017a)

그런데 협상 과정에서 정무직 공무원보다 직업공무원의 행태에 유의할 필요가 있다. 공직협상 정도에 따라 행정인으로서 직업공무원은 두 가지 모형으로 분류된다(Hood & Lodge, 2006). <표 18-6>에서 볼 수 있는 것처럼 독자적인 자율성을 가진 대변자 모형과 정치적 이상과 권력에 대한 봉사자 모형이다. 즉, 정치에 봉사하는 정도와 자율적 판단 정도에 따라 두 부류로 나누는 것이다. 이 두 가지 모형은

표 18-6 공직협상 정도에 따른 행정인 모형

자율적인 대변자로서의 공직(수탁자, trustee)	사회영역의 대변자	사회 내 주요집단의 대변자
		사회 내 일부집단의 대변자
	엘리트적 지도자	도덕적이고 윤리적인 수범인
		법적·기술적 전문가
정치적 봉사자로서의 공직(대리인, agency)	직접적 책임자	다수 주인에 대한 복잡한 대리인
		관리 책임을 담당하는 단순 대리인
	직접적 추종자	선거에 승리한 집권세력에 충성
		정치인에 대한 개인적 충성

출처 : Hood & Lodge, 2006. p.21.

다시 사회 내 이해관계자에 대한 대변자와 엘리트 지도자, 그리고 국민에 대한 책임성을 강조하는 대리인 또는 정치인이나 정치세력에 충성하는 추종자로 나눌 수 있다. 이러한 총 8가지 모형 중 행정인이 어떤 모형을 선택하는가는 정치인의 행태와 특성, 담당 직무의 전문성과 독자성, 행정시스템의 분권화 정도, 행정인 자신의 성격과 특성 등에 따라 달라진다. 이때 개별 사안별로 서로 다른 모형을 활용하기도 한다. 이러한 모형 중에서 직업공무원의 합리성과 민주성을 보장할 수 있는 인적자원행정시스템을 구성하는 것이 무엇보다 중요한 과제라 할 수 있다.

학●습●포●인●트

- 정무직 공무원의 대상과 범위
- 정무직 공무원 대상 프로그램의 특징
- 직업공무원과 정무직 공무원의 차이
- 직업공무원과 정무직 공무원의 관계 유형
- 정무직 공무원의 임용과정
- 정무직 공무원에게 요구되는 가치

연●습●문●제

1. 정무직 공무원 인사의 중요성을 설명하시오.
2. 정무직 공무원 임용기준의 우선순위를 정하여 보시오.
3. 정무직 공무원의 임용절차에서 앞으로 추가되어야 할 내용은 무엇인가?

4. 정무직 공무원의 역량개발을 위한 방안을 제시하시오.

5. 우리나라 정무직 공무원 임용의 가장 큰 문제점은 무엇인가? 그 문제점을 해결할 수 있는 방안을 제시하시오.

6. 정무직 공무원과 직업공무원의 차이를 서술하시오.

7. 정무직 공무원과 직업공무원의 관계 유형을 서술하시오.

토•의•사•례

정○○ 위원 : 정○○입니다. 일단은 우리 김○○ 후보자님, 축하드립니다. 언제 내정 사실을 처음 알게 됐지요?

장관 후보자 김○○ : 발표 나기 50분 전 연락을 받았습니다. 그러니까 6시 한 10분쯤 되는 것 같습니다. 7시에 발표가 됐고요.

정○○ 위원 : 본인도 사전에 전혀 준비도 하지 못했고, 또 낌새도 채지 못했습니까?

장관 후보자 김○○ : 그렇습니다.

정○○ 위원 : 앞에 질의하신 동료 위원들께서 우리 후보자의 경력에 대해서 문제제기를 많이 하셨는데 후보자께서는 지금 장관으로서의 적격성에 대해서 어떻다는 생각을 가지고 계십니까?

장관 후보자 김○○ : 뭐 여러 면에서 부족함이 많다고 생각합니다.

정○○ 위원 : 아까 우리 동료 위원께서 역대 68명 장관을 검토했다고 그랬는데 제가 지금 지난 50년간의 역대 장관을 보니 경제수장으로서 손색이 없는 분들이 대부분입니다. 이제 그다음 이름이 김○○ 후보자 이 이름이 될 게 아닌가 싶은데 이분들하고 공통점이 있다고 생각하십니까?

장관 후보자 김○○ : 그분들과 차이점이 있다는 뜻으로 말씀하신 것으로 이해합니다.

정○○ 위원 : 지금 심각하게 전문성에 대한 의문, 제기하지 않을 수 없습니다. 이분들은 한결같이 그야말로 경제관료로서 최고의 실물경제 경험과 최고의 정책결정 경험을 갖고 있거나 아니면 저명한 경제학자 출신이었습니다. 후보자는 제가 이력을 보니까 사무관 시절에, 그것도 사무관 시절에 딱 2년 동안 재무부에 근무한 게 전부입니다.

정○○ 위원 : 또 그리고 전공을 봤더니 정책학 하셨어요. 그리고 이제 행정학 교수를 하셨는데 외람되지만 저도 똑같은 입장입니다. 저도 이 정책학으로 석사·박사를 했고 거의 같은 전공이라고 생각을 합니다. 저는 재경위에 와 있지만 제가 경제전문가라는 생각 한 번도 가져본 적이 없습니다.

장관 후보자 김○○ : 제가 정책학 학위지만 재정정책을 전공을 했고 제가 성적표 이런 걸 보시면 뭐 재정학, 경제학 과목 수강을 많이 했습니다.

정○○ 위원 : 그건 수강하는 거고요. 여기는 거시경제 흐름에 대해서 제가 볼 때는 그야말로 체질적으로 쭉 꿰고 있지 않으면 안 된다는 생각을 갖습니다.

장관 후보자 김○○ : 예, 제가 노력하겠습니다.

정○○ 위원 : 그 다음에 이제 짧게 말씀드리면 대표적인 회전문 인사 또 그리고 코드인사

그리고 이제 발표 50분 전에 통보받을 정도로의 깜짝인사, 그렇게밖에 설명할 수가 없는데 대통령이 왜 이렇게 이런 깜짝인사를 했을까요? 대통령이, 임명권자인 대통령이 후보자한테 갖는 기대는 뭐라고 생각하십니까?

장관 후보자 김OO : 인사권자의 기대를 제가 여기서 말씀드리는 것은 뭐 적절하지 않을 것 같습니다.

정OO 위원 : 여기는 인사청문회장입니다. 청문회장에서 "인사권자가 나한테 이러이러한 기대를 갖고 이러이러한 것을 하라는 뜻으로 임명받은 것으로 알고 있습니다"라고 답변하는 게 옳은 태도 아닙니까?

장관 후보자 김OO : 제가 인사권자의 기대를 직접 전해 듣지는 못했기 때문에 그 기대를 직접 말씀드릴 수 없다는 취지의 말씀이었습니다.

정OO 위원 : 아니, 그러면 그런 것도 모르는 상태에서 자리를 수락했다는 말입니까?

장관 후보자 김OO : 제가 좀 말씀을 드리겠습니다. 제가 인사청문회를 준비하는 기간 중에 만난 경제전문가만 해도 마흔 명이 넘습니다. 그래서 제가 부족한 부분에 대해서는 충분히 경청하고 전문가들을 활용하면서 누구보다 더 열심히 하고자 합니다.

🔖 토의과제

우리나라 경제를 총괄하는 장관의 임용 기준은 무엇이어야 한다고 생각하며, 장관은 어떤 절차와 과정을 거쳐 임명되는 것이 바람직하다고 생각하는가? 현재의 법률과 규정을 넘어 새로운 아이디어를 제시해 보시오.

💡 참고문헌

강혜진·김병섭, 2018. 「정무직 공무원의 균형인사」. 『행정논총(Korean Journal of Public Administration)』, 56.

김병섭·박상희, 2010. 「공공기관 임원의 정치적 임명에 관한 연구 : 법제도 및 대통령의 영향을 중심으로」, 『한국행정학보』 44(2), pp.103-105.

김판석, 2004. 『한국 공무원 인사제도 개혁』, 집문당.

박동서, 2003. 『장관론』, 나남.

박영원, 2011. 「정무직 공무원의 인사 형평성에 관한 실증적 연구」, 『한국인사행정학회보』 10(3), pp.239-257.

박천오·박홍엽, 2006. 「한국 고위공직 후보자 인사검증시스템 : 실태와 개선방안」, 『한국행정연구』 15(1), pp.101-134.

박홍엽, 2005. 「정무·고위직 인사시스템의 비교 분석」, 『한국행정학보』 39(1), pp.111-137.

배용수, 2008. 「공공기관의 관리체계와 개선과제」, 『공공행정연구』 9(1).

안병영, 2001. 「장관의 교체와 정책의 안정성 : 정책 연속성 확보를 위한 시론」, 『한국행정연구』 10(4), pp.33-62.

오성호, 2008. 「일본의 정치적 임명에 관한 고찰」, 『한국인사행정학회보』 7(1), pp.63-85.

유명희·홍준형, 2011. 「인사청문이 고위공직자 임용에 미치는 영향」, 『한국인사행정학회보』 10(3), pp.145-169.

이선우, 2013. 「인사 검증 및 인사청문회 제도의 현황과 개선방안」, 『한국인사행정학회보』, pp.23-54.

이성인, 2006. 「정무직 인사시스템의 개선방안에 관한 연구」, 연세대학교 석사학위논문.

이종수, 2008. 「영국의 정치적 임명 : 정무직과 공공기관장의 경우」, 『한국인사행정학회보』 7(1), pp.41-62.

이창길, 2017a. 고위공무원의 성격유형과 직위변화: 관료제와 관료의 디커플링(decoupling). 한국정책학회보, 26(4), pp.35-64.

이창길, 2017b. 공공기관 공직가치의 특성과 현실: 민주적 가치의 갈등상황을 중심으로. 한국행정연구, 26(2), pp.75-107.

이창길, 2020. 한국 관료제의 위기: 정치화'의 역설. 정부학연구, 26(1), pp.104-130.

전충렬, 2009. 「미국 고위공직자의 임용에 관한 연구」, 경희대 박사학위 논문.

하태권, 1995. 「한국 인사행정의 변천-가치갈등적 관점에서의 고찰」, 『한국행정학보』 21(1).

Ban, C. and P. W. Ingraham, 1990. Short-Timers Political Appointee Mobility and its Impact on Political-Career Relations in the Reagan Administration. *Administration & society,* 22(1), pp.106-124.

Barnes, Baumann, Cannon and Cohen, 2003. Bush Legislation Could Have Unforeseen Impact on Passives, *Electronic News* (10616624), 2/17/2003, 49(7), pp.232-235.

Dull, Matthew and Patrick S. Roberts, 2009. Continuity, Competence, and the Succession of Senate-Confirmed Agency Appointees. *Presidential Studies Quarterly,* 39(3), pp.432-453.

Dull, Matthew, Patrick S. Roberts, Michael S. Keeney and Sang Ok Choi, 2012. Appointee Confirmation and Tenure : The Succession of U.S. Federal Agency Appointees, 1989-2009, *Public Administration Review,* 72(6), pp.902-913.

Hood, Christopher and Martin Lodge, 2006. *The Politics of Public Service Bargains : Rewards, Competency, Loyalty and Blame,* Oxford University Press. pp.8-21.

Krause, G. A., D. E. Lewis, and J. W. Douglas, 2006. Political Appointments, Civil

Service Systems, and Bureaucratic Competence : Organizational Balancing and Executive Branch Revenue Forecasts in the American States. *American Journal of Political Science,* 50(3), pp.770-787.

Kim, P., 2009. A Case for Performance Management for Political Appointees. *Public Personnel Management,* 38(4), pp.1-18.

Lee, Chang Kil., 2018. The politicization of senior civil service in Korea : a human resource management perspective. Asian Education and Development Studies, 7(4), 412-425.

Llorens, J. J., Klinger, Donald E. and John Nalbandian, 2017. *Public Personnel Management : Contexts and Strategies,* Prentice Hall, p.215.

Patterson, Bradley h. and James P. Pfiffner, 2001. The White House Office of Presidential Personnel, *Presidential Studies Quarterly,* 35(3), pp.415-438.

Peters, Guy and Jon Pierre, 2004. *Politicization of the Civil Service in Comparative Perspective : The Quest of Control,* Routledge.

Pfiffner, J. P., 1987. Political Appointees and Career Executives : The Democracy-Bureaucracy Nexus in the Third Century. *Public Administration Review,* pp.57-65.

제19장

인적자원행정의 미래방향

이 장에서는 인적자원행정의 미래에 대하여 살펴본다. 정무직 공무원과는 달리 실적주의에 기반한 직업공무원들의 인사혁신 미래방향을 개관하고자 한다. 이를 위해 인적자원행정의 내부환경 변화를 중심으로 인력구조 측면, 직무역량 측면, 그리고 조직문화 측면으로 구분해 살펴본다. 인적자원행정의 미래방향으로는 전통적인 인사행정에서 인적자원행정으로의 1단계 변화와 인적자원행정에서 전략적 인적자본행정으로의 2단계 변화를 구분한다. 인적자원행정의 미래는 1단계 변화로 개인화, 분권화, 그리고 균형화를, 2단계 변화로는 전략화, 협력화, 그리고 지식·정보화를 제시한다.

오케스트라 지휘자는 정작 무대에서 자신은 아무 소리도 내지 않습니다.
다만, 팀원들이 얼마나 소리를 잘 내는가에 따라 능력을 평가받습니다.

－ 벤 젠더(보스턴 필하모닉 지휘자)

제1절 인적자원행정의 환경변화

1. 환경변화의 의의

인적자원행정의 미래를 논의하기 위해서는 인적자원 환경의 변화 추이를 우선적으로 살펴보아야 한다. 인적자원행정의 환경은 내부환경과 외부환경으로 나눌 수 있다. 외부환경의 변화는 제1장 인적자원의 중요성에서 논의했으므로 이를 활용하기로 한다. 즉 지식중심 사회로의 역사적 전환, 정보와 성과를 위한 경쟁 심화, 개인중심 사회의 가속화, 공직에 대한 사회적 인식 저하, 정보통신 및 과학기술의 발전, 정부규모와 기능의 변화 등 사회 전반의 변화는 인적자원행정의 방향과 내용을 결정하는 중요한 요인이 아닐 수 없다.

정부 조직 내부환경의 변화로는 인력구조의 변화, 직무역량의 변화, 그리고 조직문화의 변화가 있다. 즉 조직 내부의 사람과 일, 그리고 문화가 바뀜에 따라 새로운 인적자원행정을 요구하고 있다. 이러한 세 가지 측면의 내부환경은 상호 연계되어 작용한다. 인력구조의 변화는 새로운 직무역량과 조직문화를 요구하고, 새로운 직무역량의 변화는 다시 인력구조와 조직문화의 변화를 가져온다. 조직문화의 전반적인 변화는 인력구조와 직무역량에 다시 새로운 변화를 요구한다.

이러한 상호관계의 기반 위에서 각각의 구체적인 변화 양상을 살펴보기로 하자. 여기에서는 이 책의 전체적인 구성과 달리 일반적인 환경변화와 함께 한국적 환경변화를 중심으로 논의한다.

2. 인력구조의 변화

(1) 인력구성의 다양성

최근 정부 내부의 인력구성이 다양해지고 있다. 성별, 재직기간, 선발경로, 교육수준의 차이는 물론 근무장소, 근무형태의 차이 등 공직을 구성하는 인력구성이 갈수록 다양해지고 있는 것이다. 무엇보다도 여성 인력이 <그림 19-1>에서 보이는 것처럼 크게 증가했다. 1970년대 중반 불과 15%에 불과했던 여성공무원은

그림 19-1 여성공무원 비율의 연도별 증가 추이(1974~2022)

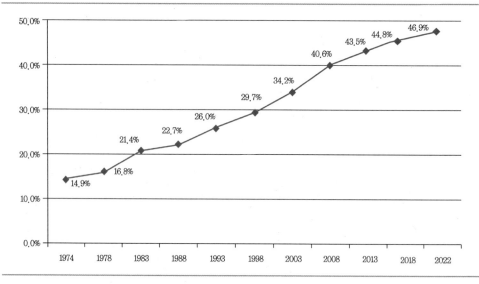

출처 : 총무처/행정자치부/행정안전부, 공무원총조사 1978~2018. 2019년 이후는 인사혁신통계연보에 의하고 2022년은 추계치임.

40%를 넘어섰다. 특히 최근 10~15년 사이 증가 속도가 매우 빠르다. 이러한 추이는 앞으로도 계속될 전망이다. 이러한 여성공무원 비율의 증가는 교사 등 여성 교

표 19-1 OECD 국가의 여성공무원 비율과 고위공무원 여성 비율

여성공무원 비율				고위공무원 여성 비율			
스웨덴	71.8%	이탈리아	58.2%	스웨덴	54.9%	미국	37.1%
핀란드	71.0%	미국	57.5%	그리스	52.9%	아일랜드	35.6%
노르웨이	69.6%	스페인	56.1%	뉴질랜드	52.8%	네덜란드	35.0%
덴마크	69.6%	독일	55.5%	호주	47.3%	이탈리아	34.0%
영국	66.3%	멕시코	52.7%	캐나다	44.6%	독일	32.4%
프랑스	63.7%	네덜란드	49.5%	이스라엘	44.9%	덴마크	32.2%
캐나다	63.3%	그리스	47.9%	노르웨이	43.4%	프랑스	30.8%
호주	62.1%	한국	45.7%	스페인	42.7%	오스트리아	30.4%
이스라엘	62.0%	일본	43.3%	영국	42.0%	멕시코	23.3%
포루투갈	60.7%	룩셈부르크	39.6%	포루투갈	41.5%	한국	8.6%
폴란드	60.6%	터키	25.3%	핀란드	38.0%	일본	4.2%

출처 : OECD(2021a), Government at Glance 2021.

* 여성인력비중에서 뉴질랜드, 호주, 미국, 오스트리아, 스위스, 고위직 여성비율은 뉴질랜드 독일 노르웨이 는 2009년 자료임.

육공무원의 증가에 힘입은 바 크다. 중앙 및 지방의 일반직 여성 공무원의 비율은 여전히 평균보다 훨씬 낮다. <표 19-1>에서 볼 수 있듯이 대부분의 OECD 국가와 비교할 때 우리나라 여성공무원의 비율은 상대적으로 낮다. 특히 고위공무원의 여성 비율은 매우 낮은 편이다.

여성 인력의 증가와 함께 공직이 개방되면서 외부의 전문계약직도 증가하고 있다. 최근의 인사 통계에 따르면 일반직 국가공무원의 신규 임용자 중 50%이상이 공개 채용이 아닌 경력 채용되고 있다. 중앙 및 지방행정기관, 교육기관, 공공기관등을 포함하는 공공부문 전체의 비정규직은 20만명이 넘고, 이 중 매년 무기계약직으로 전환되고 있다. 이와 같은 인력구성의 전반적인 변화는 조직의 효과성이나 민주성, 그리고 사회적 형평성과 조직 구성원의 직무만족 등 인적자원행정의 다양한 가치를 실현하는데 중요한 고려요인으로 부각되고 있다.

(2) 인력구성의 고령화

정부 인력의 연령별 구성비율도 변화하고 있다. 공무원의 절대적인 평균연령이 높아지고, 재직기간이나 승진기간도 점차 길어지고 있다(OECD, 2007). 1970년대 경제성장기에는 정부 인력의 신규 수요가 증가함에 따라 연령이 낮은 젊은 공무원들이 많이 충원되었다. 그리고 1980년대에는 정부의 사회적 기능이 강화됨에 따라 정부 인력의 신규 수요가 어느 정도 유지될 수 있었다. 하지만 1990년대 들어 작은 정부의 실현과 IMF 경제위기로 인해 공무원 인력충원을 억제하는 정책이 전반적으로 확산되면서 공직의 고령화가 가속화되었다. 이러한 정책은 정부 인력의 신규 충원을 억제하는 것은 물론 기존 공무원의 퇴직도 억제했기 때문이다. 더욱이 2000년대 이후 경제성장률이 상대적으로 낮아지고 사회 전반적으로 고령화가 진행되면서 이 같은 흐름은 가속화되고 있다.

<그림 19-2>에서 볼 수 있는 것처럼, 20년 이상 재직한 공무원의 비율이 1970년대에는 15% 안팎에 불과했으나 그동안 지속적으로 증가하면서 최근에는 40%를 웃돌고 있다. 공무원의 평균연령이 그만큼 높아진 것이다. 동시에 <표 19-2>를 자세히 살펴보면, 공무원의 평균연령은 1983년에 35세였으나 국가공무원의 경우 약 44세, 지방공무원의 경우 약 43세로 높아졌다. 국가공무원을 직급별로 보면 9급의 경우 1980년대 28세에서 약 32세로 늘어났으며, 7급의 경우 36세에서 44세 안팎으로 늘어났다. 특히 5급의 경우에는 1980년대 국가공무원이 43세, 지방공무원이 47세였으나 최근에는 각각 47세와 54세 안팎으로 높아졌다.

그림 19-2 20년 이상 재직공무원 비율의 증가 추이(1974~2022)

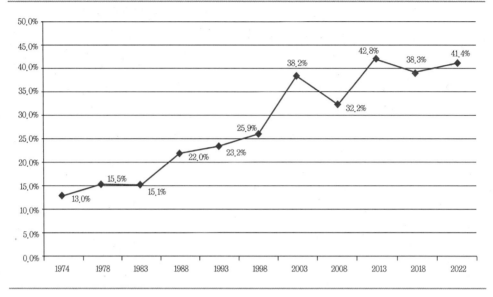

출처 : 공무원센서스/공무원총조사 1978~2018. 2022년도는 추계치임.

공무원의 고령화가 우리나라만의 문제는 아니다. 우리나라 공무원의 고령화 수준이 높긴 하지만, OECD 국가와 비교하면 아주 높은 수준은 아니다(OECD, 2021b). 이러한 연령 구조의 변화는 인적자원의 전략기획, 인적자원의 선발, 역량개발, 동기부여, 평가와 보상, 퇴직 등 인적자원 관리과정 전반에 영향을 주고 있다.

표 19-2 공무원 평균연령의 증가현황(1983~2023)

구분		1983	1988	1993	1998	2003	2008	2013	2018	2023
일반직 국가공무원	평균	36	37	39	39	40	40	42	44	45
	5급	43	44	45	45	45	46	47	47	48
	7급	36	37	37	39	39	39	42	44	45
	9급	28	30	28	30	29	29	32	32	33
일반직 지방공무원	평균	35	37	37	39	41	40	43	43	44
	5급	47	50	50	51	51	52	54	54	55
	7급	36	36	37	40	40	40	41	44	44
	9급	28	29	27	30	30	29	31	31	31

출처 : 행정자치부, 1983~2018, 공무원 총조사. 2023년도는 추계치임.

(3) 인력구성의 탈계층화

한편 인력구성의 계층화가 완화되고 있다. 직급별 인력구성비율이 피라미드 형태에서 마름모 형태로 변화하고 있다. <그림 19-3>은 정부 인력의 직급별 구성비율을 연대별로 비교해 놓은 그래프이다. 1970년에는 고위계층은 매우 적고 하위계층은 매우 많은 구조였다. 그러나 2010년에는 하위계층이 크게 감소하고 중간계층이 늘어나는 형태를 보인다. 또 1970년대에는 9급 비중이 줄고 8급과 7급의 비중이 늘어난 반면, 2010년에는 5급과 6급의 비중이 상대적으로 높아졌다. 이는 승진적체 해소와 동기부여를 위한 다양한 인사제도 도입에 따른 것일지라도 인적구성에서 직급별 구성 비율의 시대적 변화가 현실로 나타나고 있음을 보여준다.

이러한 인적구성의 변화는 한마디로 하위실무계층의 감소와 중간관리계층의 확대로 요약할 수 있다. 즉 정부조직 내 하위 직급 상호간의 계층화는 완화되는 반면, 중간관리계층의 실질적인 역할은 강화되고 있는 것이다. 이러한 환경변화는 미래 인적자원행정이 나아갈 방향에 중요한 시사점을 제공한다.

3. 직무역량의 변화

(1) 전문적 직무수요 증가

21세기 정부의 기능이 한층 복잡해지고 전문화되면서 정부 내 전문적 직무수요가 증가하고 있다. 이에 따라 과거 조직관리와 인간관계 중심의 직무수행이 전환기를 맞고 있다. 전문적 지식과 기술 없이는 성공적으로 수행하기 어려운 직무가 많아진 것이다. 전문기술인력을 유치하기 위해 별도의 봉급 체계를 적용하는 등 인사관리의 신축성도 늘어나고 있다. <표 19-3>은 민간 경력자를 채용하는 국가공무원의 전문 직무 분야를 예시한 것이다. 과학기술 분야의 나노기술이나 생명공학 연구개발, 기상 분야의 지진·태풍 예측 및 기술 개발, 기상예보 및 활용 기술, 기상레이더 기술 개발, 건설·도시 분야의 도시디자인, 건설설비기술, 광역교통정책 등 전문기술 분야의 직무 수요가 계속해서 창출되고 있다. 그런가 하면 기계·금속·화학·전기·정보통신·시설·섬유·약무 등 특허심사 분야는 이미 오래전부터 전문적인 직무 분야로 인정받아 왔다.

이러한 변화는 첨단과학기술 등 전문기술 분야에 국한되지 않는다. 정책 분야의 전문적인 직무 수요도 증가하고 있다. 최근 금융정책은 파생금융상품, 보험시장 동향, 외환시장 분석, 자산운용 등 전문적이고 복잡한 정책 개발과 집행이 필요

그림 19-3 공무원 직급별 인력구성비율의 변화(1970~2020)

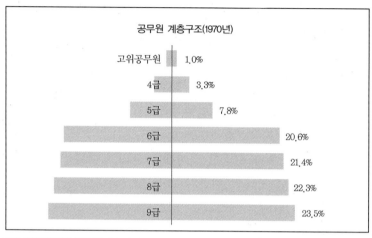

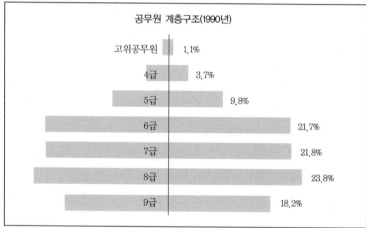

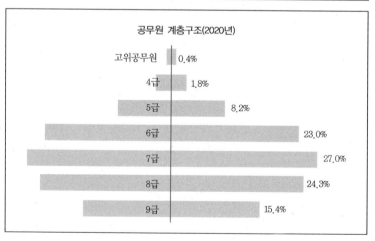

출처 : 정부조직관리시스템의 자료를 활용하여 작성함.

표 19-3	민간경력자 국가공무원 채용전문분야 예시
외교·통일	아프리카·중동 지역 외교, 러시아어권 지역 외교, 한반도 정세분석 및 협력
국제통상	무역구제 정책, 경제자유구역 개발정책, 국제통상 및 협상, 국제법률, 공적개발원조
과학기술	나노기술 연구개발, 생명공학 연구개발
재정금융·통계	금융정책(국제금융 포함), 재정회계 분석·관리, 지방세법 연구 및 해석, 통계 분석·관리
건설·도시	도시디자인, 건설설비 기술, 광역교통정책
공정거래	공정거래제도 및 정책
중소기업	중소기업 지원정책
농수산·식품	해양수산 연구개발, 농업 R&D 정책 기획 및 평가, 동물 질병 연구, 외식산업 진흥정책
전산정보	업무연속성계획(BCP), 개인정보 보호정책, 위성정보 분석·판독, 전자금융 보안정책
방송통신	방송통신융합 기술진흥정책, 방송통신융합 규제정책
기상	지진, 태풍 예측 및 기술개발, 기상예보 및 활용기술, 기상레이더 기술개발
항공	항공산업 발전정책, 항공사진 보안정책
환경·산림	국제환경협약 및 협상, 대기환경규제정책, 산업환경정책, 국제산림협력
복지·노동	장애인복지정책, 청소년 활동정책, 사회복지시설 관리정책, 보건의료기술 연구개발, 고용노동 국제협력
문화·홍보	정책 홍보기획·관리, 도서관 발전정책, 남북 언어 통합정책, 미술 조사연구 및 전시기획
인사·조직	고위공무원 역량평가, 조직 진단 및 관리, 교원소청 및 고충처리, 외무공무원 교육훈련
법무	법제 및 송무, 법무 및 감사, 조세 쟁송, 조달 쟁송, 교정 소송 및 수용자 인권보호
특허	기계·금속·화학·전기·정보통신·시설·섬유·약무 등 특허심사

출처 : 인사혁신처, 국가공무원 민간경력자 일괄채용 시험계획 참조.

한 분야가 되었다. 외교통일 분야에서도 아프리카와 중동 외교, 러시아권 외교 수요가 늘고 있고, 국제통상 분야 역시 무역규제 정책, 국제통상 및 협상, 공적개발원조 등과 관련해 전문적인 정책개발 수요가 증가하고 있다.

(2) 직무내용의 질적 변화

과학기술과 정보통신의 혁명적 발전으로 정부 조직 직무의 특성과 내용도 질적으로 달라지고 있다. 첫째, 직무의 특성이 획기적으로 변화하고 있다. 모든 직무에 정보기술이 적용되고 있고, 수많은 정보와 자료가 생산되고 있으며, 공개된 정보와 자료에 대한 접근이 매우 용이해졌다. 이에 따라 과거에 비해 모든 직무 단위에서 신속한 의사소통이 필요해졌다. 둘째, 직무를 바라보는 시각도 달라지고 있다. 세대별로 직무와 경력, 그리고 생활에 대한 태도와 비중에서 차이가 나타나고 있다. 앞에서 언급한 인적구성의 다양화로 인해 직무와 직장을 바라보는 인식은 더욱 차별화되고 있다. 셋째, 직무내용이 달라지고 있다. 단순히 반복하여 집행하는 업무는 급격히 줄어드는 반면, 전략과 목표, 분쟁과 협상, 시스템 구축, 분석과 평가 등의 업무가 증가하고 있다. 이러한 직무내용과 특성의 변화는 인적자원행정의 미래 전반에 영향을 미치고 있다.

4. 조직문화의 변화

(1) 개인주의 문화의 확산

정부조직의 문화는 일반사회의 문화적 특성과 연관하여 판단해 볼 수 있다. 문화의 전반적인 특성을 집단주의와 개인주의로 구분할 경우, 최근 우리 문화는 후자에 가깝다고 할 수 있다.

<그림 19-4>는 Hofstede(1980)의 개인주의와 집단주의에 관한 국가별 비교연구 결과이다. 한국은 개인주의가 매우 낮고 집단주의가 매우 높은 나라로 조사된 반면, 미국은 개인주의가 매우 높고 집단주의가 매우 낮은 나라로 조사되었다. 이와 같이 국가별로 차이는 있으나 한국은 개인주의 성향이 전체 조사 대상 55개국 중 44위로 나타나 집단주의 성향이 강한 나라로 분류되었다. 하지만 최근 이러한 집단주의 문화는 개인주의 문화로 변화하고 있다.

일반적으로 집단주의와 개인주의를 구분하는 속성으로 다음 네 가지를 든다. 즉 1) 자아의 특성이 독립적인 자아인지, 아니면 상호의존적 자아인지, 2) 개인 목표와 집단 목표가 충돌할 경우 어느 것이 우선하는지, 3) 대인관계를 교환관계로 보는지, 아니면 정(情)의 관계로 보는지, 4) 사회적 행위의 결정자가 개인의 태도인지, 아니면 사회적 규범인지이다(Hofstede, 1980).

지금까지 우리 사회는 전통적으로 서열과 위계질서를 강조하고 개인보다는 집단을 중시하는 수직적 집단주의 문화로 여겨져 왔다. 그러나 최근 한규석·신수진(1999)의 조사결과에 따르면 집단주의는 개인주의로, 수직성은 수평성으로 변화하고 있는 것으로 나타난다. 수직적 집단주의에서 수평적 개인주의 방향으로 변화하고 있는 것이다. 약 20년 전 Hofstede(1980)의 연구결과와 달리 집단주의가 49%, 개인주의가 51%로 나타난 것이다. 따라서 조직운영 과정에서 조직 구성원들의 행위에 수직적이고 집단적인 문화에 의한 행동과 사고의 특성이 나타날 것이라고 전

| 그림 19-4 | 개인주의와 집단주의의 국가별 비교

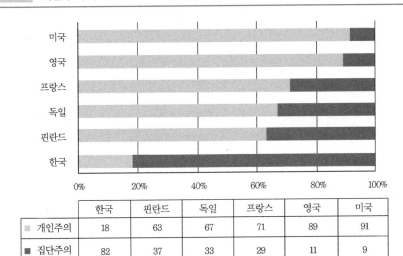

	한국	핀란드	독일	프랑스	영국	미국
▨ 개인주의	18	63	67	71	89	91
■ 집단주의	82	37	33	29	11	9

출처 : Hofstede, 1980 참조.

제하는 것은 맞지 않다. 조직문화의 변화는 조직 구성원의 행동과 사고의 변화를 나타내기 때문에 이에 상응하는 인적자원행정의 변화가 필요하다.

(2) 혁신/시장 문화의 확산 전망

이러한 전반적인 사회문화의 변화에도 불구하고 정부의 조직문화는 사회문화와는 차이가 있다. 조직문화의 유형을 위계문화, 관계문화, 시장문화, 혁신문화로 구분한 경쟁가치모형에 따라 우리나라 정부의 조직문화를 조사한 결과 아직도 수직적이고 위계적인 문화가 지배적인 것으로 나타난다(김호정, 2004). 정부 조직문화는 기존의 집단문화 속에 시장문화가 어느 정도 확산되어 있으며, 상대적으로 혁신문화는 낮은 수준인 것으로 나타났다(최성욱, 2005).

하지만 정부조직의 구성원들은 수직적인 위계문화를 줄이고 수평적 혁신문화를 지향하고 있으며, 개인중심의 시장문화보다는 집단 중심의 관계문화를 선호하는 것으로 나타났다. 이러한 경향은 목표와 결과를 이루기 위해 개인 간의 경쟁을 전제로 하는 성과지향적 시장문화와 제도를 도입한 것에 대한 피로감 때문으로 보인다. 즉 개인주의의 강조라는 일방적 방향이 아니라 집단 중심의 관계문화에 대한 선호가 늘어나고 있음을 보여준다. 최근 정부 내 개인주의적 시장문화가 크게 확산되면서 집단 중심의 관계문화를 희망하는 것이다.

따라서 앞으로 정부 조직문화도 수직적 위계문화에서 수평적 혁신문화로 변화하면서 개인중심의 시장문화와 집단중심의 관계문화가 충돌을 일으킬 것으로 전망된다.

제2절 인적자원행정의 미래방향

1. 기본방향

인적자원행정 환경의 내부적·외부적 변화는 인적자원행정의 근본적인 변화를 요구하고 있다. 제1편에서 살펴본 인적자원행정의 역사적 발전과정에 비추어 볼 때 인적자원행정은 전략적 인적자본행정으로 변화하고 있다. 변화의 1단계는 집권적이고 통제지향적인 인사행정시스템에서 개인의 창의와 권리를 존중하는 인적자원행정시스템으로 바뀌는 것이고, 변화의 2단계는 인적자원행정시스템에서 전략과 역량을 중심으로 하는 전략적 인적자본행정시스템으로 전환하는 것이다.

하지만 많은 나라가 아직 1단계에 머물러 있거나 2단계로 이동하는 과정에 있다. 또한 현실에서는 인사행정과 인적자원행정, 그리고 인적자원행정과 인적자본행정이 혼합된 형태로 나타나는 경우가 많다. 우리나라와 같이 1단계와 2단계가 동시에 진행되고 있는 경우, 실제 인적자원행정의 전환을 시도하는 과정에서 추구하는 목표와 가치 간에 충돌이 일어나기도 한다. 사람 중심의 인적자원행정을 추구하면서도 여전히 집권적이고 통제중심적인 시스템을 운영하고 있고, 전략적 인적자본행정을 지향하면서도 역량이나 성과보다는 계급과 경력을 중시하는 제도와 행태를 쉽게 발견할 수 있다. 이와 같이 최근의 인적자본행정은 단순히 인사법령을 집행하거나 사람을 통제하는 차원의 기능이라기보다는 개인의 권리와 창의를 존중하고 조직의 목표와 성과를 극대화한다는 전략적 의미가 담겨 있다(Kettl, 2005 ; Ployhart & Moliterno, 2011).

이와 같이 인사행정의 미래는 인적자원행정으로의 변화와 인적자본행정으로의 변화로 구분된다. 1단계인 인적자원행정으로의 변화는 개인화, 분권화, 그리고 균형화로 요약될 수 있고, 2단계인 인적자본행정으로의 변화는 전략화, 협력화, 그리고 지식정보화로 요약될 수 있다. 이러한 변화의 세부적인 내용을 살펴보면 다음과 같다.

그림 19-5 인적자원행정의 발전단계

2. 인적자원행정으로의 변화

(1) 개인화/유연화

미래의 인적자원행정은 인력 구성이 다양해지고, 직무가 전문화되며, 혁신적인 조직문화가 확산되면서 조직의 관점보다 개인의 관점이 중요해질 것이다. 전통적 인사행정이 계급에 의한 통제에 의존했다면, 인적자원행정은 개인의 창의적인 아이디어와 자율적인 역량을 존중한다. 지금까지 전통적인 인사행정시스템이 상정하는 사람은 W. Whyte(1958)가 제시한 '조직인(organization man)'이었다. 즉, 사람의 관점보다는 조직의 관점에 치중하여, 사람은 조직의 목표 달성에 필요한 일종의 기계 부품으로 취급된 것이다. 하지만 민주주의의 발전과 지식정보화 사회가 도래함에 따라 조직 구성원의 개별적 특성을 존중하고 지원하는 인적자원행정의 개인화(individualization)를 요구하고 있다(Sparrow & Cooper, 2012). 이와 같이 인적자원행정의 개인화란 조직 구성원들에 대한 기본적인 신뢰를 바탕으로 개인의 창의성과 혁신성을 지원하고, 자율적인 활동과 개별적인 전문성을 연계하는 인적자원행정이다(Ghoshal & Bartlett, 1997 : 14). 이에 따라 단순히 조직에 필요한 직무기술의 습득이나 행동의 학습에 머무르는 것이 아니라 개인의 잠재력을 개발시켜 주고 동기를 부여하는 방향의 인적자원행정이다.

인적자원행정의 개인화는 개체성과 유연성을 갖추어야 한다. 먼저 개체성은 조직 속에서 직무를 수행하고 있지만 개인의 독립성과 독창성을 인정하는 것이다. 이를 위해 앞으로 인적자원행정은 다음과 같이 수정되어야 한다. 첫째, 공무원 개인이 갖고 있는 기본적인 권리를 존중하고 보장해야 한다. 조직을 위해서 단순히 희생하는 개인이 아니라 조직과 개인의 상호 발전을 같이 꾀하는, 균형 잡힌 제도와 시각이 필요하다(이창길, 2020). 둘째, 공무원의 사적 생활도 보호·보장되어야 한다. 공무원의 사생활은 민간기업보다 일반 국민에게 노출될 위험성이 훨씬 높다. 그런 만큼 보호 필요성이 크다. 공무원의 사생활을 침범하거나 통제하기 위해서는 그 목적과 정당성을 명확히 제시하지 않으면 안 된다. 셋째, 개인의 의견을 존중하고 수렴하는 통로가 마련되어야 한다. 고충상담과 인사상담을 확대하고, 개인들의 집단적 의사를 전달하는 노동조합을 존중해야 한다. 따라서 자발적으로 직무에 전념하기 위한 동기부여나 리더십 개발이 중요한 과제가 된다. 아울러 정당한 공익신고자에 대한 보호 조치 역시 개인을 존중하는 제도의 하나이다.

인적자원의 유연성은 세 가지로 구분된다(Beltrán-Martín and et. al., 2008). 첫째, 직무의 유연성(functional flexibility)이다. 조직 개인들은 조직목표 달성을 위해 필요한 다양한 기능을 수행할 수 있어야 한다. 다양한 환경에서 상이한 직무를 수행하는 것이다(Wright and Snell, 1998). 둘째, 역량의 유연성(skill flexibility)이다. 새로 발생하는 직무를 수행하기 위해 쉽게 그리고 신속하게 역량을 개발할 수 있어야 한다. 새로운 기술 등 교육프로그램을 적극적으로 수용하고 미래 역량수요를 대응하는 열정을 보여야 한다. 셋째, 행동의 유연성(behavioral flexibility)이다. 새로운 환경에 직면하여 행동이 탄력적이고 유연해야 한다. 비일상적인 업무에 자신의 현재 행동패턴을 바꿀 수 있어야 한다. 이러한 인적자원의 유연성이 개인성과와 조직성과, 조직문화의 변화에 긍정적 영향을 준다는 것이다(Sabuhari, Sudiro, Irawanto & Rahayu, 2020).

인적자원의 유연성과 함께 인적자원행정시스템의 유연성이 필요하다(Sparrow & Cooper, 2012; OECD, 2021c). 첫째, 위계적 조직 내 1개 부서에서 근무하는 방식에서 수평적 이동을 통한 정부 전체를 위해 근무하는 방식으로 전환되고 있다. 둘째, 매일 근무시간과 장소에서 근무하는 방식에서 언제 어디서나 근무하는 방식이 증가하고 있다. 셋째, 전문적인 직무 수행으로 대부분 공무원이 유사한 경력경로와 학습기회를 갖는 방식에서 다양한 직무를 수행하고 다양한 경력경로와 성장기회가 주어지는 방식으로 바뀌고 있다. 넷째, 부서별로 과다하게 직원을 보유하여 유지하는 방식에서 기존 인력에 대한 전면적인 재훈련을 기획하고 실행하고 있다. 다섯째, 전통적 교육훈련과 규정 중심의 반복적인 업무수행에서 학습하는 문화, 새로운 시도, 다양한 실험과 위험감수, 경험학습 등이 확대되고 있다. 여섯째, 오래 걸리고 통일된 채용과정에서 신속하고 대상이 명확한 채용 과정으로 전환하고 있다. 일곱째, 평생고용을 전제로 통일된 표준 고용양식에서 다양한 인력과 개별적인 고용 관계를 통하여 고용방식이 다양화되고 있다(OECD, 2021c).

| 표 19-4 | 인적자원행정의 유연성 확대 제도 |

구분	인적자원행정의 유연화
근로시간	파트타임 근무, 탄력근무제(flexitime), 일일시간근무제(flexible daily hours), 시간외근무, 기간계약제, 직무공유제(job-sharing), 연간근무제(annual hours), 이동근무제(shiftworking), 탄력주간근무제(flexible weekly hours)
근무장소	재택근무와 원격근무, 교대근무, 지역순환제, 가상조직근무(전자근무), 부서이동(민원부서/행정부서)
직무수행	권한위임, 직무충실화, 건강위험직무순환제, 복수직업훈련(multi-skilling), 혼합직업훈련(mixed-skilling), 직무재훈련
보상체계	인센티브 확대, 개인경력계획, 계약 형태 다양화, 성과급, 개인 중심 봉급 구조, 개인 코칭, 개인 멘토링

출처 : Farnham & Horton, 2000. p.41.

<표 19-4>는 인적자원관리의 유연성을 강화하기 위한 구체적인 조치들이다(Farnham & Horton, 2000). 근로시간, 근무장소, 직무수행, 그리고 보상체계 측면에서 유연성을 높일 수 있는 다양한 방안을 강구해야 한다. 개인들의 다양한 상황을 고려하여 인사 운영의 절차와 구조, 근무형태가 유연화되고, 각종 비대면 활동이 활성화되고 있다(서원석·이덕로, 2021).

(2) 분권화

분권화는 중앙인사행정기관의 권한과 역할을 부처 내 하위계층, 하위부서, 하위기관, 그리고 정책관리부서에 위임하는 것이다(Hays & Kearney, 2006 ; Teo & Rodwell, 2007). 분권화에는 수직적 의미와 수평적 의미가 있다. 수직적 분권화는 계층상의 분권이고, 수평적 분권화는 기능상의 분권이다. 계층상 분권은 중앙인사행정기관에서 개별 중앙부처 또는 지방자치단체로, 개별 중앙부처는 소속 기관 및 일선 기관에, 일선 기관은 하위 기관에 인사권한을 위임하는 것이고, 기능상의 분권은 인사권한을 인적자원행정부서에서 정책 또는 집행 책임부서로 위임하는 것이다.

조직의 성과를 향상시키기 위해서는 관리자에게 인적자원행정에 관한 권한을 부여하고 인센티브를 주어야 한다. 즉, 관리자가 자율적이고 실질적으로 관리를 할 수 있도록 만들어야 한다(김상묵·남궁근, 2005). 전통적 인사행정은 집권적이고 통제적이며 경직되어 있어 개별 기관들의 직무 자율성이나 창의성을 억제하는 경향이 있었다. 이에 따라 1990년대 이후 정부 혁신과 효율화 차원에서 분권화를 둘러싼 논의가 활발해졌다. 인적자원의 선발과 자격요건, 직무 분류 및 직위 배치,

훈련 및 성과관리, 보상 등의 인적자원 관리과정에서 지방 기관 또는 일선 기관의 권한을 강화하는 것이다(Osborne & Gaebler, 1993 ; Hays & Kearney, 2006).

　분권화 조치는 해당 국가의 인적자원 운영시스템과 행정 내·외부 상황에 따라 달리 적용할 수 있다(조선일, 2009). 다만, 일반적으로 분권화는 다음 다섯 가지 방안으로 실현될 수 있다(Osborne & Gaebler, 1993). 첫째, 일선관리자에게 인적자원 선발 권한을 부여한다. 둘째, 중앙에 직위를 등록하고 요청하는 절차를 폐지한다. 인적자원 선발 결정은 실제 운영하는 일선 관리부서에 권한을 넘겨주어야 한다. 셋째, 인적자원 임명, 인력배치와 재배치, 그리고 이동에 대한 절차적 제한 규정들을 없앤다. 넷째, 일선관리자들이 자신의 부하직원들에 대하여 스스로 보상하고 동기를 부여할 수 있도록 권한을 확대한다. 이를 위해서는 성과급을 포함한 보상 체계와 평가시스템의 유연성을 강화할 필요가 있다. 다섯째, 일선관리자들이 성과가 낮은 사람을 제거할 수 있도록 관련 절차를 완화하고 권한을 강화한다. 즉 자율적인 감독권한을 강화하는 것이다. <표 19-5>는 국가별 중앙정부와 지방정부의 공무원 비율이다(OECD, 2021). 우리나라의 경우 중앙정부 비율이 매우 높은 것으로 나타나고 있어 교육 분야 등 공무원의 지방분권화가 필요한 시점이라 할 수 있다.

표 19-5　국가별 중앙정부와 지방정부의 공무원 비율

국가명	중앙정부	지방정부	국가명	중앙정부	지방정부
터키	92.9%	7.1%	네덜란드	33.3%	66.7%
아일랜드	90.6%	9.4%	덴마크	23.7%	76.3%
그리스	76.7%	23.4%	핀란드	21.1%	78.9%
포르투갈	75.5%	24.4%	미국	19.1%	80.8%
헝가리	67.5%	32.5%	스페인	18.4%	81.6%
영국	61.4%	38.6%	스웨덴	18.1%	81.9%
이탈리아	58.8%	40.1%	일본	14.2%	85.8%
체코공화국	44.0%	56.0%	벨기에	14.1%	85.9%
프랑스	39.2%	60.8%	캐나다	11.8%	88.2%
한국	37.1%	62.9%	호주	11.4%	88.6%
노르웨이	35.5%	64.4%	독일	10.7%	89.3%

출처 : OECD, 2021a. Government At Glance 2021.

* 프랑스, 헝가리, 포르투갈, 스위스, 일본, 캐나다, 호주는 2018년 자료임. 덴마크, 그리스, 스페인은 2017년 자료임. 한국은 2019년 OECD 자료임. 다만, 행정안전부 자료(2022)에 의하면, 중앙정부 67.3%, 지방정부 32.7%임(정부조직관리정보시스템 https://www.org.go.kr/ 참조).

(3) 균형화

인적자원행정은 성별·지역·학력 등 사회적 조건의 균형화, 즉 사회적 형평성을 반영해야 한다. 인적자원행정에서 사회적 형평성의 확보는 전략적 인적자본행정으로 전환하기 위한 기본적인 요건이다. 전통적인 인사행정은 집권적 방식에 의한 일률적인 법집행으로 형식적인 균형 유지나 제도 개선에 긍정적으로 작용할 수 있었다. 이는 최소한의 형평성을 확보하는 요건이었다. 그러나 이제는 보다 적극적이고 실질적인 개선과 변화가 필요하다. 즉 여성·소수자·장애인 또는 지역과 학력 등 선발과 보상에서 불리한 여건에 있는 사람들에 대하여 적극적으로 배려할 필요가 있다. 단순히 형식적인 기회균등을 넘어 실질적인 기회균등이 필요한 시점이다.

인적자원행정의 균형화를 위해서는 무엇보다도 먼저, 선발 및 승진 등 인적자원 관리과정에서 적극적인 조치(affirmative action)를 도입해야 한다. 사회적으로 불리한 여건에 있는 사람들의 공직 내 인원 구성 비율도 다른 직업이나 기관의 사회적 구성 비율과 어느 정도 균형을 맞추어야 한다. 뿐만 아니라 성별·지역·학력 등으로 인해 차별대우를 받는 사람들에 대한 승진과 보상에서도 사회적 배려가 필요하다. 이들이 조직 내 실질적인 결정에 참여할 수 있어야 한다. 아울러 이러한 조치가 선언적 의미에 그치는 것이 아니라 실질적인 기회균등을 가져올 수 있기 위해서는 법적 기반도 마련되어야 한다. 즉 사회적 배려 대상자가 인사상의 부당한 불이익에 대하여 사법적 판단을 요구할 수 있는 법령상의 규정을 마련하는 것이다. 특히 선발과 승진, 평가와 보상에서 차별받지 않도록 유의해야 한다.

둘째, 균형화는 사회적 배려 대상자에 대한 적극적인 조치 차원을 넘어 다양성 관리(diversity management)가 필요하다(Thomas, 1990; 김상숙 외, 2020). 실질적인 의미의 균형화는 시혜적 차원에서 접근하기보다는 사회적 배경과 조건, 그리고 가치가 서로 다르다는 것을 인정하는 것이 중요하다. 특히 최근 다양성의 개념이 소수민이나 여성인력의 증가 등 단순히 노동력의 인구통계학적 구성의 변화만이 아니고 조직 구성원들의 다양한 가치와 기질을 포함하는 방향으로 확대되고 있다. 따라서 조직 구성원 상호간의 행태적 다양성이나 가치의 다양성도 인정하는 인적자원행정이 필요하다(이창길, 2012, 2020). 선발이나 모집은 물론 인적자원행정의 전략기획, 역량개발, 수평적 이동과 경력개발, 평가와 보수 등에서 다양한 조건과 가치를 반영해야 한다.

3. 인적자본행정으로의 변화

(1) 전략화

인적자본행정으로의 첫 번째 변화 방향은 전략화이다(Armstrong, 2020). 인적자원행정은 단순히 정책부서를 지원하는 역할이 머무르지 않고, 정책부서와 함께 정책파트너(policy partner)로서 조직과 정책의 성공을 책임지는 핵심적인 역할을 해야 한다(Pfeffer, 1998 ; Condrey, 2010). 인적자본행정은 사람을 존중하고 배려하는 인적자원행정을 바탕으로 조직성과를 높여야만 하는 조직 구성원에 대한 전략적 배려이기도 하다. 이 경우 사람은 자원(resource)을 넘어서 핵심적인 자본(capital)이 되기 때문에 전략적 우선순위에 따라 선발하고 배치하고 보상하는 시스템이 필요하다(Ployhart & Moliterno, 2011).

이러한 전략화에는 두 가지가 있다(Baird & Meshoulam, 1988 ; 양혁승, 2002). 첫째, 조직 전체의 전략적 목표와 인적자원행정과의 정합성이다. 조직의 목표와 전략이 인적자원행정에 반영되어야 한다. 바로 외부 적합성(external fit)이다. 정부 전체의 인적자원행정은 국정 목표나 국가경영 전략에 대한 이해가 필요하며, 인적자원 관리과정에 이를 반영해야 한다. 둘째, 인적자원행정이 개별적인 인적자원의 전략적 자본이 되기 위해서는 인적자원행정시스템을 구성하고 있는 다양한 제도들 간에 일관성이 필요하다. 바로 내적 적합성(internal fit)이다. 인적자원의 확보와 이동, 역량개발과 동기부여, 평가와 보상이 일관성 있게 추진되어야 시너지 효과를 기대할 수 있다.

다음에는 전략화의 이러한 두 가지 의미를 실현하기 위한 방안이 필요하다. 첫째, 조직의 비전과 사명에 따라 인적자원행정의 거시적 목표와 방향을 정하고 필요한 핵심역량을 명확히 할 필요가 있다(NAPA, 2002). 정부기관은 기관별로 설립취지와 사명이 법령에 규정되어 있는 만큼 본연의 사명에 충실한 조직 운영을 해야 한다. 이에 따라 인적자원행정을 인적자본행정으로 전환하고, 근본적인 설립목적에 충실한 핵심역량을 중심으로 시스템을 구축할 필요가 있다.

둘째, 기관별 핵심 가치와 역량에 따라 인적자원을 확보하고 역량을 개발해야 한다. 인적자원계획도 설립 목적을 달성하기 위한 전략적 접근이 필요하므로 연도별 목표와 핵심 기능을 결정한다. 단순히 기관을 유지하고 관리하는 인력은 과감히 축소하고, 설립 목적과 취지에 상응하는 핵심 기능 중심으로 직무와 사람을 재배치하는 것이 중요하다.

셋째, 전략적 보상체계가 필요하다. 인적자원행정의 핵심은 다양한 가치를 인정하는 내용인 반면, 인적자본행정은 핵심적인 성과와 역량을 강조한다. 성과와 역량에 따라 실질적인 보상이 이루어질 수 있도록 보상시스템을 개선해야 한다(권용수·박수영, 2012). 이를 위해서는 성과를 제대로 측정할 수 있는 타당하고 객관적인 성과지표를 개발하는 것이 중요하다. 아울러 이러한 변화가 보수체계에 반영될 수 있도록 개선할 필요가 있다.

(2) 협력화

최근 정부운영이 협력적 거버넌스로 변화함에 따라 인적자원행정도 이에 상응하는 역할과 기능이 필요하다. 협력적 거버넌스는 소수에 의한 권위적인 결정보다는 대화와 협상, 조정과 타협, 그리고 동의에 의한 결정을 지향한다(이명석, 2002). 또한 다양한 이해관계자의 상호 신뢰를 바탕으로 적극적인 참여와 대화를 강조한다(Osborne, 2006). 네트워크 내의 각각의 행위자들은 독자적인 자기 목표와 전문성을 가지고 상호 협력하여 공동의 목표를 달성하는 방식이다(Provan & Milward, 1995 ; Goldsmith & Eggers, 2004).

인적자원행정의 협력화는 대내적·수직적 협력과 대외적·수평적 협력으로 구분할 수 있다. 첫째, 대내적·수직적 협력은 관리자 또는 인적자원행정관과 조직 구성원들이 서로 협력하는 것이다. 관리자와 공무원이 서로 협력할수록 조직성과는 향상되고 직원들의 직무만족도 높아질 수 있기 때문이다. 따라서 관리자와 공무원 간의 상호 협력 증진을 위한 성과면담(performance interview)이 인사정책의 핵심적 요소가 된다(김상묵·남궁근, 2005). 관리자와 공무원의 개별적 협력과 함께 관리자와 조직 구성원의 집단적 협력 관계도 중요하다. 즉 인사책임자와 노동조합이 협력 관계가 되는 것이다. 전통적인 인사행정시스템에서는 인사권자의 우월한 지위를 이용하여 수직적이고 일방적인 접근 방식에 의존함으로써 상호 불신과 대립이 팽배했다. 하지만 노동조합도 조직 목표를 달성하기 위한 중요한 파트너라는 것을 인정하고 노동이사제 등을 통한 협력적 거버넌스 관점에서 참여와 협력, 대화가 필요하다(노광표, 2020).

두 번째 협력은 대외적·수평적 협력이다. 협력적 거버넌스가 확대됨에 따라 (Osborne, 2006) 부서 간의 수평적 협력을 강화하는 방향으로 인적자원행정을 운영하는 것이 필요하다. 전반적인 인적자원 관리과정을 개별적인 직무 중심에서 개인간 또는 부서 간 협력을 중시하는 방향으로 수정할 필요가 있다.

　이를 위한 방안으로는, 첫째, 전문적인 지식역량이나 사고역량과 함께 관계역량 또는 네트워크 관리역량을 적극 개발하는 것이 필요하다(Witesman & Wise, 2012). 협력적 네트워크 관리역량은 파트너십 개발 역량, 의사소통 역량, 팀 빌딩 역량, 네트워크 형성 및 관리 역량, 성과결과 환류 역량, 창의적 문제해결 역량, 원윈(win-win) 대안개발 및 조정 역량, 전략적 사고역량 등이다(Goldsmith & Eggers, 2004 ; Weber & Khademian, 2008). 둘째, 직무분석과 직무평가에 따른 직무의 명확한 설정을 뛰어넘어 직무확대 또는 직무충실화가 필요하다. 부서의 경계를 넘어 직무 범위와 수준의 탄력성을 높이고, 이를 통해 직무의 다양성과 효용성을 높여야 한다. 셋째, 평가와 보상 체계에서도 개인별 성과급과 함께 집단별 성과급을 확대해야 한다. 개인 간의 지나친 경쟁보다는 조직 내부의 부서 간 협력을 유도하는 인적자원행정이 필요하다.

(3) 지식·정보화

　인적자원행정의 지식·정보화는 통합적이고 전략적인 인적자원행정을 위해 반드시 필요한 요건이다. 인적자원의 선발, 역량개발, 이동, 보상, 그리고 퇴직에 이르기까지 인적자원 전반을 종합적으로 관리하는 표준화된 시스템이 필요하다. 이를 인적자원정보시스템(human resources information system) 또는 인적자원행정정보시스템(human resources adminstration information system)이라 한다(Masum, Beh, Azad & Hoque, 2018). 이러한 시스템은 인적자원행정의 효율성을 높이는 것은 물론, 인적자원 정보와 자료를 보존하고 공유하기 위해서도 필요하다. 정보의 공유와 지식 관리는 업무의 신속성과 투명성뿐만 아니라 창의성을 함양하는 중요한 도구가 된다. 앞으로 인적자원행정의 지식정보화 또는 전자화는 SNS(social network service), 클라우드 컴퓨팅(cloud computing) 등 정보통신기술 및 서비스의 발전과 함께 더욱 가속화될 전망이다(Datta, Islam, Mukherjee & Kandar, 2012). 이러한 인적자원행정의 디지털화는 조직 자체의 디지털화를 위한 필수 요건으로 그 활용 범위가 확대되고 활용 형태도 다양화될 것이다(Strohmeier, 2020).

　최근 인적자원행정과 관련하여 전자인사(e-personnel), 전자선발(e-recruiting), 전자훈련(e-training), 전자보상(e-payroll) 등 다양한 형태의 전자시스템이 개발되고 있다(Llorens, Klingner & Nabandian, 2017 ; 중앙인사위원회, 2005). 온라인 공고, 온라인 지원, 온라인 평가 등 인적자원 선발 과정을 전자화함으로써 지원자의 접근성을 높이게 되면 보다 우수하고 다양한 인재를 모집할 수 있을 뿐만 아니라 선발비용도 절감할 수 있다. 아울러 메타버스 채용박람회, 소셜 리크루팅, 리버스 인터뷰, 워러벨(work and learning balance) 등이 부상하고 있다(윤영돈, 2021). 또한 온라인교육 또는 전자학습(e-learning)을 통해 다양한 프로그램에 누구나 쉽게 접근할 수 있고, 자기 수요에 맞는 강좌를 선택하여 등록할 수 있으며, 자기가 원하는 장소에서 학습이 가능하다. 성과평가나 보상시스템은 전반적인 업무 진행 상황을 실시간으로 점검·관리하고, 성과평가 결과와 보상을 조직 구성원들이 스스로 확인하고 수시로 피드백할 수 있게 해준다. 이밖에도 인사포털, 인적자원 정보관리(HR pool inventory), 인사통계관리 등 다양한 전자시스템이 개발되고 있다(Troshani,, Jerram & Hill, 2011).

4. 인적자원 빅데이터와 어날리틱스의 확산

(1) 인적자원 메트릭스(metrics)

HR 메트릭스는 인적자원 활동의 과정이나 결과에 관한 서술적 통계를 말한다. 이는 인구통계학적인 데이터뿐만 아니라 인적자원 활동 과정은 물론, 지원자규모, 이직률, 인력규모, 교육훈련비용 등 인적자원 활동 결과를 포함한다. Vulpen(2019)은 인적자원의 메트릭스로 14가지를 제시한다. 즉 (1) 선발소요시간, (2) 1인당 선발비용, (3) 조기퇴직규모, (4) 현직급 재직기간, (5) 근로자 1인당 생산규모, (6) 성과와 잠재역량, (7) 근로자 1인당 청구대상 상담시간(billable hours), (8) 조직몰입비율, (9) 근로자 1인당 비용, (10) 근로자 1인당 인사전문가 비율, (11) 근로자 1인당 인사관리파트너의 비율, (12) 이직률, (13) 인적자원 소프트웨어의 효과성, (14) 결근율 등이다(Vulpen, 2019). 인적자원 메트릭스는 인적자원관리부서의 효과성과 효율성을 측정하는 공식이다. 채용, 승진, 이동, 훈련, 보상 등의 인적자원 관리의 효과성을 측정하는 도구로 활용된다. 효과적인 결정을 하기 위한 다양한 정보를 제공함으로써 조직의 가치를 향상시키는 작업이다.

(2) 인적자원 어날리틱스(analytics)

인적자원 어날리틱스는 데이터들을 메트릭스로 통합하여 그 메트릭스의 변화를 조사 분석하는 전략적 과정이다(Carlson and Kavanagh, 2018 : 397). 인적자원과 관련한 의사결정과 행동을 위한 사실 기반 접근방법(fact-based approach)이다(Margherita, 2021).

메트릭스 상호간의 유사성과 패턴을 파악하고 조직성과에 미치는 효과를 파악하는 것이다. HR analytics, people analytics 또는 workforce analytics라고도 칭한다. 이를 통해 인적자원행정가들은 조직 내부 인적자본의 변화양상을 파악하고, 더 좋은 의사결정을 위해 기회요인과 위험요인을 분석하는 것이다. 다음 년도에는 조직 내부의 유능한 인재가 조직을 떠날 위험은 없는지, 가장 효과가 높은 인적자원 프로그램은 무엇인지, 조직 내부에서 가장 성공적인 근로자는 누구인지를 분석하는 것이다. 아울러, 조직에서 필요한 정보가 무엇인지, 관련되는 데이터가 무엇인지, 어떻게 데이터를 수집할 것인지, 데이터를 어떻게 통합할 것인지 등을 분석한다(Carlson and Kavanagh, 2018 : 397). 인적자원 어날리틱스와 관련된 개념들은 기술적측면, 조직적측면, 응용적측면, 가치적측면 등으로 구분하여 다양한 접근방법으로 활용되고 있다(Margherita, 2021).

(3) 인적자원 빅데이터(big data)

인적자원 어날리틱스는 빅데이터로부터 출발한다. 빅데이터 분석은 일반데이터 분석과 비교하여 데이터 규모가 크고, 데이터 내용이 다양하며, 데이터 변화속도가 빠른 데이터이다. 인적자원행정에 있어서도 빅데이터에 기반한 인적자원 메트릭스를 생산하고 이를 토대로 인적자원 어날리틱스(analytics)를 실행한다. 이를 토대로 역량과 성과가 우수한 인적자원의 특성과 패턴을 도출할 수 있다. 동시에 인적자원의 현상과 변화를 동태적으로 진단하고 효과적인 인적자원 활동과 성과를 달성할 수 있다(Kavanagh & Johnson, 2017 : 250-251).

이러한 빅데이터의 내용을 보면, 인사관리예산, 인사담당인력, 이직률 등 인적자원 일반데이터, 지원자 현황 및 특성, 경쟁률, 충원율, 선발비용 등 채용선발데이터, 역량진단, 역량평가, 역량개발성과, 교육인원과 유형, 만족도 등 역량개발데이터, 평균승진기간, 평균재직기간, 공석유지기간, 공석유지비용 등 이동승진데이터, 성과평가결과, 인건비비중, 인당 평균인건비, 인당 소요비용, 재해발생율 등 평가보상데이터, 총연가일수, 결근일수, 병가일수, 유연·탄력근무, 출퇴근시간 등 근무와 권리관련 데이터로 구분될 수 있다. 이러한 데이터를 통한 인적자원 변수들의 다양한 조합과 분석이 가능하다.

인공지능관료제에 상응하는 인사혁신의 방향과 과제
- 관료제의 창조적 해체를 통한 새로운 인사시스템의 구축 -

어떤 일자리는 만들 것인가	미래 변화에 부응한 직무설계 및 직급 체계 정비	직무 다위니즘과 인력 재배치
		마이스터형 직무의 증대
	일하는 방식과 조직 구성 방식의 탈관료제화	유연근무제도의 확산
		태스크 플래시몹 구현
어떤 인재를 선발할 것인가	채용·임용의 다각화와 맞춤화 실현	미래 인재상을 지향하는 융합형 직무 중심 시험제도
		부처별, 지자체별 맞춤형 인재 발굴
		'지역균형선발'에서 '글로벌포용선발'로 확대
		주문형 인재 선발
	기술 발전에 대응한 기술직 채용의 확대	융·복합형 테크노크라트의 확대
		빅데이터 전문가, 프로그래머, 기술정책집행관 확대
어떻게 인재를 양성할 것인가	첨단기술의 활용과 기계와의 협업 역량 강화	가상·증강현실 기술을 통한 체험식 교육·훈련
		인공지능, 로봇, 드론 등 자동화 및 무인기술 교육 훈련 강화
	인간 본연의 사색 능력 및 공직자로서의 소명과 가치 교육 강화	신설 '국가인재한림원'을 통한 첨단기술 및 공직가치 교육
		국제적 실천가로서의 공무원
어떻게 인재를 활용할 것인가	개인의 역량과 적성을 고려한 인재 활용	인간중심형·다품종 소량 인력 양성 시스템의 구축
		인공지능과 빅데이터 활용을 통한 인력 계획
	핵심인력 성장을 위한 환경 조성과 경로 지원	일반행정가도, 스페셜리스트도 아닌 제너페셜리스트
		핵심인재 패스트트래커 제도 도입
어떻게 인재를 평가하고 보상할 것인가	협업과 가치 창출에 기반한 성과평가제도 확립	코피티션 평가
		유비쿼터스 성과평가
	유연한 보수 합리화와 토직제도 구축	일괄적 정년 기준 조정과 임금피크제의 모듈화
		공무원연금의 지속가능성 제고
어떻게 인재들이 긍지와 보람을 느끼게 할 것인가	긍지와 보람으로 충만한 창의적·자율적인 공직문화	창의촉진형 리더십의 보급
		감성적 교감을 위한 유니버설 동아리
		자유공무원제로 전환
	맞춤형 공무원 복지 체계의 확충	건강지킴이 복지 카페테리아
		웰다운 복지

출처 : 인사혁신추진위원회·인사혁신처, 2017. 인사비전 2045. 지식공감.

1990년 이후 인사혁신 추진과제

1990년	장애인 2% 고용제 시행
1993년	공무원 재산등록·공개제 시행, 금융실명제 및 부동산실명제 시행
1994년	육아휴직, 가사휴직제 시행
1998년	인사청문회 제도, 다면평가제 활성화, 성과상여금제도 도입
1999년	국가인재DB 마련, 개방형 직위제도 운영, 중앙인사위원회 설치
2000년	전자인사관리시스템 구축, 계약직 공무원 채용 확대, 직위공모제 강화, 성과연봉제 시행, 장애인고용 의무화
2002년	민간근무 휴직제도 시행, 공무원 노동조합 설치
2003년	양성평등 채용목표제
2004년	공직적성평가(PSAT) 도입, 직무성과 계약제 시행
2005년	성과관리카드제, 지역인재 추천채용제, 총액임금제 도입, 균형성과표(BSC) 적용 공개경쟁 채용시 블라인드 채용
2006년	전자인사관리시스템 'e-사람'(PPSS) 구축, 고위공무원단제도 도입, 공무원의 노동조합설립및운영에관한법률 제정
2007년	지방인재 채용목표제(9급) 도입
2008년	공무원 정년연장(~2013), 중앙인사위원회 폐지
2009년	저소득층 채용할당제, 고위공무원 직무등급 축소, 공모직위 감축(30%→15%), 과장후보자 역량평가 응시연령 상한 폐지
2010년	공무원 유연근무제 도입, 공공기관 성과연봉제 시행
2011년	근무시스템 유연화, 5급 민간경력자 일괄채용
2013년	외교관후보자선발시험 신설, 시간선택제 도입
2014년	국가직무능력표준(NCS) 완성, 민간스카웃제도 도입
2015년	공무원 연금제도 개혁, 금품수수공무원 징계 강화, 퇴직 후 취업제한 강화, 공공기관 임금피크제 도입, 정부 헤드헌팅 서비스, 국민추천제 도입
2016년	부정청탁및금품등수수의금지에관한법률 제정·시행, 고위공무원 적격심사 및 저성과자 퇴출제
2017년	배경 블라인드(직무역량 중심) 면접 도입, 전문직공무원 제도 시행
2018년	공무원 재해보상법 제정, 근무혁신지침, 균형인사 기본계획 마련
2019년	근로기준법상 직장 내 괴롭힘의 금지 규정 신설, 공공분야 갑질근절을 위한 가이드라인 제정, 성범죄 관련 임용제한
2020년	공무원 임용시 차별금지 규정 신설, 가족돌봄 휴가제도 도입
2021년	7급 공무원 공개채용 공직적격성평가(PSAT), 적극행정 징계 면제
2022년	공직자의 이해충돌방지법 제정·시행

학•습•포•인•트

- 인적자원행정의 환경변화
- 직무역량의 변화 추이
- 제1단계 변화
- 인적자원행정의 개인화
- 인적자원행정의 균형화
- 인적자원행정의 협력화

- 인력구조의 변화 추이
- 조직문화의 변화 추이
- 제2단계 변화
- 인적자원행정의 분권화
- 인적자원행정의 전략화
- 인적자원행정의 지식·정보화

연•습•문•제

1. 인적자원행정이 처한 내부환경을 인적구성, 직무역량, 그리고 조직문화 측면에서 진단하고, 미래 변화를 구상해 보시오.
2. 인적자원행정의 내·외부 환경변화에 따라 미래의 인적자원행정시스템을 설계하고, 구체적인 방안을 제시해 보시오.
3. 미래적 관점에서 인적자원행정과 인적자본행정을 비교하여 논의하시오. 두 개의 시스템이 상호 충돌할 수 있는 이유를 설명하고, 미래지향적 해결방안을 논의하시오.
4. 인적자원행정의 다양한 가치를 설명하고, 미래 발전을 위한 가치 상호간의 우선순위를 설명하시오.

토•의•사•례

파비우스 vs. 스키피오

시오노 나나미의 『로마인 이야기』에는 에스파냐 전쟁을 승리로 이끈 30세 스키피오 장군과 원로원의 1인자 70세 파비우스 간에 벌어지는 논쟁이 나온다. 기원전 205년, 스키피오는 당시 집정관의 자격 연령이 40세였음에도 눈부신 전과를 인정받아 민회의 투표로 집정관에 선출된다. 집정관은 원로원 의원 중에서 군단을 직접 지휘할 수 있는 사령관으로 임명되며, 집정관의 임지는 원로원이 결정하게 되어 있었다. 그런데 젊은 스키피오는 한니발이 진치고 있는 이탈리아 남부가 아닌 한니발의 본거지인 아프리카 카르타고를 직접 공격하겠다고 주장한다. 이에 지구전을 통해 로마를 지탱한 최고의 공로자인 노정객老政客 파비우스는 아프리카 원정 실패의 역사와 현 상황을 고려할 때 이탈리아의 평화를 유지하는 것이 급선무이고 아프리카 공격은 다음 문제라고 주장한다.

파비우스 : "의원 여러분, 우리가 젊은 나이에도 불구하고 스키피오를 집정관으로 인정한
　　　　　것은 로마와 이탈리아를 위해서요. 스키피오가 개인의 야심을 만족시키도록
　　　　　도와주기 위해서는 아닌 것이오. 로마는 영웅을 필요로 하지 않는 나라요."
스키피오 : "파비우스 막시무스, 그리고 원로원 의원 여러분, 저는 파비우스가 저를 반대
　　　　　하는 것이 질투 때문이라고는 절대로 생각하지 않습니다. 그리고 파비우스의
　　　　　위대함을 능가할 생각은 전혀 없습니다."
파비우스 : "젊은이, 자네는 그때 태어나지 않아서 모를지도 모르지만, 우리한테는 제1차
　　　　　포에니 전쟁 당시의 집정관인 레굴루스가 아프리카 원정에 실패한 쓰라린 경
　　　　　험이 있네."
스키피오 : "나는 젊어도 실전 경험은 젊지 않다고 자부합니다. 지금까지 성공한 방침도
　　　　　필요하면 바꿔야 한다는 것입니다. 저는 지금이야말로 방침을 바꾸어야 할 때
　　　　　라고 생각합니다."
파비우스 : "먼저 해야 할 일은 이탈리아에서 다시 평화를 가져오는 것이오. 아프리카에
　　　　　가서 싸우는 것은 그다음 문제요."
스키피오 : "저는 언젠가는 한니발과 대결할 것입니다. 하지만 한니발이 전쟁터에 나오기
　　　　　를 기다리지 않겠습니다. 제가 한니발을 전쟁터로 끌어내어 싸우겠습니다."

출처 : 이창길, 2020 : 286-287.

토의과제

1. 위 사례에 나와 있는 파비우스와 스키피오의 주장을 비교하고, 두 사람의 주장 중에 어
　느 것이 바람직한지 자신의 입장을 선택하시오.
2. 우리나라 장년 세대와 청년(MZ) 세대의 특성과 가치를 비교하고, 청년세대의 관점에
　서 현재의 우리나라 인적자원행정시스템을 평가해보시오.
3. 1990년대 이후의 인사혁신추진과제를 보고 청년(MZ) 세대를 위한 인적자원행정의 미
　래방향을 제시하시오.

참고문헌

권용수·박수영, 2012. 「차기 정부의 인사정책의 방향」, 한국행정학회 2012 하계학술대회.
김상묵·남궁근, 2005. 「북유럽 국가 정부 인사개혁 전략의 특징과 결과」, 『한국행정학보』
　　　　39(3), pp.229-250.
김영우, 2002. 「프랑스 공무원제도의 경직성과 유연성 : 주변국과의 비교연구」, 『한국행정
　　　　학보』 36(1), pp.99-117.
김호정, 2004. 「행정조직과 기업조직의 조직문화 비교」, 『한국행정학보』 38(3), pp.49-67.
노광표, 2020. 「노동자 경영참여와 노동이사제: 서울시 사례를 중심으로」, 『한국노동사회연

구소 이슈페이퍼』, 2020(7), 1-20.

닐스 플레긴, 2011. 『언리더십(Un-leadership) : 자본주의 4.0 시대의 새로운 리더십』, 흐름출판.

박천오, 2011. 인사개혁의 변화(2005 년과 2011 년의 비교 연구): 중앙부처 공무원들의 인식을 중심으로. 한국인사행정학회보, 10(3), 1-22.

서원석·이덕로. 2021. 포스트코로나 시대, 공무원 인사제도의 변화 전망. 『한국인사행정학회보』, 20(1), 293-309.

양혁승, 2002.「전략적 인적자원관리 : 기존 연구결과 및 향후 연구 과제」, 『인사관리연구』 26(2), pp.113-143.

OECD(이창길 외 5인 공역), 2006. 『정부혁신 패러다임, 어떻게 변하고 있는가』, 삶과꿈, OECD 정부혁신아시아센터.

윤영돈, 2021. 채용 트렌드 2022. 비전코리아.

이창길, 2012. 「관료제와 관료의 탈일체화 : J. Wilson의 관점을 중심으로」, 『정부학연구』 18(3), pp.5-33.

이창길, 2020. 대한민국 인사혁명: 휴머니즘 인사혁명을 위한 22가지 질문. 나무와숲.

인사혁신처, 1978-2018. 공무원센서스/공무원총조사.

인사혁신처, 2019-2021. 공무원인사통계연보.

인사혁신처, 2021. 『2021년 국가공무원 민간 경력자 일괄채용 시험계획』.

조선일, 2009. 「한국과 미국의 인사개혁 비교 연구」, 『한국인사행정학회보』제8권 제3호.

중앙인사위원회, 2005. 『공무원 인사개혁 백서』.

최성욱, 2005. 「한국 행정조직의 문화적 프로필에 관한 연구 : 중앙부처를 대상으로」, 『한국행정학보』 39(2), pp.41-62.

한규석·신수진, 1999. 「한국인의 선호 가치 변화 : 수직적 집단주의에서 수평적 개인주의로」, 『한국심리학회지 : 사회 및 성격』 13(2), pp.293-310.

Armstrong, M., 2020. Human Resource Management Practice. Kogan page limited.

Baird, L. and I. Meshoulam, 1988. Managing Two Fits of Strategic Human Resource Management. *Academy of Management Review*, 13(1), pp. 116-128.

Beltrán-Martín, I., Roca-Puig, V., Escrig-Tena, A. and Bou-Llusar, J.C., 2008. Human Resource Flexibility as a Mediating Variable between High Performance Work Systems and Performance. *Journal of Management*, 34(5), pp.1009-1044.

Berman, E. M., Bowman, J. S., West, J. P., & Van Wart, M. R. 2021. Human Resource Management in Public Service: Paradoxes, Processes, and Problems. CQ Press.

Carlson, K. D., & Kavanagh, M. J. 2018. HR metrics and workforce analytics.

Human resource information systems : Basics, applications, and future directions, 150.

Datta, A., Islam, M., A. K. Mukherjee and Kandar, D. 2012, Cloud Computing : A solution to Human Resource Management System. In Radar, Communication and Computing (ICRCC), 2012 International Conference on (pp.176–179). IEEE.

Espinoza, C., & Ukleja, M., 2016. *Managing the Millennials: Discover the Core Competencies for Managing Today's Workforce*, John Wiley & Sons.

Farnham, David and Sylvia Horton, 2000. *Human Resources Flexibilities in the Public Service : International Perspectives*, MacMillan Press Ltd.

Ghoshal, Sumantra and Christopher A. Bartlett. 1999. *The Individualized Corporation : A Fundamentally New Approach to Management : Great Companies are Defined by Purpose, Process, and People.* Harper Perenial. New York.

Goldsmith, Stephen and William D., 2004. Eggers *Governing by Network : The New Shape of the Public Sector,* Brookings Institution Press.

Hays, Steven W., Chris Byrd and Samuel L. Wilkins, 2006. South Carolina's Human Resource Management System: The Model for States with Decentralized Personnel Structure, in the book *Civil Service Reform in the States* edited by J. Edward Kellough and Lloyd G. Nigro, State University of New York Press, p.175.

Hofstede, Geert H., 1980. *Culture's Consequences : International Differences in Work-related Values*, Sage Publications, Beverly Hills.

Kavanagh, M. J., & Johnson, R. D. (Eds.). 2017. Human resource information systems : Basics, applications, and future directions. Sage Publications.

Kettl, Donald F., 2005. *The Global Public Management Revolution*, The Brookings Institution.

LLorens, Jared J., Klingner, Donald E. and John Nabandian. 2017. *Public Personnel Management : Contexts and Strategies*, Seventh edition, Prentice Hall, pp.320–341.

Margherita, A. 2021. Human Resources Analytics : A Systematization of Research Topics and Directions for Future Research. *Human Resource Management Review,* 100795.

Masum, A. K. M., Beh, L.S., Azad, M. A. K. and Hoque, K., 2018. Intelligent Human Resource Information System (i-HRIS) : a Holistic Decision Support Framework for HR Excellence. *Int. Arab J. Inf. Technol.,* 15(1), pp.121-130.

National Academy of Public Administration(NAPA), 2002. The 21st Century Federal Manager : A Study of Changing Roles and Competencies. Washington D.C., *National Academy of Public Administration.* p.11.

Nigro, Loyd and Edward Kellough(ed.), 2013. *Civil Service Reform in the States : Personnel Policy and Politics at a the Sub-National Level,* Albany : State University of New York Press.

OECD, 2007. *Ageing and the Public Service : Human Resource Challenges.* Paris.

OECD, 2021a. Government at Glance 2021. Paris.

OECD, 2021b. *Ageing and Talent Management in European Public Administrations.* Paris.

OECD, 2021c. *Public Employment and Management 2021 : The Future of the Public Service.* Paris.

Osborne, David and Ted Gaebler, 1993. *Reinventing Government : How the Entrepreneurial Spirit is Transforming the Public Sector,* Plume.

Osborne, Stephen P., 2006. The New Public Governance? *Public Management Review,* 8(3), pp.377-387.

Owens, C. T. and S. Kukla-Acevedo, 2012. Network Diversity and the Ability of Public Managers to Influence Performance. *The American Review of Public Administration,* 42(2), pp.226-245.

Pfeffer, J., 1998. The Human Equation. Cambridge, MA. : Harvard Business School.

Ployhart, R. E. and T. P. Moliterno, 2011. Emergence of the Human Capital Resource : A Multilevel Model. *Academy of Management Review,* 36(1), pp.127-150.

Provan, K. G. and B. H. Milward, 1995. A Preliminary Theory of Inter-organizational Network Effectiveness. *Administrative Science Quarterly,* 40(1), pp.1-33.

Sabuhari, R., Sudiro, A., Irawanto, D. and Rahayu, M., 2020. The Effects of Human Resource Flexibility, Employee Competency, Organizational Culture Adaptation and Job Satisfaction on Employee Performance. *Management Science Letters,* 10(8), pp.1775-1786.

Sparrow, P. and C. L. Cooper, 2012. *The Employment Relationship : Key Challenges for HR.* Routledge.

Strohmeier, S. 2020. Digital Human Resource Management : A Conceptual Clarification. *German Journal of Human Resource Management,* 34(3),

345-365.

Teo, S. T. T. and J. J. Rodwell, 2007. To be Strategic in the New Public Sector, HR must Remember its Operational Activities. *Human Resource Management*, 46 : pp.265-284.

Thomas Jr, R. R., 1990. From Affirmative Action to Affirming Diversity. *Harvard Business Review*, 68(2), pp.107-117.

Troshani, I., C. Jerram and S. R. Hill, 2011. Exploring the Public Sector Adoption of HRIS. *Industrial Management & Data Systems,* 111(3), pp.470-488.

Vulpen, Erik van, 2019. 14 HR Matrix Examples. AIHR Blog and Academy. https://www.analyticsinhr.com/blog/14-hr-metrics-examples/

Waterhouse, J. and R. Keast, 2012. Strategizing Public Sector Human Resource Management : The Implications of Working in Networks. *International Journal of Public Administration*, 35(8), pp.562-576.

Whyte, 1958. *The Organization Man*, Jonathan Cape.

Witesman, Eva M. and Charles R. Wise, 2012. The Reformer's Spirit : How Public Administrators Fuel Training in the Skills of Good Governance, *Public Administration Review*, 72(5), pp.710-720.

Weber, Edward P. and Anne M. Khademian, 2008. Wicked Problems, Knowledge Challenges, and Collaborative Capacity Builders in Network Settings, *Public Administration Review,* pp.334-349.

Wright, P.M. and Snell, S. A., 1998. Toward a Unifying Framework for Exploring Fit and Flexibility in Strategic Human Resource Management. *Academy of Management Review*, 23(4), pp.756-772

찾아보기

저자약력

이창길

세종대학교 사회과학대학 행정학과 교수
동 사회과학대학장 및 공공정책대학원장 역임

전남대학교 경제학과 졸업, 서울대학교 행정대학원 졸업(행정학 석사)
미국 Cornell University, M.P.A. (Public Administration)
미국 Cornell University, Ph. D. (Organizational Behavior)
미국 Stanford University, Fulbright Visiting Scholar

[주요 경력]
제28회 행정고시 합격, 총무처 조직국 행정사무관/서기관
행정자치부 혁신총괄과장/정보유통과장, 대통령비서실 행정관/부이사관
OECD 정부혁신아시아센터 소장/고위공무원
행정고시 2차 출제위원 및 외무고시 면접위원, 서울시 7급 공채 출제위원
한국조직학회 회장, 한국정책학회 부회장, 한국행정학회/한국인사행정학회 편집위원
인사혁신처 정책자문위원, 서울시인사위원회, 중앙징계위원회, 공공기관 경영평가위원
현 정부포상심의위원회 위원장, 경찰청시민감찰위원회 위원장, 고위공무원 역량평가
위원, 외교부 역량평가위원, 중앙선발시험위원, 관세청 자체평가위원

[주요 논문 및 저서]
「The international diffusion of public sector downsizing: network emulation and theory- driven learning」(2006), 「중앙부처의 수평적 정책네트워크 구조 분석」(2007), 「정권 초기 가치지향과 정책 우선순위: 참여정부와 이명박 정부의 언어네트워크 비교 분석」(2010) 「관료제와 관료의 탈일체화: J. Wilson의 관점을 중심으로」(2012), 「국제 개발 NGO와 정부기관 간 협력네트워크 구조분석」(2015), 「공공기관 거버넌스 모형의 탐색적 연구」(2017), 「고위공무원 성격유형과 직위변화: 관료제와 관료의 디커플링」(2017), 「관료제의 위기: 정치화의 역설」(2020) 등 다수 논문과, 『대한민국 인사혁명』(2020, 단독), 『조직학의 주요 이론』(2019, 공편저), 『대한민국 공무원 그들은 누구인가』(2019, 공저), 『대한민국 정부를 바꿔라』(2015, 공저), Public Administration in East Asia(Chapter, 2017), The Global Diffusion of Markets and Democracy(Chapter, 2008), Transforming Asian Governance(Chapter, 2008) 등의 저서가 있다.

이메일 cklee@sejong.edu, 페이스북 fb.com/dasanjunior, 트위터 @dasanjunior

인적자원행정론[제4판]

2013년 3월 5일 초판 발행
2016년 2월 5일 제2판 발행
2019년 3월 10일 제3판 발행
2022년 3월 10일 제4판 1쇄발행

저 자 이 창 길

발행인 배 효 선

발행처 도서출판 法文社

주 소 10881 경기도 파주시 회동길 37-29
등 록 1957년 12월 12일 제2-76호(윤)
전 화 031-955-6500~6, 팩스 031-955-6525
e-mail (영업) : bms@bobmunsa.co.kr
      (편집) : edit66@bobmunsa.co.kr
홈페이지 http://www.bobmunsa.co.kr
조 판 광 진 사

정가 35,000원   ISBN 978-89-18-91297-4